北京市社会科学理论著作出版基金资助

宽严相济刑事政策的基本思想与制度建构

The Basic Idea and System Construction of the Criminal Policy of Combining Leniency with Rigidity

张小虎　著

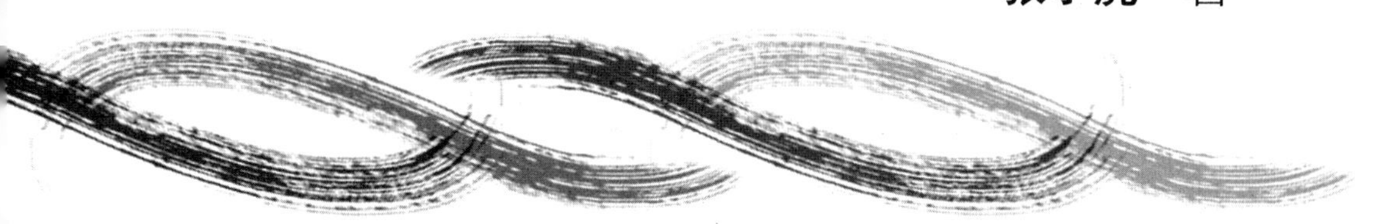

北京大学出版社
PEKING UNIVERSITY PRESS

图书在版编目(CIP)数据

宽严相济刑事政策的基本思想与制度建构/张小虎著.—北京:北京大学出版社,2018.1

ISBN 978-7-301-28951-8

Ⅰ.①宽…　Ⅱ.①张…　Ⅲ.①刑事政策—研究—中国　Ⅳ.①D924.04

中国版本图书馆CIP数据核字(2017)第281264号

书　　名　宽严相济刑事政策的基本思想与制度建构
KUANYAN XIANGJI XINGSHI ZHENGCE DE JIBEN SIXIANG YU ZHIDU JIANGOU
著作责任者　张小虎　著
责任编辑　冯益娜
标准书号　ISBN 978-7-301-28951-8
出版发行　北京大学出版社
地　　址　北京市海淀区成府路205号　100871
网　　址　http://www.pup.cn
电子信箱　law@pup.pku.edu.cn
新浪微博　@北京大学出版社　@北大出版社法律图书
电　　话　邮购部62752015　发行部62750672　编辑部62752027
印 刷 者　北京溢漾印刷有限公司
经 销 者　新华书店
730毫米×980毫米　16开本　38.5印张　670千字
2018年1月第1版　2018年1月第1次印刷
定　　价　88.00元

前　言

刑事政策尽管不是治理犯罪的终极策略，但是却为遏制犯罪的直接方法，并且系属不可缺少的一环。尤其是，刑事政策以其注重预防犯罪方略与灵活运用刑事处置的导向，使得犯罪的控制与治理更为柔韧与有效。宽严相济政策是我国的基本刑事政策，在我国目前犯罪率阶位攀高与居高不下的态势下，对于宽严相济政策应有的知识框架及其具体内容，予以较为深入的阐释，对于充分发挥这一刑事政策遏制犯罪的机能、完善刑事立法、改革犯罪对策与方略等，均具有重要的理论与实践意义。本书力求构建宽严相济政策的合理知识框架，并具体探讨这一政策的基本蕴含、价值理念、事实根据与制度建构等知识核心，研究方法包括辩证方法、比较方法、历史方法，尤其是定性与定量、思辨与实证相结合的方法。这些内容与研究方法展示了本书的如下独特之处：

合理界定政策的基本蕴含：在全面考究刑事政策与宽严相济政策的基础上，从价值理念与事实根据、决策主体与内容承载等侧面，尤其是政策本质特征的核心方面，力求精确并深入地阐释刑事政策的应有蕴含，尤其是全面系统地展示宽严相济政策的知识结构、核心思想与应有制度。(1) 刑事政策：刑事政策是基于犯罪原因、犯罪条件的揭示和犯罪预测的把握，由国家与执政党制定或认可的，以制度规范形态具体展示的，旨在预防、控制与惩治犯罪、实现刑事公正与效率的价值目标的，应对犯罪与社会危险行为的，应有的原则与方法，包括广义的刑事政策与狭义的刑事政策、宏观的刑事政策与微观的刑事政策等。(2) 宽严相济：宽严相济政策的核心思想强调，在罪刑处置上应当区别对待与宽严相济。区别对待，是指对比、区分不同行为人的人身危险性及其所实施的危害社会行为的不同情况，分别予以相应的、各有差异的刑事处置；宽严相济，是指刑事处置应当根据不同的犯罪情况，做到有宽有严、宽严并举、相互救济、相成有益。宽严相济政策既是一种思想精神，也是一种制度规范，位居我国应对犯罪的基本刑事政策地位，其包容了如下诸多具体政策：犯罪预防政策、犯罪控制政策、犯罪惩罚政策，刑事立法政策、刑事司法政策，刑事实体法政策、刑事程序法政策，定罪政策、刑罚政策、处遇政策，刑事犯罪政策、社会危险行为政策等等。宽严相济政策与综合治理方针均属基本刑事政策，并且在决策主体、宗旨目标等方面也有诸多相似之处，不过宽严相济政策以罪刑处置为核心,而综合治理方针则关涉更为广泛的领域,两者在核心精神、内容承载等方面也有着诸多区别;"严打"也是我国应对犯罪的一项重要刑事政策,这一政策强调罪刑处置的严厉,从而关涉宽严相济政策中的严厉方面,不过宽严相济政策强调宽与严的相互救济相得益彰,这与"严打"政策的重心仍有重要区别;轻轻重重政策是当代罪刑处置政策的一个重要侧面,这一政策强调轻者更轻、重者更重,从而趋于宽与严的两极,而宽严相济政策既注重宽严区别又强调宽严协同,这与轻轻重重政策的重心也有重要区别。

确立宽严相济的价值理念:目前有关宽严相济政策思想的研究,大多呈现为直接阐释这一政策的基本蕴含。宽严相济政策固然有着作为其本体内容的核心思想,而这一思想又是奠定在刑事科学应有的价值理念基础之上的。深刻揭示这一应有的价值理念,更有助于从理论根基上把握宽严相济政策。具体而论,宽严相济政策的价值基础主要包括:应然犯罪理论;应然刑罚理论;刑法基本原则。(1)*应然犯罪理论*:犯罪理论探究犯罪评判的本质标准,客观主义与主观主义相互分野,勾勒了犯罪本质理论中风格迥异的两大极致景观。不过,过于极致的思想在现实中难以获得制度的有效落实,因此客观主义与主观主义的趋同构成了现代犯罪理论的基本模式。然而,基于我国目前的社会状况以及刑法理论与实际,如何合理地平衡犯罪理论中的客观与主观,仍值考究。对此,本书提出如下建构:犯罪评价以客观主义为主导兼顾主观主义,对于犯罪行为适用刑罚而对于社会危险行为适用保安处分,由此应当增设我国刑法的社会危险行为与保安处分制度。(2)*应然刑罚理论*:刑罚理论探究刑罚的本质与合理根据,报应主义与目的主义的相互分野,勾勒了刑罚本质理论中风格迥异的两大极致景观,而报应主义与目的主义的相对融合则构成了现代刑罚理论的基本模式。不过,仍需考究的是,在我国现阶段追寻法治的社会背景下,如何合理地平衡刑罚理论中的报应与预防,仍待探讨。对此,本书提出如下建构:刑事处置以报应主义为基底兼顾预防主义,建构犯罪与刑罚、社会危险行为与保安处分的双轨刑法框架,刑罚总体注重报应的成分而在不同阶段又各有侧重,保安处分立足特殊预防而对不同对象又各有具体措施。(3)*刑法基本原则*:针对刑法基本原则的价值根据,本书坚持如下理念:刑法基本原则是现代刑法的思想根基,可以说,没有刑法基本原则就没有现代意义的刑法。作为罪刑处置原则与方法的宽严相济政策,固然不应逾越刑法基本原则的思想框架。宽严相济政策是罪刑处置合理化的宽严视角的展开,而刑法基本原则则可谓罪刑处置正当性的基础源泉。刑法基本原则最为核心的表现是罪刑法定原则与罪刑均衡原则。

揭示宽严相济的现实根据：本书力求全面客观展示我国犯罪现象，深入揭示社会犯罪原因，由此奠定宽严相济政策的现实根据。(1) *犯罪现象*：作为应对犯罪的应有的原则与方法，刑事政策奠基于社会的犯罪事实。宽严相济政策经由历史的形成与当今的发展，逐步成为统领我国刑事处置立法与司法的首要思想准则，目前备受理论与实践的重视而居于显赫地位。这也与我国对于犯罪及其治理的日益深入认识，密切相关。随着新时期社会转型的日益深入，我国犯罪状况呈现日趋严重的态势，无差别杀人等新型犯罪多发、职务犯罪走向广度与深度、有组织犯罪再度抬头并发展、暴力犯罪率持续增长、总体犯罪率阶位攀高，应对这一严峻犯罪现实的理论与实践证实，犯罪有其深刻的社会结构的现实原因，固然不能期待依靠单纯的制裁与打击，来消除犯罪的存在或者遏制犯罪的大幅上升；如果说刑事处置是应对犯罪的必要手段，则对于罪行与犯罪人的宽严相济的合理处置，应当是最大限度实现刑事处置效益的选择。由此，我国目前社会背景下的犯罪现象及其原因的事实，是基于事实层面考察并贯彻宽严相济政策的重要根据。(2) *犯罪原因*：犯罪原因理论是刑事政策措施的重要思想基础。刑事古典学派主张，犯罪是理性人趋利避害的意志自由选择，由此道义报应或者法律报应、心理强制、法律威慑等成为应对犯罪的策略思想；刑事近代学派则认为，犯罪是经验人遗传基因或生活环境的自然必然行为，由此剥夺犯罪能力或者积极矫治改善、刑罚个别化、刑罚替代措施等成为应对犯罪的原则理念。然而，立于宏观视角，犯罪是社会结构的垃圾产品，甚至可谓社会有机体的新陈代谢物，尤其是犯罪率的大幅上升与反常的社会结构密切相关。从这个意义上说，最好的社会政策就是最好的刑事政策。依据经验性事实分析，本书提出犯罪原因的如下命题：当代中国社会犯罪，主要缘于社会分化中社会结构方面无以化解的紧张，以及其在个体生活中的投射。无以化解的紧张是犯罪的直接的、决定性的作用力。犯罪与社会有机体的关联作用也表明，至少在现阶段不能希冀消除犯罪的现实存在，而只要社会存在犯罪，刑事处置就是应对犯罪的一种必然手段，其不仅使社会的价值标准得以正当地确立，而且也使犯罪的发生得以一定程度地遏制。固然，这种刑事处置应当在合理的政策指导下具体展开。因而，社会结构的罪因机制表明，刑罚的效果是极其有限的，但是刑罚却是必要的，必要的刑罚应当遵循合理的刑事政策。

完善适合政策的规范设置：法律是刑事政策的制度化与条文化，从这个意义上说，刑法是宽严相济刑事政策思想在制度上的重要体现，而宽严相济政策应有其刑法制度的平台。基于宽严相济政策的核心思想与本质要求，本书对于刑法制度的完善提出了诸多设想：(1) *总体原则*：刑法制度的设置，应当强调具备相应的柔韧与宽严的空间,以便能够根据犯罪事实的不同情节,包括犯罪人的人身危险性差异,区别情况、差别对待、宽严并举、宽严救济。这一制度的**具体建构**,就是要立足宽严相济思想以及由此而展开的应有刑法理念,依循两条路径结合进行:A. 基于现实的规定,对之予以理论归纳,具体阐明制度的内容。这表现为,制度本身的蕴含存在较大的柔韧空间,从而需要并且可以对之予以符合宽严相济思想的合理的理论解释。B. 对于现实的刑法制度,予以应然设置的理论分析,由此推进新的制度形成。这表现为,制度本身相对僵硬而无解释的余地,从而需要基于宽严相济思想及其理念原则设置出新的制度方案。就刑法制度的**具体范围**而论,这种柔韧的刑法制度,是对宽严相济思想的体系性体现,具体内容覆盖犯罪认定与刑事处置的各个方面、犯罪制裁与罪犯处遇的各项措施,包括犯罪构成的基本框架、各种犯罪形态的构成条件、正当行为的具体特征、刑罚体系与各种刑罚方法以及保安处分的裁量、措施与执行等等。(2) *犯罪与刑罚*:[*犯罪构成模式*]基于我国刑法的具体规定以及宽严相济政策的思想与刑法谦抑的理念,应当建构我国双层多阶的犯罪构成模式。犯罪成立必须具备本体构成符合与严重危害阻却缺乏这两个阶层要件,犯罪成立是本体构成符合与严重危害阻却缺乏这两者缩限评价的结论。A. 本体构成符合为第一层次,描述犯罪的基本轮廓。本体构成要件又由客观事实要素、客观规范要素、主观责任要素这三者有序构成。B. 严重危害阻却缺乏为第二层次,限定犯罪的实质底线。存在本体构成符合,通常可以肯定严重危害阻却缺乏,然而这并不否认,在具体特殊事态的场合,因阻却事由的存在而致严重危害缺乏,进而否定犯罪成立。[*有期徒刑架构*]有期徒刑的优点与不足是客观存在的,针对我国现行有期徒刑较为突出的一些不足,可以对有期徒刑立法进行相关的完善。具体包括:扩大有期徒刑刑期区间,将我国有期期徒的最高刑期增至 25 年,数罪并罚时不超过 30 年;建立法定刑幅度序列化,形成有期徒刑应对犯罪重轻的一些界点,并由此确定法定刑幅度规则;调整有期徒刑刑期等级,5 年以下刑期等级差距一般为 1 年,5 年以上刑期等级差距一般为 2 年;注意法定刑设置的交叉,即不同罪状的法定刑幅度之间,应当存在一定的法定刑刑期的交叉,例如,“1 年以上 3 年以下”与“2 年以上 5 年以下”;根据人身危险性的差异而分管分押罪犯,设置不同性质的改造场所,赋以宽严管押不同、改造侧重有别的行刑内容;构建刑罚执行消灭制度,建立与完善罪犯回归社会后的生活保障与继续矫正制度,对社会特殊群体予以特别关注。(3) *危险行为与保安处分*:宽严相济政策在制度上强调罪刑处置宽严兼容的相对广阔平台,在效益上特别关注对于罪犯的再犯预防,这与危险行为保安处分的应有制度建构与精神宗旨紧密相连。

［危险行为］危险行为，是指行为人所实施的危害社会行为与行为人内在的社会危险性的组合，系属适用保安处分的一般要件。其中，社会危险性的评价属于核心课题。社会危险性，是指刑法所规定的适用保安处分措施所必须具备的，行为人基于其人格素质或生活环境，而充分表明其具有实施违法犯罪行为的可能性，从而构成了对社会安全的现实的重大威胁的主观事实特征。社会危险性的具体确定，可以基于“基础因素”的自变量与“内在倾向”的因变量而展开。其中，“基础因素”又包括人格素质与生活环境，各自又由诸多因素构成。［保安处分］刑罚与保安处分双轨并行，不失当今刑事政策背景下刑事处置的主流模式。保安处分有其相对独特的刑事司法性质，而我国却将其相应的功能委于有关行政处置，或者虽在刑法中有所呈现但却缺乏刑事后果的地位，这有违刑法乃至法理的基本理念，建构我国保安处分制度势在必行。具体而言，宜于将保安处分统一纳入刑法典，采纳处分与刑罚的双轨模式，并确立处分的执行审查、免除与延长以及处分的缓刑与假释、处分的消灭等制度。具体处分措施的设置包括：治疗监护、强制禁戒、强制治疗、强制工作、保安监禁、感化教育；保护观察、更生保护；保安没收、善行保证。(4) 缓刑与假释：实现再犯预防的最大效率系属宽严相济政策的一个重要方面，而缓刑与假释制度本身即呈现着再犯预防的核心线索，缓刑与假释制度的合理建构将会更为有力地推进再犯预防的效果。［缓刑］可以针对罚金设置缓刑，不过在具体设置上应当有所限制；应当针对未成年人犯罪予以缓刑适用的特别规定；有必要将犯罪人的生活背景等因素，明确纳入对犯罪人适用缓刑的实质评价中；缓刑考验期在执行中应当有所调整，具体包括延长与缩短两个方面；可以考虑在刑法上设置我国的缓刑帮助制度；对于违反监管的缓刑犯，除了撤销缓刑之外，增设变更监管内容、延长考验期限、予以行政处罚等处理。［假释］在比例限定服刑的最低刑期限度外，对于假释形式条件再予最低服刑的定值限定，规定适用假释至少应当在监狱实际执行 3 个月以上；不应完全否定被处 10 年有期徒刑以上刑罚的累犯与暴力犯罪的假释适用，对于这些特殊类型的罪犯假释，可以提高作为假释前提的实际执行的最低刑期；应当设置我国假释考验的帮助内容，并且增强假释考验规定的明确性；倘若犯罪造成了损害并被判决赔偿，除非犯罪人确实没有能力履行，犯罪人应当履行赔偿义务，这可以作为假释的前提或者假释的考验内容。

注重实证研究与制度建构：本书将定量分析与定性分析相结合、实证调查与思辨剖析相结合，遵循定量统计的规则并科学展示实证资料，图表与数据等的表达力求规范化。在具体阐释上，力求基于较为广泛的刑事法学理论背景，并注重运用社会学的理论知识，立于社会事实与现有成果，进行较为深入的理论探究,构建应然的理论知识内容与体系,使相应的理论水准得以提升。更为重要的是,在理论思想得以推进的基础上,进一步展开对于现实问题的思考,使对制度的合理建构与完善成为研究的归宿,提出新的理论思想映衬下的、具有可操作性的制度方案。

张小虎　谨识
2017年7月28日

CONTENTS 目　录

第一章　刑事政策的基本观念与主导内容

[1] 刑事政策的基本观念阐释刑事政策的基础理论与具体形态，具体包括如下内容：刑事政策思想的兴起；刑事政策的概念与特征；刑事政策的学科地位；我国刑事政策的基本内容。

第1节　刑事政策思想的兴起

[1] 基于应对犯罪的一种对策的意义，刑事政策似乎古来有之，然而现代意义的刑事政策有其独特的意义。诸如，立于民主政治的背景与出于防止罪刑擅断的宗旨，由此构成对于犯罪的理性反应；政策的具体内容，奠基于对犯罪原因的合理揭示；政策的法律归宿，表现为以罪刑法定原则为基奠的刑法制度，等等。从这个意义上说，刑事政策思想与近代刑法思想相伴生。

一、刑事古典学派与刑事政策思想

[2] 刑事政策思想伴随着现代刑法学的诞生与发展而逐步形成，不过其真正兴起得益于刑事近代学派的思想背景。1803年，德国刑法学家**费尔巴哈**(Paul Feuerbach)启用刑事政策(kriminalpolitik)的术语，认为“刑事政策是国家据以与犯罪作斗争的惩罚措施的总和”，强调刑事政策是基于心理强制学说的刑事立法政策，从而将心理学、实证哲学、刑事政策作为刑事法的辅助知识。[①] 然而，在当时及其之后的近一个世纪，刑事政策的理论与实践并未得到充分的彰显。究其原因，这与其时占主导地位的刑事古典学派的思想价值体系不无关系。

[3] 以费尔巴哈等为代表的刑事古典学派，在犯罪理论上坚持理性人意志自由的犯罪原因，强调行为中心的犯罪构成评价，注重道义责任的刑罚处罚根据(客观主义犯罪理论)；在刑罚理论上主张立法威吓主义的一般预防(费尔巴哈)，或者坚持道德报应(康德)或法律报应(黑格尔)的报应主义(一

---

① 转引自〔法〕米海依尔·戴尔玛斯—马蒂著：《刑事政策的主要体系》，卢建平译，法律出版社2000年版，第1页；〔日〕大谷实著：《刑事政策学》，黎宏译，法律出版社2000年版，第7页；张甘妹著：《刑事政策》，台湾三民书局1979年版，第1页。

般预防的目的刑论与报应刑论)。在这种理论与思想背景下,应对犯罪的关键在于,给予犯罪与其客观危害相适应的事后刑事制裁,而不是基于犯罪形成机制的事前灵活预防。这种事后制裁以严谨的犯罪与刑罚的规范框架具体展开,刑事政策依附于罪刑法定原则的思想,只是作为其辅助知识或者具体展示,以指导刑法立法与司法实践。罪刑的具体明确与确定,要求限制罪刑规范框架的伸缩,刑事司法的可供余地也随之受到限制,其间刑事政策思想主要是宗旨的宣告,而难有直接的实质操作。然而,刑事近代学派的思想提供了刑事政策所需的价值体系,为刑事政策全面扩张提供了有力的背景知识的支持。

二、刑事近代学派与刑事政策思想

[4] 费尔巴哈之后,刑事政策的推进历经了近一个世纪的沉寂,其后在20世纪初,得到了德国刑法学家**李斯特**(Franz Liszt)的大力倡导。李斯特提出,"刑事政策是国家和社会据以与犯罪作斗争的原则的总合",强调"最好的社会政策就是最好的刑事政策",并且主张基于教育刑论,为使犯罪人不致再犯,应当根据犯罪人的具体情况施以相应的改造措施。[①] 由此,现代刑事政策思想日益受到刑事科学理论与实践的重视,成为基于刑事视角惩治与预防犯罪策略方针的一个重要侧面。当然,这种刑事政策思想的理论与实践的充分彰显,与当时的刑事近代学派的思想观念的兴起与价值体系的形成密切相关。

[5] 以李斯特等为代表的刑事近代学派,在犯罪理论上坚持经验人行为决定的犯罪原因,强调行为人中心的人身危险性评价,注重社会责任的刑罚处罚根据(主观主义犯罪理论);在刑罚理论上主张剥夺犯罪能力主义(龙勃罗梭)的特殊预防,或者倡导矫正改善主义(李斯特)的特殊预防(特殊预防的目的刑论)。在这种理论与思想背景下,应对犯罪的关键在于,深刻揭示犯罪形成机制,针对不同原因的犯罪人采取区别对待的处置,刑事处置应当与犯罪人的人身危险性相适应,事后制裁不是主要的,重要的是事前的灵活预防。这种事前预防以柔韧的社会危险行为与保安处分的规范框架而具体展开,刑事政策的原则与思想在刑法立法与司法中居于主导地位。可以说,刑事政策思想是刑事近代学派理论与实践的当然结论。

---

① 转引自卢建平:《社会防卫思想》,载高铭暄、赵秉志主编:《刑法论丛》第1卷,法律出版社1998年版,第135页;〔日〕大谷实著:《刑事政策学》,黎宏译,法律出版社2000年版,第11页。

第 2 节　刑事政策的概念与特征

[1] 刑事政策的概念与特征，是刑事政策知识结构的本质与核心。这一议题具体涉及刑事政策概念的学说考究以及刑事政策概念的学理论证。

一、刑事政策概念的学说考究

[2] 对于刑事政策概念的学说考究，存在政策概念的内容构成要素、政策概念的内容囊括范围、政策本身的具体存在形态等不同视角。就内容构成要素而言，刑事政策概念存在内容承载、决策主体、宗旨目标、规范表述等揭示政策知识要点的阐释；从内容囊括范围来看，刑事政策概念存在广义刑事政策、狭义刑事政策等划定政策知识范畴的表述；就具体存在方式而论，刑事政策概念存在应然刑事政策、实然刑事政策等界分政策知识形态的说法。

[3] **政策概念的构成要素**：基于纯粹的文字意义，政策是指"国家或者政党为实现一定历史时期的路线而制定的行动准则"。① 这一政策的定义展示了政策概念的构成要素：内容承载—行动准则；决策主体—国家或者政党；宗旨目标—为了实现路线；规范形态—制定的行动准则；针对问题——一定历史时期的路线。有关政策的理论研究通常强调："政策是旨在付诸行动的一种指针"；"凡是政府决定做的或不做的事情就是公共政策"；"政策是一项含有目标、价值与策略的大型计划"、"组织的目标通常是以法规或规章形式公之于众的"②；社会政策，是指国家解决社会问题的基本原则或方针。③ 更为明显，这些政策研究对于政策概念的阐释，也呈现五个方面的构成要素的框架：内容承载、决策主体、宗旨目标、规范形态、针对问题等。刑事政策学系属独特专题侧面的政策知识体系，有关刑事政策的界说，见解分歧颇众，不过也大致展现出这几个方面视角下的争鸣。

[4] **刑事政策要素的见解**：基于刑事政策概念的内容构成要素的视角，兹对各个要素方面的不同观点的主要阐释介绍如下：**(1) 内容承载**：评价刑事政策内容的基本层次，属于刑事政策概念的中心词或者根本解释项。对此，存在如下见解：A. 方法措施：例如，德国学者克兰斯洛德(Kleinschrod)认为，"刑事政策是立法者为了预防、阻止犯罪、保护公民自然权利并根据各个国家

① 《现代汉语词典(第 5 版)》，商务印书馆 2005 年版，第 1741 页。

② 转引自金炯烈、朴贞子：《论哲学与政策过程》，载《东方论坛》2004 年第 2 期，第 82 页。

③ 参见李剑华、范定九主编：《社会学简明辞典》，甘肃人民出版社 1984 年版，第 252 页。

的具体情况而采取的措施。"[①]B. 战略策略：例如，我国有的学者认为，"刑事政策是国家或执政党依据犯罪态势对犯罪行为和犯罪人运用刑罚和有关措施以期有效地实现惩罚和预防犯罪目的的方略。"[②]C. 策略并方法：例如，我国有的学者认为，"所谓刑事政策，是指国家基于预防犯罪、控制犯罪……而制定、实施的准则、策略、方针、计划以及具体措施的总称。"[③]**(2) 决策主体**：评价刑事政策内容的决策机构，表述刑事政策制定者的地位与资格。对此，存在如下见解：A. 国家：例如，台湾学者张甘妹认为，"就广义而言，刑事政策得谓为国家以预防及镇压犯罪为目的所为一切手段或方法。"[④]B. 国家并社会：例如，法国学者戴尔玛斯—马蒂认为，"刑事政策就是社会整体据以组织对犯罪现象的反应的方法的总和，因而是不同社会控制形式的理论与实践。"[⑤]**(3) 宗旨目标**：评价刑事政策内容的价值取向，表述制定刑事政策所期望达到的结果。A. 预防并控制犯罪：例如，日本学者田中政义认为，"刑事政策系国家、自治团体抑或民间团体，借刑罚或类似刑罚之方法或制度，以达直接防止犯罪与矫正犯罪为目的。"[⑥]B. 预防并惩罚犯罪：例如，日本学者森本益之等认为，"刑事政策就是以犯罪的预防和镇压为目的的国家政策，政策的有效性在根本上依存于犯罪学的知识。"[⑦]C. 预防惩罚犯罪、维护社会正义秩序：例如，日本学者大谷实认为，"刑事政策是国家机关通过预防犯罪、缓和犯罪被害人及社会一般人对于犯罪的愤慨，从而实现维持社会秩序的目的的一切措施政策。"[⑧]**(4) 规范形态**：评价刑事政策内容的表现形式，表述刑事政策贯彻实施的基本依据。例如，俄罗斯学者博斯霍洛夫认为，"刑事政策当被理解为……以相应的必须绝对服从的文件形式表达出来的国家反对犯罪斗争政策"[⑨]。**(5) 针对问题**：评价刑事政策内容的核心指向，表述刑事政策所要解决的具体事项。对此，从表述的内容来看，总体上均主张刑事政策不仅应对法

---

① 转引自卢建平：《社会防卫思想》，载高铭暄、赵秉志主编：《刑法论丛》第1卷，法律出版社1998年版，第134页。

② 杨春洗主编：《刑事政策论》，北京大学出版社1994年版，第7页。

③ 曲新久著：《刑事政策的权力分析》，中国政法大学出版社2002年版，第68页。

④ 张甘妹著：《刑事政策》，台湾三民书局1979年版，第2—3页。

⑤ 〔法〕米海依尔·戴尔玛斯—马蒂著：《刑事政策的主要体系》，卢建平译，法律出版社2000年版，第1页。

⑥ 转引自谢瑞智著：《刑事政策原论》，台湾正中书局1978年版，第5页。

⑦ 〔日〕森本益之、濑川晃、上田宽、三宅孝之著：《刑事政策学》，戴波、江溯、丁婕译，中国人民公安大学出版社2004年版，第4页。

⑧ 〔日〕大谷实著：《刑事政策学》，黎宏译，法律出版社2000年版，第1页。

⑨ 〔俄〕谢尔盖·博斯霍洛夫著：《刑事政策的基础》，刘向文译，郑州大学出版社2002年版，第17页。

定犯罪，而且针对社会危险行为、越轨行为等。有所不同的是，有的论著主张社会危险行为、越轨行为包容于犯罪的概念中；而有的论著则主张刑事政策所称的犯罪仅指法定犯罪，社会危险行为等与犯罪并列。**(6) 知识背景**：此外，有关刑事政策的界定，还特别强调了刑事政策的知识背景，即作为刑事政策的基础与前提的理论依据。对此，存在如下见解：A. 犯罪原因：例如，台湾学者林纪东将犯罪原因作为刑事政策的基础与前提，而刑事政策的各项具体制度是建立在对犯罪原因的探求之上的。① B. 综合知识：例如，俄罗斯学者谢尔盖·博斯霍洛夫认为，"刑事政策应当被理解为……相应的政治学、社会学和法学知识的科学理论及上述理论的综合。"②

[5] **刑事政策范畴的考究**：基于刑事政策概念的内容囊括范围的视角，有的学者将刑事政策分为广狭三义，也有学者将刑事政策分为广狭二义。**(1) 广狭三义**：对于刑事政策的内容范围，由广义至狭义逐步收缩而具体分为三个层次。例如，我国刑法学家甘雨沛基于措施所涉范围与措施针对领域的不同，对刑事政策作了广狭三个层次的概括。**广义刑事政策**，囊括应对犯罪的一切社会政策，包括旨在制裁预防犯罪的直接的刑事措施，以及旨在抑制预防犯罪的间接的各种社会政策，诸如失业政策、教育政策等。**狭义刑事政策**，指向应对犯罪的刑事措施，包括旨在制裁预防犯罪的刑事立法上体现的强制手段、司法上体现的惩役禁锢等实力强制、行刑上的假释、保护观察中的监护措施。**最狭义刑事政策**，是指针对不同个别犯罪人的个别的有针对性的抑止活动和措施，其以特别预防为目的。③ 台湾刑法学家林山田基于措施所涉范围的不同，也对刑事政策作了广狭三个层次的界定。广义刑事政策，是指应对犯罪的一切措施与方针。狭义刑事政策，是指应对犯罪的刑事法律手段(刑罚制裁与保安处分)。最狭义刑事政策，仅指应对犯罪的刑法政策，强调针对犯罪而制定刑法规范。④ **(2) 广狭二义**：对于刑事政策的内容范围，具体分为广义与狭义两个层次。例如，台湾学者林纪东基于措施所涉范围的不同，对刑事政策作了广义与狭义的概括。**广义刑事政策**，囊括防止犯罪的一切对策而不仅限刑罚与保安处分，并且强调对于犯罪从根本上予以积极的救治。**狭义刑事政策**，仅限刑事领域的现行刑罚制度及其相关制度的运用与完

---

① 参见林纪东著：《刑事政策学》，台湾正中书局 1963 年版，第 3—4 页。

② 〔俄〕谢尔盖·博斯霍洛夫著：《刑事政策的基础》，刘向文译，郑州大学出版社 2002 年版，第 17 页。

③ 参见甘雨沛、何鹏：《外国刑法学》(上册)，北京大学出版社 1984 年版，第 75 页。德国刑法学家**李斯特**对刑事政策即作了如此的界说。

④ 参见林山田著：《刑事法论丛》(一)，台湾兴丰印刷厂有限公司 1997 年版，第 334—336 页。

善。[①] 台湾犯罪学家张甘妹也从措施所涉范围的不同，对刑事政策作了广义与狭义的界说。广义刑事政策，就防止犯罪目的而言，不必是直接的或主要的，也可是间接的或次要的，从具体措施来看，既包括刑事范畴的，也包括各种社会政策。狭义刑事政策，仅限以防止犯罪为直接的、主要的目的，并且其措施范围也仅限刑事领域。[②]

[6] **刑事政策范畴演进的考究**：基于刑事政策发展进程的线索，立于刑事政策范畴的主流状况，刑事政策可谓历经了刑罚制裁、社会政策、罪犯处遇的认识阶段。**(1) 刑罚制裁**：刑事政策最初由刑事古典学派巨擘费尔巴哈启用。费尔巴哈所言的"刑事政策是国家据以与犯罪作斗争的惩罚措施的总和"，并且以心理强制说为理论基础，主要表现为刑事立法政策。在这种视野下，刑事政策是对于犯罪行为的直接应对，固然以刑事领域为本位且呈现刑罚制裁的核心措施，旨在威慑犯罪实现刑法的一般预防机能。罪刑法定原则是刑罚制裁应当遵循基本理念，在此至为注重的是事后的体现公正价值的合理制裁，刑事政策作为刑法辅助知识而存在。**(2) 社会政策**：伴随着刑事近代学派兴起，刑事政策日益受到张扬，与近代学派思想相应，刑事政策范畴也不断扩张，及至近代学派巨擘李斯特倡导"最好的社会政策就是最好的刑事政策"。在这种视野下，刑事政策既是直接应对犯罪行为与犯罪人的刑罚制裁与教育改善，也为间接防止犯罪的各种社会政策，强调政策措施对于社会不良状况这一核心致罪因素的改善。刑事处置的柔韧成为刑事立法与司法的主导观念，在此特别注重的是犯罪的控制与预防，刑事政策系属刑法的思想灵魂。**(3) 罪犯处遇**：立于刑事近代学派的思想背景，随着对刑事政策理解的不断深入，刑事政策的范畴也日益集中。目前，刑事政策的主导意义在于，强调刑事政策不仅是直接控制预防犯罪的刑事制裁与改善措施[③]，而且是更为聚焦于刑事个别预防的有关罪犯处遇的各种策略方法[④]。这里彰显的依然是近代学派的核心思想，强调犯罪原因机制的揭示系属政策选择的基本前提，并且注重针对不同具体犯罪人的不同人身危险性，采取具有针对性的隔离消除与矫正改善措施。在此，特殊预防、罪犯处遇、积极恢复等是刑事政策追寻的核心。

[7] **刑事政策现实形态的考究**：基于刑事政策概念的具体存在方式的视角，有的学者将刑事政策分为应然刑事政策与实然刑事政策。(1) **应然刑事**

---

① 参见林纪东著：《刑事政策学》，台湾正中书局 1963 年版，第 3—7 页。

② 参见张甘妹著：《刑事政策》，台湾三民书局 1979 年版，第 2—3 页。

③ 许多学者均将刑事政策的核心意义定位于直接针对犯罪的刑事领域的犯罪的制裁与改善措施方法。

④ 由此，上述有将刑事政策作为最狭义的意义上理解，依然有其现实的根据。

政策：指在理论上对刑事政策予以系统的研究，整合刑法学、刑罚学、犯罪学等理论成果，由此提出有关刑事政策的原理原则。(2) **实然刑事政策**：指现实中政府与社会针对犯罪所采行的刑事政策。包括司法手段、司法以外措施以及控制犯罪的国家活动等。[1]

二、刑事政策概念的学理论证

[8] 基于刑事政策概念的理论考察与综合分析，**本书**主张，**刑事政策**是基于犯罪原因、犯罪条件的揭示和犯罪预测的把握，由国家与执政党制定或认可的，以制度规范形态展示的，旨在预防、控制与惩治犯罪、实现刑事公正与效率的价值目标的，应对犯罪与社会危险行为的，应有的原则与方法。包括广义的刑事政策与狭义的刑事政策、宏观的刑事政策与微观的刑事政策等。

[9] **刑事政策的特征**：刑事政策应当具有如下特征：**(1) 知识背景**：刑事政策基于犯罪原因、犯罪条件的揭示和犯罪预防的把握。如同犯罪学的研究更为注重社会学、心理学、生物学等知识的支撑一样，刑事政策学的探索也至为需要政治学、社会学、心理学等知识的运用。然而，基于现代科学的广泛与深入，可以说任何一门学科都不是孤立的，均会或多或少地奠基于其他有关学科的知识平台，但是这并不减损学科本身的专业特征。刑事政策学仍属于刑事科学领域，犯罪学、刑法学等是刑事政策学的专业知识背景。犯罪原因、犯罪条件的揭示和犯罪预防的把握，是确立刑事政策的重要基础知识。其中，犯罪原因的揭示有助于犯罪预防的刑事政策的制定；而犯罪条件的揭示是构建犯罪控制的刑事政策的重要基础；犯罪预测对于未来犯罪状况的准确把握，为刑事政策的应变动态性提供了前提。**(2) 内容承载**：刑事政策表现为宏观原则与具体方法。"政策是阶级或政党……以权威形式规定的在一定时期内指导和规范人们行为的准则。"[2]"政策是国家机关、政党及其他政治团体……所采取的政治行为或规定的行为准则"[3]。由此，在最基本的意义上，政策意味着"行为准则"。而行为准则，在宏观上表现为指导行动的方针或原则，在微观上表现为具体行动的措施或方法。刑事政策属于一种政策类型，在本义上固然也具有"行为准则"的特征。刑事政策既可以表现为指导行动的宏观上的方针原则，例如，社会治安综合治理的方针、惩办与宽大相结合的原则；也可以表现为具体行动的微观上的措施方法，例如，各种刑罚方法、各

---

① 参见林山田著：《刑事法论丛》(一)，台湾兴丰印刷厂有限公司1997年版，第337—338页。

② 刘斌、王春福等著：《政策科学研究》(第1卷)，人民出版社2000年版，第88页。

③ 陈振明主编：《政策科学》，中国人民大学出版社1999年版，第59页。

种保安处分方法、缓刑制度、假释制度。(3) **决策主体**:刑事政策由国家与执政党制定或认可。刑事政策的主体涉及刑事政策的决策者与执行者。刑事政策是一个政治法律概念,具有一定的**权力**色彩;同时,刑事政策又依存于刑事领域,具有**谦抑**的重要特征。**决策**,是指决定、决断刑事政策的活动;**执行**,是指执掌、实行刑事政策的活动。作为以谦抑为重要特征的刑事领域的权力的产物,刑事政策由国家与执政党予以决策,由代表国家或者执政党的组织机构负责执行。**社会各界**乃至**公民个人**的有关刑事政策的意志,在一定程度上影响着国家与执政党的决策,或者说,国家与执政党的决策,在一定程度上采纳着社会各界乃至公民个人的意志,但是,刑事政策的最终决策者是国家与执政党。社会各界与公民个人是刑事政策执行的依靠力量和社会基础,或者说,刑事政策的执行离不开社会各界乃至公民个人的支持与参与,但是,负责刑事政策的执行者是代表国家或者执政党的组织机构。(4) **规范形态**:刑事政策以制度规范形态展示。刑事政策是由国家或者执政党予以决策,并通过具体的立法、司法或者行政管理在全社会中予以推行的一种行为准则。这种"行为准则"的表现形态,就是具有特定内容的"制度规范"。**制度**是一种规范化的系统,是为了满足人类的基本生存需要或解决各种社会问题的需要而出现的;**规范**是一种行为规则,直接调整人们的行为,以要求人们做什么或者禁止人们做什么或者规定人们可以做什么的面目出现。制度规范与社会事实**相对**。**社会事实**是在社会互动过程中所表现出的社会本质与社会现象的真实情况与客观实体。**犯罪原因**是对犯罪形成因果关系的社会事实的揭示;而**刑事政策**是对防治犯罪行为准则的制度规范的展示。(5) **宗旨目标**:刑事政策旨在预防、控制与惩治犯罪、实现刑事公正与效率的价值目标。作为一种规范形态,刑事政策有其目标追求。对于这一"目标追求",可以基于两个层面予以解析:**A. 形式层面**:刑事政策以预防、控制与惩治犯罪为形式目标。预防犯罪是刑事政策应对犯罪的治本之举;控制犯罪是刑事政策应对犯罪的治标之举;惩罚犯罪是刑事政策应对犯罪的基本属性。预防犯罪、控制犯罪与惩罚犯罪,三者相互贯通,刑事政策基于三者有所侧重选择而发动。**B. 实质层面**:刑事政策以实现刑事公正与效率为实质目标。**刑事公正**,意味着刑事政策体现着社会的公平、正义与合理,具体表现为保障人权兼顾保护社会、罪刑宽严适度、平均正义并分配正义等。**刑事效率**,意味着刑事政策体现着以最少的资源获得最大的收益,具体表现在刑事政策对于稳定社会秩序所产生的积极功效与作用。刑事公正与刑事效率,二者既对立又统一,共同构成刑事政策的内在价值目标。(6) **针对问题**:应对犯罪与社会危险行为。这里的**犯罪**,是指刑法所规定的、具有严重社会危害性的、符合犯罪成立条件的行为。犯罪应当受到刑罚处罚。这里的**社会危险行为**，是指虽不完全符合法定犯罪成立条件，或者虽符合法定犯罪成立条件，而行为人具有特殊的危害社会的危险性的行为，对于这样的行为有必要予以非刑罚的保安处分。包括无责任能力人的危害行为、具有特殊社会危险的行为等。对于犯罪的概念，刑事科学领域存在统一说与各别说的对立：统一说主张，犯罪学犯罪概念与刑法学犯罪概念应当是一致的，并且统辖于刑法的规定；各别说主张，犯罪学应当有其自身的独立的犯罪概念，犯罪学的犯罪概念不受刑法规定的局限。① **应当说**，犯罪学犯罪概念与刑法学犯罪概念，在表述的视角上有所差异，但是它们所界定的犯罪的实体是一致的，从这个意义上说，犯罪的刑法界定统一划定了刑事科学领域的犯罪边界。犯罪不同于社会危险行为。

［10］**刑事政策的广狭范畴**：在外延表现上，基于不同视角，刑事政策具体表现为各种类型：**(1) 广义与狭义**：**A. 广义的刑事政策**，是指基于广泛的社会领域，一切旨在实现社会公正与效率的，从而直接或者间接遏制犯罪与社会危险行为的原则与方法。包括就业政策、税收政策、教育政策、法律政策等一系列社会政策。具体而言，广义刑事政策的思想原则内容并不局限于刑事领域的范畴，而是涉及社会生活的各个有关方面；广义刑事政策的具体措施方法的规范表现，也不限于刑法规定的处置犯罪或社会危险行为的制度框架模式。应当**注意**，刑事政策包括广义并不意味着广义政策系属刑事政策研究的重心。对于刑事政策予以包容广义的理解，有助于在犯罪控制与预防的刑事政策的研究中，开阔视野立足从根本上解决社会治安问题，并使刑法内的政策与各项社会政策相协同，充分展现狭义刑事政策的效率与机能。当然，作为专业学科领域的一个分支，刑事政策的研究依然置重于刑事领域。**B. 狭义的刑事政策**，是指基于刑事科学领域，旨在实现刑事公正与效率的，从而直接针对遏制犯罪与社会危险行为的原则与方法。包括刑事立法政策、刑事司法政策，刑事宏观政策、刑事微观政策，刑事实体法政策、刑事程序法政策等。具体而言，狭义刑事政策的思想内容侧重展示刑事科学领域的原则与方针；狭义刑事政策的具体措施与方法的规范表现，仅限于以行为出入罪及其刑罚与保安处分为核心内容的相关刑事制度的框架模式。同样值得**注意**的是，由探求犯罪原因的机制而走出来的刑事政策，即使在其狭义的层面，其更为彰显的依然是主观主义、犯罪人的人身危险性、犯罪与刑罚制度的柔韧、特殊预防、积极的矫正与改善、保安处分、罪犯处遇、刑罚个别化、社会内处遇、社区矫正、缓刑减刑与假释、设施内处遇、开放式处遇等刑事思想理念与措施方

① 详见张小虎著：《犯罪论的比较与建构》，北京大学出版社2006年版，第3—4页。

法。在此，作为刑事政策外衣的刑法规范与作为刑事政策灵魂的思想，更为张扬的是罪刑处置的开放制宜以充分体现其效率。**(2) 宏观与微观：宏观刑事政策**，是指具有相对的普适意义与总体指导作用的基本刑事政策；**微观刑事政策**，是指针对较为具体的事项而适用范围也相对特定的具体刑事政策。**(3) 其他分类**：此外，基于不同视角，刑事政策还可以分为，犯罪预防政策、犯罪控制政策、犯罪惩罚政策，定罪政策、刑罚政策、处遇政策，刑事犯罪政策、社会危险行为政策，中央刑事政策、地方刑事政策，刑事政策原则、刑事政策方法，刑事惩罚政策、刑事矫治政策等等。

[11] **刑事政策的应然重心**：刑事政策侧重应然的合理的策略原则与措施方法的建构。作为对于犯罪的一种刑事反应，每个社会均有一定的原则与方法，不过这种反应是否基于理性的思想则又是一个问题。现代刑事政策所强调的正是，应当基于对犯罪原因与犯罪条件的客观揭示，立于合理地惩治犯罪尤其是预防控制犯罪的宗旨，充分彰显公正与效率的价值理念，由此针对不同类型的犯罪与犯罪人，有针对性地采取相应的策略原则与措施方法。显然，这是对实然的刑事理念与制度的一种超越，旨在构建应然的合理的策略原则与措施方法，这就是以应然的刑事政策思想为指导，对实然的罪刑制度予以合理的解释与贯彻，或者对实然的刑事理念与制度予以进一步地完善。这种应然与合理的建构，既包括犯罪评价也包括刑事处置。就犯罪评价而言，需要考究的应然包括，以行为为中心的犯罪构成理论体系的模式，以行为人为核心的社会危险行为的具体测定，犯罪化与非犯罪化的合理配置等等；就刑事处置而言，需要考究的应然包括，刑罚方法与刑罚制度，保安处分措施与制度，其他刑事处置，各种处置的罪犯处遇。

[12] **另外**，作为一种知识体系与社会实践，刑事政策还具有动态性、整体性、系统性等特征，不过，这些特征在一定程度上为一种知识体系与社会实践所共有。

第 3 节　刑事政策学的学科地位

[1] 广义犯罪学与狭义犯罪学，对刑事政策学的学科地位有着不同的归位。应当说，即使立于广义犯罪学的学科架构，也应认为刑事政策学是一独立的学科。刑事政策学在对犯罪原因、刑事处置等的研究上有其不同于犯罪学的独特聚焦；而在具体法律规范的表现上，刑事政策学又与单纯的规范刑法学有着不同的价值重心。

一、刑事政策学的学科地位学说考究

[2] 对于刑事政策进行系统研究而构建的知识体系是**刑事政策学**，在刑事科学中刑事政策学的学科地位也未达成共识，主要存在如下见解：

[3] **纳入犯罪学**：英美法系国家，通常将刑事政策纳入犯罪学的内容体系，有关刑事政策的知识并未作为一个独立的学科范畴，虽然最近也有刑事政策(criminal policy)术语的出现与运用，但是并不普遍而且也常常为犯罪对策所包容。[①] 由此，其犯罪学也为广义的犯罪学。**广义犯罪学**，除了研究犯罪现象、犯罪原因之外，也探究防治犯罪的对策，表现为以犯罪现象、犯罪原因、犯罪对策为研究对象的科学，包括犯罪原因学与犯罪对策学(犯罪防治学)。**犯罪原因学**，运用生物学、社会学的理论和研究方法，研究个体犯罪现象或者整体犯罪现象，揭示生物因素或者社会因素对犯罪的影响，包括犯罪生物学、犯罪社会学。**犯罪对策学**，在通过犯罪现象揭示犯罪原因的基础上，提出一套合理的防治犯罪对策，包括刑罚学、监狱学、犯罪侦查学、警察学等。总的来讲，**英国**、**美国**、中国、日本等国家倾向于广义的犯罪学，并且广义犯罪学是当今世界犯罪学研究的主流。例如，美国犯罪学之父**萨瑟兰**(Edwin Sutherland)认为，犯罪学的内容有三：形成法律的过程、违反法律的过程、对违法者反应的过程(Processes of making laws, of breaking laws, and of reacting toward the breaking of laws)。[②]

[4] **独立的学科**：大陆法系国家，通常将刑事政策的知识体系作为一个独立的学科，从而与犯罪学并列。刑事政策学以研究犯罪的防止对策为内容[③]，而犯罪学则为狭义的犯罪学。[④] **狭义犯罪学**，又称犯罪原因学，是以犯罪现象、犯罪原因为研究对象的科学，包括犯罪生物学与犯罪社会学。**犯罪生物学**，运用生物学的理论和研究方法，研究个体犯罪现象，揭示犯罪个体的生物因素对犯罪的影响。广义的犯罪生物学包括犯罪人类学、犯罪心理学、犯罪精神病学及狭义的犯罪生物学。**犯罪社会学**，运用社会学的理论和研究方法，研究个体犯罪现象或者整体犯罪现象，揭示社会微观环境因素或者社会宏观结构因素对犯罪的影响，包括犯罪地理学、犯罪统计学、犯罪社会心理学

---

① 参见张甘妹著：《刑事政策》，台湾三民书局1979年版，第1页。

② Edwin Sutherland and Donald Cressey, *Principles of Criminology*, Eighth Edition, J. B. Lippincott Company, 1970, p. 3.

③ 在德国，不论广义、狭义还是最狭义的理解，均强调刑事政策的犯罪对策内容。参见许福生著：《刑事政策学》，中国民主法制出版社2006年版，第3—4页。

④ 参见张甘妹著：《刑事政策》，台湾三民书局1979年版，第2页。

等。由于受本国学术背景的影响，**不同国家**狭义犯罪学中犯罪社会学与犯罪生物学的比重有所不同。在**德国**，由于生物学的研究较为发达，因而犯罪生物学所占犯罪学的比重较大；而在**美国**，由于社会学的研究较为发达，因而犯罪社会学所占犯罪学的比重较大。总的来讲，**欧陆国家**（法国、德国、意大利等）倾向于狭义的犯罪学。

二、刑事政策学学科地位的学理论证

[5] 独特的研究对象、知识侧面、体系结构等是一门学科得以独立的重要因素，刑事政策与犯罪原因密切相关，但是这并不否定对于刑事政策予以系统阐释的知识体系可以成为一门独立的学科，而且随着刑事科学的日益进步，**刑法的刑事政策化**已成为当代刑法观念的重要标志，这也在一定程度上彰显着刑事政策在刑事科学中的独特地位。因此，就内容而言，刑事政策与犯罪学、刑法学存在一定的交叉，但是就知识侧面与体系结构而论，以刑事政策为核心的知识体系，即刑事政策学，不失一门独立的学科。这关涉刑事政策的含义以及刑事政策与犯罪原因、刑罚处置等在刑事学科体系中的关系。对此，本书具体分述如下：

[6] **犯罪原因·刑事政策学与犯罪学**：犯罪原因是犯罪学研究的核心内容。狭义的犯罪学就是犯罪原因学；广义的犯罪学除犯罪原因之外还包括犯罪对策的研究，但是犯罪原因仍是其知识体系的基础、前提与必不可少的重心。犯罪原因也是刑事政策学的重要内容之一。刑事政策的思想内容奠基于对犯罪原因的客观揭示，由此犯罪原因也是刑事政策的基础与前提。然而，犯罪学与刑事政策学仍有不同：(1) 体系重心的差异（犯罪原因·刑事政策）：犯罪学以犯罪原因为核心而展开其知识体系，具体表现为犯罪本质、犯罪现象、犯罪原因、犯罪对策的内容结构；刑事政策学以刑事政策为核心而展开其知识体系，具体表现为犯罪原因客观状况、刑事政策思想内容、刑事政策规范形态的内容结构。(2) 理论焦点的差异（原因理论·现实原因）：犯罪学研究犯罪原因，不仅揭示具体现实的犯罪原因的事实状况，而且注重深层抽象的犯罪原因理论的建构，阐释犯罪形成机制的专业理论；刑事政策研究犯罪原因，重在揭示当今犯罪原因的实然状况，由此为刑事政策的建构奠定基础，而非置重于建构解释犯罪原因的专业理论。(3) 学科属性的差异（事实科学·规范科学）：犯罪学是较为典型的事实科学，在犯罪学的研究中，经验方法的运用是首要的、必要的，犯罪学以构建综合性命题为主流。刑事政策学，注重合理的刑事政策的架构，追寻刑事政策的价值目标，在刑事政策学研究中，思辨方法是重要的手段，刑事政策学以构建分析性命题为主流。(4) 内容

侧重的差异(事实比重·权力成分):犯罪学以揭示客观犯罪为前提,其中犯罪事实所占的比重更大,即使是改造客观犯罪的犯罪对策,也具有更为广泛的意义,而不只是国家的决策、行动。刑事政策学的研究对象刑事政策,具有一定的权力色彩。刑事政策由国家或者执政党予以决策,并通过具体的立法、司法或者行政管理在全社会中推行。

[7] **刑事处置·刑事政策学与刑法学**:基于预防犯罪尤其是预防再犯的刑事处置法律制度,既是刑事政策学的重要内容,也是刑法学的重要知识。尽管如此,刑事政策学与刑法学对于刑事处置法律制度的研究侧重仍有不同。(1)应然侧重与实然侧重的差异:应当说,无论是刑事政策学还是刑法学,就其研究对象均有实然与应然的层面的探讨,不过基于刑策政策学旨在以刑事政策的思想内容为核心,从而建构更为完善的刑事法律制度,因此刑事政策学对于刑事处置制度的研究,更为关注的是从应然的刑事政策思想出发,对于实然的刑事处置的立法与司法予以分析,以求建构符合政策思想的相应内容的、更为合理的制度规范。刑法学以犯罪与刑罚、社会危险行为与保安处分的制度规范为基本平台;建构理论刑法学的知识体系,进而阐明实然刑法制度规范的形式与实质意义,不失刑法学的核心任务;而刑法学对于应然刑法制度规范的揭示,既可以是基于刑事政策思想而具体展开,也可以是基于理论刑法学的基本规律而系统考究。因此,刑法学对于刑事处置制度的研究,以实然刑法规范为实证基础,构建并运用刑法理论知识,再予刑法规范以注释、揭示与完善。(2)刑法之外与刑法之内的差异:刑事政策学对于刑事处置制度的研究,其理论视野并不局限于规范刑法学的领域,而是将触角延伸至犯罪原因的分析,基于犯罪原因的揭示而构建合理的刑事政策,再将这一合理的刑事政策予以刑事处置的规范体现。由此,刑事政策学中的刑事处置是基于犯罪原因的刑事政策的法律化条文化,这是以刑事处置的制度形式充分彰显刑事政策思想,立足于制度形式这可谓是刑法之外的刑事处置研究。刑法学对于刑事处置制度的研究,其理论视野集中于规范刑法学的领域,刑事政策思想主要是作为刑法专业理论的价值背景而呈现的;刑罚理论是其核心的知识形态,具体包括刑罚体系、量刑原则与制度、刑罚执行制度、刑罚消灭制度、保安处分理论等。在刑法学的理论框架下,刑罚与保安处分是犯罪与社会危险行为的法律后果,一定的刑罚制度对应于一定的罪行特征,这是以罪刑的逻辑主线而展开的对于刑事处置的规范分析,可谓是刑法之内的刑事处置研究。

[8] **治理犯罪·刑事政策与犯罪对策**:刑事政策与犯罪对策均以治理犯罪为其基本任务。从刑事政策的视角来看,犯罪原因的揭示,旨在预防、控制

与惩治犯罪；而应对犯罪与社会危险行为的原则与方法，既是刑事政策的内容也是犯罪对策的表现。甚至在一定程度上广义刑事政策与犯罪对策的基本内容至为相近。但是，不能就此将刑事政策完全等同于犯罪对策。应当注意，通常所指的刑事政策仅为其狭义上的理解。如果将刑事政策限定为广义，则刑事政策这一概念也就缺乏其应有的个性，并且基于广义刑事政策视野的至为广泛，也难以形成相对集中的刑事专业的理论研究与学科体系。因此，本书在一般场合仅将刑事政策限定为特定范畴的犯罪对策，即刑事政策只是犯罪对策的下位概念，是刑事科学领域中的犯罪对策。具体地说：(1) 基本概念对比：**刑事政策**，是基于犯罪原因、犯罪条件的揭示和犯罪预测的把握，由国家与执政党制定或认可的，以制度规范形态展示的，旨在预防、控制与惩治犯罪、实现刑事公正与效率的价值目标的，应对犯罪与社会危险行为的原则与方法。**犯罪对策**，是基于犯罪原因、犯罪条件的揭示和犯罪预测的把握，由社会组织制定与实施的，探寻犯罪预防、犯罪控制、社会政策与刑事政策、社会措施与刑事处置、犯罪惩罚与犯罪矫治的合理的原则与方法。(2) 两者相同之处：A. 政策与对策的基础：犯罪原因、犯罪条件的揭示和犯罪预测的把握，既是刑事政策制定也是犯罪对策制定的理论与实际根据。B. 政策与对策的宗旨：无论是刑事政策还是犯罪对策的制定与实施，均以预防犯罪与控制犯罪为宗旨。C. 政策与对策的本义：就刑事政策与犯罪对策的核心表现而言，两者均为应对犯罪与社会危险行为的原则与方法。(3) 两者不同之处：A. 决策主体：刑事政策由国家与执政党予以决策，由代表国家或者执政党的组织机构负责执行，由此刑事政策也具有一定的权力色彩。社会各界乃至公民个人并不主导刑事政策的决策与负责刑事政策的执行。与此不同，犯罪对策主要由社会组织制定与实施。社会组织的外延更为广泛，具体包括政党、政府、企业、学校、社会团体等。同时，初级社会群体所拟定的一些较为具体的应对犯罪方法，也不失为犯罪对策的组成部分；而犯罪对策的具体实施，则包含了各种社会组织与初级社会群体在内的全社会。B. 核心内容：刑事政策更为专注于刑事领域，其本体内容表现为直接遏制犯罪与社会危险行为的原则与方法，包括刑事立法政策、刑事司法政策，刑事实体法政策、刑事程序法政策等；其形式层面表现为应对犯罪与社会危险行为的刑罚与保安处分的一系列制度规范设置；其实质层面表现为由既对立又统一的刑事公正与刑事效率而构成的刑事政策的内在价值理念。相对而言，犯罪对策涉及更为广泛的领域与视野，而不仅仅局限于刑事领域的预防犯罪与控制犯罪的原则方法。犯罪惩罚、犯罪矫治、刑事处置等固然属于犯罪对策的组成部分，而社会措施、社会政策等更是犯罪对策的重要内容。这里的社会措施、社会政策立足于社会领域，置重于应对犯罪的各种合理的政策、制度、方法。例如，增加就业机会、调整税收政策、完善社会保障等。

第 4 节　我国刑事政策的基本内容

[1] 刑事政策的基本内容既可谓是刑事政策的基本骨架，又可以说是刑事政策的具体样态。对此，我国刑事政策的理论与实践存在诸多不同见解。应当说，刑事政策的基本价值理念与政策形式结构是刑事政策基本内容的核心。

一、我国刑事政策内容的学说考究

[2] 基于知识展现纵深的视角，我们可以将关涉刑事政策内容的知识层面分析为三：刑事政策的指导思想、刑事政策的基本原则、刑事政策的类型形态。以此作为逻辑纲目展开，试对我国学者有关刑事政策内容的见解，择要介绍如下：

[3] **刑事政策的指导思想：(1) 马列主义毛泽东思想**：例如，有的论著指出，我国刑事政策的指导思想是马列主义毛泽东思想，具体包括：从实际出发制定方针政策的思想；具体分析区别对待的思想；无产阶级肩负改造客观世界历史任务的思想；事物互相联系互相影响的思想；正确处理两类不同性质矛盾的思想。① 也有的论著指出，马列主义毛泽东思想对于刑事政策制定与实施的指导，主要包括：从实际出发，实事求是；严格区分两类不同性质的矛盾；打击和预防犯罪相结合；区别对待、分化瓦解犯罪分子；惩罚与教育改造相结合。② **(2) 邓小平理论**：例如，有的论著指出，邓小平理论的许多观点，对于我国刑事政策均有指导意义，具体包括：解放、发展生产力；坚持四项基本原则；坚持党的基本路线不动摇；坚持两手抓，两手都要硬（一手抓改革开放，一手抓打击犯罪；一手抓改革开放，一手抓惩治腐败；一手抓经济建设，一手抓民主法制；一手抓物质文明，一手抓精神文明）；解放思想，实事求是；依法治国；惩罚犯罪，保护人民。③

[4] **刑事政策的基本原则：(1) 强调相对概念间的协调统一思想**：例如，有的论著指出，我国刑事政策的基本原则，主要包括：正确处理政策与法律的

---

① 马克昌主编：《中国刑事政策学》，武汉大学出版社 1992 年版，第 18—22 页。
② 杨春洗主编：《刑事政策论》，北京大学出版社 1994 年版，第 159—165 页。
③ 何秉松主编：《刑事政策学》，群众出版社 2002 年版，第 195—211 页。

关系原则；以罪刑相适应原则为基础的处遇个别化原则；打击少数，争取、教育、改造多数的原则；统筹兼顾，不可偏废的原则。[①] **（2）强调合理、平衡、法制的思想**：例如，有的论著指出，刑事政策制定的基本原则，主要有三条：合理原则（有价值与合真理的统一）；平衡原则（宏观与微观、一般预防与特殊预防、社会利益与个人利益、目的与手段等的相对统一）；法制原则（遵守宪法原则、政策与法律密切协同）。[②] **（3）强调人道、法治、科学的思想**：将人道主义、法制主义、科学主义，作为刑事政策的基本原则。人道主义是指对人性尊严的尊重，即人必须把人当作目的而不是手段；法治主义是指在制定及实施犯罪防治对策时，须受法律支配；科学主义是指刑事政策学须立足于犯罪学等经验科学的研究成果之上。[③] **（4）强调谦抑、刑期无刑、仁爱的思想**：将刑罚谦抑主义、刑期无刑主义、仁爱主义，作为刑事政策的基本原则。刑罚谦抑主义，是指排除刑罚万能的思想，刑罚须和其他社会安全设施紧密配合才能达到目的；刑期无刑主义，是指刑罚本身并不是目的，而只是手段，其最终目的在使犯罪人不至沦于再犯；仁爱主义，是指人和人彼此密切不可分离，自然应当人人有不忍人之心，休戚与共痛痒相关。[④] **（5）强调改善、科学、个别、谦抑的思想**：将教育改善主义、科学主义、个别化、刑罚谦抑主义，作为刑事政策的基本原则。教育改善主义，是指刑事政策最终目标在于教育改善犯罪人，使其重新做社会有用之人；科学主义，是指有效的刑事政策非以各科学有关犯罪之研究为其基础不可；个别化，是指对犯罪人所为之处遇，须依各个犯罪人之个性及需要而个别化；刑罚谦抑主义，是指排除刑罚万能的思想。[⑤] **（6）区分政策的制定原则与执行原则**：例如，有的论著指出，制定刑事政策的基本原则，主要包括：科学原则、法治原则、人权原则；刑事政策执行的基本原则，主要包括目标与手段相统一的原则、原则性与灵活性相结合的原则、监控与执行相同步的原则。[⑥]

［5］**刑事政策的类型形态：（1）基本政策与犯罪类型政策**：例如，有的论著将我国刑事政策的类型形态表述为：惩办与宽大相结合的基本刑事政策；对于犯罪集团，实行区别对待的刑事政策；对于惯犯，实行从严处罚的刑事政策；对于犯罪法人，实行两罚的刑事政策；对于严重刑事犯罪，实行依法从重

---

① 马克昌主编：《中国刑事政策学》，武汉大学出版社 1992 年版，第 22—27 页。
② 杨春洗主编：《刑事政策论》，北京大学出版社 1994 年版，第 41—45 页。
③ 许福生著：《刑事政策学》，中国民主法制出版社 2006 年版，第 19—21 页。
④ 林纪东著：《刑事政策学》，台湾正中书局 1996 年版，第 10—13 页。
⑤ 张甘妹著：《刑事政策》，台湾三民书局 1979 年版，第 9—14 页。
⑥ 何秉松主编：《刑事政策学》，群众出版社 2002 年版，第 226—266 页。

从快的方针；对于严重经济犯罪，实行依法从严处罚的方针；对于违法犯罪的未成年人，实行教育、感化、挽救的方针，坚持教育为主、惩罚为辅的原则；对于累犯、再犯，实行从严处罚的刑事政策；对于国家工作人员犯罪，实行从严从重的刑事政策；对于军职人员犯罪，实行军法从严、战时从严、宽严相济、化消极因素为积极因素等的刑事政策；对于少数民族公民犯罪，实行“两少一宽”的刑事政策；对于社会治安问题，实行社会治安综合治理的方针；对于劳动改造罪犯的工作，实行“改造第一，生产第二”的方针。① **(2) 基本政策与具体政策**：例如，有的论著将我国刑事政策的具体形态表述为：社会治安综合治理的方针，是解决我国违法犯罪问题的基本对策；惩办与宽大相结合的政策，是我国同犯罪作斗争的基本刑事政策；少杀政策、“给出路”政策、依法从重从快政策等，是在贯彻实施惩办与宽大相结合的基本刑事政策过程中，在不同时期，针对不同情况，党和国家提出的具体刑事政策；“教育、感化、挽救”，是劳动教养工作的方针；惩罚管制与思想改造相结合、劳动生产与政治文化技术教育相结合、对罪犯实行社会主义人道主义等政策，是我国改造罪犯中的具体政策。② **(3) 不同法律部门的政策体现**：例如，有的论著基于不同法律部门以刑事政策法律化，对我国刑事政策的具体形态作了表述。我国《刑法》对于犯罪概念、犯罪构成一般构成要件、犯罪停止形态的规定等，均体现了刑事政策的基本要求；我国《刑法》规定的刑罚体系，体现了区别对待的原则、依靠专门机关与人民群众相结合的政策、社会主义人道主义的精神；依法从重从快，重证据、重调查研究、不轻信口供、严禁刑讯逼供等等，是刑事政策在刑事诉讼法方面的表现；改造第一、生产第二，惩前毖后、治病救人，“给出路”政策等，是刑事政策在监狱法方面的表现；此外，还有惩办与宽大相结合、社会治安综合治理等等刑事政策。③

二、我国刑事政策的基本结构

[6] 应当说，**刑事政策的知识结构**涉及刑事政策概念与特征、刑事政策的主体与客体、刑事政策的价值目标、刑事政策的指导思想与原则、刑事政策的具体表现、刑事政策的制定与实施、刑事政策的环境、刑事政策的评估、刑事政策的终结、中外刑事政策的比较等等。不过，本题“**我国刑事政策的基本结构**”，主要是就我国刑事政策的内容要素而言的，基于纵深的视角，具体表现

① 马克昌主编：《中国刑事政策学》，武汉大学出版社 1992 年版，第 89、229、253、267、279、319、367、387、408、424、437、484 页。

② 杨春洗主编：《刑事政策论》，北京大学出版社 1994 年版，第 198、231、229、279、318 页。

③ 何秉松主编：《刑事政策学》，群众出版社 2002 年版，第 359—447 页。

为三个层面：指导思想、基本原则、具体形态。

（一）刑事政策的指导思想

［7］**刑事政策的指导思想**，高屋建瓴，是构建刑事政策内容的灵魂与源泉，属于刑事政策内容要素的最为抽象宏观的精神。刑事政策由国家与执政党制定或认可，国家与执政党为治理整体国家而确立与倡导的意识价值，也是刑事政策灵魂的根本指针与导向。我国《**宪法**》序言明确规定了国家的指导思想："……中国各族人民将继续在中国共产党领导下，在马克思列宁主义、毛泽东思想、邓小平理论和'三个代表'重要思想指引下，坚持人民民主专政……"由此，马克思列宁主义、毛泽东思想、邓小平理论和"三个代表"重要思想，是中国共产党和国家的根本指导思想，也是刑事政策内容的灵魂与源泉。

（二）刑事政策的基本原则

［8］**刑事政策的基本原则**，基于刑事政策的根本指导思想，具体阐释刑事政策内容的法则或标准，属于刑事政策内容要素的刑事领域的基本准则。就具体表现而言，刑事政策基于其**基本原则**的思想指导，形成各个侧面的政策的**典型表述**（例如，宽严相济政策），进而又具体展示为**制度规范**的形态（例如，罪刑处置）。这意味着，刑事政策原则高屋建瓴统辖着刑事政策典型表述的核心思想，刑事政策的典型表述系属刑事政策思想内容的基本网结，刑事处置等规范形态则为刑事政策最终的具体展开与表现。由此，基于最终的实体形态，也可以说，刑事政策是具有内在价值目标的刑事规范，在刑事领域，法治原则、保障人权兼顾保护社会、刑事公正兼顾刑事效率、罪责自负原则，应当成为刑事规范的重要价值标准，同时也构成了刑事政策的应然的基本准则。

［9］**刑事法治原则**：是指基于民主政治的社会背景，国家刑事权力的发动与运行，严格依据法律，而排除任何个人恣意的法律至上的基本准则。其**核心标志为**：**（1）民主政治**：法治原则以民主政治为根基。民主，意味着人民的统治、多数人的统治。法律也应当是民主的产物，而不是个别人或者少数人的恣意。**（2）法律至上**：法治的基本特质就是法律至上。国家、政党、统治者个人等所有权力，均受公平正义的法律框架的制约，不允许有超越于法律的特权。**（3）罪刑法定**：在刑事领域，罪刑法定、罪刑均衡、刑法法制主义、适用刑法平等、无罪推定等，确立了刑事法治的基本价值，构建了现代刑事法治的

根本支柱。[①]

[10] **保障人权兼顾保护社会**：**保障人权**意味着刑事政策，应当具有防止国家滥施刑罚权与任意剥夺公民自由权利的价值的基本准则，包括：对国家刑罚权的制约；对公民自由的保障（保障犯罪公民受到合法追究、保障善良公民不受非法追究）。**保护社会**意味着刑事政策，应当具有惩罚犯罪以维护社会秩序与保护各种法益的价值的基本准则，包括：社会秩序的维护；各种法益的保护（对个人法益、对国家法益、对社会法益的保护）。关于**保障人权与保护社会**的平衡问题，基于刑事法律关系的本质特征，即"国家与犯罪人"的刑事法律关系主体、"受制约的刑罚权与有限度的刑事责任"的刑事法律关系内容等[②]，应当强调刑事政策的保障人权本位与保护社会兼顾。

[11] **刑事公正兼顾刑事效率**：这是基于刑事政策价值目标的核心取向，对于刑事政策应有的基本准则的表述。[③] **刑事公正**，意味着刑事政策体现着社会的公平、正义与合理，具体表现在保障人权兼顾保护社会、罪刑宽严适度、平均正义并分配正义等。**刑事效率**，意味着刑事政策体现着以最少的资源获得最大的收益，具体表现在刑事政策对于稳定社会秩序所产生的积极功效与作用。关于**刑事公正与刑事效率**的平衡问题，基于法律对于社会正义的终极意义以及刑事法律的谦抑、严厉等本质特征，应当强调刑事政策的公正本位与效率兼顾。

[12] **罪责自负原则**：指刑罚权只能针对实施了犯罪行为的犯罪人本人发动与具体实行，而不能株连与犯罪无关的人的刑事政策基本准则，包括：责及罪犯本人；不得株连无辜。**责及罪犯本人**意味着只有实施犯罪行为的人才承担刑事责任；犯罪人也只对自己的罪行承担刑事责任；不仅生命刑、自由刑只能由罪犯本人承担，而且资格刑、财产刑也只能由罪犯本人承担。**不得株连无辜**意味着在刑事领域并不存在刑事责任者承担责任的替代与转移；没有实施犯罪行为的人，尽管其与犯罪人有着亲属、朋友、邻居等关系，但是也不能因此而受到刑事责任的牵连。

（三）刑事政策的具体形态

[13] **刑事政策的具体形态**，立于政策具体内容的层面，展现各种刑事政策的典型表述，属于刑事政策内容要素的较为具体微观的表现。刑事政策，

---

① 详见张小虎著：《刑法的基本观念》，北京大学出版社2004年版，第142—171页；张小虎著：《刑法学》，北京大学出版社2015年版，第27—35页。

② 详见张小虎著：《刑法的基本观念》，北京大学出版社2004年版，第209—235页。

③ 相对而言，保障人权兼顾保护社会，是基于刑事政策价值目标的**具体表现**，而对刑事政策应有的基本准则的表述。

旨在预防、控制与惩治犯罪，应对犯罪与社会危险行为，表现为宏观原则与具体方法。这意味着刑事政策，在具体形态上，包括预防、控制与惩罚犯罪等的刑事政策，应对犯罪与社会危险行为的刑事政策，宏观原则性刑事政策与具体方法性刑事政策。

[14] **预防犯罪的刑事政策、控制犯罪的刑事政策与惩罚犯罪的刑事政策：(1) 预防犯罪的刑事政策**：是指旨在预先防范犯罪形成的各种刑事政策的具体形态。例如，社会治安综合治理的方针，教育、感化、挽救的方针（对待未成年人违法犯罪），惩前毖后、治病救人的方针（我党对待犯错误的同志）以及惩罚与教育相结合、以教育为主的政策（对待未成年人犯罪）等等。**(2) 控制犯罪的刑事政策**：是指旨在限控遏制犯罪发生的各种刑事政策的具体形态。例如，依法从重从快的方针（对于严重刑事犯罪）、从严处罚的政策（对于累犯、再犯）等等。**(3) 惩罚犯罪的刑事政策**：是指旨在以合理报应已然之罪为本位的各种刑事政策的具体形态。例如，轻轻重重的两极化罪刑政策、以事实为依据以法律为准绳的刑罚适用政策、少杀的惩罚强度政策、少捕的惩罚广度政策、主刑与从刑的惩罚模式政策等等。

[15] **应对犯罪的刑事政策与应对社会危险行为的刑事政策：(1) 应对犯罪的刑事政策**：是指针对犯罪而予以刑罚处罚的各种刑事政策的具体形态。例如，刑事违法性与社会危害性相统一的犯罪概念，四要件平行并举的犯罪构成理论体系，主刑与从刑的刑罚体系，坦白从宽、抗拒从严的政策，区别对待的政策（对于不同类型犯罪、共同犯罪）等等。**(2) 应对社会危险行为的刑事政策**：是指针对社会危险行为而予以保安处分的各种刑事政策的具体形态。我国现行法律体系中没有保安处分之名，《刑法》上更无保安处分之说，但是我国《刑法》和行政法上业已存在一定的具有保安处分部分功能的各种预防犯罪的措施，如收容教养、强制医疗、强制戒除、没收财物等。① 与这些措施相应，也有着各种刑事政策的具体形态。例如，针对未成年人违法犯罪的教育、感化、挽救的方针等等（见本节段5）。

[16] **宏观原则性刑事政策与具体方法性刑事政策：(1) 宏观原则性刑事政策**，是指刑事政策的具体表现中，具有总体全局指导意义的刑事政策形态。例如，社会治安综合治理的方针、宽严相济的刑事政策等。宏观原则性刑事政策也可谓**基本刑事政策**。对于基本刑事政策的界定，刑法理论存在不同见解。有的强调基本刑事政策的“较长时期全程主导作用”特征，并且存在定

---

① 但是，严格而论，这些措施不能称作我国的保安处分制度。详见张小虎著：《刑法学》，北京大学出版社2015年版，第419页。

罪、刑罚、处遇等三个方面的基本刑事政策[1]；有的认为基本刑事政策应当包含事前预防与事后打击两个方面，从而只有社会治安综合治理才能称为基本刑事政策。[2] 应当说，基本刑事政策的核心意义在于其总体全局指导的特征。具体地说，作为基本刑事政策应当同时具有如下特征：长期持续有效、贯穿立法司法、具有普适意义、政策思想平台等。现代刑事政策在本义上就是基于“预防、控制与惩治犯罪、实现刑事公正与效率的价值目标”（见第 2 节段 9），而非单纯的事后制裁。由此，宽严相济政策不失基本刑事政策的地位。**(2) 具体方法性刑事政策**，是指刑事政策的具体表现中，具有相对具体与操作意义的刑事政策形态，包括具体方法思想与具体方法操作。其中，**具体方法思想**，例如，刑事违法性与社会危害性相统一的犯罪概念、四要件平行并举的犯罪构成理论体系、主刑与从刑的刑罚体系、保留死刑但严格限制死刑的政策等等；**具体方法操作**，例如，基于《刑法》第 13 条“但书”而有的相关规定，对于情节显著轻微危害不大的行为，不认为是犯罪；基于《刑法》总则有关条文以及分则第 263 条的规定，认定特定行为构成抢劫罪；基于《刑法》总则与分则的有关规定，具体适用管制、拘役、有期徒刑等刑罚方法。

[17] 指导思想、基本原则、具体形态的刑事政策纵深层面，在一定程度上也表现出刑事政策的形成与践行的过程。刑事政策的指导思想高屋建瓴，构建刑事政策内容的灵魂与源泉；基于刑事政策的指导思想，刑事政策的基本原则解释刑事政策内容的法则或标准；基于刑事政策的基本原则，刑事政策的具体表现展现刑事政策内容的各种形态。由此，指导思想有待于具体为基本原则，而基本原则有待于转化为具体形态，具体形态也有待于进一步予以方法操作化。

---

① 参见储槐植：《刑事政策：犯罪学的重点研究对象和司法实践的基本指导思想》，载《福建公安高等专科学校学报——社会公共安全研究》1999 年第 5 期，第 6 页。

② 参见张远煌：《宽严相济刑事政策时代精神解读》，载《江苏警官学院学报》2008 年第 2 期，第 7 页。

第二章　宽严相济政策的演进与形成

[1] 宽严相济，是我国应对犯罪的一项基本刑事政策。这一刑事政策是惩办与宽大相结合政策在新的时代背景下的发展完善与集中表述，是基于现阶段的观念更新而将惩办与宽大相结合政策推进到一个新的里程碑。

第5节　惩办与宽大相结合政策的演进

[1] 惩办与宽大相结合的政策，是宽严相济刑事政策的渊源基础，这一政策基于中国革命长期对敌斗争的理论与实践，在毛泽东同志的创立与倡导下，历经思想萌芽、初步形成、充实发展、丰富明确等演进阶段，逐步成为统领我国以惩罚犯罪为主导的理论与实践的首要的思想准则，在刑事处置的立法与司法方面，居于显赫地位，备受重视。

一、由思想萌芽到初步形成

[2] **思想萌芽·镇压威慑的思想**：第一次国内革命战争时期，土豪劣绅是革命的主要对象，他们在农村制造白色恐怖，而党内右倾机会主义者推行投降主义路线，攻击压制农民运动。毛泽东同志批判了这一思潮，并提出了在对敌斗争中，应当采取多种方法，对于罪大恶极者予以**镇压威慑**的思想。1927年，毛泽东在《湖南农民运动考察报告》中指出："以前土豪劣绅残忍，土豪劣绅造成的农村白色恐怖是这样，现在农民起来枪毙几个土豪劣绅，造成一点小小的镇压反革命派的恐怖现象，有什么理由说不应该？"[①]

[3] **精神展现·严中有宽的精神**：第二次国内革命战争时期，建立了中央苏区，为了镇压反革命势力的猖狂破坏，1934年4月8日，毛泽东同志签署颁布了《中华苏维埃共和国惩治反革命条例》（以下简称《条例》）。这一《条例》较为明确地体现了在镇压反革命中应当注意**严中有宽、宽严相济**的精神。**(1) 镇压精神**：《条例》第3—30条列举了各种罪行，除第13条（制造、保存反革命宣传品）、第30条（藏匿、协助行为同罪）外，其余各条（对于诸如反革命暴动、破坏、暗杀、宣传等）均规定了死刑，对再犯加重处罚（第31条）。**(2) 从宽**

① 《毛泽东选集》（第1卷），人民出版社1991年版，第26页。

精神:《条例》规定,对于犯有某些罪行而情节较轻的,可不处死刑而予一定期限的监禁;对于未遂犯、胁从犯、工农分子犯罪、对苏维埃有功绩的人犯罪、自首犯、未成年人犯罪等,可以减轻处罚;尤其是该《条例》还规定了对于不满 14 岁的幼年人犯罪,交教育机关感化教育处置。

[4] **初步形成·镇压与宽大相结合**:抗日战争时期,毛泽东同志发表了一系列论述,更为明确地阐明了**镇压与宽大相结合**的锄奸政策,由此惩办与宽大相结合的政策初步形成。1942 年,毛泽东同志在《论政策》一文中指出:“应该坚决地镇压那些坚决的汉奸分子和坚决的反共分子,非此不足以保卫抗日的革命势力。但是决不可多杀人,决不可牵涉到任何无辜的分子。对于反动派中的动摇分子和胁从分子,应有宽大的处理。”[①]延安整风期间,毛泽东同志在九条方针中,对于宽大大多数镇压极少数的思想又作了进一步的阐释。1942 年,中共中央《关于宽大政策的解释》,**明确提出**了镇压与宽大相结合的政策:“这里是提出了镇压与宽大两个政策,并非片面的只有一个宽大政策。对于绝对坚决不愿改悔者,是除外于宽大政策的,这就是镇压政策。”[②]

二、充实发展走向丰富明确

[5] **充实发展:区别对待与少杀**:解放战争时期,在与国民党反动派的决战中,毛泽东同志提出了“区别对待”“少杀”等对敌斗争的一系列思想、方针,进一步充实了惩办与宽大相结合政策的内容。**(1) 区别对待的政策**:1947 年,毛泽东同志在《中国人民解放军宣言》中,针对蒋方人员提出了“首恶者必办,胁从者不问,立功者受奖”的政策[③]。**(2) 少杀的政策**:1948 年,毛泽东同志在《关于目前党的政策中的几个重要问题》中,明确强调“坚持少杀,严禁乱杀”的政策[④]。

[6] **丰富明确:惩办与宽大相结合政策**:新民主主义革命胜利以后,在“镇反”“肃反”“五反”等斗争中,毛泽东同志进一步丰富、完善了镇压与宽大相结合政策的内容,中共八大政治报告将这一政策明确表述为“惩办和宽大相结合的政策”,由此这一政策成为我们党和国家同刑事犯罪作斗争的一项根本准则。**(1) 首恶必办、胁从不问、立功受奖**:1950 年,毛泽东同志在《为争取国家财政经济状况的基本好转而斗争》中,重申了镇压与宽大相合政策的核心

---

① 《毛泽东选集》(第 1 卷),人民出版社 1991 年版,第 767 页。

② 韩延龙、常兆儒编:《中国新民主主义革命时期根据地法制文献选编》(第 3 卷),中国社会科学出版社 1981 年版,第 54—55 页。

③ 参见《毛泽东选集》(第 4 卷),人民出版社 1991 年版,第 1238 页。

④ 参见同上书,第 1271 页。

内容,指出:在肃清反革命分子的问题上,"必须实行**镇压与宽大相结合**的政策,即首恶者必办,胁从者不问,立功者受奖的政策"①。**(2)坦白从宽、抗拒从严**:1952年3月,毛泽东同志在关于"三反""五反"的斗争的指示中,明确提出"坦白从宽、抗拒从严"的政策。② **(3)惩办和宽大相结合**:1956年,中共八大政治报告指出:"我们对反革命分子和其他犯罪分子一贯地实行惩办和宽大相结合的政策,凡是坦白的、悔过的、立功的,一律给以宽大的处置。"

第6节　惩办与宽大相结合政策的内涵

[1] 政策的形式表述与知识内容,必然伴随着时代的演进而呈现出不断地发展与更新。同样,"惩办与宽大相结合"的基本内涵,也是流淌着时代精神而日益充实与完善的政策思想。

一、惩办与宽大相结合政策的初期表述

[2] 对于惩办与宽大相结合政策的深刻内涵,毛泽东同志有过精辟的阐述。1950年,毛泽东同志在《关于镇压反革命活动的指示》中指出:对于反革命分子应当按照"镇压与宽大相结合"的政策,分别的加以处理。对于首恶的、怙恶不悛的,应依照惩治反革命条例加以镇压。对于罪恶较轻,而又表示愿意悔改的人员,应即实行管制,加以考察。对于真正的胁从分子,自动坦白的分子和斗争中有所贡献的分子,应分别予以宽大的待遇。1951年,毛泽东同志在转发西南军区党委关于镇反工作报告给华东、中南、西北、华北、东北各大军区的电报中,对于胁从不问应有的处罚宽严的含义又作了更为具体的阐释。

[3] 1956年,时任公安部部长的罗瑞卿同志,在中共八大会议上的发言《我国肃反斗争的主要情况和若干经验》,对惩办与宽大相结合政策的内容要点作了明确的概括,指出:"党在肃反斗争中的严肃与谨慎相结合的方针,体现在对待反革命分子的政策上,就是惩办与宽大相结合的政策,它的具体内容就是:首恶必办,胁从不问,坦白从宽,抗拒从严,立功折罪,立大功受奖。惩办与宽大,两者是密切结合不可偏废的。"③此后,**惩办与宽大相结合刑事政策**的内容被概括为:首恶必办,胁从不问,坦白从宽,抗拒从严,立功折罪,立

---

① 《毛泽东选集》(第5卷),人民出版社1977年版,第20页。

② 参见同上书,第55页。

③ 北京大学法律系刑法、审判法教研室编:《肃反问题学习文件》,第169页。

大功受奖。

[4] **首恶必办**，是指对于首要分子或者罪行极其严重的犯罪分子，必须予以追究，给予相应的惩罚。**胁从不问**，是指对于胁从犯或者罪行轻微的一般分子，从轻、减轻或者免除处罚。**坦白从宽**，是指对于自首犯或者如实交待自己罪行的罪犯，根据其犯罪性质、情节、危害程度和悔罪表现等，予以从轻、减轻或者免除的从宽处理。**抗拒从严**，是指对于在确凿的犯罪证据面前拒不认罪、不思悔改或者继续为非作恶的犯罪分子，予以从重处罚的从严处理。**立功折罪**，是指对于揭发他人的犯罪行为查证属实或者提供线索致使案件得以侦破的犯罪分子，视情节而给予从轻、减轻或者免除处罚。**立大功受奖**，是指对于有重大立功表现的犯罪分子，可以给予更为宽大的处理，甚至在精神上、物质上予以一定的奖励。“首恶必办，胁从不问，坦白从宽，抗拒从严，立功折罪，立大功受奖”，曾是惩办与宽大相结合政策的本体内容的规范表述，这一表述的蕴含也历经了不断丰富与完善的过程，以至 1979 年《刑法》明确规定，“依照惩办与宽大相结合的政策”制定刑法。当然，随着社会的变迁，惩办与宽大相结合政策的表述形态与内容，在新的社会条件下应当有所演进，但是这并不否定这一政策的时代价值与意义，事实上从昨天走来的这一政策的基本思想，今天依然熠熠生辉，勃发着生机。

二、惩办与宽大相结合政策的时代思想

[5] 对于惩办与宽大相结合政策在新的时代背景下的思想内容，许多论著从不同的角度给予了揭示；应当说，“区别对待、宽严相济”是惩办与宽大相结合政策的核心思想。

[6] **观点考究**：刑法理论对于惩办与宽大相结合政策的时代思想，主要存在如下见解：**(1) 区别对待**：主张惩办与宽大相结合政策的精神实质，在于区别对待。例如，有的论著指出：“概括地讲，惩办与宽大相结合政策的基本精神，集中到一点，就是分别不同情况，区别对待。”具体地说，可以从两层意义上理解：一是基于危害社会行为的复杂多样的社会现象，分别不同情况实行区别对待；二是基于犯罪行为与犯罪人的复杂多样的具体情况，分别不同情况实行区别对待。[①] **(2) 宽严相济、区别对待**：主张惩办与宽大相结合政策的精神实质，在于宽严相济、区别对待。例如，有的论著指出：“惩办与宽大相结合包括从宽和从严两个方面，而且是宽中有严，严中有宽，宽严结合，宽严相济，核心是区别对待。”也就是说，一方面要从社会治安形势和犯罪整体出发，

① 参见杨春洗主编：《刑事政策论》，北京大学出版社 1994 年版，第 236 页。

强调从严或从宽；另一方面也要针对个案进行从严或从宽，以示区别对待。[①] **(3) 宽严相济、区别对待、惩办少数改造多数**：主张惩办与宽大相结合政策的精神实质，在于宽严相济、区别对待、惩办少数改造多数。例如，有的论著认为，惩办与宽大相结合的基本精神，包括区别对待，宽严相济，惩办少数、改造多数。其中：区别对待，是指针对犯罪分子、犯罪行为的不同情况，给予不同的刑事处罚；宽严相济，意味着针对不同社会形势，宽严尺度要有所变化；惩办少数、改造多数，意味着对于犯罪分子中的少数予以严厉惩办，对于多数施以强制教育改造。[②] **(4) 宽严相济、区别对待、分化瓦解、惩办少数改造多数**：主张惩办与宽大相结合政策的精神实质，在于宽严相济、区别对待、分化瓦解、惩办少数改造多数。例如，有的论著认为，惩办与宽大相结合政策的精神实质，概括起来有四条：A. 区别对待：对于犯罪分子，要根据不同情况，处罚有轻有重；B. 宽严相济：宽和严密切结合，是对立统一不可分割的两个方面；C. 分化瓦解：利用犯罪分子之间存在的差别和矛盾，分化瓦解他们；D. 打击少数、教育改造多数：在惩办和宽大的对象上，打击少数，争取和改造多数。[③]

［7］**应然定位**：惩办与宽大相结合的政策，有着深厚的具体经验的积淀，随着时代的发展，其内容日益丰富完善，表述逐步精炼明确。而今，**惩办与宽大相结合政策**的基本思想，奠基于我国建设法治国家的社会背景[④]与现代刑事科学的基本理念，展示了“惩办与宽大相结合”本身所固有的、内在的精神实质。从这个意义上说，“区别对待、宽严相济”，是惩办与宽大相结合政策的基本思想；“分化瓦解、惩办少数改造多数”，是惩办与宽大相结合政策的思想引申。**(1) 区别对待**，是指区分犯罪行为与犯罪人等不同情况，予以有严有宽、宽严有别的刑事处置。**宽严相济**，是指刑事处置应当宽中有严、严中有宽、宽严并举、相互救济、相辅相成、相得益彰。**分化瓦解**，是指基于宽严相济的政策思想，从而达到分离化解犯罪势力，争取犯罪成员自首、坦白、检举立功的效果；**惩办少数改造多数**，是指基于宽严相济的政策思想，从而对于不思悔改罪行严重者予以严惩，而这必然是少数，对于弃恶从善罪行较轻者予以教育改造，而这必然是多数。**(2) 区别对待与宽严相济**，两者均表现为在罪刑处置上，应当根据情况的不同而有所差异，但是两者的侧重**有所不同**。区别对待，强调犯罪的社会危害的情况互有差异，由此应当区别对待；宽严相济，强调犯罪的刑事处罚的程度轻重有别，由此应当宽严相济。不过，两者也有

---

① 参见何秉松主编：《刑事政策学》，群众出版社 2002 年版，第 395 页。

② 参见马克昌主编：《中国刑事政策学》，武汉大学出版社 1992 年版，第 93—97 页。

③ 参见肖扬主编：《中国刑事政策和策略问题》，法律出版社 1996 年版，第 73—75 页。

④ 我国《宪法》第 5 条规定：“中华人民共和国实行依法治国，建设社会主义法治国家……”

密切关联，进而构成一个整体。区别对待的区别不同情况，是宽严相济处置的前提，缺乏针对不同情况的"区别"，宽严相济将会成为无源之水与无本之木。不仅如此，区别对待也是作为宽严相济的补充而存在的。这主要表现在区别对待的"对待"意义上，这一对待固然包含了宽严相济处置的意义，同时这一对待也具有"相济"的语言本义①所难完全包容的宽严有别（分别宽严）的意义。由此，区别对待不仅系属宽严相济不可或缺的前提，而且也是宽严相济的重要内容补充，区别对待并宽严相济共同完整地表述了区别情况、分别宽严、宽严相济的政策内容。

第7节　宽严相济政策的提出

[1] 1979年《刑法》第1条对于惩办与宽大相结合的政策予以了明确规定："中华人民共和国刑法……依照惩办与宽大相结合的政策……制定。"然而，随后针对日益严峻的社会治安形势，"严打"方针被提到较为显著的位置，而"惩办与宽大相结合"的政策一度受到低落，以致1997年修订的《刑法》删除了惩办与宽大相结合政策的表述。然而，社会治安综合治理始终是我国应对犯罪的一项基本方针，其中"打防并举、标本兼顾、重在防范、重在治本"是这一基本方针的指导方针。这不仅是对我国应对犯罪的基本刑事政策的披露，而且也是对人类社会遏制犯罪的基本规律的揭示。由此，在我国这种政策指导思想以及应有理论知识背景下，惩办与宽大相结合仍不失其重要地位与时代必要，并且随着时代的推进，在新的历史发展阶段，这一政策又有其新的核心内容，由此这一具有时代气息的政策内容逐步受到理论与实践的再次关注，并以更为集中、简练、直观、明确的形式"宽严相济"得到应有的彰显。兹就官方文件对于宽严相济政策表述的提出，按照时间顺序与表述特征作一简要介绍。

一、宽严相济政策表述的基本形成

[2] 惩办与宽大相结合系属我国基本刑事政策，"严打"方针也不应否定这一基本政策的统领作用。由此，即使在"严打"中，也应坚持宽中有严、严中有宽、宽严并举。基于这一思想精神的指导，有关司法文件特别强调了宽严相济的政策原则。

---

① **济**，是指救济。**相济**，是指相互救济。具体而言，这里的"相济"，具有相互补充、相互配合、相互协助等意义。

［3］**宽中有严·以严显宽**：1986年9月13日，最高人民检察院、最高人民法院、公安部《关于严格依法处理反盗窃斗争中自首案犯的通知》第3条规定："各级人民法院在召开从宽处理自首的犯罪分子的宣判大会时，应同时适当宣判一些犯罪情节严重、拒不认罪的从严处罚的案犯，以充分体现宽严相济的政策"。这是宽严相济政策表述的最初官方显现。其**特征**是：**(1) 具体司法**：基于如何从宽处理自首犯这一具体司法工作，具体阐释宽严相济政策的精神。**(2) 宽中有严**：强调在对某些情形从宽处理的同时，也应注意对有关相对情形的从严处理，从而轻中有重宽中有严，以严显宽凸显效果。**(3) 政策渊源**：当时1979年《刑法》仍在施行中，就政策根据的渊源而言，宽严相济政策不失是对1979年《刑法》惩办与宽大相结合政策的贯彻。

［4］**严中有宽·以宽显严**：1992年9月24日，公安部《关于开展追捕逃犯工作的意见》第三部分第3条指出："坚决贯彻依法'从重从快'的方针。对抓获的各类逃犯，要依法严惩。要充分发挥法律、政策的威力，体现宽严相济。"这一表述的**特征**是：**(1) 具体司法**：仍然是基于追捕逃犯的具体司法工作，具体阐释宽严相济政策的精神。**(2) 严中有宽**：以贯彻依法"从重从快"为基本平台，强调在依法严惩的同时，对于自首犯从宽，对于立功者奖励。**(3) 政策策略**：强调宽严相济政策的运用与功效，即充分发挥政策威力，宽出气派，严出威风。

［5］**区别对待·宽严相济**：1992年4月16日，最高人民法院办公厅、最高人民检察院办公厅、公安部办公厅、国家税务局办公室《关于办理偷税、抗税刑事案件具体应用法律的若干问题的解释宣传提纲》指出："对案件的处理，要遵循该宽则宽、该严则严、宽严相济的原则，要惩办少数，教育多数，并坚持'惩罚'与'预防'相结合的方针。"这是对于宽严相济政策内容阐释得较为全面的较早的官方文件。具体而论，其具有如下**特征**：**(1) 具体司法**：基于司法机关、公安税务部门办理偷税、抗税刑事案件应用法律问题的具体职能活动，具体阐释宽严相济政策的精神。**(2) 表述全面**：对于宽严相济政策的核心内容作了较为全面的阐释，即"该宽则宽、该严则严，宽严相济"，从而强调宽严相济政策包含宽严有别与宽严相济两个方面。这一表述也与其后有关规范性文件对宽严相济政策较为成熟的表述相一致。[①] **(3) 政策关联**：这一规定体现了惩办与宽大相结合政策的时代精神，不仅对宽严相济政策的核心思想

---

① 2006年12月28日最高人民检察院《关于在检察工作中贯彻宽严相济刑事司法政策的若干意见》与2010年2月8日最高人民法院《关于贯彻宽严相济刑事政策的若干意见》，是对宽严相济政策的基本精神与司法贯彻予以全面阐释的两项典型规范性文件。两者均对宽严相济政策的核心内容作了相对规范的阐释。

"该宽则宽、该严则严、宽严相济"作了强调，而且对其思想引申"惩办少数，教育多数"以及"惩罚与预防相结合"也作了表述(见第6节段7)。

二、宽严相济政策表述的频频展现

[6] 自2004年以后，尤其是自2006年以来，宽严相济政策的表述在政法部门文件、中央领导讲话以至中共中央文件中日益频繁出现。应当注意，这些宽严相济政策的表述，不失惩办与宽大相结合政策的时代精神展示，这就是：至为凸显与注重宽严相济政策的基本内容；而在具体语境中，有的强调区分情况宽严有别，该宽则宽、当严则严；有的侧重宽严相济相得益彰，宽严并举、宽严救济；有的全面阐释宽严相济政策思想，宽严有别、宽严相济。其实，该宽则宽、当严则严、宽严相济等，均系宽严相济政策的应有内容，它们在宽与严的关系上，都是强调宽严不应有所偏废。兹对这一时期宽严相济政策的表述，基于多个侧面作一介绍：

[7] **出现频次递增及至专项表述**：在官方规范性文件中，宽严相济政策表述出现，由频次逐年递增至成为一种常态。以"两高"司法解释与工作报告以及中央文件等为基数，1993年以来的情况大致是：**1997年2项**，最高人民法院《关于认真抓好禁毒专项斗争中审判工作的通知》以及最高人民法院工作报告。**2002年1项**，最高人民法院工作报告。**2003年1项**，《中国共产党纪律处分条例》(中共中央)。**2004年3项**，《检察人员纪律处分条例(试行)》《为全面建设小康社会创造和谐稳定的社会环境和公正高效的法治环境》①及最高人民法院工作报告。**2005年8项**，包括司法解释6项，中央文件1项，最高人民法院工作报告。诸如，《建立健全教育、制度、监督并重的惩治和预防腐败体系实施纲要》(中共中央)等。**2006年9项**，包括司法解释6项，中央文件1项，最高人民法院与最高人民检察院工作报告。诸如，中共中央《关于构建社会主义和谐社会若干重大问题的决定》等。**2007年13项**，包括司法解释11项，最高人民法院与最高人民检察院工作报告。是年，最高人民检察院专门颁发了《关于在检察工作中贯彻宽严相济刑事司法政策的若干意见》。**2008年12项**，包括司法解释9项，中央文件1项，最高人民法院与最高人民检察院工作报告。诸如，最高人民法院《关于加强刑事审判工作维护司法公正情况的报告》等。**2009年14项**，包括司法解释11项，中央文件1项，最高人民法院与最高人民检察院工作报告。诸如，《人民法院第三个五年改革纲要(2009—2013)》(最高人民法院)等。**2010年27项**，包括司法解释19项，中央

---

① 时任中央政治局常委、中央政法委书记罗干，在全国政法工作会议上的讲话。

文件 6 项，最高人民法院与最高人民检察院工作报告。是年，最高人民法院专门颁发了《关于贯彻宽严相济刑事政策的若干意见》。最高人民检察院《关于在检察工作中贯彻宽严相济刑事司法政策的若干意见》与最高人民法院《关于贯彻宽严相济刑事政策的若干意见》，这两项有关宽严相济政策的**专题与体系性**司法解释的颁布，标志着新时代背景下宽严相济政策的思想内容与全面贯彻的里程碑。**2011 年以来**，宽严相济政策已成为各类刑事司法解释的基本政策指导，有关追究责任的中央文件也将宽严相济政策作为指导原则，历年的最高人民法院与最高人民检察院工作报告更是强调在处理刑事犯罪案件中对宽严相济政策的认真贯彻。直至 **2017 年**，全国人大常委会《关于授权最高人民法院、最高人民检察院在部分地区开展刑事案件认罪认罚从宽制度试点工作的决定》这一法律文件也明确将宽严相济刑事政策作为其立法贯彻的一项重要依据。

［8］**中央各部门处罚规定的政策指导**：宽严相济政策成为中央各部有关处罚规定的规范性文件的基本政策指导，这在司法解释、部门规章、中央文件、“两高”报告、领导讲话等等中均有体现。具体地说：(1) **最高人民法院解释**，诸如，最高人民法院《关于实施修订后的〈关于常见犯罪的量刑指导意见〉的通知》(2017 年)，最高人民法院《关于办理减刑、假释案件具体应用法律的规定》(2016 年)，最高人民法院《关于常见犯罪的量刑指导意见》(2013 年)，最高人民法院《关于贯彻宽严相济刑事政策的若干意见》(2010 年)，最高人民法院《关于深入贯彻落实全国政法工作电视电话会议精神的意见》(2009 年)，最高人民法院《关于为构建社会主义和谐社会提供司法保障的若干意见》(2007 年)等。(2) **最高人民检察院解释**，诸如，最高人民检察院《关于充分履行检察职能加强产权司法保护的意见》(2017 年)，最高人民检察院《关于加强侦查监督、维护司法公正情况的报告》(2016 年)，最高人民检察院《关于加强出庭公诉工作的意见》(2015 年)，最高人民检察院《关于深入推进社会矛盾化解、社会管理创新、公正廉洁执法的实施意见》(2010 年)，最高人民检察院《关于依法快速办理轻微刑事案件的意见》(2006 年)，最高人民检察院《关于在检察工作中贯彻宽严相济刑事司法政策的若干意见》(2006 年)等。(3) **联合解释**，诸如，最高人民法院、最高人民检察院、公安部、国家安全部、司法部《关于在部分地区开展刑事案件认罪认罚从宽制度试点工作的办法》(2016 年)，最高人民法院、最高人民检察院、公安部《关于办理暴力恐怖和宗教极端刑事案件适用法律若干问题的意见》(2014 年)，最高人民法院、最高人民检察院、公安部、司法部《关于全面推进社区矫正工作的意见》(2014 年)，最高人民法院、最高人民检察院《关于办理受贿刑事案件适用法律若干问题的意见》(2007

年),最高人民法院、最高人民检察院、公安部、司法部《关于进一步严格依法办案确保办理死刑案件质量的意见》(2007年)等。(4)**部门规章**,诸如,中共教育部党组、中央纪委驻教育部纪检组《关于高等学校践行监督执纪四种形态的指导意见》(2016年),公安部《关于切实做好刑事案件速裁程序试点工作的通知》(2014年),司法部《关于认真贯彻落实最高人民法院、最高人民检察院、公安部、司法部〈社区矫正实施办法〉进一步做好社区矫正工作的通知》(2012年),国家工商行政管理总局《工商行政管理机关治理商业贿赂专项工作实施方案》(2006年),司法部《关于贯彻落实〈建立健全教育、制度、监督并重的惩治和预防并重的腐败体系实施纲要〉的实施意见》(2005年),公安部《关于开展追捕逃犯工作的意见》(1992年)等。(5)**中央文件**,诸如,《中国共产党纪律检查机关监督执纪工作规则(试行)》(2017年),中共中央办公厅、国务院办公厅《关于加强社会治安防控体系建设的意见》(2015年),中共中央纪律检查委员会、中共中央政法委、中共中央组织部等《关于加大惩治和预防渎职侵权违法犯罪工作力度的若干意见》(2011年),中共中央《关于构建社会主义和谐社会若干重大问题的决定》(2006年),中共中央《建立健全教育、制度、监督并重的惩治和预防腐败体系实施纲要》(2005年)等。(6)**"两高"报告**,包括,1997年、2002年、2004年以来的最高人民法院工作报告,2006年以来的最高人民检察院工作报告。

[9] **多种方式强调宽严相济政策指导:(1)贯彻政策阐释**:只是笼统强调贯彻宽严相济政策,而对宽严相济政策的具体内容未予进一步阐明。诸如,2005年最高人民法院《关于进一步加强刑事审判工作的通知》,"坚决贯彻罪刑法定、罪刑相适应原则和宽严相济的刑事政策";2005年最高人民检察院关于贯彻落实《建立健全教育、制度、监督并重的惩治和预防腐败体系实施纲要》的意见,"正确运用政策和策略,体现宽严相济,区别对待";2006年中共中央《关于构建社会主义和谐社会若干重大问题的决定》,"实施宽严相济的刑事司法政策";最高人民法院《2009年人民法院工作要点》,"进一步贯彻宽严相济的刑事政策","落实宽严相济刑事政策,提高打击能力的同时减少社会对抗";2009年最高人民检察院关于《2009—2012年基层人民检察院建设规划》,"认真执行宽严相济的刑事政策";2009年最高人民法院《关于贯彻实施国家知识产权战略若干问题的意见》,"准确把握宽严相济的刑事政策";最高人民法院2009年《关于醉酒驾车犯罪法律适用问题的意见》,"贯彻宽严相济刑事政策,适当裁量刑罚"。**(2)具体工作阐释**:基于某项具体工作的开展,阐释宽严相济政策的基本要求。这一情形较为普遍。诸如,1997年最高人民法院《关于认真抓好禁毒专项斗争中审判工作的通知》,针对办理毒品犯罪案件

的法律应用，强调严中有宽的宽严相济精神："对毒品犯罪分子适用刑罚时，要注重加大打击力度……注意严格执行惩办与宽大相结合的政策，做到宽严相济"。2008年最高人民检察院《关于加强查办危害土地资源渎职犯罪工作的指导意见》，针对办理危害土地资源渎职犯罪案件的法律应用，强调宽严有别的宽严相济精神："要贯彻落实宽严相济刑事政策"，对犯罪情节轻微的犯罪嫌疑人，可以依法从轻处理；对毁灭、伪造证据等犯罪嫌疑人，要依法采取羁押性强制措施。**(3) 全面抽象阐释**：对于宽严相济政策的内容，予以较为全面与抽象的表述。例如，2007年时任最高人民法院副院长熊选国在《全面加强刑事大案要案审判工作为经济社会和谐稳定发展提供有力司法保障》的讲话中，对于宽严相济政策的地位、基本内容作了简要阐释："宽严相济是党和国家的一项基本刑事政策，其核心就是要区别对待，当宽则宽，该严则严，宽严适时，宽严适度。"时任最高人民法院院长王胜俊在2008年10月26日在第十一届全国人大常委会第五次会议上所作的《关于加强刑事审判工作维护司法公正情况的报告》附件中，对于宽严相济政策的地位、基本含义与具体贯彻作了相对系统的阐释，这也是官方规范文件在较为全面与普适意义上阐释宽严相济政策内容的典型。基于该《报告》附件的规定，宽严相济政策：A. 地位：是我国在维护社会治安的长期实践中形成的基本刑事政策。B. 基本含义：针对犯罪的不同情况，区别对待，该宽则宽，当严则严，宽严相济，罚当其罪。一方面，要坚持"严打"方针，对某些危害严重的犯罪与犯罪人依法严厉惩罚。另一方面，对具有法定或酌定从宽处罚情节的，要依法予以从宽处理。

[10] **司法解释系统全面阐释宽严相济政策思想**：最高人民法院和最高人民检察院对于各自工作中如何贯彻宽严相济政策，均以专题司法解释的形式作了具体规定。**(1) 最高人民检察院解释**：2006年最高人民检察院《关于在检察工作中贯彻宽严相济刑事司法政策的若干意见》，分为四个方面，具体阐释了宽严相济政策的基本思想以及贯彻要求：**A. 基本思想**：《意见》的第一部分对此作了阐释，包括：其一，地位：宽严相济是我们党和国家的重要刑事司法政策，是检察机关正确执行国家法律的重要指针。其二，内容：要根据社会治安形势和犯罪分子的不同情况，实行区别对待，注重宽与严的有机统一，该严则严，当宽则宽，宽严互补，宽严有度，对严重犯罪依法从严打击，对轻微犯罪依法从宽处理，对严重犯罪中的从宽情节和轻微犯罪中的从严情节也要依法分别予以宽严体现，对犯罪的实体处理和适用诉讼程序都要体现宽严相济的精神。其三，原则：坚持全面把握、区别对待、严格依法、注重效果的原则。**B. 贯彻要求**：《意见》基于检察机关贯彻宽严相济政策的有关重要环节，分别三个部分提出了相应的工作要求。这些工作环节包括履行法律监督职能、工

作机制和办案方式、司法观念和指导协调等。具体又涉及严厉打击严重犯罪、贪污贿赂渎职犯罪，慎重适用逮捕措施，依法适用不起诉，完善立案监督机制，正确行使抗诉职能，对未成年人犯罪案件、轻微刑事案件、因人民内部矛盾引发的轻微刑事案件、轻微犯罪中的初犯、偶犯依法从宽处理，正确处理群体性事件中的犯罪案件，加强侦查机制建设，推进办案专业化，依法正确适用简易程序和简化审理程序，完善对监外执行、社区矫正的法律监督机制等。**（2）最高人民法院解释**：2010年最高人民法院《关于贯彻宽严相济刑事政策的若干意见》，系统阐释了宽严相济政策的精神与贯彻。**A. 地位**：是我国的基本刑事政策，贯穿于刑事立法、刑事司法和刑罚执行的全过程。**B. 总体要求**：实行区别对待，做到该宽则宽、当严则严、宽严相济、罚当其罪，打击孤立极少数、教育感化挽救大多数；坚持罪刑法定、罪刑相适应和法律面前人人平等的原则；根据社会以及犯罪情况的变化，依法适时调整从宽和从严的对象、范围和力度。**C. 从严要求**：对于罪行十分严重、社会危害性极大的，依法判处重刑或死刑；对于社会危害大或者具有法定酌定从重处罚情节，以及主观恶性深人身危险性大的被告人，依法从严惩处；通过依法从严，达到威慑犯罪，有效遏制犯罪、预防犯罪的目的。**D. 从宽要求**：对于情节较轻、社会危害性较小的犯罪，或者罪行虽然严重，但具有法定酌定从宽处罚情节，以及主观恶性相对较小人身危险性不大的被告人，可以依法从轻、减轻或者免除处罚；对于具有一定社会危害性，但情节显著轻微危害不大的，不作为犯罪处理；对于依法可不监禁的，尽量适用缓刑或者判处管制、单处罚金等非监禁刑。**E. 相济要求**：善于综合运用宽和严两种手段，对不同的犯罪和犯罪分子区别对待，做到严中有宽、宽以济严；宽中有严、严以济宽。包括在对严重犯罪从严惩处的同时，注意以宽济严；在对较轻犯罪依法从轻处罚的同时，注意严以济宽；综合分析判断犯罪事实和社会治安状况等因素，总体从严或从宽等。**F. 工作机制**：建立健全贯彻宽严相济政策的各项工作机制，包括推进量刑规范化工作，确立案例指导制度，探索人民法庭受理轻微刑事案件工作机制，强化简易程序的适用，建立健全符合未成年人特点的审理机制，促进自诉案件双方自行和解，完善对刑事审判人员的监督机制等。

第8节　惩宽结合与宽严相济

［1］宽严相济刑事政策是近期逐步流行的一种表述，其与惩办与宽大相结合的政策究竟有何关系？这一问题在刑法理论界产生了广泛的争议。应当说，宽严相济刑事政策是惩办与宽大相结合政策的发展与完善，是新时代

背景下惩办与宽大相结合政策精神的典型表述。

一、惩办与宽大相结合政策的去留及其与宽严相济政策的关系

[2] 1979年《刑法》明确规定了“惩办与宽大相结合”的刑事政策，而1997年修订的《刑法》却删除了这一规定；1983年以来，国家持续强调并推行“依法从重从快严厉打击严重刑事犯罪”的“严打”方针①；近来，国家在多种正式场合，又格外彰显“宽严相济”的刑事政策(见第7节段7)。由此，刑法理论对于惩办与宽大相结合政策在我国刑事理论与实践中的地位，产生了争议。对这一争议的焦点问题，可以依循两个相关的线索予以展开：惩办与宽大相结合政策的去留；惩宽结合②与宽严相济的关系。其中，“去留”的视角在于回答，惩宽结合政策在当今时代背景下，是否仍有存在的必要与仍然现实存在；“关系”的视角在于回答，相对惩宽结合政策来说，宽严相济政策究竟是其的承续发展，还是一项全新的政策。当然，有关这些问题的具体回答，又涉及对于惩宽结合政策与宽严相济政策各自含义的具体认识。

[3] **惩办与宽大相结合政策的去留**：对于惩办与宽大相结合政策在当今时代背景下是否仍有存在的必要与现实，刑法理论主要存在如下见解③：**(1)“严打”政策的实然替代**：基于“严打”对“惩办”一面的极端张扬，以及1997年修订的《刑法》对于“惩办与宽大相结合的政策”表述的删除，主张惩办与宽大相结合的刑事政策，已不再是我国的基本刑事政策，而在实然上为“严打”政策所取代。**(2)“宽严相济”政策的替代**：认为“惩办与宽大相结合”的政策与“宽严相济”的政策有着区别，基于现代刑事法治的思想以及官方对于“宽严相济”政策的不断强调，“宽严相济”的政策已经成为指导我国刑事立法与刑事司法的一项基本刑事政策。**(3)“打防结合、预防为主”政策的替代**：认为“惩办与宽大相结合”的政策，适用于阶级斗争为纲的年代和高度集权的计划经济时期，而在市场经济条件下的国家与社会双本位型的刑事政策模式中，其应当让位于“打防结合、预防为主”的基本刑事政策。**(4)基本刑事政策的地位犹存**：主张“惩办与宽大相结合”的政策，是一个完整的多年来一贯行

---

① 1983年、1996年、2001年，我国分别开展了3次集中专项“严打”。

② 基于表述的简洁以及避免表述的混淆，本题在与宽严相济政策(**宽严相济**)相对的场合，将“惩办与宽大相结合政策”表述为“**惩宽结合**”。

③ 参见陈兴良：《宽严相济刑事政策研究》，载《法学杂志》2006年第1期，第17—25页；杨春洗主编：《刑事政策论》，北京大学出版社1994年版，第243—251页；何秉松主编：《刑事政策学》，群众出版社2000年版，第395页；谢望原、卢建平等著：《中国刑事政策研究》，中国人民大学出版社2006年版，第253页；严励：《反思与重构：中国基本刑事政策研究》，吉林大学2002年博士学位论文，第206—209页。

之有效的基本刑事政策，其意味着宽中有严、严中有宽、宽严相济，核心是区别对待，那种认为我国基本刑事政策已经改变的观点是没有根据的。

［4］**惩宽结合政策与宽严相济政策的关系**：对于惩宽结合与宽严相济这两项政策之间的关系，刑法理论存在如下见解：**(1) 宽严相济是惩宽结合的承续发展**：主张区别对待与宽严相济的思想，展现了惩办与宽大相结合政策本身所固有的实质蕴涵；“宽严相济”与“惩办与宽大相结合”是互为依存、一脉相承的，宽严相济政策是惩办与宽严相结合政策的延续与发展；“宽严相济”是“惩办与宽大相结合”在新的时代背景下具有时代精神与思想内容的新型表述。① 这一见解也得到一定的支持，认为“宽严相济刑事政策有深厚的历史渊源……是惩办与宽大相结合的刑事政策的继承和发展。”②有关司法解释对此也作了肯定表述。③ **(2) 宽严相济系属全新政策**：主张“惩办宽大相结合”政策在新中国成立初期镇反肃反运动中确立，难免具有明显的政治话语特征；在内容上，宽严相济更侧重于“宽”，主要目的在于发挥刑法的教育改造功能。④ “宽严相济”政策是在科学判断犯罪态势与社会发展关系的基础上所作的新思考、所提的新理念，其与“惩办与宽大相结合”政策之间不是一脉相承的关系。“宽严相济”政策在表述方式、侧重基点、司法倾向以及关注重点等方面与原有的基本刑事政策有着本质的不同。⑤

［5］**惩宽结合与宽严相济之关系的分析**：在惩宽结合与宽严相济的关系上，“承续发展”“全新政策”“宽严替代”的观点（见本节段 3 与段 4），阐释的重心各有不同的侧重，其中，“承续发展”与“全新政策”存在较大差异，而“宽严替代”则有较大的包容性。**(1) 承续发展**，即强调“宽严相济”是“惩办与宽大相结合”的延续与发展，这是历史纵向的考察，而在内容上其所彰显的则是“宽严相济”与“惩办与宽大相结合”一脉相承的。宽严相济的精神实质，是惩办与宽大相结合的时代精神。**(2) 全新政策**，即强调“宽严相济”与“惩办与宽大相结合”有着本质区别。在此，“全新”强调的是对于“原先”的否定，“全新”与“原先”在本质精神上存在重大区别。进而，这就否定了“宽严相济”与“惩办与宽大相结合”的承续与发展关系。**(3) 宽严替代**，即强调“宽严相济”是

---

① 张小虎：《惩办与宽大相结合刑事政策的时代精神》，载《江海学刊》2007 年第 1 期，第 137—139 页。

② 马克昌：《宽严相济刑事政策的演进》，载《法学家》2008 年第 5 期，第 70 页。

③ 最高人民法院《关于贯彻宽严相济刑事政策的若干意见》(2010 年)明确指出：“宽严相济刑事政策……是惩办与宽大相结合政策在新时期的继承、发展和完善”。

④ 狄世深：《刑事政策》，载张小虎主编：《犯罪学研究》，中国人民大学出版社 2007 年版，第 170 页。

⑤ 黄京平：《宽严相济的刑事政策的时代含义和实现方式》，载《法学杂志》2006 年第 6 期。

“惩办与宽大相结合”的替代。所谓“替代”可以理解为:**A. 承续替代**:“宽严相济”系“惩宽结合”在形式术语上的更新以及在具体内容上的演进,而其精神实质仍与“惩宽结合”相一致[①]。如此,宽严相济可谓惩宽结合的“承续发展”与“替代”,但并非就是一项与惩宽结合有着本质区别的“全新政策”。**B. 更新替代**:这意味着,“替代”也可以理解为基于精神实质不相一致的替代。立于这一思维路径,其所强调的是,目前时代背景下所提出的“宽严相济”,在精神实质上与“惩宽结合”存在重大区别,系属“全新政策”,从而取代了原先的惩办与宽大相结合的政策。

二、惩办与宽大结合政策的时代地位与典型表述

[6] 在**本书**看来,“惩办与宽大相结合”依然属于我国一项基本的刑事政策,“惩办与宽大相结合”历经各个时期的发展阶段,并且依然在发展以及还会继续完善;“宽严相济”是“惩办与宽大相结合”在新时代背景下的典型表述,并且有着“惩办与宽大相结合”的时代特征与内容。

[7] **惩办与宽大相结合政策的时代地位**:惩办与宽大相结合的核心思想是“区别对待、宽严相济”,在这一思想的框架下,惩办与宽大相结合在新的时代背景下仍有其不衰的生命力,不失基本刑事政策的地位。兹予阐释如下:**(1) 刑法删除的解说**:我国 1997 年修订的《刑法》对于“惩办与宽大相结合的政策”的表述的删除,的确留下了一个疑团,然而,不能就此否定惩办与宽大相结合的基本刑事政策的地位。正如 1979 年《刑法》没有明文规定罪刑法定原则,相反却规定了不利于被告人的类推制度,这似乎是与罪刑法定原则相抵触的,但是,这并不否认我国刑法理论与司法实际认为,1979 年《刑法》总体上依然贯彻实行了罪刑法定的原则。**(2) 严打的反衬**:“严打”政策与“惩办与宽大相结合”政策,并不完全吻合,许多文件报告也都是在相对意义上来展现这两者的[②],但是,这种相对的展示恰恰表明惩办与宽大相合政策的重要地位。同时,国家竭力推行的“社会治安综合治理”的方针,也以预防与治本为本位,这与“严打”政策同样并非一个视角,但是,毫无疑问,“严打”政策的推行不能抵消“社会治安综合治理”方针的贯彻与地位。**(3) 宽严相济的实质**:“宽严相济”的政策,原本就属于“惩办与宽大相结合”政策精神的组成部分;

---

① 这犹如罪刑法定原则由绝对走向相对,但其精神实质犹存。详见张小虎著:《刑法的基本观念》,北京大学出版社 2004 年版,第 152—153 页。

② 例如,2004 年 12 月,时任中央政法委书记的**罗干**,在全国政法工作会议上作了题为《为全面建设小康社会创造和谐稳定的社会环境和公正高效的法治环境》的讲话。在该讲话中,罗干既指出了要继续坚持“严打”方针,同时又强调了要认真贯彻宽严相济的政策。

在“宽严并举”的框架内更为彰显“宽”的意义，这也是两者的共通之处；随着时代的变迁罪刑法定原则由绝对走向相对，但是其实质精神犹存[①]，同样，惩办与宽大相结合政策在新的时期也必然具有更为丰富的具体内容，但是其实质精神仍在。由此，“宽严相济”与“惩办与宽大相结合”是互为依存、一脉相承的。当然，考虑在形式上以“宽严相济”的表述替代“惩办与宽大相结合”的表述，可以更为集中、简练、直观、明确地表述惩办与宽大相结合政策的时代思想内容。**(4) 综合治理的侧重**：“打防结合、预防为主”政策，这是社会治安综合治理方针的指导方针[②]，其从总体上体现了“社会治安综合治理方针”以预防与治本为本位的合理思想。“社会治安综合治理的方针”与“惩办与宽大相结合的政策”，均是我国基本刑事政策的表现，但是两者的侧重有所不同。社会治安综合治理的方针，属于统领我国以预防与控制犯罪为主导的理论与实践的首要的思想准则，在刑事领域的**社会行动**方面，居于显赫地位。惩办与宽大相结合的政策，属于统领我国以惩罚犯罪为主导的理论与实践的首要的思想准则，在刑事处置的**立法与司法**方面，居于显赫地位。**(5) 严打实然的解说**：1983年以来，持续倾重的“严打”方针，致使“严打”似乎成为一项实然的基本政策而取代了惩办与宽大相结合政策的地位。在本书看来，政策的实然表现并不否定政策的应然意义，而政策的现实贯彻的程度也非完全统一。具体地说，惩办与宽大相结合政策在一定程度上表现出其应然与实然的双重成分。作为一项“应对犯罪与社会危险行为的，**应有**的原则与方法”(见第2节段8、段11)，惩办与宽大相结合政策，固然有其应然的成分，这意味着现实的刑事处置的理论与实践应当遵循这一政策思想的指导。另一方面，惩办与宽大相结合政策的实然贯彻也非绝对的纯然，这意味着现实的刑事处置制度，并非全部总是与这一政策的精神相吻合的，但是某些方面的刑事处置与这一政策的思想有所出入，并不否认这一政策在**实际**中仍有重要体现。例如，1979年《刑法》明确规定了惩办与宽大相结合政策的根据，固然这一政策精神在这部《刑法》的具体制度中也有诸多体现。但是，这一《刑法》的某些规定的确不能充分体现这一政策的精神，例如，对于未成年人死缓的适用，对于盗窃罪较为严厉的法定刑等。因此，**不能**因为现实中存在某些和惩办与宽大相结合政策相冲突的状况，就否定这一政策在实际中的其他表现。“严打”方针的张扬以及“严打”的实然表现，的确冲淡了惩办与宽大相结合政策的实然贯彻的比

---

① 详见张小虎著：《刑法的基本观念》，北京大学出版社2004年版，第152页。

② 社会治安综合治理的指导方针是“打防并举，标本兼顾，重在防范，重在治本”；2001年9月，中共中央、国务院《关于进一步加强社会治安综合治理的意见》第2条，将这一方针进一步表述为“打防结合，预防为主”的方针。

重,但是就现行《刑法》的有关规定而言[1],这一政策在实际中仍有其重要体现。

[8] **惩办与宽大相结合政策的时代表述**:以“宽严相济”表述“惩办与宽大相结合”,具有时代特征与意义。**(1)“宽严相济”表述的时代意义**:关于惩宽结合与宽严相济的关系的见解,关键是如何理解惩办与宽大相结合政策的精神实质与具体内容。如果将惩办与宽大相结合政策的内容仍旧定位于“首恶必办,胁从不问,坦白从宽,抗拒从严,立功折罪,立大功受奖”,这固然与刑事法治的时代精神不符,也有违于我国刑事法律的某些规定。不过,一项政策的具体内容并非是一成不变的。随着时代的发展,惩办与宽大相结合政策也在不断地注入着新的内容,不过其精神实质不失“区别对待、宽严相济”(见第6节段7)。这就是说,惩办与宽大相结合政策能够在“宽严相济”的精神实质下,展示其具有时代特征的具体内容。也正是在这个意义上,基于“区别对待、宽严相济”的这一精神实质的统一贯穿,可以说,“宽严相济”是“惩办与宽大相结合”的承续与发展。**(2)“宽严相济”表述的典型意义**:相对于“惩办与宽大相结合”的表述而言,“宽严相济”的术语更为简洁与集中,也更有利于展示“惩办与宽大相结合”在新时代背景下的应有特征与精神实质,从而“宽严相济政策”可谓是“惩办与宽大相结合政策”的时代特征的典型表述。如前所述,基于我国建设法治国家的社会背景与现代刑事科学的基本理念,如今惩办与宽大相结合政策的精神实质与基本思想,是“宽严相济”(见第6节段7)。由此,将“惩办与宽大相结合”表述为“宽严相济”,这对于其思想精神的表达显然更为直接。同时,惩办与宽大相结合政策有其历史发展的过程,在不同历史阶段其内容的具体展开有着不同的特征。例如,其在新中国建立初期的具体内容即为“首恶必办,胁从不问,坦白从宽,抗拒从严,立功折罪,立大功受奖”,如今再如此展开这一政策的具体内容固然不尽合理,为了避免在具体内容上与历史遗迹相混淆,以惩办与宽大相结合政策的当今思想实质“宽严相济”,对这一基本刑事政策直接予以表述,这无论是对达至这一政策的形式与实质的时代统一,还是对进一步彰显其精神实质,均有更为合理的价值。

---

① 详见张小虎著:《刑法学》,北京大学出版社2015年版,第33页。

第三章　宽严相济政策的本体内容

［1］本体本系哲学上的重要概念，本书所谓本体是指刑事政策“本身”，由此与“本身”之外的“相关”或“他在”相对。基于惩办与宽大相结合刑事政策的发展与完善，宽严相济刑事政策在新的时代背景下注入了新的内容，并且相对于其他刑事政策而言又有其自身的特点。

第9节　宽严相济政策的概念与特征

［1］“宽严相济政策”的表述更为集中、简练、直观、明确地表述了惩办与宽大相结合政策的时代思想内容，以“宽严相济政策”表述“惩办与宽大相结合政策”不失形式与内容的相对统一。

一、宽严相济政策的概念

［2］**宽严相济政策**是基于犯罪原因、犯罪条件的揭示和犯罪预测的把握，由国家与执政党制定或认可的，以刑事法律规范形态展示的，旨在预防、控制与惩治犯罪、实现刑事公正与效率的价值目标的，应对犯罪与社会危险行为的，应有的原则与方法。其核心思想强调，在罪刑处置上应当区别对待与宽严相济。

二、宽严相济政策的特征

［3］**知识要素**：就宽严相济政策的知识要素而言，宽严相济政策具有如下特征：**(1) 知识背景**：宽严相济政策强调把握犯罪形成与发展的规律，并且遵循这一规律在罪刑处置上予以合理的区别对待与宽严相济，以实现预防控制与惩罚犯罪的最佳效益。因此，作为宽严相济政策的最基本的知识背景，是对社会犯罪形成机制与变化机制的揭示。例如，正是由于犯罪形成有其社会事实根据，而仅凭重刑威慑难以从根本上遏制犯罪，因此应当区别对待与宽严相济；正是由于犯罪原因及其具体表现各有不同，行为的客观社会危害性与行为人的人身危害性也各有差异，因此应当区别对待与宽严相济；等等。**(2) 核心思想**：宽严相济政策表述在罪刑处置上应有的行为准则，其核心思想是区别对待与宽严相济。**区别对待**，强调区分不同的犯罪情节，分别予以相

应的、各有差异的罪刑处置,其构成要素是区别情况与差别对待。**宽严相济**,强调罪刑处置应当根据不同的犯罪情节,做到有宽有严、宽严并举、相互救济、相成有益,其构成要素是宽严并举与宽严救济(见第12节段8)。区别对待与宽严相济,既是罪刑处置应当遵循的一项方针与原则,也是一种应有的法律规范的具体措施与制度(见本段"规范表述"),既应在立法中获得体现,也应在司法中得以贯彻。**(3) 决策主体:**宽严相济政策与惩办宽大政策一脉相承。**惩办与宽大相结合政策**,由我们党和国家予以决策,由立法机关与司法机关具体贯彻推行。这一政策是在毛泽东的创立与倡导下,总结中国革命长期对敌斗争的理论与实践,历经各个发展阶段,逐步成为统领我国以惩罚犯罪为主导的一项思想准则。这一政策还被写进中共八大报告以及1979年《刑法》(见第5节段6)。随着时代的发展,惩办与宽大相结合政策有了更为丰富的内容,**宽严相济政策**的表述以更为集中、简练、直观、明确的形式,充分彰显了惩办宽大政策的时代特征(见第12节段6)。党和国家在许多规范性文件中,明确将宽严相济政策作为罪刑处置应当遵循的一项基本准则,这一政策由立法机关在立法中予以贯彻,由司法机关在司法中予以推行。可见,宽严相济政策的具体提出与推行,同样体现了我们党和国家的决策与立法机关司法机关的贯彻。**(4) 规范表述:**宽严相济政策就其灵魂而言,是区别对待与宽严相济精神的张扬,然而这一精神灵魂必有其制度形式的承载,这就是有关罪刑处置的法律规定。宽严相济政策是相关法律制度的精神与灵魂,而相关法律制度是宽严相济政策的制度化与条文化。具体而言,宽严相济政策的形式承载,表现为体现区别对待与宽严相济精神的有关罪刑处置的各种法律规定。这些法律规定体现了宽严相济政策的精神,为宽严相济政策的贯彻实施提供了可操作性的制度规范的平台。诸如,出罪入罪的制度原则,犯罪情节的区分,刑罚体系的层次,保安处分措施的分类,缓刑制度,假释制度,减刑制度,起诉制度,行刑制度等等,均可成为宽严相济政策的规范制度体现。从而,宽严相济政策的制度规范涉及刑法、刑事诉讼法、监狱法等等法律规定。**(5) 宗旨目标:**宽严相济政策旨在预防、控制与惩治犯罪,实现刑事公正与效率的价值目标。刑事处置存在报应主义与目的主义的理论分野,而单纯的报应主义与目的主义均有失偏颇。现代刑事政策,虽然盛行于刑事近代学派目的主义的背景(见第1节段4),但是在当今社会发展阶段,折衷主义刑法仍居主导地位,刑事政策仍有其法律制度规范的形式框架,而这种法律制度规范的应有理念,仍然是惩罚与预防、公正与效率的有机结合。宽严相济政策,作为一种罪刑处置应当遵循的基本准则与策略方法,同样形式化于刑事法律制度规范的平台,坚持折衷主义的思想理念;法律制度规范框架下的犯罪处置，既为惩罚控制犯罪也为预防犯罪，既是刑事惩罚公正的追求也是防控犯罪效率的求取。这意味着，在犯罪处置中应当坚持宽与严的区别对待与相互救济，由此最大限度地实现预防、控制与惩治犯罪的效益，最大限度地体现刑事公正与效率的价值目标。**(6) 焦点指向**：宽严相济政策以应对犯罪与社会危险行为的罪刑处置为核心。犯罪存在轻重差异，犯罪人的人身危险性存在大小之别，由此刑事处置也有轻重程度的不同。宽严相济政策，就是强调在罪刑处置中，应当体现宽严有别、宽严并举、宽严救济的思想与措施，以求最佳效益。这种宽严的区别与协同，不仅体现在不同罪质的刑事处置适当遴选上，而且也体现在同一罪质的罪量幅度内的刑事处置适当遴选上，还应当体现在法律框架限度内的入罪或出罪的适度调整上。就犯罪情节的前提而言，刑事处置宽严的区别与协同，既可以是侧重针对行为罪行的不同而采取，也可以是主要针对行为人人身危险性的差异而适用；就刑事处置的表现而言，既可以是在刑罚或保安处分上体现宽严的区别与协同，也可以是在其他刑事处置上体现宽严的区别与协同。

[4] **应然重心**：总体而言，宽严相济政策系属罪刑处置的价值标准。宽严相济政策既是一种思想精神，也是一种制度规范。就思想精神而言，立法与司法应当以宽严相济政策作为指导原则，在这里，宽严相济政策作为衡量立法与司法是否合理的标准而存在。就制度规范而言，基于宽严相济政策的法律规定，宽严相济政策在其中的体现可谓实然。然而，由于法律规定所涉情形的复杂，即使明确宣告某种政策依据的法律也未必在所有的制度规范上均与这一政策吻合，同时由于法律规定的抽象，法律解释成为不可避免的现实，因此宽严相济政策始终作为现有法律规定的校准标准与理解标准而存在着。

[5] **政策类型**：宽严相济政策系属关涉罪刑处置的总体原则与基本方法，对于行为定性及其刑事处置以及起诉、审判、行刑等等均有意义，从而具有相当的普适性。可见，宽严相济政策是应对犯罪的一项**基本刑事政策**。就具体指向而言，宽严相济政策包容了以区别对待与宽严相济为核心思想的诸多**具体政策**：犯罪预防政策、犯罪控制政策、犯罪惩罚政策，刑事立法政策、刑事司法政策，刑事实体法政策、刑事程序法政策，定罪政策、刑罚政策、处遇政策，刑事犯罪政策、社会危险行为政策等等。作为宽严相济政策的范畴，这些具体政策坚持区别对待与宽严相济的基本精神，而在具体指向与框架范围上则各处不同的相对地位。例如，**定罪政策**，以犯罪评价为基本框架，宽严相济政策的精神体现在：以行为为中心的犯罪构成理论模式，以行为人为核心的社会危险行为测定，犯罪化与非犯罪化的合理配置等等；**刑罚政策与处遇政策**，

以刑事处置为基本框架，宽严相济政策的精神体现在：刑罚方法与刑罚制度，保安处分措施与制度，其他刑事处置，各种处置的罪犯处遇等等。

第10节 宽严相济政策的地位考究

[1] 宽严相济政策在刑事政策体系中的地位，在一定程度上标示着宽严相济政策的触角与内容，对此应予澄清。

一、宽严相济政策地位的学说

[2] 对于宽严相济政策的地位，刑法理论与实际存在不同的界说，主要存在如下见解：**(1) 司法政策**：认为宽严相济政策系属刑事司法政策。最高人民检察院《关于在检察工作中贯彻宽严相济刑事司法政策的若干意见》(2006年)，对于宽严相济政策通篇采用了"刑事司法政策"的表述，并且明确指出"宽严相济是我们党和国家的重要刑事司法政策"。采用这一表述的规范性文件还有：中共中央《关于构建社会主义和谐社会若干重大问题的决定》(2006年)，最高法院院长肖扬《在最高人民法院刑事法官大会上的讲话》(2006年)，最高人民检察院《关于依法快速办理轻微刑事案件的意见》(2006年)。也有学者主张："宽严相济在当前只是一个刑事司法政策"。① **(2) 基本政策**：认为宽严相济政策系属基本刑事政策。最高人民法院《关于贯彻宽严相济刑事政策的若干意见》(2010年)明确指出："宽严相济刑事政策是我国的基本刑事政策，贯穿于刑事立法、刑事司法和刑罚执行的全过程，是惩办与宽大相结合政策在新时期的继承、发展和完善"。采用这一表述的规范性文件还有：最高人民法院《关于加强刑事审判工作维护司法公正情况的报告(附件)》(2008年)，《全面加强刑事大案要案审判工作为经济社会和谐稳定发展提供有力保障》(2007年)，《全面加强刑事审判工作为经济社会和谐发展提供有力司法保障》(2006年)。**(3) 刑事政策**：也有一些司法文件对于宽严相济政策，仅作"宽严相济政策"或"宽严相济刑事政策"的称谓，至于其是基本政策还是司法政策则不予明确。例如，1986年最高人民检察院、最高人民法院、公安部《关于严格依法处理反盗窃斗争中自首案犯的通知》，2004年时任中央政法委书记罗干所作题为《为全面建设小康社会创造和谐稳定的社会环境和公正高效的法治环境》的讲话，2006年、2008年《最高人民检察院工作报告》，1997

① 储槐植、赵合理：《构建和谐社会与宽严相济刑事政策之实现》，载《法学杂志》2007年第1期，第8页；张进：《宽严相济刑事政策的定位与适用》，载《政法学刊》2007年第4期，第14页。

年、2005年至2008年《最高人民法院工作报告》等。

[3] 宽严相济政策究竟处于何种政策地位，应当从宽严相济政策的历史形成、触角范围、作用时期等方面予以考察。由此，宽严相济政策的基本刑事政策地位较为彰显。

二、宽严相济的基本政策地位

[4] **历史形成**："宽严相济"是"惩办与宽大相结合"在新时代背景下的典型表述，并且有着"惩办与宽大相结合"的时代特征内容（见第8节段1）。而惩办与宽大相结合政策，是我国长期坚持的一项基本刑事政策，这一思想在刑法理论与司法实际中已基本达成共识。我国有关较具影响的刑事政策著作也对此作了明确表述："惩办与宽大相结合政策，是……一项基本刑事政策。"[①]有关司法文件也有不少类似的表述："宽严相济是党和国家一贯实行的'惩办与宽大相结合'基本刑事政策的继承和发展"。[②]

[5] **基本内涵**：对于基本刑事政策的界定，刑法理论存在不同见解。有的强调基本刑事政策的"较长时期全程主导作用"特征，并且存在定罪、刑罚、处遇等三个方面的基本刑事政策[③]；有的认为基本刑事政策应当包含事前预防与事后打击两个方面，从而只有社会治安综合治理才能称为基本刑事政策[④]。应当说，现代刑事政策在本义上就是基于"预防、控制与惩治犯罪、实现刑事公正与效率的价值目标"（见第2节段8），而非单纯的事后制裁；刑事政策，不论是基本刑事政策还是具体刑事政策，均具有事前预防控制与事后合理制裁两个方面，其以刑事近代学派思想为平台[⑤]。相对于具体刑事政策而言，基本刑事政策的核心意义在于其长期一贯全局指导的特征。具体地说，作为**基本刑事政策**应当同时具有如下特征：(1) 长期持续有效：是国家与执政党一贯坚持持续有效的政策。(2) 贯穿立法司法：既是立法的指导方针也是司法的行

---

① 杨春洗主编：《刑事政策论》，北京大学出版社1994年版，第235页。

② 《全面加强刑事审判工作为经济社会和谐发展提供有力司法保障》(2006年11月7日，时任最高人民法院院长肖扬在第五次全国刑事审判工作会议上的讲话)。

③ 参见储槐植：《刑事政策：犯罪学的重点研究对象和司法实践的基本指导思想》，载《福建公安高等专科学校学报——社会公共安全研究》1999年第5期，第6页。

④ 参见张远煌：《宽严相济刑事政策时代精神解读》，载《江苏警官学院学报》2008年第2期，第7页。

⑤ 1803年，德国刑法学家**费尔巴哈**启用刑事政策的术语。然而，在当时及其之后的近一个世纪，刑事政策的理论与实践并未得到充分的彰显。究其原因，这与其时占主导地位的刑事古典学派的思想价值体系不无关系。在经过近一个世纪的沉寂之后，20世纪初，刑事近代学派巨擘**李斯特**大力倡导刑事政策思想，强调"最好的社会政策就是最好的刑事政策"。由此，刑事政策日益受到刑事科学理论与实践的重视，成为基于刑事视角惩治与预防犯罪策略方针的一个重要侧面。

动指南。(3)具有普适意义:具有全局意义从而适用范围不受限制。(4)政策思想平台:统揽全局提供全部政策思想的核心纲领。宽严相济政策完全具备上述特征:其是惩办与宽大相结合政策的继承与发展,过去既已遵循,现在依然有效,未来仍将坚持;宽严相济政策是“我国同犯罪作斗争的具体经验”[①]总结,不失《刑法》制定的政策依据,司法实际固然也应遵循;宽严相济政策贯穿定罪量刑行刑的整个刑事过程,既是刑事制裁应当遵循的原则思想,也是基于制裁而预防控制犯罪的思想指导;宽严相济政策的精神也在宏观整体层面制约规范着其他具体政策的思想,具体政策虽有其独特的思想侧面,但是均受宽严相济政策思想的统辖。**由此**,在特定时期特定条件下作为应急非常手段的“严打”政策,就不是基本刑事政策。宽严相济政策系属长期方针,而“严打”政策只是权宜之计;宽严相济政策位居基本政策地位,而“严打”政策只是一项具体政策。**同时**,虽然宽严相济政策以应对犯罪与社会危险行为的罪刑处置为核心,但是这并不否认宽严相济政策对于罪刑处置的“总体全局指导”意义(见第 4 节段 16)。并且,基于罪刑处置的核心,作为一项刑事政策,“预防、控制与惩治犯罪、实现刑事公正与效率的价值目标”(见第 2 节段 8)仍是宽严相济政策的根本出发点,从而宽严相济政策包容了犯罪预防政策、犯罪控制政策、犯罪惩罚政策,刑事立法政策、刑事司法政策等等,以区别对待与宽严相济为核心思想的诸多具体政策。**具体刑事政策**以基本刑事政策思想为依托,只是基本刑事政策思想统辖下的某个侧面,将宽严相济政策定位于刑事司法政策不尽确切。

第 11 节 宽严相济政策思想的司法阐释

[1] 早在 1986 年,最高人民检察院、最高人民法院、公安部《关于严格依法处理反盗窃斗争中自首案犯的通知》就曾提出宽严相济政策,而自 2004 年以后,尤其是自 2006 年以来,宽严相济政策的表述在政法部门文件、中央领导讲话以至中共中央文件中日益频繁出现。当然,在不同时期不同场合,司法实际对于宽严相济政策表述的侧重也有所差异。兹择不同司法部门在不同场合对于宽严相济政策的阐释[②],对于宽严相济政策思想的司法实际意义作

---

① 虽然我国现行《刑法》并未像 1979 年《刑法》那样,明确表述“中华人民共和国刑法……依照惩办与宽大相结合的政策,结合……的具体经验及实际情况制定”,但是我国 1997 年修订的《刑法》仍然遵循了惩办与宽大相结合政策的时代精神,这同样是“结合我国同犯罪作斗争的具体经验及实际情况”。

② 基于内容演进与表述方式等视角而展开的宽严相济政策的司法阐释,见第 7 节。

一介绍。

一、中央规范文件:“严打”语境·宽严相济

[2] **领导讲话:“严打”语境·宽严并举。**2004年12月,在全国政法工作会议上,时任中央政治局常委、中央政法委书记罗干作了题为《为全面建设小康社会创造和谐稳定的社会环境和公正高效的法治环境》的讲话,其中第三部分指出:“要认真贯彻宽严相济的刑事政策。对严重危害社会治安的犯罪活动必须严厉打击,决不手软。对具有法定从宽条件的应依法从宽处理。”这一宽严相济的刑事政策,虽是在“坚持‘严打’方针,始终保持对刑事犯罪活动的高压态势”的标题下,作为贯彻“严打”方针的注意事项之一而提出的,不过就其具体内容而言,则是强调了宽与严两者并举而不可偏废的思想。

[3] **规范文件:综合治理·宽严相济·“严打”方针。**2006年10月11日,中共中央《关于构建社会主义和谐社会若干重大问题的决定》,在其中的第六部分“完善社会管理,保持社会安定有序”中指出:“加强社会治安综合治理……依法严厉打击严重刑事犯罪活动……实施宽严相济的刑事司法政策”。这一规定展示出如下意义与特征:**(1) 意义**:宽严相济刑事政策,已经成为关系党和国家大计方针的一项重要政策内容。宽严相济政策的贯彻,系属维护社会稳定、保持国家长治久安的重要环节。**(2) 地位**:宽严相济刑事政策,是社会治安综合治理方针思想内容的重要体现;宽严相济政策与“严打”方针,两者各自独立又相互配合,共同实现着“打防结合、预防为主”的工作目标。**此外**,2005年中共中央《建立健全教育、制度、监督并重的惩治和预防腐败体系实施纲要》、2008年中央政法委员会《关于开展党的十七大精神和胡锦涛总书记在全国政法工作会议代表和全国大法官、大检察官座谈会上的重要讲话大学习、大讨论活动的通知》、2009年中共中央纪委、监察部、财政部、审计署《关于在党政机关和事业单位开展“小金库”专项治理工作的实施办法》等中央文件,也均强调了对宽严相济刑事政策的贯彻。

二、“两高”工作报告:区别对待·宽严并举

[4] **最高人民检察院工作报告:区别对待·宽严并举·严中有宽。**2006年以来,最高人民检察院工作报告均将贯彻宽严相济政策作为重要内容,强调宽严有别、该严则严、当宽则宽、宽严并举的工作原则,注重“严打”之中依然当宽则宽。具体表现在:**(1) 区别对待**:特别注重宽严相济的区别对待意义:2006年3月,贾春旺所作《最高人民检察院工作报告》,在总结过去一年(2005年)的工作中,针对“依法履行批捕、起诉职责,维护社会稳定”指出:“认

真贯彻宽严相济的刑事政策。坚持区别对待……做到该严则严……当宽则宽。”(2) **宽严适度·严中有宽**:强调宽严相济的宽严适度、严中有宽的意义:2007年3月,贾春旺所作《最高人民检察院工作报告》,在展望下一年(2007年)工作中,将“贯彻宽严相济的刑事司法政策,最大限度地增加和谐因素”作为一项重要内容,明确指出:“宽严相济是我国的一项重要刑事司法政策”。同时,对于宽严相济政策的具体内容作了阐释:其一,强调宽严适度,指出:“检察机关在……各项工作中,都要……做到该严则严、当宽则宽、宽严适度”。其二,强调严中有宽,指出:“在依法严厉打击严重犯罪的同时,对情节轻微、主观恶性不大的涉嫌犯罪人员,可从宽的依法从宽”。**(3) 区别对待·严中有宽**:强调宽严相济的区别对待、严中有宽的意义:2008年3月,贾春旺所作《最高人民检察院工作报告》,在总结过去五年(2003年至2007年)工作中,依然将“认真贯彻宽严相济的刑事政策”作为一项重要内容。指出:“坚持该严则严、当宽则宽、区别对待、注重效果……在依法严厉打击严重刑事犯罪的同时,对轻微刑事案件尽量”从宽。

[5] **最高人民法院工作报告:依法办案·宽严有别·宽严并举·罚当其罪。**近年,最高人民法院工作报告也将贯彻宽严相济政策作为重要内容,强调宽严有别、该严则严、当宽则宽、罚当其罪的工作原则,注重“严打”之中依然当宽则宽、宽严并举、宽严不可偏废。**(1) 依法办案·宽严相济**:在强调“严打”的同时,注重依法办案;并且,将贯彻宽严相济政策作为依法办案的重要表现。1997年3月,任建新所作《最高人民法院工作报告》,在总结过去一年(1996年)的工作中明确强调“宽严相济政策”,指出:“坚持严格依法办案,认真执行宽严相济的政策。”**(2) 严格依法·当宽则宽**:在严格依法的语境中强调宽严相济的当宽则宽的意义。2002年3月,肖扬所作《最高人民法院工作报告》,在总结过去一年(2001年)的工作中,针对“依法严惩严重破坏市场经济秩序犯罪”指出:“不搞法外开恩……做到宽严相济。”**(3) 宽严相济·罚当其罪**:密切宽严相济与罚当其罪的关系,两者系属立法精神从而也是司法准则。2004年3月,肖扬在《最高人民法院工作报告》中指出:要“充分体现宽严相济、罚当其罪的立法精神”。2017年3月,周强在《最高人民法院工作报告》中,针对严惩各类刑事犯罪指出:“坚持宽严相济刑事政策,做到宽严有据、罚当其罪。”**(4) 人权保障·严中有宽**:密切宽严相济与人权保障的关系,强调“严打”之中当严则严、当宽则宽。2005年3月,肖扬所作《最高人民法院工作报告》,针对过去一年(2004年)的“死刑复核案件”指出:“坚持‘严打’方针和宽严相济的刑事政策……加强司法领域的人权保障。”**(5) 当严则严·当宽则宽**:强调当严则严、当宽则宽。2006年3月,肖扬所作《最高人民法院工作报

告》,在总结过去一年(2005年)的工作中,针对"死刑复核案件"指出:"贯彻宽严相济的刑事政策,对罪当判处死刑但……不是必须立即执行的,依法判处死缓或无期徒刑。"同时,在下一年(2006年)的工作安排中,将贯彻宽严相济政策作为一项重要内容,指出:"坚持宽严相济的刑事政策,对犯罪情节轻微……依法从宽处罚。"**(6) 当宽则宽·当严则严·罚当其罪·保障人权**:强调宽严相济的当宽则宽、当严则严、宽严相济、罚当其罪的意义,密切宽严相济与人权保障的关系。2007年3月,肖扬所作《最高人民法院工作报告》,将"认真执行宽严相济的刑事政策,最大限度地减少社会对立面",作为2007年工作安排的重要内容。2008年3月,肖扬所作《最高人民法院工作报告》,三度提到了宽严相济政策:其一,将"严格执行宽严相济的刑事政策,做到'该宽则宽,当严则严,宽严相济,罚当其罪'",作为过去五年(2003年至2007年)"依法惩罚刑事犯罪,维护国家安全和社会稳定"工作的重要内容。其二,将"必须坚持'宽严相济''调判结合''监督与支持并重'的刑事、民事和行政审判政策",作为过去五年做好法院工作的认识和体会。其三,将"坚持依法严厉惩罚严重刑事犯罪……坚持宽严相济的刑事司法政策",作为2008年"继续做好各项审判和执行工作,努力化解矛盾纠纷,维护社会和谐稳定"的重要内容。2015年3月,周强在《最高人民法院工作报告》中,针对依法严惩各类严重刑事犯罪指出:"坚持宽严相济刑事政策,该严则严,当宽则宽,罚当其罪。"

三、"两高"规范文件:严中有宽·宽严有别

[6] **最高人民检察院规范文件。**2005年以来,最高人民检察院有关检察工作的规范性文件,对于检察工作中如何具体贯彻宽严相济政策作了阐释。具体表现为:**(1) 严中有宽**:强调在"严打"的同时注意依法从宽,包括:对于未成年犯罪嫌疑人探索适用非羁押强制措施,对于犯罪情节轻微的未成年犯罪嫌疑人依法适用不起诉;对于初犯、偶犯、老年人犯罪,依法适当从宽处理。[①] **(2) 宽严有别**:强调针对不同情况,该宽则宽,当严则严。诸如,对于犯罪情节轻微、有悔罪表现的犯罪嫌疑人,要落实教育、感化、挽救方针;对于毁灭、伪造证据,干扰作证,串供的犯罪嫌疑人,要依法采取羁押性强制措施。[②] **(3) 工作机制**:强调完善贯彻宽严相济政策的工作机制,包括:依法快速办理案情简

---

① 最高人民检察院《关于深入推进社会矛盾化解、社会管理创新、公正廉洁执法的实施意见》(2010年)第6条。

② 最高人民检察院《关于加强查办危害土地资源渎职犯罪工作的指导意见》(2008年)第5条。

单事实清楚证据确实充分和犯罪嫌疑人被告人认罪的轻微刑事案件;完善刑事赔偿制度,推进刑事被害人救助工作;基于量刑建议与附条件不起诉等措施,化解社会矛盾纠纷;建立适应宽严相济政策要求的社区矫正工作体系。①

[7] **最高人民法院规范文件。** 2005 年以来,最高人民法院有关审判工作的规范性文件,对于审判工作中如何具体贯彻宽严相济政策作了阐释。具体表现为:**(1) 基本精神**:宽严相济刑事政策,是我国在维护社会治安长期实践中形成的一项基本刑事政策,其基本含义是针对犯罪的不同情况区别对待,做到该宽则宽当严则严宽严相济罚当其罪。包括:坚持"严打"方针,对于严重犯罪以及累犯教唆犯等,依法严厉惩罚;对具有法定从轻或者减轻情节的犯罪,依法从宽处理;对于具有酌定从宽处罚情节的犯罪,也要依法予以考虑。②**(2) 宽严并举**:强调分别罪行轻重或者犯罪人主观恶性与人身危险性大小的不同情况,依法相应采取宽严有别的处罚原则。诸如,既要依法严厉打击刑事犯罪,又要教育感化挽救工作,最大限度地减少对抗因素③;充分考虑治安形势与人民群众的安全感,既要加大对被害人的保护力度,也要防止对罪行极其严重的犯罪分子片面以赔偿被害人损失为由从轻处罚。④ **(3) 严中有宽**:强调在"严打"的同时注意依法从宽。诸如,坚持贯彻从重从快的"严打"方针,对于毒品犯罪分子适用刑罚,要注意加大打击力度,对罪大恶极者坚决依法判处死刑。同时,做到宽严相济,对于具有自首或立功情节的犯罪分子,依法予以从宽处理。⑤ 依法严厉打击刑事犯罪活动,加大打黑除恶的力度,对具有法定从轻或减轻处罚情节的,应当依法从宽处理以分化瓦解犯罪。⑥ **(4) 严厉处罚**:在宽严相济政策的语境下,强调对于严重犯罪或者主观恶性大的犯罪人予以严厉的处罚,或者说,将宽严相济之"严"理解为"严打"之"严"⑦。诸如,切实贯彻宽严相济政策,突出毒品犯罪的打击重点,依法严惩毒枭职业毒犯等主观恶性深、人身危险性大与危害严重的毒品犯罪分子,

---

① 最高人民检察院《关于深入推进社会矛盾化解、社会管理创新、公正廉洁执法的实施意见》(2010 年)第 6、13 条。

② 最高人民法院《关于加强刑事审判工作维护司法公正情况的报告》(最高人民法院院长王胜俊 2008 年 10 月 26 日在第十一届全国人大常委会第五次会议上)附件。

③ 最高人民法院《关于认真贯彻中央经济工作会议精神为实现明年经济发展目标提供有力司法保障的通知》(2009 年)第 5 条。

④ 最高人民法院《2009 年人民法院工作要点》第 7 条。

⑤ 最高人民法院《关于认真抓好禁毒专项斗争中审判工作的通知》(1997 年)第 3 条。

⑥ 最高人民法院《关于深入贯彻落实全国政法工作电视电话会议精神的意见》(2009 年)第 18 条。

⑦ 严格而论,宽严相济之"严"与"严打"之"严"是有区别的。关于宽严相济政策与"严打"政策之间的关系,见第 15 节段 9 至段 19。

以及走私毒品、多次贩毒、武装掩护贩毒等毒品犯罪分子。对于其中罪行极其严重依法应当判处死刑的，应当坚决依法判处死刑。[①]

四、“两高”专题解释：区别对待·宽严互补

［8］**最高人民检察院专题解释：**2006年12月28日，最高人民检察院《关于在检察工作中贯彻宽严相济刑事司法政策的若干意见》，属于近年司法机关采用专题形式具体规定宽严相济政策的重要规范性文件。《意见》将宽严相济政策表述为刑事司法政策，具体分为四个部分：贯彻宽严相济政策的指导思想和原则；履行法律监督职能对于宽严相济政策的贯彻；工作机制与办案方式对于宽严相济政策的贯彻；贯彻宽严相济政策的观念与制度保障。其中，有关部分在一定程度上展示了宽严相济政策的思想内容。**(1) 当严则严·当宽则宽·宽严互补·宽严有度：**《意见》强调，贯彻宽严相济政策，就是要根据治安形势和犯罪分子的不同情况，严格实行区别对待，注重宽与严的有机统一，也即该严则严、当宽则宽、宽严互补、宽严有度。宽严相济，不仅体现在依法从严打击严重犯罪与依法从宽处理轻微犯罪，而且体现在对于案件中的从宽情节和从严情节的处理，既体现在犯罪的实体处理上，也体现在诉讼程序的适用上。**(2) 全面把握·区别对待·严格依法·注重效果：**该《意见》将贯彻宽严相济政策的应有原则表述为四个方面：其一，全面把握，强调宽与严是一个有机统一整体，应当予以全面理解、把握与落实。其二，区别对待，强调宽严相济政策的核心是区别对待，应当综合考虑犯罪的社会危害性、犯罪人的主观恶性以及案件的社会影响，根据时空的不同形势，依法从宽或者从严。其三，严格依法，强调政策指导与严格执法有机统一，坚持罪刑法定、罪刑相适应与法律面前人人平等原则，做到宽严合法。其四，注重效果，强调惩治犯罪与保障人权、法律效果与社会效果、保障被告人合法权利与保护被害人合法权益、特殊预防与一般预防，执法办案与化解矛盾等的统一。**(3) 严打与从宽结合：**《意见》将坚持“严打”与从宽处理的密切结合，作为宽严相济的重要内容。指出：对于严重犯罪应当依法严厉打击，同时对于依法能争取的犯罪分子应当尽量争取与挽救，对于能从宽处理的也要尽量从宽处理；“严打”是宽严相济政策的重要内容和有机组成部分，是贯彻这一刑事司法政策的重要体现，应当坚定不移地予以坚持；同时，也要慎重适用逮捕措施，依法适用不起诉，对于未成年人犯罪案件、因人民内部矛盾引发的轻微刑事案件、轻微犯罪中的初犯偶犯等依法从宽处理。

---

① 最高人民法院《全国部分法院审理毒品犯罪案件工作座谈会纪要》(2008年)第2条。

[9] **最高人民法院专题解释**:2010年2月8日,最高人民法院《关于贯彻宽严相济刑事政策的若干意见》,属于宽严相济政策的又一司法解释性文件,也是迄今较为集中系统明确阐释宽严相济政策内容的规范性文件。《意见》明确肯定了宽严相济政策系属惩办与宽大相结合政策的继承与完善,位居基本刑事政策的地位,并从五个方面对刑事审判如何更好地贯彻落实宽严相济政策作了具体规定。其中,前四个方面是有关宽严相济政策本体内容的具体展开,第五个方面是从完善工作机制的视角阐释如何具体贯彻宽严相济政策。兹对《意见》有关宽严相济政策具体内容的阐释作一介绍:**(1) 区别对待·该宽则宽·当严则严·宽严相济·罚当其罪**:《意见》对于宽严相济政策的总体精神作了概括:分别犯罪情况、实行区别对待,该宽则宽、当严则严、宽严相济、罚当其罪,打击孤立极少数、教育感化和挽救大多数。A. 宽严并用:既要克服片面从严的重刑主义,也要避免一味从宽的轻刑化;B. 依法办案:坚持刑法基本原则,准确定罪量刑;C. 应变情况:根据经济社会发展和治安形势变化,尤其是犯罪情况变化,考虑群众安全感以及惩治犯罪需要,适时调整宽严;D. 确保效果:案件处理应当有利于:赢得群众支持和社会稳定、瓦解犯罪与化解矛盾、罪犯的教育改造和回归社会,减少社会对抗与促进社会和谐。(2) **严厉惩处**:《意见》对于从严之义作了阐释:对于罪行十分严重或者主观恶性深与人身危险性大等社会危害性大的犯罪,依法从严惩处,坚持依法严惩严重刑事犯罪的方针。重点严惩严重危害国家政权和社会治安、严重影响群众安全感的犯罪,毒品犯罪,个人极端暴力犯罪,有关职务犯罪,有关经济犯罪;严惩主观恶性深和人身危险性大的犯罪人。综合运用多种刑罚手段,确保司法公正,提高司法效率。**(3) 从宽处理**:《意见》对于从宽之义作了阐释:对于情节较轻或社会危害性较小,或者具有从宽处罚情节并且主观恶性较小人身危险性不大的犯罪,可以从宽处罚;对于情节显著轻微危害不大的行为,不作为犯罪处理;对于依法可不监禁的,尽量适用非监禁刑。具体从宽对象包括未成年人实施的较轻犯罪,老年人犯罪,因民间纠纷引发的犯罪,具有预备、中止、从犯、防卫过当、避险过当、自首、立功、初犯、偶犯、真诚悔过积极赔偿等情节的犯罪。**(4) 宽严相济**:《意见》对于相济之义作了阐释:善于综合运用宽和严的两种手段,对不同犯罪和犯罪人予以区别对待,做到严中有宽与宽以济严、宽中有严与严以济宽。在对严重犯罪依法从严惩处的同时,对具有自首、立功、从犯等从宽情节的犯罪,注意宽以济严;在对较轻犯罪依法从轻处罚的同时,对屡教不改与严重滋扰社会以及群众反映强烈等情况,注意严以济宽;对于同时具有从严和从宽处罚情节的案件,应当依法综合作出分析与判断,予以总体从严或者总体从宽。

第12节　宽严相济政策思想的学理剖析

[1] 宽严相济政策思想是宽严相济政策知识结构中的核心内容，对此刑法理论形成了诸多有力的学说。本书主张，宽严相济政策思想的核心要素是区别对待、宽严相济。

一、宽严相济政策思想的学说考究

[2] 对于宽严相济政策思想的理论观点，可以基于两个方面的线索具体考究，即思想的构成要素与要素的具体内容。

[3] **宽、严、济**：将宽严相济政策思想的核心要素定位于宽、严、济，并对宽、严、济的应有内容予以具体阐明。(1) 宽是指轻缓，刑罚轻缓分为两种情形：该轻而轻，即对于较为轻微犯罪应当处以较轻之刑；该重而轻，即对于罪行较重但有坦白自首等情节的，法律上予以宽宥。(2) 严包括严格与严厉。其中，严格是指该受罪刑处理的，一定要受到犯罪与刑罚的处理；严厉是指判处较重刑罚，即该重而重，避免不该重而重或刑罚过重。(3) 对于宽与严加以区分，这是基本前提，宽严相济是以区别对待为根本内容的。对于严重程度不同的犯罪，予以严厉程度不等的刑罚处罚，以达预防犯罪作用。(4) 济是指救济、协调与结合。宽严相济既不能宽大无边，也不能严厉过苛，而是要在宽与严之间具有一定的平衡，互相衔接以形成良性互动。①

[4] **宽与严**：强调宽严相济政策的基本含义包括宽和严两个方面。(1) 宽，就是指对于犯罪情节轻微或者具有从宽处罚情节的犯罪，应当依法从宽处罚；即使是严重的犯罪，如果犯罪人具有自首等从宽处罚情节的，也应当依法予以从宽处罚。(2) 严，就是指对于某些严重的犯罪以及惯犯累犯，应当依法予以严惩，充分发挥刑罚对于犯罪的打击效果与威慑效应。(3) 宽严结合。宽严相济就是要针对犯罪的不同情况，实行区别对待，做到该宽则宽、该严则严、宽严适度；根据具体案件情况的不同，切实做到宽严相济与罚当其罪。②

[5] **向宽倾斜**：基于将宽严相济政策作为"严打"政策的反动、刑罚宽和的应然蕴意以及当前的一项司法政策，立于我国《刑法》严为主角宽为配角的重

---

① 参见陈兴良主编：《宽严相济刑事政策研究》，中国人民大学出版社2007年版，第11—13页。

② 参见高铭暄：《宽严相济刑事政策与酌定量刑情节的适用》，载《法学杂志》2007年第1期，第3页。

刑模式，认为在这种宽与严明显失衡的立法下，不可能求得宽与严平衡相济的状态，从而主张应当旗帜鲜明地强调宽严相济政策的刑罚的宽和的意义，即在严的现实中，基于司法努力，拓展宽的空间与份额，包括依法兑现法定从宽处罚，依据政策兑现酌定从宽处罚，依据《刑法》第13条“但书”不予犯罪处理，扩大非监禁刑的适用等。①

二、宽严相济政策思想的学理论证

[6] **区别对待与宽严相济**的思想，展现了宽严相济政策本身所固有的实质蕴含，而这些精神实质奠基于当代中国社会的法治背景与刑事理念，着眼于合理解决有关罪刑处置的广度与深度、模式与运作等问题，更具时代的内容。

（一）宽严相济政策思想的主体架构：区别对待与宽严相济

[7] **区别对待**，是指对比、区分不同行为人的人身危险性及其所实施的危害行为的不同情况，分别予以相应的、各有差异的刑事处置。扼要而论，区别对待具有两项基本要素：**区别情况；差别对待**。(1) **区别情况**，就是区分对于刑事处置具有质或量的意义的有关犯罪行为与犯罪人的各种事实情况，为差别对待提供前提。包括：各种犯罪情节上的区别；各种处置指向中的区别；立法上的区别与司法上的区别。(2) **差别对待**，是指在区分犯罪行为与犯罪人等不同情况的前提下，予以宽严有别的刑事处置，也就是该宽则宽，当严则严，宽严有别。这是基于“对待”视角对于区别对待的分析解读。(3) **区别情况与差别对待**：两者在本义与内容等方面有着重要区别，同时两者共同依存于区别对待的框架，表述着区别对待的核心内容。其中，区别情况是差别对待的前提与基础，并且以犯罪情况的区别为具体内容；差别对待是区别情况的结果与处理，并且以刑事处置的差别为具体内容。没有区别情况，就无从差别对待，而要差别对待就必须区别情况。

[8] **宽严相济**，是指刑事处置应当根据不同的犯罪情况，做到有宽有严、宽严并举、相互救济、相成有益。扼要而论，宽严相济具有两项基本要素：**宽严并举；宽严救济**。(1) **宽严并举**，是指刑事处置有严有宽、宽严均有存在，其强调的是宽与严的并行呼应，对比中形成合理有益的效果。包括立法宽严并举、司法宽严并举。(2) **宽严救济**，是指刑事处置宽中有严、严中有宽、以宽辅严、以严助宽、宽严两手灵活择用，其强调的是宽与严辅助而行，配合中形成

---

① 参见储槐植、赵合理：《构建和谐社会与宽严相济刑事政策之实现》，载《法学杂志》2007年第1期，第8页。

合理有益的效果。包括立法宽严救济、司法宽严救济、应变宽严救济。

[9] **区别对待与宽严相济**,两者均表现为在罪刑处置上,应当根据情况的不同而有所差异,以实现预防控制惩罚犯罪的最佳效益,但是两者的侧重有所不同。**(1) 两者区别:区别对待**,强调犯罪的社会危害的情况互有差异,由此为了实现预防控制惩罚犯罪的最佳效益,应当区别不同情况予以宽严有别的差别对待;**宽严相济**,强调犯罪的刑事处罚的程度轻重有别,由此为了实现预防控制惩罚犯罪的最佳效益,应当合理配置刑事处置的宽严,做到宽严并举相互救济。**区别对待与宽严相济**,两者基于不同的视角与重心具体表述宽严相济政策:**A. 宽严区别与宽严协同**:区别对待侧重宽严相济政策中宽与严两点的对峙、差异、层次的特征;宽严相济注重宽严相济政策中宽与严两点的配合、互补、平衡的特征。**B. 核心内容**:区别对待的核心内容是区别犯罪情节的不同,而在刑事处置上予以宽严不同的差别对待;宽严相济的核心内容是刑事处置应当根据犯罪情节的不同,做到有宽有严、宽严并举、宽严救济、相成有益。**(2) 两者联系**:区别对待与宽严相济共存于宽严相济政策的框架,两者互为依存从而构成一个整体,共同表述着宽严相济政策的完整内容。具体地说,两者的联系表现在:**A. 区别情况的前提**:区别对待的区别不同情况,不仅是作为区别对待内容之一的差别对待的前提,而且也是作为宽严相济政策内容之一的宽严相济处置的前提。无论是差别对待,还是宽严并举与宽严救济,均应根据不同情况具体进行。缺乏针对不同情况的“区别”,宽严相济将会成为无源之水与无本之木。**B. 差别对待的必要**:区别对待也是作为宽严相济的必要补充而存在的。这主要表现在区别对待的“对待”意义上,这一对待具有“相济”语言本义所难完全包容的宽严有别差别对待的意义。宽严的差别对待与宽严的相互救济是宽严处置这一框架下的两个不同的侧面,两者相互依存对立统一而不可或缺。只有宽严的“相互救济”,则忽视了宽严的相互制约与差异,只有宽严的“差别对待”,则忽视了宽严的相互配合与协同。由此,区别对待不仅系属宽严相济不可或缺的前提,而且也是作为宽严相济的对立统一的内容而存在的,区别对待并宽严相济共同完整地表述了区别犯罪情节、宽严差别对待、宽严相互救济的政策内容。**C. 目标宗旨的一致**:在政策的价值目标上,宽严相济政策指向预防控制惩罚犯罪,以最大限度地实现刑事公正与效率。其中,预防、控制与惩治犯罪构成价值目标的形式层面,刑事公正与刑事效率属于价值目标的内在层面。作为宽严相济政策的构成要素,无论是区别对待还是宽严相济,均指向宽严相济政策的价值目标,为这一价值目标而服务。

（二）宽严相济政策思想的具体展开：区别对待的特别说明

［10］**区别情况·各种犯罪情节上的区别：(1) 犯罪情节的蕴含与表现。A. 犯罪情节蕴含。犯罪情节**，是指案件中客观存在的，说明犯罪行为的社会危害程度与行为人人身危险性大小的各种具体事实情况。犯罪情节不同决定了犯罪质与量的差异，而不同质与量的犯罪固然应有相应差别的处置，因此客观合理地认定具体案件的犯罪情节，对于不同行为与行为人的犯罪情节予以区分，不失区别情况的重要内容。**B. 犯罪情节表现。**犯罪情节上的区别，应当具体明确犯罪情节的各种表现。为此，对于犯罪情节可以多角度地分析，具体地说，犯罪情节包括主观犯罪情节、客观犯罪情节，犯罪构成的情节、犯罪构成以外的情节，定罪情节、量刑情节，法定情节、酌定情节，从严情节、从宽情节等。这些犯罪情节均为区别情况的重要内容。**(2) 人身危险性的评价因素与机能。**在客观主义、报应刑论、一般预防等位居主导地位的规范刑法学中，客观情节的机能固然得到充分彰显，同时基于客观具体事实的相对直观，客观情节的评价与认定也相对明确。然而，现代规范刑法学系属折衷主义的理论与实践，主观主义、目的刑论、特殊预防日益渗透到刑法中，而这种渗透又是以人身危险性为基石的。由此，在各种犯罪情节中，说明行为人**人身危险性**的情节的评价因素与具体机能，应当引起充分关注。**A. 人身危险性的评价因素。**一些国家的刑法对于人身危险性的评价因素作了列举[①]，对此我国刑法未予明确，实践中大多也将其归结于累犯、自首、立功等相对确定的概念上。理论上，人身危险性的评价因素具有综合性，具体包括犯罪人生活背景、犯罪人人格特征等。其中，**人格素质**，是指行为人的特殊思想、感觉和自我观照模式，其构成特殊个体的一系列鲜明的品质特征。包括认知、行为、情感。[②] **生活环境**，是指行为人生活于其间的对行为人认知、行为及情感具有相对决定意义的情况和条件。人格素质与生活环境又各自表现为若干具体情况。**B. 人身危险性的具体机能。**人身危险性大小固然是量刑轻重的重要根据，同时也是行刑过程中决定减刑或假释的重要根据，这里关键需要阐明的是人身危险性对于定罪的意义。一般场合，人身危险性不能作为入罪的决定性因素，但是可以基于人身危险性轻微而作出罪处理。[③] 不过，并不排除在某些场合，主要是一些情节犯，将情节严重、情节恶劣等作为定罪

---

① 例如，《德国刑法典》(1998年)第56条规定："应特别考虑受审判人的人格、履历、犯罪情节、事后态度、生活状况以及缓刑对他的影响。"

② 参见〔美〕戴维·波普诺著，《社会学》，李强等译，中国人民大学出版社1999年版，第147页。

③ 详见张小虎：《论人身危险性的理论蕴含与罪刑地位》，载《南京社会科学》2017年第2期，第102—104页。

要素，而这定罪情节中不失人身危险性的成分，从而人身危险性亦为定罪情节的一个方面①，进而成为决定入罪的一个重要因素。

[11] **区别情况·各种处置指向中的区别**：是指在基于不同主旨的刑事处置中，应当注意区别不同情况，包括定罪区别、量刑区别、行刑区别、刑罚消灭区别。**(1) 定罪区别**：行为性质不同，固然处置应当有所差异，由此正确区别行为性质，即准确定性，就成为区别不同情况的首要问题。准确定性不仅意味着对于罪与非罪、此罪与彼罪的准确认定，而且应当注意在同一罪名框架下的不同罪状之间的区别。这种罪状的区别也属罪行质的规定性的差异之一。例如，我国《刑法》第266条规定了三种罪状，相应于三种法定刑，所谓准确定性也应包括对于案件所属这三种罪状中何种罪状的定位。② **(2) 量刑区别**：在正确定性的基础上，对于犯罪人裁量决定刑罚，应当兼顾作为量刑情节的个案的罪行轻重以及具体犯罪人的人身危险性大小，分别不同情况予以相应的不同处理。这意味着量刑区别**应当注意**：相对于定罪区别而言，量刑区别所考量的内容是量刑情节，既已在定罪中予以考虑的情节，在量刑中不能重复评价；量刑区别在对待罪行轻重与人身危险性大小的权重上，应当兼顾两者，这是刑罚阶段区分的折衷主义理论的应有之意③；量刑区别也应关注犯罪人人身危险性大小的差异，由此区别适用刑罚，此为**量刑个别化**，系属**刑罚个别化**的重要方面。④ **(3) 行刑区别**：同样的执行刑其行刑方法会有区别，而行刑中也有减刑与假释等的调整，这些均以案件罪行以及犯罪人人身危险性的不同情况为前提。具体地说：**A. 行刑方法**：应当根据案件罪行、犯罪人人身危险以及其他有关情况的不同，采取相应不同的行刑方法。例如，罚金的缴纳应当根据犯罪人的客观经济状况、主观交纳态度等不同情况。尤其是在有期徒刑的执行上，应当分别犯罪人、罪行特征、刑期表现等不同情况，而予分押分管。**B. 行刑调整**：随着行刑进程的推进，犯罪人日渐感受刑罚的报应，其人身危险性程度也有所变化。减刑、假释等行刑制度正是考虑到行刑中犯罪人这些情况的变化而采取的针对性措施。当然，在行刑中也可能发现漏罪或者出现新罪，针对犯罪人的这些不同情况也有相应的数罪并罚方法。**C. 行刑个别化**：行刑区别也是行刑个别化的应有之意。**行刑个别化**，是指执行刑罚时必须考虑犯罪人的具体情况有针对性地予以管理教育，根据犯罪人在刑罚执行中人身危险性的变化，给予相应的处遇。这里，犯罪人具体情况，包括犯

---

① 详见张小虎著：《刑法学》，北京大学出版社2015年版，第348页。
② 详见张小虎著：《刑法的基本观念》，北京大学出版社2004年版，第160页。
③ 同上书，第92页。
④ 关于刑罚个别化，详见张小虎著：《刑法学》，北京大学出版社2015年版，第372页。

罪人的执行刑、人格特征、生理状况、性别、年龄等；针对性管理教育，包括分管分押、因人施教、累进处遇等。**(4) 刑罚消灭区别**：各国刑法有关**刑罚消灭事由**的内容各有一定的特点。我国刑罚消灭的法定事由与事实事由，主要包括：超过追诉时效；特赦免除刑罚；告诉才处理的犯罪撤回告诉；不起诉决定；犯罪人死亡；刑罚执行完毕；缓刑考验期满；假释考验期满；刑罚被免除等。**刑罚消灭区别**，就是强调要正确认定具体案件中有关刑罚消灭事由的具体情况，据此对于犯罪人的刑罚消灭问题作出相应的处理。例如，我国《刑法》根据犯罪应处刑罚限度轻重的不同，具体划分追诉时效期限的不同等级，这就体现了在追诉时效问题上的区别不同情况。然而，在刑罚消灭事由上，我国《刑法》并未设置行刑时效、大赦、前科消灭、复权等制度。应当说，这些制度的构建，对于完善我国刑法刑罚消灭的规定，具有重要意义。

[12] **区别情况·立法上的区别与司法上的区别**：这是基于犯罪差异的抽象特征与具体表现的视角，对于区别情况的展开。**(1) 立法上的区别**：是指基于犯罪及其危害的抽象普遍特征，区别各种罪行以及犯罪人的类型性不同情况，立法上予以各不相同的罪刑规定。立法上的区别应当考量，不同罪名之间、同一罪名不同罪状之间、不同类型犯罪人之间等，在社会危害性大小上的具体差异，由此作出相应轻重的处罚规定。同时，立法上的区别所强调的是，着眼于犯罪及其危害的抽象普遍特征的差异，凸显犯罪与犯罪人的类型性的区别，即不同类型的犯罪不同处理、不同类型的犯罪人不同处理。再者，基于刑罚阶段区分的折衷主义理论①，立法上的区别在对待罪行轻重与人身危险性大小的权重上，应当侧重于前者而兼顾后者。**(2) 司法上的区别**：是指基于犯罪及其危害的具体个案表现，区别不同案件以及犯罪人的具体情况，司法上予以各不相同的罪刑处置。司法上区别关注的焦点是，具体案件的罪行事实情况与具体犯罪人的人身危险表现，由此区分不同情况依法对不同案件与不同犯罪人作出不同处理。可见，司法上的区别所强调的是，具体个案的独特表现，是对不同具体个案犯罪事实差异的凸显，也即不同案件不同处理、不同罪行不同处理、不同犯罪人不同处理。并且，基于刑罚阶段区分的折衷主义理论，司法上的区别在对待罪行轻重与人身危险性大小的权重上，应当兼顾两者，在某些场合可以更为侧重于后者。

[13] **差别对待·宽严有别**：是指刑事处置存在宽严的差异，以示区别对待。犯罪的轻重程度不同，其刑事处置的宽严也应有所差异。对于严重的犯罪，应予严厉的刑事处置，而对于较轻的犯罪，应予宽和的刑事处置。具体而

---

① 详见张小虎著：《刑法的基本观念》，北京大学出版社2004年版，第92页。

言：**(1) 立法与司法**：宽严有别，既是立法上应有的体现，也是司法上应当遵循的规则。立法上应当根据行为危害性以及行为人人身危险性的差异，作出相应不同的宽严有别的刑事处置；司法上也应根据具体案件事实情况的差异，依法作出宽严有别的处理。**(2) 同一案件与不同案件**：宽严有别包括，基于不同案件所表现出互有差异的犯罪事实，而予宽严有别的刑事处置；对于同一案件中的不同行为人，基于其罪行与人身危险性的不同情况而予宽严有别的刑事处置。**(3) 罪行与人身危险性**：宽严有别，既可以针对罪行也包括针对人身危险性。这意味着，罪行相同而人身危险性不同，则可予宽严有别的刑事处置；反之，人身危险性相近而罪行不同，也可予以宽严有别的刑事处置。**(4) 社会形势变化与否**：在相同社会形势的框架下，基于不同情况而有宽严有别的刑事处置，这固然是宽严有别的应有之意。然而，能否根据形势需要与民愤要求作出宽严不同的刑事处置，这是一个有待深入探讨的问题。应当说，如果形势需要民愤要求与行为危害性及行为人危险性之间，存在合理转换或者折合的过渡，那么形势需要民愤要求影响量刑就有了形式基础。否则，也就只能在实质意义上探求形势需要民愤要求影响宽严的根据了。①

［14］**差别对待·框架限定**：差别对待所强调的有宽有严与宽严有别，虽然注重"宽"与"严"的两点界分，但是这种界分的"宽"与"严"是游离于一定的框架之内的，这一框架限定即为刑法应有的基本原则。具体地说，差别对待的宽严区别，不能突破罪刑法定、罪刑均衡、法制主义及刑法平等的原则。② **(1) 差别对待与罪刑法定**：差别对待的宽严区别，应当遵循罪刑法定原则。这意味着，从宽或者从严，应当严守"罪外刑外，无罪无刑"的罪刑界限。③ 对非罪行为不予刑事处置，这不是从宽；尤其是，不能将无罪行为委以"从严"而纳入刑事处置。应当摒弃严厉无度的做法。由此，"严打"不能严而无度。**(2) 差别对待与罪刑均衡**：差别对待的宽严区别，也应遵循罪刑均衡的原则。这意味着，不论是从宽处置还是从严处置，其刑事处置都必须与犯罪情况相适应，从严与从宽均不能突破罪质与罪质所决定的处置幅度。**(3) 差别对待与法制主义**：差别对待的宽严区别，应当遵循法制主义的原则。这意味着，对于法定犯罪应当严格依法处置，既不能轻纵也不能苛厉，严守"罪内刑内，制度罪刑"的罪刑界限。尤其是，不能将有罪行为委以"从宽"而放弃对其的罪刑处置。应当摒弃宽大无边的做法。这在我国目前所呈现的"轻轻重重"的

---

① 详见张小虎著：《刑罚论的比较与建构》(上卷)，群众出版社2010年版，第399页。

② 基于我国《刑法》的规定，刑法基本原则应有四项，即罪刑法定、罪刑均衡、法制主义、适用刑法平等。详见张小虎著：《刑法学》，北京大学出版社2015年版，第28—35页。

③ 关于"罪外刑外，无罪无刑"的意义，详见同上书，第32—34页。

司法实际状况下,更具重要意义。[①] **(4) 差别对待与罪刑平等**:差别对待的宽严区别,还应遵循罪刑平等的原则。这意味着,从严或者从宽,应当坚持同样情况同样对待与不同情况不同对待。所谓差别是基于犯罪情况的不同而有相应不同的刑事处置,与此相对,对于相同的犯罪情况就应予以相同的刑事处置。

(三) 宽严相济政策思想的具体展开:宽严相济的特别说明

[15] **宽严蕴意:(1) 宽**,是指对于罪行较轻者,予以相对宽和的处置,包括立法从宽与司法从宽、特定时期的宽和策略等等。**A. 立法之宽**:立法上,针对罪行轻缓的罪状,设置宽和的法定刑,针对罪行轻缓的情节,设置宽和的处罚制度、处罚原则。广义上讲,宽也包括非犯罪化、非刑罚化。**B. 司法之宽**:司法上,针对具体案件所表现出的轻缓罪行或者所具有的法定从宽情节,基于法定刑幅度,予以从轻处罚或者减轻处罚,包括**非司法化**[②]。**C. 应变之宽**:宽,也意味着根据特定时期社会背景的状况,在刑事处置上采取宽和的策略原则。当然,这种根据特定时期社会背景状况的宽和策略,必须在刑法基本原则的框架下具体进行。**(2) 严**,是指对于罪行较重者,予以相对严厉的处置,包括立法从严与司法从严、特定时期的严厉策略等等。**A. 立法之严**:立法上,针对罪行严重的罪状,设置严厉的法定刑,针对罪行严重的情节,设置严厉的处罚制度、处罚原则。广义上讲,严也包括犯罪化、刑罚化。**B. 司法之严**:司法上,针对具体案件所表现出的严重罪行或者所具有的法定从严情节,基于法定刑幅度,予以从重处罚。**C. 应变之严**:严,也意味着根据特定时期社会背景的状况,在刑事处置上采取严厉的策略原则。同样,根据特定时期社会背景状况的严厉策略,也须在刑法基本原则的框架下具体进行,并且基于刑法的谦抑精神,对此更应保持严谨态度。

[16] **宽严并举:(1) 立法宽严并举**:就立法而言,刑事处置既有严厉的形态也有宽和的模式,严厉与宽和应当层次清晰齐头并进,为预防控制与惩罚犯罪提供充分的法律基础。具体地说,应当根据犯罪轻重的差异,形成相应的**由宽至严**的各种刑事处置措施与制度,包括合理的刑罚体系[③]、量刑制度、行刑制度、刑罚消灭制度,以及体现刑事处置的刑事诉讼模式与有关制度等等。宽严并举也表现为,法律规定的刑事处置应当具有**合理幅度**。这不仅是指同一等级的刑事处置具有适度的轻重区间,而且强调不同等级的刑罚之间

---

① 详见张小虎著:《刑法学》,北京大学出版社 2015 年版,第 32—34 页。

② 这是**法制主义原则**下的非司法化。例如,适用《刑法》第 13 条"但书",须有法律规定的具体根据。详见同上书,第 75 页。

③ 本书主张刑罚与保安处分并行。见第 44 节段 1。

以及刑罚处置与非刑处置之间，应当有所交错重置，即不同等级的处置之间具有一定的交替区域[①]。宽严并举的**合理立法**，凸显出法律的态度与倾向，给社会公众以价值标准，引导法律崇高信念的确立，对于不法者以明确肯定的威慑，给予司法人员以执法的确定标准。**（2）司法宽严并举**：就司法而言，具体案件的处理既有严厉的情形也有宽和的表现，严厉与宽和应当具体明确并行不悖，为预防控制与惩罚犯罪提供充分的事实根据。具体地说，**在各种案件中**，有的案件依法受到从严处理，有的案件依法受到从宽处理，这种宽与严的处理事实，给人们充分展示了法律的公正与效率以及法律的行为规范要求，从而给公众以信奉维护遵守法律的确信，而受到处理的犯罪人以及潜在的犯罪人，也从合理宽严处理的事实中感受到法律的力量，以及从中获得教育与矫正的引导。宽严并举也表现为，**在同一案件中**，有的犯罪人依法受到从严处理，有的犯罪人依法受到从宽处理。这不仅对于分化瓦解犯罪阵营起到了重要的作用，而且也以宽严并举的合理规范的刑法的贯彻实施，彰显了法律的要求与标准，同样有助于预防控制与惩罚犯罪目标的实现。

［17］**宽严救济**：是指刑事处置应当宽中有严、严中有宽、以宽辅严、以严助宽、宽严两手灵活择用，其强调的是宽与严辅助而行，配合中形成合理有益的效果。**（1）立法宽严救济**：在立法上，宽严救济同样要求刑事处置的设置应当有严有宽，由宽至严不仅存在若干等级，而且同一等级有着适宜的幅度，以及不同等级的处置之间具有一定的交替区域。这种宽严协同的立法是宽严相辅相成、相互配合、交替择用、互助相补的基础与平台。作为基础与平台，这种立法模式与表现对于宽严并举与宽严救济均是必要的，不过宽严并举与宽严救济在策略原则的宗旨思想上仍各有特色。**宽严并举**强调宽和与严厉均有存在、齐头并进，而**宽严救济**则强调宽和与严厉配合互助、相辅而行。可见，前者侧重宽与严两点的同时各自运行，而后者则更为关注宽与严两点的融合以及互相促进。当然，在政策的价值目标上，与宽严并举一样，宽严救济也指向预防控制与惩罚犯罪的最佳效益。**（2）司法宽严救济**：在司法上，宽严救济要求对于具体案件的处理，应当严厉的手段与宽和的方法交替使用、相互弥补、互为促进，以最大限度地实现刑事处置预防控制与惩罚犯罪的目标。具体地说，在**各种案件**的处理中，为了充分彰显规范处置之预防控制与惩罚犯罪的宗旨，应当将不同的案件情况及其可能的处理结果相观照，由此对于案件的处理依法作出适度的宽严调整，以使刑事处置的宽严使用相得益彰。

---

① 目前，我国《刑法》总体上并未采纳这种立法模式，但是设置交叉的法定刑，不失为在“宽严相济”政策思想指导下的我国刑罚制度改革的一个方向。见第 37 节段 18。

而在**某一案件**的处理中，同样基于充分彰显规范处置之预防控制与惩罚犯罪的宗旨，应当将不同犯罪人的犯罪情节及其可能的处理结果相观照，依法予以一定的宽严调整，同样使刑事处置的宽严使用相得益彰。**(3) 应变宽严救济**：在时空纵向上，宽严救济也可表现为，基于不同时期社会背景的差异及其相应的形势需要，在某一时期对于有关犯罪的处置普遍采用较为严厉的方式，而在另一时期对于同样犯罪的处理普遍采用较为宽和的措施。不过，宽严救济框架下的这种特定时期的严厉或者宽和的主导倾向，应当遵循以下规则：**A. 遵循刑法基本原则**：某一时期刑事处置的严厉主导倾向或者宽和主导倾向，不能突破法律的应有规定，不能超越社会发展的客观规律，不能违背刑法的谦抑精神，应当遵循刑法的基本原则。**B. 严中有宽宽中有严**：即使某一时期的严厉或者宽和居于主导倾向，但是在这种主导的严厉之中也应有宽和的辅助与映衬，主导的宽和之中也应有严厉的补充与配合。这可谓严中有宽，宽中有严，其是宽严救济的必然要求。

第13节　宽严相济政策的知识体系

［1］宽严相济政策的知识体系是一内容广泛的知识网，对之可以立于纵向与横向的视角予以展开。横向路径表述宽严相济政策的知识要点；纵向路径表述宽严相济政策的体系结构。

一、宽严相济政策的知识要点

［2］就知识体系的横向结构而言，宽严相济政策的基本知识方块包括基础知识、政策思想、原则理念、犯罪原因、制度措施，其分别表述宽严相济政策的理论概述、价值标准、事实根据、思想灵魂、具体贯彻。**(1) 基础知识**：阐释宽严相济政策的基本概念与政策渊源，包括：宽严相济政策的概念与特征、历史形成、政策地位、制定与实施、政策效果等知识内容。**(2) 政策思想**：阐释宽严相济政策的核心思想与基本灵魂，包括：宽严相济政策的典型表述、思想内容、时代特征，宽严相济政策与相关政策的关系等知识内容。**(3) 原则理念**：阐释作为宽严相济政策价值标准的思想根基与基本原则，包括：宽严相济政策的犯罪理论价值标准、刑罚理论价值标准、刑法原则价值基础等知识内容。**(4) 犯罪原因**：阐释作为宽严相济政策事实根据的现实犯罪状况及其原因机制，包括：犯罪现象的静态与动态表现；犯罪行为与犯罪人的不同类型性特征；社会犯罪现象与个体犯罪行为的现实原因等。**(5) 措施制度**：阐释宽严相济政策思想指导下的具体犯罪防控措施或制度，包括：宽严相济政策的立法

表现与司法表现、犯罪范围的确定方案与技术、刑事处置的类型与制度、应对犯罪的方法与措施等。

二、宽严相济政策的体系结构

[3] 就知识体系的纵向结构而言，宽严相济政策的总体知识结构分为总论与分论。**(1) 总论：**建构宽严相济政策的宏观的、抽象的知识平台，内容线索包括宽严相济政策的基础知识、思想内容、原则理念、事实根据等。**(2) 分论：**建构宽严相济政策的微观的、具体的知识平台，内容线索包括宽严相济政策在定罪、量刑、处罚、行刑、立法、司法等方面的具体策略原则以及相应的措施制度体现。诸如，刑事制裁的策略原则与措施制度，罪犯处遇的策略原则与措施制度等。

第四章 宽严相济政策与相关政策

[1] 社会治安综合治理方针与“严打”政策，在我国刑事理论与实际中有着重要的地位，而刑事政策两极化被称作当今世界刑事政策的发展趋势，揭示宽严相济政策的思想蕴含，应当对宽严相济政策与这些重要政策的关系作一梳理。

第14节 宽严相济政策与综合治理方针

[1] 宽严相济政策与综合治理方针均属基本刑事政策，并且在决策主体、宗旨目标等方面也有诸多相似之处，不过宽严相济政策以罪刑处置为核心，而综合治理方针则关涉更为广泛的领域，两者在核心精神、内容承载等方面也有着诸多区别。

一、综合治理方针的基本内容

[2] 社会治安综合治理，是我国应对犯罪的一项基本刑事政策。这一刑事政策的知识结构，涉及社会治安综合治理方针的演进阶段、基本思想、基本特征等内容。

（一）社会治安综合治理方针的演进阶段

[3] 社会治安综合治理的方针，基于刑事理论与实践工作者的精心培植，历经思想萌芽、基本确立、制度形成等演进阶段，逐步成为统领我国以预防与控制犯罪为主导的理论与实践的首要的思想准则，在刑事领域的社会行动方面，居于显赫地位，备受重视。

[4] **思想萌芽**：1979年6月，中共中央宣传部、教育部、文化部、公安部、国家劳动总局、全国总工会、共青团中央、全国妇联等八个单位，联合向中共中央提交了《关于提请全党重视解决青少年违法犯罪问题的报告》。同年8月，中共中央第58号文件发布了批转这个报告的通知。中央的通知，虽未明确“社会治安综合治理”的用语，却已初步提出了有关社会治安综合治理的基本思想：**(1) 主体整合**：通知指出：按照德智体全面发展的要求，把青少年培养成为有社会主义觉悟有文化的劳动者，是全党全国各族人民的共同任务。**(2) 力量协调**：通知指出：必须坚持党委领导，依靠学校工厂机关等全社会力

量，加强对青少年的教育。**(3) 预防为主**：通知指出：要在党委的领导下，把各个部门与方面的力量统一起来，着眼于预防与教育和改造，解决青少年的违法犯罪问题。**(4) 措施多样**：通知提出了解决青少年犯罪的五项措施：统一组织各方面力量，共同履行各自职责；加强对于青少年，尤其是中小学生思想工作；广开门路妥善安置青年就业；对于违法犯罪青少年分别不同情况予以处理挽救；领导干部以身作则教育好自己的子女。

[5] **基本确立**：1981 年 5 月中旬，中共中央政法委主持召开了北京、天津、上海、广州、武汉五大城市治安座谈会，6 月 5 日发布了《京、津、沪、穗、汉五大城市治安座谈会纪要》。《纪要》明确启用"综合治理"的术语：争取治安根本好转，必须全党动手，实行"综合治理"。同时，《纪要》也进一步确立了社会治安综合治理的基本思想：**(1) 主体整合**：《纪要》指出：各级党委要把综合治理治安问题列上议事日程，厂矿机关学校要加强政治思想工作，工青妇和宣传教育等部门要共同抓好青少年的教育工作。**(2) 措施多样**：《纪要》指出：综合治理首要的任务就是要搞好党风建设，并从政治经济教育文化等各方面加强工作，唯此才能克服社会歪风邪气，构建良好的社会治安秩序。**(3) 教育预防**：《纪要》指出：对于具有一般违法行为的青少年，要满腔热情地进行教育与感化，采取逐人落实帮教工作的方法，以及厂矿包职工、学校包学生、家长包子女等组织措施，预防犯罪。**(4) 各方工作**：《纪要》对政法部门、工读学校、劳教工作、劳改工作、基层组织、宣传教育等有关方面的综合治理工作，提出了若干具体的原则与要求。例如，对劳教人员，实行教育挽救与改造的方针；政法部门应当坚持打击少数与分化瓦解多数的原则；各地区、各部门、各单位要结合自己的实际情况，有针对性地进行法制宣传教育。

[6] **制度形成**：1991 年 1 月 15 日至 21 日，中央政法委主持召开了全国社会治安综合治理工作会议，总结了 10 年来社会治安综合治理工作的经验，分析了综合治理方针的各项内容，以及贯彻执行中亟待解决的问题。2 月 19 日，中共中央、国务院作出了《关于加强社会治安综合治理的决定》①，**《中央决定》**对社会治安综合治理的重要性、任务要求目标、工作范围、工作原则、措施落实等，作了具体的规定。在此基础上，同年 3 月 2 日，第七届全国人大常委会第十八次会议通过了《关于加强社会治安综合治理的决定》②，这一**《人大决定》**标志着我国社会治安综合治理方针的制度化、法律化。《人大决定》具体阐明了社会治安综合治理方针的基本精神：**(1) 各方力量，多种措施**：应当动

① 以下简称《中央决定》。
② 以下简称《人大决定》。

员与组织全社会各方面的力量，运用政治、行政、法律、经济、教育、文化等多种手段进行综合治理。(2) **打防并举，标本兼顾**：应当坚持打击与防范并举，治标与治本兼顾，并重要治本的方针。主要任务是：严惩严重犯罪；加强治安防范；提高道德法制观念；鼓励群众参与；缓解社会矛盾；教育挽救违法人员等等。(3) **完善法制，依法办事**：应当完善促进社会治安综合治理的法律与法规，将综合治理的各项工作纳入到法制的轨道。(4) **明确责任，互相配合**：《人大决定》指出：各部门与各单位应当建立综合治理目标管理责任制，力求做到各尽其职各负其责与密切配合互相协调。(5) **依靠群众，群防群治**：应当发动和依靠广大人民群众，加强基层组织建设与制度建设，将各项措施落实到基层单位。(6) **密切利益，建立奖惩**：应当将社会治安综合治理的责任与单位及个人的政治荣誉经济利益紧密联系起来，建立奖惩制度。(7) **政府组织，齐抓共管**：社会治安综合治理工作应当由各级人民政府统一组织实施，以使各部门与各方面齐抓共管积极参与。

[7] 为了切实组织、领导、协调社会治安综合治理工作，1991 年中共中央决定成立"中央社会治安综合治理委员会"，下设"中央社会治安综合治理委员会办公室"这一实质性常设机构，地方各级政法委员会也都设有相应的"**社会治安综治办**"的实质性常设机构。2011 年，虽曾将"中央社会治安综合治理委员会"改名为"中央社会管理综合治理委员会"，但 2014 年中共中央决定将"中央社会管理综合治理委员会"恢复为"中央社会治安综合治理委员会"。

（二）社会治安综合治理方针的基本思想

[8] **社会治安综合治理**，是指在各级党委和政府的统一领导下，整合社会各个部门、各个单位与各个层次的力量，运用政治、法律、行政、经济以及教育等各种措施手段，坚持打防并举、标本兼顾与重在治本的指导方针，紧扣打击、防范、管理、教育、建设和改造等工作环节，遵循法制轨道，具体解决我国社会治安问题。

[9] **社会治安综合治理方针**的基本思想，是社会治安综合治理方针的核心内容，这一思想具体包括统一领导、整合力量、多种措施、指导方针、工作环节、法制轨道、基本目标等方面：(1) **统一领导**：各级党委和政府担负综合治理的统一领导责任，政法机关、厂矿企业、宣传教育、劳改矫正、工会妇联、基层组织等方面各负其责。《中央决定》确立了社会治安综合治理的领导体制：党委统一领导与党政齐抓共管，办事机构具体指导协调，各部门及各单位各负其责。作为具体办事机构，中央和地方成立各级社会治安综合治理委员会，下设办公室。从中央到地方的各个部门的共同职责包括：发挥自身职能作用与结合本身业务，主动承担维护社会稳定的整体责任；做好本系统社会治安

综合治理工作,防止重大犯罪和重大治安问题的发生;"管好自己人,看好自己门,办好自己事",切实加强内部人员的思想教育工作与安全防范工作。**(2) 整合力量**:社会治安综合治理工作,必须动员和依靠社会各个部门、各个单位及各个层次的力量,尤其是发动和依靠基层组织和广大群众。具体包括:A. 社会各个部门单位力量的整合,例如,《中央决定》指出,应当把"抓系统与系统抓"同"条块结合与以块为主"有机地结合起来,消除条块分割与各自为政的现象。B. 官方机构与民间组织的力量整合,例如,《人大决定》指出,各级政府应当动员城镇居民与农村村民,建立群众性的自防自治治安保卫组织。C. 充分发挥基层组织力量,例如,《人大决定》指出,要加强基层组织建设与制度建设,努力将各项措施落实到基层单位,切实形成群防群治的网络。**(3) 多种措施**:社会治安综合治理工作,应当运用政治、行政、法律、经济与教育等各种措施手段。其中:A. 政治手段,例如,改善指导思想,加强民主法制建设,建立健全工作机制,加强基层组织建设等;B. 法律手段,例如,完善法律规定,依法惩治犯罪,依法开展各项整治工作等;C. 行政手段,例如,严密管理制度,加强治安防范,行政处罚违法等;D. 经济手段,例如,奖励表彰有功人员,妥善安置抗击犯罪的伤残人员,给予违法或者失职人员经济制裁等等;E. 教育手段,例如,加强道德法制教育,提高公民文化素质,教育感化与挽救违法犯罪人员等。**(4) 指导方针**:社会治安综合治理的指导方针是,"打防结合与预防为主",即"打防并举、标本兼顾与重在防范、重在治本"。其中,**打击**意味着依法严惩严重危害社会治安的刑事犯罪分子;**防范**意味着加强道德法制文化教育提高公民素质,教育挽救改造违法犯罪人员,缓解社会矛盾消除不安定因素,加强治安防范堵塞犯罪漏洞。**相对而言**,打击属于治标,防范属于治本。关于打击与防范的平衡问题,社会治安综合治理的指导方针强调,治标与治本均应予以关注,打击与防范也均应予以推行;不过,"兼顾"与"并举"并非意味着同等的"兼顾"与平行的"并举",而是应当各自有所侧重,即防范重于打击与治本重于治标。**(5) 工作环节**:社会治安综合治理的工作环节是,打击、防范、管理、教育、建设、改造。基于《中央决定》:**打击**,是指长期坚持依法从重从快严厉打击严重危害治安的犯罪活动,这既是综合治理的首要环节,也是落实综合治理其他措施的前提条件。**防范**,是指加强思想政治工作以及消除不安定因素和不安全隐患,这既是减少各种违法犯罪活动的有力方法,也是维护社会治安秩序的积极措施。**管理**,是指加强对流动人口文化市场特种行业与集贸市场等的控制,这是堵塞犯罪空隙与减少治安问题,从而建立良好社会秩序的重要手段。**教育**,是指加强道德与法制的宣传与引导,教育和挽救后进青少年与轻微违法青少年,这是维护社会治安预防犯罪的战略性措施。**建设**，是指切实整顿城乡基层组织与具体落实各项措施，建立健全治安防范制度与综合治理责任制度，制定与完善综合治理的各项法律法规，这是落实综合治理的关键举措。**改造**，是指对于违法犯罪人员加强教育感化和挽救，妥善安置他们就业而不得歧视，这是教育挽救失足人员与防止其重新犯罪的一项特殊预防工作。打击、防范、管理、教育、建设与改造，这六个方面的工作，相辅相成、环环相扣、缺一不可。**(6) 法制轨道**：社会治安综合治理的各项工作，必须以法律为依据，在法律制度的框架下运行。《人大决定》强调，必须善于运用法律武器，切实搞好社会治安综合治理。由此，综合治理的法制轨道，需要关注：**法律依据**：国家的刑事、行政、经济、民事等法律，包括《人大决定》本身等，为社会治安综合治理提供了强有力的法律武器和依据；**依法治理**：社会的各个部门与各个单位，必须严格依法办事，全体公民应当学法知法守法，依凭与运用法律武器应对违法犯罪；**完善立法**：应当完善与促进社会治安综合治理的法律法规，把社会治安综合治理的打击、防范、管理、教育、建设、改造等各项工作都纳入合理的法制轨道。**(7) 基本目标**：社会治安综合治理的基本目标是，预防与控制违法犯罪，构建和谐稳定的社会秩序。《中央决定》对这一基本目标作了具体明确的表述：实现社会稳定，重大恶性案件和多发性案件得到有效控制并逐步下降，各种社会丑恶现象大幅减少，彻底改观治安混乱的地区和单位的不良面貌，构建良好的社会治安秩序，使广大人民群众具有社会治安安全感。

（三）社会治安综合治理方针的基本特征

[10] 社会治安综合治理方针在知识背景、核心思想、决策主体、规范表述、宗旨目标、政策类型等方面有其独特的标志：

[11] **知识背景**：社会治安综合治理方针，是一项旨在从根本上解决日益严峻的社会治安问题的犯罪对策。这一犯罪对策直接来源于人们对于犯罪原因的基本认识。基于犯罪研究的理论成果与实践经验，人们逐步达成共识，犯罪是社会综合因素有机作用的结果，从而要从根本上解决犯罪问题，就应当采取综合治理的原则与方法。可见，犯罪原因的综合理论，是社会治安综合治理方针的一项重要的理论根据。

[12] **核心思想**：社会治安综合治理方针，着眼于从根本上解决社会治安问题，从而其指导方针是“打防结合、预防为主”，即“打防并举、标本兼顾、重在防范、重在治本”。基于这一指导方针，社会治安综合治理方针具体强调：各级党委和政府应当担负统一领导的责任，其他各个部门等方面各负其责；动员依靠社会各个部门与各个层次，尤其是发动基层组织和广大人民群众的力量；运用政治、行政、法律、教育、经济等各种措施与手段；有机整合打击、防

范、管理、教育、建设、改造等六项工作环节；依法进行综合治理，遵循各项法律制度；预防与控制违法犯罪，力求构建和谐稳定的社会秩序。

[13] **决策主体**：社会治安综合治理方针，由我们党和国家予以决策，在各级党委和政府的统一领导下，整合社会各个部门与各个单位以及各个层次的力量予以推行。这一方针基于治理犯罪的迫切需要而逐步确立，党和国家所颁布的规范文件是其形成的标志。1991年2月19日，中共中央、国务院作出了《关于加强社会治安综合治理的决定》；同年3月2日，第七届全国人大常委会第十八次会议通过了《关于加强社会治安综合治理的决定》。作为具体办事机构，中央和地方成立了隶属党的机关的各级社会治安综合治理委员会，下设办公室。

[14] **规范表述**：社会治安综合治理方针的基本精神与主要内容，集中承载于中共中央、国务院《关于加强社会治安综合治理的决定》(1991年2月19日)与全国人大常委会《关于加强社会治安综合治理的决定》(1991年3月2日)；并且，有关刑事、民事、行政、经济等方面的法律规定，也为社会治安综合治理工作的具体开展提供了法律依据。其中，《中央决定》，对社会治安综合治理的重要性、任务要求目标、工作范围、工作原则、措施落实等，作了具体的规定；《人大决定》，对社会治安综合治理的措施力量、方针任务、法制原则、责任配合、群防群治、奖惩制度、组织管理等内容，作了具体的规定。

[15] **宗旨目标**：社会治安综合治理方针的宗旨目标更具宏观视域与更为侧重治本。就**宏观视域**而言，社会治安综合治理方针的目标直接指向构建和谐稳定的社会秩序。《中央决定》在社会治安综合治理的既有成效、重要意义、基本任务、主要目标等的表述中，均特别强调了"保障社会稳定，创造良好环境与秩序"的特殊地位；《人大决定》更为明确地将加强社会治安综合治理的目标表述为：维护社会治安秩序，维护国家和社会稳定，为改革开放和社会建设创造良好的社会治安环境。就**侧重治本**而言，社会治安综合治理方针的目标更为强调从根本上预防减少犯罪。《中央决定》指出，社会治安综合治理"是解决我国社会治安问题的根本出路"，并且特别强调，仅靠打击不可能有效地减少产生犯罪的复杂因素，必须全面加强社会治安综合治理才能有所奏效。《人大决定》明确将"打防并举，标本兼顾，重在治本"作为社会治安综合治理的方针，同时强调综合治理是解决我国治安问题的一个根本途径，并且其是旨在从根本上预防与减少违法犯罪的一项有力措施。

[16] **政策类型**：社会治安综合治理方针系属维护社会稳定预防控制犯罪的一项根本的策略方法，居于基本刑事政策的地位。这一方针以社会治安的"综合治理"见长，涉及方方面面，适用范围广泛，对于治理治安问题的各项工

作均有指导意义。就**实施主体**而言，其强调各级党委和政府的统一领导，各个部门各个单位与各个层次乃至全体民众等积极参与，从而方针调整的不只是政法部门；就**运用手段**而言，其强调政治、行政、经济、法律与教育等各种措施与手段综合运用，从而方针作用的领域不只在法律而在整个社会；就**工作环节**而言，其强调打击、防范、管理、教育、建设、改造等各个环节的有机结合与相辅相成，从而方针指导的内容不只在事后的罪刑处置，而是包括防控犯罪在内的各项活动。而其“打防并举、标本兼顾、重在治本”的指导方针，则更为清楚地表明社会治安综合治理的方针，对于惩罚控制犯罪与预防犯罪以及其他一切有利于社会稳定的工作均具指导意义。由此，也可以说，社会治安综合治理方针，从其所针对的社会治安问题来看，是一项刑事政策，而从其所涉及的领域、措施、内容等来看，其不失为一项社会政策。

（四）社会治安综合治理方针的理性思辨

[17] 社会治安综合治理的方针，是改革开放以来，针对日益严峻的社会治安状况，基于犯罪研究的理论成果与实践经验，逐步形成的旨在从根本上解决社会治安问题的一项基本国策。这一方针，基于社会犯罪现实，注重打防结合、标本兼顾、重在治本，强调主体、力量、措施等的整合，至为关注基层工作的落实，更为切合犯罪原因的综合因素等，这些思想与实践，具体符合客观、辩证、全面、务实、因果等观念。也正因为此，社会治安综合治理的方针，在我国犯罪研究的理论中居于显著地位，在犯罪治理的实践中也发挥着重要作用。同时，社会治安综合治理方针的各项基本思想，也处于不断的充实与完善之中。例如，2001 年 9 月 5 日，中共中央、国务院发布了《关于进一步加强社会治安综合治理的意见》，重申并深化了社会治安综合治理的有关基本思想。本书基于犯罪原因与对策的基本观念，对于社会治安综合治理的方针，提出如下思考：

[18] **明确表述指导思想**：将社会治安综合治理的指导方针，表述为“打防结合，预防为主”或者“打防并举，标本兼顾，重在防范，重在治本”，固然从总体上体现了以预防与治本为本位的合理思想。不过，这其中也蕴含着将“控制犯罪”归属于“预防犯罪”以及将“打击犯罪”等同于“惩罚犯罪”的理念。然而，在严格意义上，**“控制犯罪”不同于“预防犯罪”**：控制犯罪，基于犯罪条件的揭示，旨在限控遏制犯罪的发生；而预防犯罪，则基于犯罪原因的揭示，旨在预先防范犯罪的形成。**“打击犯罪”也不完全等同于“惩罚犯罪”**：打击犯罪是对于犯罪的从重从快惩处，具有严厉制裁的意义，惯于表现为政治性用语；而惩罚犯罪则是强调给予犯罪合理的刑罚报应，具有法律威慑的意义，倾向于法律性用语。**另外**，社会治安综合治理的“打防结合，预防为主”的方针，与

社会治安综合治理的"打击是首要环节，是落实其他措施前提条件"的工作环节，这两者所予强调的内容之间的关系，或者说这两种表述所隐含的背后层面的意义，也是颇值分析与思考的。**由此**，可以将社会治安综合治理的指导方针，表述为"*预防与治本为主，兼顾控制、惩罚与治标*"。

[19] **强化重要工作环节**：社会治安综合治理的方针，具体强调了基层组织制度建设和各项工作环节，这使社会治安综合治理工作具有了较大的实效性和可操作性。不过，基于最好的社会政策，如何把握预防犯罪的关键环节，仍是可以进一步探讨的问题。社会治安综合治理的方针，奠基于犯罪原因的社会综合因素的理念。不过，在此基础上，我们也应当看到，在犯罪形成的罪因作用机制中，各种致罪因素所处地位并不一致，各种致罪因素之间也有着特定的作用关系（第 28 节段 2）。基于社会结构的视角，意识观念、社会分层、制度规范等应当成为犯罪原因分析的关键因素（见第 29 节段 9）。由此，目前遏制犯罪的重心，应当强调意识观念的引导、注重社会结构的调整、力求合理制度规范的构建，具体包括：弘扬优秀道德观念，增强法律意识，提高国民文化素质，缓解社会紧张心态；调整社会政策，完善社会保障机制，缩小贫富差距，竭力构建菱形社会；加强官员廉政机制，竭力惩治腐败，提高司法的公正与效率，确立社会公平。

二、宽严相济与综合治理比较

[20] 宽严相济政策与社会治安综合治理方针均属基本刑事政策，两者存在一定相似之处；然而，宽严相济政策着眼于罪刑处置，而社会治安综合治理方针侧重于综合防控犯罪，由此两者也有着重要区别。

（一）两者相似之处

[21] **知识背景**：宽严相济政策与社会治安综合治理方针，均奠基于有关犯罪原因的合理认识。并且在犯罪原因的认识上，均强调社会因素的主导地位以及多种致罪因素的有机作用。正是由于犯罪形成有其社会事实根据，而仅凭重刑威慑难以从根本上遏制犯罪，因此应当区别对待与宽严相济；正是由于犯罪是社会综合因素有机作用的结果，因此要从根本上解决犯罪问题，就应当采取综合治理的原则与方法。

[22] **决策主体**：宽严相济政策与社会治安综合治理方针，均由我们党和国家予以决策。宽严相济政策是我们党和国家在长期对敌斗争中，有关罪刑处置的理论与实践经验的总结，在新形势下这一政策又注入了时代的内容与特征，最近党和国家在许多规范性文件中，又对罪刑处置应当遵循宽严相济政策作了进一步的强调（见第 7 节段 9）。社会治安综合治理方针，基于治理

犯罪的迫切需要而逐步确立。《中央决定》以及《人大决定》既是这一方针形成的标志，也充分表明这一方针是我们党和国家应对日益严峻的社会治安问题的一项重大决策。

[23] **政策类型**：宽严相济政策与社会治安综合治理方针，均属合理应对犯罪的基本刑事政策。表现在两者均有相对的普适意义与总体指导作用。宽严相济政策是关涉**罪刑处置**的总体原则与基本方法，对于行为定性及其刑事处置以及起诉、审判、行刑等等均有指导意义；犯罪预防政策、犯罪控制政策、犯罪惩罚政策以及刑事立法政策、刑事司法政策等等具体政策，在罪刑处置上均受宽严相济政策的指导。社会治安综合治理方针是维护社会稳定**预防控制犯罪**的一项根本的策略方法，对于治理治安问题的各项工作均有指导意义；打击、防范、管理、教育、建设、改造等各个环节，党委和政府、各个部门、各个单位、各个层次等，在维护社会治安问题上均受这一方针的指导。

[24] **宗旨目标**：宽严相济政策与社会治安综合治理方针，均具有预防、控制与惩罚犯罪的基本目标。宽严相济政策经由合理的罪刑处置，以求最大限度地实现预防、控制与惩治犯罪的效益。在罪刑处置须宽严区别对待与相互救济的辩证思想中，即包含着对于片面严厉与宽和的否定，这一合理的罪刑处置推进着预防、控制与惩治犯罪的实现；宽严相济政策指导下的刑事立法与司法，建构了罪刑处置合理的规范平台与实际运作，由此承载着犯罪的预防、控制与惩治。社会治安综合治理方针经由合理的社会联动，以求最大限度地实现预防、控制与惩治犯罪的效益。社会治安综合治理方针强调社会联动的思想，表现为贯彻主体的整合、手段措施的多元、工作环节的系统等等，这一思想更为切合犯罪原因的事实，从而成为预防、控制与惩治犯罪的根本指导；当然，《人大决定》的规范表述，更是明确地将“打防并举，标本兼顾，重在治本”作为社会治安综合治理的必须坚持的方针。

（二）两者主要区别

[25] **基本思想·宽严相济与综合治理**：**宽严相济政策**以区别对待与宽严相济为其核心思想。区别对待，强调区分不同的犯罪情节，分别予以相应的、各有差异的罪刑处置，其构成要素是区别情况与差别对待。宽严相济，强调罪刑处置应当根据不同的犯罪情节，做到有宽有严、宽严并举、相互救济、相成有益，其构成要素是宽严并举与宽严救济（见第12节段7、8）。**社会治安综合治理方针**以综合治理为其核心思想。就治理而言，其强调“打防结合、预防为主”，即“打防并举、标本兼顾、重在防范、重在治本”，以求预防、控制违法犯罪，构建和谐稳定的社会秩序；就综合而言，其强调各级党委和政府、各个部门单位乃至基层组织和广大群众齐心协力，广泛运用政治、行政、经济、法律、

教育等各种措施手段，有机整合打击、防范、管理、教育、建设与改造等六个环节的工作。**相比较而言**，宽严相济政策以罪刑处置中的宽或严为着眼点，遵循罪刑法定、罪刑均衡、法制主义、罪刑平等的基本原则，由此构建宽与严的区别对待与相互济救的最佳模式，以求最大程度实现预防、控制与惩罚犯罪以及刑事公正与效率。社会治安综合治理方针着眼于应对犯罪的社会事实层面的策略方法，直接依循犯罪形成与发生的客观规律，由此构建纵横贯通各个部门、各种措施手段、各个工作环节的社会联动整合机制，以求从根本上解决社会治安问题。

［26］**核心指向·罪刑处置与标本兼治：宽严相济政策**以应对犯罪与社会危险行为的罪刑处置为核心。**罪刑处置**，是指针对某一行为事实，是否将之作为犯罪或者社会危险行为，进而是否予以刑事处置或者给予何种刑事处置。因此，罪刑处置包括行为的刑法定性及其法律后果。罪刑处置首先涉及处置的根据问题，同时也关涉处置的操作问题。因此，罪刑处置贯通立法与司法，宽严相济政策既是刑事立法应当遵循的立法政策，也是刑事司法应当贯彻的司法政策，而其实现又具体体现在刑事立法机关与司法机关的罪刑处置工作中。**社会治安综合治理方针**以社会联动的惩治与预防犯罪为核心。这意味着，社会治安综合治理直接指向惩治与预防犯罪的一系列社会活动，而这一活动的实施主体、方法措施、具体内容等等均具有整体协同的特征；注重打击、防范、管理、教育、建设、改造的工作环节，表明工作内容不只是法律制裁，而且包括行政管理、制度建设、思想教育等方面；党委政府统一领导、各个部门单位与基层组织一起行动，表明综合治理不仅体现于立法与司法部门的专门工作中，而且表现在社会各界的各项业务工作以及治安防范工作中。**相比较而言**，宽严相济政策集中指向罪刑处置，体现于立法与司法活动中，是刑事立法机关与司法机关在关涉罪刑处置问题上，应当遵循的一项基本政策，可谓狭义的刑事政策。社会治安综合治理方针集中指向社会治安综合治理，体现于法律制裁、行政管理、制度建设、思想教育等各项工作中，是党委政府、各行各业、社会各界在维护社会稳定与治安秩序问题上，应当遵循的一项基本政策，趋于广义的刑事政策。

［27］**内容承载·刑事法律与法律制度：宽严相济政策**的形式承载，是体现区别对待与宽严相济精神的有关罪刑处置的各种法律规定，这些规定主要涵盖于刑法、刑事诉讼法、监狱法等刑事法律中，以罪刑处置为内容。诸如，出罪入罪的制度原则，犯罪情节的区分，刑罚体系的层次，保安处分措施的分类，缓刑制度，假释制度，减刑制度，起诉制度，行刑制度等等。**社会治安综合治理方针**的形成承载，既有专项规范性文件与法律规定，也有非专项的法律

制度的体现。《中央决定》与《人大决定》是社会治安综合治理方针的专项规定，这两项决定对于社会治安综合治理方针的基本精神与主要内容等作了较为集中的具体表述。社会治安综合治理方针的具体贯彻落实，应当在法制的轨道内进行，有关刑事、民事、行政、经济等方面的法律规定，也是社会治安综合治理工作的法律依据。**相比较而言**，宽严相济政策的制度化与条文化相对集中表现于相应的刑事法律，并且有关宽严相济政策的基本精神并无集中的法律规范阐释，而是主要依存于刑法理论的表述，而体现宽严相济政策精神的刑事法律规定，其直接的内容指向是罪刑处置的具体法律制度。社会治安综合治理方针的制度化与条文化的表现相对更为广泛，既有集中阐释这一方针精神与内容的《中央决定》与《人大决定》，也有可供这一方针贯彻落实的其他各类法律规定，当然这里的其他法律规定也非直接指向综合治理，但却可体现综合治理的精神。

第 15 节　宽严相济政策与“严打”政策

[1]“严打”也是我国应对犯罪的一项重要刑事政策，这一政策强调罪刑处置的严厉，从而关涉宽严相济政策中的严厉方面，不过宽严相济政策强调宽与严的相互救济与相得益彰，这与“严打”政策的重心仍有重要区别。

一、“严打”政策的基本内容

[2]“严打”政策的形成背景、推行状况、基本特征、理性分析等议题，是这一刑事政策知识结构的基本内容。

（一）我国“严打”政策的形成背景

[3] 1978 年改革开放使我国进入了新的社会转型期，社会转型本身就意味着社会结构的整体性、根本性变迁，其间各种社会矛盾交织，稍有不慎极易引起社会震荡。我国的改革开放总体上取得了令世界叹服的成就。不过，我国目前的社会转型也出现了社会结构上的一些失衡：意识观念日益多元化，缺乏有效的道德整合；社会分层趋于金字塔形，贫富差距急剧拉大；某些制度规范设置存在一定的缺陷，一些合理的措施难以有效推行与落实。这些负面性的社会结构状况滋生了各种腐败，而各种腐败又继续腐蚀着社会结构，社会紧张状态一定程度上滋涨而呈现社会反常状态。犯罪是社会的一扇窗户与社会变革的晴雨表，社会反常状态的典型表现即为犯罪的异常严重。改革开放以来的三次“严打”，就是在这种严峻治安形势的背景下展开的。

[4] 我国提出与实施“严打”政策，受到了社会各界与广大民众的支持与

赞誉，这与我国社会的有关文化思想背景不无关系，这种背景的突出表现可以概括为乱世重典、以刑去刑、重刑报应。究其逻辑是：既然社会治安形势相当严峻，则在这种情况下理应用重典遏制犯罪；从重从快充分使用刑事手段，由此期望经由犯罪遏制而减少刑事手段使用；对于严重的犯罪，理应予以严厉的刑事制裁。虽不能说我国“严打”政策单纯地据以“以刑去刑”的思想，不过其却有着通过严密法网与加重刑罚来遏制犯罪的底蕴。易言之，“严打”政策是寄期望通过严厉打击犯罪，而扭转日益严峻的社会治安形势。

（二）我国“严打”的状况与特征

[5] 到目前为止，我国集中“严打”共有三次。这三次“严打”既有一些共有的特点，也有各自的一些特色，并且嬗变中表现出“严打”本身的日趋理性。

[6] 三次“严打”均由中共中央决定，确立“严打”的方针原则与具体措施，由司法机关具体贯彻落实。**“严打”**强调依法从重从快打击严重犯罪。依法，即遵循现有法律规定；从重，即给予犯罪以严厉的处置；从快，即迅速及时处理案件。根据当时社会治安状况的特点，各次“严打”的对象均有其侧重。例如，1983年“严打”的对象，主要包括七类；1996年“严打”的重点对象包括严重暴力犯罪、抢劫犯罪，特别是涉枪犯罪和黑社会性质的团伙犯罪。尽管集中“严打”只有三次，不过就“严打”以及有关专项斗争的进行而言，“严打”呈现持续态势，坚持“严打”已成为应对严峻治安问题的一项方针。

（三）我国“严打”政策的学理剖析

[7] 我国“严打”政策的合理与不足问题备受刑法理论与司法实际关注，观点与见解纷呈。应当说，**“严打”政策**，是指基于某一时期犯罪状况异常严重的非常情形，为了在一定程度上暂时控制犯罪，由国家与执政党制定的，针对严重犯罪依法从重从快予以刑事处置的原则与方法。就实然而言，目前的“严打”表现为一种持续的方针，而从应然来看，“严打”政策只能作为在特殊条件下短时间内适用的一种手段。我国目前“严打”的理念与做法，虽有其一定的事实基础与思想背景，但也只是遏制犯罪阶位攀高的权宜之计。并且，即使在非常时期推行“严打”，也应将其作为宽严相济政策的下位政策予以展开，并且严格依法办事以及遵循刑事法治的基本理念。社会治安问题的最终解决，应当依凭最好的社会政策及其有效的贯彻。

[8] 从犯罪率的具体数值上看，“严打”的确未能使犯罪率有效下降。1983年“严打”，1984年犯罪率有所下降，其后至1987年犯罪率总体上升，1988年及其以后犯罪率大幅上升；1996年“严打”，该年以及1997年犯罪率略有下降，1998年及其以后犯罪率又是大幅上升；2001年“严打”，该年犯罪率仍有大幅上升，其后的2002年、2003年的犯罪率虽略有下降，但是2001年至

2005年的犯罪率持续保持在每10万人350起左右的高位(见第24节段13)。总之,1983年以来,尽管"严打"与各类专项斗争持续进行,然而犯罪率仍然呈现阶位攀高与居高不下的态势,并且犯罪率受"严打"影响的程度越来越小。不过,这并不意味着"严打"对于遏制犯罪就没有作用,也不能成为排斥有条件"严打"的理由。虽然持续"严打"的做法颇值推敲,但是特定条件下的"严打"是必要的。当犯罪在某一时期突然大幅度上升,从而表现出一种严重的社会失范病态,为了重新确认人们对于法律的信奉,形成暂时的道德整合与制度铁则,在一个较短的时间里依法展开"严打",不失维护社会稳定与促使社会恢复健康的一种措施。然而,持续"严打",在"严打"上需要长时间的力量消耗,而"治本"则是长期之举,也需要持久的力量投入,这就会造成顾此失彼。并且,持续"严打"也有趋于重刑攀高的危险。

二、宽严相济与"严打"比较

[9] 我国"严打"政策的做法与内容处于嬗变之中,而即使在目前"严打"也存在着一定的不足。这里,主要以"严打"政策的较为理性的方面,与宽严相济政策的思想及制度予以比较。总体而言,两项政策具有一定的相似之处,但是两者的区别是主要的。

(一)相似之处

[10] 宽严相济政策与"严打"政策在决策主体、宗旨目标、核心指向等方面,表现出较大的相似性。

[11] **决策主体**:两者均由党和国家予以决策,由立法机关及司法机关主导贯彻。党和国家在许多规范性文件中,明确将宽严相济政策作为罪刑处置应当遵循的一项基本准则,这一政策由立法机关在立法中予以贯彻,由司法机关在司法中予以推行。"严打"政策同样由党中央决策与部署,并且在某些场合由立法机关制定有关法律,就目前而言,主要由司法机关在现有法律框架内以政策的基本精神予以具体贯彻。

[12] **宗旨目标**:两者均在一定程度上具有预防、控制与惩治犯罪的目标。宽严相济政策通过法律规范与思想理念,构建合理的罪刑处置;坚持宽与严的区别对待与相互救济,由此最大限度地实现预防、控制与惩治犯罪的效益,最大限度地体现刑事公正与效率的价值目标。"严打"虽然侧重"从严"处置,但是这一"从严"依然落实于法律制度的框架,并且"从严"固然存在强调报应制裁的一面,不过"从严"也有旨在法律威慑而一般预防的一面。目前的"严打"更是强调与社会治安综合治理并举。

[13] **核心指向**:两者均以罪刑处置为核心。宽严相济政策既是刑事立法

应当遵循的立法政策，也是刑事司法应当贯彻的司法政策，而其实现又具体体现在刑事立法机关与司法机关的罪刑处置工作中。宽严相济政策不仅是罪刑处置的思想观念的指导，也是罪刑处置制度规范的体现。“严打”政策是在特定条件下针对严重刑事犯罪的罪刑处置原则与方法。这一政策既是应对特定场合严重犯罪的价值指导，也同样依存于刑事处置的具体制度规范的框架中。[1] 不过，“严打”政策主要表现为现有制度规范框架下罪刑处置上的思想指导。

（二）主要区别

[14] 宽严相济政策与“严打”政策在核心思想、存在条件、政策类型、制度体现、知识背景等方面，表现出较大的差异。

[15] **核心思想**：宽严相济政策强调兼容协同，而“严打”政策注重单极趋向。**(1) 宽严相济政策**以区别对待与宽严相济为其核心思想，表现出兼容协同的政策理念，宽与严两者相辅相成、相得益彰。区别对待，强调区分不同的犯罪情节，分别予以相应的、各有差异的罪刑处置，其构成要素是区别情况与差别对待（见第12节段7）。宽严相济，强调罪刑处置应当根据不同的犯罪情节，做到有宽有严、宽严并举、相互救济、相成有益，其构成要素是宽严并举与宽严救济（见第12节段8）。**(2) “严打”政策**以依法严厉打击严重刑事犯罪为其核心思想，即依法从重从快，表现出单极趋向的政策理念，在宽与严的分担上呈现重向趋严、宽衬严威的特点。“严打”政策强调，在特定条件下对于某些严重犯罪在法定框架内以严厉的一端予以处置。固然，“严打”也应受制于宽严相济政策，不过在“严打”的语境下，更趋向于以严厉的处置居于主导，所谓依法从宽是以更趋严厉为后盾的。

[16] **存在条件**：宽严相济政策系属长期方针，而“严打”政策只是权宜之计。**(1) 宽严相济政策**是在各个时期始终应当遵循的原则与方法。无论是犯罪状况异常严重，还是犯罪处于一种常态状况，罪刑处置均应坚持宽严相济政策的指导。根据行为罪行与行为人危险性的不同而有相应各异的刑事处置，即轻罪处置相对较轻而重罪处置相对较重，这本身就是宽严相济政策的要求；即使如此，在轻罪较轻与重罪较重的各自框架下，仍然存在宽严相济政策的指导，即对于轻罪以及重罪的刑事处置，均有宽严相济政策的指导。**(2) “严打”政策**是在特定条件下作为应急的一种非常手段。在某一时期犯罪率突然大幅度上升，从而表现出一种严重的社会失范病态，由此为了暂时遏制汹涌的犯罪浪潮，也是为了给随即的一系列社会政策的具体展开创造条

---

① 即在法定限度内从重，在法定期限内从快，严格依法办事。

件,而在一个较短的时间里依法展开“严打”。由此,“严打”依存于特定的事实背景与特定的时间段落,持续的“严打”并不可取。并且,“严打”也应只是作为采取各项措施以合理调整社会结构的前奏。

[17] **政策类型**:宽严相济政策位居基本政策地位,而“严打”政策只是一项具体政策。**(1) 宽严相济政策**具有普适意义。尽管社会发展时期不同、客观犯罪状况有所差异、乃至犯罪类型也各有特点,但是在罪刑处置上宽严相济政策是一项应当始终予以贯彻的原则与方法。同时,宽严相济政策也具有总体指导作用。相对而言,少杀政策、给出路政策、“严打”政策等,是在贯彻实施宽严相济政策过程中,在不同时期,针对不同情况,党和国家提出的具体刑事政策。**(2) “严打”政策**针对的事项较为具体并且适用的范围相对特定。“严打”是在特定条件下作为应急的一种非常手段,仅仅针对严重刑事犯罪而采用,并且通常也有打击的重点类型。同时,即使实行“严打”政策,也不排斥宽严相济政策的贯彻,并且“严打”也应在宽严相济政策的指导下进行,“严打”可以视作是宽严相济政策中的从严侧面。尽管“严打”主导上趋重,但这不排除严中有宽,宽严相辅而行。

[18] **制度体现**:宽严相济政策贯穿立法与司法,而“严打”政策主要适用司法指导。**(1) 宽严相济政策**既是思想价值的指导,也是制度规范的体现,并且作为其实质性的表现,宽严相济政策置重于后者。宽严相济政策的思想价值,具体化为一种立法原则,由此形成体现宽严相济政策的法律规范,这可谓政策的法律化、条文化。同时,法律系属抽象的规定,将之适用于具体案件事实,必然存在司法实际对于法律条文的合理注释,这种合理注释离不开正确思想价值的指导。**(2) “严打”政策**虽然也包含着思想价值指导与制度规范体现,不过作为其实质性的表现,主要是特殊场合对从严处置的原则指导。法律内容以社会发展状况与文化传统等为基奠,刑事法律更应保持相对的稳定性,并且立于法律普适意义,刑事法律的宽严拥有一定幅度。由此,除了特殊场合制定有关限时法,“严打”政策本身一般不宜作为刑事立法的指导根据;目前我国“严打”政策的推行,也通常是在现有的法律框架下侧重从严处置的一面。

[19] **知识背景**:宽严相济政策强调宽严有别与协同的处置,以期体现刑事公正价值;而“严打”政策侧重从严制裁的法律威慑,以期遏制异常犯罪态势。**(1) 宽严相济政策**强调把握犯罪形成与发展的规律,并且遵循这一规律在罪刑处置上予以合理的区别对待与宽严相济,以实现预防、控制与惩罚犯罪的最佳效益。究其逻辑:正是由于犯罪形成有其社会事实根据,而仅凭重刑威慑难以从根本上遏制犯罪,因此应当区别对待与宽严相济,基于宽与严

的合理的刑事处置以达成报应与预防的应有价值。**(2)“严打”政策**虽然也关注犯罪形成与发展的机制，然而作为其主导的思想背景，是重刑以及以刑去刑。究其逻辑：既然社会治安形势相当严峻，则在这种情况下理应用重典遏制犯罪；从重从快充分使用刑事手段，由此期望经由犯罪遏制而减少刑事手段的使用；对于严重的犯罪，理应予以严厉的刑事制裁。

第 16 节　宽严相济政策与轻轻重重政策

[1] 轻轻重重政策是当代罪刑处置政策的一个重要侧面，这一政策强调轻者更轻、重者更重，从而趋于宽与严的两极，而宽严相济政策既注重宽严区别又强调宽严协同，这与轻轻重重政策的重心仍有重要区别。

一、轻轻重重政策的基本内容

(一) 轻轻重重政策的形成背景

[2] 日本学者森下忠对第二次世界大战后，世界各国的刑事政策发展趋势作了分析，指出世界各国的刑事政策朝着“宽松的刑事政策”与“严厉的刑事政策”的两个不同的方向发展，即**刑事政策两极化**。[①] 我国学者将这种“刑事政策两极化”归纳为**“轻轻重重”**的刑事政策趋向。轻轻重重政策基于注重保护社会的价值理念，形成于日益严重的犯罪事实背景与愈加柔韧的刑事制度平台，以罪刑处置的宽严两极发展为形式内容，通过一系列的具体思想与制度建构，促成新的社会背景下罪刑处置的公正与效率。

(二) 轻轻重重政策的基本特征

[3] 轻轻重重政策倾重于保护社会的价值目标，形成于犯罪严重与制度柔韧的社会背景，强调轻者更轻、重者更重的政策内容，最终落于重重阶位的政策实然。

[4] **保护社会：(1) 思想路径：**保障人权与保护社会是刑法机能的两大阵营，总体上前者为刑事古典学派所强调，后者为刑事近代学派所张扬，当然当今的刑法理论与实践总在一定程度上结合两者。不过，这种结合是有所侧重的，而轻轻重重政策趋势则以保护社会为重心。**保障人权**强调犯罪公民受到合法追究与善良公民不受非法追究，其核心是对国家刑罚权的制约[②]，由此刑

---

① 参见〔日〕森下忠著：《犯罪者处遇》，白绿铉等译，中国纺织出版社 1994 年版，中文版序言，第 4 页。

② 详见张小虎著：《刑法的基本观念》，北京大学出版社 2004 年版，第 135—137 页。

法的谦抑性成为关注的焦点，在这样的思维路径下，“重重”无以依存；尽管由刑法谦抑可以演绎出处置轻缓，但是这种轻缓应是针对整个刑事处置而非只是“轻者”。反之，**保护社会**强调社会秩序的维护与各种法益的保护[①]，其核心是赋予国家更多的刑罚权以惩治犯罪，由此刑法的工具性与效率性成为关注的重心，依循这样的思维路径，“轻轻重重”也就呼之欲出了[②]。**另外**，“轻轻重重”其实质权重在于“重重”（见本节段7），由此尽管刑法的谦抑性可以成为“轻轻”的理念支持，但是基于轻轻重重的整体而言，在其以“重重”为实质性指向的意境中，保护社会的思想根据也就居于主导地位了。**（2）不定逻辑**：基于报应刑论与教育刑论的视角，立于实然分析，轻轻重重政策的形成可谓教育刑论日趋受到质疑与报应刑论及法律威慑再度受到倾重。[③] **不过**，就理论逻辑而言，质疑教育刑论而倾重报应刑论未必只能得出以“重重”为主导之轻轻重重。现代报应刑论及法律威慑强调刑罚的公正与理性，由此演绎出刑罚的宽和与人道。[④] 反之，彰显教育刑论而权轻报应刑论未必就不能得出“重重”的思想。现代教育刑论强调刑罚的功利与效率，而其又是以犯罪人的个性特征为基础的，由此对于特殊危险者固然要予更重的长期监禁。[⑤] **当然**，基于刑罚教育的失落而关注刑罚报应的特质，也不是不能得出“重重”的思想。究其理论逻辑，既然教育难以奏效则报应应当位居主导，而重者理应承受重者报应，并且这种报应在理性场合可以走向绝对报应[⑥]，而立于以刑去刑的观念可以趋向重刑报应。因而，在报应与教育的视角下，轻轻重重的理论逻辑

---

① 详见张小虎著：《刑法的基本观念》，北京大学出版社2004年版，第138—139页。

② 轻者对于秩序并无大碍，故而处置理应趋轻；重者对于秩序构成严重威胁或破坏，故而处置理当趋重。

③ 例如，有的学者认为，改善主义思想遭受诸多批评，由此推进了“两极化刑事政策”的形成。许福生著：《刑事政策学》，中国民主法制出版社2006年版，第415—416页。

④ 刑事古典学派立于反对封建罪刑擅断、刑罚严酷的立场，强调罪刑法定、罪刑均衡、刑罚人道等原则，由此刑罚宽和是其重要特征。

⑤ 刑事近代学派与刑事古典学派针锋相对，强调刑事责任应当以行为人的人身危险性为根据，实行刑罚个别化，刑罚的目的在于特殊预防与教育。矫治可矫治者，消除不可矫治者，是其基本思想。这其中固然蕴含着对于惯犯累犯等特殊危险者的长期监禁，甚至对于有关“社会敌人”的绝对死刑。例如，1885年，加罗法洛在其名著《犯罪学》中，将这些谋杀犯类比作“纯粹的野兽”“永远的敌人”，主张对他们应当适用死亡，除此之外没有更好的办法。〔意〕加罗法洛著：《犯罪学》，耿伟、王新译，中国大百科全书出版社1996年版，第333—334页。

⑥ 刑事古典学派绝对主义，坚持报应主义立场，强调刑罚的施加在于报应，犯罪事实不仅为刑罚之条件，而且为刑罚之唯一原因，严重的杀人者理应被处死，因此，保留死刑就成为刑事古典学派绝对主义的当然选择。例如，康德否定刑罚的功利性而强调刑罚的等量报应性。对于谋杀人者则必须处死，因为在这种情况下，没有什么法律的替换物品或代替物能够用它们的增或减来满足正义的原则。没有类似生命的东西，也不能在生命之间进行比较，不管如何痛苦，只有死。〔德〕康德著：《法的形而上学原理——权利的科学》，沈叔平译，商务印书馆1991年版，第166页。

究竟依附于何,仍存在可予进一步思考的余地。

[5] **形成背景:(1) 犯罪严重**:"国际的犯罪统计资料表明,自从第二次世界大战以来,美国、欧洲、英联邦的犯罪都在增长。"[①]以美国为例,自1960年至1980年犯罪率持续上升,其后犯罪率波动中有所下降,不过总体上也位于较高的水准。[②] 就其20世纪60年代后的增幅来看,1960年至1970年,犯罪率增长了1.11倍[③];1970年至1980年,犯罪率增长了0.49倍。[④] 在这样的背景下,自20世纪70年代开始,美国刑事政策趋于轻轻重重,具体表现在:A. 轻轻:扩大缓刑和罚金的适用范围;轻微罪行非刑事化;B. 重重:有46个州不同程度地提高了对累犯的刑期;限制假释适用;加重对严重的少年犯罪的处罚;对精神病认定采取从严政策;恢复执行死刑。[⑤] 战后,日本犯罪率总体上上升并不明显,但是这并不否认某些类型犯罪的严重态势,由此依然采取"重重"对策[⑥],这也表明犯罪现实状况对刑事政策遴选的影响。**(2) 制度柔韧**:随着刑事近代学派思想的日益彰显,主观主义与特殊预防的价值理念在刑事法律制度中取得了更多的空间,刑事处置变得愈加柔韧,这就构成了两极化政策的制度平台。处置的柔韧意味着存在可予宽严调整的更大的法定幅度,便于轻者更轻而重者更重的思想的体现。同时,处置的柔韧也表现为存有更多的置重于宽或严的若干制度与措施,这些也使得轻者更轻与重者更重有了更多的余地。例如,罚金刑,起诉犹豫、宣告犹豫、行刑犹豫等缓刑[⑦],社区矫正[⑧]等,为轻者宽松提供了方法;而保安监禁,限制假释,恢复死刑[⑨]等,又为重者严厉提供了手段。**(3) 理论推崇**:国外有关学者所构建的刑事处置理论,也在一定程度上表现了这一两极化的政策思想。美国著名犯罪学家齐

---

① 〔美〕路易丝·谢利著:《犯罪与现代化》,何秉松译,中信出版社2002年版,第105页。

② 2005年犯罪率(3899.0起/10万人),是1960年犯罪率(1887.2起/10万人)的2.07倍。见第24节。

③ 由1960年的1887.2起/10万人,增加至1970年的3984.5起/10万人。见第24节。

④ 由1970年的3984.5起/10万人,增加至1980年的5950.0起/10万人。见第24节。

⑤ 参见储槐植:《美国刑事政策趋向》,载《北京大学学报》1985年第3期,第122—125页。

⑥ 参见〔日〕大谷实著:《刑事政策学》,黎宏译,法律出版社2000年版,第362页。

⑦ 另外,在美国还存在缓刑监督(probation)、暂缓监禁(suspended sentence)、附条件释放(conditional discharge)、休克型缓刑(shock probation)、软禁型缓刑(probation under house arrest)等缓刑形式。参见朱华荣主编:《各国刑法比较研究》,武汉出版社1995年版,第264—265页。

⑧ **美国**刑事司法理论对于社区矫正的类型,说法不一。Joel Samaha, *Criminal Justice*, Second Edition, West Publishing Company, 1991, p. 532. 在**英国**,社区矫正属于介于罚款与监禁之间的刑种系列,2000年国会通过的《刑事法院判决权力法》第33条第1款,具体规定了社区矫正的类型。

⑨ 例如,在美国,最近基于高涨的犯罪率,对死刑的支持复苏,"恢复主义"信念取代了"废除主义"情绪。参见〔美〕德恩·阿切尔,罗西曼里·嘎特内尔,马克·贝特尔:《杀人与死刑——对一个遏制假设的一种跨国比较》,邱兴隆译,载邱兴隆主编:《比较刑法》(第1卷),中国检察出版社2001年版,第348页。

林在《犯罪学及刑罚学》一书中，具体阐释了处置罪犯的合理方案，其强调对于可信者施以缓刑待遇，而对于不可信者施以相应类型的监禁矫正。齐林的这一设想是基于以保护社会的价值理念为主导，注重特殊预防的刑罚目的，同时侧重行为人人身危险性的事实特征，对于刑事处置所主张的轻轻重重思想的体现。齐林指出："（乙）对于轻罪及重罪的人犯，经审慎考查后，证明这些罪犯在监视之下，大致均属可信的，施以缓刑待遇。（丙）对于大体上不能信任的人，应该设备监狱，但须处以一定刑期。设置这些监狱机关，必须按照上述彻底的考查，以便适合罪犯的本性。"①此外，仍有许多学者阐释了宽严两极化的处置思想。②

［6］**轻者更轻**：主要针对以往的轻微犯罪，包括罪行轻微、罪质轻微、犯罪人危险性轻微的犯罪，予以更为宽松的处置。具体表现在：**(1) 非犯罪化**：是指对于以往作为犯罪处理的危害行为，在立法或者司法上予以犯罪排除的转化。立法上的非犯罪化，即对于以往由刑法规定为犯罪的行为，在刑法上予以犯罪排除的转变。司法上的非犯罪化，即对于根据刑法规定本可予以罪刑处置的行为，予以非刑事司法处理的转变。目前，国外倾向非犯罪化的一些犯罪，主要涉及无被害人的犯罪③，以及其他类型的犯罪④。对于这些犯罪予以除罪转化，或者基于政治体制变化致其无从存在，或者基于社会控制合理分工致其无需刑法调整，或者基于道德价值体系演进致其失去道德否定因素。例如，美国针对侵害公共福利罪与无受害人罪予以非犯罪化。**(2) 非刑罚化**：是指对于以往予以刑罚处罚的行为，采用非刑罚的处理方法，或者采用更为缓和的刑罚处理方法。其中，原本予以刑罚处罚而采用非刑罚处理方法的情形，例如，将刑罚处罚变更为保安处分⑤，基于特定事由而免予刑罚处罚⑥。原本较为严厉的刑罚方法而采用较为缓和刑罚方法的情形，例如，确立

---

① 〔美〕约翰·列维斯·齐林著：《犯罪学及刑罚学》，查良鉴译，中国政法大学出版社 2003 年版，第 889 页。

② 例如，德国刑法学家耶塞克基于考察世界性刑法改革运动得出了体现轻轻重重政策思想的一些结论。参见〔德〕汉斯·海因里希·耶赛克：《世界性刑法改革运动概要》，载《法学译丛》1981 年第 1 期，第 19 页。

③ 包括卖淫、赌博、通奸、兽奸、乱伦、同性恋、堕胎、流浪、乞讨、安乐死等。

④ 包括弑君罪、亵渎神灵罪，签发空头支票、违反抚养令、违反经济管理法规的犯罪等。

⑤ 严格而论，由刑罚变更为保安处分未必就是"轻轻"。不过，基于某些处分措施所具有的矫治、改善、医疗等特征，从其对于行为人的积极意义来说，不失存在可予轻缓理解的余地。

⑥ 例如，《俄罗斯刑法典》(1996 年)第 76 条、《德国刑法典》(1998 年)第 46 条、《蒙古国刑法典》(1991 年)第 70、71 条等的规定。

易科罚金制度[①],扩大罚金的适用范围[②],广泛适用缓刑与假释[③]。非刑罚化同样包括立法上的非刑罚化与司法上的非刑罚化。所谓立法上的非刑罚化,即在立法阶段对非刑罚化予以体现;而司法上的非刑罚化,即在司法阶段具体体现非刑罚化。**(3)非司法化**:与司法转处的观念如出一辙,是指对于原本可予刑事司法处理的危害行为,避开立案、侦查、起诉或审判等刑事司法程序而转为民事、经济、行政等领域予以处理的过程;易言之,在刑事司法过程中采取非刑事诉讼的替代方法,对于原本可予刑事管辖的案件予以非刑事处理的一种活动。非司法化是基于刑事司法的视角,对于由犯罪向非犯罪转化的表述。这种司法转处包括警察转处、审前转处、少年转处等等,其适用对象主要是微罪犯罪人或者青少年犯罪人;就法律依据而言,诸如起诉犹豫、刑罚宣告犹豫、执行犹豫制度,轻罪刑事和解的免予处罚等等,均可成为其制度平台。**(4)开放式处遇**:是指在设施内处遇的框架下,为了避免封闭式处遇的弊端,使犯罪人能够更好地回归大众社会,而摒弃诸多有形强制的监禁模式,给予犯罪人更为缓和的限制方式,通过尊重犯罪人的尊严以及密切其与大众社会的关联,促成犯罪人的自律与责任感的一种处遇方式。严格而论,开放式处遇系属**设施内处遇**的一种行刑方式,这意味着犯罪人被判监禁并处执行状态,而在行刑中给予犯罪人一定自由的松动。对于开放式处遇各国存在诸多制度表现。例如,美国刑法的**间歇监禁刑**[④];日本"作为对交通肇事被处监禁以上刑罚的受刑人的集中处遇的开放式设施"[⑤]。**(5)社会内处遇**:与设施内处遇相对,是指避免将犯罪人收容于监狱等设施之内,而是将其置于大众社会并不脱离一般生活,同时接受专门机构与人员的矫正、改善与援助,促使其改过自新的一种刑事处置方式。行刑社会化原则是社会内处遇的一个重要思想基础。社会内处遇的典型形态是**社区矫正**。各个国家对于社区矫正的

---

① 易科罚金制度在许多国家或地区的刑法典中有着体现。例如,《德国刑法典》(1998年)第47条以及我国台湾地区"刑法"(2005年)第41条第1款。

② 通常罚金主要针对贪利性犯罪,随着罚金适用范围的扩大,各国刑法分则也表现出罚金可适用于故意犯罪或者过失犯罪、贪利性犯罪或者非贪利性犯罪、普通犯罪或者国事犯罪,独立适用于轻罪、附加适用于重罪等。

③ 根据我国司法部预防犯罪研究所统计的数字,2000年缓刑和假释两项处置占全部刑事处置的比率,韩国为45.90%,俄罗斯为44.48%,加拿大为79.76%,美国为70.25%,澳大利亚为77.48%。

④ 所谓**间歇监禁刑**,是指被判刑的罪犯在一定周期的一定时间内在监所服刑,其余时间在社会上工作、学习和生活。例如,白天在社会上学习,夜间在监所服刑;一周中,平日在社会上工作,周末在监所服刑。

⑤ 在**开放性设施**中,宿舍、食堂、工场等原则上不上锁,行刑区域内不设岗哨,家属探视也尽量不让人监视。〔日〕大谷实著:《刑事政策学》,黎宏译,法律出版社2000年版,第227页。

对象又有一定的差异。例如,美国的社区矫正种类包括:缓刑;假释;轻缓惩罚,包括严格监督缓刑、家庭软禁、矫正营[1];英国的社区矫正种类包括:保护观察、假释、缓刑、社区服务、宵禁、护理中心、监督、行动计划、结合矫正、毒品治疗和检测、补偿[2]。

[7] **重者更重**:主要针对以往的严重犯罪,包括罪行严重、罪质严重、犯罪人危险性严重的犯罪,予以更为严厉的处置。具体表现在:**(1) 特别重处有关严重犯罪**:针对有组织犯罪、恐怖主义犯罪、严重暴力犯罪等,设置特别刑法以加大处罚力度。1970年美国联邦颁行《反犯罪组织侵蚀合法组织法》(RICO),该法不惜对不溯及既往这一重要的刑事民主原则"打擦边球",并且在私有经济极少适用没收财产刑罚的场合,将没收财产作为刑罚确定下来。[3] 1991年日本推行《有关防止暴力团不正当行为的决定》,旨在对暴力团采取严厉的刑事处分,强化法律规制,彻底取缔构成暴力团基础的人、财、物,形成不容许暴力团存在的群众舆论。[4] 20世纪70年代后,意大利颁布了若干"紧急法",加强了对恐怖主义犯罪和有组织犯罪的打击。例如,1979年12月颁布的关于打击以恐怖主义和颠覆民主制度为目的的犯罪的法律,1982年12月颁布的关于打击黑手党式犯罪的法律。[5] 1992年德国颁行《有组织犯罪的非法毒品交易与其他表现形式的对策法》,该法对于刑法、麻醉剂法、刑事诉讼法、法院组织法、违反秩序法等10部重要法律作了修正,其核心是在实体与程序等方面,加大对有组织犯罪的处罚力度。[6] **(2) 加重惯犯与累犯的处罚**:大多数严重犯罪出自慢性习惯犯,这类犯罪人社会危险性大,从而对之处置也日趋更为严厉。1994年美国联邦颁行《暴力犯罪控制暨执行法》,规定已经二次触犯重罪,或者已经一次触犯暴力重罪或毒品重罪,如果再犯重罪将被判处终身监禁,并且不得假释。20世纪90年代以来,美国有23个州制定了有关"三振出局法"。目前,各国刑法对于实施危害行为的惯犯与累犯也都规定了超常严厉的制裁措施与制度。例如,对于常习犯、累犯等处以保安监禁或者不定期刑[7]。保安监禁处分是一种最为严厉的保安处分措施,侧重于消极

---

① Joel Samaha, *Criminal Justice*, Second Edition, West Publishing Company, 1991, p. 532.

② 参见陈梦琪:《英国社区矫正制度评析》,载《青少年犯罪问题》2003年第6期,第65页。

③ 参见储槐植著:《美国刑法》,北京大学出版社2005年版,第128页。

④ 参见〔日〕大谷实著:《刑事政策学》,黎宏译,法律出版社2000年版,第362页。

⑤ 参见朱华荣主编:《各国刑法比较研究》,武汉出版社1995年版,第131页。

⑥ 参见储槐植主编:《美国德国惩治经济犯罪和职务犯罪法律选编》,北京大学出版社1994年版,第403—425页。

⑦ 例如,《意大利刑法典》第216条、《瑞士刑法典》第42条、《德国刑法典》(1998年)第63条、《奥地利刑法典》第23条、《韩国社会保护法》第5条等的规定。

的监禁隔离从而保护社会。德国学者称“保安监督是保护公众免受累犯侵害的‘刑事政策的最后一个紧急措施’”①。在刑罚适用上，各国刑法以不同方式加重对于累犯的处罚，包括：可以在所犯罪行应当适用的法定刑以上处刑②；按照一定比例增加刑罚③；可以加重处罚至比本刑更重的上一等级的刑种④；可以在本刑的最高刑以上，额外加处一定的刑罚⑤。**(3) 恢复死刑或者适用死刑**：多数国家废除了死刑。德国、意大利、法国、奥地利、加拿大、澳大利亚、英国、美国近20个州等等主要资本主义国家均废除了死刑；柬埔寨、东帝汶、洪都拉斯等一些国家也废除了死刑；还有像日本等保留死刑的国家，死刑的适用也受到严格的限制。废除死刑的确已成为全球性的趋势。尽管如此，这并不排除在一种总体趋势下存在某一阶段的反复，从而某些废除死刑的国家再度恢复死刑；同时，死刑的保留，通常也是针对某些最为严重的犯罪予以彻底的社会排害。在美国，1967年至1977年曾停止死刑执行，然而随着严重的治安问题，“70年代中期以后又恢复了死刑的执行”，并且“要求增加执行死刑年度数量的呼声已成大势所趋”⑥。无论是恢复死刑还是保留死刑，死刑适用总是与严重犯罪相关。这些严重的犯罪包括：叛国罪、间谍罪等，爆炸罪、劫持航空器罪、恐怖主义犯罪，毒品犯罪，故意杀人罪、强奸罪等等。在废除死刑总体趋势的情况下，对于严重犯罪恢复死刑，固然是“重重”的表现，而在普遍废除死刑的态势下保留严重犯罪的死刑，这种“重之去而不去”，也不失对于此类犯罪的一种“重重”。

[8] **重重阶位**：轻轻重重的两极趋向，最终形成的是新的基于重重阶位的罪刑平衡。**(1) 两极趋向**：轻轻重重政策以刑事处置宽严的两极发展为形式内容，即所谓“轻者更轻而重者更重”。这里存在三个要点：**A. 以往基点**：更轻或更重，是基于以往对于类似情形的处置而言的。对于轻微的犯罪，以往处置原本就轻，现在予以更为宽松的处置；对于严重的犯罪，以往处置原本就重，现在予以更为严厉的处置。**B. 更轻更重**：相对以往，趋向轻或重的两极。轻者向着更轻的方向发展，而重者向着更重的方向迈进，轻重处置的间距更大。限于刑事资源有限以及刑事处置规律的制约，轻重处置的区间有其合理

① 〔德〕汉斯·海因里希·耶塞克、托马斯·魏根特著：《德国刑法教科书》(总论)，徐久生译，中国法制出版社2001年版，第979页。

② 例如，《奥地利刑法典》第39条、《瑞士刑法典》(1937年、2003年)第67条等的规定。

③ 例如，《日本刑法典》(1907年、1996年)第57条、《泰国刑法典》(1956年、1997年)第92、93条等的规定。

④ 例如，《法国刑法典》(1994年)第132-8条的规定。

⑤ 例如，《罗马尼亚刑法典》(1996年)第51条第3款的规定。

⑥ 储槐植：《美国刑事政策趋向》，载《北京大学学报》1985年第3期，第125页。

跨度，这势必形成轻者相对去之而重者移向中心。**C. 重重重心**：轻轻重重的重心在于重重。更轻是针对轻者，而轻者原本就轻，由此轻轻也就致使轻者从犯罪与刑罚、从立法与司法的框架中，被相对剔除出去，也就是非犯罪化、非刑罚化、非司法化、开放式处遇、社会内处遇。相对除去了轻者，留下的重者成为关注的焦点；而重者更重则从对重者处置的角度，表现出刑事资源对于重者的更多投入。**(2) 新的平衡**：轻轻重重政策直接表述的是刑事处置的趋势，由此其必然又形成一种新的刑事处置模式。刑事处置有其固有的准则与规律。从这个意义上说，轻轻重重政策所构成的是，在新的社会背景下罪刑处置的公正与效率，可谓是以重重为重心的新阶位的罪刑处置平衡。**轻者更轻、重者更重**，必然依存于法律的框架，施行于特定社会状况的背景，相对于以往对类似犯罪的处置。由此，倘若从**司法的视角**考察，轻者更轻、重者更重，则意味着对于轻微犯罪或者严重犯罪，在法律框架内，鉴于当今特定的社会状况，施以比以往更为轻缓或者更为严厉的刑事处置。如果从**立法的视角**考察，轻者更轻、重者更重，则意味着对于轻微犯罪或者严重犯罪，鉴于当今特定的社会状况，予以非犯罪化、非刑罚化的立法，或者设置比以往更为严厉的罪刑处置。**不过**，需要明确的是，这种轻轻重重，并不意味着割断罪刑均衡的平缓阶梯，否则不足以构成现代理性的罪刑结构与机制。重者更重，但是“更重”的刑质不可超越极刑，“重者”的罪量也不可占据主导，否则就成了酷刑并舍弃了惩罚的差异，缺乏差异的重刑惩罚显然为世人诟病；轻者更轻，也并不否认基于社会发展的新境况，有关危害社会行为的犯罪化与刑罚化，同时原有的一些犯罪也会占据那些从罪刑结构中退去的轻微犯罪的位置。因此，“轻轻重重”的所谓“两极”，仅仅是“相对于以往”的处置所显现的两极，而“相对于当今”而言，整个罪刑结构仍是平缓而有序的罪刑阶梯。这就是说，“轻轻重重”打破旧有平衡，而新的平衡也必然形成；在当今社会政治、经济、文化等的背景下，顺应社会发展规律，将会构建新的罪刑阶梯的平衡。

二、宽严相济与轻轻重重比较

[9] **轻轻重重政策**注重保护社会的价值理念，形成于犯罪日益严重的社会事实背景，以罪刑处置的宽严两极发展为形式内容，通过一系列的具体思想与制度建构，促成新的社会背景下罪刑处置的公正与效率。**宽严相济政策**兼顾人权保障与社会保护，基于犯罪原因、犯罪条件的揭示和犯罪预测的把握，以罪刑处置的区别对待与宽严相济为核心内容，旨在预防、控制与惩治犯罪、实现刑事公正与效率的价值目标，并且作为一项基本刑事政策而长期坚持。总体而言，两项政策具有一定的相似之处，但是两者的区别也是明显的。

（一）相似之处

［10］两者在背景依据、宽严视野、核心指向等方面，表现出一定的相似性。

［11］**背景依据**：尽管轻轻重重政策直接表述的是一种罪刑处置的趋势，但是作为这一趋势的结果存在一种罪刑处置的具体内容（A），而宽严相济政策也具体表现为罪刑处置的具体内容（B），就这两种具体内容而言，两者（A与B）均应遵循刑事处置固有的准则与规律。从这个意义上说，轻轻重重政策所构成的，是在新的社会背景下罪刑处置的公正与效率，可谓是以重重为新的阶位的罪刑处置平衡；而宽严相济政策所强调的，正是在特定社会背景下罪刑处置的公正与效率，是以区别对待宽严相济为核心思想的罪刑处置平衡。

［12］**宽严视野**：轻轻重重政策与宽严相济政策均兼顾宽与严两个方面。轻轻重重政策意指轻者更轻而重者更重。所谓更轻即对于轻者更为宽缓，而更重即对于重者更为严厉，这不失为一种宽缓与严厉的相互观照。宽严相济政策强调区别对待宽严相济。这是区别犯罪的不同情况而予宽严有别、宽严协同的处置，显然宽缓和严厉的调整与平衡是其核心的内容。

［13］**核心指向**：两者均以罪刑处置为核心。轻轻重重政策所表述的是，在时代背景下罪刑处置原则与方法的两极趋势，即对于轻微犯罪采取更为宽缓的政策，对于严重犯罪采取更为严厉的政策。这种政策针对“轻者”与“重者”的处置，既是一种价值指导，也是具体制度规范；既表现在立法中也体现在司法上。宽严相济政策直接表述罪刑处置上的区别对待与宽严相济，既是刑事立法应当遵循的立法政策，也是刑事司法应当贯彻的司法政策，而其实现又具体体现在立法机关与司法机关的罪刑处置工作中。宽严相济政策不仅是罪刑处置的思想观念的指导，也是罪刑处置制度规范的体现。

（二）主要区别

［14］两者在政策视角、理念侧重、核心思想等方面，表现出较大的差异。

［15］**政策视角（趋势与本位）**：轻轻重重政策直接表述的是一种罪刑处置的趋势，即轻者向轻的方向发展而重者向重的方向发展。这是以同类情形的以往处置为基准的宽严轻重的展开，而对于犯罪轻重的相对意义及其宽严处置的平衡问题，没有直接予以阐释。相对而言，宽严相济政策直接表述的是罪刑处置的宽严界分与平衡的规则。这并非立于前瞻趋势与后顾比较的视角，而是在同一特定时空的框架内，以犯罪轻重本身的不同为基准，对于不同犯罪的刑事处置的宽严轻重规则予以具体阐释。由此，轻轻重重政策系属罪刑处置横向发展的考察；宽严相济政策可谓罪刑处置纵深内容的揭示。

[16] **理念侧重(保护与保障)**:轻轻重重以同类情形的以往处置为基准,从而在趋势的视角下,轻轻重重政策以保护社会为重心,而宽严相济政策兼顾保障人权与保护社会。在保障人权的框架下,刑法的谦抑性成为关注的焦点,这就为罪刑处置的宽和留下了空间;而在保护社会的平台上,刑法的工具性与效率性成为关注的重心,由此为罪刑处置的严厉提供了理论根据。轻轻重重政策虽言呈现宽缓与严厉的两极趋势,但是其实质权重在于"重重",而这种"重重"的权重难以依存于强调刑法谦抑的语境中。与此不同,宽严相济政策既注重区别对待也强调宽严相济。在宽严相济政策的思想中,宽和与严厉是直接印衬、沟通、协同、促进的;其核心是经由合理的刑事处置措施与制度,最大限度地实现刑事公正与效率。由此,无论是处置的宽和还是严厉,保障人权与保护社会均是其需要考虑的价值。

[17] **核心思想(两极趋向·兼容协同)**:轻轻重重政策以刑事处置宽严的两极发展为形式内容,即所谓"轻者更轻而重者更重"。其中,"轻者更轻"致使"轻者"趋于非犯罪化与非刑罚化,由此"重者更重"成为刑事处置的重心,从而轻轻重重政策实质上又是以重重为核心的。相对而言,宽严相济政策以刑事处置宽严的宽严有别与宽严并举及宽严救济为形式内容,即所谓区别对待与宽严相济。这是既注重宽严区别又强调宽严辅助,是以宽严两点之间的兼容与协同为重要特征的。宽与严两者既相对存在,又相辅相成、相互救济、相得益彰。

[18] **总之,轻轻重重政策**重在表述罪刑处置的两极趋势,这是基于宽严间距的拉大,由此致使宽缓一端非犯罪化与非刑罚化,而严厉一端趋于罪刑处置的重心。这种"重重"之重心的政策,生成于犯罪形势日益严峻的社会背景,以及侧重保护社会的刑事价值理念。就其作为趋势结果而存在的罪刑处置的具体内容而言,轻轻重重政策所构建的可谓是以重重为新的阶位的罪刑处置平衡。而**宽严相济政策**重在表述罪刑处置宽严的策略与方法,强调宽严两者不可偏废。这是以同一时空下犯罪轻重本身的不同为基准,注重区别对待与宽严相济。虽然宽严相济政策的具体思想内容随着时代演进而有所发展,但是这一政策的宽严不可偏废等思想框架不会改变。无论犯罪形势有所缓和还是日益严峻,宽严相济政策始终是我国遵循的一项基本刑事政策。这一政策在兼顾保障人权与保护社会的价值理念下,最大限度地实现刑事公正与效率。

[19] **综上**,宽严相济政策系属惩办与宽大相结合政策在新的时代背景下的典型表述,凝聚着我国长期对敌斗争与刑事实践的经验精华,展示了"区别对待、宽严相济"的基本思想,并与现代法治背景与刑法理念相辉映。我国

1997 年修订的《刑法》并未否定这一政策的基本地位;“严打”政策也不能成为消解这一政策的理由;“打防结合、预防为主”政策不能取代宽严相济政策的独特意义;轻轻重重的政策趋向同样难以超越宽严相济政策的思想领域。对于宽严相济这一基本政策,我们应当予以重视、充实、完善、弘扬。

第五章　宽严相济政策的价值标准

[1] 宽严相济政策系属在罪刑处置上应有的原则与方法（见第9节段4），这一原则与方法表现为罪刑处置的思想灵魂与规范制度，而这一灵魂与制度又以刑事科学的价值理念为基础，依托于符合时代特征的刑事基本思想。具体而论，宽严相济政策的价值基础主要包括：应然犯罪理论；应然刑罚理论；刑法基本原则。

第17节　宽严相济政策的犯罪理论价值标准

[1] 犯罪理论探究犯罪评判的本质标准。犯罪究竟是以行为之客观事实为基准，还是以行为人之主观性格为尺度？对于这一问题的不同回答，构成了犯罪理论上的基本分野：客观主义与主观主义。它们分别是刑事法学两大流派的犯罪观，客观主义由刑事古典学派所主张，主观主义为刑事近代学派所倡导。客观主义与主观主义相互分野，勾勒了犯罪本质理论中风格迥异的两大极致景观。不过，过于极端的思想在现实中难以获得制度的有效落实，客观主义与主观主义的趋同又将犯罪理论推向了新的高峰，构成了现代犯罪理论的基本模式，而在我国现阶段追寻法治的社会背景下，以客观主义为主导兼顾主观主义更与时代的要求相吻合。

一、客观主义犯罪理论

[2] **客观主义**从人的共同理性、人格同一性出发（理性人），以行为人所实施的危害行为为中心（行为中心），注重行为客观社会危害的犯罪评价（客观危害），强调责任本质在于行为的可予谴责及其程度（道义责任）。刑事古典学派著名代表贝卡利亚、边沁、费尔巴哈等有关犯罪本质理论，较为深刻地阐明了客观主义的核心思想。

[3] 客观主义的**核心思想**表现为意志自由论、行为中心论、道义责任论，兹予分述如下：**(1) 意志自由论**：客观主义认为，趋利避害是人类所共有的本性，人人均具有意志自由。意志自由，是指人可以从几个角度来审视事物，并且对他行将做的事情作出有关利害与好坏的判断。能够给人带来愉悦的事是好事，而给人带来痛苦的事则是坏事，人们甚至还具有把这种好坏投影到

事物的未来，将现在的东西和将来的东西是否令人满意进行比较，由此根据自己的意志决定去做或者不做这些事情的能力。[①] 犯罪是人在趋利避害本性的驱使下自由选择的结果。**(2) 行为中心论**[②]：犯罪人在本性上并没有什么区别，均有着共性的理性，因而能够评价犯罪的只是行为人所引起的外在事实，即以现实所发生的事实作为犯罪的中心，犯罪行为及其结果应当成为刑法价值判断的对象[③]；刑罚的轻重应当根据犯罪客观事实而定，而与行为人的内在主观意思尤其是其性格无关。当然，行为中心论并非完全否定行为人的主观因素，只不过其所考虑的主观因素，只是限制在行为人行为时的故意或过失的主观心理状态，没有犯意或者没有过失之行为均非基于意志自由之行为，不能成立犯罪。[④] **(3) 道义责任论**：其基于具体违法行为的客观表现而阐释责任本质，从而又称行为责任论；其又以具体行为的反道义意思阐释责任本质，因而也称意思责任论。道义责任论之责任根据具有以下主导思想：行为人具有是非辨别能力，从而对于法的道义性具有认识或认识的可能；同时，行为人具有意志自由能力，从而对于自己的合法行为具有选择或支配的可能；并且，行为人也具有主观决意能力，即具有责任能力的人对于违法行为可为故意或过失的心态。由此，行为人认识到或能够认识到行为的违法性，在能够选择合法行为的情况下，竟以自己的主观决意或缺乏主观注意实施了犯罪行为，造成了一定的危害结果，由此行为人应当受到道义上的谴责与非难。行为的可予谴责及非难是道义责任的归责核心。[⑤]

二、主观主义犯罪理论

[4] **主观主义**从人的超越理性、人格特殊性出发(经验人)，以行为人的人身危险性为中心(行为人中心)，注重行为人主观社会危险的犯罪评价(主观危害)，强调责任本质在于行为人的社会危险以及据此的社会防卫(社会责任)。刑事近代学派著名代表龙勃罗梭、菲利、加罗法洛、李斯特等有关犯罪本质理论，较为深刻地阐明了主观主义的核心思想。

[5] 主观主义的**核心思想**表现为行为决定论、行为人中心论、社会责任论，兹予分述如下：**(1) 行为决定论**：主观主义认为，人是个性的存在与自我的

---

① 〔英〕洛克著：《人类理解论》，关文运译，商务印书馆1981年版，第233—243页。转引自〔美〕里奇拉克著：《发现自由意志与个人责任》，许泽民等译，贵州人民出版社1994年版，第71页。

② 行为中心论，在学科理论的层面，置重于犯罪构成理论，以行为刑法为主体内容。

③ 参见蔡墩铭著：《刑法总论》，台湾三民书局1995年版，第67页。

④ 参见高仰止著：《刑法总则之理论与实用》，台湾五南图书出版公司1986年版，第39页。

⑤ 参见〔日〕木村龟二主编：《刑法学词典》，顾肖荣等译，上海翻译出版公司1991年版，第221页。与此相对，行为人人身危险性的存在是社会责任的归责核心。

存在，没有意志自由，由此强调行为决定。当事件的进程可以向着某一预先欲求与选择的方向改变时，则其就存在意志自由；而行为决定是指在一个情境中存在着各种限制因素，从而使得某种抉择成为不可能，也就是说，导致某种后果是必然的。由此，行为决定所强调的是，世界上的所有事物均受着因果法则的支配[①]；先天的遗传基因或者后天的社会环境所造就的不良个性，决定了犯罪行为的必然性。**(2) 行为人中心论**[②]**：**人的个性特征各不相同，不仅犯罪人与普通人不同，而且犯罪人与犯罪人之间也有着差异，犯罪是行为人的个性特征行为，所以对于犯罪的评价不应求诸行为人的客观行为，而应求诸行为人的人格与人身危险性等主观因素，行为人的人格特征应当成为刑法价值判断的根本对象[③]；刑罚的轻重应当根据行为人的人身危险性的大小而定，而与行为的客观实害的大小没有关系。当然，行为人中心论也并不完全忽视行为的客观因素，不过其所认为的行为并非是脱离行为人的抽象的行为，而是作为行为人的人格表现的主观行为，是借以认识行为人的人身危险性的媒介。[④] **(3) 社会责任论：**其基于行为人必然的反社会性格而阐释责任本质，从而又称性格责任论；其又以行为人的具体素质作为责任评价的核心内容，因而也称行为人责任论。社会责任论之责任根据具有以下主导思想：人是个性的存在，他的行为是被生物遗传基因或社会环境所决定的，具有社会危险性格的人的存在对社会就是一种威胁。就行为人而言，他应当对自己的社会危险性格负担责任，强调行为人因其具有社会危险性格而必须接受社会所采取的防卫措施的地位；对于社会来说，社会有责任以相应的刑事政策或社会政策来改造与教育犯罪人，由此履行社会应有的对犯罪人实施拯救与使之复归社会的责任，排除犯罪人对社会所可能造成的侵害与威胁。[⑤] 行为人人身危险性的存在是社会责任的归责核心。

三、折衷主义犯罪理论

[6] 客观主义、主观主义各执一端，难免片面。客观主义严谨中折射出僵硬，而主观主义灵活中表露出任意。19 世纪以来，在新康德哲学的影响下，并基于绝对权威国家、绝对权威法的需要，主观主义、客观主义由对立走向折

---

① 参见〔美〕里奇拉克著：《发现自由意志与个人责任》，许泽民等译，贵州人民出版社 1994 年版，第 28—29 页。

② 行为人中心论，在学科理论的层面，置重于犯罪原因理论，以行为人刑法为主体内容。

③ 参见蔡墩铭著：《刑法总论》，台湾三民书局 1995 年版，第 67 页。

④ 参见高仰止著：《刑法总则之理论与实用》，台湾五南图书出版公司 1986 年版，第 40 页。

⑤ 参见甘雨沛、何鹏：《外国刑法学》(上册)，北京大学出版社 1984 年版，第 137 页。

衷、调和以至统一。具体表现为在犯罪的评判标准与责任基础上，提出了规范责任论、新社会防卫论、人格责任论等思想。

[7] **规范责任论**，由后期古典学派代表德国刑法学家迈耶(Max Ernst Mayer)、弗兰克(Reinhard Frank)创立，并经格尔德斯密特(James Goldschmidt)、弗罗丹塔尔(Berthold Freudenthal)、麦兹格(Edmund Mezger)等人的努力发展，目前在德国、日本占据了主导理论地位。规范责任论肯定在一般场合人人均有意志自由，同时引入期待可能性而强调特殊场合的行为决定，并立于这一立场对心理责任论予以修正与发展。其核心命题是：行为人在并无缺乏期待可能性情形的场合，并且既已认识到法律规范的要求，却基于自己的意志支配而违法，理应受到责难。这是以道义责任论为基本平台，同时又渗入期待可能性理论的责任本质学说。

[8] **新社会防卫论**，于1954年以后由法国刑法学家安塞尔(Marc Ancel)提出。新社会防卫论肯定行为人的意志自由，同时强调责任本质的社会意义，推崇教育矫正的积极的刑罚目的。其责任的核心思想是：凡人皆为具有意志自由的理性人，理性人均有社会责任感，正是基于这种社会责任感理应对犯罪人施加刑事制裁，从而通过积极的教育矫治促使犯罪人回归正常社会。可见，新社会防卫论虽然肯定行为人意志自由的行为选择，但是并不以可予行为的谴责与责难来解释责任，而是以理性人所拥有的社会责任感来说明责任，对犯罪人施加刑事制裁既是基于其拥有的社会责任也是基于社会对其应负的防卫责任。这是在以行为人为中心的刑事制裁中容留了意志自由及其罪因思想，表现了折衷之中倾向于主观主义。

[9] **人格责任论**，肇始于后期古典学派代表德国刑法学家毕克迈耶(Karl Birkmeyer)的深化责任因素，其后麦兹格(Edmund Mezger)立于行状责任、鲍凯尔曼(Paul Bookelmann)立于生活决定责任，对于人格责任思想予以了有力推进，第二次世界大战之后，日本刑法学家团藤重光、安平政吉、不破武夫、平野龙一、大塚仁等综合行为责任与生活决定责任，对于人格责任论作了各有侧重的阐释，使人格责任论日趋完善而成为当今德日责任理论的重要代表。人格责任论既重视具体行为的可予责难又强调具体行为人的人格特征，并且至为强调行为人主观决定在形成违法人格中的可予责难地位。人格责任论的基本命题是：责任首先是对个别行为的道义责难，同时责任也是对行为背后行为人具体人格态度的责难，但是无论是个别行为还是具体人格态度，均以行为人自己能够决定的范围为限。总体上，人格责任论将责任本质置重于对于行为与行为人的可予非难，因而在折衷之中倾向于客观主义。

四、犯罪理论应然建构

[10] 主观主义与客观主义各持一端，其制度设置也不尽现实。折衷主义虽有相对合理之处，不过仍需在理论上进一步探讨，并且基于我国目前的社会状况以及刑法理论与实际，如何合理平衡客观与主观亦值考究。对此，本书主张以客观主义为主导兼顾主观主义，对于犯罪行为适用刑罚而对于社会危险行为适用保安处分，由此**应当增设**我国刑法的社会危险行为与保安处分制度。

[11] 在**犯罪与刑罚**为主线的刑事处置框架下，成立犯罪以及罪行轻重均以行为的危害事实及其程度为主导，总体上刑罚的发动及其轻重与犯罪的成立及其轻重相适应。在这一框架下，行为人的人身危险性并非重大，不过人身危险性对于定罪量刑仍有重要意义（**人身危险性的罪刑地位**）。具体地说：**（1）保安处分**：就刑法理论的一般观念而言，行为必须首先符合犯罪构成才可入罪受罚，同时，人身危险性并非犯罪构成的独立要件，更非犯罪构成叙述的核心内容，犯罪构成系以行为为中心要件的体系展开；犯罪构成的因素不能充分反映人身危险性，而人身危险性也不只通过犯罪构成的因素体现。① 由此，应当注意，在以人身危险性作为从严情节的场合，立于罪刑框架作为量刑情节的人身危险性，是以人身危险性并非重大且对适用保安处分不具质的决定程度为前提的。否则应当考虑，基于行为人的人身危险性重大，而将之纳入社会危险行为与保安处分的处置框架。本书并不赞成将人身危险性重大置于刑罚处罚的框架。**（2）量刑情节**：人身危险性是影响量刑的一个重要因素。A. 情节表现：可以是酌定情节，例如前科，2014 年最高人民法院《关于常见犯罪的量刑指导意见》第 3 条第 12 项的规定；也可以是法定情节，例如立功，我国《刑法》第 68 条第 1 款的规定；可以是可以情节，例如自首，我国《刑法》第 67 条第 1 款的规定；也可以是应当情节，例如累犯，我国《刑法》第 65 条第 1 款的规定。**（3）出罪情节**：在特定场合，人身危险性显著轻微应当可以成为出罪的事由。具体地说，在“行为符合犯罪构成的形式标准（本体构成），但是行为的客观危害并不显著，尤其是行为人的人身危险性轻微”时，应当遵循《刑法》第 13 条但书的精神，依据具体法律规定或司法解释②，而予出罪处理。反之，这种行为人，被贴上了犯罪人的标签不利于其继续社会化，同时对其收

---

① 详见张小虎：《人身危险性与客观社会危害显著轻微的非罪思辨》，载《中外法学》2000 年第 4 期，第 466—479 页。

② 详见张小虎著：《刑法学》，北京大学出版社 2015 年版，第 75 页。

监也极易使其进一步感染，这显然有损于特殊预防，对这种行为人实施刑罚也无助于一般预防。**(4) 定罪情节：**人身危险性虽非入罪的主导要素，但也不排除将说明人身危险性较大的事实特征，作为定罪情节中的入罪情节。例如，2013 年最高人民法院、最高人民检察院《关于办理盗窃刑事案件适用法律若干问题的解释》第 2 条第 1、2 项，将“曾因盗窃受过刑事处罚的”(A)与“1 年内曾因盗窃受过行政处罚的”(B)的情形，作为盗窃罪“数额较大”之入罪标准的 50%的份额。在此，A 与 B 即为行为人人身危险性较大的事实征表。

第 18 节 宽严相济政策的刑罚理论价值标准

[1] 刑罚理论探究刑罚的本质与合理根据。刑罚究竟是报应行为的客观危害，还是矫治行为人的人身危险性，或者针对一般人实现初犯预防？对于这一问题的不同回答，构成了刑罚理论上的基本分野：报应主义与目的主义。其中，目的主义复分为特殊预防与一般预防。报应主义为刑事古典学派绝对主义所主张，特殊预防由刑事近代学派所倡导，一般预防为刑事古典学派相对主义所强调。报应主义与目的主义的相互分野，勾勒了刑罚本质理论中风格迥异的两大极致景观。不过，过于极端的思想在现实中难以获得制度的有效落实，报应主义与目的主义的相对融合又将刑罚理论推向了新的高峰，构成了现代刑罚理论的基本模式，而在我国现阶段追寻法治的社会背景下，以报应主义为主导兼顾目的主义更与时代的要求相吻合。

一、报应主义刑罚理论

[2] **报应主义**，又称报应刑主义、绝对理论，强调刑罚的施加在于报应：恶有恶报(恶因恶果)、善有善报(善因善果)是人理常情，犯罪是一种恶，刑罚也是一种恶，对于犯罪之恶，应以刑罚之恶应对；已然的犯罪事实不仅是刑罚适用的基本前提，而且也是刑罚适用的唯一根据，刑罚的轻重应与已然的犯罪事实相适应。基于时代变迁以及报应本源思想的差异，现代报应主义主要表现为刑事古典学派绝对主义的道德报应、法律报应，康德的道德报应与黑格尔的法律报应颇具代表性。而在此前人类的历史上也存在着神意报应的报应观念。

[3] **神意报应**的思想盛行于古代及中世纪。神意报应以神意来解释刑罚正当性，犯罪是对神意的触犯，理应受到神的责罚，国家根据神的意志，对犯罪人予以惩罚，以维护社会的正义。早期，人类受制于外界自然的神奇力量，于是拥有丰富的想象力的人类便创造出蕴藏于自然界深处的主宰着人类幸

福与痛苦的万能之神。[①] 神要求对犯罪之罪恶回击以严惩。托马斯·阿奎那(Thomas Aquinas)是西欧中世纪最有权威的神学家,他结合了亚里士多德的学说和基督教的神学,构成了西欧中世纪最具系统的神学法律思想。阿奎那从世俗必须服从天国与政治必须服从宗教的观点出发,把法分为四种类型,即永恒法、自然法、神法和人定法[②],这表明了他的自然法是从神意出发并以神意为归宿的[③]。中国古代统治者极力宣扬"王权神授"和"代天行罚"的神权法思想。皋陶自命遵循天意而订五礼制五刑,指出:"天讨有罪,五刑五用哉!政事懋哉懋哉!"当时的统治者均声称"受命于天":"有夏服天命";"有殷受天命";"丕显文王,受天有大命"[④];"昊天有成命,二后(文王、武王)受之"[⑤];等等。惩罚也来自天命,夏启在讨伐有扈氏时宣称:"今予惟恭行天之罚"[⑥];成汤在攻打夏桀时也称:"有夏多罪,天命殛之","夏氏有罪,予畏上帝,不敢不正"[⑦]。

[4] **道德报应**,与法律报应相对,系属刑事古典学派所持报应主义的理论形态之一。道德报应的核心命题是,刑罚的正当性在于,其通过对犯罪的报应而体现了道德法则的绝对。犯罪是**理性人**[⑧]对于道德本源的触犯,理应受到道义的责罚,国家根据道德观念,对犯罪人予以惩罚,以维护社会的正义。康德(Immanuel Kant)是道德报应主义的鼻祖,其对道德报应的哲学根据与具体标准作了深刻阐释。人到底如何行动,取决于自己的决定。也正因为如此,我们就能够对人的行为进行善与恶的道德评价。在实际生活中,作恶总是比行善容易,作为一种有限理性的人,可能倾向于满足自己的感性欲望而违反了道德法则。然而,道德法则是无条件的绝对命令,人基于自由意志而违反道德法则,人的这种行为在道德上应当受到非难和谴责。刑罚因违反道德并由此带来的诸多社会恶果而发动。

[5] **法律报应**,与道德报应相对,系属刑事古典学派所持报应主义的又一理念形态。法律报应的核心命题是,刑罚的正当性在于,其通过对犯罪的报应而体现了普遍法则的绝对。犯罪是理性人对于法律本源的触犯,理应受到法律的责罚,国家根据法律规定,对犯罪人予以惩罚,以维护社会的正义。黑

---

① 寻求精神依托是人类天然的本性,无论这种精神依托是现实的还是虚幻的。人类不同于动物之一,是人类有着丰富的想象力,或许这构成了人类精神生活的生物基础。

② 参见顾维熊著:《西方法学流派评析》,上海社会科学院出版社 1992 年版,第 7 页。

③ 参见吕世伦主编:《西方法律思潮源流论》,中国人民公安大学出版社 1993 年版,第 5 页。

④ 《大盂鼎铭》。

⑤ 《诗经·周颂·昊天有成命》。

⑥ 《尚书·甘誓》。

⑦ 《尚书·汤誓》。

⑧ 明事理,懂道理,具有意志自由,知道趋利避害的抽象的人。

格尔(George Hegel)是法律报应主义的重要代表,其对法律报应的哲学根据与具体标准作了深刻阐释。黑格尔的法哲学着重阐释理念的法,而其核心是自由意志的实现;犯罪人也具有自由意志,从而法也包含着犯罪人的自由意志。由此,处罚犯罪而肯定法也体现着犯罪人的意志,是对犯罪人的尊重。真正的不法是犯罪,因为犯罪既否定自在法也否定理念法;而刑罚的正当性在于其施加于犯罪人,不仅体现了自在的正义,而且也体现了自为的正义。犯罪是对法的否定,而法是不应被否定的,从而刑罚是对犯罪的否定,由此来肯定法的不容否定性。

二、目的主义刑罚理论

[6] **目的主义**,又称目的刑主义、相对理论,强调刑罚的施加在于目的。适用刑罚并非是对犯罪的报应,刑罚只是一种手段,通过这一手段以达到预防犯罪、保护社会的目的;刑罚不以已然的犯罪事实为根据,而是针对未然之罪而发动,目的是刑罚施加的出发点与归宿。根据目的指向的不同,即针对的是一般人还是犯罪人,是初犯预防还是再犯预防,目的主义分为一般预防与特殊预防;根据目的实现途径的不同,即是以矫治改善及确证规范的方式实现,还是以威吓及排害的方式实现,目的主义又分为积极预防与消极预防。

[7] **一般预防**以社会一般人为对象,认为刑罚的目的在于通过刑罚,威慑犯罪或者确证规范,预防社会一般人,使之不致犯罪。根据预防方式的不同,一般预防分为执行威吓主义、立法威吓主义、确证规范主义,其中,前两者系属消极一般预防,后者可谓积极一般预防;而现代一般预防主要表现为立法威吓主义与确证规范主义,执行威吓主义属于前科学时代的刑法观念(见第25节段2)。(1) **执行威吓主义**:执行威吓是通过在一般人面前公开执行残酷的刑罚,来防止一般人去犯罪,从而收到预防犯罪的效果。执行威吓盛行于古代与中世纪的专制社会。在此,罪行并不被看成是对社会的侵犯,而是经由行刑的威慑就足以防止的。严峻恐怖的死刑与肉刑被视作维护统治权威的法宝与工具。(2) **立法威吓主义**:与执行威吓不同,立法威吓强调的不是刑罚执行的血腥场面,而是罪刑的明确性和必定性。罪刑的明确性,是指犯罪与刑罚的规定必须清晰明了,包括犯罪的明确性与刑罚的明确性。甚至,在刑罚上强调绝对确定的法定刑,禁止绝对不定期刑。罪刑的必定性,是指刑法的适用应当必然与确定,使刑罚成为犯罪的必然法律后果,而法无明文规定者不为罪不处罚。(3) **确证规范主义**:确证规范主义通过刑罚的实施,否定破坏规范的犯罪行为,展示法律秩序的不容侵害,以使公民对刑法产生信赖,

确立**刑法的评价机能**与**决定意思机能**①，由此达到预防犯罪的最佳效果。②

[8] **特殊预防**以犯罪人为对象，认为刑罚的目的在于通过刑罚，剥夺再犯能力或者矫正不良个性，预防犯罪人，使之不致再次犯罪。特殊预防是刑事近代学派所主张的刑罚理论。根据预防方式的不同，特殊预防分为剥夺犯罪能力主义与矫正改善主义。(1) **剥夺犯罪能力主义**基于对犯罪人施加自由刑或者生命刑，以使犯罪人与社会相隔离或消失于社会，从而排除其再犯的可能性。可见，剥夺犯罪能力是消极的特殊预防，又称排害主义，这一理论由犯罪人类学派所主张。(2) **矫正改善主义**将刑罚用作矫治改善犯罪人不良个性的手段，通过刑罚对犯罪人的教育改造，使其再社会化而改恶从善，从而排除其再犯的可能性。因此，矫正改善主义是积极的特殊预防，又称教育刑主义，这一理论由犯罪社会学派所主张。

三、折衷主义刑罚理论

[9] 报应主义与目的主义各执较为极端的一词，难免片面。于是围绕着刑罚制度的困惑便与日俱增。而对于这一制度的任何在道德上能够讲得通的说明，都必然表现为诸种性质各异甚至部分冲突的原理的折衷。③ 于是刑罚目的的折衷主义崛起。**折衷主义**，又称一体论、综合论(Die Vereinigungs-theorien)，认为刑罚的目的既在于报应犯罪，又在于预防犯罪与保护社会；应当调和对已然之罪的报应与对未然之罪的预防，在施加刑罚时同时考虑这两个目的，并使之相互辅助而生效。根据折衷主义对刑罚目的侧重的不同，折衷主义分为真正的折衷主义、绝对的折衷主义、相对的折衷主义和阶段区分的折衷主义。

[10] 真正的折衷主义将报应与预防置于同等的地位。绝对的折衷主义以正义报应为基础，辅之以相对主义。相对的折衷主义以预防目的为基础，辅之以绝对主义。**阶段区分的折衷主义**将刑罚的适用区分为立法、裁量、执行三个不同的阶段，在这三个不同的阶段，刑罚的目的各有侧重。刑罚在立法创制阶段，一般预防居于主导地位并起着支配作用；刑罚在司法裁量阶段，一般预防和特殊预防平衡兼顾；刑罚在执行实现阶段，应当着重发挥与追求

---

① **刑法的评价机能**，是刑法把一定的行为当作犯罪并科以一定的刑罚，由此为一般人提供了一个行为价值的判断标准；**刑法的决定意思机能**，是刑法指令一般人按照这种价值判断标准而作出意思决定。

② 参见〔日〕木村龟二主编：《刑法学词典》，顾肖荣等译，上海翻译出版公司 1991 年版，第 411 页。

③ 参见〔英〕哈特著：《惩罚与责任》，王勇等译，华夏出版社 1989 年版，第 1 页。

刑罚的特殊预防目的。不过，从刑罚适用的整体来看，应当将报应与目的兼容并蓄。

四、刑罚理论应然建构

[11] 报应主义与目的主义各持一端，其制度设置也不尽现实。折衷主义虽有相对合理之处，不过仍需在理论上进一步探讨，并且基于我国目前的社会状况以及刑法理论与实际，如何合理平衡报应与预防亦值考究。对此，本书主张以报应为基底兼顾预防，建构我国刑事处置应有的价值理念。

[12] 应当建构我国刑法之刑事处置的双轨，对于犯罪行为适用刑罚，对于社会危险行为适用保安处分。在这一双轨中，“犯罪与刑罚”与“社会危险行为与保安处分”是各成体系的两大板块，不过在目前的社会发展状况以及法治进程阶段下，“犯罪与刑罚”的板块仍居主导地位，从而当今的刑法理论与制度仍以行为刑法为主流。对此，世界有关发达国家总体如此，我国目前乃至今后一段时期也将如此。

[13] 立于“犯罪与刑罚”的体系板块，刑罚本质与根据的价值理念应当坚持报应主导预防兼顾。具体地说，报应是刑罚的基本特征，刑罚首先是对犯罪的制裁，报应的因素是刑罚本身所蕴含的；另一方面，倘若刑罚仅仅是因报应而报应，那么其将成为形式的、僵硬的东西，也会失去其应有的更深层面的社会意义，因此刑罚也应当为了预防的目的。在报应与预防中，刑罚主要着眼于已然之罪而发动，报应构成了刑罚的基底，而且这一报应必须限定在理性的法律界限之内。在此基础上，也应当考虑刑罚能够促进社会一般人产生对法律的信奉，此为积极的一般预防。以报应为基底的刑罚，也不否定刑罚适用应当兼顾犯罪人未来犯罪的可能性，此为特殊预防。不过这里的特殊预防应当是矫正改善的积极意义上的。

[14] 立于“社会危险行为与保安处分”的体系板块，保安处分系属以特殊预防为本位的刑事处置。这在保安处分的理念、制度等方面均有体现。从现代保安处分得以扎根的理论基础来看，保安处分根植于刑事近代学派的思想土壤，从而其特殊预防的目的主义理念较为彰显。保安处分的理念与刑事近代学派所竭力倡导社会责任论、社会防卫论、刑罚的替代措施、教育刑论等理论思想，是直接密切相关的。从现行保安处分制度的一些基本特征来看，保安处分也具有较为鲜明的特殊预防价值。保安处分制度的特征包括：保安处分适用的目的，直接指向预防犯罪与保护社会；保安处分的适用，不以犯罪而以社会危险行为为前提；保安处分的具体量定，并不注重行为的具体客观危害，而是根据行为人的社会危险性等。

第19节　宽严相济政策的刑法原则价值基础

[1] 刑法基本原则是现代刑法的思想根基，可以说，没有刑法基本原则就没有现代意义的刑法。作为罪刑处置原则与方法的宽严相济政策，固然不应逾越刑法基本原则的思想框架。宽严相济政策是罪刑处置合理化的宽严视角的展开，而刑法基本原则则可谓罪刑处置正当性的基础源泉。刑法基本原则包括：刑法特有的原则，即罪刑法定原则与罪刑均衡原则；刑法强调的原则，即刑法法制主义原则与适用刑法平等原则。

一、罪刑法定原则

[2] **罪刑法定原则**包括实质意义与形式意义：**实质意义**揭示罪刑法定原则的价值根基与思想精髓，由此，可以说，罪刑法定原则体现了刑法的一种精神，即出于民主政治与法治主义的背景，旨在防止罪刑擅断，从而限制国家的刑罚权，保障公民的自由权利；**形式意义**阐明罪刑法定原则在法律制度上应有的基本规则，即为了实现上述精神实质，刑法必须做到罪刑法定（法无明文规定不为罪、法无明文规定不处罚）、成文法法源（排斥习惯法）、罪刑明确（禁止绝对不定期刑）、罪刑确定（禁止适用类推）、禁止事后法（刑法效力不溯及既往）等。

[3] **罪刑法定原则的思想渊源**：现代意义的罪刑法定原则，经历了思想奠定与制度落实的发展过程，并由绝对意义走向相对意义。罪刑法定的思想萌芽，可以追溯至古代。早在古罗马法中就有“无法律即无刑罚”的格言；中国先秦时期也曾强调，法的渊源必须是成文法的法定化①。但是，这些思想由于缺乏民主政治的底蕴，因而与近代意义的罪刑法定思想有着极大差别。罪刑法定原则是启蒙思想的产物。17、18世纪资产阶级的**启蒙思想**家们，在他们的著作中对人民主权、法治主义、自由主义等思想进行了较为系统、全面的阐述，进而这些思想在当时逐步形成了一种思想潮流，在启蒙思想的隆隆呐喊中，近代意义上的罪刑法定主义也呼之欲出，与封建专制的罪刑擅断相抗衡。刑事古典学派的创始人意大利学者**贝卡利亚**（Cesare Beccaria），基于民主政治、法治主义、自由主义的理念，在人类历史上首次系统地论述了罪刑法定的

---

① 例如，春秋前期，公元前536年，郑国子产（？—前522年）将郑国制定的刑法刻铸在礼器鼎上，开创了我国公布成文法的历史；公元前502年，邓析（前545—前501年）编制了一部成文法，刻在竹简上，史称《竹刑》，提出了“事断于法”的主张。

思想，标志着这一思想的形成。① 刑事古典学派著名代表德国刑法学家**费尔巴哈**(Paul Feuerbach)，首先提出了“法无明文规定不为罪，法无明文规定不处罚”(nullum crimen sine lege, nulla poena sine lege)的口号，并于1801年在其撰著的刑法教科书中，用法谚的形式对罪刑法定原则作了极为简洁的公式化表述：无法律则无刑罚(Nulla poena sine lege)，无犯罪则无刑罚(Nulla poena sine crime)，无法律规定的刑罚则无犯罪(Nullum crimen sine poena legali)。由此，罪刑法定原则的思想更为明确与严格。

[4] **罪刑法定原则的立法渊源**：罪刑法定原则的最初法律渊源，通常认为是1215年由英王约翰签署的《大宪章》②(Magna Carta)第39条所规定的“**国家的法律**”的概念。以这一规定为基础，1354年英王爱德华三世在其第28号法令的第三章中，以“法律的正当程序”(Due Process of Law)取代了1215年《大宪章》中的“国家的法律”(Law of the Land)的措词。由此，**正当程序**的概念被确立。正当程序的本意在于强调刑事诉讼必须采用正式方式，应当注重保障被告人的权利。正当程序的思想对**英美法系**国家的资产阶级立法产生了广泛而深远的影响，并使英美法系国家在“法律的正当程序”的形式下，以**遵循先例**的原则走着自己独特的罪刑法定原则道路。英国1682年的《权利请愿书》③、1679年的《人身保护法》④、1689年的《权利法案》，美国1776年的《独立宣言》、1787年的《宪法》⑤、1791年的《人权法案》⑥等，都从不同的角度巩固并发扬了罪刑法定原则的思想。就**大陆法系**国家而言，罪刑法定原则的思想从学说到法律的转变，完成于法国资产阶级革命胜利以后。1789年法国《人权宣言》第5条与第8条对于罪刑法定原则的精神作了规定。1810年法国《刑法典》第4条则明确规定：“不论违警罪，轻罪或重罪，均不得以实施犯罪前法律未规定之刑处罚之。”该《刑法典》对大陆法系国家的刑法立法产生了极大的影响，由此罪刑法定原则成为大陆法系国家刑法制度中通行的规定。1871年的德国《刑法典》的第2条，1931年的意大利《刑法典》的第1条，1880

---

① 1764年，贝卡利亚(Cesare Beccaria)发表了《论犯罪与刑罚》一书。这是人类历史上第一部专门系统地论述犯罪与刑罚问题的著作，它的出版标志着现代意义上的刑法学形成。

② 1215年，英王约翰在贵族、僧侣、平民等阶层所结成的大联盟的强烈要求下，签署了共49条的特许状，史称《大宪章》。

③ 要求非依国家法律或法庭判决不得逮捕任何人或剥夺其财产，不得审讯或判刑，不得根据戒严令任意逮捕公民等。

④ 规定，在押人或其代表有权向王座法院请求发布“人身保护”的命令，限期将在押人移交法院，并向法院说明拘捕理由。法院以简易程序对案件进行审理，如果法院认为无正当拘捕理由，在押人即可获释。

⑤ 规定不准制定任何“事后法”等。

⑥ 第5条规定，不依法律规定，不得剥夺任何人的生命、自由和财产。

年的日本《刑法典》,我国1910年的《大清新刑律》,1928年的《中华民国刑法》与1935年的《中华民国刑法》等,都对罪刑法定原则作有具体规定。

[5] **罪刑法定原则的绝对与相对**:罪刑法定原则在形成之初,在形式上具有绝对的意义(**绝对的罪刑法定原则**),表现为:严格的罪刑法定、排斥习惯法、禁止绝对不定期刑(甚至强调绝对确定的法定刑)、禁止适用类推、禁止事后法等。然而,这些限制使得刑法过于僵硬,也并不一定有利于实现罪刑法定原则的实质精神,尤其是随着社会的变迁,犯罪率大幅度提高,少年犯罪、惯犯、妇女犯罪等激增,竭力倡导绝对罪刑法定原则的刑事古典学派受到刑事近代学派的严峻挑战。这使得罪刑法定原则由绝对走向相对(**相对的罪刑法定原则**),形式上表现为:相对的罪刑法定①、承认习惯法的补充效力、普遍采用相对确定的法定刑、允许有利于被告的类推、允许有利于被告的事后法等。现代世界各国刑法均采纳相对的罪刑法定原则。尽管如此,罪刑法定原则的**实质精神**依然存在与不变:以民主政治为根基,否定罪刑擅断,限制国家的刑罚权,保障公民的自由权利。绝对的罪刑法定原则与相对的罪刑法定原则均未背离法治原则,只不过前者是站在个人本位的角度强调法治,而后者是站在社会本位的角度遵循法治。就刑法(宪法)立法而言,罪刑法定原则在当今世界各国的刑法中(有的国家规定于宪法中)仍有着显赫的地位。

[6] **我国罪刑法定原则的表现**:罪刑法定原则在清末传入我国。1809年的《宪法大纲》规定:"臣民非按照法律规定,不加以逮捕、监察、处罚。"1910年的《大清新刑律》第10条规定:"法无正条者,不论何者行为,不为罪。"由此,罪刑法定原则在我国刑法中得以确立。以后半殖民地半封建时期各部刑法均有采用,例如,民国时期1912年8月的《暂行新刑律》、1928年的《中华民国刑法》、1935年的《中华民国刑法》。但是,由于种种原因,这一原则在当时并未能够得到真正的实行。新中国成立后的第一部刑法典1979年《刑法》并未规定罪刑法定原则,相反却以第79条规定了类推制度。其颁布后,刑法理论针对这部刑法是否遵循贯彻了罪刑法定原则产生了争议。但是,多数学者认为,我国刑法应当而且已经采用了罪刑法定原则。这一理论的定位与张扬对于司法实际产生了重要的影响,从而使类推适用的范围与数量受到了很大的限制。如今,1997年修订的《刑法》第3条后段明确规定了罪刑法定原则,这一规定清晰地宣告了这部《刑法》立法坚持了罪刑法定原则的宗旨,并且强调刑法司法一应严格遵循罪刑法定原则而无任何例外。应当说,相对于1979年《刑法》而言,1997年修订的《刑法》的确在诸多方面体现了罪刑法定原则:条

① 例如,基于教育刑论的缓刑、假释、保安处分等制度得以在刑法中存在并发展。

文数由原来的192条增加到488条，相应的罪名数也由原来的约128个增加到现在的468个[①]，同时将1979年《刑法》中渎职罪、流氓罪、投机倒把罪的“口袋罪”予以分解，并且在许多具体犯罪的立法模式上采纳了叙明罪状的表述，较为明确地规定了刑罚的种类与制度，除少数极刑绝对确定外均采用相对确定法定刑，以《刑法》第12条继续明确坚持从旧兼从轻原则，等等，这些均使刑法的明确性与确定性有了较大程度的提高。

[7] **我国罪刑法定原则的不足**：一国社会的政治、经济、文化、法治等状况，是罪刑法定原则生长的基本土壤。由此，罪刑法定原则的践行，也是随着社会的发展而不断逐步向前推进的一个过程。从这个意义上说，我国刑法立法与司法在罪刑法定原则的体现与遵循上，相对于社会与法治的进步程度较高的一些国家，仍现诸多不足：我国《刑法》在具体犯罪的罪状表述中，设置了大量的诸如“其他……”等兜底性的规定，罪状构成设置了大量的诸如“情节严重”等包容广泛的要素，这种立法模式模糊了刑法的明确性而使具体犯罪的出入与轻重有了很大伸缩的空间。在刑罚种类并未规定“禁止……从事特定活动，进入特定区域、场所，接触特定的人”，或者缺乏类似的保安处分措施制度的情况下，却将这种“禁止”作为管制、缓刑等刑罚适用的内容，这是有违刑之法定的基本要求的。《刑法》中也有着诸如第201条第4款所现的，原本成立犯罪的行为仅因事后补救而不予入罪的不合理规定；司法实际中也有诸如将单位盗窃这一本不构成犯罪的情形，解释成“以盗窃罪追究直接责任人员的刑事责任”[②]的僭越《刑法》的情况[③]。其他诸如，缺乏标题明示式罪名的立法，某些具体罪名的类型过于简约[④]，法定刑幅度过于宽泛，有期徒刑与无期徒刑的跳跃过大，等等。

[8] **总之**，立于辩证分析的视角，罪刑法定原则的理想境界在于，立于一国所处社会发展阶段的现实背景，在刑法之明确与模糊、确定与开放、严谨与柔韧、人权保障与社会保护等等之间，寻求一个类似于钟摆平衡点的点位。过于明确与确定的罪刑设置，虽可谓极致人权保障，但其使刑法走向了僵硬而难以适应现实社会的需要，社会保护成为空谈；反之，过于模糊与开放的罪刑设置，虽可谓极致保护社会，但其使刑法走向了无形而难以实现刑法应有

---

① 截止到《中华人民共和国刑法修正案（九）》（2015年）。

② 最高人民检察院《关于单位有关人员组织实施盗窃行为如何适用法律问题的批复》（2002年）。

③ 全国人大常委会《关于〈中华人民共和国刑法〉第30条的解释》（2014年）的立法解释，仍是对《刑法》规定的僭越。

④ 诸如，针对故意杀人行为，许多国家的刑法典分别规定了谋杀罪、故意杀人罪、引诱帮助自杀罪、受嘱托杀人罪、杀婴罪等，而我国《刑法》仅设故意杀人罪。

的使命，人权保障成为泡影。

二、罪刑均衡原则

[9] **罪刑均衡原则**，又称罪刑相适应原则、罪刑等价主义、罪责刑相适应原则、罪刑相当原则等，其蕴含也包括实质意义与形式意义：**实质意义**揭示罪刑均衡原则的价值根基与思想精髓，由此，可以说，罪刑均衡原则体现了刑法的一种精神，即出于民主政治与法治主义的背景，旨在防止罪刑擅断，从而限制国家的刑罚权，保障公民的自由权利。**形式意义**阐明罪刑均衡原则在法律制度上应有的基本规则，即为了实现上述精神实质，刑法必须做到罪与刑的质的相称与量的相称的有机统一。其中，罪是指以已然之罪为主、未然之罪为辅的罪的统一体；刑是指以报应之刑为基础、预防之刑为引申的刑的统一体，并且刑包括刑罚与保安处分。

[10] **罪刑均衡原则的均衡意义**：这是基于罪刑均衡原则形式层面的应然蕴含，展开罪刑均衡原则的罪与刑的"相适应"的具体内容。**(1) 质的相称**，即罪的质与刑的质相称。其凸显的是，**不同罪质之间**以及不同刑质之间的差异。相称意味着，相同阶位的罪质与刑质的相称，而不同阶位的罪质（罪状）与刑质（法定刑）则应当各自有别。这也可以称为罪状与法定刑的基本单位的各自有别的相称（异质区别）。具体地说，基于不同犯罪存在轻重差异，其法定刑也应存在相应的轻重差异；同一犯罪具体罪状（普通罪状、加重罪状、减轻罪状）存在轻重差异，其法定刑（普通法定刑、加重法定刑、减轻法定刑）也应存在相应的轻重差异。例如，我国《刑法》第234条故意伤害罪之罪状与法定刑的基本单位分别为：A. 故意伤害他人身体的，处3年以下有期徒刑、拘役或者管制；B. 故意伤害他人身体，致人重伤的，处3年以上10年以下有期徒刑；C. 故意伤害他人身体，致人死亡或者以特别残忍手段致人重伤造成严重残疾的，处10年以上有期徒刑、无期徒刑或者死刑。作为质的相称，罪状A、B、C分别对称于法定刑A*、B*、C*，并且这种相称是建立于A(A*)、B(B*)、C(C*)各自有别的基础上的。质的相称包括：无罪无刑；轻罪轻刑；重罪重刑；同罪同刑。**(2) 量的相称**，即罪的量与刑的量相称。其凸显的是，**相同罪质之内**以及相同刑质之内的个别对应。相称意味着，在同一犯罪的某一阶位罪质与相应阶位刑质（例如，普通罪状与普通法定刑）的框架下，具体罪行与具体刑罚的轻重相称。这也可以称为同一罪状与法定刑的基本单位的一定区间的个别相称（同质个别对应）。例如，上例中罪状A的轻重表现并非只是一个点，而是表现为一条线，法定刑A*的幅度固然也是一条线。量的相称意味着，位于罪状A中的案件事实所呈现的具体罪行a，与其所应当适用的

法定刑 A* 中的具体刑罚 a*，这两者之间在罪状 A 与法定刑 A* 的框架内（质的范围内）的相称。罪状 A、B、C 各自有别，其分别对称于同样各自有别的法定刑 A*、B*、C*，此为质的相称。相对而言，量的相称是某个罪行 a 与某个刑罚 a* 的相称依存于罪状 A 与法定刑 A* 的区间，这种区间中的平衡相称即为量的相称。**(3) 质量调整**，即由量的增减及至质的突破的相称。这主要表现为基于罪的**调整砝码**，而使罪与刑相称于某一基本单位（罪状与法定刑）或者由此基本单位（A 种罪状与法定刑）进入彼基本单位（B 种罪状与法定刑）。就总体而论，**定罪情节**划定罪状的质，由此构成不同质的罪状（A、B、C）之间的差异；定罪情节也表述罪状的质，由此构成某一质的罪状之内的具体内容。罪质的界分（罪行的质）以及罪质的内容（罪行的量）也受着量刑情节的调整，这意味着，**量刑情节**是以某一具体罪状与相应法定刑为中心，在这一罪状与法定刑的线条上调整罪行与宣告刑轻重的具体砝码。从具体罪状与相应法定刑的框架来看，量刑情节的调整表现为两种情形：其一，框架内，即从重、从轻的量刑情节，是在某一罪状与相应法定刑内发挥其调整的作用；其二，框架外，即减轻或者免除的量刑情节，则是突破某一罪状与相应法定刑框架发挥其调整的作用。此两种调整均是罪刑相称的表现。再者，也应注意，罪与刑的质量对称，既指立法上的对称，也指司法上的对称；既包括罪刑架构上的对称，也包括罪刑运作上的对称。

[11] **罪刑均衡原则的罪刑意义**：这是基于罪刑均衡原则形式层面的应然蕴含，展开罪刑均衡原则的相适应的“罪”与“刑”的具体内容。**(1) 罪的内涵**：已然之罪为主，未然之罪为辅。① **已然之罪**，是对行为人所实施的犯罪行为的社会危害的一系列事实特征的表述。犯罪行为的社会危害包括：行为的客观社会危害；主观责任；主观恶性。**未然之罪**，是对可能实施危害社会行为的行为人在自身生活背景、生理、人格等方面所表现出的社会危害的一系列事实特征的表述。行为人的自身社会危害主要表现为人身危险性。**(2) 刑的内涵**：就**刑的目的**而言，刑包括报应之刑与预防之刑，报应为刑之基础，预防为刑之引申。报应之刑报应已然之罪，与已然之罪相适应；预防之刑预防未然之罪，与未然之罪相适应。报应之刑与预防之刑并非截然分割，固然报应之刑的质与量主要与已然之罪相适应，但是报应之中也蕴含着预防的意义；同样，虽然预防之刑的质与量主要与未然之罪相适应，但是预防是体现于报应

---

① 不能否认，**行为的特征**，过去是、现在是、并且将来依然是刑事处置的必要的、基本的依据。详见张小虎著：《转型期中国社会犯罪原因探析》，北京师范大学出版社 2002 年版，第 11 页。

之中的[①]。就**刑的属性**而言，刑是指**刑事处置**，包括刑罚与保安处分。[②] 刑罚发动的前提必须是行为人的行为构成犯罪；刑罚对称于以犯罪行为为基础的已然之罪，以及以犯罪行为为前提而论及的未然之罪。保安处分发动的前提，可以是行为构成犯罪，也可以是行为虽不构成犯罪但属于社会危险行为；保安处分对称于未然之罪。

[12] **罪刑均衡原则的思想源流**：现代意义的罪刑均衡原则，同样是17、18世纪启蒙思想的产物。**(1) 思想萌芽**：罪刑均衡的思想萌芽，可以追溯至古代的复仇习俗。在人类社会的早期，由于认识能力的局限，人类只能从最为简单的外在形态上去评价犯罪的损害。由此，基于每个人都有权像其他人那样行事的古代自然的平等观念，在当时的血缘宗族制度之下，以血族复仇、血亲复仇、同态复仇的方式回击犯罪也就成为天经地义的事了。复仇，尤其是同态复仇，追求的是侵害与随之而来的惩罚在形态上的对等。这种复仇极为残酷。中世纪，复仇的阴影加之浓重的神学色彩，刑罚依然是头残暴的猛兽。**(2) 思想征表**：近代意义上的罪刑均衡思想，在资产阶级启蒙思想家的著述中得到了较多的体现与张扬。例如，法国启蒙思想家孟德斯鸠(Charles Montesquieu)指出：惩罚应当有程度之分，按照罪行的大小，规定惩罚的轻重。[③] 刑罚的轻重应当协调，这是非常重要的原则，因为我们防止较大程度破坏社会的犯罪应该多于防止较小危害社会的犯罪，防止大罪应该多于防止小罪。[④] 而意大利学者贝卡利亚(Cesare Beccaria)、英国的边沁(Jeremy Bentham)对于罪刑均衡思想作了系统并明确的阐释，成为这一思想原则形成的重要理论标志。

[13] **罪刑均衡原则的理论形态**：就理论思想内容而言，罪刑均衡原则经历了三种理论形态：**(1) 罪刑报应对称论**：**刑事古典学派绝对主义**[⑤]主张罪刑报应对称论。这一对称论认为，刑罚是对犯罪的报应，着眼于已然之罪，犯罪事实不仅是适用刑罚的条件，而且是适用刑罚的唯一原因。罪刑报应对称论

---

① 只有在存在已然之罪的前提之下，才有可能论及与未然之罪相适应的预防之刑；蕴含于报应之刑之中的预防意义，更是依存于报应之刑。

② 这里的刑着眼于广义，并属于理论研究的意义。我国《刑法》并未设置保安处分制度，但是刑罚与保安处分的双轨处置，是我国刑事立法的应然。本书所称**刑事处置**，是指刑法所规定的，针对犯罪或社会危险行为的一切制裁措施。包括：针对犯罪的刑罚或保安处分，以及针对社会危险行为的保安处分。

③ 〔法〕孟德斯鸠著：《波斯人信札》，梁守锵译，商务印书馆1962年版，第141页。

④ 〔法〕孟德斯鸠著：《论法和精神》(上册)，张雁深译，商务印书馆1961年版，第91页。

⑤ **刑事古典学派绝对主义**，是指以德国的康德(Immanuel Kant，1724—1804)和黑格尔(George Hegel，1770—1831)为代表人的刑法理论。这种理论以绝对主义或绝对理念的观念论、超个人的民族精神、国家主义为基础，在刑罚理论上，主张报应刑论，否定刑罚的目的。

包括：罪刑反坐报应对称论；罪刑等价报应对称论。**罪刑反坐报应对称论**，主要是指康德（Immanuel Kant）在刑罚对犯罪的报应的标准上所主张的反坐报应论，强调刑罚与犯罪之间在形式上（侵害方式、危害结果）的对等。**罪刑等价报应对称论**，主要是指黑格尔（George Hegel）在刑罚对犯罪的报应的标准上所主张的等价报应论，即追求犯罪与刑罚之间的一种价值上的等同。**(2) 罪刑法律预防对称论：刑事古典学派相对主义**[①]主张罪刑法律预防对称论。这一对称论认为，刑罚的施加在于预防犯罪行为，为此刑法应当明确规定合理对称的罪刑阶梯，以使人们对刑法产生畏惧心理而不敢以身试之，从而实现最佳的犯罪预防效果。意大利的贝卡利亚（Cesare Beccaria）、英国的边沁（Jeremy Bentham）是罪刑法律预防对称论的代表人，同时作为近代刑事科学（始于刑事古典学派）的开拓者，他们对罪刑均衡原则也进行了较为深入系统地论述。**(3) 罪刑特殊预防对称论：刑事近代学派**[②]主张罪刑特殊预防对称论。这一对称论认为，刑罚的施加在于预防犯罪人，刑罚针对未然之罪而发动，剥夺或者教育是刑罚的基本手段，刑罚应当与犯罪人的人身危险性相适应。罪刑特殊预防对称论包括：罪刑剥夺对称论与罪刑矫治对称论。**罪刑剥夺对称论**，是指以龙勃罗梭（Cesare Lombroso）为代表的剥夺犯罪能力主义，强调刑罚应当根据犯罪人类型的不同而有所区别：对于尚未犯罪但有犯罪倾向的人实行保安处分，即预先使之与社会隔离；对于具有犯罪生理特征的人予以生理矫治，即通过医疗措施如切除前额、剥夺生殖机能等手段来消除其犯罪的动因；将危险性很大的人流放荒岛、终身监禁乃至处死。**罪刑矫治对称论**，是指以李斯特（Franz Liszt）为代表的矫正改善主义，强调刑罚的分量应当以为了消除犯罪人的危险性（犯罪性），并使之重返社会所需要的处理期间为标准，刑法处罚的不是行为而是行为人；对于犯罪人的教育才是刑罚的本质，刑罚应当依据犯罪人的个性，采取相应的教育方法从而使之回归社会。

［14］**我国罪刑均衡原则的体现**：我国《刑法》第5条对罪刑均衡原则作了

---

① **刑事古典学派相对主义**，是指以意大利学者贝卡利亚（Cesare Beccaria，1738—1794）、德国的费尔巴哈（Paul Feuerbach，1775—1833）、英国的边沁（Jeremy Bentham，1748—1832）为代表人的刑法理论。这种理论以理性主义、自由主义为基础，在刑罚理论上，属于目的刑主义。

② 刑事近代学派，是刑事人类学派与刑事社会学派的合称。**刑事人类学派**，以意大利犯罪学家龙勃罗梭（Cesare Lombroso，1836—1909）、加罗法洛（Raffaele Garofalo，1852—1934）为代表。这一学派提出了天生犯罪人论，认为有些人生下来就注定要成为罪犯，他们是危害社会的最主要部分，应该对他们采取保安处分、死刑、流放荒岛、消除生殖机能等措施以预防犯罪。**刑事社会学派**，以意大利的菲利（Enrico Ferri，1856—1929）、德国的李斯特（Franz Liszt，1851—1919）等为代表。这一学派认为，刑事人类学只注重犯罪的生理、人类学等因素而忽视了整个社会对犯罪的重要影响，指出社会的弊端及其不良因素才是形成犯罪的真正原因。

明确规定。罪刑均衡原则的基本框架是：罪与刑“相适应”，包括：无罪无刑；轻罪轻刑；重罪重刑；同罪同刑；罪量与刑量相称。相适应的“罪”与“刑”，其中：“罪”是指已然之罪为主、未然之罪为辅的罪的统一体；“刑”是指报应之刑为基础、预防之刑为引申的刑的统一体。罪刑均衡原则的这些基本的要求，在我国《刑法》的整体内容上，有着较为充分的体现：**(1) 无罪无刑**：无罪无刑是罪刑均衡原则的基本内涵之一，我国《刑法》在许多具体规定方面，也充分体现了无罪无刑的精神。例如：《刑法》第 20 条对正当防卫的规定、第 18 条对精神病人刑事责任的规定等。**(2) 罪刑相称**：具体表现为轻罪轻刑、重罪重刑、同罪同刑、罪量与刑量相称，而其要点是罪与刑各自的合理分割形成罪刑两个序列，以及将分割之后的罪与刑两个序列构成合理的对称关系。**其一，罪的分割**：A. 类罪划分：根据犯罪所侵害的法益属性的不同，对犯罪作了类别的划分。例如，危害国家安全罪、危害公共安全罪等。B. 具体犯罪划分：类罪下根据犯罪的不同具体构成，又对犯罪作了具体犯罪的划分。例如，故意杀人罪、故意伤害罪等。C. 罪状划分：具体犯罪下根据具体犯罪的不同情况，对具体犯罪还作了不同罪状的划分。例如，盗窃罪的罪状分为三种、诈骗罪的罪状分为三种等。D. 量刑情节与处罚制度：规定了许多量刑情节、处罚制度，用作调整罪之轻重。量刑情节，例如，聋哑人或者盲人从宽处罚的量刑情节、教唆不满 18 周岁的人犯罪从重处罚的量刑情节等。处罚制度，例如，累犯制度、自首和立功制度等。这种罪的具体分割，表述了罪的质量轻重的不同，使针对不同的罪采用相应的刑成为现实可能。**其二，刑的分割**：A. 刑罚体系轻重有序。根据我国《刑法》的规定，国家刑罚权的形态是：有罪宣告而不予其他任何处置；有罪宣告但免予刑罚处罚而予非刑处分；定罪并判处刑罚。其中，定罪并判处刑罚是主要形态。我国刑罚分为：主刑与附加刑。主刑按轻重的不同有：管制、拘役、有期徒刑、无期徒刑、死刑；附加刑有：剥夺政治权利、没收财产、罚金，还有对犯罪的外国人独立适用的驱逐出境。这些刑罚轻重相互衔接，连续中又有着分明的层次、类型，构成了一定的刑罚阶梯，为针对轻重不同的具体犯罪采用相应的刑罚提供了基础。此外，我国《刑法》所规定的非刑处分也有多种方式：训诫或者责令具结悔过、赔礼道歉、赔偿损失，或者由主管部门予以行政处罚或者行政处分等。这也为对于不需要判处刑罚的犯罪，根据犯罪的不同情况灵活地运用这些非刑处分，奠定了基础。B. 法定刑轻重有序。在同一具体犯罪下，根据罪状的不同采用了轻重有序的法定刑，使每一罪状均有相应的法定刑。例如，我国《刑法》第 267 条对抢夺罪设置了三种法定刑：处 3 年以下有期徒刑、拘役或者管制，并处或者单处罚金；处 3 年以上 10 年以下有期徒刑，并处罚金；处 10 年以上有期徒刑或者无期徒刑,并处罚金或者没收财产。由此,这三种法定刑对应于三种轻重不同的罪状。C. 法定刑相对确定:主要采用了相对确定的法定刑的立法模式,即对应于某一罪状的法定刑拥有一定的刑种或刑度区间,有利于根据犯罪的具体情况,选择相应的刑罚。例如,根据我国《刑法》第279条的规定,对于冒充国家机关工作人员招摇撞骗的,可以根据具体犯罪情节等的不同,在3年以下有期徒刑、拘役、管制或者剥夺政治权利中选择应当适用的刑罚。D. 量刑情节与处罚制度:规定了许多量刑情节、处罚制度,用作调整刑之轻重。例如,我国《刑法》第18条对于未成年人犯罪的从宽处罚作了规定。根据这一规定,行为人已满14周岁不满18周岁,是量刑的从宽情节,这一情节的存在使得量刑向从宽的方向偏移,即处以相应法定刑内的较轻的刑罚(从轻处罚),或者在相应法定刑以下的一级法定刑内处刑(减轻处罚)。**(3)罪刑对称。**A. 类罪与处罚:类罪的严重程度不同,处罚的轻重也有差异。例如,在类罪中,危害国家安全的犯罪相对较为严重,与此相应,在对该类犯罪的处刑上也体现了从严的精神。具体表现在:《刑法》对一般累犯成立条件的限制较严,而对危害国家安全累犯成立条件的限制则较宽(《刑法》第56、66条);对于危害国家安全的犯罪分子应当附加剥夺政治权利(《刑法》第56条);《刑法》分则规定的危害国家安全罪共12个具体犯罪,其中有死刑的具体犯罪为7个,含有死刑的具体犯罪占该类罪总数的比率为58%,这一数值居所有类罪死刑采用率的数值之首。B. 具体犯罪与处罚:具体犯罪的严重程度不同,处罚的轻重也有差异。例如,在具体罪中,故意杀人罪重于过失致人死亡罪,故意杀人罪的法定刑也重于过失致人死亡罪。具体表现在:故意杀人罪普通罪状的法定刑,是处死刑、无期徒刑或者10年以上有期徒刑;故意杀人罪减轻罪状的法定刑,是处3年以上10年以下有期徒刑(《刑法》第232条)。相比较而言,过失致人死亡罪普通罪状的法定刑,是处3年以上7年以下有期徒刑;过失致人死亡罪减轻罪状的法定刑,是处3年以下有期徒刑(《刑法》第233条)。C. 罪状与处罚:罪状的严重程度不同,处罚的轻重也有差异。例如,在同一具体犯罪下,故意伤害罪的罪状所表述的罪状越重,处刑也相应地重。具体表现在:故意伤害罪普通罪状的法定刑,是处3年以下有期徒刑、拘役或者管制;故意伤害罪加重罪状(致人重伤)的法定刑,是处3年以上10年以下有期徒刑;故意伤害罪另一更重的加重罪状(致人死亡或者以特别残忍手段致人重伤或者严重残疾)的法定刑,是处10年以上有期徒刑、无期徒刑或者死刑(《刑法》第232条)。D. 量刑情节及处罚制度·罪刑对称:在量刑情节、处罚制度对罪刑的调整中,罪的大小与刑的轻重相对应。例如,没有造成损害的中止犯,就罪而言,中止犯主观恶性相对较小,而没有造成损害则客观危害也小,因此没有造成损害的中止犯，其罪较轻，与此相应，在刑方面，《刑法》规定应当免除处罚（《刑法》第24条）。又例如，累犯，就罪而言，说明犯罪人人身危险性较大，与此相应，在刑方面，《刑法》规定应当从重处罚（《刑法》第65条）。**(4) 罪量标准**：犯罪轻重的确定，强调“罪”是已然之罪为主、未然之罪为辅的罪的统一体。A. 定罪：就定罪而言，作为依据的主要是已然之罪的事实，即案件中客观存在的，决定行为构成何种具体犯罪以及所属具体罪状的一系列主客观事实情况。就犯罪构成的类型而言，包括普通犯罪构成事实、加重犯罪构成事实、减轻犯罪构成事实，基本犯罪构成事实、修正犯罪构成事实。未然之罪征表的行为人的人身危险性，一定场合可为入罪的情节，也可是调整罪量的因素，更可以作为出罪的因素，但其不是决定罪行的主导要素（见第17节段11）。B. 量刑：就量刑而言，作为刑罚轻重或者有无的主要依据的，仍然是已然之罪，即案件中客观存在的，决定行为构成何种具体犯罪以及所属具体罪状的一系列主客观事实情况。根据我国《刑法》的规定，刑罚的轻重或者有无取决于定罪情节与量刑情节，而定罪情节与量刑情节的核心因素是说明已然之危害行为的社会危害程度的具体事实情况。同时，刑罚的轻重或者有无，也在一定程度上受未然之罪的人身危险性的影响。这主要表现在一些量刑情节、处罚制度对刑罚的影响上。例如，自首、立功是反映人身危险性的情节。我国《刑法》第67、68条规定，对于自首犯，可以从轻或减轻处罚，而对其中犯罪较轻的，可以免除处罚；对于有立功表现的犯罪分子，可以从轻或减轻处罚，而对其中有重大立功表现的，则可以减轻或免除处罚。C. 刑罚轻重：强调“刑”是报应之刑为基础、预防之刑为引申的刑的统一体。刑针对罪而发动，罪是以已然之罪为主、未然之罪为辅的罪的统一体，那么刑针对的就是以已然之罪为主体的罪，作为刑罚轻重或者有无的主要依据的是已然之罪，这较明显地反映了刑罚以报应为基础的特征；同时，未然之罪也是罪的一个非主体成分，刑罚的轻重或者有无也在一定程度上受其影响，因此，预防之刑也是刑的一部分，是在报应之刑基础上的引申。此外，我国《刑法》分则罪状与法定刑的层层对应，没有法定情节或特殊情况不能突破；总则有关刑罚底线的一些限制性规定，例如，《刑法》第78条规定，减刑以后实际执行的刑期，判处管制、拘役、有期徒刑的，不能少于原判刑期的1/2，判处无期徒刑的，不能少于13年等，更是较为明显地反映了我国《刑法》中刑罚以报应为基础以预防为引申的精神。

[15] **我国罪刑均衡原则的不足**：我国刑法立法与司法在罪刑均衡原则的体现与遵循上仍现诸多不足。例如：在罪刑结构上，刑罚对（vs.）犯罪的单轨体系限制了刑法效能的发挥，致使刑法对于实施严重危害行为且人身危险较

大的常习犯、精神障碍患者、瘾癖人员、未成年人、流浪懒惰成习者、严重传染病患者等，难以有效与合理地应对。具有典型意义的资格刑的缺失，又在较大程度上减损了刑法对于有关具体犯罪的有效与合理的应对；而将本应作为犯罪后果的有关剥夺资格的处罚委于行政法规，则有违刑事法理，不利于刑法价值的体现与机能的发挥。将罚金刑作为附加刑，这一地位的退却致使其在立法上成为主刑的附加，加之作为主刑的没收财产又为“一般没收”，进而使具有典型意义的财产刑在主刑中缺位，刑罚体系趋于重刑结构，在罚金与一般没收仅为从刑的制度下整体法定刑之重可想而知。作为刑罚主体的有期徒刑，对应于罪状的刑罚幅度过宽，也缺乏不同幅度单位之间的交叉衔接，并且有期徒刑与无期徒刑的跨度较大，这使得有期徒刑对于罪行轻重的处罚的对应度显得粗疏，且易出现刑罚难以应对犯罪阶梯的罪刑不一致现象。我国《刑法》对过失致人死亡罪（第233条）所设的普通法定刑是“3年以上7年以下有期徒刑”，而对有关特殊情形下的过失致人死亡所设的普通法定刑则比此要轻得多，诸如，交通肇事罪（第133条）、玩忽职守罪（第397条）等等，其普通法定刑一般均为“3年以下有期徒刑或者拘役”。然而，难以找到后者之特殊情形的过失致人死亡普遍存在可恕的社会事实根据，其在抽象意义上的社会危害性并不小于普通的过失致人死亡。失火罪等（第115条第2款）与有关责任事故罪等（重大责任事故罪第134条第1款、危险物品肇事罪第136条、消防责任事故罪第139条、医疗事故罪第335条），其罪刑关系也呈上述之不合理的设置。

［16］**总之**，犯罪与刑罚的内容随着时空的变迁而变化着[①]，罪刑均衡的具体内容也有其时代的标准。对此，贝卡利亚认为：“刑罚的规模应该同本国的状况相适应。”[②]黑格尔也指出：犯罪的“质或严重性因市民社会情况不同有异”[③]。这意味着，在社会发展的不同阶段，罪与刑的相适应会有不同的表现；罪刑均衡之合理标准，应以相应社会的发展程度、文化状况等为背景。我国历史上的封建统治较为漫长，新中国成立后又历经了“文化大革命”的浩劫，目前正处在社会转型与现代化及法治国建设的进程中。由此，在刑法的价值取向上，原则上应当倾重人权保障的刑法机能；坚持犯罪理念的客观主义主导地位；刑罚报应之中兼顾特殊预防与积极一般预防。在规范设置上，罪状要素主要呈现行为的事实特征，量刑情节包括行为的事实面与行为人的危险

① 详见张小虎著：《转型期中国社会犯罪原因探析》，北京师范大学出版社2002年版，第37—45页。

② 〔意〕贝卡利亚著：《论犯罪与刑罚》，黄风译，中国大百科全书出版社1993年版，第44页。

③ 〔德〕黑格尔著：《法哲学原理》，范扬、张企泰译，商务印书馆1961年版，第228页。

人格面；构建罪状与法定刑的质与量的阶梯，不仅注重不同罪名之间法定刑的平衡，而且注重同一罪名框架下的罪状与法定刑的相称；量刑轻重的设置与犯罪的主观与客观危害相对称，同时将司法解释中的基准刑规定[①]纳入刑法并进一步推进量刑的客观操作。在罪刑结构上，建构刑罚对（vs.）犯罪与保安处分对（vs.）危险行为的罪刑双轨处置体系；刑罚发动的前提必须是行为人的行为构成犯罪；刑罚对称于以犯罪行为为基础的已然之罪[②]，以及以犯罪行为为前提而论及的未然之罪[③]。保安处分发动的前提，可以是行为构成犯罪，也可以是行为虽不构成犯罪但属于社会危险行为；保安处分对称于未然之罪[④]。

三、刑法法制主义原则

［17］**法制主义原则**：我国1966年开始的“文化大革命”，是政治、经济、文化领域的一场浩劫，更是对民主与法制的无情践踏。1978年拨乱反正再建社会主义民主与法制，成为党和国家的一项极为重要的核心工作。中国共产党第十一届三中全会确立了“有法可依、有法必依、执法必严、违法必究”的社会主义法制建设的基本方针。1982年《宪法》第5条进一步强调：“国家维护社会主义法制的统一和尊严。”由此，“严格依法”既是党和国家的一项重要方略与制度建设，也是一项试由制度推进而使之成为全社会所拥有的法律文化的期待。

［18］**刑法法制主义原则的确立**：我国《刑法》第3条前段的表述，“法律明文规定为犯罪行为的，依照法律定罪处刑”，是刑法中法制主义原则的特别呈现与具体要求。不过，刑法理论对此则有如下不同见解：认为第3条前段的表述是多余的；不仅多余而且减损罪刑法定原则的实质；前段是罪刑法定原则的积极表述而后段是消极表述；强调即使是法定犯罪也不得随意定罪与法外制裁。[⑤] 在本书看来，上述见解值得推敲。第3条前段的表述，既非多余，也非罪刑法定原则的正面或反面意义，而“不得随意定罪与法外制裁”实则仍是

---

① 《人民法院量刑指导意见（试行）》（最高人民法院，2010年9月）。

② **已然之罪**是对行为人所实施的犯罪行为的社会危害的一系列事实特征的表述。犯罪行为的社会危害，包括行为的客观社会危害、主观责任、主观恶性。

③ 对于犯罪，刑罚是主要的，但是也可能出现无需刑罚而予保安处分，或者刑罚与保安处分并用的情形。对于犯罪可以发动刑罚或保安处分，但是，对于社会危险行为则不能发动刑罚，而只能予以保安处分。

④ **未然之罪**是对可能实施危害社会行为的行为人在自身生活背景、生理、人格等方面所表现出的社会危害的一系列事实特征的表述。行为人的自身社会危害主要表现为人身危险性。

⑤ 参见张军、姜伟、郎胜、陈兴良：《刑法纵横谈》，法律出版社2003年版，第18—23页。

立足罪刑限定的罪刑法定。应当说，第3条前段是对《刑法》贯彻与遵循法制主义原则的强调。其基本的要求就是，对于法定犯罪应当严格依法处置，既不能轻纵也不能苛厉，其核心是定罪处刑严格遵循刑法的规定。这一法制主义原则与罪刑法定原则的区别在于，前者彰显的是“罪内刑内，制度罪刑”从而奠基于法制主义，后者张扬的是“罪外刑外，无罪无刑”从而奠基于法治主义。

［19］**刑法法制主义原则的现实意义**：从我国目前刑事司法状况来看，在《刑法》中重申与坚持这一法制主义原则具有重要的现实意义。这就是避免“轻轻重重”的司法实际样态，切实做到**“轻者不纵，重者适度”**，从而走向真正的**“宽严相济”政策**思想下的严格遵循制度。我国1979年《刑法》第1条明确指出刑法“依照惩办与宽大相结合的政策”，1997年修订的《刑法》虽未特别表述这部刑法典的刑事政策思想，但是宽严相济政策是我国一项基本的刑事政策，而宽严相济政策与惩办宽大相结合政策一脉相承，应当说现行《刑法》仍然或者应当遵循宽严相济的刑事政策。

［20］**刑法法制主义原则的政策纠错**：我国司法实际尽管在价值取向上至为强调宽严相济政策，但是对于这一政策的理解以及实际遵循的效果却有一定的偏差：**(1) 政策理解**：宽严解释趋向两端。通常，理论与实际将宽严相济政策解释为：“实行区别对待，注重宽与严的有机统一，该严则严，当宽则宽，宽严互补，宽严有度，对严重犯罪依法从严打击，对轻微犯罪依法从宽处理”①；“实行区别对待，做到该宽则宽，当严则严，宽严相济，罚当其罪，打击和孤立极少数，教育、感化和挽救大多数”②。综合而论，就是强调“区别对待，该宽则宽，当严则严，宽严相济，宽严有度”，而这其中并没有凸显宽严相济政策的核心思想，却留下了轻轻重重政策的阴影。具体地说，本来，宽严相济政策思想的核心应当是“宽严有别，区别对待；宽严融合，相得益彰；轻者不纵，重者有度”。就字面意义而论，上述司法解释确有对于“宽严相济，宽严有度”的关注，不过所谓“该宽则宽，当严则严”之说则较为抽象与趋于离散，且这也使对宽严相济政策的理解有所偏差。“该宽则宽，当严则严”就宽严的应有归宿而论，有其完全不可置疑的合理性，但这也是不言自明的罪刑处置规则。然而，值得注意的是：“该宽则宽，当严则严”不同于“区别对待”，前者强调宽者宽而严者严，后者强调宽不同于严而宽严有别。“该宽则宽，当严则严”也不同于“宽严相济”，后者强调“宽严并举，宽严救济”，即刑事处置有严有宽、宽

---

① 2006年最高人民检察院《关于在检察工作中贯彻宽严相济刑事司法政策的若干意见》。

② 2010年最高人民法院《关于贯彻宽严相济刑事政策的若干意见》。

严并行呼应，宽中有严、严中有宽、以宽辅严、以严助宽、宽严辅助而行，在宽严相互配合中形成合理有益的效果。“该宽则宽，当严则严”虽未直言“宽者更宽，严者更严”，但是在将“严打”注入宽严相济政策的内容，以及“从严打击”“从宽处理”“孤立少数”“挽救多数”的语境下[①]，所谓“该宽”与“当严”难免形成宽者“从宽”而严者“从严”的“宽宽与严严”。然而，宽严相济政策与轻轻重重政策有着重要区别。[②] **(2) 实际效果**：轻者纵而重者厉。A. 轻者纵：呈现在司法实际中对于诸多本应入罪的轻罪行为，在并无法律根据的情况下予以出罪处理。这里的“并无法律根据”是指法律并未规定可予非罪处理，诸如，自诉案件并无撤回自诉，没有我国《刑事诉讼法》第 277 条规定的情形[③]等。我国《刑法》第 13 条但书之规定过于抽象，若无其他具体规定不能成为出罪的根据。[④] 缺乏根据而予出罪的情形，诸如，对于我国《刑法》第 270 条侵占罪，即使有证据证明行为人非法占有他人保管物数额较大且拒不退还，但是只要在法院立案前行为人因惧怕刑事处理而表示可以考虑退还，即不作为犯罪处理，如此致使此罪基本成为虚设。而这其中表现的不是对财产保护的轻视，就是对秩序维护的疏漏。B. 重者厉：由于我国《刑法》在罪状表述上设置了许多诸如“其他……”等模糊规定，尤其是对于基准罪状与加重罪状设置了大量“严重情节”等的入罪与加重要素，这不仅大大减损了立法的明确性从而有违罪刑法定原则的要求，而且为司法实际较大程度地扩张罪刑奠定了基本的制度平台。长期以来，我国刑事文化深受“乱世重典”“以刑去刑”“重刑报应”等思想的影响，而目前社会转型时期犯罪率阶位攀高治安状况恰呈严峻态势，于是“严打”与专项整治不仅成为官方应对犯罪的方略，而且也为普通社会民众所期待。而过于模糊与开放的罪刑设置恰为这种方略与期待提供了制度平台。在此背景下，虽言“宽严相济”而实则却是“轻轻重重”。

四、适用刑法平等原则

[21] **法律面前人人平等原则**：法律面前人人平等原则，是资产阶级在反对封建专制特权的斗争中，系统提出与确立的一项基本的法律思想与制度，也可谓是资产阶级的一项重要的法制原则与司法原则。1776 年美国《独立宣

---

① 2006 年最高人民检察院《关于在检察工作中贯彻宽严相济刑事司法政策的若干意见》；2010 年最高人民法院《关于贯彻宽严相济刑事政策的若干意见》。

② 详见张小虎：《宽严相济政策与轻轻重重政策的特征比较》，载《河南财经政法大学学报》2012 年第 1 期。

③ 2012 年修订的《中华人民共和国刑事诉讼法》第 277 条是对可予刑事和解的公诉案件范围与和解条件的规定。

④ 详见张小虎著：《刑法学》，北京大学出版社 2015 年版，第 75 页。

言》、1789年法国《人权宣言》等宪法性文件均对此作了具体规定。在社会主义民主政治与法治主义的框架下，法律面前人人平等同样系属社会主义法制与司法的一项基本原则。新中国成立后的第一部宪法——1954年《宪法》第85条就明确规定了这一原则："中华人民共和国公民在法律上一律平等。"现行《宪法》第33条第2款又重申与确认了这一原则。

[22] **适用刑法平等原则的确立**：我国《刑法》第4条对于法律面前人人平等这一法制一般原则作了特别规定，强调任何人犯罪一律平等适用法律，不允许存在任何越法特权。对此，可以概括为"适用刑法平等原则"。适用刑法平等原则的核心内容是，对于任何人犯罪均应平等地适用刑法予以罪刑处置，不允许任何人具有任何超越法律的特权；所谓平等适用刑法是指同样的情况同样对待而不同的情况不同对待，这里的同样情况与不同情况应当限定在犯罪情节的范畴内。由此，对于这一原则的理解应当注意：**(1) 禁止罪刑特权**：对于任何人犯罪，在具体罪刑的处置上，只能依据事实与法律而平等地适用刑法，犯罪情节之外的犯罪人的家庭出身、社会地位等事实情况，不能构成罪刑处置出入或者轻重的根据。**(2) 情节区别平等**：平等并非均等，这里的平等所体现的是分配的正义而不是平均的正义。在刑法适用上就是同样的犯罪情节应有同样的处置结果，不同的犯罪情节处置结果也有所差异。这种任何人犯罪适用刑法的平等，不仅应当呈现在同一地区内的犯罪人之间，而且也应呈现在不同地区间的犯罪人之间。不过，同样基于分配的正义，应当允许由于不同地区间经济文化等状况的差异而至司法解释在适用刑法上存在合理的区别。

[23] **适用刑法平等原则的现实意义**：在我国目前的社会背景下，《刑法》特别强调这一平等原则具有重要意义。我国有着较为漫长的封建专制历史，特权思想的影响较为严重，而治理腐败又是当前国家政权建设中的一项重大课题，现实中的确存在不少的人无视国家法律而迷信个人权力、地位、金钱，试图以权代法、以权压法、以钱买法，妄图使个人凌驾于法律之上。刑法既是保障法，又以其严谨、严厉等而特别显著，在刑法中更应严格地坚持法律平等这一原则。

第六章　宽严相济政策的事实基础

[1] 作为应对犯罪之应有的原则与方法，刑事政策奠基于社会的犯罪事实(见第2节段9)。宽严相济政策经由历史的形成与当今的发展，逐步成为统领我国刑事处置立法与司法的首要思想准则，目前备受理论与实践重视而居于显赫地位(见第8节段8及第9节段3)。这也与我国对于犯罪及其治理的认识日益深入密切相关。随着新时期社会转型的日益深入，我国犯罪状况呈现日趋严重的态势，无差别杀人等新型极端暴力犯罪多发、职务犯罪日益复杂多样并向纵深发展、有组织犯罪再度抬头且由内地扩张向国际化演进、恐怖主义犯罪时有发生而成为吞噬社会稳定的严重威胁、暴力犯罪率持续增长、总体犯罪率阶位攀高。现代犯罪学的理论与实践证实，犯罪有其深刻的社会结构的现实原因，不能期待依靠单纯的制裁与打击，来缓解犯罪的严峻态势或者遏制犯罪的大幅上升。刑事制裁应当依循社会的犯罪事实及其犯罪原因的基本原理与规律。如果说刑事处置是应对犯罪的必要手段，则对于罪行与犯罪人的宽严相济的合理处置，应当是最大限度实现刑事处置效益的选择。由此，我国目前社会背景下的犯罪现象及其原因的事实，是基于事实层面的考察而贯彻宽严相济政策的重要根据。本章基于犯罪现象质与量的视角，对于我国目前社会犯罪现象的客观状况作一揭示。

[2] **犯罪现象**，是指犯罪事实的外部表现形态和联系。对于犯罪现象可以基于不同的研究角度予以观察与描述，由此犯罪现象也呈现出不同的具体侧面。诸如，个体犯罪现象与总体犯罪现象，静态犯罪现象与动态犯罪现象，犯罪事实构成现象，法定犯罪现象、社会危害行为现象、违法越轨现象，犯罪生物现象、犯罪心理现象、犯罪社会现象等。**犯罪现象质的表现**，主要是对于类型性犯罪案件的诸多性质特征予以具体地分析与揭示。对此，本章择取目前备受关注的无差别杀人犯罪、有组织犯罪、职务犯罪等的表现特点，作一具体展开。**犯罪现象量的波动**，主要是对于类型性犯罪案件的数量变化规律予以具体的分析与揭示。对此，本章择取较具代表性的暴力犯罪立案率、犯罪率总量等的犯罪率波动状况，作一具体展开。

第20节　无差别杀人犯罪的特征与状况

[1] 上世纪以来，在日本频发的一系列独特杀人案件①，引发了日本社会的极大震撼，由此"无差别杀伤事件"也成为日本公众较多使用的一种称谓。随着我国类似案件的日渐多发，这一术语也被引入我国公众社会，见诸于新闻媒体对相关事件的报道中。在犯罪学的理论聚焦上，无差别杀人犯罪是有别于恐怖主义犯罪、个人极端暴力犯罪等的一种独特犯罪类型，从而具有一系列的充分展示其"个性"的事实特征，这也是其在罪因机制上呈现独特意义的必要承载。

一、无差别杀人犯罪的概念

[2] 在日本，无差别杀伤事件，主要是指行为人由于内心不满或报复社会等原因，不选择特定对象对其进行杀害行为的犯罪案件。这一类案件通常作案手段凶残，作案对象随机，给社会造成了很大的危害。这是强调无差别杀人事件的无差别性对象与报复社会动机(A)。这一概念也被引入我国。在我国，无差别杀人案件通常被界定为，"犯罪嫌疑人事先没有计划、和被害人没有仇怨、作案完全是临时起意、随机选择作案目标、想杀谁就杀谁的杀人案件。"②这是强调无差别杀人的事先没有计划与作案目标随机(B)。就字面而论，"无差别杀伤事件""无差别杀人""无差别杀人犯罪"仍是有所差异的，不过就具体语境而言，这里的无差别杀伤(人)应是针对一种犯罪而言的，并且理论阐释也应有其明确的主题，由此本书将之统称为无差别杀人犯罪。

[3] **考究**上述A、B两种说法，相对而言，A种说法更为合理，不过其也存在使无差别杀人的外延过大的问题。兹分述如下：**(1) 事先计划问题：**尽管也不排除临时起意的案例，但是从许多具体案例来看，无差别杀人并非就是行为人事先没有计划，相反在许多场合，行为人事先还是有所准备的。例如，汽车纵火的行为人事先准备并携带汽油，持刀杀人的行为人事先准备并携带作

---

① 诸如，1999年9月东京池袋大街的持刀杀人、1999年9月山口县下关市火车站的驾车撞人、2001年6月大阪府池田市池田小学的持刀杀人、2002年8月山口县宇都市购物中心的持刀杀人、2005年4月仙台市大篷街的驾车撞人、2005年12月仙台市大篷街的驾车撞人、2008年1月东京品川户越银座商店街的持刀杀人、2008年3月茨城县土浦市JR荒川冲车站的持刀杀人、2008年6月东京秋叶原的驾车撞人并持刀杀人、2008年10月大阪市某商业街录像厅的纵火、2009年7月大阪府扒金库店的纵火等案件。

② 中口玉良：《为杀人而杀人，连发"无差别杀人案"震惊东瀛》，载《青年参考》2008年4月28日；徐娟：《无差别杀人》，载《华商报》2008年10月21日。

案刀具，以及行为人精心选择作案的时间与场所等等。日本东京秋叶原无差别杀人案显示，事件发生前两天，案犯加藤购买了作案刀具，并曾到秋叶原“踩点”。[①] 日本JR荒川冲车站无差别杀人案显示，案犯金川真大在作案前经过精心化装，进行了细致的准备工作，并公然向警方挑衅，以致在170名警察严阵以待的情况下，仍能在安排有8名便衣警察的土浦市JR荒川冲车站制造血案。[②] 韩国首尔无差别杀人案的办案警察称，“从凶器、服装和头灯等物品来看，案犯郑某在作案之前做了周密的准备。”[③]这些典型案例表明，案犯在事先均有周密的犯罪准备。如果将“事先没有计划”仅仅理解为“行为对象事先没有明确定位”，这倒是可以考虑的。不过，“事先没有计划”的表述不能尽述缺乏对象定位的含义。由此，B种说法确实存在较大不足。**(2) 独特类型问题**：A种说法把握了无差别杀人的两个核心要素，即对象的无差别性与动机的报复社会，并强调了其手段凶残与危害严重的特征。但是，据此仍难界分无差别杀人与恐怖主义自杀式袭击或者有关邪教杀人。事实上，日本也将无差别杀人用于某些团体实施的行为。例如，针对1995年奥姆真理教在东京与松本制造的多起无差别杀人事件，1999年日本实施《针对参与无差别杀人团体的限制法》。我国也有论者将无差别杀人犯罪描述成一个人的恐怖主义犯罪或个体恐怖犯罪。显然，基于特定组织的极端思想背景的恐怖主义犯罪的成因机制，与基于特定个人的社会不满的无差别杀人犯罪的成因机制，这两者是有差异的。犯罪学犯罪类型的划分正是为了揭示这种差异，这一思想在犯罪学鼻祖加罗法洛时代已有定位。[④] 严格而论，无差别杀人犯罪作为一个独特的概念，应当有其区别于其他近似概念的“个性”，也即应有其相对狭义的限定，以使这一概念更为鲜明。外延过于宽泛而缺乏“个性”的概念，等于取消了这一概念本身。无差别杀人犯罪既非恐怖主义犯罪，也不等同于个人极端暴力犯罪，并且与变态人格杀人犯罪、仇恨犯罪等均有区别。

[4] 基于无差别杀人犯罪的现实表现，以及其应有的区别于其他犯罪类型的独特意义，**本书**对其兹予如下界说：**无差别杀人犯罪**，是指并无犯罪组织依托的行为人，出于较为明显的社会不满情绪，针对不特定的被害对象，采取具有较大杀伤力的手段，肆意杀害无辜他人，造成一定社会惊恐的刑事违法

---

① 参见张超：《反思日本21世纪“无差别犯罪事件”》，载《法制日报》2010年5月25日。

② 参见中口玉良：《为杀人而杀人，连发“无差别杀人案”震惊东瀛》，载《青年参考》2008年4月28日。

③ 《韩国厌世男子走极端制造“无差别杀人案”》，载中国新闻网，http://news.163.com/08/1021/14/40PNBEGL0001121M.html。访问日期：2016年4月11日。

④ 详见张小虎著：《当代中国社会结构与犯罪》，群众出版社2009年版，第327页。

行为。

二、无差别杀人犯罪的特征

[5] 无差别杀人犯罪具有如下九项**基本特征**:**(1) 行为人具有责任能力**:行为人较多情绪易于激动,有的具有一定**人格障碍**①,但是也不失平时具有较好自控力,或者拥有正常人格特征的案犯。由于缺乏责任能力者不构成犯罪,从而无责任能力者的肆意杀人并非这里所称的无差别杀人(见本节段8)。**(2) 行为人并无组织依托**:无差别杀人犯罪通常表现为单独作案,当然也不排除可以是结伙作案,但是无差别杀人犯罪并非是**犯罪组织**②支配下的个人行为。实施无差别杀人的行为人并不是某个犯罪组织的成员,或者行为人所实施的无差别杀人行为并不代表着某个犯罪组织的行为。**(3) 行为动机的社会不满**:行为人与被害人并无直接的利害冲突,多数起因于某种社会矛盾的激化,或者行为人自认为处于极度窘迫或不利的生活状况,而将心中的焦虑与怨恨转嫁至整个社会,以残害无辜、制造社会影响来宣泄自己的紧张与不满情绪。**(4) 行为人多有寻死念头**:行为人对生活与生存陷于绝望,试图通过死亡解脱自己的极度紧张,进而肆意杀戮他人而无所顾忌,有的甚至希望借此获得死刑的归宿。不少案犯被捕后显得较为平静,有的则明确表示求死的心迹。**(5) 行为对象的无差别性**:行为对象并无个别专注的目标,而是针对不特定的他人。有时,为了短时间侵害大量人员与制造更大的社会影响,也会选择某种类型的人员,诸如,校园学生、儿童等。行为对象无差别的形式表现,也折射出损害公共安全的本质蕴含。**(6) 行为对象的同时多人**:行为人在同一时空中连续对不特定多人实施人身侵害,诸如持刀砍杀众人;或者其行为可以同时致使多人死伤,诸如针对公众放火、爆炸。这意味着无差别杀人的"无差别"不只是对行为对象不作区分,也包含这种"无差别"呈现为同一时空中的不特定多人遇害。**(7) 实施行为的公然无饰**:选择人多拥挤的闹市区或者其他有关公共场所,并且在人员流动相对频繁或者集中的时分,在众目睽睽之下毫不掩饰地作案。整个作案过程持续推进,直至被外力制服或造成重大伤亡。案发后,案犯较为明确。**(8) 杀人手段的残暴无度**:采取具有较大杀伤力的方法,诸如,在闹市区繁华街道驾车冲撞人群、在人口密集处制造爆炸

---

① 存在人格障碍,并不一定就影响责任能力。详见张小虎著:《犯罪论的比较与建构》(第二版),北京大学出版社2014年版,第515页。

② 这里的**犯罪组织**,是有组织犯罪的构成要素之一。具体地说,犯罪组织,是指由多人有意识有目的地纠集起来,以实施犯罪为宗旨,具有分工与权威分配,权力相对集中而等级森严,基于帮规章程实行控制,成员之间存在利益纽带,组织成员具有一定可替代性的一种特殊团体。

事件、在旅馆饭店或公交车上等众人聚集区纵火,等等。由此,侵害的波及面广,手段残忍暴戾、场面恐怖而令人震撼。**(9) 造成较大的社会影响**:无差别杀人犯罪所造成的恶劣社会影响,不仅表现在引起较多人员伤亡的有形损害,而且也表现在给社会造成较大的惊恐,严重伤害人类应有的最基本的道德情感,给公众心灵以强烈的痛楚。

[6] 无差别杀人犯罪的上述**九项特征密切关联**,共同构成无差别杀人犯罪的基本标志。其中,行为对象的无差别性与犯罪动机的非功利性居于核心地位。行为人不分对象而是针对不特定人予以杀戮,在一定程度上也与社会不满的行为动机相呼应。生活中,行为人的**规范预期**①与**现实遭遇**存在着激烈的冲突,在这种屡屡遭挫的失落中其日益形成了彻底绝望的情绪,加上制度规范未能合理有效地化解这种冲突所产生的不满情绪,进而行为人认为他人大多是其所预期之规范标准的践踏者,从而都可无差别地成为其侵害行为的对象。行为人将自己的焦虑与怨恨转嫁至整个社会,并彻底丧失生活的信心而无所顾忌,这又使得其走向了行为的极端,从而残暴无度、公然无饰地在同一时空中杀害多人。这种针对公众公然无度的拼死杀戮,无疑也给社会的安宁掀起了狂飙巨浪。

三、无差别杀人犯罪与相关犯罪

[7] 无差别杀人犯罪这九项特征,也使无差别杀人犯罪与其他**有关犯罪类型**相区别,而成为一种具有独特的表现形态与罪因机制的犯罪类型。并无犯罪组织依托,使无差别杀人犯罪有别于恐怖主义犯罪;行为对象的同时多人与实施行为的公然无饰等,又使无差别杀人犯罪与变态人格杀人犯罪有所不同;行为对象的无差别性与犯罪动机的非功利性等,则使无差别杀人犯罪与仇恨犯罪相区别。

[8] **无差别杀人犯罪与缺乏责任能力的精神病人杀人**:(1) 两者的**相似之处**在于:均为个人行为;行为对象缺乏定向目标;侵害手段残忍无度;作案过程持续推进,行为人置自己的生死于度外;均可在人多的公共场所作案;均可表现为同时多人遇害;行为后果惨烈,造成较大的社会惊恐。(2) 两者的**主要区别**在于:无差别杀人犯罪,行为人具有责任能力;而缺乏责任能力的精神病人杀人,行为人缺乏辨识能力。就行为人的心理缺陷而论,精神病人杀人,行为人患有"生理性精神病";而在相对意义上,无差别杀人犯罪的行为人,可

---

① 这里的**规范预期**,是指行为人的对他人应有的社会行为的一种价值判断标准,以及在这一标准折射下的对自己的应有境遇的观照。

谓染有“**社会型精神病**”[1]。这种处于“社会型精神病”状态下的人，根据其所受两种不同的极端精神的支配，可能分别实施两种不同的极端杀人：其一，基于极端挫折与失落的自我感受，从而走向了一种极端的意识状态，敌视整个社会而采取极端的暴力行为，以发泄心中的不满与怨恨。由此，可能实施无差别杀人犯罪。其二，基于极端主义思想的完全支配，从而走向了一种极端的意识状态，敌视有违极端思想的一切现存事物而采取极端的暴力行为，试图达到极端思想指向的目标。由此，可能实施恐怖主义犯罪。

[9] **无差别杀人犯罪与恐怖主义犯罪：恐怖主义犯罪**，是指出于民族、宗教以及其他极端主义思想，以宗教集团组织或其他恐怖集团势力为依托，采用爆炸、放火、绑架等残暴的大规模杀伤与侵害性手段，肆意杀戮与摧毁不特定的社会公众、有关重要人士或政治目标，由此制造社会惊恐，旨在给对立国家或地区势力施加政治压力，以实施自己的政治图谋或意识形态的行为。(1) 两者的**相似之处**在于：被害对象均是不特定的无辜公众；均可能采取爆炸、放火等危及公共安全的残暴手段；行为人将自己的生死置之度外，毫无顾忌地实施极端行为；案发于人员出入频繁的时段，选择人多拥挤的公共场所作案；造成触目惊心的人员伤亡与财产损失，引起极大的社会惊恐，并给人们的精神以强烈的暴力震撼。(2) 两者的**主要区别**在于：恐怖主义自杀式袭击等犯罪，其犯罪的终极发动者为恐怖主义犯罪组织，具体的实施者只是信奉或接受这一组织的极端思想而实施行为的人。而无差别杀人犯罪，犯罪的发动者只是作为独立个人的行为人本人，犯罪人出于社会不满与制造影响的情绪而实施行为，并无犯罪组织的依托。(3) 不能将无差别杀人犯罪与**一个人的恐怖主义犯罪**混同。犯罪学创始人之一、刑事近代学派巨擘、意大利著名学者加罗法洛提出了自然犯与法定犯的界分，由此彰显了基于犯罪学罪因机制之典型性差异的犯罪的类型性划分。在犯罪学视角下的犯罪的类型性界分上，无差别杀人犯罪与恐怖主义犯罪(包括一个人的恐怖主义犯罪、独狼式的恐怖主义犯罪)有着原则的区别，两者的罪因机制的类型性完全不同。将之混同有损于犯罪学的核心知识体系以及犯罪学研究的焦点议题，固然也不利于对这两类犯罪的有针对性的防控措施的合理化。恐怖主义犯罪是一种有着组织背景的以集团组织为基奠的犯罪类型，恐怖主义的极端主义思想是贯穿其整个犯罪脉络的强有力的锁链，是将形形色色的个体、团伙、集团、组织相互整合起来的强有力的黏合剂，而作为这一极端主义思想生根之土壤的是恐怖主义组织基地。这一恐怖主义的“震中”将其极端主义的思想源源不

---

[1] 也即“社会型的精神失常状态”。

断地向外散射而网罗了众多的追随者；而其外围成员，包括独狼式的恐怖主义犯罪的成员，则是这一恐怖主义思想锁链上的波纹效应。恐怖主义“网络推手”就是恐怖主义组织大肆传播其极端主义思想与恐怖袭击方法，引诱与奴化各类人员而成为恐怖主义阵营中一员的典型适例。现代科技使信息的传播达到空前迅速、形象与便捷，这种迅捷的通讯在极大地拉近人们距离的同时也使恐怖主义思想无时无所不至。传统意义上履行组织手续加入恐怖主义组织的，固然是恐怖主义组织的成员；然而，自觉接受恐怖主义思想并将之内化为自己行为指导的，也是恐怖主义组织的成员。前者是形式共同体的成员，后者是实质共同体的成员。因此，否定一个人的恐怖主义犯罪或独狼式恐怖主义犯罪的组织背景特征，是对恐怖主义犯罪的误读。而无差别杀人犯罪缺乏组织背景，是基于个人思想与动机的、为了发泄个人情绪的、完全的、典型的个人犯罪。(4) 不能将无差别杀人犯罪混同于**个体恐怖犯罪**。也有论者将个体恐怖犯罪作为恐怖活动犯罪的一种类型，同时又基于无差别杀人犯罪的恐怖特征，于是将无差别杀人犯罪也视作个体恐怖犯罪。这又是对无差别杀人犯罪之类型性特征的误读。**恐怖活动犯罪**是恐怖主义犯罪的刑法规范表述。恐怖活动犯罪或恐怖主义犯罪是一独特的概念，这里的“恐怖活动”是具有一系列基本特征的特定界说。[①] 恐怖效应只是恐怖活动犯罪的特征之一，但是不能说具有恐怖效应的犯罪都是恐怖活动犯罪。如同恐怖主义犯罪可以表现为独狼式的恐怖主义犯罪，恐怖活动犯罪也可以呈现为一个人的恐怖活动犯罪，但是这种一个人的恐怖活动犯罪仍应具有恐怖活动犯罪的一系列特征。将具有恐怖效应的犯罪称作“恐怖犯罪”，这种概念的表述与理解过于宽泛与模糊，这等于取消了恐怖活动犯罪的概念本身。无差别杀人犯罪确系“个体”行为，也具有“恐怖”效应，但是无差别杀人犯罪并不具有恐怖活动犯罪的其他有关特征。将无差别杀人犯罪等同于一个人的恐怖活动犯罪固然是不可取的；而将无差别杀人犯罪说成是个体恐怖犯罪同样是对“恐怖犯罪”或“恐怖活动犯罪”的滥用与泛化。

［10］**无差别杀人犯罪与变态人格杀人犯罪**：(1) **相似之处**，主要表现在：作为犯罪，无论是变态人格杀人还是无差别杀人，行为人均有责任能力；行为人均为独立的个人，而无犯罪组织的背景与依托；都可能采取极为残忍的手段杀人；案发均可给人的精神以强烈的暴力与血腥的刺激，造成公众的极大惊恐与恶劣的社会影响。(2) **两者区别**，主要表现在：变态人格杀人的犯罪人具有人格障碍，而无差别杀人的犯罪人有的具有一定的人格缺陷，但是并非

---

① 张小虎：《恐怖活动的刑法立法分析》，载《法学评论》2002 年第 5 期，第 99—102 页。

都有人格障碍;变态人格杀人似乎也表现出行为对象的无差别特征,但是实际上变态杀人的行为对象仍是有所选择的,并且这种选择与行为人变态人格的类型密切相关,而无差别杀人的行为对象的不特定性至为明显;变态人格杀人行为具有较大的隐蔽性,行为人通常具有逃避侦察审判的企图,而无差别杀人的行为人作案公然无饰而无所顾忌,大有孤注一掷的态势;变态人格杀人常会表现为系列性的案件,不过每一案件的被害人相对个别,而无差别杀人的行为人一次作案同时杀害多人,通常也以一案告终。

[11] **无差别杀人犯罪与仇恨犯罪**:**仇恨犯罪**是一种新型的暴力犯罪,这一类型的暴力犯罪针对特殊类型的人员或者某种特殊群体的成员,这些人员之所以成为犯罪对象,只是因为他们拥有较为明显的种族、宗教或者性别特征。仇恨犯罪包括污辱室内宗教仪式,骚扰搬进白人居住区的少数种族家庭,基于种族偏见动机的谋杀等。(1) 仇恨犯罪与无差别杀人犯罪具有一定**相似之处**。例如,作案手段均可能表现为残暴无度;同时造成大量的人员伤亡;给人以强烈的暴力与血腥的刺激。(2) 仇恨犯罪与无差别杀人犯罪仍然有着**重要区别**:仇恨犯罪既可以表现为独立的个人作案,也可能是犯罪组织或恐怖主义的暴力行为,而无差别杀人犯罪的行为人只是独立的个人,而无犯罪组织的背景与依托;仇恨犯罪的行为对象针对特定的某种群体的成员,尤其是行为人对这类群体抱有仇视与偏见,而无差别杀人犯罪的行为人以不特定社会公众为行为对象,即使有些案件被害对象相对集中于某种类型的人,但是其也非基于行为人对这类人群的仇恨而刻意选择。

[12] **无差别杀人犯罪与个人极端暴力犯罪**:2010年4月23日,在全国多起暴力伤害学校儿童等恶性案件发生后,中央维护稳定工作领导小组办公室颁布了《关于加强个人极端暴力犯罪案件防范切实维护社会稳定的通知》。该《通知》将天津张义民驾车行凶、晋中张斌驾车行凶、红河杨永寿爆炸行凶、南平郑民生持刀行凶、成都曾世杰持刀行凶等案,作为个人极端暴力犯罪的典型适例,并对我国目前个人极端暴力犯罪**特点**作了概括:一是突发性强,大多事前没有明显征兆;二是侵害对象具有不特定性,报复社会意图明显;三是案犯思想极端,行为偏执,承受挫折能力差;四是案犯大多人际关系不顺,不良情绪长期累积,以极端方式发泄很小矛盾和问题;五是有的案犯为刑满释放人员,恶习不改,以极端手段报复社会。由此,个人极端暴力犯罪的提法,作为暴力犯罪中的一种突出类型,在我国有关官方文件以及司法实际中逐步流行。例如,2010年6月13日,公安部副部长张新枫在"2010年严打整治行动"部署会议上,明确指出"个人极端暴力犯罪"等系为本次"严打"整治的重

点类型。[1]（1）无差别杀人犯罪与个人极端暴力犯罪的**相似之处**，具体表现在：犯罪人均为独立的个人，而无犯罪组织的依托；犯罪手段凶狠残暴，侵害波及范围较广；犯罪人肆意妄为，作案时无所顾忌；造成的危害后果严重，严重危及社会安全感。（2）无差别杀人犯罪与个人极端暴力犯罪同样**存在区别**：个人极端暴力犯罪，究其基本含义而论，其强调的是"个人行为""极端侵害""暴力犯罪"的整合特征，由此需要考究的是，行为对象的不特定性、行为动机的社会不满等以及是否个人极端暴力犯罪的特征要素。基于《通知》所表述的个人极端暴力犯罪的特点之二，似能获得肯定回答，然而基于《通知》所列个人极端暴力犯罪的晋中张斌驾车行凶典型案例，似又有所存疑。因此，总体而论，个人极端暴力犯罪重在表述"极端暴力"，而无差别杀人犯罪的焦点在于"无差别杀人"，两者在某些场合虽有重合，但是表述的侧重有所不同，也并非属于等同概念。无差别杀人犯罪可谓个人极端暴力犯罪，但是个人极端暴力犯罪却未必都是无差别杀人犯罪。针对特定对象的极端报复杀人、变态人格的极端暴力杀人等，不失个人极端暴力犯罪，但却不应称作无差别杀人犯罪。

四、我国无差别杀人犯罪的状况

[13] 早在上世纪80年代初，我国曾有过无差别杀人犯罪的适例，即北京天安门广场姚锦云驾车行凶案（1982年）。不过，在当时这只是个别现象。如今，随着社会张力的不断增强，我国无差别杀人犯罪日益相对凸显，诸如：2017年，江苏丰县爆炸行凶；2015年，山东单县公园爆炸行凶；2014年，浙江杭州公交车包来旭纵火、山东烟台公交车纵火、北京工体驾车行凶、四川宜宾公交车余跃海纵火、贵州贵阳公交车纵火、广州公交车欧长生纵火行凶、昆明金殿公园门前驾车行凶、大庆快餐店李某持刀行凶；2013年，成都42路公交车持刀杀人、厦门快速公交车纵火、北京广渠门李敬辉持刀杀人、北京机场爆炸行凶、广东顺德李联高驾车行凶、河南安阳周江波公交车持刀杀人；2011年，江西抚州钱明奇连环爆炸行凶；2010年，天津张义民驾车行凶、南平郑民生持刀行凶、泰兴徐玉元持刀行凶、潍坊王永来纵火行凶、南郑吴焕明持刀行凶；2009年，南京王建强驾车行凶、成都张云良汽车纵火、惠州李国清驾车行凶；2007年，云南昆明一中校园陈正伟驾车行凶；2005年，福州公交车黄茂金

---

[1] 这次**"严打"的重点犯罪类型具体包括**：（1）严重影响群众安全感的犯罪："个人极端暴力犯罪""涉枪涉爆犯罪""黑恶势力犯罪"；（2）群众反映强烈深恶痛绝的犯罪："电信诈骗犯罪""拐卖儿童妇女犯罪""两抢一盗犯罪""黄赌毒等违法犯罪"。

爆炸行凶等案件。目前我国发生的这一系列案件，在无差别杀人犯罪九项特征方面，同样表现出这一犯罪类型的独特形态。

[14] **行为人人格特征各异**：无差别杀人犯罪的行为人，性格特征各异但均有责任能力；此外，行为人既可能表现为初犯，也可能曾有违法犯罪劣迹。**(1) 性格特征**：**A. 易怒型**：行为人性格外向型，脾气不好，易于激动。例如，1982年北京天安门广场驾车行凶案，案犯姚锦云"从小性格开朗活泼，但脾气有些冲，有点男孩子气"。处事好怒，事发前抄起一根火通条欲打车队队长，说："你们他妈的不讲理，算什么领导，我跟你豁了！"① **B. 内向型**：情绪易于激动甚或具有一定的人格障碍，确是某些无差别杀人犯罪行为人的性格表现，但是也有不少的无差别杀人犯罪的案犯，并非冲动性格也无明显的人格障碍特征。例如，2010年4月30日上午7时40分左右，山东潍坊市坊子区九龙街道尚庄村村民王永来，因举债新建的住房系违章建筑而被责令限期强制拆除。王永来对此恐惧、焦虑、不解与不满，从而报复社会，骑摩托车携带铁锤、汽油，从学校侧门强行闯入尚庄小学院内，用铁锤打伤5名前班学生，然后在自己身上浇上汽油并抱住2名学生点燃。学校老师奋力将学生救出，王永来被当场烧死。对于王永来的为人，村民具有如下评价："老实，并非火爆脾气，很少和人发生冲突。"其女儿也回忆说，事发前的那几天，父亲"很沉默，整个人也明显瘦了下来。"②2010年2月1日上午发生在天津的张义民驾车撞人的无差别杀人犯罪，事发后邻居反映：张义民帅气、内向、待人礼貌，虽然家庭经济条件不好，但从没听到他家传出过吵架声。③ **(2) 未必具有犯罪前科**：无差别杀人犯罪的行为人，犯罪手段极端地凶残，案发过程中犯罪意志坚定，不少案件呈现较为明显的预谋样态，这常使人们将此类犯罪的行为人归结为性格暴戾的惯犯与累犯。然而，事实上多数无差别杀人犯罪的行为人并没有前科，而且不少的行为人是初次犯罪。前期的犯罪经验以及前期犯罪所形成的犯罪人格固化，与无差别杀人犯罪的发生并无直接的与必然的关联。福建南平郑民生案即为典型适例。④ **(3) 年龄偏大**：值得关注的是，多数行为人的年

---

① 参见马芳、魏一平：《姚锦云与1982年天安门广场撞人事件》，载《半月选读》2007年第19期，第62—64页；穆玉敏：《姚锦云天安门广场驾车行凶案》，载《人民公安》2003年第15期，第56—59页。李国清也系脾气暴躁的适例。

② 参见张鹭、杜欣：《潍坊突然血案》，载《财经》2010年第10期。

③ 参见《天津恶意撞人案前夜 有男子骂骂咧咧闯入凶手家》，载《重庆晚报(数字报)》2010年2月4日，http://www.cqwb.com.cn/cqwb/html/2010-02/04/content_196645.htm。访问日期：2016年5月21日。

④ 据邻居称：郑民生总是戴副眼镜，说话声音不大，是个特别循规蹈矩的人，通常下班之后就直接回家，也没见过他出去乱交朋友。参见《福建9名学童校门口惨遭砍杀——另有4个孩子重伤，凶手曾有精神病史疑因工作恋爱不顺报复社会》，载《京华时报》2010年3月24日第21版。

龄在40岁左右及其以上,有的甚至是60多岁。例如,上述案例,王永来的年龄是45岁;2009年4月13日晚9时左右,南京中北巴士公司汽车五队驾驶员驾驶114路公交车冲撞人群的无差别杀人犯罪,案犯王建强50岁;2010年3月23日上午7时25分许,福建南平待业医生在南平实验小学校门口肆意杀戮小学生的无差别杀人犯罪,案犯郑民生42岁;2014年12月26日上午10时许,在北京朝阳区工人体育场驾车冲撞人群的无差别杀人犯罪,案犯金复生60岁。

[15] **行为人并无组织依托**:无差别杀人犯罪并非是在某种犯罪组织的形式或实质的支配下而实施的个人行为。无差别杀人犯罪不同于恐怖主义犯罪,也不是所谓一个人的恐怖主义犯罪或独狼式恐怖主义犯罪。实施无差别杀人犯罪的行为人并不是某个犯罪组织的成员,或者行为人所实施的无差别杀人行为并不代表着某个犯罪组织的行为;尤其是,无差别杀人犯罪的行为人在观念上也不依附于某个恐怖主义犯罪组织的极端主义思想,行为人实施行为的动机出于自身的思想基源。同时,无差别杀人犯罪通常表现为一人单独作案,甚至结伙作案的也仅现极个别案例。我国目前所发生的诸多无差别杀人犯罪,基本均为个人犯罪,而无犯罪组织依托。尽管案件引起了社会惊恐,给公众以强烈精神震撼,不失"自杀式"袭击、"恐怖性"事件的感触,但是其与恐怖主义犯罪有着重要区别。例如,成都张云良公交车纵火,造成27人死亡、74人受伤,张云良自己也被当场烧死。并且,现场勘查显示,张云良尸体倒地姿势和朝向表明,着火后其没有主动逃生的意愿。该案引起了全国的广泛关注,特别是民众的恐慌心理。据报道:"事发第三天,一辆8路公交车上,因一女子尖叫'有味道',引起车上乘客慌乱,纷纷夺窗而逃。"并在半月内,类似的"惊恐"频发。① 尽管如此,但是成都张云良公交车纵火案显然不是恐怖主义"自杀式"袭击。与此不同,某些恐怖主义组织或者邪教组织所实施的针对公众的恐怖袭击,尽管在形式上也呈现出由个别人员实施的样态,但是站在这些实施者背后的是恐怖主义组织或者邪教组织,这些人员实施针对不特定公众肆意杀戮的动因也是基于恐怖主义思想或者邪教思想的索服。例如,日本邪教团体奥姆真理教指派其成员实施了松林沙林毒气、东京地铁沙林毒气等无差别的杀人,在此恐怖杀戮行为虽由个别人员或少数人员实施,但这些人员在思想上、组织上受教团的控制与支配。

[16] **行为动机的社会不满**:行为人与被害人并无直接的利害冲突,而是由于自身窘迫的生活状况或者某种社会矛盾的冲突,形成了行为人目标与现

① 参见《成都公交大火引发系列改革》,载《中国青年报》2009年6月26日。

实之悬殊差距的极度紧张，而对此又缺乏合理及有效的化解机制（见第29节段10、11），进而行为人对他人乃至社会产生了一种敌意（见本节段7），以制造极端事件来发泄心中的不满情绪并试图引起社会对自己的关注。**(1) 事件的爆发点**：其一，有的源于行为人所历经的**生活挫折**以及由此而积累的过度**悲观情绪**。例如，江苏泰兴无业人员徐玉元（47岁），曾因干扰妻姐的正常生活、赌博，多次被公安机关行政处罚，又因冒用他人银行卡等而被单位除名，其后从事商品直销又遭亏本，这些个人生活与工作的不顺逐步积累起其不满情绪，进而产生报复他人与社会的念头。2010年4月29日上午9时40分，徐玉元携带单刃尖刀闯入泰兴市泰兴镇中心幼儿园，肆意杀戮幼儿和教师员工，致29名幼儿、3名教工和群众共计32人受伤。徐玉元被当场抓获。[①] 山东单县浮岗镇孟杨庄行政村石海自然村村民解兴堂（34岁），长年患肝病，致肝硬化腹水，近期病情恶化，单身无业。2015年7月20日晚10时34分，解兴堂在单县湖西公园西门南侧制造爆炸事件实施无差别杀人，造成包括解兴堂在内的3人死亡、24人受伤。[②] 类似的典型案例还有浙江杭州包来旭在公交汽车上纵火案，陕西南郑吴焕明持刀于幼儿园杀戮幼儿案，福建南平郑民生持刀于小学杀戮小学生案，等等。其二，有的基于某种较为具体的**事端冲突**或社会矛盾从而产生的**情绪暴发**。这些冲突与矛盾具体表现为：A. 与所在单位的工作冲突。例如，2009年6月23日18时31分许，广东惠州市诚通运输公司司机李国清（46岁），因不满车队长安排自己在休假时加班，并且该车晚点使其等待1个多小时，为泄愤，驾驶889路公交大巴车，在市区多处交通要道急速行驶约7公里，故意碰撞沿途行驶的车辆与自行车，造成4人死亡、11人受伤、28辆机动车受损。[③] B. 与单位同事的暴力纠纷。例如，2010年2月1日上午8时许，天津港保税区天保运业有限公司副调度员张义民（40岁），因与另一调度员李某发生纠纷争吵而持匕首将李刺伤，继而驾驶该单位的一辆大客车，自开发区第五大街至第十一大街的道路上不断绕行约8公里，故意撞击行人与其他车辆，造成9人死亡、11人受伤。[④] C. 与有关管理部

---

① 参见《江苏泰兴幼儿园凶案：徐玉元故意杀人一审判死刑》，载中国新闻网，http://news.sohu.com/20100515/n272137614.shtml。访问日期：2016年4月14日。

② 参见《山东单县一公园爆炸案致3死24伤》，载人民网，http://politics.people.com.cn/n/2015/0722/c70731-27340223.html。访问日期：2016年4月14日。

③ 参见《广东惠州巴士肇事逃逸连撞28车致4死11伤》，载中国新闻网，http://www.esafety.cn/dianzi/ywgz/200906/38382.html；黄礼琪、卢思莹：《惠州公交公司李国清一审被判死》，载《羊城晚报》2009年12月31日，http://www.ycwb.com/ePaper/ycwb/html/2009-12/31/content_702030.htm。访问日期：2016年5月21日。

④ 参见《数十警车狂追8公里擒嫌犯，撞毁3辆警车伤4民警》，载东方早报，http://news.sohu.com/20100202/n269983802.shtml。访问日期：2016年5月21日。

门的冲突。例如,2010年4月30日上午7时40分左右,山东潍坊市坊子区九龙街道尚庄村村民王永来(45岁),举债新建的住房系违章建筑而被责令限期强制拆除,王永来对此恐惧焦虑不解与不满,从而报复社会,骑摩托车携带铁锤汽油,从学校侧门强行闯入尚庄小学院内,实施无差别杀人。[①] D. 家庭纠纷。例如,2009年6月5日上午8时许,暂住成都市的苏州人张云良(62岁),长期无业嗜赌,生活来源主要靠女儿资助,2009年女儿因其嫖赌而减少了其生活费。为此,张云良悲观厌世,在四川成都市一辆9路公共汽车上,倾倒所带的汽油并点燃,引起该车燃烧,致使27人死亡、74人受伤。[②] **(2)情绪的发泄面**:尽管事件起源于行为人的个人生活挫折或者具体社会矛盾与冲突,但是行为人的情绪发泄并非仅仅限于这些冲突事件的本身而展开,而是将自己的不满与怨恨转而针对整个社会,以制造极端的社会事件与残害无辜的方式,来发泄自己心中的不满情绪,或者试图以此制造社会影响而引起社会的广泛关注。上述案例均系这种情形的典型适例。其一,**仇视社会**。例如,2007年9月9日晚,在云南昆明一中校园,49岁的案犯陈正伟,驾车冲撞人群造成6名学生受伤。据检察机关查明,陈正伟原为昆明一中职工,因申请提前退休等问题没得到解决,便产生了报复社会的想法。作案后,陈正伟向身上泼洒汽油企图自焚,被及时赶到现场的学校保安人员与民警制止。[③] 2014年9月30日晚,在大庆市东风新村新玛特商场附近的肯德基餐厅与麦当劳餐厅,45岁的案犯李某,持刀刺伤无辜就餐人员20人,后被餐厅服务人员和就餐人员当场擒获。李某系大庆市某单位工人,2012年患上了重症肌无力并且症状日渐加重。他慢慢意识到自己的病没有医治的可能,2014年中旬开始便产生了报复社会的想法。据李某供述:"第一,我想快点死。第二,我觉得社会、周围的一切一直以来对我都是不公平的。"[④]其二,**制造影响**。例如,1982年1月10日上午11时许,北京市出租汽车公司一厂动物园车队女司机姚锦云(23岁),因未完成车队调度任务被罚30.6元[⑤],并且又因其动怒致车队领导不让其继续出车,由此姚锦云盛怒之下驾驶一辆轿车,在天安门广场由人民英雄纪念碑西侧冲向天安门城楼下的金水桥,一路碾压冲撞人

---

① 参见张鹭、杜欣:《潍坊突然血案》,载《财经》2010年第10期。

② 肖林:《成都公交车燃烧案告破》,载吉林日报,http://jlrbszb.chinajilin.com.cn/html/2009-07/03/content_531795.htm。访问日期:2016年5月21日。

③ 参见雷晴:《昆明校园驾车撞人案开庭,司机报复社会连撞6人》,载都市时报,http://news.sohu.com/20080416/n256328411.shtml。访问日期:2017年6月24日。

④ 《肯德基砍人案被告一审被判死刑,患绝症扎伤19人报复社会》,载新民网,http://news.xinmin.cn/shehui/2015/07/17/28156385.html。访问日期:2017年6月24日。

⑤ 这在当时,相当于一个月的生活费。

群，致使5人死亡、19人受伤，其中11人重伤。据姚供称，她当时开车是“想到出租汽车公司告状”，然而行至中途，才想起这天是星期天难以找到领导，于是产生到天安门广场肇事以致在金水桥撞死的想法，这样可以造成很大的影响，以引起“社会各方面人士的注意。”[①]其三，在某些场合，行为人的侵害动机似乎也有某种定向，但是其核心的层面仍然是**针对社会**。例如，2010年5月12日上午8时20分许，陕西南郑县圣水镇林场村村民吴焕明(48岁)，因身患多种疾病医治不见好转而对生活失去信心，并且迷信自己的疾病不愈与租住自己房子私办幼儿园的吴宏瑛有关，从而持菜刀进入本村的吴宏瑛私办幼儿园肆意砍杀，致使吴宏瑛及其母亲苏润花以及7名儿童死亡、另有11名儿童受伤。[②] 吴焕明持刀行凶，似有报复吴宏瑛的特征，然而其肆意砍杀幼儿致7名死亡、11名受伤，以及对于生活悲观的案发背景等，表明吴焕明行为动机的本质仍系向社会发泄不满。

[17] **行为人多有寻死念头**：行为人彻底丧失生活与生存的信心与愿望，毫无顾忌地实施“自杀式”、“拼死式”的杀戮，从而或者与被害人同归于尽，或者杀人后当场自杀，或者漠视死刑判决。我国诸多无差别杀人犯罪的典型案例，也都呈现出这一特征。**(1) 同归于尽**：例如，2009年6月5日，张云良在四川成都公交车上纵火，造成重大人员伤亡，张云良也被当场烧死。案发前张云良多次以自杀相威胁向家人要钱，事后其家人收到张云良寄出的遗书，现场勘查也表明着火后张云良并无逃生意愿。[③] 2010年4月30日，王永来骑摩托车携带铁锤汽油，从学校侧门强行闯入尚庄小学院内，用铁锤打伤5名前班学生，然后在自己身上浇上汽油并抱住2名学生点燃，学校老师奋力将学生救出，王永来被当场烧死。[④] 2013年6月7日，陈水总在厦门BRT快速公交车上纵火，造成47人死亡、34人受伤，陈水总也当场葬身大火。案发的第2天，警方在陈水总家中搜出了他写给妻女的遗书。[⑤] **(2) 当场自杀**：例如，2010年2月1日，张义民在天津开发区第五大街至第十一大街的道路上不断绕行约8公里，故意撞击行人与其他车辆，造成9人死亡、11人受伤。在案发现场，张

---

① 参见马芳、魏一平：《姚锦云与1982年天安门广场撞人事件》，载《半月选读》2007年第19期，第62—64页；穆玉敏：《姚锦云天安门广场驾车行凶案》，载《人民公安》2003年第15期，第56—59页。

② 参见《陕西南郑幼儿被砍杀：凶手患病因迷信报复杀人》，载京华时报，http://china.huanqiu.com/roll/2010-05/814440.html；《陕西南郑幼儿园凶杀案死亡人数升至9人》，载新华网，http://news.xinhuanet.com/tech/2010-05/13/content_13482503.htm。访问日期：2016年5月21日。

③ 参见《成都公交车燃烧案系故意纵火，嫌犯已当场死亡》，载新华网，http://news.qq.com/a/20090702/001250.htm。访问日期：2016年5月21日。

④ 参见张鹭、杜欣：《潍坊突然血案》，载《财经》杂志2010年第10期。

⑤ 参见王世宇：《厦门BRT纵火案细节：陈水总被烧成“火人”》，载新浪新闻中心，http://news.sina.com.cn/c/sd/2013-06-26/163827504808.shtml。访问日期：2017年6月24日。

义民手持匕首割破自己脖子右侧试图自杀，被民警制服。[①] 2010 年 5 月 12 日，陕西南郑吴焕明持刀肆意砍杀幼儿园儿童与教工的无差别杀人犯罪，吴焕明作案后返回家中畏罪自杀。[②] 1982 年 1 月 10 日，姚锦云在天安门广场由人民英雄纪念碑西侧冲向天安门城楼下的金水桥，一路碾压冲撞人群，最后金水桥汉白玉栏杆被撞断，轿车被迫停住，姚锦云用头狠命碰撞方向盘和车窗玻璃。事后姚锦云称，案发时想："干脆，到天安门广场金水桥撞桥自杀算了……撞不死，掉在金水河里也会淹死，而且可以制造影响"。[③] **(3) 漠视死刑**：2014 年 9 月 30 日，在大庆快餐店持刀杀人的李某被判死刑，据记者报道：在法庭听取判决结果期间，李某始终一言不发，直到最后离开法庭前，他问法官"什么时候执行?"，并且面无表情。[④] 2014 年 7 月 5 日 17 时许，在杭州市 7 路公交车上，包来旭将"天那水"倾倒在车厢地板上纵火。一审法院以放火罪判处包来旭死刑。宣读完判决书后，法官问："听清楚了吗?"。躺着受审的包来旭平静地答："没有异议。"在上诉期间，包来旭也没有提出上诉。[⑤] 2010 年 3 月 23 日，郑民生在南平实验小学持刀肆意杀戮正在那里等待学校开门的学生，致使 9 名小学生死亡、4 名小学生重伤。案发后郑民生供称，由于受到歧视、婚姻不顺、求职不成等原因，觉得活着没有意思。[⑥]

[18] **行为对象的无差别性**：这是无差别杀人犯罪的重要标志之一，所有这一系列案件的行为对象均为不特定人。(1) 针对不特定**社会公众**的杀戮：例如，本书上文所举的相关典型案例如北京姚锦云驾车行凶、惠州李国清驾车行凶、天津张义民驾车行凶等案件，其行为对象均为不特定的交通参与者，包括行人、各种车辆以及乘客等等。成都张云良公交车纵火，侵害的对象是整车乘客以及相关交通参与者的生命与健康。类似的典型案例还有许多。例如，福建省厦门市 60 岁的陈水总，因自感生活不如意，悲观厌世，为泄愤，在家中留下遗书，纵火报复社会。2013 年 6 月 7 日 18 时 20 分左右，陈水总在载有 90 多名乘客的厦门市一辆快速公交车上，在车辆行驶过程中点燃随身携

---

① 参见《天津男子劫车恶意撞人致 9 人死，被围捕时挥刀割喉》，http://china.huanqiu.com/roll/2010-02/706755.html。访问日期：2017 年 6 月 24 日。

② 参见《陕幼儿园血案 20 死伤》，载《京华时报》2010 年 5 月 13 日第 21 版。

③ 参见穆玉敏：《姚锦云天安门广场驾车行凶案》，载《人民公安》2003 年第 15 期。

④ 《肯德基砍人案被告一审被判死刑，患绝症扎伤 19 人报复社会》，载新民网，http://news.xinmin.cn/shehui/2015/07/17/28156385.html。访问日期：2017 年 6 月 24 日。

⑤ 《包来旭一审被判死刑》，载杭州网，http://hznews.hangzhou.com.cn/shehui/content/2015-02/13/content_5651865.htm。访问日期：2017 年 6 月 24 日。

⑥ 参见《辞职社区医生导演血腥一幕》，载《今晚报》2010 年 3 月 24 日第 6 版。

带的汽油，造成47人死亡、34人受伤，公交车被完全烧毁。[①] (2) 针对不特定的**校园**的小学生：在短时间内迅速造成大量的伤亡，是无差别杀人犯罪行为人的期待，由此释放其内心的不满情绪，尤其是制造骇人惊世的社会影响。而要达到这一目的，小学生与儿童固然更易被害，并且他们的被害也会引起社会更为广泛的关注。由此，无差别杀人犯罪的行为人也常常以不特定的小学生或儿童为侵害对象，进行大肆的杀戮。福建南平郑民生持刀行凶、山东潍坊王永来纵火行凶等案件，其行为对象是小学生；江苏泰兴徐玉元持刀行凶、陕西南郑吴焕明持刀行凶等案件，其行为对象是幼儿园的师生。

[19] **行为对象的同时多人**：行为人在同一时空中连续对不特定的多人实施侵害。具体表现为：(1) 坚持不懈地在同一时空中**持刀连续砍杀众人**而不停止放弃。上述典型案例中的郑民生、徐玉元、吴焕明等持刀行凶，均是于同一案发场所连续不断地杀戮师生，甚至郑民生事后交待，其原计划要杀死30名学生[②]。2013年8月25日晚9点半左右，常年在外打工的成都金堂县人李年勇(41岁)，在成都一环路北四段42路公交车上用西瓜刀突袭砍杀乘客，驾驶员紧急刹车，并打开车门，让乘客迅速下车。案犯随后也从公交车上下来，继续沿途砍杀路人。为了同时杀害多人，李犯行凶时不动声色，待接近被害人时乘其不备而刺杀要害部位。造成5人死亡、10人重伤。接警后，民警迅速到达现场，在鸣枪警告无效的情况下，开枪击伤李犯并将其抓获。[③] (2) 坚持不懈地在同一时空中**驾车冲撞人群**。上述典型案例中的姚锦云、王建强、李国清、张义民等驾车行凶，均是连续地撞击行人、车辆等不特定的交通参与者，造成重大人员伤亡，并且作案直至被迫停止。姚锦云车撞金水桥而停止，李国清车与4车相撞后而停止，张义民在四五十辆警车、近百名警力的围堵下继续作案，最终被专门调来的大货车拦住。2013年8月21日6时许，49岁的广东顺德鸿运公交公司司机李联高，因不满被公司停职，为了制造事端以引起社会的关注，擅自驾驶公交车在交通要道高速行驶，随意撞击无辜行人及自行车与摩托车等车辆，造成1人死亡、28受伤、17辆车辆受损的严重后果。后在公安人员设卡堵截下被迫停车。[④] (3) 采取可以同时致使多人死伤的手段，诸如**针对公众的放火、爆炸**等。例如，上述无差别杀人犯罪的典型案例

---

① 《厦门BRT纵火案细节：陈水总被烧成“火人”》，载新浪网，http://news.sina.com.cn/c/sd/2013-06-26/163827504808.shtml；《厦门公交车纵火案告破嫌犯陈水总被当场烧死》，载中国新闻网，http://www.chinanews.com/gn/2013/06-08/4913712.shtml。访问日期：2016年5月22日。

② 参见《凶手供称原本要杀30个孩子》，载《京华时报》2010年3月27日第15版。

③ 参见《成都“8.25”公交杀人案嫌疑人被批捕》，载《华西都市报》2013年8月30日第10版。

④ 参见刘艺明 通讯员孙楠、廖冰寒：《广东顺德开公交故意撞人司机被判处死刑》，载《广州日报》，http://news.sina.com.cn/c/2014-06-24/071930412117.shtml。访问日期：2017年6月25日。

中,成都张云良在公交车上纵火,造成27人死亡、74人受伤;厦门陈水总在公交车上纵火,造成47人死亡、34人受伤;杭州包来旭在公交车上纵火,造成30受伤,其中20人重伤,广州欧长生在公交车上纵火致发生爆炸,造成2人死亡、32人受伤等等。山东潍坊王永来的纵火行凶,也是先用铁锤打伤5名学前班学生,然后抱住2名学生欲行纵火自焚。①

[20] **实施行为的公然无饰**:所有这一系列案件均案发于公共场所,案犯选择人员密集的高峰期作案,毫无掩饰。案发后,案犯较为明确。姚锦云于上午11时许,在我国具有政治与文化中心象征的天安门广场冲撞游人,据其事后交待,就是要制造影响②。南京王建强、惠州李国清、天津张义民等驾驶公交车肆意碾压交通参与者的无差别杀人犯罪,均案发于行人车辆较多的交通要道,王建强在晚9时左右作案,李国清在下午6时31分许作案,张义民在上午8时许作案。成都张云良、杭州包来旭、厦门陈水总等在公交车上纵火的无差别杀人犯罪,案犯也均是选择车载人员拥挤的时点作案。张云良于上午8时许在载有101人的公交车上纵火;包来旭于下午5时15分在载有80余名乘客的公交车上纵火;陈水总于下午6时20分左右在载有90余名乘客的公交车上纵火。南平郑民生、泰兴徐玉元、潍坊王永来、南郑吴焕明等杀戮小学生或幼儿的无差别杀人犯罪,案犯也都是选择上午时分,利用学生聚集在校园门口或者学生在校园内上课之机,公然作案。郑民生于上午7时25分许,趁学生上学聚集在小学门前之际作案;徐玉元于上午9时40分,趁幼儿园的幼儿在校上课之际,持刀闯入肆意杀戮幼儿和教师员工;王永来于上午7时40分左右,趁学生上学之际从学校侧门强行闯入校内,用铁锤打砸学生并抱住2名学生自焚;吴焕明于上午8时20分许,趁学生在校之际,持菜刀闯入幼儿园公然砍杀校内的幼儿与教工。这些案犯作案肆无忌惮,张云良、陈水总等公交车纵火案犯大多被当场烧死,王永来抱住学生纵火自焚也被当场烧死,其余驾车冲撞行人与车辆或者持刀砍杀路人的案犯,也均不懈地实施侵害直至被在场的警察与群众现行抓获,吴焕明作案后返回家中畏罪自杀。

[21] **杀人手段的残暴无度**:我国目前发生的这一系列案件,主要为驾车撞人、纵火行凶、持刀杀戮等,从而同样表现出手段残忍暴戾、侵害面广、场面恐怖、触目惊心的特点。姚锦云以极快的速度冲撞游人,以致有的被腾空撞出,有的被碾压车底,有的甚至被汽车的强风摧倒。③ 王建强驾车肆意撞人,

---

① 参见张鹭、杜欣:《潍坊突然血案》,载《财经》2010年第10期。

② 参见穆玉敏:《姚锦云天安门广场驾车行凶案》,载《人民公安》2003年第15期。

③ 同上。

并将卷入车前门踏板下的被害人快速拖行3公里，现场群众无不为之极度愤慨。事后王建强称："我开车出来就是为了撞人，具体撞多少人，撞死或撞伤，我都不管。"[①]李国清在市区多处交通要道急速行驶约7公里，故意碰撞沿途行驶的车辆与自行车，造成4人死亡、11人受伤、28辆机动车受损。[②] 张义民在开发区交通要道上不断绕行约8公里，沿途撞击行人与其他车辆，造成9人死亡、11人受伤。[③] 张云良在载有101人的公交车上倾倒汽油纵火，致使27人死亡、74人受伤。[④] 陈水总在载有90余名乘客的快速公交车上点燃随身携带的汽油，造成47人死亡、34人受伤。[⑤] 郑民生在55秒钟内连续刺死6至12岁的学生9人、重伤4人，幸被在场群众及时制止并擒获。目击者称其像"屠夫"一样，监控录像则清楚显示郑民生"在将匕首捅入孩子的胸腔后，多次搅动匕首柄"，其惨景以至办案人员"无法完整地看完那仅仅55秒长的视频"[⑥]。

[22] **造成社会惊恐的效应**：这些案件，不仅每起均造成重大的人员伤亡，而且引起极大的社会惊恐，给公众心灵以强烈的痛楚。例如，南平郑民生持刀连续残忍杀害小学生，致使9人死亡、4人重伤。郑民生行凶的场景录像，令被害学生的家属悲痛欲绝，法庭上"被害学生父母均互相倚靠、十指紧握"，失声大哭。[⑦] 该案及其后的多起校园行凶案件震惊了全国以至世界。俄罗斯总理普京就南平案，向正在访俄的时任国家副主席习近平表示："对于发生的悲剧，我表示哀悼。我们向死者家属表示非常遗憾和哀悼。"[⑧]据报道，案发后

---

① 参见《南京公交车撞人，拖行男子三公里为泄愤》，载《扬子晚报》2009年4月15日，http://www.shxb.net/html/20090415/20090415_146077.shtml；《南京公交车司机王建强开公交泄愤撞死人被判死刑》，载《现代快报》2009年12月12日，http://news.163.com/09/1212/10/5QBOIH1T000120GR.html。访问日期：2016年5月21日。

② 参见《广东惠州巴士肇事逃逸连撞28车致4死11伤》，载中国新闻网，http://www.esafety.cn/dianzi/ywgz/200906/38382.html；黄礼琪、卢思莹：《惠州公交公司李国清一审被判死》，载《羊城晚报》2009年12月31日，http://www.ycwb.com/ePaper/ycwb/html/2009-12/31/content_702030.htm。访问日期：2016年5月21日。

③ 参见《数十警车狂追8公里擒嫌犯，撞毁3辆警车伤4民警》，载东方早报，http://news.sohu.com/20100202/n269983802.shtml。访问日期：2016年5月21日。

④ 肖林：《成都公交车燃烧案告破》，载吉林日报，http://jlrbszb.chinajilin.com.cn/html/2009-07/03/content_531795.htm。访问日期：2016年5月21日。

⑤ 《厦门BRT纵火案细节：陈水总被烧成"火人"》，载新浪网，http://news.sina.com.cn/c/sd/2013-06-26/163827504808.shtml；《厦门公交车纵火案告破嫌犯陈水总被当场烧死》，载中国新闻网，http://www.chinanews.com/gn/2013/06-08/4913712.shtml。访问日期：2016年5月22日。

⑥ 参见《福建9名学童校门口惨遭砍杀——另有4个孩子重伤，凶手曾有精神病史疑因工作恋爱不顺报复社会》，载《京华时报》2010年3月24日第21版；《凶手供称原本要杀30个孩子》，载《京华时报》2010年3月27日第15版。

⑦ 参见《受害者家属失声大哭十指紧握》，载《重庆日报》2010年4月9日第A9版。

⑧ 参见《请习近平副主席转达遗憾和哀悼》，载《羊城晚报》2010年3月24日第3版。

新开学的南平实验小学门前，父母们将孩子送到老师身边才似放心，一些家长一边看着孩子走进学校一边流着眼泪。一位学生家长称："我现在感觉随时随地孩子都存在危险，我再忙也要坚持接送孩子，直到他小学毕业。"[①]多起校园凶案也引起了政府的高度重视，2010年5月3日召开的全国综治维稳工作电视电话会议，强调社会安全最重要的是人身安全，最让人牵挂揪心的是孩子安全。要求努力从源头上预防和减少社会矛盾，公安机关加强校园周边治安巡逻，学校、幼儿园建立健全门卫、值班、巡逻、安全检查等安全管理制度。继而，各地也纷纷采取了一些措施。例如，北京每天派出6000至7000警力保障校园安全。[②] 张云良、陈水总等在公交车上纵火的无差别杀人犯罪，不仅造成了特别巨大的人员伤亡，而且给整个社会公众带来了极大的惊恐，成为新中国建立以来影响与危害极其罕见的犯罪案件。对于姚锦云、李国清、张义民、王建强等驾车冲撞人群的无差别杀人犯罪，法院在判决书中对其罪行的表述，无不述以"行为严重影响社会治安秩序和广大群众人身、财产安全，造成极其恶劣的社会影响，社会危害性和人身危险性极大，罪行极其严重"[③]。

第21节　有组织犯罪的特征与现状

[1] 有组织犯罪是以独特组织犯罪为特征的一种极致的犯罪学犯罪类型。世界最早的有组织犯罪雏形，见诸于1282年意大利西西里岛首府巴勒莫市的家族式犯罪集团。[④] 如今，有组织犯罪已成为公认的世界范围内的犯罪灾难[⑤]，可谓是没有战场的现代社会里的"游击战"。不论在社会危害方面，还是在活动能量、势力范围等方面，有组织犯罪均表现出其是一种极端的、独特

---

① 参见尹安学、肖执缨：《全校师生默哀，家长忐忑难安》，载《羊城晚报》2010年3月24日第3版。

② 参见张灵等：《北京实行校园安全日报制，6000警力保护学生》，载腾讯网，http://news.qq.com/a/20100505/000122.htm。访问日期：2016年5月23日。

③ 《惠州公交车连撞28车致4死10伤案，肇事司机昨被执行死刑》，载东莞时报，《开公交泄愤撞死人王建强被判死刑》，载新浪网，http://dgtime.timedg.com/html/2012-01/13/content_898847.htm；http://news.sina.com.cn/c/2009-12-12/023216758585s.shtml。访问日期：2016年5月23日。

④ 最初，黑手党只是出于反抗法国统治而保护西西里岛居民的一种自发的警卫组织。这种组织以一个家族为联结纽带，具有浓厚的封建家族色彩与血缘亲属关系。他们的口号是："Morte Alla Francia Italia Anela"（法国人的灭亡，意大利人民的事业），其各字词头构成"MAFIA"，后来成为黑手党的代称。

⑤ 国际社会加强合作打击有组织犯罪，我国也加入了这一行列。2000年11月，第55届联合国大会通过了《打击跨国有组织犯罪公约》，同年12月在有组织犯罪的发源地巴勒莫市举行高级政府会议 供各国开放签署。2003年8月，我国全国人大常委会批准了2000年中国政府签署的这一公约。

的犯罪现象，是一股可以与国家相抗衡的犯罪力量，从而其备受犯罪学理论与实践的重视。

一、有组织犯罪的概念

［2］**主要观点**：有关有组织犯罪的概念林林总总，而究其核心存在广义说与狭义说的对立。**(1) 广义说·集团性质犯罪**：将有组织犯罪解释为集团性质的犯罪，易言之，凡是具有一定组织形式的犯罪，均可纳入有组织犯罪的范畴，具体包括集团犯罪、黑社会性质组织犯罪、黑社会犯罪；有的甚至将有组织犯罪扩张至一般共同犯罪与团伙犯罪。[①] **(2) 狭义说·黑社会犯罪**：将有组织犯罪解释为黑社会犯罪，即具有黑社会组织形态的犯罪，而这种黑社会组织并非一般的犯罪组织，而是有着独特的组织形式、势力范围、活动类型、政治后盾等。[②] 由此一般共同犯罪乃至黑社会性质组织犯罪就不在有组织犯罪之列了。**(3) 广义并狭义说**：将有组织犯罪分别作广义与狭义的理解。广义的有组织犯罪即为具有一定组织形式的犯罪；狭义的有组织犯罪是指黑社会犯罪；有组织犯罪包括广义的有组织犯罪与狭义的有组织犯罪。其实，广义并狭义说，终究还是广义说。

［3］**本书界说**：鉴于**刑事科学**[③]术语的统一与明确，尤其是有组织犯罪作为犯罪学研究的一项专门术语，其在表述犯罪原因上应有其所具有的独特意义。同时，有组织犯罪也应当具有区别于其他近似术语的意义。这些近似的术语包括黑社会性质犯罪、集团犯罪等等。**如果**将有组织犯罪理解为所有具有一定组织形式的犯罪，那么有组织犯罪的意义也就颇为广泛，而这种意义颇为广泛的概念，难以凸显作为概念所应有的“个性”特征，这等于取消了概念本身，但**犯罪学**研究却需要这一独特的概念。**因为**这种由国中之“国”的特殊的组织形式所实施的、能够与国家力量相抗衡的独特的典型类型的犯罪，其在犯罪学意义上的罪因机制及其防控对策也具有相当的独特性，如果对有组织犯罪作过于广泛的理解，则这种独特性也将被融化。再者，人们在论及有组织犯罪时，通常也都是在黑社会犯罪的意义上理解的，也就是说，多数是将有组织犯罪作为组织程度相当高级的一种独特类型的犯罪，经济后盾、武装力量、权力保护等是这一独特类型的犯罪所拥有的基本特征。有鉴于此，

---

① 宋浩波著：《犯罪社会学》，中国人民公安大学出版社2005年版，第140、141页。

② 〔美〕D.斯坦利·艾兹恩、杜格·A.蒂默著：《犯罪学》，谢正权等译，群众出版社1989年版，第263页。

③ 关于“刑事科学”的含义及其与犯罪学的关系，详见张小虎著：《刑法学》，北京大学出版社2015年版，第2页。

本书对有组织犯罪作如下界说：**有组织犯罪**(Organized Crime)，俗称"黑社会犯罪"(the Crime Committed by Criminal Syndicate ，Underworld Crime)，是指基于明确的宗旨章程、严格的纪律约束、高度的权威统治等而构建的犯罪组织，成为对抗国家的一股犯罪力量，在国家党政的某些腐败官员权力的庇护下，以合法的经济组织等为外衣，采取系统、稳妥、严密的手法，实施走私、贩毒、开设赌场、控制股票市场等严重的危害行为。

[4] **法律制裁视角**：2000 年的**联合国《打击跨国有组织犯罪公约》**第 2 条对有组织犯罪集团下了一个定义，指出："有组织犯罪集团是指由三人或多人组成的、在一定时期内存在的、为了实施一项或多项严重犯罪或根据本公约确立的犯罪以直接或间接获得金钱或其他物质利益而一致行动的有组织结构的集团。"这一定义将"三人"集团也纳入有组织犯罪集团，并且并未强调有组织犯罪集团的"权力保护、经济基础、武装力量"等特征，就此而论，《公约》的这一界说，对有组织犯罪集团作了广义的解释，这或许更有利于扩大打击有组织犯罪的范围，增进各国在这方面的具体合作。不过，也应当看到，《公约》的这一界说同时**强调**，此种有组织犯罪集团具有"存在一定时期、实施专项犯罪、谋取经济利益、行动一致、拥有组织结构"等特征，而这些特征，尤其是"拥有组织结构"的特征，则并非是普通的"三人"犯罪集团所拥有的典型特征。由此，这种有组织犯罪集团的核心部分可谓是黑社会犯罪组织。

二、有组织犯罪的特征

[5] 立于犯罪学研究的角度，基于有组织犯罪的社会现实表现，兹对有组织犯罪的内涵与外延予以理论揭示。作为一种独特类型的犯罪，有组织犯罪具有六个方面的基本特征。

[6] **寻求权力庇护**：利用金钱、美色等各种方法，投其所好拉拢引诱党政官员滥用权力，为有组织犯罪充当保护伞。这是有组织犯罪的标志性特征。有组织犯罪的犯罪组织(以下简称犯罪组织)拥有强大的经济实力，这种经济实力成为犯罪组织贿赂收买政府官员的重要资本，有时在一定场合，某些腐败官员为了达到个人的政治目的，也有意识地、主动地利用有组织犯罪的势力。这些被收买的、腐败的政府官员为犯罪组织提供各种庇护，又使得犯罪组织可以肆无忌惮地获取经济利益，从而增强了犯罪组织的势力，如此就像滚雪球一般，使犯罪组织成为可以与国家力量相对抗衡的一股犯罪势力。例如，1960 年，时任美国马萨诸塞州参议员的约翰·肯尼迪参与总统竞选。在竞选中，作为天主教徒的肯尼迪，担心在 59%的居民是新教徒的西弗吉尼亚州竞争不过其对手新教徒汉弗莱，于是请手下有着几万党徒的芝加哥黑手党

头领萨姆·贾恩纳出面协助，从而战胜了对方登上了总统宝座。肯尼迪与贾恩纳的联合，是通过朱迪思·坎贝尔的斡旋。姿色出众的坎贝尔与肯尼迪有着暧昧关系，同时与贾恩纳又互为熟识，于是成了沟通肯尼迪与黑手党之间的桥梁。然而，当上总统后的肯尼迪却违背了当初的承诺，任命其弟罗伯特·肯尼迪为司法部长；罗伯特·肯尼迪迫于舆论压力开始清剿黑手党，并将贾恩纳列为主要调查对象。于是，贾恩纳认为肯尼迪违反了黑手党的一个基本原则：假如你接受了黑手党的好处，就不能干涉他们的行动。从而，贾恩纳与美国其他势力合谋，在 1963 年 11 月将肯尼迪刺杀。①

［7］**合法企业掩护**：有组织犯罪从事大量的非法商品交易和非法服务乃至敲诈暗杀抢劫等等，但是这并不否认有组织犯罪拥有合法企业集团的外衣。这种合法企业的外衣既是有组织犯罪的掩护，也是其获取经济利益的重要途径。一般情况下，犯罪组织在能够通过看似合法途径达到目的的场合，也会尽量避免采用暴力手段实现目的。美国学者波斯纳指出："暴力这一结果对单个罪犯是外在的，但对一个大型犯罪组织却不是外在的。犯罪组织由此就会竭力地控制其成员的暴力倾向。""从有组织犯罪所得利润可安全地投入到合法活动中以赢得增值利润角度看，有组织犯罪的预期收益就会比其不这样做的高。"②而且，犯罪组织的组织程度越高，就越发摆脱街头暴力的低级犯罪方式，在合法企业的遮掩下利用经济情报、政治权力等进行幕后的投机交易。众所周知，在**旧中国**的上海，杜月笙是著名青帮的头面人物，手下拥有党徒数万之众，与黄金荣、张啸林并称上海黑社会中的"三大亨"。杜月笙与蒋介石以及孔祥熙、宋子文、孙科、戴立、杨虎、陈群、吴开先、潘公展等国民党诸多要员均有着极为密切的关系，而且杜月笙也是上海工商界的头面人物。对此，从杜月笙所担任的一些民间与工商职务可见一斑：1925 年 7 月，杜月笙在租界与军阀当局庇护下，成立"三鑫公司"，垄断法租界鸦片提运，势力日益扩大。同年，担任法租界商会总联合会主席，兼纳税华人会监察。1927 年，在"四·一二"反革命政变中，杜月笙为蒋介石充当打手，大肆屠杀上海总工会的工人，深得蒋介石的褒奖。南京政府成立后，他担任陆海空总司令部顾问、军事委员会少将参议和行政院参议。1927 年 9 月任法租界公董局③临时华董

---

① 参见蓝凡文化工作室编：《黑手党揭秘》，上海文化出版社 2002 年版，第 99—100 页；王俊彦著：《警惕！黑社会在行动》，时事出版社 2000 年版，第 23 页。

② 〔美〕理查德·A. 波斯纳著：《法律的经济分析》（上），蒋兆康译，中国大百科全书出版社，第 316 页。

③ 公董局，又称"法租界工部局"，是旧上海法租界最高的市政组织和领导机构。

顾问，1929年任公董局华董；1929年，创办中汇银行；1932年开始组建恒社[①]，1933年2月自任该社名誉理事长；1937年11月担任中国红十字会副会长、赈济委员会常务委员、上海党政统一工作委员会主任委员；1946年12月以后，担任各种各样的董事长、会长、常务董事等达六七十个。[②]

[8] **犯罪领域独特**：财富的积累是有组织犯罪势力得以扩张的重要基础，为此有组织犯罪通过各种合法与非法的途径聚敛财富，有组织犯罪涉足的犯罪领域相对独特，当然这并不排除由此衍生出的具体犯罪类型多样。有组织犯罪所涉犯罪活动领域主要包括：A. 经营合法行业：开设饭店、歌舞厅、酒吧、网吧、影剧院、游乐场；B. 非法介入工商：垄断市场、企业、证券期货，操纵重大工程的招标投标；C. 进行非法交易：走私、贩卖、运输毒品、军火，盗窃珍贵文物，洗钱，放高利贷，贩卖人口，开设赌场、妓院；D. 从事暴力活动：抢劫，绑架，敲诈勒索，暗杀，雇佣杀人，暴力讨债，强买强卖，收取保护费；E. 幕后操纵政坛：控制工会，介入政党、公职选举等。例如，美国黑手党通过开设赌场、贩毒、开设妓院、放高利贷、伪造有价证券等活动，每年获得多达1000多亿美元的收入，这是美国黑手党经济收入的主要来源。其一，开设赌场：在美国有的州，赌博是合法的，黑手党便利用这种便利，经营或控制着数不清的公开和秘密的赌博场所；美国黑手党每年向警察“投资”约50亿美元，主要用于收买和贿赂警察，以使他们经营的赌博活动得到保护。其二，贩毒：黑手党使用超出缉毒设备的先进工具，将大量的毒品运抵美国切割包装，销售后从中获得的利润，往往是进口价的几倍、几十倍。其三，开设妓院：操纵卖淫、开设妓院是黑手党历史悠久的生意之一，据有关部门揭露，黑手党组织的卖淫集团在纽约市就控制了200多所妓院，雇佣了3000多个妓女。其四，伪造：伪造有价证券近来也成为黑手党一个新兴的、获利极高的经营项目，据统计，美国股票市场至少有5000万美元的股票是伪造的。其五，控制股价：黑手党还侵入股票市场，通过贿赂股票经纪人、制造假象、散布虚假消息，控制股票升跌，等股价攀高时大量出售，从而获取巨额利润。其六，暴力犯罪：有时，如果欺骗、贿赂手段不能奏效，就采用威胁、毒打和折磨甚至雇佣杀手谋杀知情者的方式来达到目的。[③]

[9] **组织行动严密**：具体表现在四个方面：A. 组织规则：犯罪组织拥有成

---

① **恒社**，名义上是民间社团，以“进德修业，崇道尚义，互信互助，服务社会，效忠国家”为宗旨，实际上是帮会组织。

② 中国人民政治协商会议上海市委员会文史资料工作委员会编：《旧上海的帮会》，上海人民出版社1986年版，第279页；《上海黑帮风云录》，黑龙江文化电子音像出版社2009年版，第18—20页。

③ 参见蓝凡文化工作室编：《黑手党揭秘》，上海文化出版社2002年版，第43—45、53页。

文或者约定俗成的章程或者帮规，这些章程或者帮规以暴力与血腥为后盾，从而高效地整合着犯罪组织的内部秩序与各项活动。B. 内部等级：组织内部等级森严，上层首领与核心成员拥有绝对权威，中层骨干全力效忠，下层打手、犯罪职业能手等更是唯令是从，由此上下一体贯通。C. 行动诡秘：策划指挥核心与具体执行小组之间存在"隔离层"，隔离层只管把策划核心的命令转达给执行小组，并把执行小组的汇报转达给策划中心。D. 纪律落实：犯罪组织的首领以残酷的手段实行控制，组织成员必须绝对忠诚于犯罪组织，在任何情况下不得暴露组织机密，违规者与背叛者将受到严厉的制裁。**例如**，意大利政府颁布了一系列紧急法令，成立全国反黑机构，调集军队开进西西里，对黑手党展开全线反击。1993年1月，凶残暴戾的黑手党元凶里纳被抓获，黑手党自古相沿的"奥梅塔"帮规崩溃，其最高领导机构"库波拉"也被摧毁，由此黑手党的里纳时代结束。然而，曾长期躲在幕后襄助里纳的普洛文扎诺接任了黑手党的首领之职，并对西西里黑手党的组织体系、战略和策略进行了重大调整和改革。新的组织结构分为三个层次：第一层次由普洛文扎诺和绝对效忠他的6名"顾问"组成，这些顾问是黑手党内的"专家"，分别主管毒品走私、工程承包、财务及武装力量；第二层次是巴勒莫、阿格里琴托、卡塔尼塞塔等西部三省的黑手党强势家族的重量级人物；第三层次是西西里的所有黑手党家族。新的战略放弃了"挑战政权"的一切行动，转而实行"无声战略"，其要点是：避免内讧和相互争斗；向国家机构迂回渗透；集中精力攫取财富和权力。黑手党现在直接或间接地控制着很多企业，部分黑手党家族又重操二十多年前的旧业，进行大规模国际贩毒。① 又如，香港黑帮新义安是香港经济、武装等实力最强的三合会组织，其不仅盛行于香港，而且活跃于西欧、美国、东南亚等地，是著名的国际性黑社会组织。新义安组织结构严密，等级森严，拥有严格的帮规。帮会的"龙头"为最大，其次为"揸数"。下分各区，各设一"龙头"，其下分支设"坐馆"和"揸数"，一级管一级。

[10] **经济武装基础**：有组织犯罪的犯罪组织拥有雄厚的经济实力与精良的武器装备。经济实力使得犯罪组织既可以进行高额投资实行垄断，也可以利用巨款购买权力，进而获得更多的经济收入；经济实力也是犯罪组织豢养其众多成员，进行广泛社会交往的重要经济基础。而武装力量不仅是犯罪组织整肃内部纪律、维护组织秩序的基本工具，而且也是犯罪组织对外保卫自身利益、分割势力范围、进行势力扩张的坚强后盾，同时也是犯罪组织对抗政

① 参见《意大利黑手党改头换面》，载搜狐网，http://news.sohu.com/20040717/n221048224.shtml。访问日期：2016年5月24日。

府打击行动等的重要手段。有时，犯罪组织的经济实力之巨可以达到数十亿，武器装备之精超过政府正规军。**例如**，曾经嚣张一时的世界第一毒枭坤沙，拥有一支3万多人的武装力量，装备有地对空导弹等精良的武器，以及配备有雷达干扰系统、卫星定位系统等先进的设施。这些装配均超过了与之作战的缅甸政府军与哥伦比亚政府军。美国悬赏200万美元试图捉拿这一毒枭却始终未果，而坤沙集团的鼎盛时期则持续了十余年之久。巴西黑帮“首都第一司令部”，靠走私贩毒起家，其组织实力雄厚，武器装备比警察还要精良。巴西政府曾多次试图武力围剿他们，但是均无功而返。2001年2月，该组织发动监狱暴乱，导致圣保罗州28座监狱的19名囚犯丧生。2003年，该组织又曾在10天内连续对50个警察局发动袭击，导致6人死亡，12人受伤。[①] 2010年12月报道：墨西哥“小城市的警察已经成为有组织犯罪团伙攻击的目标。从2006年卡尔德龙政府加强对贩毒集团的打击以来，已有1000名市级警察被暗杀或是在与有组织犯罪团伙的冲突中死亡。同期有近700名州级警察和500名联邦警察被打死”。“有的城市有警察，但是他们的装备差，不能有效地对付犯罪分子，有的城市警察集体辞职。”[②]有关数据显示的有组织犯罪黑帮所拥有的经济实力，也确实令人咋舌。2013年7月，澳大利亚内政部长克莱尔在澳大利亚灭罪委员会的双年度报告中指出，全球有组织犯罪每年总收入高达8700亿澳元，这一数值超过了印度尼西亚的全国国民生产总值。[③] 2008年11月，意大利全国商业和服务业联合会的一份报告显示，黑手党等有组织犯罪集团的年营业额达1300亿欧元，而纯利润则达700亿欧元，已成为意大利收入最多的经营集团。[④] 2007年9月，联合国协会世界联合会的一份研究报告指出，世界各地有组织犯罪的年收入，总计达2万亿美元，相当于英国的国内生产总值，并约为2倍的全球国防预算总额。[⑤]

[11] **势力范围庞大**：权力庇护、经济实力、武装力量、严密组织以及涉足领域广泛等，使得犯罪组织拥有庞大的势力范围。这种势力范围既可以表现为行业性的，包括控制金融业、工商业、毒品运输销售等等；也可以表现为区

---

① 张川杜：《22座监狱同时暴动，巴西警方经历漫长一夜》，载《环球时报》2006年5月15日第4版。

② 《墨西哥400余市无警察，部分城市警察集体辞职》，载腾讯网，http://news.qq.com/a/20101229/001908.htm。访问日期：2016年5月24日。

③ 《澳大利亚有组织犯罪造成年损失150亿澳元》，载中国新闻网，http://www.chinanews.com/gj/2013/07-31/5106983.shtml。访问日期：2016年5月24日。

④ 《报告显示意大利有组织犯罪收入惊人》，载新华网，http://news.xinhuanet.com/world/2008-11/12/content_10345439.htm。访问日期：2016年5月24日。

⑤ 《有组织犯罪年吞2万亿美元 相当于英国GDP总值》，载搜狐网，http://news.sohu.com/20070914/n252153428.shtml。访问日期：2016年5月24日。

域性的,包括本地区性、国际性以至全球性的犯罪网络。这更为充分地体现了有组织犯罪是与国家政府相抗的一股势力,有时在国家力量不能触及的地方,有组织犯罪却可伸手其中。国家力量相对集中于国内,而有组织犯罪可以直接跨国扩张;国家通过行政管理、经济调控等依法办事,而有组织犯罪却采用各种手段暗中运作。**例如**,美国黑手党犯罪集团,是西方有组织犯罪的一个典型。他们自称“我们的事业”,组织盘根错节,分布在全美各地,构成一个全国性的犯罪网;人员有商人、政治家、工会领导人和司法官员等,他们相互合作以协调生产和销售存在着巨大消费需求的非法商品和服务。以西雅图的黑手党犯罪集团地方网为例,在西雅图有一千多人直接靠敲诈勒索、违禁贩卖威士忌①、有组织的盗窃和抢劫、贩毒、堕胎、赌博、卖淫、土地交易、纵火、出售伪造股票以及放高利贷来赢利。该地方网,不仅包括黑手党的代表、讹诈钱财的歹徒,而且包括西雅图有权势的金融界、商业、政治和司法官员。地方网的整个系统完全是各相对独立经营者的联合,成功地从事这些犯罪活动的任何人都必须与某个人或某个集团分享其成。他们按照其能力、权力和利益进行合作和竞争,其活动范围向周围地区延伸,渗入到华盛顿州,全美各地以至国外。

[12] 以上大致描述了有组织犯罪的事实特征。有组织犯罪与非有组织犯罪之间的区别是相对的,也正因为此,有组织犯罪在上述有关特征的表现方面,有的相对明显,有的有所变通,然而这些特征整合起来,表现出有组织犯罪属于一种特殊类型的犯罪,从而有别于我们传统意义上所讲的“孤立的个人反对统治关系的斗争”。有组织犯罪是一股严重危害国家政权统治的强大势力,从而有组织犯罪也不是一般的刑事司法力量所能应对自如的。有组织犯罪是以国中之“国”的组织形式为承载的一种颇具独特意义的犯罪类型,我们可以看到,对于有组织犯罪的制裁,尽管最终需要体现于司法的正义审判,但是其间常常必需动用国家的军事力量,需要政治统治最高层面的竭尽全力。

三、有组织犯罪与相关犯罪

[13] 有组织犯罪概念的广义说将集团犯罪、带有黑社会性质的犯罪等也纳入有组织犯罪的范畴,同时我国司法实际中也有团伙犯罪、黑恶势力犯罪等的称谓,再者恐怖主义犯罪与有组织犯罪的差异也值考究。以下对有组织犯罪与诸如此类犯罪类型的界分作一阐释。

---

① 美国早年禁酒,20世纪20年代末开始弛禁,但是各个地方的措施并不一致。

[14] **有组织犯罪与带有黑社会性质的犯罪**：我国《刑法》第294条规定了组织、领导、参加黑社会性质组织罪，该条第5款对**黑社会性质组织**的特征作了具体规定。相对于**黑社会组织**来说，法定的**黑社会性质组织**并不强调必须具备“严格纪律”与“权力保护”的特征。① 由此，黑社会组织与黑社会性质组织**不能等同**：(1) 各项特征的**横向覆盖**：某种从事犯罪活动的组织，在具有组织结构、经济实力、活动表现、势力范围等特征的场合，不论是否具有严格纪律与权力保护的特征，均属于黑社会性质组织。不过，黑社会组织应当同时具备六项特征，所以缺乏“严格纪律”与“权力保护”的特征，却不能成为黑社会犯罪。这是黑社会性质犯罪与黑社会犯罪的重要区别。(2) 各项特征的**纵向表现**：作为黑社会犯罪的各项特征，是有其特定含义的，必须在纵深上达到一定的程度，才能谓之具有这一特征。例如，寻求权力庇护，这种“权力”应当达到一定的层面与覆盖，诸如多个地市级领导，财政局、税务局、工商局、公安局、法院、检察院等许多职能部门的领导；反之，诸如一两个基层警察庇护，则不足以为据。又例如，势力范围庞大，这种“势力范围”应当至少在一定的区域，诸如一个市县，相当多的行业、部门等方面，形成较大的政治、经济、社会影响。这种势力范围与其权力保护、经济实力、武力触角等的延伸，也是彼此呼应相关的。(3) 事实特征的**概念区别**：不应将黑社会性质犯罪归属于黑社会犯罪，也不能称黑社会性质犯罪是黑社会犯罪的初级形态。所谓黑社会犯罪的雏形或者初级形态，与黑社会犯罪的典型形态或者高级形态一样，均属于黑社会犯罪的范畴。而黑社会性质犯罪的提法，是基于我国《刑法》第294条的规定而在刑法理论与司法实际中被广泛采用的。不过，上述有关黑社会性质组织与黑社会组织的区别表明，黑社会性质犯罪有别于黑社会犯罪。“严格纪律”与“权力保护”并非黑社会性质组织成立的必要条件，然而这对于黑社会组织来说则是必要的特征。因此，黑社会性质犯罪与黑社会犯罪的等级阶梯应当是：黑社会性质犯罪、黑社会犯罪(初级形态、中高级形态)。(4) 法律制裁的**一定重合**：有的国家的刑法典对黑社会组织犯罪与普通集团犯罪分别作了规定。例如，奥地利《刑法典》第278、278a条分别规定了犯罪集团罪与犯罪组织罪；意大利《刑法典》第416、416-2、416-3条分别规定了为犯罪而结

---

① 对黑社会性质组织的立法与司法界说，存在**演变的三个历程**：(1)《刑法》修正案说明：1997年3月，王汉斌副委员长在八届全国人大五次会议上《关于〈中华人民共和国刑法(修订草案)〉的说明》，第11条第1款对黑社会性质犯罪的解释；(2) 司法解释：2000年12月，最高人民法院《关于审理黑社会性质组织犯罪的案件具体应用法律若干问题的解释》，第1条对黑社会性质组织的解释；(3) 立法解释：2002年4月，全国人大常委会《关于〈中华人民共和国刑法〉第294条第1款的解释》，对黑社会性质组织的解释。这一对于黑社会性质界说的变迁表明，黑社会性质犯罪有别于黑社会犯罪，“严格纪律”与“权力保护”并非黑社会性质组织成立的必要条件。

成集团罪、黑手党型集团罪、黑手党型政治选举交易罪。我国《刑法》并未专门规定组建黑社会组织罪等具体犯罪，由此从普通逻辑上来说，具备黑社会组织特征也就具备黑社会性质组织特征，而具备黑社会性质组织特征则可以适用《刑法》第294条的规定。因此，就**法律处置**来说，我国《刑法》第294条所规定的黑社会性质组织，包括了涉及有关犯罪组织的两种情形：黑社会性质组织与黑社会犯罪组织（初级形态、中高级形态）。

[15] **有组织犯罪与团伙犯罪：犯罪团伙**，是指纠合性、结伙性的犯罪组织形态。在我国，犯罪团伙并非严格的法典用语，相对于有关法典用语而言，犯罪团伙可以表现为：(1) 一般结伙：一般共同犯罪的各个共同犯罪人之间不存在组织形式的、具有临时纠合性的犯罪结伙；(2) 犯罪集团：三人以上为共同实施犯罪而组成的、具有稳定的存续态势与较为严密组织形式的团体，包括一般犯罪集团、黑社会性质组织、黑社会组织。A. 一般犯罪集团：特殊共同犯罪的各个共同犯罪人所组成的、有组织特征不及黑社会性质组织与典型黑社会组织的犯罪集团；B. 黑社会性质组织：旨在从事犯罪活动，并且在组织结构、经济实力、活动表现、势力范围等方面接近黑社会组织的犯罪集团；C. 黑社会组织：有组织犯罪的各个共同犯罪人所组成的相对固定，并且具有寻求权力庇护、合法企业掩护、犯罪领域广泛、组织行动严密、经济武装基础、势力范围庞大等特征的犯罪集团。由此，团伙犯罪，可以表现为：一般共同犯罪；集团犯罪。其中，集团犯罪包括一般犯罪集团犯罪、黑社会性质组织犯罪、有组织犯罪（黑社会犯罪）。

[16] **有组织犯罪与黑恶势力：黑恶势力**，是指三人以上所组成的相对固定并具有一定的组织形式，依仗经济、暴力等为后盾，逞强称霸、横行不法，严重破坏社会秩序的一股犯罪力量。黑恶势力并非严格的刑法术语，就犯罪学的类型性而言，其也是一个外延甚广的称谓。对于黑恶势力与有组织犯罪的关系，结合我国《刑法》的规定，可以从以下三个方面展开界分：(1) 黑恶势力与犯罪集团势力：在我国，黑恶势力的术语，基于“打黑除恶”的专项斗争，在有关领导的工作报告以及相应的官方文件中明确提出，进而为司法实际和新闻传媒广泛使用。如果以《刑法》的表述来考究黑恶势力的含义，则黑恶势力主要是指犯罪集团势力，具体包括一般犯罪集团势力、黑社会性质组织势力、黑社会组织势力。(2) 黑恶势力犯罪的刑法表现：黑恶势力犯罪，包括一般集团犯罪、黑社会性质组织犯罪、有组织犯罪（黑社会犯罪）；既可以表现为黑恶势力实施《刑法》分则的有关具体犯罪并且同时构成《刑法》总则的共同犯罪，也可以表现为黑恶势力的组织本身构成《刑法》第294条所规定的有关具体犯罪，或者表现为黑恶势力构成《刑法》第294条的具体犯罪与《刑法》分则的其

他具体犯罪。(3) 黑恶势力与犯罪集团:应当注意,黑恶势力与犯罪集团,两者虽在集团表现上意义相近,但两者提出的视角却各不相同。犯罪集团强调犯罪的组织特征,间接阐明其对于社会的较大危害与威胁;而黑恶势力则侧重犯罪的邪恶力量,直接表述其严重的社会危害与恶劣的社会影响。

[17] **有组织犯罪与恐怖主义犯罪**:两者存在一定的**相似**之处:均有组织依托;犯罪组织拥有严格的纪律约束;具有经济后盾与军事力量;拥有较大的势力范围,其实力可与国家相抗衡。但是,有组织犯罪与恐怖主义犯罪是两种**不同**类型的犯罪,具体地说:(1) 地下与公然:有组织犯罪的犯罪组织具有较大的隐蔽性,而且有组织犯罪者也会自觉地利用经济外衣、权力庇护等将自身"包装"起来,竭力以"合法大亨"的面目出现在社会公众面前,所以人们称之为"underworld"(黑社会)。而恐怖主义犯罪组织则具有一定的公然性,并且为了给自身制造的"强势"影响,通常也会公然地标榜自己的组织存在,在发生恐怖袭击事件后,自己也会公然地跳出来声称对"事件"负责。(2) 寄生与替代:有组织犯罪拥有权力庇护,这种犯罪组织会充分利用自己的经济实力,在必要时采取暴力威胁等手段,腐蚀与拉拢党政机关的要员成为其强有力的后盾。在某种意义上,这是一种"寄生关系"。而恐怖主义犯罪组织公然地对抗国家与政府,以恐怖主义的极端思想去网罗与教化其组织成员,寻求对立政府的权力庇护不是其要务,推翻与打击对方才是其致力的目标。在一定程度上这是一种"替代关系"。(3) 组织依托:有组织犯罪的犯罪组织承载于貌似合法的经济实体,这种经济实体公然地、合法地生存于有组织犯罪所寄生的官方社会的经济体制中。这种经济实体也在形式上构成了犯罪组织的"大本营"。而恐怖主义组织则附着于或者承载于某种宗教团体或者其他某种社会政治势力,这种宗教团体或社会政治势力在政治上、思想上与恐怖主义组织所对抗的官方社会相对立,成为恐怖主义犯罪组织的"大本营"。(4) 经济来源:有组织犯罪的犯罪组织的经济来源,系通过走私、贩毒、开设赌场妓院等非法经营途径获得,也有通过开设饭店、招待所、按摩院、俱乐部等合法经营的途径获得。从而有组织犯罪有其社会的合法与非法的需求的基础。而恐怖主义组织的经济来源,主要靠其所承载的某种教团之信徒的捐赠,或者靠其所依附的其他政治团体与社会势力的经济支助。当然,这也不排除恐怖主义组织通过走私、贩毒与贩卖军火来谋取经济收入,以滋养其犯罪组织的经济开支与需要。(5) 活动宗旨:有组织犯罪的犯罪组织的核心宗旨是经济谋利。其寻求权力庇护是为谋取经济巨利作铺垫的,其经济实力与武装力量也是为了谋求更大的经济利益与划定及维护自身的经济利益范围服务的。而恐怖主义组织的直接的与核心的宗旨是政治企图。其实施恐怖

袭击，侵害无辜平民是为了向敌对政府施加政治压力，逼迫对方妥协；其武装力量是直接为谋求恐怖主义组织的政治目标服务的；而在这其中，恐怖主义的极端主义思想是整合其整个组织及其外围成员的坚强锁链。(6) 行为方式：有组织犯罪的犯罪组织会尽量避免暴力行为，以节约犯罪成本。在能够通过金钱贿赂解决问题的场合，组织不会采用暴力手段。有时为了分割势力范围，组织之间会采用暴力手段，但这是非常态的“动乱”阶段；而各个组织之间的协调生存，才是常态，此时各个组织之间按“黑道”既定的规则“有序”地办事。而恐怖主义组织活动的最基本的手段就是实施针对无辜平民的恐怖活动犯罪，以要挟政府。为此，其会大肆宣扬恐怖主义的极端主义思想，号召其追随者拿起武器并授以恐怖袭击的方法，实施充满血腥的、严重危及不特定社会公众的所谓的“圣战”。(7) 犯罪属性：“经济图谋”与“政治目标”的宗旨差异，也使得有组织犯罪与恐怖主义犯罪，无论是在犯罪学上还是在刑法学上，其犯罪类型的归属有着较大的区别。有组织犯罪通常与白领犯罪相类聚，而成为企业性犯罪中的典型类型；而恐怖主义犯罪则属于政治性犯罪的范畴。在刑法典上，我国《刑法》将有关恐怖活动的一些犯罪(第120条等)归于“危害公共安全罪”中，而将有关黑社会性质组织的一些犯罪(第294条)归于“妨害社会管理秩序罪”中；意大利《刑法典》将“以恐怖主义和颠覆民主秩序为目的的结社”(第270-2条)归于国事罪，而将“黑手党型集团”(第416-2条)等归于危害公共秩序罪。

四、我国有组织犯罪的客观存在

[18] 对于我国目前是否存在有组织犯罪，刑法理论与实践见解不一。应当说，我国目前存在有组织犯罪这是一个客观事实。

[19] **主要观点**：对于我国目前是否存在有组织犯罪(黑社会犯罪)①，刑法理论与实践颇有争议，主要存在三种见解：**(1) 否定说**：主张我国现阶段并不存在黑社会犯罪，甚至认为在社会主义制度下，不可能出现黑社会犯罪。这一见解在官方对我国黑社会犯罪状况的评价中居于主导地位，同时也受到有关理论研究人员的支持。例如，1997年3月，王汉斌副委员长在八届全国人大五次会议上所作的《关于〈中华人民共和国刑法(修订草案)〉的说明》中指出：“在我国，明显的、典型的黑社会犯罪还没有出现，但带有黑社会性质的犯

---

① 如上所述，我国刑法理论对于有组织犯罪存在广义说与狭义说的不同见解，本书将有组织犯罪界定为“黑社会犯罪”，其不同于“黑社会性质组织犯罪”。为了便于区别，在本题表述中，对于有组织犯罪采用“**黑社会犯罪**”的表述。

罪集团已经出现。”2004年，公安部刑侦局的有关领导也明确强调：时至今日，中国大陆境内还是没有黑社会组织。[①] 同时，也有论者对此予以支持，认为目前中国境内不存在黑社会。**(2) 肯定说**：主张我国现阶段已出现黑社会犯罪，包括作为黑社会犯罪初级形态的黑社会性质犯罪与典型的黑社会犯罪。这一见解主要为理论研究领域的有关学者所支持。例如，有的学者相对系统地指出了我国已经出现黑社会犯罪的事实。认为中国的经济条件与西方各国存在市场经济的基本共性，从而有着产生黑社会犯罪的经济条件；中国内地的不少官员也被黑社会势力所收买，从而形成黑社会的政治渗透力，对此不可掉以轻心；“法轮功”等邪教组织的持续存在，则说明大型犯罪组织在中国的确有着长期生存的情形。任何已存的黑社会组织，总是呈现犯罪团伙与黑社会性质组织及黑社会组织这三者并存[②]。**(3) 折衷说**：这一见解总体上否定我国黑社会犯罪的存在，但是同时主张我国现阶段出现了黑社会犯罪的雏形，或者出现了近似黑社会犯罪的形态，这就是黑社会性质的犯罪。例如，有的论著认为，社会主义政治制度决定了在我国内地不会产生如同美国、意大利、俄罗斯的黑手党等那样的典型黑社会组织。但是，经济体制与社会转型打破了计划经济的旧有平衡，导致了犯罪总量的不断增长与犯罪活动的有组织化，带黑社会性质的犯罪组织呈现增多的走势。[③]

[20] **观点分析**：上述三种见解，否定说不承认我国现阶段存在黑社会犯罪，肯定说虽然承认黑社会犯罪的存在，但是同时也认为黑社会性质犯罪是黑社会犯罪的初级形态，折衷说区别黑社会性质犯罪与黑社会犯罪，认为我国现阶段存在的只是黑社会性质犯罪，而并非黑社会犯罪。由此，对于我国目前是否存在黑社会犯罪的问题，首先需要澄清黑社会性质犯罪与黑社会犯罪的关系，进而考察目前的社会犯罪现实是否存在黑社会犯罪。**(1) 黑社会性质犯罪不同于黑社会犯罪**：对此，上文已有详述（见本节段14）。不仅黑社会性质犯罪不同于黑社会犯罪，而且不应将黑社会性质犯罪归属于黑社会犯罪。所谓黑社会犯罪的雏形或者初级形态，与黑社会犯罪的典型形态或者高级形态一样，均属于黑社会犯罪的范畴。成立黑社会组织也必然符合黑社会性质组织的标准，但是黑社会性质组织则不一定就是黑社会组织。**(2) 我国**

---

① 参见寿蓓蓓：《“打黑是一项长期、艰巨的任务”——访公安部刑侦局有组织犯罪侦查处负责人》，载《南方周末》2004年9月2日。

② 参见何秉松著：《有组织犯罪研究——中国大陆黑社会（性质）犯罪研究》（第1卷），中国法制出版社2002年版，第179—186页。

③ 刘文成、周路：《试析黑社会性质组织犯罪的特征与治理》，载王牧主编《犯罪学论丛》（第2卷），中国检察出版社2004年版，第157—158页。

黑社会犯罪的现实存在：我国目前存在黑社会犯罪，应是客观事实的写照：**A. 犯罪事实**：改革开放以来，特别是社会转型深化期，我国犯罪率出现了明显的波动，呈现出阶位攀高与居高不下的样态。曾在中国大陆销声匿迹的黑社会呈现再度抬头的态势，并日渐成为犯罪阵营中的一股恶流。对此，党和政府给予高度重视，连续开展了声势浩大的“打黑除恶”专项斗争。在打黑斗争中被铲除的轰动全国的赖昌星案件、刘涌案件等均不失黑社会犯罪的特征，就其程度而言，有的甚至突破黑社会犯罪的初级形态。**B. 经济条件**：我国实行社会主义市场经济，《宪法》第 11 条第 1 款对非公有制经济的地位还予以了明确的规定：“在法律规定范围内的个体经济、私营经济等非公有制经济，是社会主义市场经济的重要组成部分。”由此，犯罪组织利用国家的经济政策，注册开办各种公司、企业，并以此为经济依托，聚敛钱财、腐蚀官员、从事有组织犯罪活动。**C. 腐败官员**：社会急剧转型，一定程度上引起了社会振荡。拜金主义、道德真空等意识价值的缺失，职业声望与收入状况的背离，管理制度的漏洞等，给腐败以滋生的土壤。一些官员将自己的权力当作换取不法利益的砝码，与犯罪组织勾结，又以权力给予资源。

五、我国有组织犯罪的现实状况

[21] **黑社会犯罪的形成**：众所周知，在旧中国黑帮横行，对于黄金荣、杜月笙、张啸林等这些黑帮大亨，人们至今仍记忆犹新。新中国成立后，具有强大威力的新兴政权，遵循惩办与宽大相结合等政策，全面整合社会各方面的力量，对于有组织犯罪以及卖淫、吸毒、赌博等社会现象进行了声势浩大、高度集中的整治与打击，奇迹般地将这些现象从中国大地上彻底扫除。其后，直至 20 世纪 70 年代末，在高度集中统一的社会背景下，有组织犯罪在中国大陆销声匿迹。改革开放以来，随着社会转型以及国家管理模式的柔化，有组织犯罪在中国大陆再度抬头。社会变革与犯罪波动密切相关，作为社会极端现象的犯罪是社会变革的晴雨表。根据社会变迁以及犯罪率波动的特点，本书将中国大陆改革开放后的社会转型分为两个阶段：1978 年至 1987 年的社会转型初期；1988 年至现在的社会转型深化期。社会转型初期，相对而言，我国的犯罪状况总体上并未出现剧烈的波动，同时在这一阶段计划经济的管理模式未有根本的改变，黑社会组织难以获得经济上的着陆，从而这一阶段并未出现有组织犯罪。社会转型深化期，我国的犯罪率呈现阶位攀高的样态，

同时在这一阶段社会主义市场经济的管理模式逐步推行[①]，这一时期黑社会性质组织犯罪以及黑社会犯罪，日渐形成并呈逐步发展的态势，引起了国家的高度关注。上世纪 90 年代以来，我国持续开展的旷日持久的"打黑除恶"专项斗争，既表明了黑恶势力在不断地滋生繁衍，也彰显了国家反黑斗争的决心。1994 年，中央政法委发出"各地应当注意研究当前农村黑恶势力现象"的通知。1996 年，公安部在"冬季严打整治行动"部署中，提出"重点打击带有黑社会性质的违法犯罪团伙"的要求。2000 年，开始了"打黑除恶"的专项斗争。2006 年 2 月 22 日，中央政法委在北京召开全国"打黑除恶"专项斗争电视电话会议，部署开展"打黑除恶"专项斗争。时任中央政法委书记罗干对于打黑除恶重要意义与具体要求作了重要指示。2013 年 9 月，继 11 个省区市公安机关开展第一轮打黑除恶集中行动后，公安部又统一部署指挥 11 省市公安机关开展新一轮打黑除恶集中行动，打掉 20 个涉黑组织和 121 个恶势力团伙，抓获犯罪嫌疑人 1395 名。[②]

[22] **我国黑帮的特征**：目前，我国的有组织犯罪虽然在人员规模、组织程度、势力范围、经济实力、武装力量等方面，不及意大利的黑手党（Mafia，马菲亚）、美国的黑手党、日本的暴力团以及我国香港地区的三合会、台湾地区的竹联帮等典型，因而可谓黑社会犯罪的初级形态，不过我国目前的有组织犯罪却不失黑社会犯罪所具有的一系列特征，从而不失黑社会犯罪的范畴，具体表现在：**(1) 寻求权力庇护**：通过金钱、女色、投其所好、威逼利诱等等各种手段，腐蚀拉拢党政高官以及工商、税收、司法、海关、金融等单位的要员，竭力构建由中央到地方、广泛涉及各地区、各行业、各部门的权力保护网络。由此，犯罪组织不但经济投机、违法犯罪行动自如，而且应对打击信息灵敏、闻风而动，即使犯罪败露通常也能安然无恙高枕无忧。**(2) 合法企业掩护**：开办证券期货、投资经营、宾馆饭店、歌舞影视、娱乐休闲、房产交易等各种类型的商品交易与服务行业。这些经济实体，披着合法经营的外衣，不仅使犯罪组织获得巨大的经济利益，也常常成为其贿赂收买党政官员的基本平台，有的还是犯罪组织进行犯罪的策划、指挥的巢穴，更有一些经营场所本身就是地

---

① 党的十二届三中全会通过了《关于经济体制改革的决定》，提出了我国的社会主义经济"是在公有制基础上的有计划的商品经济"，从而确认了社会主义市场的地位和作用；党的十三大又指出，新经济体制的运行机制是国家调节市场，市场引导企业。以此为背景，1988 年通过并施行了《中华人民共和国全民所有制工业企业法》、《全民所有制工业企业承包经营责任制暂行条例》等法律、法规。这是全面推行经济体制改革的重大举措，国家调节市场的手段之一就是通过制定企业法，使企业真正成为独立的商品生产者和经营者。

② 《公安部统一部署指挥新一轮打黑除恶集中行动》，载搜狐新闻，http://news.sohu.com/20111122/n326418044.shtml。访问日期：2017 年 6 月 27 日。

下犯罪窝点。**(3) 犯罪领域广泛**:我国有组织犯罪的类型主要表现为走私、贩毒、开设地下赌场和妓院、贩卖人口、充当杀手、称霸一方、收取保护费等。有的犯罪组织涉足的领域与犯罪的类型具有一定的侧重,诸如走私组织集团、贩毒组织集团等,然而即便如此,其在走私、贩毒等过程中也不可避免地实施杀人、绑架、敲诈等等犯罪。同时,组织程度越高、犯罪能量越大,其犯罪的触角就越为广泛,而且只要有可能,犯罪组织总是试图将自己的势力推向更多的行业,以获得更多的利益,从而引发的犯罪也就更为多样。**(4) 组织行动严密**:主要表现在:A. 组织规则:组织宗旨相对明确,具有严格的纪律约束,组织成员划分为不同的等级层次,依资历、论辈分或按功绩、凭能力确定成员的地位。要求成员绝对忠诚于组织及其首领,否则将受到严厉责罚乃至杀身之祸。B. 成员组合:组织成员尤其是上层人员之间,具有一定的亲缘关系或者地缘关系。不少犯罪组织的核心成员,均由具有犯罪经验与老道狡诈的犯罪人组成。成员之间称兄道弟,以经济利益、情感束缚等维系组织内部的团结。C. 行动诡秘:犯罪活动与组织行为严谨隐秘,具体行动有计划、分步骤、择人员、重落实,运用现代化的交通工具与通讯设备,通常上层指令经由中层传递,下层人员负责具体执行,成员之间均以代号相称。**(5) 经济武装基础**:经济实力与武装后盾是犯罪组织生存与扩张的重要基础。A. 经济实力:犯罪组织以谋取巨大的经济利益为基本宗旨。雄厚的资金既是犯罪组织收买权力的基本条件,也是其维系组织内部秩序与对外扩张的根本保证。许多犯罪组织的首犯都是企业主、富商巨头。B. 武装后盾:犯罪组织拥有高性能的杀伤武器与各种防护装备,必要时可以与军警相抗衡;同时,在犯罪组织结构中,也存在一批打手,专门从事犯罪组织所需要的护卫、敲诈、暗杀、绑架等暴力活动。**(6) 势力范围庞大**:具体表现在地域、行业、政治、经济等等方面。A. 地域:通常是称霸一方,有的跨越省市,甚至将触角延伸至境外。在其势力范围内,人们为之淫威所慑。B. 政治:在权力部门中有其代理人,有的甚至操纵了党政机构官员的选举与任用,几乎可以驾驭当地政府。C. 经济:控制与垄断相关的行业,在经济活动中充斥着腐败权力的介入,势力范围渗透到各个领域与部门。

[23] **黑帮典型·刘涌案件**:刘涌集团犯罪具有有组织犯罪的一系列特征,具体表现在:**(1) 寻求权力庇护**:包括:A. 金钱贿赂而收买权力:刘涌先后送给原沈阳市副市长马向东200万元;送给原沈阳市市长慕绥新10万美金;类似的还包括以春节送礼、子女结婚送礼等名义大肆行贿,每次出手都是数万元、数十万元。B. 充当刘涌保护的官员:沈阳市市长慕绥新、常务副市长马向东,沈阳市和平区劳动局局长凌德秀、副局长高明贤,沈阳市人民检察院检察长刘实,沈阳市中级人民法院副院长焦玫瑰,沈阳市和平区公安分局刑警

大队侦控队副队长朱赤等多名警察。[①] C. 权力保护的有关表现：马向东将市中心一块价值3.5亿元的土地无偿拨给刘涌开发；凌德秀推荐刘涌当上市人大代表；焦玫瑰枉法裁判为刘涌解决房地产开发过程中的产权纠纷；朱赤为刘涌提供枪支、充当帮凶以及司法庇护。在刘涌归案后，慕绥新、刘实等继续明目张胆地为刘涌庇护，对办案人员施加压力。**(2) 合法商业掩护**：开办超市、商场，在沈阳市最繁华的中街、太原街等地段，均有刘涌的店铺；担任嘉阳集团董事长，从事房地产交易，拥有上万平方米的房地产开发权；此外还从事餐饮娱乐、香烟批发等经营。**(3) 犯罪领域广泛**：涉及政治、经济、司法等各个部门。犯有组织领导、参加黑社会性质组织罪，故意伤害罪，抢劫罪，盗窃罪，非法持有、私藏枪支、弹药罪，敲诈勒索罪，偷税罪，妨害公务罪，故意毁坏财物罪，寻衅滋事罪，非法经营罪，行贿罪等14项罪名。**(4) 具有组织结构**：刘涌作为首脑，具体组织、策划、指挥犯罪组织的各项活动；其下有程建、吴静明、宋健飞等为骨干，充当打手；另有其弟刘军、朱赤等多名基层公安警察参加。在刘涌犯罪组织中，80%的人员具有前科或劣迹。**(5) 经济武装基础**：刘涌拥有的嘉阳集团，涉足多种行业，下属公司26家，员工2500人，资产7亿元人民币。并且购买了大量枪支、弹药、匕首，拥有一批打、杀、砍的亡命之徒。**(6) 势力范围庞大**：拥有各种政治、经济地位。捕前刘涌系沈阳市人大代表、和平区政协委员，致公党沈阳支部副主任委员，嘉阳集团董事长，优秀民营企业家，市扶贫先进个人。受到沈阳市长至基层警察的各个权力阶层与部门的支持，拥有强大资金，垄断控制房地产等多种行业，施展杀伤、打砸、威逼、抢劫等淫威。

[24] **黑帮典型·张畏案件**：张畏集团犯罪具有有组织犯罪的一系列特征，具体表现在：**(1) 寻求权力保护**：为张畏犯罪组织提供保护的党政官员有67名，其中包括温岭市市长周建国、市财政局局长洪烈明等党政干部42人，温岭市公安局局长杨卫中、市局刑侦队队长李志毅等司法干部15人，中国建设银行台州分行行长邵苏江、温岭支行行长段伟忠等金融机构干部10人。**(2) 合法企业掩护**：张畏不仅拥有湖北省枝城市政协副主席，浙江某报社名誉社长，台州市青联常委、台州市青年企业家协会副会长等许多耀眼的头衔，而且还是浙江东海集团有限公司法人代表兼董事长、上海东盛集团有限公司法人代表兼董事长、温岭市恒基实业有限公司法人代表兼总经理、台州新世纪

① 此外，被刘涌收买的官员还包括：沈阳市财政局局长李经芳、国有资产管理局局长郭久祠、烟草专卖局局长周传、国税局局长赵士春、城建委主任宁先杰、市政府副秘书长迟若然与泰明、沈阳驻京办事处主任崔力等等。

装饰有限公司法人代表兼总经理、温岭市明珠珠宝商行法人代表兼总经理，并任温岭宾馆、温岭城市信用社东海储蓄所董事，号称有几亿资产的"商界大亨"。张畏犯罪组织的二号人物王秀方同样拥有"台州十大杰出青年"称号、台州市政协委员、温岭市政协常委等光彩的头衔，并且也是温岭市东海花岗岩开发有限公司等数家企业的总经理，温岭市城市信用社东海储蓄所负责人，被视为当地的商界大腕。张畏与王秀方以自己、同伙或亲属的名义注册成立了大量的公司、企业，其中在温岭市设立38家，在香港、上海、杭州、湖北、宁波等地设立12家，注册资金总额高达5.28亿元。**(3) 犯罪领域广泛**：张畏犯罪组织涉足政治、经济、文化等各个领域；以暴力、威胁和其他手段，为非作歹，欺压、残害群众，称霸一方，有组织地进行违法犯罪活动；所犯罪行包括组织、领导黑社会性质组织罪及故意伤害罪、非法拘禁罪、故意毁坏财物罪、贷款诈骗罪、虚开增值税专用发票罪和非法经营罪。**(4) 具有组织结构**：张畏与王秀方是这一犯罪组织的1、2号人物，紧随其后的有姚建军、王钦敏等领导层，配备名车、手机，每月领取费用2万元至15万元不等；其余成员也均配备桑塔纳轿车、手机等，月工资千元至万元不等。张畏以高薪豢养组织成员，每年组织活动的开支多达几百万元，另有上千万元的挥霍。**(5) 经济实力与武装后盾**：张畏所有的公司、企业累计注册资本几个亿，宣称每年金属钯的生产总值超过30个亿，购置的土地近1000亩。同时，张畏等利用银行大肆侵吞资金，贷款2.944亿元、集资2568.2万元、拆借储蓄所资金3316万元等。张畏犯罪组织，拥有一大批成员充当打手与暴力工具，只要张畏需要，这些暴力机器便手持长达数尺的大刀等武器，乘着大小汽车直扑目标，大打出手，致使人员死伤，财物损毁。**(6) 势力范围庞大**：张畏在温岭市的政治、经济等方面有着极大的势力。通过兼并与投机购买，张畏在不到半年的时间里把本地从事金属钯生产的四五家企业先后灭掉，成立了现代实业有限公司，完全垄断了温岭市金属钯的生产与经营。在一次地皮公开招标中，张畏手下的一句"这块地基张领导要了"，就将竞标对手吓得赶紧弃标离场，足见其在当地的霸道。同时，张畏的触角还延伸至香港、上海、湖北等地。

［25］**黑帮典型·梁旭东案件**：梁旭东集团犯罪具有有组织犯罪的一系列特征，具体表现在：**(1) 寻求权力保护**：梁旭东犯罪组织竭力拉拢腐蚀党政干部充任其犯罪的保护。梁旭东犯罪组织被摧毁后，经初步查证，涉及这一犯罪组织的腐败案件9起，犯罪的党政干部35人。其中：处级以上干部12人，科级以上干部23人，警察15人，检察官5人，法官4人。**(2) 合法商业掩护**：梁旭东既为公安部门的刑警，又担任吉林省吉利亚饮食娱乐有限公司董事长。该公司主营餐食、娱乐等服务，下辖夜总会、快餐店、洗浴中心、酒店等7

家企业，总资产达2000万元。案发时，从梁旭东家中搜出的汽车钥匙就有28把。**(3) 犯罪领域广泛**：梁旭东的公开身份是吉林省吉利亚饮食娱乐有限公司董事长、长春市公安局朝阳区分局刑警大队侦察员。梁旭东利用自己的公开身份，组织领导其犯罪组织实施各种类型的犯罪活动，扩张势力范围、聚敛钱财、称霸长春，作案手段残忍，犯罪气焰嚣张，危害极其严重。这一犯罪组织，先后作案经查证属实的就有100余起。其中，重特大案件70余起，杀死4人，杀伤33人。所涉犯罪包括：故意杀人罪，故意伤害罪，敲诈勒索罪，组织、领导、参加黑社会性质组织罪，寻衅滋事罪，组织卖淫罪，非法持有、私藏枪支弹药罪，妨害公务罪，赌博罪，非法拘禁罪等。主犯梁旭东等7人被判处死刑，其余28人分别被判处无期徒刑或者至少18年有期徒刑。**(4) 组织行动严密**：梁旭东犯罪组织拥有金字塔般的组织结构、分工明确；塔尖为老大，居中为分舵，其下是领班，座底为一般成员；组织成员惯用代号：梁旭东绰号"东哥"，杜德伟（又名杜荣军）绰号"杜老三"，王大江绰号"王老九"，张洪岩又名张泽昊，陈斌绰号"老彬子"等。同时，这一犯罪组织制定有严格的"家法"：下级有事必须请示报告，对组织"要绝对忠诚，不许中途退出"，违反"家法"者，轻则剁掉手指，重则将腿打折。**(5) 经济武装基础**：梁旭东犯罪组织拥有一批打手配有枪支等武器，通过暴力攫取与地下交易，在合法企业的掩护下，积聚了相当的经济实力。**(6) 势力范围庞大**：梁旭东是长春市"黑白两道"都走得通的人物，穿着名牌服饰，驾驶高级轿车，包租总统套房，常有官员相陪，处理各种社会纠纷。他扬言自己有三把"刀"："第一把'刀'，我是警察，谁敢不怕我？第二把'刀'，我是黑社会，谁敢不服我？第三把'刀'，我有关系网，上面有人罩着我，谁能把我咋样？"

第22节　职务犯罪及公务犯罪的特征与现状

[1] 职务犯罪属于白领犯罪的范畴，是犯罪学类型性犯罪中的又一重要侧面。而公务犯罪又是公务人员的职务犯罪，更具犯罪学研究的类型性意义。社会转型也使我国的公务犯罪呈现出新的样态与严峻态势。

一、职务犯罪及公务犯罪的概念

[2] **职务犯罪界说的考究**：职务犯罪并非法典用语，也不是刑法上的具体罪名，而是犯罪学研究中一种与职务腐败密切相关的犯罪类型。职务犯罪界说的主要分歧在于，职务犯罪主体的范围。具体存在如下见解：**(1) 国家工作人员**：将职务犯罪的主体限定为国家工作人员或者依法从事公务的人员。例

如，职务犯罪，是指国家工作人员或者其他依照法律从事公务的人员，利用职务上的便利滥用职权或不尽职责，致使国家人民的利益遭受重大损失的行为。[①] **(2) 国家公职人员**：区分职务犯罪与国家工作人员职务犯罪；职务犯罪的主体为国家公职人员，包括国家工作人员与承担公共事务管理的非国家工作人员。例如，职务犯罪，是指国家公职人员滥用职权玩忽职守徇私舞弊，实施依法应当受到刑罚处罚的犯罪行为的总称。[②] **(3) 职务身份人员**：职务犯罪的主体为具有职务身份的人员，包括国家工作人员与非国有公司企业单位中担负职务的人员。例如，职务犯罪，是指具备一定职务身份的人实施与其职务之间具有必然联系的、依法应当受到刑罚惩罚的各种行为的总称。[③]

[3] **职务犯罪界说的分析**：上述三种见解的主要特点在于：见解(1)，强调职务犯罪主体仅为国家工作人员，由此排除了非国有公司企业单位中担负职务的人员构成职务犯罪的可能。然而，职务犯罪毕竟不等于公务犯罪，具有职务身份的非公务人员，利用职务之便背离职责实施犯罪，就字面意义而言，不失为职务犯罪，如果要将这种情形划分于职务犯罪之外，应当予以适当说明。见解(2)，强调职务犯罪主体为国家公职人员，由此彰显了主体的公务职责特征，并且在形式上将主体扩张至承担公共事务管理的非国家工作人员。然而，具有公务职责从事公务活动的人员，通常也就是"其他依照法律从事公务的人员"[④]，此也属于国家工作人员的范畴，由此所谓承担公务管理的非国家工作人员的说法，仍值推敲。见解(3)，强调职务犯罪主体的职务身份特征，由此明确肯定了非国有公司企业单位中担负职务的人员也可构成职务犯罪。应当说，这一解释对于职务犯罪的本义来说相对吻合，然而，研究职务犯罪，关键在于探究国家工作人员背离职责亵渎职责利用职务之便危害社会行为的表现、原因与对策，由此公务犯罪应当受到格外关注。

[4] **职务犯罪及公务犯罪的应然界说**：基于术语的达意与客观实际，本书认为，职务犯罪固然应当注重其职务特征，同时也应注意，研究职务犯罪的重心在于其犯罪的公务性质，由此可以对职务犯罪作广义与狭义的理解，而在通常意义上，职务犯罪主要是指狭义的公务犯罪。分述如下：**(1) 职务与公务不同**：**职务**，是指"职位规定应该担任的工作"[⑤]。具体地说，就是位居一定的职位，以及基于该职位而拥有的具体工作任务、权限、职责等。职务的含义较

---

① 参见魏平雄、赵宝成、王顺安主编：《犯罪学教程》，中国政法大学出版社1998年版，第671页。
② 孙谦主编：《国家工作人员职务犯罪研究》，法律出版社1998年版，第20—21页。
③ 参见张穹主编：《职务犯罪概论》，中国检察出版社1991年版，第15页。
④ 关于我国《刑法》第93条对"**国家工作人员**"的规定，见本节段6。
⑤ 《现代汉语词典》(第5版)，商务印书馆2005年版，第1750页。

为宽泛,就本题所讨论的焦点而言,包括以公务管理为内容的职务与非公务活动中的职务;国家工作人员(《刑法》第93条)的职务与非国家工作人员的职务。**公务**,是指“关于国家的事务;公家的事务”[①]。具体地说,就是代表国家对于公共事务所进行的业务活动与职能管理;其相对明确的含义即为《刑法》第93条所规定的国家工作人员依照法律所从事的职务活动。相对于职务而言,公务的含义较为狭窄,仅指职务活动中国家工作人员代表国家所从事的公共事务。**(2)职务犯罪与公务犯罪不同:职务犯罪**,以职务活动为本位,是指拥有一定职务身份的人员,背离亵渎职责,凭借职权(利用职务之便),实施刑法所规定的危害社会的行为。具体地说,除了国家工作人员的职务犯罪以外,还包括:非国家工作人员的职务犯罪,例如职务侵占罪(《刑法》第271条、第183条第1款)、挪用资金罪(《刑法》第272条)、非国家工作人员受贿罪(《刑法》第163条第1、2款,第184条第1款)、背信损害上市公司利益罪(《刑法》第169条之一)等等。**公务犯罪**,以公务活动为本位,是指国家工作人员,背离亵渎职责,凭借职权(利用职务之便),实施刑法所规定的危害社会的行为。具体表现为国家工作人员的职务犯罪,例如贪污罪(《刑法》第382条、第383条、第183条第2款,第394条)、挪用公款罪(《刑法》第384条)、受贿罪(《刑法》第385条,第386条,第388条,第163条第3款,第184条第2款,第399条第4款)、滥用职权罪(《刑法》第397条)、玩忽职守罪(《刑法》第397条)、徇私枉法罪(《刑法》第399条第1款)等等。

二、公务犯罪的特征

[5] 公务犯罪并非法典用语,其相对明确、肯定、严谨、规范的外延表述,在于刑法上的具体罪名。综合我国《刑法》所规定的具体罪名中可以表现为公务犯罪的情形,公务犯罪存在如下特征。

[6] **主体特征·国家工作人员**:公务犯罪仅限特定主体实施,对此在刑法上又涉及特定主体的定罪与处刑意义,特定主体的自然人属性与单位表现。**(1)国家工作人员**:公务犯罪的主体仅限《刑法》第93条所规定的国家工作人员。刑法的这一规定,是以人员所在单位为本位结合人员所具公务职责,对于国家工作人员的具体范围与表现所作的划分。具体包括四类:**A. 典型人员·国家机关公务人员**:又称**国家机关工作人员**,即在国家机关中从事公务的人员。具体包括:[典型人员]即在国家机关中从事公务的人员,包括在各级国家权力机关、行政机关、司法机关和军事机关中从事公务的人员;[准型

① 《现代汉语词典》(第5版),商务印书馆2005年版,第474页。

人员］即在依法“行使国家行政管理职权的组织”中与在受托“代表国家机关行使职权的组织”中从事公务的人员，以及“虽未列入国家机关人员编制但在国家机关”中从事公务的人员；［准型机关人员］即在乡（镇）以上中国共产党机关、人民政协机关中从事公务的人员。B. **准型人员·国有单位公务人员：**国有公司、企业、事业单位、人民团体中从事公务的人员。其中包括国有商业银行、证券交易所、期货交易所、证券公司、期货经纪公司、保险公司或者其他国有金融机构的工作人员。**C. 准型人员·派驻从事公务人员：**国家机关、国有公司、企业、事业单位委派到非国有公司、企业、事业单位、社会团体从事公务的人员。其中包括国有商业银行、证券交易所、期货交易所、证券公司、期货经纪公司、保险公司或者其他国有金融机构委派到非国有机构中从事公务的人员。**D. 准型人员·其他从事公务人员：**除上述三种国家工作人员以外的，其他依照法律从事公务的人员。即其他依照法律从事公务的人员。包括履行职责的人大代表、人民陪审员，有关城乡基层组织人员等①；农村基层组织人员从事特定行政管理工作时，属于“其他依照法律从事公务的人员”②。**另外**，我国《刑法》的有关条文，对受托为国有单位从事特定管理工作，从而具有一定公职地位的人员，也被看作国家工作人员而可成立公务犯罪。例如，《刑法》第382条第1款规定贪污罪的主体为“国家工作人员”；第2款规定了可以视作国家工作人员的“以贪污论”的主体，其具体表现为“受国家机关、国有公司、企业、事业单位、人民团体委托管理、经营国有财产的人员”。刑法对于这一主体的规定就特别强调了受托管理经营国有财产的职责。**(2) 纯正与否：**根据公务犯罪在我国《刑法》上的具体犯罪中的不同情形，公务犯罪可以分为纯正公务犯罪与不纯正公务犯罪。A. 纯正公务犯罪，是指刑法所规定的，以行为人实施犯罪行为时已具有的国家工作人员身份，以及基于这一身份的特定实行行为，作为犯罪成立要素的犯罪。在纯正公务犯罪的场合，没有国家工作人员的身份就不能单独构成作为纯正公务犯罪的具体法定犯罪。例如，我国《刑法》第385条受贿罪、第254条报复陷害罪等等。B. 不纯正公务犯罪，是指刑法所规定的，以行为人实施犯罪行为时已具有的国家工作人员身份，作为刑罚加重或者减轻因素的犯罪。在不纯正公务犯罪的场合，没有国家工作人员身份也能构成具体法定犯罪，只是此时所成立的具体犯罪并不属于公务犯罪；并且在刑罚轻重上，有无国家工作人员身份的人犯该罪，其应受处罚的轻重也不同。例如，我国《刑法》第349条包庇毒品犯罪分子罪，一

① 最高人民法院《全国法院审理经济犯罪案件工作座谈会纪要》(2003年)第1条第3项。
② 全国人大常委会《关于〈中华人民共和国刑法〉第九十三条第二款的解释》(2000年)。

般主体可以构成该罪，而在"缉毒人员或者其他国家机关工作人员"构成该罪时，该罪则属于公务犯罪，并且从重处罚。**(3) 国有单位**：公务犯罪通常是从自然人犯罪的意义上讲的，不过我国《刑法》明确肯定了单位犯罪，其中不乏国有单位背离亵渎职责，凭借职权危害国家、社会、公民合法权益，从而构成单位犯罪的情形。由此，这种国有单位的犯罪也在一定程度上具有了公务犯罪的本质属性，对之予以研究有助于全面与加深对公务犯罪的事实分析，从而可以将之纳入广义的公务犯罪的范畴。例如，我国《刑法》第 387 条所规定的单位受贿罪，其具体表现为国家机关、国有公司、企业、事业单位、人民团体，利用职权上的便利，索取、非法收受他人财物，为他人谋取利益，情节严重的行为。

[7] **职务特征·背离职责与凭借职权**：公务犯罪，与行为人的公务职务活动密切相关，具体表现为凭借职权而实施行为（利用职务之便），本质上具有背离职责的属性。**(1) 背离职责**：违背职责要求，是所有公务犯罪的本质属性。具体表现为五种情形：A. 滥用职权：不依法律规定超越权限范围行使职权，或者不依法律规定随意行使职权，从而违背职责要求。其本质是职权的"滥用"。例如，我国《刑法》第 397 条滥用职权罪；第 399 条第 3 款执行判决、裁定滥用职权罪；第 400 条第 1 款私放在押人员罪等。B. 严重失职：疏于职守不履行应当履行的职责，或者疏于职守不按法律规定的要求履行职责，从而违背职责要求。其本质是职权的"疏漏"。例如，我国《刑法》第 397 条玩忽职守罪；第 399 条第 3 款执行判决、裁定失职罪；第 400 条第 2 款失职致使在押人员脱逃罪等。C. 徇私舞弊：倚仗职权利用欺骗等方式，谋求私情私利，从而违背职责要求。例如，我国《刑法》第 399 条第 1 款徇私枉法罪；第 399 条第 2 款民事、行政枉法裁判罪；第 401 条徇私舞弊减刑、假释、暂予监外执行罪等。D. 权钱交易：利用职权谋取金钱，实施权钱交易，从而违背职责要求。这主要表现为贪污受贿类型的具体犯罪。例如，我国《刑法》第 382 条贪污罪；第 384 条挪用公款罪；第 385 条受贿罪；第 395 条巨额财产来源不明罪等。E. 其他背职：其他各种形式的、与公务密切相关、背离职责要求的犯罪行为。例如，我国《刑法》第 109 条叛逃罪；第 294 条第 4 款包庇、纵容黑社会性质组织罪；第 398 条故意泄露国家秘密罪，过失泄露国家秘密罪等。**(2) 凭借职权**：凭借职权实施行为，是公务犯罪行为表现的一项重要特征。凭借职权，是指行为人依靠倚仗职务权能条件或者与其公务职务活动密切相关条件，包括滥用职权的凭借（作为的凭借职权）、玩忽职守的凭借（不作为的凭借职权）等等，其中相对较为典型的表现即为利用职务之便。隶属公务犯罪的刑法上的许多具体犯罪，其犯罪构成要素包括利用职务便利的内容。利用职务上的便

利,是指利用职权或者与职务有关的便利条件,包括主管、管理、经手、负责、执行某项公共事务的便利条件。利用职务之便利,不包括利用与职务无关的熟悉环境、易于进出单位、便于接近作案目标等条件。[①] 我国《刑法》对于公务犯罪的这一特征的表述,分为两种情形:A. 明确规定:法条明确将“利用职务便利”作为某一具体公务犯罪的构成要素。例如,《刑法》第165条非法经营同类营业罪;第166条为亲友非法牟利罪;第185条第2款挪用公款罪;第271条第2款贪污罪;第272条第2款挪用公款罪;第382条贪污罪;第384条挪用公款罪;第385条受贿罪;第416条第2款阻碍解救被拐卖、绑架妇女、儿童罪等。B. 条文隐含:对于“利用职务便利”的构成要素,法条虽未明确表述,但是这一要素对于具体公务犯罪的成立来说,事实上是必不可少的。例如,《刑法》第399条徇私枉法罪,民事、行政枉法裁判罪;第400条私放在押人员罪;第401条徇私舞弊减刑、假释、暂予监外执行罪;第402条徇私舞弊不移交刑事案件罪;第403条滥用管理公司、证券职权罪;第405条徇私舞弊发售发票、抵扣税款、出口退税罪,违法提供出口退税凭证罪等。

[8] **行为特征·作为与不作为**:公务犯罪在我国《刑法》上的具体行为方式,有的表现为作为,有的表现为不作为;有的法定行为方式为作为,而在实际中可以表现为不作为。**(1) 作为**:作为,是指行为人以身体的动作,实施刑法所禁止的行为,即不应为而为。就公务犯罪而言,主要表现为国家工作人员凭借职权,实施法律所禁止的背离职责的行为。例如,我国《刑法》第382条所规定的贪污罪,是指国家工作人员或者受国家机关、国有公司、企业、事业单位、人民团体委托管理、经营国有财产的人员,利用职务上的便利,侵吞、窃取、骗取或者以其他手段非法占有公共财物的行为。这一犯罪行为的法定实行行为,即表现为作为的行为方式:利用职务上的便利,侵吞、窃取、骗取或者以其他手段非法占有公共财物;法律禁止将公共财物占为己有,行为人采用积极行为违反法律禁止而占有公共财物。**(2) 不作为**:不作为,是指行为人负有必须履行某种积极行为的特定法律义务,在能够履行的情况下而不履行的行为,即应为而不为。就公务犯罪而言,主要表现为国家工作人员凭借职权,能够履行而不履行法定职责,从而背离职责的行为。例如,我国《刑法》第400条第2款所规定的失职致使在押人员脱逃罪,是指司法工作人员由于严重不负责任,致使在押的犯罪嫌疑人、被告人或者罪犯脱逃,造成严重后果的行为。这一犯罪行为的法定实行行为“严重不负责任”,即表现为不作为:在职务行为中,疏于职守不履行应当履行的监管职责,或者疏于职守不按法律规

① 在不同具体犯罪中,“利用职务上的便利”的具体含义并不一定都相同。

定的要求履行监管职责。**(3) 作为・不作为**:有些公务犯罪,其实行行为的法定行为方式为作为,而在实际中也可以表现为不作为。例如,我国《刑法》第400条第1款所规定的私放在押人员罪,是指司法工作人员私放在押的犯罪嫌疑人、被告人或者罪犯的行为。这一犯罪行为的法定实行行为"私放",表现为作为:利用职务之便,非法擅自释放被依法关押的罪犯、被告人、犯罪嫌疑人;法律禁止擅自释放在押犯,行为人实施法律所禁止的行为。不过,在实际中,这种法定的作为也可以以不作为方式实施:行为人具有看管在押犯的职责,能够履行却不履行这一职责,故意以消极的行为让在押犯逃离。

[9] **主观特征・故意与过失**:公务犯罪在我国《刑法》上的具体主观责任,有的表现为故意,有的表现为直接故意,有的表现为过失。**(1) 故意**:故意,是指国家工作人员,明知自己凭借职权背离职责的行为,会有损于公务的廉洁性或者造成其他危害结果,并且希望或者放任这种危害结果的发生。例如,我国《刑法》第382条所规定的贪污罪,是指国家工作人员利用职务上的便利,侵吞、窃取、骗取或者以其他手段非法占有公共财物的行为。该罪的主观责任形式为故意,故意内容指向由贪污行为为核心征表的"国家工作人员职务廉洁性与公共财物管理秩序被侵状态"。**(2) 直接故意**:直接故意,是指国家工作人员,明知自己凭借职权背离职责的行为,会有损于公务的廉洁性或者造成其他危害结果,并且希望这种危害结果的发生。例如,我国《刑法》第385条所规定的受贿罪,是指国家工作人员利用职务上的便利,索取他人财物,或者非法收受他人财物,为他人谋取利益的行为。该罪的主观责任形式为故意,故意内容指向由受贿行为为核心征表的"国家工作人员职务廉洁性被侵状态"。同时,本罪的主观要素还须特定意图,即行为人具有非法收受或者索取贿赂的意图。**(3) 过失**:过失,是指国家工作人员,应当预见到自己凭借职权背离职责的行为,可能有损于公务的廉洁性或者造成其他危害结果,因为疏忽大意而没有预见,或者已经预见而轻信能够避免,以致发生了这种危害结果。例如,我国《刑法》第397条所规定的玩忽职守罪,是指国家机关工作人员玩忽职守,致使公共财产、国家和人民利益遭受重大损失的行为。该罪的主观责任形式为过失。具体心态内容指向造成公共财产、国家和人民利益重大损失的结果。作为过失犯的过失并不取决于行为心态,行为人玩忽职守也可能系明知故犯,但是这不影响该罪过失的成立。

[10] **法益侵害特征・情形多样**:公务犯罪在本质上表现为国家工作人员背离职责,而这一行为侵害了刑法所保护的公务行为的廉洁性、国家有关机关的正常活动、国家有关部门的管理制度,同时还常常侵害了刑法所保护的其他法益。按照我国《刑法》分则具体犯罪侵害法益类型的不同表现,公务犯

罪的具体侵害法益主要有如下情形:**(1) 国家安全**:例如,《刑法》第109条所规定的叛逃罪的具体侵害法益,是廉洁性与中华人民共和国国家安全。**(2) 国家管理制度+国家利益**:例如,《刑法》第165条所规定的非法经营同类营业罪的具体侵害法益,是国有公司企业的管理制度与国家利益。**(3) 公民民主权利**:例如,《刑法》第251条所规定的非法剥夺公民宗教信仰自由罪的具体侵害法益,是公民宗教信仰自由权利,具体表现为信仰或者不信仰宗教的自由,信仰此种或者彼种宗教的自由,改变宗教信仰的自由,进行宗教活动的自由等。**(4) 公民权利+国家机关正常活动**:例如,《刑法》第254条所规定的报复陷害罪的具体侵害法益,是公民的控告权、申诉权、批评权、举报权与国家机关的正常活动。**(5) 公民权利+司法机关正常活动**:例如,《刑法》第247条所规定的刑讯逼供罪的具体侵害法益,是公民的人身权利与司法机关的正常活动。**(6) 廉洁性+司法机关正常活动**:例如,《刑法》第294条第3款所规定的包庇、纵容黑社会性质组织罪的具体侵害法益,是国家机关工作人员职务的廉洁性与司法机关打击黑社会性质组织的正常活动。**(7) 廉洁性+公共财物管理秩序**:例如,《刑法》第382条所规定的贪污罪的具体侵害法益,是国家工作人员职务廉洁性与公共财物管理秩序,第384条所规定的挪用公款罪的具体侵害法益,是国家工作人员职务廉洁性与公款管理秩序。**(8) 廉洁性**:例如,《刑法》第385条所规定的受贿罪、第395条所规定的巨额财产来源不明罪、隐瞒境外存款罪的具体侵害法益,是国家工作人员职务廉洁性。**(9) 国家机关正常活动**:例如,《刑法》第397条所规定的滥用职权罪、玩忽职守罪的具体侵害法益,是国家机关的正常管理活动。**(10) 司法机关正常活动**:例如,《刑法》第399条第3款所规定的执行判决、裁定滥用职权罪的具体侵害法益,是司法机关的正常活动。**(11) 国家管理制度**:例如,《刑法》第403条所规定的滥用管理公司、证券职权罪的具体侵害法益,是国家对公司、证券的管理制度。**(12) 司法管理制度**:例如,《刑法》第400条第1款所规定的私放在押人员罪的具体侵害法益,是司法机关的监管制度。

三、公务犯罪与相关犯罪

[11] 公务犯罪以背离亵渎职责为本质特征,从而与职业犯罪、白领犯罪存在一定的交叉关系;公务犯罪又以行为人具有国家工作人员的身份或地位为要素(见本节段6),从而与身份犯罪又有一定的交叉关系。

[12] **公务犯罪与职业犯罪:(1) 职业犯罪蕴意**:对于职业犯罪的含义,存在三种不同的理解:A. 违法作为职业:职业犯罪,是指行为人以某种犯罪为职业,在较长时间内反复多次实施这种具体的犯罪行为。例如,职业犯罪,是

指心理上有着严重犯罪倾向的犯罪人反复实施同种性质的犯罪行为,包括常业犯和常习犯两种。扒手、骗子、流氓均是较为典型的职业犯罪人。[①] 国外犯罪学理论也大致在此意义上理解职业犯罪。[②] B. 违法从事职业:职业犯罪,是指行为人违法实施某种职业性的活动,刑法规范将其包括在同一犯罪构成中的犯罪形态。这一职业犯罪具有如下特征:行为的违法性;犯罪的职业性;性质的同一性;构成的法定性。[③] 从这个意义上说,职业犯罪不同于常业犯与常习犯[④];其与职业活动违法的关键区别在于,违法从事职业其从事职业的行为自始违法,而职业活动违法则是利用合法职业从事违法活动。C. 职业活动违法:职业犯罪,是指从事某种职业的人员实施与其职业密切相关的背离职责的犯罪行为。例如,职业犯罪,是指从事一定职业的人,即排除担任一定职务的人,所实施的与其职业具有直接关系的犯罪。例如,我国《刑法》第131、132、133、335条分别规定的航空人员飞行肇事罪、铁路职工运营安全事故罪、交通肇事罪、医疗事故罪等。[⑤] **(2) 两者的差异**:就上述A、B、C相对于公务犯罪而言:职业犯罪A的意义与公务犯罪有着明显的区别。公务犯罪是指国家工作人员,在公务活动中,背离职责,实施与公务活动密切相关的刑法所规定的危害社会的行为。而A的职业犯罪,行为人以某种犯罪作为职业,这里所谓的"职业"其内容本身违法,从而无以论及公职身份与公务活动。职业犯罪B的意义与公务犯罪虽然均涉及某种合法职业,但是两者也有着明显的区别。B之行为人本不具有合法的职业身份,而是通过违法途径从事本可归属于合法的职业活动。由此,其所谓的职业活动本身就缺乏合法依据,更不用说是否具有国家工作人员身份问题。而公务犯罪,行为人具有合法的公务活动资格,只是公务活动背离职责。职业犯罪C的意义与公务犯罪均以行为人具有合法的职业身份为前提,并且均表现为行为人在职业活动中背离职责,但是

---

① 参见康树华、王岱、冯树梁主编:《犯罪学大辞书》,甘肃人民出版社1995年版,第1155页。

② 俄罗斯学者道尔戈娃指出,**职业犯罪**是指那些以犯罪为业的人为了获取基本的或者额外的收入而实施的犯罪行为。〔俄〕阿·伊·道尔戈娃著:《犯罪学》,赵可等译,群众出版社2000年版,第587页。美国学者维特等至为强调**职业犯罪**的技能与犯罪生涯特征,指出之所以将职业罪犯从其他罪犯中分离出来,主要根据是:其一,职业罪犯的技巧和能力如同一名专家;其二,犯罪是职业罪犯生涯的自我概念。〔美〕哈罗德·J. 维特、小杰克·赖特著:《犯罪学导论》,徐淑芳、徐觉非译,知识出版社1992年版,第346页。

③ 例如,我国《刑法》第336条第1款规定的非法行医罪。事实上存在着行医的正当途径,行为人本来应当通过正当途径取得医生执业资格而行医,然而行为人却违反《医疗机构管理条例》的有关规定,未取得医生执业资格(《医疗机构执业许可证》),擅自从事诊疗护理活动。

④ 详见张小虎著:《犯罪论的比较与建构》,北京大学出版社2006年版,第746、748页。

⑤ 参见冯殿美:《关于职务犯罪的概念、特征和类型》,载《山东大学学报(哲社版)》1999年第3期,第103页;樊凤林、宋涛主编:《职务犯罪的法律对策及治理》,中国人民公安大学出版社1994年版,第109页。

两者依然有着较为明显的区别。C的含义较为宽泛，所谓“职业身份”与“职业活动”，既可以是“公职身份”与“公务活动”，也可以是“非公职身份”与“非公务活动”，而公务犯罪强调“国家工作人员”与“公务活动”。

[13] **公务犯罪与白领犯罪：(1) 白领犯罪蕴意：**基于强调犯罪学研究也应关注上层社会的犯罪现象，1939年美国社会学家萨瑟兰(Edwin Sutherland)在就任美国社会学协会主席的任职演说中，首次提出了白领犯罪(White-Collar Crime)的概念，意指“高阶层和受人尊敬之人在职业活动过程中的违法行为”[①]。尽管如此，萨瑟兰对于白领犯罪的具体解释则主要集中于公司犯罪(Corporate Criminality，即违反工商经济法规的组织行为)，诸如，不实广告、贿赂政府官员、商业欺诈、侵犯知识产权、不正当竞争等等。由此，白领犯罪的概念相对模糊，对于其确切的含义美国犯罪学家也有着广泛的争议。[②] 有的学者将白领犯罪扩大理解为“兼有各种职业上的和非职业上的犯罪，为了私利的个人犯罪以及法人共谋固定价格或污染环境的犯罪”。就个人实施的白领犯罪而言，包括：非职业上的犯罪(逃避所得税、信用卡欺诈、保险欺诈、电子计算机盗窃)；雇员侵害雇主的犯罪(雇员贪污、接受贿赂和回扣酬金、虚报支出账、出卖公司秘密)；与职业有关的欺诈罪(维修和修理行业中的欺诈、卫生医护工作中的欺诈、汽车和器具修理中的欺诈、旧汽车出售中的欺诈、土地买卖中的欺诈)。[③] 通常认为，白领犯罪是指社会上具有相当名望或地位的人，在其职务活动过程中谋取不法利益的犯罪行为。**(2) 两者的差异：**相对于公务犯罪而言，白领犯罪与公务犯罪两者均与职务活动密切相关，然而两者也有着明显的区别。A. 职务活动：公务犯罪严格限定在与职务活动密切相关的范畴，而广义上的白领犯罪并不严格限定在这一范畴，诸如中产阶级的逃避所得税、保险欺诈、计算机盗窃等均可纳入白领犯罪。B. 理论视角：白领犯罪的提出，旨在强调对于社会的中上层阶层犯罪的关注，从而与蓝领犯罪、街头犯罪更具相对意义，而公务犯罪强调对于公职身份与公务活动的亵渎，更为关注公职人员背离职责的意义。C. 内容涵盖：白领犯罪所涵盖的内容较为宽泛，具体界定也不够明确，广义而言，包括职业与非职业、教师、医生、公司雇员等各种脑力劳动职业类型等的犯罪，而公务犯罪的概念较为明确，仅指国家工作人员背离职责的行为。

---

① Edwin Sutherland, *White-Collar Crime*, Dryden Press, 1949, p. 2.

② 参见〔美〕哈罗德·J. 维特、小杰克·赖特著：《犯罪学导论》，徐淑芳、徐觉非译，知识出版社1992年版，第335—337页。

③ 参见〔美〕D. 斯坦利·艾兹恩、杜格·A. 蒂默著：《犯罪学》，谢正权等译，群众出版社1989年版，第191—207页。

[14] **公务犯罪与身份犯罪：(1) 身份犯罪蕴意：**身份犯罪，是指刑法所规定的，以行为人实施犯罪行为时已具有的特定身份，作为定罪（普通、基本犯罪构成要件）或者量刑（刑罚轻重）要素的犯罪。身份犯包括纯正身份犯与不纯正身份犯。纯正身份犯，又称真正身份犯、构成身份犯，是指刑法所规定的，以行为人实施犯罪行为时已具有的特定身份，以及基于特定身份的特定实行行为，作为犯罪成立要素的犯罪。纯正身份犯没有身份就不构成特定的犯罪，并且无身份者也无从单独实施纯正身份犯的实行行为。例如，受贿罪（《刑法》第 385 条，第 386 条，第 388 条，第 163 条第 3 款，第 184 条第 2 款，第 399 条第 4 款）、贪污罪（《刑法》第 382 条，第 383 条，第 183 条第 2 款，第 394 条）、挪用公款罪（《刑法》第 384 条，第 272 条第 2 款）等。不纯正身份犯，又称不真正身份犯、加减身份犯，是指刑法所规定的，以行为人实施犯罪行为时已具有的特定身份，作为刑罚加重或者减轻因素的犯罪。不纯正身份犯没有身份也构成犯罪，只是有无身份其法定刑轻重不一，并且无身份者单独也可以实施不纯正身份犯的实行行为。例如，非法搜查罪由一般主体构成，但是司法工作人员滥用职权犯非法搜查罪的，从重处罚（《刑法》第 245 条）。**(2) 两者的差异：**公务犯罪在刑法上的一些具体罪名，其成立均以国家工作人员的主体身份为要素，从而也属于一种身份犯罪，并且与纯正身份犯与不纯正身份犯相对应，公务犯罪在刑法上的具体表现也可以分为纯正公务犯罪与不纯正公务犯罪。不过，公务犯罪与身份犯罪仍有区别：A. 身份内容：身份犯罪所强调的身份，就身份的社会性质而言，包括国家工作人员的身份与其他非国家工作人员的特定身份，从身份成立的依据来讲，包括自然身份与法定身份。而公务犯罪所强调的身份，仅限国家工作人员的身份，不包括自然身份，也不包括其他法定身份。B. 身份活动：有些身份犯罪的成立，并不必然要求行为凭借特定的职务活动，更不要求行为凭借特定的公务活动。例如，偷税罪（《刑法》第 201 条）、虐待罪（《刑法》第 260 条）等。而公务犯罪的成立，与行为人的公务职务活动密切相关，凭借职责权限而实施行为，本质上具有背离亵渎职责的属性。例如，贪污罪（《刑法》第 382 条）的构成具有“利用职务上的便利”的要素。C. 理论视角：身份犯罪的提出，主要基于刑法学的视角，侧重于规范学意义上的一种犯罪形态，关注行为在犯罪构成及其处罚方面的特殊主体特征。公务犯罪的提出，主要基于犯罪学的视角，侧重于事实学意义上的一种犯罪类型，关注某类犯罪的事实表现及其具体的犯罪原因与犯罪对策。

四、我国公务犯罪的状况

[15] 随着社会转型的日益深化，我国的公务犯罪也呈现出新的特点。主要表现为：领导干部频频涉足公务犯罪、贪污贿赂占据公务犯罪的主导、群体腐败与承续腐败相对呈现、采用各种方式回避法律制裁、市场重要行业部门犯罪突出、无形危害与有形损失严重。

[16] **犯罪成员·领导干部频频涉足公务犯罪**：新中国建立初期，刘青山、张子善贪污案曾被视为惊国大案[①]。而今，随着社会转型的深化，基于意识价值、社会分层、制度规范等方面所表现出的社会分化中无以化解的社会结构紧张，领导干部实施公务犯罪的情况日益严重。**(1) 县处级以上干部**：县处级以上干部的公务犯罪日益严重。司法统计数据显示[②]，1990年以来，由检察机关直接立案侦查的县处级以上干部的犯罪**要案**，在公务犯罪立案总量中的比重越来越大。这一数值，由1990年的1.45%逐年上升至1997年的3.22%，又由1998年4.53%逐年上升至2004年的6.76%。就近五年的趋势而言，"大案、要案占立案数的比例分别从2003年的46.8%和6.3%上升为2007年的58.3%和6.6%。"[③]2014年，"查办县处级以上国家工作人员4040人，同比上升40.7%，其中厅局级以上干部589人"[④]；2015年，"查办涉嫌犯罪的原县处级以上干部4568人，同比上升13%，其中原厅局级以上769人。"[⑤]**(2) 省部级以上干部**：近年，不少省部级领导干部涉足公务犯罪，并且呈逐年增长的态势。统计资料显示：A. 1993年至1997年省部级干部公务犯罪的为7人；B. 1998年至2001年4年增至25人；C. 2003年至2008年又增至35人。[⑥] B比A增加了2.6倍；C比B又增加了0.4倍。其中包括北京市政协副主席黄纪城、中央政治局委员北京市市长陈希同、全国人大常委会副委员长成克杰、云南省省长省委副书记李嘉廷等[⑦]正部级以上的干部。党的十八大以来，国家更是加大了反腐力度，2015年"依法对令计划、苏荣、白恩培、朱明国、周本顺、杨栋梁、何家成等41名原省部级以上干部立案侦查，对周永康、蒋洁敏、李

① 刘青山，捕前任中共石家庄市委副书记；张子善，捕前任中共天津地委书记。1950年至1951年他们在担任天津地区领导期间，刘青山贪污达1.84亿元(旧币)，张子善贪污达1.94亿元(旧币，旧币1万元合新币1元)。1952年2月，河北省人民法院报请最高人民法院批准，判处刘青山、张子善死刑。

② 如未特别指明，本题数据来源于检察机关在《中国法律年鉴》上发布的相应年份的统计资料。

③ 参见2008年的《最高人民检察院工作报告》第一部分。

④ 2015年的《最高人民检察院工作报告》第三部分。

⑤ 2016年的《最高人民检察院工作报告》第三部分。

⑥ 1998年《最高人民检察院工作报告》、2003年《最高人民检察院工作报告》。

⑦ 这里的这些领导干部职务，仅指其案发时的任职。

崇禧、李东生、申维辰等22名原省部级以上干部提起公诉。”[①]

[17] **犯罪类型・贪污贿赂占据公务的犯罪主导**：贪污、受贿、挪用公款成为公务犯罪的基本成分，这意味着多数职务犯罪表现为以权谋私、权钱交易或者凭借职权获取经济利益。司法统计数据显示[②]，自1990年以来，贪污、贿赂、挪用公款三类案件占立案总量的比率，少则（1996年）56.24％（案件）与53.70％（人员），多则（1998年）85.37％（案件）与83.44％（人员），近年基本稳定在80％左右。1998年至2002年，共立案侦查贪污贿赂、渎职等职务犯罪案件207103件，232470人，其中立案侦查贪污、贿赂、挪用公款百万元以上大案5541件[③]。2003年至2007年，共立案侦查贪污贿赂、渎职侵权犯罪案件179696件，209487人，其中立案侦查贪污受贿10万元以上、挪用公款100万元以上案件35255件。2014年，“查办贪污、贿赂、挪用公款100万元以上的案件3664件，同比上升42％”[④]；2015年，“查办贪污贿赂、挪用公款100万元以上案件4490件，同比上升22.5％”。[⑤]

[18] **失范腐败・群体腐败与承续腐败相对呈现**：在一些拥有重要权力与管理职能的关键岗位或者部门，时常出现群体腐败与承续腐败的现象。**群体腐败**，是指某些关键岗位或者部门的国家工作人员及其相关的主管领导以及其他人员，均有公务犯罪的情形；**承续腐败**，是指某些关键岗位或者部门的前任与继任的国家工作人员，均有公务犯罪的情形。这种群体腐败与承续腐败，形成了有关腐败的失范现象，在这个局部区域，原先或者本系属触目惊心的公务犯罪，似乎变成了一种常态社会现象。同时，工作在这种小环境下的公职人员，在上级领导、周围同事的压力下，加之行贿人员的重重进攻，即便曾有拒腐之心，也难行不腐之实。固然，个人腐败关键可谓是内在素质问题，不过也应当关注外在的条件作用，由此必然引发对于有关重要权力部门的行政管理制度以及权力监督机制的思考。例如，在轰动全国的厦门远华赖昌星特大走私案中（1999年案发），赖昌星通过巨款、美色、送房、送车等各种手法，买通了自上而下的一系列国家公职人员。从公安部副部长、福建省公安厅副厅长、厦门多名市委副书记、副市长、政法委书记、副书记、海关关长、副关长、侦查分局局长等，到厦门海关、公安、商检、港务、外代、外运、税务、金融等部门的领导及关键岗位人员，均被赖昌星“俘获囊中”。其中，厦门海关就有160

---

① 2016年的《最高人民检察院工作报告》第三部分。

② 如未特别指明，本题数据来源于检察机关在《中国法律年鉴》上发布的相应年份的统计资料。

③ 参见2003年《最高人民检察院工作报告》。

④ 2015年的《最高人民检察院工作报告》第三部分。

⑤ 2016年的《最高人民检察院工作报告》第三部分。

多名人员，占海关总人数的 13%，致使厦门海关国门洞开。难怪人们将远华集团称作厦门的“第二海关”，把赖昌星称作“地下关长”。①

[19] **犯罪手段·采用各种方式回避法律制裁**：越轨权力运作之中蕴藏着巨大的非法利益，由此，权力寻租者采取各种规避法律的方式，拉拢腐蚀政府官员，而某些公职人员也被动或者主动、明示或者默示地接受这种权钱交易，出卖国家或者社会公众的利益。目前较为常见贪污贿赂方式包括：**(1) 转嫁贿赂**：给予公职人员的子女、亲属金钱等利益，以使公职人员为行贿者谋取利益。例如，提供公职人员子女出国的经费。**(2) 借机贿赂**：利用公职人员及其子女、亲属的有关生活庆典或者其他节日庆典，馈赠金钱礼品行贿。例如，借机公职人员子女生日庆典行贿。**(3) 变相劳务**：聘用公职人员及其子女、亲属作为经济实体的名誉员工或者员工，或者邀请参与经济实体的有关活动，从而提供劳务费予以贿赂。**(4) 变相投资**：利用股票等市场，以投资之名行贿赂之实，给予公职人员及其子女、亲属一定份额的股权，由此进行权钱交易。**(5) 差额渔利**：借机企业破产、承包租赁、转型改制、资产重组、土地招标等活动，暗中操作交易，压低国有资产价格或者通过权力垄断市场，获取非法利益。**(6) 转移境外**：行贿人直接或者受贿人自己将贿赂款项存入境外的金融机构，并再以投资等方式予以洗钱；有的在贪污、受贿之时即做好携款潜逃境外的准备。

[20] **犯罪领域·市场重要行业部门犯罪突出**：公务犯罪涉及国家对社会管理的各个方面。哪里有权力，那里就有可能出现以权谋私。不过，在一些涉及公众生活必需、生产流通紧俏奇缺、或者国家调控程度较高等领域，相对而言公务犯罪的表现更为集中与典型。这些领域包括铁路、电信、金融、工商、税收、医药、海关、外贸、商检、公安、司法等等。相应，检察机关加大了对于这些部门贪污贿赂等案件的查处力度。2004 年，立案侦查在公路建设、房屋拆迁、药品购销、土地征用中涉嫌贪污、受贿等犯罪的国家工作人员 4414 人；2005 年，立案侦查金融、教育、医疗、电力、土地、交通等行业和领域涉嫌犯罪的人员 7805 人；2006 年，以工程建设、土地出让、产权交易、医药购销、政府采购、资源开发和经销等领域为重点，立案侦查涉及国家工作人员的**商业贿赂**犯罪案件② 9582 件，涉案金额 15 亿多元；2003 年至 2007 年，仍将查办发生

① 《揭开厦门远华特大走私案的黑幕》，载人民网，http://news.sohu.com/79/75/news146297579.shtml。访问日期：2017 年 6 月 28 日。

② 国家工商行政管理局《关于禁止商业贿赂行为的暂行规定》(1996 年)第 2 条第 2 款指出：“**商业贿赂**，是指经营者为销售或者购买商品而采用财物或者其他手段贿赂对方单位或者个人的行为。”近年，“治理商业贿赂”成为国家廉政建设和反腐败工作的重点。

在工程建设、土地出让、产权交易、医药购销、政府采购、资源开发和经销领域的商业贿赂案件作为重点之一，立案侦查涉及国家工作人员的商业贿赂犯罪案件19963件，涉案金额34.2亿多元。[①] 2014年，查办贪污、挪用、私分政府投资资金的职务犯罪10529人；查办国有企业经营、管理、改革中的职务犯罪6158人。[②]

[21] **社会危害·无形危害与有形损失严重**：公务犯罪严重亵渎公职形象，损害国家威信，破坏国家的管理制度与国家机关的正常活动，严重扰乱社会价值标准、公众信念、社会风气等，造成无形的社会危害。同时，基于国家工作人员握有国家权力、把持公务管理，而这种权力与管理又涉及社会各个方面、关系到国家与公民的重大利益，从而公务犯罪往往也造成令人震撼的直接经济损失与人身伤亡，造成有形的社会危害。例如，举国关注的新疆克拉玛依市特大火灾，是一起"严重违反规章制度，工作严重不负责任，玩忽职守造成"的重大事故。1994年12月8日，克拉玛依市教委、新疆石油管理局教育培训中心，在文化艺术中心友谊馆组织举办专场文艺汇报演出。全市7所中学、8所小学的教师、学生及有关领导共796人参加（其中学生736人）。演出中，舞台上方的光柱灯（1000W）烤燃纱幕起火。火灾发生后，由于电工被派出差，火情没有及时处理，迅速蔓延至剧厅，火势越来越猛，产生大量有毒、有害气体。而通往剧场的七个安全门，仅开一个。演出现场的组织者赵兰秀、方天录不积极组织指挥疏散，火灾现场秩序大乱。致使323人死亡（其中中小学生288人），132人受伤，直接经济损3800余万元。在这起事件中，4名人员被判重大责任事故罪，10名人员被判玩忽职守罪。[③]

第23节　暴力犯罪的犯罪率波动状况

[1] **暴力犯罪**属于犯罪学上最为基本的三种犯罪类型之一[④]。随着社会转型的日益深入，我国暴力犯罪的犯罪率呈现攀升与下降的走势，而这似乎又与我国现代化进程的纵深推进密切相关。

---

① 参见2005年至2008年《最高人民检察院工作报告》。

② 2015年的《最高人民检察院工作报告》第三部分。

③ 参见《阿不来提·卡德尔等14人重大责任事故、玩忽职守案》（新疆维吾尔自治区高级人民法院，1995年9月）

④ 我国监狱管理，通常将罪犯分为暴力犯罪、财产犯罪、性犯罪等三种类型。

一、暴力犯罪的概念与特征

[2] **暴力的界说**:**暴力**,是一个既通俗又复杂的概念。抽象意义上,将之理解为"强制的力量"①;就具体而言,杀人、抢劫、爆炸是暴力,发动战争也是暴力,甚至某些运动,如拳击,也是一种暴力的表现。美国犯罪学家纽曼(Graeme Newman)提出了暴力的三个定义:(1) 身体力量的使用:由于身体力量的运用而导致个人或财产的伤害或损害。这是最为常见的暴力定义。(2) 自然暴力:由于自然力量,如风、雨、火灾或地震等所产生的暴力。(3) 个人感觉或行为的强烈感受:个人传给被害者和旁观者激烈的感受,透过行动而造成伤害和损害。② 本书认为,从基本意义上来说,暴力应当具备如下几个**要素**:**(1) 身体的动作**:主要表现为一种积极的行为。这种行为可以是对行为对象的直接身体接触,例如,用拳击打;也可以间接作用于行为的对象,例如,利用棍棒击打他人,利用炸药的力量而伤害他人。这种作用,可以是面对行为的对象,也可以是不面对行为的对象,例如,在远处开枪射击。行为的对象,包括人和物。**(2) 给人以强烈刺激**:包括给受到行为击打的人以肉体上的感受,或者虽未受到肉体上的击打,但面临暴力场景而受到精神上的震撼。从这个意义上说,广义的暴力包括以实施暴力行为为内容的威胁,例如,扬言杀害、伤害等。鉴于暴力的基本意义,从价值评价上来说,暴力可以是合法的,国家的强制力;也可以是非法的,如杀人犯罪。

[3] **暴力犯罪界说的观点**:归纳与分析林林总总的暴力犯罪界说,可以看出其存在如下的阐释焦点与内容:**(1) 暴力动机**:强调暴力动机是构成暴力犯罪的决定性因素,仅有暴力手段而不存在暴力动机,则不能谓之暴力犯罪。例如,有的论著指出,当人们谈论暴力犯罪时,指的是实施犯罪时,暴力是动机的一个组成部分,而不单纯是达到目的的一种手段的这类犯罪的总称。由此,暴力犯罪不包括抢劫、抢夺、劫持人质、恐怖主义和一系列其他行为,这些行为只是工具型暴力。暴力犯罪,就针对个人的暴力行为而言,包括:故意杀人、过失致人死亡等,故意伤害、过失致人重伤、以杀伤相威胁、强迫移植器官,绑架、非法剥夺自由等,强奸、暴力猥亵、强迫从事色情业等。③ **(2) 暴力方法**:绝大多数学者在对暴力犯罪的界定中,均强调犯罪的暴力方法,然而在对暴力方法的具体理解上,却有所差异,主要见解如下:**A. 暴力手段**:强调暴力

---

① 《现代汉语词典》(第5版),商务印书馆2005年版,第53页。

② Graeme Newman, *Understanding Violence*, J. B. Lippincott Company, 1979, pp. 1—3.

③ 参见〔俄〕阿·伊·道尔戈娃主编:《犯罪学》,赵可等译,群众出版社2000年版,第415—416页。

犯罪的暴力手段特征。例如，认为暴力犯罪就是指行为人以强暴手段，侵害国家或人民生命、财产安全、造成严重后果，并应当受到刑罚处罚的犯罪行为。[①] **B. 暴力或者威胁**：强调暴力犯罪的暴力或者以暴力相威胁的手段特征。例如，认为暴力犯罪是指犯罪人使用暴力或以暴力相胁迫而实施的犯罪。[②] **C. 暴力、威胁或者其他手段**：强调暴力犯罪的暴力手段、暴力威胁手段或者其他手段；例如，认为暴力犯罪是以实施暴力或者以暴力相威胁等手段实施的危害社会的犯罪行为。[③] **(3) 行为对象**：对于暴力犯罪的行为对象所存在的分歧，主要表现在是否将对财产的暴力侵害也纳入暴力犯罪的范畴：**A. 强调对人身的侵害**：例如，认为所谓暴力犯罪，通常是指以对他人人身及其安全实施暴力行为为其基本特征的犯罪。[④] **B. 强调对人身与财产的侵害**：例如，认为暴力犯罪，是指使用暴力或以暴力相威胁，侵犯他人人身权利或财产权利的极端攻击行为。[⑤] **(4) 规范内容**：侧重于刑法规范对犯罪的界定，在指出暴力犯罪的暴力内容外，还强调暴力行为的社会危害性与应受刑罚惩罚性。例如，认为暴力犯罪是以实施暴力或者以暴力相威胁等手段实施的危害社会的犯罪行为，是犯罪现象的主要表现形式之一。[⑥] 所谓暴力犯罪是指行为人凭借自身的自然力或借助一定具有杀伤性能的媒介物以强暴手段或以其他危险方式，给犯罪对象造成一定损害后果或有造成损害危险的应当受到刑罚处罚的犯罪行为。[⑦] **(5) 列举类型**：列举暴力犯罪的类型，从暴力犯罪的外延上来说明暴力犯罪。通常是用刑法上的一些具体罪名来描述暴力犯罪。例如，美国学者维特与赖特在对暴力犯罪界定中，以《**统一犯罪报告**》[⑧]所列的八类"严重罪行"为基础，将其中的谋杀、暴力强奸、抢劫、重伤害等归为暴力犯罪。[⑨] 在德国并不存在一个为多数学者所接受的统一的暴力犯罪定义，而纳入暴力犯罪研究范畴的具体犯罪通常是，谋杀、故意杀人、受嘱托杀人、伤

---

① 参见张家源：《暴力犯罪心理初探》，中国政法大学出版社 1989 年版，第 2 页。

② 参见曹子丹主编：《中国犯罪原因研究综述》，中国政法大学出版社 1993 年版，第 256 页。

③ 参见张绍彦主编：《犯罪学教科书》，法律出版社 2000 年版，第 179 页。

④ 参见陈容显、李正典著：《犯罪与社会对策》，群众出版社 1992 年版，第 218 页。

⑤ 参见魏平雄等主编：《犯罪学教程》，中国政法大学出版社 1998 年版，第 524 页。类似的见解还有：周密主编：《犯罪学教程》，中央广播电视大学出版社 1990 年版，第 317 页。

⑥ 参见张绍彦主编：《犯罪学教科书》，法律出版社 2000 年版，第 179 页。

⑦ 参见康树华主编：《比较犯罪学》，北京大学出版社 1994 年版，第 232 页。

⑧ **统一犯罪报告**(Uniform Crime Report)，是美国联邦调查局，根据全国 1.5 万多个警察部门上报的统计资料而汇集的全美犯罪统计资料。主要包括八种具体的犯罪：谋杀和故意杀人；暴力强奸；抢劫；重伤害；夜盗；盗窃；盗窃机动车；放火。

⑨ 参见〔美〕哈罗德·J. 维特、小杰克·赖特著：《犯罪学导论》，徐淑芳、徐觉非译，知识出版社 1992 年版，第 274 页。

害致死、故意之身体伤害、虐待儿童及从属人员、危害人身自由的犯罪(如绑架、诱拐、劫持飞机、限制他人自由、威胁、性强制等)和抢劫。[①]

[4] **本书对暴力犯罪的界说**:以上暴力犯罪的定义,系从不同的侧面对暴力犯罪的蕴义进行了分析。**应当说**,对于暴力犯罪的理解需要注重以下几个前提:**(1) 犯罪类型·暴力特征**:暴力犯罪是犯罪学上的一种犯罪类型的概念,而非纯然的刑法上的一个具体的罪名。暴力犯罪是直接以暴力为内容或者具有暴力内容的一些具体犯罪,在犯罪学研究上的集合体。暴力犯罪范畴的设置,旨在研究这一类犯罪的表现特征、形成机制,以探索针对暴力犯罪形成机制的、防控暴力犯罪的具体对策。暴力犯罪系以暴力为核心要素。暴力可以表现为人身侵害,但是其更以暴力手段为典型特征。这种暴力尤其强调,强烈的肉体击打与威胁,或者特定场景使人受到强烈的精神震撼。故意击打他人身体而杀人,系属暴力;而制造强烈爆炸事件虽未造成人员伤亡,亦为暴力。**(2) 交叉关系**:暴力犯罪与刑法上的一些具体罪名,呈交叉关系。我们通常可以将杀人、抢劫、伤害等列为暴力犯罪,这是因为这些犯罪通常均是以暴力手段实施的。但是,刑法上犯罪的成立是以行为是否符合犯罪构成要件为基准的,而刑法上对具体犯罪的构成要件的设置,有的以暴力方法为唯一,例如,暴力危及飞行安全罪[②],而多数具体犯罪的构成要件并非以暴力方法为唯一。有的将暴力作为选择性的行为方法之一,例如,抢劫罪[③];有的对犯罪的行为方式并未作具体的限定,例如,故意杀人罪[④]。在现实生活中通常以暴力方法实施的一些犯罪,并非每每均以暴力行为实施,而在其不以暴力行为实施时,只要符合法定的这一犯罪的构成要件,其依然构成这一具体的犯罪。因此,这些列举仅是试图以具体概念提示暴力犯罪的意义。**(3) 犯罪特征**:暴力犯罪属于犯罪的范畴。从实质意义上来说,暴力犯罪具有严重的社会危害性。从形式上来讲,其触犯了刑律具有刑事违法性。当然,暴力犯罪的应然问题,则具有更为广阔的社会事实背景。**严重危害性**,是指基于整体的价值评价的视角,刑事违法性的行为所应具有的,对于公民利益、社会秩序、国家安全等严重的实际损害或者现实威胁,从而作为成立暴力犯罪所必需的内在标志。**刑事违法性**,是指行为对于刑法规范所规定的具体犯罪构成

---

① 徐久生著:《德语国家的犯罪学研究》,中国法制出版社 1999 年版,第 290 页。

② 暴力危及飞行安全罪的实行行为仅由"暴力"的方法行为构成。

③ 抢劫罪的实行行为由"暴力、胁迫或者其他方法"的方法行为与"劫取他人财物"的目的行为构成。其中,其他方法,是指暴力、胁迫方法以外的使被害人不知反抗、不能反抗的行为。例如,用药麻醉、用酒灌醉等等。从暴力的本义来讲,这里的"其他方法"并不具有明显的暴力特征。

④ 故意杀人罪,既可以是以暴力方法杀害,也可是以非暴力的手段致死。

的本体构成各项要件的符合，从而具备应受刑事处置的形式前提，属于成立暴力犯罪所必需的外在标志。严重危害性与刑事违法性，是暴力犯罪的两个基本特征，两者立体相映。**(4) 归类多样**：作为犯罪的暴力类型，其核心是犯罪的暴力内容。从行为对象来看，可能是侵犯财产的暴力犯罪，也可能是侵犯人身的暴力犯罪，在侵犯人身的暴力犯罪中，可能是侵犯性权利的暴力犯罪。就暴力动机而言，直接以暴力为动机从而实施暴力行为的，固然可以归为暴力犯罪，然而虽不以暴力为动机但却具有暴力手段内容的，也可归为暴力犯罪。由于财产犯罪、性犯罪，是犯罪学研究中与暴力犯罪相并列的重要的犯罪类型，因此，将某些以暴力手段实施的侵犯财产、侵犯性权利的犯罪，分别归入财产犯罪或性犯罪也未尝不可。不过，暴力是暴力犯罪的重要标志，与暴力相关的犯罪均可纳入暴力犯罪的范畴。事物并非是非此即彼，这种研究对象的交叉性在科学研究中是普遍存在的。基于以上对暴力犯罪的理解，本书主张，**暴力犯罪**是以暴力为内容或者与暴力内容密切相关的犯罪，具体地说，是指实施身体的动作，给人以肉体感受或精神震撼的强烈刺激，使他人的人身、财产遭受侵害，严重危害社会的行为。以暴力的方式实施的杀人、伤害、爆炸、抢劫、强奸等犯罪，通常系暴力犯罪，但是以麻醉、投毒等方式实施的杀人、伤害、抢劫、强奸等，未必就是暴力犯罪。

二、暴力犯罪立案率波动的描述

[5] 基于司法统计资料来源的限制以及我国《刑法》分则相应的具体罪名，本题仅以故意杀人罪、伤害罪、强奸罪、抢劫罪近似表述暴力犯罪，同时本题主要分析 1981 年以来的暴力犯罪波动状况。

[6] 根据司法统计数据①，1981 年至 2014 年的暴力犯罪，主要表现为五个阶段：1981—1987 年的持平；1988—1995 年的持续增长；1996—1998 年的持平；1999—2001 年的大幅上升；2002—2015 年的持续下降。

[7] **1981—1987 年的持平**：这一阶段暴力犯罪的立案率的波动呈“◡”形态，尽管有所升降，但是幅度不大，可以说总体上保持在一个阶位上，6 年②立案率的极差仅 1.64 起/10 万人。这 7 年间，年度升降幅度分别为：1982 年比上年下降 0.42；1985 年比上年下降 0.35；1986 年比上年上升 0.71；1987 年比上年上升 0.93；升降幅度的绝对值均值为 0.60。这 6 年立案率数值分别

---

① 来源于公安机关在《中国法律年鉴》上发布的有关年份的统计数据。
② 缺少 1983 年的数据。

为:8.45(1981 年)[①];8.03(1982 年);7.33(1984 年);6.98(1985 年);7.69(1986 年);8.62(1987 年)。这一立案率数值的数列,均值、标准差、中位数分别为:7.85、0.58、7.69 或 8.03,这意味着这一数列的数值相对集中在均值 7.85 左右,进而说明这一期间的暴力犯罪立案率基本保持在一个水平线上,上下略有波动,但是幅度很小,可以说是在以 7.85 为标志值的一个阶位上。**见表 23-1**。

表 23-1　1981—1987 年暴力犯罪立案率统计表

年份	立案率(起/10 万人)					
	合计	比上年	均值	标准差	中位数排序	极差
1981	8.45	—	**7.85**	**0.58**	**5**	**1.64**
1982	8.03	−0.42			**4**	
1983	……	……			……	
1984	7.33	……			**2**	
1985	**6.98**	−0.35			**1**	
1986	7.69	+0.71			**3**	
1987	8.62	+0.93			**6**	

[8] **1988—1995 年的持续增长**:这一期间每年的增长幅度分别是:1988 年比上年增长 1.95、1989 年比上年增长 5.02、1990 年比上年增长 2.22、1991 年比上年增长 3.13、1992 年比上年增长 1.74、1993 年比上年增长 2.42、1994 年比上年增长 0.50、1995 年比上年增长 0.44。综观其增长幅度:立案率 8 年增加了 17.42,平均每年增加 2.18,其中最大的年度增幅为 5.02(1988—1989 年),最小的也有 0.44(1994—1995 年);1995 年的立案率,是 8 年之前 1987 年立案率的 3.02 倍。**见表 23-2**。

表 23-2　1988—1995 年暴力犯罪立案率统计表

年份	立案率(起/10 万人)	
	合计	比上年
1987	8.62	—
1988	10.57	+1.95
1989	15.59	**+5.02**
1990	17.81	+2.22
1991	20.94	+3.13

① 如未特别说明,本节立案率数值的单位,均为"起/10 万人"。

（续表）

年份	立案率(起/10万人)	
	合计	比上年
1992	22.68	+1.74
1993	25.10	+2.42
1994	25.60	+0.50
1995	26.04	+0.44
均值		**2.18**

[9] **1996—1998年的持平**:暴力犯罪的立案率,在1995年增长至一个波峰后(26.04),自1996—1998年虽有所升降但幅度不大,总体上保持在一个阶位上。1995—1998年的4年间,年度升降幅度分别为:1996年比上年下降1.68;1997年比上年下降1.51;1998年比上年增长4.06;升降幅度的绝对值均值为2.42。这4年立案率数值分别为:26.04(1995年);24.36(1996年);22.85(1997年);26.91(1998年)。这一立案率数值的数列,均值、标准差、中位数分别为:25.04、1.56、22.85或24.36、4.06。这意味着这一数列的数值,离散程度并不是很大,总体上相对集中在均值25.04左右,并且在升降的趋势上,作为这一阶段之初的1995年的立案率26.04,与作为这一阶段煞尾的1998年的立案率26.91,两者数值互为接近,这也在一定程度上表明,这一阶段暴力犯罪立案率总体上的持平。**见表23-3**。

表23-3 1995—1998年暴力犯罪立案率统计表

年份	立案率(起/10万人)					
	合计	比上年	均值	标准差	中位数排序	极差
1995	26.04	—	**25.04**	**1.56**	**3**	**4.06**
1996	24.36	−1.68			**2**	
1997	22.85	−1.51			**1**	
1998	26.91	+4.06			**4**	

[10] **1999—2001年的大幅上升**:这一期间每年的增长幅度分别是:1999年比上年增长2.55、2000年比上年增长10.90、2001年比上年增长5.45。其中,最大的年度增幅为10.90(1999—2000年),这一增幅的数值,超过了1981—1987年持平的立案率的均值7.85;1999—2001年3年间,平均每年增加**6.30**,最小的年度增幅也达2.55(1998—1999年)。3年增加了18.27;2001年的立案率,是3年之前1998年立案率的1.68倍。显然,这一阶段的增长态势,比1988—1995年的持续上升,幅度更大。**见表23-4**。

表 23-4　1999—2001 年暴力犯罪立案率统计表

年份	立案率(起/10 万人)	
	合计	比上年
1998	26.91	—
1999	29.46	+2.55
2000	40.36	**+10.90**
2001	45.18	+5.45
均值		**6.30**

［11］**2002—2015 年的持续下降**:暴力犯罪的立案率,在 2001 年增长至一个波峰后(45.18),自 2002 年起呈现持续的下降走势。这一期间,仅 2004 比上年略微有所上升(增加 0.04 起/10 万人),其余各年份的立案率均比上年有所下降,而且多数下降的幅度在 2.00 起/10 万人以上,其中 2014 年比上年下降 4.37 起/10 万人,2011 年比上年下降 3.74 起/10 万人。基于 2002 年以来的持续下降,至 2015 年累积的下降幅度还是较大的,暴力犯罪的立案率由 2001 年的 45.18 起/10 万人,下降至 2015 年的 18.76 起/10 万人,可见,2015 年的数值已不到 2001 年的一半。**见表 23-5**。

表 23-5　2001—2015 年暴力犯罪立案率统计表

年份	立案率(起/10 万人)	
	合计	比上年
2001	45.18	—
2002	44.97	−0.21
2003	43.67	**−1.30**
2004	43.71	+0.04
2005	42.96	−0.75
2006	41.35	−1.61
2007	39.29	−2.06
2008	37.27	−2.84
2009	35.61	0.84
2010	34.46	−1.15
2011	30.72	**−3.74**
2012	28.64	**−2.08**
2013	25.98	**−2.66**
2014	21.61	**−4.37**
2015	18.76	**−2.85**

三、暴力犯罪立案率波动的评估

[12] **基本状况**：对于1981—2015年暴力犯罪数量波动的基本状况，可以作如下描述：1981—1987年，立案率基本持平，并且数值相对较低，均值为7.85起/10万人；1988—1995年，立案率持续增长，数值不断攀高，上升至26.04起/10万人（1995年）；1996—1998年，立案率又呈现短暂的持平，数值基本保持在1995年的高位；1999—2001年，立案率迅猛上升，3年增长了1.68倍，2001年数值达45.18起/10万人；2002年以来，立案率持续下降，及至2015年，数值又回归到1998—1995年持续增长的中期水平。

[13] **犯罪波动与社会转型**：将1981年以来暴力犯罪立案率的数量波动状况，与相应阶段的社会转型的进程结合起来予以综合考究，可以看到我国改革开放以来暴力犯罪的数量波动呈如下特点：**(1) 转型初期·相对稳定**：1981—1987年的7年，也是社会转型的初期阶段，立案率相对较低且平稳，这与改革开放的初期阶段社会结构的变动不大，不无关系。**(2) 转型深化期·大幅上升**：在1988年以后的社会转型深化期，立案率波动历经了两次较大幅度的递增，一次短暂的持平。由此，可以说，1988—2001年的14年间，暴力犯罪的立案率呈现较为稳定的增长态势；而且，总体增长的幅度至为明显，2001年的数值（45.18），是1988年数值（10.57）的4.27倍。这说明了随着改革开放的不断深入，我国的社会转型引起了较大的社会震荡。**(3) 近年来·持续下降**：自2002—2015年的14年间，暴力犯罪的立案率呈持续下降的态势。这一期间固然也是社会转型的深化期，但是仅此不能断言我国社会结构近年已趋协调稳定。因为近年来我国犯罪率的总量并未呈现下降的态势，而是一如既往地在持续的阶位攀高（见第24节段17）。究其原因，这应当与这一期间犯罪类型权重关系的转换有关。

[14] **近年持续下降的分析**：美国著名犯罪学家谢利，对现代化进程中犯罪类型的权重关系变化规律，作了如下阐释："社会发展进程把犯罪从一个孤立的主要是影响城市中心的社会问题提高到现代社会的主要问题……犯罪已成为现代化方面最明显和最重要的代价之一。""现代化的标志是从暴力犯罪占优势的社会转变为日益增多的财产犯罪为特征的社会。""社会发展的最常见的后果可以概括为财产犯罪的增多，总犯罪率的普遍增长以及出现了两类新的罪犯——少年犯和妇女犯。"[①]恰恰在这一期间，同一来源的司法统计

---

① 〔美〕路易丝·谢利著：《犯罪与现代化——工业化与城市化对犯罪的影响》，何秉松译，群众出版社1986年版，第158、160、163页。

数据确也表明[①]，盗窃案与财产诈骗案的合计立案率，呈现稳定增长的态势(**见表 23-6**)。由此，谢利的这一阐释，似乎在我国2002年以来暴力犯罪立案率持续下降的态势中获得了应验。其实，**仍需考究**的是，财产犯罪所占比重的日益增长，与其他类型的犯罪相比是否更为独特并明显？而对于这一问题，仅凭暴力犯罪立案率与侵财犯罪立案率的比较考究，则是难以得出确切的答案的。其一，上述数据仅以公安部管辖的案件为据，尚有检察机关管辖与法院直接立案的诸多犯罪类型没有纳入比较分析；其二，以全国法院审理刑事一审案件各种犯罪类型间的权重关系作一比较，这一期间的确是，侵犯公民权利罪收案率逐年下降，而侵财犯罪收案率则逐年上升，不过，侵财犯罪所占刑事收案的比重则未有明显的增长态势，而危害公共安全罪及妨害社会管理秩序罪所占刑事收案的比重则有较为明显的增长。这也表现出我国现代化进程中犯罪现象的一种独特症候，应当关注与重视针对公众与社会的犯罪的发展态势。[②]

表 23-6　2001—2015 年盗窃与财产诈骗犯罪立案率统计表

年份	人口数	立案数(起)			立案率(起/10万人)
		盗窃	财产诈骗	合计	合计
2001	123678	2924512	190854	3115366	251.89
2002	124818	2861727	191188	3052915	244.59
2003	125958	2940598	193665	3134263	248.83
2004	126143	3212822	205844	3418666	271.02
2005	126113	3158763	203083	3361846	266.57
2006	127837	3143863	213648	3357511	262.64
2007	129220	3268670	239698	3508368	271.50
2008	129285	3399600	273763	3673363	284.13
2009	132199	3888579	381432	4270011	323.00
2010	133309	4228369	457350	4685719	351.49
2011	134480	4259482	484813	4744295	352.79
2012	135772	4284670	555823	4840493	456.52
2013	135791	4506414	676771	5183185	381.70
2014	136691	4435984	785306	5221290	381.98
2015	137633	4875561	1049841	5925402	430.52

① 来源于公安机关在《中国法律年鉴》上发布的有关年份的统计数据。

② 详见张小虎：《我国当前犯罪动态及其社会安全启示的实证考究》，载《江汉论坛》2012年第10期，第135—140页。

第24节　犯罪总量的犯罪率波动状况

[1] 根据社会变迁的特点，可以将我国自1949年以来的时期分为四个阶段：1950—1965年，新中国成立后至“文化大革命”前；1972—1977年，“文化大革命”后期至改革开放前；1978—1987年，改革开放后的社会转型初期；1988年至现在，改革开放后的社会转型深化期。而基于犯罪率波动的特点，在这四个阶段中，相对而言，前三个阶段犯罪率波动的幅度并不是很大，与此不同，改革开放后的社会转型深化期，犯罪率呈持续增长的态势，表现为阶位攀高与居高不下的状况。有鉴于此，本书结合社会变迁与犯罪率波动的特点，分别划分出改革开放前、社会转型初期、社会转型深化期，对这三个期间犯罪率的波动状况作一描述，由此对新中国成立以来犯罪率的波动特点作一评估，并对中美犯罪率的波动状况作一比较。

一、改革开放前犯罪率波动状况

[2] 改革开放前的时期，具体又可分为“文化大革命”前与“文化大革命”后。这一时期，总体上犯罪率波动不大。

[3] **新中国成立后至“文化大革命”前**：是指1950—1965年的时间段落。这一时期，尽管犯罪率有所波动，但是整体上基本较为平稳，呈现三个波峰与两个低稳的样态。**(1) 三个波峰**。这一时期的犯罪率，出现了三个波峰：1950年的93.02起/10万人；1954年的65.08起/10万人；1961年的64.07起/10万人。**A. 1950年的犯罪率波峰**：1950年，每10万人立案数为93.02起，占这一时期立案率的最高值。这主要是由于新中国刚成立，旧有的政治势力不甘心失败，进行各种破坏。“在1950年春天到秋天的半年多时间里，就有近四万干部和群众积极分子遭到反革命分子的杀害。”[①]同时，“流氓、盗匪、兵痞、妓女到处活动”[②]，扰乱社会秩序。对此，国家采取了相应的对策，这一刑事立案率的峰巅很快退去。1952年，每10万人立案数降至42.27起。**B. 1954年的犯罪率波峰**：1954年，立案率在经过回落后又上升至每10万人65.08起，居这一时期立案率波峰的其次。这与这一年的自然灾害以及国家政策的调整等不无关系。该年发生了罕见的洪涝灾害，继而一些地方发生了饥荒。国家在经济政策上作了一些改革。9月9日，政务院通过了《关于实行棉布计划收

---

① 阴家宝主编：《新中国犯罪学研究综述》，中国民主法制出版社1997年版，第36页。
② 徐建主编：《青少年犯罪学》，上海社会科学院出版社1986年版，第36页。

购和计划供应的命令》，由此，城乡开始凭布票供应棉布。同时，这一时期的反革命活动依然猖獗，从而 1955 年开始了第二次镇压反革命运动。**C. 1961 年的犯罪率波峰**：继 1954 年犯罪率波峰之后，这一时期，立案率增加幅度最大的是 1961 年，从原来的每 10 万人 33.64 起上升到每 10 万人 64.07 起。通常认为，这主要是由于"大跃进"与人民公社化、原苏联政府背信弃义撕毁合同以及连续 3 年的自然灾害，造成了国民经济严重困难，全国因饥饿和疾病而死亡的人口增加，因而侵财犯罪特别是盗窃犯罪明显增多，犯罪的动机在于获得基本的生活来源。[①] **(2) 两个低稳**。在这 15 年中，还出现了两次立案率连年相对稳定的情况，**第一次**是 1958—1960 年，**第二次**是 1963—1965 年，并且这两个期间的立案率均为较低的水平，基本保持在每 10 万人 30—36 起左右。**见表 24-1**。

表 24-1　1950—1965 年犯罪率波动态势[②]

年份	人口数(万人)	立案数合计	立案率合计(起/10 万人)
1950	55 196	513 461	93.02
1951	56 300	332 741	59.10
1952	57 482	243 003	42.27
1953	58 796	292 308	49.71
1954	60 266	392 229	65.08
1955	61 465	325 829	53.01
1956	62 828	180 075	28.66
1957	64 653	298 031	46.09
1958	65 994	211 068	31.98
1959	67 207	210 025	31.25
1960	66 207	222 734	33.64
1961	65 859	421 934	64.07
1962	67 295	324 639	48.24
1963	69 172	251 226	36.32
1964	70 499	215 352	30.55
1965	72 538	216 125	29.79

① 参见俞雷主编：《中国现阶段犯罪问题研究》，中国人民公安大学出版社 1993 年版，第 40—41 页。

② 资料来源：王仲芳主编：《中国社会治安综合治理的理论与实践》，群众出版社 1989 年版，第 461—462 页。

［4］**“文化大革命”后期至改革开放前**：是指1972—1977年的时间段落。1966—1971年的“文化大革命”前期，司法机关处于瘫痪状态，缺乏统计数据。1972—1977年这段时间，犯罪率基本稳定，年度间立案率增减幅度不大，总在每10万人约50—60起之间徘徊。这一数列的均值为54.34，中位数为52.41与57.12，标准差为11.45，极差为13.95。由此可见，数值相对集中在50—60之间，形成了这一时期的犯罪率平台。**见表24-2**。这是高度一元化的相对封闭、静态的社会。

表24-2　1972—1977年犯罪率波动态势表①

年份	人口数（万人）	立案数（起）	立案率（起/10万人）	均值	标准差	中位数排序	极差
1972	86 727	402 573	46.42	54.34	11.45	1	13.95
1973	88 761	535 820	60.37			6	
1974	90 409	516 419	57.12			4	
1975	91 970	475 432	51.69			2	
1976	93 267	488 813	52.41			3	
1977	94 524	548 415	58.02			5	

二、社会转型初期犯罪率波动状况

［5］改革开放后的社会转型初期，是指1978—1987年的时间段落。总体上，这一时期的犯罪率有一定的增长与波动，但幅度并不是很大。其间，1981年出现了一个波峰，而后看似逐年递减并趋于平稳，但实际上社会治安状况并未得到好转。

［6］**1981年的犯罪率波峰**：从1978年开始，刑事立案率以每年10—12起/10万人的速度持续递增，到1981年达到这一期间的顶峰。其立案率的数值89.4起/10万人，已趋近新中国成立初期1950年的立案率峰值93.02件/10万人，并且位居1951—1981年这一期间立案率数值的最高峰。这一犯罪率的增长和社会转型密切相关。

［7］**1981年之后的犯罪率波动**：从1981—1987年，立案率总体上似乎有所下降。不过，基于青少年犯罪逐年增长、特定暴力案件趋于上升、1983年“严打”的短期效应、犯罪黑数的因素等来看，这并不能表明社会治安状况有所好转。**(1) 青少年犯罪逐年增长**：在这七年中，尽管刑事立案率在总体上呈

① 资料来源：王仲芳主编：《中国社会治安综合治理的理论与实践》，群众出版社1989年版，第461—462页。

下降走势,并在某些年份间有着不规则的增与减,但是作案成员中的青少年所占比率,除1982年有所下降以外,其他年份均呈稳定的递增走向。**见表24-3**。其中,1985年出现了较大幅度的增长,比上一年增加了8%。虽然并不是所有的青少年违法者进入成年后都将去实施犯罪,但是许多犯罪的成年人是在他们作为青少年违法团伙的成员时获得犯罪的价值观与训练的。在某种程度上,青少年犯罪是成年人犯罪的后备军。青少年犯罪的增长不仅是一个现实的社会问题,而且也预示着未来的犯罪率。**(2)特定暴力案件趋于上升**:就案件性质而言,对公众安全感有着较大影响的杀人、伤害、强奸、抢劫等四类案件的立案率随年份变化的走向,也不全是呈下降的趋势,而是持平或者趋于上升。分析刑事案件**总量立案率**的波动情况,1981—1984年立案率较明显地持续稳定下降,1985—1987年立案率在波动中稍有上升,总体上1981—1987年立案率呈下降走势,由1981年的89.40起/10万人,下降至1987年的54.12起/10万人。**见表24-4**。然而,与刑事案件总量立案率的波动态势不同,在这三个时间段落:**杀人案**是,1981—1984年先略有下降,而后1985—1987年却有较为明显的上升,从而这一时期总体上呈上升走势,由1981年的0.96起/10万人,上升至1987年的1.20起/ 10万人;**伤害案**是,1981—1984年先有所下降,而后1985—1987年却有较大幅度的上升,从而这一时期总体上与1981年持平,由1981年的2.16起/10万人,至1987年的2.06起/10万人;**强奸案**是,1981—1984年先有较明显的上升,而后1985—1987年却有一定的下降,从而这一时期总体上也在波动中趋于上升,由1981年的3.09起/10万人,上升至1987年的3.53起/ 10万人;**抢劫案**是,1981—1984年先有明显的下降,而后1985—1987年却有明显的上升,并且起落幅度较大;杀人案、伤害案、强奸案、抢劫案等四类案件的**均值**,总体上也呈水平走势,由1981年的2.11起/10万人,至1987年的2.15起/10万人,其间最小值为1985年的1.75起/10万人,最大值为1987年的2.15起/10万人,极差仅为0.40起/10万人。**见表24-5**。**因此**,在刑事案件总量立案率呈下降的情况下,对公众安全感影响颇大的杀人案与强奸案的立案率却呈上升走势、伤害案的立案率基本持平、抢劫案的立案率降而复升。**尤其是**,从1982年开始,劫机、绑架、爆炸等往年少有的特大恶性案件不断发生。诸如,1983年震惊全国的王宗坊与王宗玮抢劫杀人案,“二王”流窜辽宁、湖南、湖北、江苏、江西五省,持枪杀害公安民警与无辜群众9人,打伤9人;1983年举国震动的卓长仁、姜洪军等劫机案,6名暴徒持枪打伤2名机组人员,劫持载有105人的由沈阳飞往上海的中国民航296号客机,使之迫降于韩国。并且,从1985年起,重大、特大案件持续上升。1985年重大案件立案约8.39万余件,比1984

年增加31%，每10万人立案数为8.06件；1986年重大案件立案约9.82万余件，比1985年增加17%，每10万人立案数为8.87件；1987年重大案件立案约12.28万件，比1986年增加25%，每10万人立案数为11.65件；1988年1月至9月重大案件立案已达约12.83万件，比1987年同期上升46%。**(3) 1983年“严打”的短期效应**：1983年全国开展了为期三年的首次“严打”斗争。这次“严打”斗争声势浩大、定罪苛严、处刑苛厉、政法一体并伴有军事色彩。1983年8月至1986年12月期间，全国共逮捕人犯177.2万人，判处人犯174.7万人，劳动教养32.1万人，摧毁流氓犯罪团伙13万个。当时，监房不够用则以公安办公用房改建或者临时突击建造。[①] 判刑人员中，被处有期徒刑5年以上(包括无期徒刑、死刑)的占39.65%，被处有期徒刑5年以下(包括拘役、管制和免除刑罚)的占59.65%。[②] 这一惊心动魄的“严打”司法运动，造成了几乎是空前的对于犯罪的高压态势，不可否认这在潜在犯罪人的心理上有着一定的威慑作用。尤其是，大批在“严打”期间被关押的罪犯，基于监狱的隔离功效而不能进入大众社会作案，这种硬性的再犯率降低也会使当时的整个犯罪率有所下降。不过，这些罪犯中的大多数刑满之后依然要回归社会，他们之中有多少会再次犯罪？[③] 这在一定程度上预示着一段时期以后未来犯罪率的走向，也提出了“严打”能否治本的问题。**(4) 犯罪黑数的因素**：司法统计数据的真实度多年来备受人们的质疑。其实，司法统计中的犯罪黑数不可避免，问题是应当有适当的校正措施而使之不致过于偏离真实。为了弄清我国司法统计数据中的真实度，公安部组成了专门的课题组，对1985年、1987年以及1988年这三年的统计数据，作了全国范围内的分层定比随机抽样调查。结果发现，司法统计数据较为严重地失真，并且存在着派出所与公安分局的多层的刑事案件漏立现象。其中，派出所的立案真实度1985年为42.77%、1987年为29.59%、1988年为41.93%；公安分局的立案真实度1985年为76.26%、1987年为65.64%、1988年为73.09%。三年数据的均值，派出所的立案真实度为38.09%，公安分局的立案真实度为71.66%。这

---

① 参见赵凌：《“锄奸”、冤狱、“严打”，与刘复之有关的政法往事》，载《南方周末》2013年9月12日第7版。

② 参见《中国法律年鉴》(1988年)，法律出版社1988年版，第636页。

③ 据官方公布的数据，**我国**的重新犯罪率并不高，成年刑释人员重新犯罪率平均数为5.19%，少年刑释人员重新犯罪率为14.10%。而**美国**司法部所公布的数据是，其刑释人员在3年之内重新被逮捕率为62.5%，重新被定罪率为46.8%，重新被监禁率为41.4%。参见李均仁主编：《中国重新犯罪研究》，法律出版社1992年版，第38—39、119页。有些学者对监狱的改造功效提出了**疑问**，认为“蹲过监狱的人比以前更有可能重入监狱。”〔法〕米歇尔·福柯：《规训与惩罚》，刘北成、杨远婴译，生活·读书·新知三联书店1999年版，第298—301页。笔者对监狱罪犯所作的访谈调查发现，的确有许多罪犯，有在监狱中结识同伙、学习犯罪技术的。

意味着在抽样地区平均每年，派出所有约60％而公安分局又有约30％的刑事案件未进入司法统计。同时，抽样调查的结果也发现，重大案件的漏立现象也较为严重，抽样地区重大刑事案件的立案真实程度，1985年平均为70.16％，1987年为55.97％，1988年为67.61％，也就是说，重大刑事案件漏立率一般达30％—40％。[①]

表24-3　1981—1987年立案率与作案成员中的青少年比率对比表[②]

年份	1981	1982	1983	1984	1985	1986	1987
立案率(起/10万人)	89.40	73.70	60.00	49.90	52.10	51.90	54.12
青少年罪犯比率(％)	64.0	65.9	67.0	63.3	71.3	72.5	74.4
罪犯比率比上年(＋/－％)	—	＋1.9	＋1.1	－3.7	＋8.0	＋1.2	＋1.9

表24-4　1978—1987年犯罪率波动态势表[③]

年份	人口数(万人)	立案数(起)	立案率(起/10万人)	比上年(＋/－起/10万人)
1978	95 809	535 698	55.91	—
1979	97 092	636 222	65.53	＋9.62
1980	98 256	757 104	77.05	＋11.52
1981	99 584	890 281	89.40	＋12.35
1982	101 557	748 476	73.70	－15.70
1983	101 746	610 478	60.00	－13.70
1984	103 079	514 369	49.90	－10.10
1985	104 031	542 005	52.10	＋2.20
1986	105 417	547 115	51.90	－0.20
1987	105 402	570 439	54.12	＋2.22

① 参见俞雷主编:《中国现阶段犯罪问题研究》，中国人民公安大学出版社1993年版，第106—112页。

② 资料来源:冯树梁主编:《当代中国犯罪问题研究》，中国人民公安大学出版社1993年版，第238页，。

③ 资料来源:1978—1980年的人口数、立案数，参见王仲芳主编:《中国社会治安综合治理的理论与实践》，群众出版社，1989年，第461—462页;1981年及以后各项数据，参见《中国法律年鉴》有关年份的统计数据。

表 24-5　1981—1987 年刑事犯罪总量与暴力犯罪波动态势对比表①

年份	立案率合计（起/10 万人）	立案率中				
		杀人	伤害	强奸	抢劫	均值
1981	89.40	0.96	2.16	3.09	2.24	2.11
1982	73.70	0.92	2.00	3.48	1.63	2.01
1983	60.00	……	……	……	……	……
1984	49.90	0.88	1.41	4.33	0.71	1.83
1985	52.10	1.00	1.50	3.63	0.85	1.75
1986	51.90	1.04	1.74	3.53	1.09	1.85
1987	54.12	1.20	2.06	3.53	1.80	2.15
均值	61.59	极差				0.40

三、社会转型深化期犯罪率波动状况

[8] 改革开放后的社会转型深化期，是指 1988 年至现在的时间段落。这一时期的犯罪率大幅度增长，波动中呈上升走势。具体地说，这一时期又可分为四个阶段：1988—1991 年，1992—1997 年，1998—2001 年，2001 年至现在。其间，有五个焦点值得关注：1988—1991 年犯罪率的跃升；1992 年犯罪率的回落；1992—1997 年犯罪率的持平；1998—2001 年犯罪率的跃升；2001 年之后犯罪率的持续高位。

[9] **1988—1991 年犯罪率的跃升 · 1991 年的高位：**自 1988 年起，犯罪率迅速大幅攀高，至 1991 年显居一个高位。无论是从此间的犯罪率的增幅来看，还是从历年的犯罪率的波峰样态与年度增幅来看，这一期间犯罪率的跃升均创此前新中国成立以来之最。**(1) 期间增幅：**这一期间，犯罪率成倍增长。就公安部门刑事立案率的统计数据来看，其间每年的增幅分别是：1988 年比 1987 年增长 23.29 起/10 万人；1989 年比 1988 年增长 104.08 起/10 万人；1990 年比 1989 年增长 19.41 起/10 万人；1991 年比 1990 年增长 8.81 起/10 万人。综观其增长的幅度：立案率四年总计增长 155.59 起/10 万人，平均每年增长 38.90 起/10 万人；1991 年的立案率，是四年之前 1987 年立案率的 3.87 倍。**见表 24-6**。其中，1988—1989 年的增长幅度最大，这主要是，过去各地都存在刑事案件立案统计不实的问题，1989 年各级公安机关在解决这

① 资料来源：《中国法律年鉴》有关年份的统计数据。

个问题方面取得较大进展；同时，1989年的刑事案件也确实增加了，据一些地方调查，实际发案数1989年比1988年大约上升30%—40%。[①] **(2) 波峰跃升**：在我国犯罪率波峰的轨迹中，1991年犯罪率的峰值首度[②]成为跃升之最。1949年以来，我国共有七次犯罪率波峰：1950年、1954年、1961年、1981年、1991年、2001年、2009年等。历次波峰的相对增幅分别是：1954年比1950年降27.94起/10万人；1961年比1954年降1.01起/10万人；1981年比1961年增25.33起/10万人；1991年比1981年增120.31起/10万人；2001年比1992年[③]增221.78起/10万人；2009年比2001年增61.66起/10万人。相比之下，以1981年为分水岭，此前的历次波峰的峰值均呈降势，而自1981年起，其后各个波峰的峰值则呈增势。而且更值得关注的是，1991年的波峰堪称犯罪率的"飞跃"。此前的历次波峰以1950年与1981年峰值为最，而1981年的峰值略逊于1950年的数据，然而，1991年的峰值则成倍地高于前两者，是1950年的2.25倍，1981年的2.35倍。**(3) 年度增幅**：再从波峰轨迹中年度间的增幅来看，此间犯罪率的跃升也堪称此前之最。在历次波峰中，年度增幅较大的分别是：1954年比上年增15.37起/10万人，1961年比上年增30.43起/10万人，1981年比上年增12.35起/10万人，1989年比上年增104.08起/10万人，2000年比上年增111.75起/10万人，2009年比上年增44.24起/10万人。[④] 相比之下，1989年的年度增幅，创此前1949年以来的最高纪录；而其年度的增幅104.08起/10万人，也超过此前的最高波峰1950年全年的总量93.02起/10万人。并且，其后的1990年、1991年，犯罪率继续攀升。其中，1990年刑事立案率达200.90起/10万人，成为新中国成立以来首次突破200起/10万人的年份；而1991年达到这一期间的最高值209.71起/10万人，也是此前新中国成立以来的最高值。

---

① 参见《中国法律年鉴》(1990)，中国法律年鉴出版社1990年版，第996页。

② 其后犯罪率如此大幅跃升的期间是1998年至2001年，而2001年的犯罪率数据也再度成为跃升之最。见本节段12。

③ 受1991年盗窃案立案标准大幅提升的影响，严格而论，2001年数值与1991年数值不具可比性。

④ 由于缺乏1949年的数据，所以1950年的年度增幅未得。另外，在1991年的犯罪率波峰中，自1988年起犯罪率逐年上升，其中年度增幅最大的是1989年的104.08起/10万人；在2001年波峰中，2000年的年度增幅是111.75起/10万人，2001年的年度增幅是63.69起/10万人，由此，从年度增幅上来看，2000年的年度增幅更大。

表 24-6 1988—1991 年犯罪率增幅统计表[①]

年份	人口数（万人）	立案数合计（起）	立案率合计（起/10万人）	比上年度（+/-起/10万人）
1987	105402	570439	54.12	—
1988	106910	827594	77.41	+23.29
1989	108650	1971901	181.49	+104.08
1990	110353	2216997	200.90	+19.41
1991	112806	2365709	209.71	+8.81
合计				+155.59

[10] **1992 年犯罪率的回落的应然认识**：从数据的表面上看，似乎 1992 年刑事立案率有一个明显的回落，由此形成了 1991 年与 1992 年之间较大的落差。其实，这只是由于盗窃案立案标准提升而出现的一种虚幻的假象。**(1) 1992 年犯罪率回落的解释**：1992 年公安部门修订了盗窃案刑事立案标准，将原来的盗窃数额价值人民币城市 80 元、农村 40 元即要刑事立案，修订为 1992 年以后的盗窃数额价值人民币一般地区 300 元—500 元、少数经济发展较快地区可为 600 元方予刑事立案。而盗窃案通常占公安机关刑事立案总数的 68.91%左右。因此，盗窃案立案标准的大幅提升，必然引起刑事案件总量立案率数据的明显下降，而实际上这并不意味着 1992 年的社会治安形势有了根本的好转。**(2) 1991—1992 年的犯罪率**：实际上，1992 年，未受盗窃案立案标准提升的影响并对公众安全感影响较大的杀人、伤害、强奸、抢劫等四类案件的立案率，除强奸案稍有下降以外，其余三类案件均有一定的增长：强奸案，由 4.46 起/10 万人，略降到 4.36 起/10 万人；杀人案，由 2.06 起/10 万人，增加到 2.11 起/10 万人；伤害案，由 5.10 起/10 万人，增加到 5.25 起/10 万人；抢劫案，由 9.32 起/10 万人，增加到 10.96 起/10 万人。这四类案件立案率的均值，也比上年的要高，由 5.24 起/10 万人，增加到 5.67 起/10 万人。**见表 24-7**。可以预见，倘若 1992 年盗窃案的立案标准不作较大幅度的调整的话，那么在 1991 年与 1992 年之间的立案率起码不会形成很大的落差，也就是说，1992 年的立案率与 1991 年的立案率至少应当在一个同等的阶位上。

① 资料来源：《中国法律年鉴》有关年份的统计数据。

表 24-7　1987—1992 年杀人、伤害、强奸、抢劫等暴力犯罪波动态势表①

年份	立案率（起/10 万人）	立案率中				
		杀人	伤害	强奸	抢劫	均值
1987	54.12	1.25	2.06	3.53	1.78	2.14
1988	77.41	1.49	2.49	3.19	3.40	2.64
1989	181.49	1.80	3.31	3.71	6.71	3.88
1990	200.90	1.92	4.10	4.33	7.46	4.45
1991	209.71	2.06	5.10	4.46	9.32	5.24
1992	138.64	2.11	5.25	4.36	10.96	5.67

[11] **1992—1997 年犯罪率的持平：(1) 刑事案件总量立案率：** 继 1991 年增至 209.71 起/10 万人之后，1992—1997 年之间的立案率，基本保持在这个高位的平台上，并且在波动中略有增长，总体上居高不下。这一期间，立案率的最小值为 1997 年的 133.98 起/10 万人，最大值为 1995 年的 143.87 起/10 万人，极差为 9.89 起/10 万人，均值为 139.16 起/10 万人，这一均值比 1992 年的数值增加了 0.52 起/10 万人。**(2) 暴力犯罪的立案率：** 这一期间，杀人、伤害、强奸、抢劫等四类案件的立案率也与刑事案件总量立案率呈同样走势。其中，杀人案立案率的极差为 0.22 起/10 万人，均值为 2.21 起/10 万人，这一均值比 1992 年的数值增加了 0.10 起/10 万人；伤害案立案率的极差为 0.90 起/10 万人，均值为 5.74 起/10 万人，这一均值比 1992 年的数值增加了 0.49 起/10 万人；强奸案立案率的极差为 0.98 起/10 万人，均值为 3.80 起/10 万人，这一均值比 1992 年的数值减少了 0.56 起/10 万人；抢劫案立案率的极差为 3.04 起/10 万人，均值为 12.73 起/10 万人，这一均值比 1992 年的数值增加了 1.77 起/10 万人。**见表 24-8。(3) 结论：** 1992—1997 年犯罪率的持平，以及 1992 年与 1991 年的犯罪率阶位的同等（见本节段 10），这意味着 1991—1997 年的犯罪率基本保持在以 1991 年的数值为标志的平台上。

① 资料来源：公安机关在《中国法律年鉴》上发布的有关年份的统计数据。

表 24-8　1992—1997 年刑事犯罪总量与暴力犯罪波动态势对比表①

年份	立案率(起/10 万人)		立案率中②			
	合计	比上年+/−	杀人	伤害	强奸	抢劫
1992	138.64	—	2.11	5.25	4.36	10.96
1993	140.41	+1.77	2.20	5.61	4.08	13.21
1994	142.88	+2.47	2.28	5.84	3.80	13.70
1995	143.87	+0.99	2.33	6.15	3.56	14.00
1996	135.15	−8.72	2.15	5.83	3.62	12.76
1997	133.98	−1.17	2.16	5.74	3.38	11.75
均值	139.16	—	2.21	5.74	3.80	12.73
极差	9.89	—	0.22	0.90	0.98	3.04

[12] **1998—2001 年犯罪率的跃升 · 2001 年的高位**：自 1998 年起，犯罪率又迅速大幅攀高，至 2001 年再上一个台阶。同样，此间各个年度之间所显的犯罪率的增幅，以及此间犯罪率波峰及年度增幅与历年的相比，均表明这一期间犯罪率的跃升再创新中国成立以来之最。**(1) 期间增幅**：这一期间，犯罪率依然成倍增长。就公安部门刑事立案率的统计数据来看，其间每年的增幅分别是：1998 年比 1997 年增长 30.70 起/10 万人；1999 年比 1998 年增长 20.30 起/10 万人；2000 年比 1999 年增长 111.75 起/10 万人；2001 年比 2000 年增长 63.69 起/10 万人。综观其增长的幅度：立案率四年总计增加 226.44 起/10 万人，平均每年增加 56.61 起/10 万人；2001 年的立案率，是四年之前 1997 年立案率的 2.69 倍。**见表 24-9**。这一增长幅度，甚至超过了改革开放以来 1988—1991 年的首度犯罪率跃升的幅度。**(2) 波峰跃升**：在我国犯罪率波峰的轨迹中，2001 年犯罪率的峰值也再度③成为跃升之最。此前，1991 年的波峰堪称犯罪率的"飞跃"，1991 年峰值比作为上一波峰的 1981 年峰值增 120.31 起/10 万人。而 2001 年波峰所现犯罪率的"飞跃"则比前者更甚。2001 年峰值比 1992 年数值增 221.78 起/10 万人④，而即使将盗窃案立案标

---

① 资料来源：公安机关在《中国法律年鉴》上发布的有关年份的统计数据。

② 为了便于比对，同时将杀人、伤害、强奸、抢劫的数据作了百倍放大。

③ 其后犯罪率如此大幅跃升的期间是 1998 年至 2001 年，而 2001 年的犯罪率数据也再度成为跃升之最。

④ 受 1991 年盗窃案立案标准大幅提升的影响，严格而论，2001 年的数值与 1991 年数值不具可比性。

准的大幅提升也计算在内，2001 年峰值也比 1991 年峰值增 150.71 起/10 万人。就倍数而论，1991 年的峰值是 1950 年的 2.25 倍，是 1981 年的 2.35 倍。而 2001 年的峰值是 1950 年的 3.87 倍，1981 年的 4.03 倍，1991 年的 1.72 倍，1992 年的 2.60 倍。**(3) 年度增幅**：从波峰轨迹中年度间的增幅来看，此间犯罪率的跃升也堪称新中国成立以来之最。此前，1988—1989 年的年度增幅 104.08 起/10 万人，创 1949 年以来年度增幅的最高纪录。而在 1998—2001 年犯罪率持续增长的期间，1999—2000 年的年度增幅 111.75 起/10 万人，又超过了 1989 年首度年度增幅的最高值，刷新了 1949 年以来年度增幅的最高纪录。并且其后 2001 年又比 2000 年增长 63.69 起/10 万人。2001 年刑事立案率达 360.42 起/10 万人，创下新中国成立以来立案率突破 350 起/10 万人的纪录。

表 24-9　1998—2001 年犯罪率年度增幅表

年份	1997	1998	1999	2000	2001
立案率(起/10 万人)	133.98	164.68	184.98	296.73	360.42
年度增幅(比上一年度)	—	+30.70	+20.30	+111.75	+63.69

[13] **2001 年之后犯罪率的持续高位**：继 2001 年的犯罪率波峰之后，犯罪率保持在以 2001 年的峰值为标志的高位，并且继续在微弱波动中呈现递增的态势。2002 年 359.75 起/10 万人，2003 年 348.84 起/10 万人，2004 年 374.03 起/10 万人，2005 年 368.59 起/10 万人，2006 年 371.11 起/10 万人，2007 年 372.04 起/10 万人，2008 年 377.84 起/10 万人。这八年的立案率数列，均值为 366.58，中位数为 368.59 与 371.11，标准差为 8.92，极差为 29.00。由此可见，数值相对集中在 366 左右。**见表 24-10**。值得关注的是，继 2001—2008 年的平缓递增之后，犯罪率再次呈现较大幅度的上升态势。2009 年的犯罪率一跃突破 400 起/10 万人，达至 422.08 起/10 万人；2010 年的犯罪率又比上年增长 25.74 起/10 万人；2011 年、2012 年、2013 年、2014 年的犯罪率继续保持增长态势①；2015 年的犯罪率又越升突破 500 起/10 万人，达 521.24 起/10 万人。

① 这四年的数值分别是 446.54、482.53、485.91、478.43(起/10 万人)。

表 24-10　2001—2015 年犯罪率波动态势表①

年份	人口数（万人）	立案数（起）	立案率（起/10 万人）					
			合计	比上年＋/－	均值	标准差	中位数排序	极差
2001	123 678	4 457 579	360.42	—	366.58	8.92	3	29.00
2002	120 548	4 336 712	359.75	－0.67			2	
2003	125 958	4 393 893	348.84	－10.91			1	
2004	126 143	4 718 122	374.03	＋25.19			7	
2005	126 113	4 648 401	368.59	－5.44			4	
2006	127 837	4 744 136	371.11	＋2.52			5	
2007	129 220	4 807 515	372.04	＋0.93			6	
2008	129 285	4 884 960	377.84	＋5.80			8	
2009	132 199	5 579 915	422.08	＋44.24	—	—	—	—
2010	133 309	5 969 892	447.82	＋25.74	—	—	—	—
2011	134 480	6 005 037	446.54	－1.28	—		—	—
2012	135 772	6 551 440	482.53	＋35.99	—	—	—	—
2013	135 791	6 598 247	485.91	＋3.38	—	—	—	—
2014	136 691	6 539 692	478.43	－7.48	—	—	—	—
2015	137 633	7 174 037	521.24	＋42.81	—	—	—	—

[14] 纵观新中国成立以来历次犯罪率的波峰，以 2015 年 521.24 起/10 万人的数值作为目前犯罪率的标志，即使不计 1992 年上浮盗窃案立案标准对其后犯罪率数值的影响，2015 年立案率比 1950 年、1954 年、1961 年、1981 年、1991 年、2001 年的犯罪率②，分别增加了 4.60 倍、7.01 倍、7.14 倍、4.83 倍、1.49 倍、0.45 倍。这也意味着如今的犯罪率比改革开放之初 1981 年的犯罪率波峰增加了近 5 倍，1991—2015 年社会转型深化期的 24 年间犯罪率的数值翻了一番多。

四、新中国成立以来犯罪率波动的评估

[15] 1987 年之前，犯罪率虽有波动，但相对而言幅度不是很大，即使是 1981 年的波峰，其峰值也未突破 1950 年的峰值。然而，自 1988 年起的改革开放深化期，犯罪率呈现持续大幅阶位攀高的态势，其峰值已经成倍地超过了作为此前最高的 1950 年的峰值。

---

① 资料来源：表中人口数、立案数以及立案率合计数据，来源于公安机关在《中国法律年鉴》上发布的有关年份的统计数据。

② 分别是 93.02、65.08、64.07、89.40、209.71、360.42(起/10 万人)。

[16] **改革开放深化期波动的高点与平段**:总体上,在改革开放的深化期,犯罪率的波动呈现两次较大幅度的增长与两个高位持续的平台。其中,两次较大幅度的增长是,自 1988 年起到 1991 年的增长,以及自 1998 年起到 2001 年的增长;两次高位持续的平台是,自 1991 年起到 1997 年的以 149.24 起/10 万人为均值的平台,以及自 2001 年起到 2008 年的以 366.58 起/10 万人为均值的更为高位的平台。并且,2009 年继续呈现大幅增长的态势。此间犯罪率的增长幅度也颇为惊人,1987—1991 年由 54.12 起/10 万人增至 209.71 起/10 万人,1992—2008 年由 138.64 起/10 万人增至 377.84 起/10 万人。其间,虽有 1996 年与 1997 年、2002 年与 2003 年、2005 年与 2006 年的下降波动,但是无论是从其微幅下降的程度来看,还是从其下降波动的有限年份来看,均无碍于犯罪率总体上稳定大幅上扬的态势。

[17] **新中国成立以来波动的高点与平段**:对于新中国成立以来犯罪率波动的基本状况,可以作如下描述:1950 年波峰,1954 年波峰,1961 年波峰,1972—1977 年持续高位平台,1981 年波峰,自 1988 年起大幅度上升。去除 1992 年盗窃案立案标准调整的影响,忽略 1991—1992 年立案率的年度增减,而以 1991 年的数值作为 1992 年的立案率,则 1991—1997 年持续高位平台,自 1998 年起又大幅度上升,2001—2008 年则再度持续高位平台,2015 年波峰。**见图 24-1**。进而,可以更为简明地说,新中国成立以来的犯罪率,总体上呈现出三个平台,两次大幅度的阶位上升,所谓"阶位上升"意味着有升无降的层次攀高,而这两次大幅度的阶位上升均发生在改革开放的深化期。

[18] 犯罪是社会变革的晴雨表,犯罪率的波动与社会的震荡密切相关。我国社会转型深化期,犯罪率阶位攀高与居高不下,说明我国目前的社会转型引起了较大的社会震荡。当代中国社会犯罪率的明显增长,是一个需要深刻解析的社会现象。

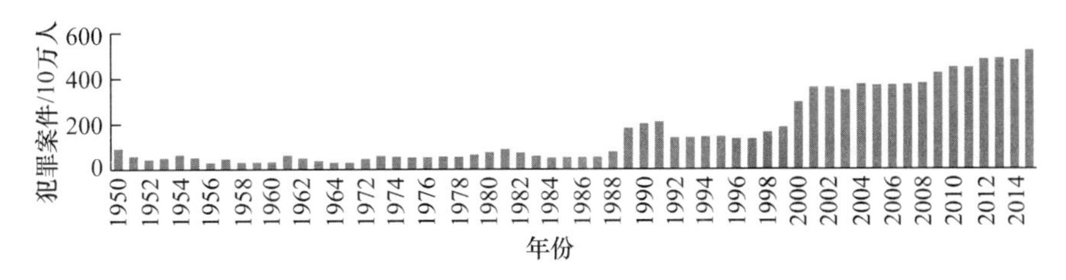

图 24-1　1950—2015 年我国犯罪率波动态势一览图

五、中美犯罪率波动比较

[19] 我国改革开放深化期犯罪率阶位攀高的跃升幅度,已经明显超过美

国自1960年以来犯罪率的最大增幅。

[20] **两国犯罪率波动状况的可比**：或许从犯罪率的数值上来看，美国要大大地高于我国，但是中国与美国在犯罪率的绝对数值上不具有完全的可比性。因为两国在刑法立法与司法上有着较大的差异，由此导致了犯罪统计标准的不一，从而缺乏作为比较基础的统一的逻辑前提。美国刑法罪名的划分相对细密，例如，有关家庭的犯罪分为重婚、多数婚、近亲相奸、堕胎、危害儿童福祉、继续的怠于扶养等罪名。另外，美国刑法通常将涉及刑事制裁的行为分为实质犯罪与秩序违反行为，其中，实质犯罪复分为重罪、轻罪、微罪。① 相比较而言，我国严格区分触犯刑律的犯罪与违反治安管理处罚法的违法；并且，刑法中的罪名设置相对概括。由此，构成了犯罪边界的紧缩。不过，犯罪率的波动，系同一国家不同年份间犯罪率的比值或差值，这一数值在不同的国家之间具有一定的可比性。

[21] **犯罪率增幅我国超过美国**：上文犯罪率考究表明，我国刑事犯罪总量犯罪率波动的基本状况是，新中国成立后至"文化大革命"前，尽管犯罪率有所波动，但是整体上基本较为平稳；改革开放后，犯罪率在波动中趋于增长，尤其是自1988年起，犯罪率大幅度增长，并保持持续上升的势头，这还不包括大量的犯罪黑数。显然，这种增长的幅度以及犯罪率的数值已创我国自1949年以来的最高纪录。并且，这种犯罪率的增长幅度已超过世界发达的资本主义国家美国。**(1) 美国犯罪率增幅状况**：美国1960—2009年间，犯罪率有所波动，但是总体上较为平缓，并且1992年以来，呈现出犯罪率持续稳定下降的趋势。美国犯罪率增长幅度最大的是1960—1971年间，而从其整体波动态势来看，1960—1980年犯罪率呈持续增长态势。考究其这两个期间的增幅：**A. 1960—1971年**：12年犯罪率增长了1.21倍，由1960年的1887.2起/10万人增加到1971年的4164.7起/10万人。**B. 1960—1980年**：21年犯罪率增长了2.15倍，由1960年的1887.2起/10万人增加到1980年的5950.0起/10万人。**见图24-2**。**(2) 我国犯罪率增幅状况**：1981年、1991年、2001年是改革开放后犯罪率跃升的三个波峰，而1991年与2001年的犯罪率波峰则处于社会转型深化期。**A. 1981—1991年**：考虑到"严打"的短期效应以及刑事司法统计的失真，即使不以改革开放后的1984年最低的犯罪率为基底，而以这一期间作为犯罪率高峰之一的1981年的犯罪率为基底，1981—1991年

---

① 1962年，美国法学会所制定的《模范刑法典》第1.04条规定，实质犯罪为科处死刑或徒刑者；重罪为科处死刑或未适用加重刑期的规定而科处逾1年徒刑者；微罪为科处未逾1年徒刑者；违反秩序行为为仅有罚金或仅有罚金及没收或其他民事上的制裁者。

的 11 年间，犯罪率也增长了 1.35 倍，由 1981 年的 89.40 起/10 万人，增加到 1991 年的 209.71 起/10 万人。**B. 1981—2001 年**：即使将 1992 年之后盗窃案立案标准的大幅提升也计算在内，摘取 2001 年犯罪率波峰的数据，相比盗窃案立案标准大幅提升前的 1981 年的峰值，1981—2001 年的 21 年间，犯罪率也竟然增长了 3.03 倍，由 1981 年的 89.40 起/10 万人，增加到 2001 年的 360.42 起/10 万人。并且，2001 年之后犯罪率仍处增长态势，尤其是 2009 年以来又现犯罪率的大幅跃升。**见图 24-1**。

［22］**我国犯罪率波动的剧烈跳跃**：对比 1950—2015 年我国犯罪率波动态势一览图（**图 24-1**）与 1960—2014 年美国犯罪率波动态势一览图（**图 24-2**），显然，我国的一览图所表现的犯罪率波动极不规则，这固然表明我国犯罪率较为剧烈波动的客观实际，同时这也与我国的刑事司法统计失真不无关系。这种统计的失真，包括犯罪黑数较多、统计标准更替等的影响。例如，1988—1989 年犯罪率较大幅度的增长，其中就含有 1989 年对于犯罪黑数予以纠正的影响；1991—1992 年犯罪率明显下降，这是由于 1992 年大幅度提高了盗窃案的立案标准。统计失真，在一定程度上掩盖了犯罪率波动的真相，为正确把握治安状况设置了阻碍。同时，我国司法统计对于有关数据的“羞羞答答”与神神秘秘，也使决策部门在获得非政府机构的研究成果方面减损了许多，而非政府机构的研究，本是决策参考的一个重要知识依据。

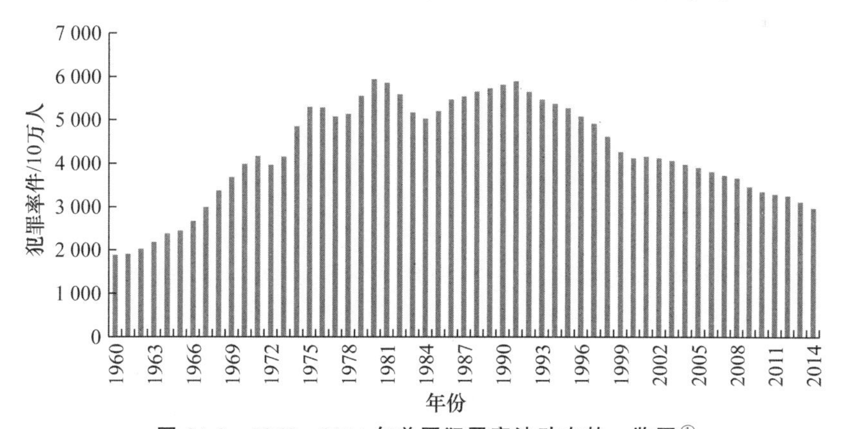

图 24-2　1960—2014 年美国犯罪率波动态势一览图[①]

① 资料来源：美国联邦调查局的统一犯罪报告（Uniform Crime Report）

第七章　宽严相济政策的罪因根据

[1] 犯罪原因理论是刑事政策措施的重要思想基础。犯罪是理性人趋利避害的意志自由选择，由此道义报应或者法律报应、心理强制、法律威慑等成为应对犯罪的策略思想（旧派思想）；犯罪是经验人遗传基因或生活环境的自然必然行为，由此剥夺犯罪能力或者积极矫治改善、刑罚个别化、刑罚替代措施等成为应对犯罪的原则理念（新派思想）。然而，立于宏观视角，犯罪是社会结构的垃圾产品，甚至可谓社会有机体的新陈代谢物，尤其是犯罪率的大幅上升与反常的社会结构密切相关。从这个意义上说，最好的社会政策就是最好的刑事政策（犯罪学思想）。不过，犯罪与社会有机体的关联作用，也表明至少在现阶段不能希冀消除犯罪的现实存在，而只要社会存在犯罪，刑事处置就是应对犯罪的一种必然手段，其既是**社会价值标准**的确立，也是**遏制犯罪**的一种措施。固然，这种刑事处置应当在合理的政策指导下具体展开。因而，社会结构的罪因机制表明，刑罚的效果是极其有限的，但是刑罚却是必要的，必要的刑罚应当遵循合理的刑事政策（刑事处置思想）。

[2] 具体地说，刑事处置包括刑事制裁与罪犯处遇，而犯罪学应对犯罪还包括犯罪防控，由此作为应对犯罪的**犯罪学机能**主要体现在三个方面，而这三种机能的体现又都离不开刑事政策思想的指导：**(1) 刑事制裁**：基于犯罪人的人身危险性各有差异，其在实施犯罪行为中也会呈现为不同情形，由此对不同的犯罪人应予不同的罪刑制裁。这是将犯罪学的思想直接切入刑法上的定罪量刑中，强调人身危险性在定罪量刑中的操作性作用，尤其考究犯罪构成理论体系中的人身危险性地位（见第 17 节段 11）。**(2) 罪犯处遇**：犯罪人的人身危险各不相同，而且随着矫正改善措施的进行也会发生一定的变化，由此对不同的犯罪人应施以不同的矫正改善措施，包括开放式处遇的差异、社会处遇的差异（见第 2 节段 10，狭义刑事政策）。这是将犯罪学思想切入刑事执行中，尤其以减刑、缓刑、假释等为制度平台。**(3) 犯罪防控**：犯罪形成机制（犯罪原因）与犯罪发生机制（犯罪条件）有其规律，揭示犯罪原因与犯罪条件，进而对犯罪予以科学的预防与控制。这是将犯罪学思想切入对犯罪的社会治理中，致力于预防与控制犯罪的各种社会因素，通过协调与完善社会有机体的机能，遏制犯罪的形成与发生（见第 2 节段 10，广义刑事政策）。**本章**试就我国目前犯罪的社会原因机制作一具体分析。

第25节　犯罪原因理论的里程碑

[1] 犯罪学的诞生应以刑事近代学派的肇始为标志，因为在这里，**犯罪学的学科特征**①及核心思想才真正地得以形成与确立。前科学时代固然没有犯罪学的科学论断，而刑事古典学派思想的重心，也不在以犯罪人及犯罪原因的特征为核心的犯罪学上。

一、刑事科学的发展历程

[2] 刑事科学的发展历程，可以分为报复时期、峻刑时期、博爱时期、科学时期②，或者分为复仇时代、赎罪时代、威吓时代、博爱时代、科学时代、福利时代③。其中，报复时期、峻刑时期或复仇时代、赎罪时代、威吓时代，是前科学时代；博爱时期、科学时期或博爱时代、科学时代、福利时代，是科学的近现代。

[3] 中世纪以前的**前科学时代**，人类尚未完全摆脱蒙昧，对犯罪原因的认识是超自然的**精神虚幻**（超越现实的犯罪原因解释），将犯罪视为魔鬼的驱使。显然，这背离了科学罪因观。随着社会的发展，刑事科学也破土沃出。18世纪中叶，**刑事古典学派**，也称**旧派**，开刑事科学先河，以现实的理性推演犯罪原因，构建了**犯罪的刑罚学**，意志自由论、心理强制学说等，阐明了理想的犯罪原因的期待（理想主义的犯罪原因论）。旧派的犯罪原因的思想，犹如东升的旭日一扫刑事寰宇的沉寂与黑暗。然而，其只是简单机械与各案归一的罪因定论。由此，犯罪学的生命还未真正地诞生。19世纪下半叶，**刑事近代学派**，也称**新派**，开犯罪学先河，将实证研究的探针刺入罪因的魔球，以实证科学揭示犯罪原因，建构了**刑罚的犯罪学**，犯罪人论、犯罪原因三元论、犯罪饱和论、自然犯论等，勾勒了现实的犯罪原因的雏形（现实主义的犯罪原因论）。在此，犯罪人不仅有别于普通人，而且相互之间也各有差异，犯罪学的核心思想得以确立。④ 循此科学轨迹，**罪因科学**的列车呼啸前行，越过了科学

---

① **犯罪学**，是融合各种有关学科的知识，阐释犯罪本质，表述犯罪现象，揭示犯罪原因，寻求犯罪对策的刑事科学。具体地说，犯罪本质、犯罪现象、犯罪原因、犯罪对策是犯罪学研究的最基本的内容；犯罪学的研究尤其需要融合刑法学、社会学、心理学、生物学等的知识；犯罪学是一门以犯罪原因及犯罪防控的罪前研究为着眼点的刑事事实学；犯罪学的学科类型包括中国犯罪学、外国犯罪学、比较犯罪学、沿革犯罪学；犯罪学的分支学科包括犯罪社会学、犯罪心理学、犯罪生物学、被害人学等；犯罪学的相关学科包括刑法学、监狱学、刑事诉讼法学、刑事侦察学等。

② 参见高仰止著：《刑法总则之理论与实用》，台湾五南图书出版公司1986年版，第16—18页；〔日〕中山研一著：《刑法的基本思想》，姜伟、毕英达译，国际文化出版公司1998年版，第2—3页。

③ 参见谢兆吉、刁荣华著：《刑法学说与案例研究》，台湾汉林出版社1976年版，第11—13页。

④ 详见张小虎：《从犯罪的刑罚学到刑罚的犯罪学》，载《犯罪研究》2000年第5期。

史上的一个个里程碑。**19世纪犯罪学**研究的中心在欧洲大陆，意大利学者菲利（Enrico Ferri）的犯罪原因三元论成为列举**致罪因素**考究罪因的经典[①]；德国学者李斯特（Franz Liszt）的犯罪原因二元论确立了社会因素在罪因中的核心地位。法国学者迪尔凯姆（Emile Durkheim）的社会失范论与犯罪功能论、法国学者塔尔德（Gabriel Tarde）的犯罪模仿论、比利时学者凯特勒（Lambert Quetelet）的犯罪统计学等许多著名论断的拓荒，为当代犯罪学理论的繁荣奠定了坚实的思想基础。**20世纪以来犯罪学**研究的中心转移到美国，美国社会学家默顿（Robert Merton）的社会反常理论、美国社会学家萨瑟兰（Edwin Sutherland）的差异交往论、美国社会学家赫希（Travis Hirschi）的社会控制理论、美国社会学家利默特（Edwin Lemert）的标签理论等许多著名论断的雕琢，使粗犷的罪因思想日益深入与精确，并形成了各具特色的学术流派，从而开创了**罪因机制**的理论时代[②]。如今，对于罪因机制的揭示已经成为专业犯罪理论研究所应有的基本特质。

二、前科学时代的犯罪原因观念

[4] 在古代，生产力水平低下，人类的认识能力极为有限，受制于外界自然的神奇力量，于是拥有丰富的想象力的人类，便创造出似乎是蕴藏于自然界深处的万能之神，这些自然之神主宰着人类的幸福与痛苦，有着不可触犯的绝对权威与无所不及的能量。统治者借助于“神”来为其统治辩护，统治者是神而不是人，神权、神治是这个时代的特点。在中世纪，占主导地位的政治思想依然是君权神授，君权源于神的授意，君主是“替天行道”。因此，在古代、中世纪，关于犯罪、刑法的思想，从根本上也归结为神说。“神权统治，神意的法，这种思想理论贯串着古代和中世纪整个政治法律思想体系中。无论古代与中世纪，这种思想理论体系的精神实质是相同的……都是‘托神而治’，假神道以欺世罔民。”[③]

---

① 犯罪学理论的“**罪因要素**”，以社会原生态的一些社会素材为原料，对其进行简单的类型性归纳，从中列举出致罪的核心因素，诸如，“政治因素”“经济因素”“文化因素”“社区环境”“家庭因素”等，着力阐释各个致罪因素对于犯罪的作用关系。菲利的犯罪原因三元论，将致罪的核心因素归为“人类学因素”“自然因素”“社会因素”三个方面。在犯罪学研究的早期阶段，其在罪因要素的揭示上相对客观、系统与明晰。见第26节段4。

② 犯罪学理论的“**罪因机制**”，以基于原生态的社会素材加工制作而成的社会机制要点为元素，过滤出其中的关键性致罪元素作为核心致罪要素，诸如，“文化目标”“合法方法”“中产阶级测量标尺”“差异交往”“社会纽带”等，考究在犯罪形成中这些致罪要素之间的作用关系，以及这些致罪要素与犯罪之间的作用关系。例如，默顿的“目标”与“方法”之间的背离促成“犯罪”的命题。见第27节段6。

③ 甘雨沛著：《比较刑法学大全》（上册），北京大学出版社1997年版，第234—235页。

［5］固然，这万能之神也笼罩着犯罪原因的解释。犯罪被看作是魔鬼的驱使，是对神的亵渎，对上天的触犯。因此，惩罚犯罪也就体现着神的意志。加之，当时的自然平等观念与血缘宗族制度，以血族复仇、同态复仇等方式回击犯罪，也就是天经地义的事了。火可以去除污秽使人净身，所以对所有的异端分子都要被处以火刑。轮回转世使人们信服，今世受到的惩罚越是严厉与深刻，来世得到回转的幸福就越为丰厚与完美。由此，为了产生最大的威慑效果、为了让犯罪人赎罪、为了上帝的意愿，统治者们穷极想象力和创造力，创新出锯刑、轮刑、溺刑、磔刑等等残忍的肉刑、死刑的行刑方式。这种魔鬼之罪与上天之罚或神灵之罚，在中外有着相似的历史轨迹。“在整个欧洲的古代时期，凡是给他人造成重大损害的行为都要受到神的严厉惩罚。在这种情况下，使罪犯受到严重的痛苦是为了安抚受到亵渎的神灵。”[①]中国古代统治者极力宣扬“王权神授”和“代天行罚”的神权法思想。夏启在讨伐有扈氏时宣称：“今予惟恭行天之罚”（《尚书・甘誓》）。在“天罚”思想的掩盖下，中国古代的刑罚极其野蛮残暴。有墨、劓、剕、宫、大辟法定五刑，还有炮烙、剖腹等法外极刑。

三、刑事古典学派的犯罪原因论

［6］1764 年，意大利学者贝卡利亚（Cesare Beccaria）发表了《论犯罪与刑罚》一书，标志着现代刑事科学的诞生，贝卡利亚也成为刑事古典学派的鼻祖。不过，在刑事古典学派那里，犯罪原因不是罪刑处置的核心，问题的关键是刑罚的理性。这就是说，意志自由与趋利避害是人类之本性；犯罪人与普通人都一样，都是受趋利避害原则支配并且有着意志自由的**理性人**；犯罪只是这种理性人自由选择的结果。因此，要遏制犯罪，必须刑罚的恶果大于犯罪的好处。在此，**理性人**、**意志自由论**（见第 17 节段 3）与**心理强制说**是关键词。

［7］**心理强制说**，由德国著名刑法学家费尔巴哈（Paul Feuerbach）提出，强调人类之感性冲动的本性以及这种感性冲动对犯罪行为的决定意义，从而普遍的、必然的、恶害的刑罚对犯罪意念的抑制作用。具体地说：**(1) 感性冲动及犯罪**：人的行为取决于感性的冲动。这种感性冲动，表现为人都具有追求快乐、逃避痛苦的本能。因而人在可能获得较大的快乐时，就会断绝较小快乐的意念；而可能避免较大的痛苦时，就会忍耐较小的不快乐。同样，犯罪行为也取决于感性冲动。行为人之所以犯罪，就在于其追求在犯罪时获得快

① 〔英〕J. W. 塞西尔・特纳著：《肯尼刑法原理》，王国庆等译，华夏出版社 1989 年版，第 6 页。

乐的感性冲动。因此，要防止犯罪，就需要抑制人的这种感性冲动。**(2) 刑罚的心理强制**：要抑制这种感性的冲动，根本的有待于在人的内心形成一种确信，即刑罚是犯罪的必然结果，是施加痛苦的恶害。这些感受会在人们的心理上形成压力，抑制犯罪意念的萌生。假如人们预先知道因犯罪而将受到的刑罚的痛苦，大于因犯罪所能得到的快乐，并且法律是普遍的必然的，那么按趋利避害行事的人，就会把抑制犯罪发生的小的不快和受到刑罚产生的大的不快进行比较，宁肯避开大的不快而选择小的不快。

四、刑事近代学派的犯罪原因论

[8] 1878 年，意大利犯罪学家**龙勃罗梭**(Cesare Lombroso)的《犯罪人论》第二版，在意大利的都灵出版引起了广泛的关注，标志着**犯罪学的诞生**，也是刑事近代学派的肇始。与刑事古典学派(旧派)相对，在刑事近代学派(新派)那里，犯罪原因和犯罪人是罪刑处置的核心，社会措施与刑事政策是遏制犯罪的根本，甚至刑罚是可以为之替代的。在这里，思想的变革、方法的变革与体系的变革，使犯罪学真正地成为一门**独立的学科**。其中，(1) 思想的变革：旧派主张理性人，从而能够对不同犯罪作区分的只是外部的行为特征的差异，因此这是行为中心的理论逻辑。新派主张**经验人**，由此能够对不同犯罪作区分的不是外部行为特征的差异，而是行为人内在的人格特征(人身危险性)的不同，显然这是行为人中心的理论逻辑。(2) 方法的变革：旧派注重**思辨方法**构建理论命题，即基于纯然的概念、原理、规则、先期命题，进行分析、判断、逻辑推导，从而获得知识结论。新派强调**实证方法**构建理论命题，即通过使用人的感官如视觉和听觉来观察外部世界，从而得出事实结论，其观察结果又可以由别人用同样的过程来检验其正确性。(3) 体系的变革：旧派以**行为的构成与刑罚的理性**构建刑事处置的知识脉络，其理论重心在于以行为为主线的犯罪论体系及以罪刑均衡等为原则的刑罚体系。新派以**犯罪原因与犯罪防控**构建刑事科学的知识脉络，其理论焦点在于以犯罪人为主线的罪因机制理论以及以适合于罪因机制的犯罪对策理论。**由此可见**，在犯罪学的思想框架下，**经验人**、**行为决定论**(第 17 节段 5)、**罪犯处遇**等是关键词。

[9] **经验人**，与理性人相对，强调犯罪人是受先天的生物遗传决定，或者受后天的社会环境决定而有犯罪必然性的，具有人身危险性的人。作为经验人，不仅犯罪人与普通人不一样，而且犯罪人与犯罪人也不一样。不同犯罪类型的犯罪人，甚至不同具体犯罪的犯罪人，其人身危险性是各不相同的。龙勃罗梭的**犯罪人论**(见第 26 节段 2)是经验人思想的典型学说。显然，在经验人的理论逻辑路径下，对于不同的犯罪人应当采用不同的刑事处置措施，

以期对犯罪人予以剥夺能力(见第 18 节段 8)或矫治改善(见第 18 节段 8)。这也就衍生出罪犯处遇的思想。

[10] **罪犯处遇**,与**刑事制裁**(见第七章段 2、第 2 节段 6)相对,是指专门从教育矫治的特殊预防的需要出发,探讨对于罪犯的恰当处置,并且关联侦查、起诉、审判、执行等整个刑事司法过程,对于矫正教育罪犯所需的处置予以考究。罪犯处遇的思想,尤其在行刑中得以彰显,具体包括:**(1) 开放式处遇,例如**,美国刑法的**间歇监禁刑**;日本作为对交通肇事被处监禁以上刑罚的受刑人的集中处遇的**开放式设施**(见第 16 节段 6)。**(2) 社会内处遇,其**典型形态是**社区矫正**,例如,美国的缓刑、假释、轻缓惩罚等,英国的保护观察、假释、缓刑、社区服务、护理中心等(见第 16 节段 6)。**(3) 行刑社会化**,是指行刑活动应当注意采用与大众社会密切相关的模式,使罪犯的再社会化更多地融入大众社会的促进力量,从而更加顺利地实现罪犯重返大众社会。核心意义包括:行刑模式的社会开放与拓展;行刑活动的社会力量参与与依靠;罪犯重返大众社会的渠道疏通。行刑社会化原则的具体贯彻,经由有关开放式半开放式处遇或者社会内处遇的刑种以及开放式半开放式处遇或者社会内处遇的行刑方式体现。前者例如,我国的管制、拘役,英美等国的社区服务令,俄罗斯的强制性社会公益劳动、劳动改造、限制自由等;后者例如,缓刑、假释,社区矫正,监内探视制度、离监外出制度等。

第 26 节　19 世纪欧洲犯罪原因理论的拓荒

[1] 19 世纪欧洲的犯罪原因理论,为现代犯罪原因理论的发展与繁荣奠定了坚实的基础。这其中:既有对致罪因素的科学提炼,如犯罪原因三元论、犯罪原因二元论;也有对常态社会与反常社会的犯罪原因的不同分析,如犯罪功能论与社会失范论;既有宏观社会结构的犯罪原因考究,如社会失范论;也有微观个体的犯罪原因的探究,如犯罪模仿论。

一、龙勃罗梭的犯罪人论及加罗法洛的自然犯论

[2] **犯罪人论**:意大利著名犯罪学家龙勃罗梭对几千名罪犯做了人类学的调查,并进行了大量的尸体解剖,进而提出了**天生犯罪人论**。其核心命题是,犯罪原因就在于原始人和低等动物的特征必然要在我们当代重新繁衍,具体内容包括:(1) 体格异常:犯罪人的体格和心理呈现许多异常表征,与普通人的不同。(2) 人种变种:犯罪人是人种的变种,属于人类学上的一种退化现象。(3) 返祖蜕变:犯罪人是蜕变到低级的原始人的类型,是现代社会的

“野人”。(4) 犯罪遗传:犯罪人基于隔代遗传或者返祖遗传而有犯罪的习性,犯罪习性具有天赋。[①] 不仅犯罪人与普通人不同,而且在各类犯罪人之间也有较为明显的差异,**犯罪人类型**可谓三种:生来犯罪人、倾向犯罪人、情感犯罪人。(1) 生来犯罪人,又称天生犯罪人,这部分犯罪人之所以犯罪,主要是因为遗传因素的作用,从而可将之称为遗传犯罪人。(2) 倾向犯罪人,与生来犯罪人存在较大区别但又有一定联系,基于遗传因素的视角,也可谓是贴近生来犯罪人的一种形态。(3) 偶然犯罪人,包括情感犯罪人,这类犯罪人并不因为遗传而犯罪,从而与生来犯罪人完全无关,而是与生来犯罪人相对的一种犯罪类型。可以从犯罪人的**体格特征与心理特征**上,将犯罪人与普通人以及将不同类型的犯罪人区别开来。例如,天生犯罪人具有如下特征:(1) 生理特征:扁平的额头,头脑突出,眉骨隆起,眼窝深陷,巨大的颌骨,颊骨同耸;齿列不齐,非常大或非常小的耳朵,头骨及脸左右不均,斜眼,指头多畸形,体毛不足等。(2) 精神特征:痛觉缺失,视觉敏锐;性别特征不明显;极度懒惰,没有羞耻感和怜悯心,病态的虚荣心和易被激怒;迷信,喜欢文身,惯于用手势表达意思等。[②] **总之**,“这种返祖现象是对某些犯罪的性质和普遍性的解释”。“无论从统计学的角度看,还是从人类学的角度看,犯罪都是一种自然现象”,同出生、死亡、妊娠一样,是一种必然现象。正是因为存在着犯罪的必然性,从而“也存在着防卫和处罚的必要性”。惩罚权应当以自然必要性和自我防卫权为基础,脱离了这样的基础,不相信有哪种关于刑罚权的理论能够稳固地站住脚。[③] 因此,应当根据不同的犯罪人采取相应的救治措施。例如,对于具有犯罪生理特征者予以生理矫治,即通过医疗措施如切除前额、剥夺生殖机能等来消除犯罪的动因;将危险性很大的人流放荒岛、终身监禁乃至处死。

[3] **自然犯论**:意大利著名犯罪学家、犯罪学三圣之一[④]**加罗法洛**(Raffaele Garofalo),于1885年出版了题为《犯罪学》的著作,成为第一部以犯罪学命名的学术著作。加罗法洛一方面坚持龙勃罗梭的犯罪人类学的立场,以及强调实证和归纳的研究方法,另一方面他又开拓性地提出了自然犯论的思想。加罗法洛自然犯论的核心命题是,应将犯罪区分为自然犯与法定犯,这两种犯罪的原因有着本质的区别,真正的犯罪是自然犯,应当区分不同的自然犯分别采取不同的措施。具体内容包括:**(1) 区分自然犯与法定犯**:基于犯

---

① 〔德〕汉斯·约阿希姆·施奈德著:《犯罪学》,吴鑫涛、马君玉译,中国人民公安大学出版社1990年版,第114—115页。

② 〔美〕汉斯·托奇主编:《司法和犯罪心理学》,周嘉桂译,群众出版社1986年版,第214页。

③ 〔意〕切萨雷·龙勃罗梭著:《犯罪人论》,黄风译,中国法制出版社2000年版,第316—321页。

④ 鉴于龙勃罗梭、菲利、加罗法洛在犯罪学领域的杰出贡献,他们三人被誉为“犯罪学三圣”。

罪原因上的本质差异，应当区分自然犯与法定犯。其中：**A. 自然犯**，是指违背人类在最低限度上所应有的、贯穿于人类社会始终的怜悯情感或正直情感的犯罪。即在一个行为被公众认为是犯罪前，必需有其不道德的因素，犯罪是对道德的伤害，"而这种伤害又绝对表现为对怜悯和正直这两种基本利他情感的伤害。而且，对这些情感的伤害不是在较高级和较优良的层次上，而是在全社会都具有的平常程度上，而这种程度对于个人适应社会来说是必不可少的。"①这就意味着，我们可能发现，在人类存在的这个非常广泛的领域中，怜悯情感和正直情感具有同一性，犯罪就在于其行为侵犯了这种同样的两种情感之一。② **B. 法定犯**，是指由法律所规定的犯罪。在此，法定犯是一个模糊的定义。因为它几乎可以适合于任何一个从不同角度都将被看作对社会有害的行为。加罗法洛指出，法律学者"并不把犯罪看作是一个心理异常的人，而是看作仅仅因为做了法律禁止且应受到惩罚的行为而不同于他人的人。法律学者只在外部形式上研究犯罪，却不从心理实验的角度进行分析；犯罪的起源从来不是他考虑的问题，他所关心的是查明各种重罪与重罪的外部特征，即按照它们所侵犯的权益对事实分类。他要寻找的刑罚是一种均衡而且'抽象'的公正的刑罚，而不是经验证明能在总体上有效地减少犯罪的刑罚。"③**(2) 真正的犯罪是自然犯**：法定犯实际上不一定就是犯罪。犯罪是侵害人类最低限度的、人类社会所共有的正直情感或怜悯情感这两种情感之一的行为。这就是说，只有自然犯才是真正的犯罪，自然犯本质恶劣，而法定犯本质不一定恶劣。自然犯的犯罪原因有其犯罪人的特有的恶劣本质，而法定犯只是因为法律规定才使其成为犯罪人。**(3) 区分自然犯的不同类型**：加罗法洛一方面将有关法定犯剔除于犯罪之外，另一方面对自然犯又作了犯罪人类型的划分。即自然犯罪人，分为两大类型：A. 伤害怜悯感的犯罪，包括侵害他人生命或健康的行为、造成身体和精神上痛苦的行为等；B. 伤害正直感的犯罪，包括对财产的暴力侵犯、违反诚实情况的犯罪、做虚假的陈述或证明的行为等。**(4) 分别不同罪犯而采取对策**：根据自然犯罪人的不同类型，分别施以不同的刑事处置。例如，谋杀犯，缺乏道德意识和最低程度的怜悯感，具有先天的心理异常，不能同化在人类社会中，属于极端、典型的罪犯，对这些罪

---

① 〔意〕加罗法洛著：《犯罪学》，耿伟、王新译，中国大百科全书出版社1996年版，第44页。
② 同上书，第29页。
③ 同上书，第62—63页。

犯，通常的处置是适用死刑[①]，将他们绝对消除，例外处置是，禁闭于精神病院。又如，暴力犯，缺乏仁慈或怜悯感，不过其在精神上和生理上又均离常人不远，包括杀人犯、暴力劫持、强奸犯、有可能改变其天性的少年犯等，对这些犯罪人，分别不同情况施以流放荒地、禁闭于精神病院或拘留于海外惩戒营等措施。[②]

二、菲利的犯罪原因三元论及李斯特的犯罪原因二元论

[4] **犯罪原因三元论**：刑事近代学派著名代表、意大利犯罪学家**菲利**(Enrico Ferri)，既十分注重犯罪的生理原因，又更为关注犯罪的社会原因，提出了犯罪原因三元论、犯罪饱和论、社会责任论、刑罚替代措施等著名论断，从而开创了犯罪社会学派的先河。**犯罪原因三元论**的核心命题是，无论哪种犯罪，从最轻微的到最残忍的，都不外乎是犯罪人的自然心理机制和生理状态(人类学因素)，其所处的自然条件(自然因素)和其出生、生活或工作于其中的社会环境(社会因素)三种因素相互作用的结果。(1) 人类学因素，包括罪犯的生理、心理、个人状况三个次种类。罪犯的生理状况包括：颅骨异常、脑异常、主要器官异常、感觉能力异常、反应能力异常和相貌异常及文身等所有生理特征。罪犯的心理状况包括：智力和情感异常，尤其是道德情感异常，以及罪犯文字和行话等。罪犯的个人状况包括：种族、年龄、性别等生物学状况和公民地位、职业、住所、社会阶层、训练、教育等生物社会学状况。(2) 自然因素，是指气候、土壤状况、昼夜的相对长度、四季、平均温度和气象情况及农业状况。(3) 社会因素，包括人口密集、公共舆论、公共态度、宗教、家庭情况、教育制度、工业状况、酗酒情况、经济和政治状况、公共管理、司法、警察、一般立法情况、民事和刑事法律制度等。[③] 关于犯罪原因三因素在犯罪自然形成过程中**各自所起的相对作用**，菲利认为，对此没有一个普遍适用的明确答案，"人类学因素、自然因素和社会环境的相对作用，随着每一种违法行为的心理学和社会学特征不同而不同。例如，如果我们研究侵犯人身、侵犯财产和侵犯人身贞洁这三大类犯罪，那么各种决定因素，尤其是生物学因素和社会环境对杀人、盗窃和猥亵奸污罪的产生显然具有明显不同的作用。在每一种犯

---

① 与龙勃罗梭的见解同出一辙，1885年加罗法洛在其名著《犯罪学》中，将这些谋杀犯类比作**"纯粹的野兽""永远的敌人"**，主张对他们应当适用死亡，除此之外没有更好的办法。〔意〕加罗法洛著：《犯罪学》，耿伟、王新译，中国大百科全书出版社1996年版，第333—334页。

② 参见同上书，第329—353页。

③ 〔意〕恩里科·菲利著：《犯罪社会学》，郭建安译，中国人民公安大学出版社1990年版，第41—42页。

罪中，这三种自然因素的作用都是如此。社会环境，尤其是经济状况对盗窃罪的产生具有不可否认的作用，但对杀人和猥亵奸污罪的产生所起的作用则要小得多。同样，三种犯罪原因在每一种犯罪中所起的作用都因犯罪的种类不同而大小不相同。”[①]

[5] **犯罪饱和论**：又称犯罪饱和法则，是菲利在犯罪原因分析的基础上得出的一个重要的结论。其核心命题是，特定的社会状况会存在相应数量的犯罪，这就如同化学上的**饱和溶液**现象。具体内容包括：(1) 三元因素的决定：犯罪饱和现象奠基于犯罪原因的三元因素规律。这就是说，犯罪是由人类学因素、自然因素和社会因素相互作用而成的一种社会现象。由此，“每一个社会都有其应有的犯罪，这些犯罪的产生是由于自然及社会条件引起的，其质和量是与每一个社会集体的发展相适应的。”[②]“自然的和社会的环境，借助于行为人先天遗传的和后天获得的个性倾向及其他偶然的刺激，必然决定一个国家某一时期的犯罪在质和量上的程度。”[③](2) 犯罪饱和的法则：社会的犯罪现象犹如化学上的饱和溶液现象。“犯罪统计资料表明，犯罪从总体上看增长了，但各年度之间或多或少有些波动，或升或降有些变化。因此，每一年度犯罪的多少显然都是由不同的自然和社会环境，按照犯罪饱和法则，与行为人的遗传倾向和偶然冲动相结合而决定的。就像我们发现一定数量的水在一定的温度之下就溶解为一定数量的化学物质但并非原子的增减一样，在一定的自然和社会环境下，我们会发现一定数量的犯罪。”[④]菲利的犯罪饱和论**并非是一种消极的宿命论**，相反从犯罪原因三元论中，菲利也充分彰显了其对犯罪预防的积极倡导。他认为，尽管不能最终消灭由人类学因素、自然因素所决定的犯罪，但是通过改善社会环境可以减少和控制相当一部分由社会因素所导致的犯罪。菲利指出：“我们实证主义者并不对此(犯罪)进行或多或少的宿命论的解释，因为我们已证明，尽管我们依据仅有的方案所进行的减少和消灭犯罪的工作开始是徒劳无益的，但犯罪也绝不是我们不可改变的命运。事实上，犯罪的差额是由物质条件和社会条件决定的。通过改变最易改变的社会环境，立法者可以改变自然环境及人的生理和心理状况的影响，控制很大一部分犯罪，并减少相当一部分犯罪。我们深信，一个真正文明的

---

① 〔意〕恩里科·菲利著：《犯罪社会学》，郭建安译，中国人民公安大学出版社1990年版，第44页。

② 〔意〕菲利著：《实证派犯罪学》，郭建安译，中国政法大学出版社1987年版，第43页。

③ 〔意〕恩里科·菲利著：《犯罪社会学》，郭建安译，中国人民公安大学出版社1990年版，第98页。

④ 同上书，第56页。

立法者，可以不过多地依赖刑法典，而通过社会生活和立法中潜在的救治措施来减少犯罪的祸患。”[①]

[6] **刑罚替代措施**：根据犯罪饱和论，在犯罪对策上菲利提出了刑罚的替代措施。其核心命题是，对于犯罪来说刑罚尽管是必要的，但是由于其效益很有限因而应当协调社会来遏制犯罪。具体地说：**(1) 刑罚的存在是必要的**：只要存在犯罪，那么应对犯罪的刑罚就是必要的。因为“犯罪饱和法则注定了，每一个社会环境由于与个人和社会缺陷密不可分的自然因素的作用，而不可避免地要产生的犯罪的最低数量。对这一最低数量的犯罪来说，以一种形式或另一种形式而存在的刑罚将永远是首要的措施，尽管其对于防止犯罪行为的产生并不是很见效。”[②]**(2) 刑罚的效果是有限的**：对于遏制犯罪来说，刑罚的效果是极其有限的。“因为经验使我们确信刑罚几乎完全失去了威慑作用，所以为了社会防卫的目的，我们必须求助于最有效的替代手段。”[③]“关于预防犯罪措施的改革哪怕只进步一点，也比出版一部完整的刑法典的效力要高一百倍。”[④]**(3) 调整社会机体是重心**：尽管刑罚是永久的必要的，但其应成为次要手段，而刑罚替代措施则应成为主要手段。所谓刑罚替代措施就是，考究犯罪的个人、自然及社会的原因，由此确立协调社会整体关系的社会措施，使社会有机体的机能得以增强，从而通过疏导将人类引向非犯罪的轨道。这就是菲利所说的：“立法者，通过研究个人和集体行为的产生、条件和结果，逐渐认识到人类的心理学和社会学规律，据此能够控制许多导致犯罪产生的因素，尤其是社会因素，并因此确保对犯罪的形成产生一种间接但更确定的影响。也就是说，在各种立法、政治、经济、行政和刑罚手段中，从最大的机构到最小的单位，社会体制将会得到调整，从而使人类行为并不总是无益地为镇压所威慑，而是被不知不觉地导向非犯罪的轨道上去，为在最小限度地导致暴力滋扰和违法机会的条件下发挥个人能力和满足个人需要留下充分的余地。”[⑤]**(4) 注重犯罪原因与犯罪预防**：刑罚替代措施的确立与实施，以犯罪原因的考究为前提及基础，并且旨在实现对犯罪的事先防控。“刑罚替代措施的目标不是使所有重罪和轻罪都不可能产生，而是在任何特定的自

---

① 〔意〕恩里科·菲利著：《实证派犯罪学》，郭建安译，中国政法大学出版社1987年版，第43页。

② 〔意〕恩里科·菲利著：《犯罪社会学》，郭建安译，中国人民公安大学出版社1990年版，第80页。

③ 同上书，第80页。

④ 同上书，第94页。

⑤ 同上书，第81页。

然和社会环境下都力争将它减少到最小的数量。”[①]菲利指出:“家庭、学校、男女交往的日常经验和社会生活的历史从侧面告诉我们,为了减少情感爆发的危险,消除其产生的原因比当它已经聚集力量时刻待发时再去制止它更有益。”[②]

[7] **犯罪原因二元论**:德国刑法大师、刑事近代学派巨擘**李斯特**(Franz Liszt),力倡刑事社会学的基本思想,提出了“应受惩罚的不是行为而是行为人”“最好的社会政策就是最好的刑事政策”等著名论断,系统地阐述了犯罪原因二元论、社会责任论、社会防卫论、教育刑论等思想,有力地推进了刑事领域的变革。犯罪原因二元论的核心命题是,个人原因与社会原因是犯罪的决定性因素,并且犯罪的社会原因更居主导地位。在此,致为可贵的是,李斯特不仅确立了犯罪原因之社会因素的决定性作用,而且阐明了犯罪原因研究中的微观问题与宏观问题的区别。具体内容包括:**(1) 否定犯罪的人类学因素**:李斯特否定龙勃罗梭的犯罪人类学观点,认为遗传倾向只是由于外部环境的影响才表现为犯罪或精神障碍的,犯罪人跟普通人完全一样,普通人只不过是由于在与外部情况结合时的幸运,才没有陷于犯罪而已。**(2) 自然因素归于社会因素**:李斯特虽然同意菲利将社会因素视为犯罪原因之一,但是不主张将自然因素独立于社会因素之外,而是认为自然因素只是社会因素之一种;他指出,冬季之所以发生财产犯罪多,尽管与收入减少、燃料短缺有关,然而终归还是由经济、社会原因决定的。**(3) 犯罪原因的二元因素**:在考究龙勃罗梭与菲利关于犯罪原因的观点的基础上,李斯特确立了犯罪原因的社会因素和个人因素,指出:“犯罪一方面是犯罪人在犯罪时个性的产物,另一方面是犯罪人在犯罪时所处的外部的尤其是经济关系的产物。”[③]**(4) 二元因素的视角与内容各别**:社会因素与个人因素考究的焦点议题不同,从而内容也各不相同。其中:**A. 社会因素**,是指在犯罪原因宏观视角下,社会犯罪现象的社会群体的生活状况。即“将犯罪作为社会生活现象进行研究时”,犯罪社会现象的社会生活因素。由于“犯罪不是绝对的”“不是社会病状”,因此“犯罪的根源应当在正常的社会生活中寻找”。犯罪人周围的社会环境,特别是经济环境,例如,失业、恶劣的居住条件、低工资、生活必需品价格高昂、酗酒等,构成犯罪的社会因素。尤其,贫困是培养犯罪的最大基础,也是遗传素质所

---

① 〔意〕恩里科·菲利著:《犯罪社会学》,郭建安译,中国人民公安大学出版社 1990 年版,第 95 页。

② 同上书,第 79 页。

③ 〔德〕冯·李斯特著:《论犯罪、刑罚与刑事政策》,徐久生译,北京大学出版社 2016 年版,第 183 页。

以质变的培养液。**B. 个人因素**，是指在犯罪原因微观视角下，具体犯罪人个人性格上的原因。即"将特定犯罪人的特定行为纳入视线时"，犯罪人的个人特性。这是对具体的犯罪人进行解剖学、生理学和心理学的研究，包括对这一犯罪人的父母特性的研究，此时，"决定实施这一犯罪行为的外在特征群就会被浓缩至最小量。"[①]**(5) 社会因素占据主导地位**：在社会因素与个人因素中，李斯特更强调社会因素对犯罪发生的作用，认为犯罪原因大部分在社会，研究犯罪原因就必须研究社会缺陷，因此"最好的社会政策，也就是最好的刑事政策"。

三、迪尔凯姆的犯罪功能论及社会失范论

[8] **犯罪功能论**：法国著名社会学家、西方社会学学科体系和专业体系的奠基者**迪尔凯姆**(Emile Durkheim，又译杜尔凯姆、涂尔干)，基于实证主义的方法原则、社会现象的客观性及社会性、功能主义分析等社会学理论，对自杀、犯罪等社会现象进行了深入的剖析，创立了犯罪功能论、社会失范论等著名的犯罪学学说。迪尔凯姆犯罪功能论的核心命题是，犯罪是社会有机体中的一个组成部分，有其社会有机体的功能体现；在常态社会状况下，犯罪不是社会的疾病，而是社会的正常生理现象。具体内容包括：**(1) 区分普遍现象与特殊现象**：存在着两种**十分不同形态**的社会现象，不应将之混淆。**A. 常态现象**，也可以称为**规则现象**，这是一种"应该怎样就怎样的现象"；常态现象是普遍现象。**普遍现象**，普遍存在于同一类各个现象中，它们的形态，或者存在于所有个体中，或者能在大部分个体中找出来；它们的普遍现象发生变动时，虽然不一定在所有个体中都呈现出同样的形态，但它们变动的程度，彼此之间大致相同。**B. 病态现象**，也可以称为**不规则现象**，这是一种"应该这样，但它偏偏不是这样的现象"；病态现象是特殊现象。**特殊现象**，不但只存在于少数的个体中，而且在这少数个体中也不会永久存在。它们在时间上和空间上都属于例外现象。[②] **(2) 犯罪功能存在于普遍现象**：按照迪尔凯姆的观点，尽管犯罪率的急速增长是个别病态社会的特殊现象，然而通常情况下的犯罪则是所有社会的普遍现象。之所以说犯罪是规则现象(普遍现象)是因为：**A. 犯罪现象普遍存在**：犯罪普遍存在于所有的社会。迪尔凯姆指出：犯罪，在人们看来是一种具有病态特征的现象，这似乎是无可争议的。以往的犯罪学者都接

---

① 〔德〕冯·李斯特著：《论犯罪、刑罚与刑事政策》，徐久生译，北京大学出版社2016年版，第183—185页。

② 〔法〕埃米尔·迪尔凯姆著：《社会学方法的规则》，胡伟译，华夏出版社1999年版，第39、45页。

受这一点，虽然各人解释的方法略有不同，但是大家都异口同声地称犯罪为病态现象。我却认为，对于犯罪问题需要仔细地分析。应用界分普遍与特殊的规则来考察，犯罪不仅存在于某些社会，而且存在于一切社会中，没有一个社会可以例外。犯罪形态、行为在不同社会中有不同的表现，在同一社会中也有不同的表现。但是可以说在任何社会、任何时候，都有这么一些人，他们做出的一些行为举动是要受到罪罚的。把犯罪当作社会病态，就是承认疾病不是某种偶发的东西，反而在一定情况下，是来源于生物的基本体质；同时，这也会抹杀生物学现象和病理学现象的一切区别。当然，犯罪本身有时是不规则的，例如某一时期犯罪率突然增高。但是，犯罪过多不能作为病态的本性，将犯罪过多作为病态的本性是不足为证的。犯罪作为规则现象，只要没有超过一定的限度，就符合规则现象的定义。**B. 共同意识决定犯罪**：犯罪是对集体意识的严重侵犯，而社会的共同意识是必然的。加罗法洛主张存在着一种人类共有的怜悯情感及正直情感，而自然犯就是对这两种情感之一的侵犯。对此，迪尔凯姆持否定态度，认为人类社会并不存着始终如一的怜悯情感及正直情感，而是主张除了集体意识以外，我们不能用别的办法来确定情感的本性，也不能通过特有的意图来定义感情，因为这些意图曾经总是在无休止地变化，而且目前还在变化。由此，迪尔凯姆指出："如果一种行为触犯了强烈而又明确的集体意识，那么这种行为就是犯罪。"[①]由于社会中总是存在着个体与集体类型之间的分歧，因此在任何社会中都不可能不存在犯罪行为。人们没有注意到一种强有力的共同意识往往是从很弱的状况开始发展起来的，并且不是在一日之间形成的。人们违反这种意识，开始时并不算是什么过错，这种意识强大起来后，再违反它，就会被认为越轨，进而被认为是犯罪。犯罪性质并不是犯罪者个人的本质，而是一种由公共意识认定的性质。如果这种公共意识更加强大，有足够的权威能够使各种微弱的议论变成一种强有力的议论，那么它也就会吹毛求疵地将一些小事变为大罪。**C. 犯罪避免道德僵硬**（破旧）：犯罪对社会来说是必需的。犯罪与社会生活的基本条件相联系，并且对这些条件来说是有用的。如果社会上没有犯罪，如同建筑没有毁坏，就没有重建的希望，社会也就没有进化了。道德意识的权威不可过分，或者说不能毫无触动，否则它就会在不变的形式下僵硬起来。一个进步的思想家要想超越本世纪的思想而有所表现，就需要在那一时期里，有犯罪的思想。改革与犯罪是相依为命，不可分离的。**D. 犯罪有益社会进化**（立

---

① 参见〔法〕埃米尔·涂尔干著：《社会分工论》，渠东译，生活·读书·新知三联书店2000年版，第37、43页。

新）：犯罪除了间接地有益于社会之外，还能直接有益于社会的进化。犯罪不仅使社会产生改革的需要，而且在某些情况下还能直接地为这些改革做准备。犯罪不仅能使一些旧的集体意识、旧的方法有必要改为新的集体意识、新的方法，有时候它还能够引导一些旧的思想方法演变到新的思想方法上去。有些犯罪行为，看起来是触动了现时的道德，实际上它已经预定了将来的道德。[①] **(3) 规则犯罪的正常机能**：规则的犯罪有其正常的社会机能的体现。迪尔凯姆强调，对于作为一种规则现象的犯罪，我们至少不能把犯罪本身归结为不好的事，因为这种过于狭窄的含义不能包括整个犯罪的内容。社会上的犯罪减少了，不一定值得庆贺。可以说，近代社会的进步都是由那些使社会动乱不安的事件引起的。犯罪的事实减少了，并不能说社会就会安宁。有关刑罚的理论，必须进行更新。如果把犯罪当作社会的疾病，刑罚就只能看作是治病的药方，刑罚理论所要评论的就只是如何实现这种医药的作用。但是，现在的结论说明，犯罪不是一种病态，那么刑罚的目的就不再是治病，它的真正功能必须重新进行研究。[②] **(4) 犯罪功能论绝非推崇犯罪**：应当认识到，迪尔凯姆的犯罪功能论并不是要为犯罪辩护。他明确指出："犯罪是社会学上的一种规则现象，并不是说要喜欢它。痛苦同样也不是人们愿意的，个人恨它，社会也恨它，但痛苦仍然是生理学上的规则现象。痛苦不仅从生命的构成中必然产生出来，而且在生命中充当了一个有用的角色，这种角色是其他东西无法替代的。人们可能会把这种认识当作犯罪的辩护词来误解。当客观地研究道德现象，并使用与通常不同的词汇时，引起各种误解和指责是不奇怪的。"[③]

［9］**社会失范论**：迪尔凯姆还创立了著名的社会失范论，后来这一理论在美国进一步发展成紧张理论。如果说，犯罪功能论是从常态着眼研究犯罪的话，社会失范论则是从病态角度论证犯罪。社会失范论的核心命题是，一个社会的社会结构急剧变动，会引发社会的病态，而在社会的病态状况下，社会的价值体系陷于崩溃，社会越轨及犯罪现象就会丛生。具体内容包括：**(1) 两种病态的自杀现象**：对病态的自杀现象的揭示，是迪尔凯姆社会失范论的实证基础。迪尔凯姆在对自杀现象进行实证研究时指出："利己主义自杀和反常自杀的发展可以被看成是**病态**的，只有这两种自杀是我们必须关心的。" **A. 反常自杀**，是一种比较现代化的容易和杀人相结合的自杀。导致反常自

① 〔法〕埃米尔·迪尔凯姆著：《社会学方法的规则》，胡伟译，华夏出版社1999年版，第52—57页；〔法〕E. 迪尔凯姆著：《社会学方法的准则》，狄玉明译，商务印书馆1995年版，第84页。

② 〔法〕埃米尔·迪尔凯姆著：《社会学方法的规则》，胡伟译，华夏出版社1999年版，第58页。

③ 同上。

杀的因素有二：其一，个人活动失常：反常自杀“产生于这些人的活动失常并由此受到损害。”[①]“反常实际上产生一种激怒和厌烦的状态，这种状态根据不同的情况可以转而针对自己或针对他人：在前一种情况下会引起自杀，在后一种情况下会引起杀人。至于决定这种受到过分刺激的力量发展方向的因素，可能与个人的道德素质有关，根据这种素质的强弱朝一个方向或朝另一个方向发展。一个道德观念较差的人宁愿杀人而不愿自杀。”[②]其二，社会控制薄弱：社会混乱，不能控制个人情欲。反常自杀“不取决于个人与社会相联系的方式，而取决于社会管理个人的方式”。对于反常自杀来说，社会不能影响真正的个人情欲，使情欲得不到调节和控制[③]。“这就是为什么今天在大城市和有高度文明的地区杀人和自杀有某种程度上平行发展的原因。因为在这些地方，反常达到了尖锐的状态。同样的原因妨碍杀人迅速减少，就像自杀增多那样。”[④]**B. 利己主义自杀**：导致利己主义自杀的因素也有二：其一，过度个人主义：过度个人主义仅仅以自己为目的，然而个人太微不足道了，他不仅受到空间的限制，而且受到时间的严格限制。因此，如果我们除了自己没有其他目的，我们就不能摆脱这样的念头：我们的努力终究注定要化为泡影，因为我们自己也必然要化为乌有。但是毁灭使我们感到害怕。在这种情况下，我们可能不会有勇气活下去。[⑤] 其二，集体力量虚弱：个人所属的群体越是虚弱，他就越是不依靠群体，因而越是只依靠他自己，不承认不符合他私人利益的其他行为规则。利己主义自杀的根源，是社会在各方面都没有足够的整合作用使它的所有成员从属于它。因此，这种自杀之所以过分地增加，是因为它所依赖的这种状态本身在蔓延，是因为混乱而虚弱的社会听任它的许多成员完全摆脱它的影响。[⑥] **（2）自杀急剧增长与社会结构病态**：尽管迪尔凯姆强调犯罪是社会的正常现象，但是他认为犯罪率的急速增长则是病态。他指出，自杀增加的根源很可能是现在伴随着文明的进步而来的一种病态状态；自杀与社会结构最根深蒂固的东西有关，因为自杀表现了社会的情绪，而民族的情绪像个人的情绪一样，反映了机体最根本的状态。**因此**，我们的社会组织必定在这个世纪里发生了深刻的变化，所以才引起自杀率如此升高。然而，既严重又迅速的变化不可能不是病态的，因为一个社会不可能如此突

---

① 〔法〕埃米尔·迪尔凯姆著：《自杀论——社会学研究》，冯韵文译，商务印书馆1996年版，第240页。

② 同上书，第338页。

③ 同上书，第240页。

④ 同上书，第338页。

⑤ 同上书，第186页。

⑥ 同上书，第185、355页。

然地改变结构。这些变化不是产生于有规律的进化，而是产生于一种病态的动荡，这种动荡完全可能彻底推翻过去的一切法规，但不可能建立任何新的法规，因为几百年的业绩不可能在几年内重新完成。① **因此**，在迪尔凯姆看来，社会虽然是个有机体，但是它的进化却不可能自发地实现。特别是在从传统社会到现代社会的转变中，社会调节系统一旦失灵，整个社会就可能陷入失范状态而归于毁灭。为了避免分裂，维持社会的统一，社会必须有一个共同的信仰体系或价值体系，必须有一个共同的强有力的道德规范体系。**(3) 社会失范状态的呈现**：基于对反常自杀、利己主义自杀以及自杀急剧增长的分析，迪尔凯姆阐述了社会失范论的基本思想。**社会失范**(anomie)，即社会反常状态，是基于社会结构的急速变动而形成的，一种在一个社会或者群体中的，相对无规则的不正常状态(病态状态)。在这种状态下，社会的道德准则崩溃，现有的规范体系对于社会成员的奢望缺乏有效的约束力与束缚，社会的连带性、结合性削弱，社会整合被破坏，社会解组出现，越轨行为、犯罪行为不断增长。同时，迪尔凯姆也意识到另一种幸运的反常状态(anomie of prosperity)，这是指一种美好的命运突然发生，从而摧毁了一个人的行为规范与准则。迪尔凯姆认为，每个社会对人们的目标与愿望都有着一定的限制，假如社会不能控制其成员愿望的确立和保持，那么社会反常状态将随即产生。当人们无法约束他们的欲望的时候，他们的要求将无限扩大。社会失范引发人类社会的崩溃，导致自然或人为的灾难，诸如经济萧条、战争、饥荒。

四、塔尔德的犯罪模仿论

[10] **犯罪模仿论**：19世纪末犯罪社会学的先驱、法国社会学家**塔尔德**(Gabriel Tarde)，创立了犯罪模仿论的犯罪原因学说。以塔尔德的犯罪模仿论为基础，美国学者班杜拉创建了现代社会学习理论，后来又由美国著名社会学家萨瑟兰发展为差异交往论。犯罪模仿论的核心命题是，如同其他社会现象的形成一样，犯罪行为也是依循模仿规律而在后天学会的。具体内容包括：**(1) 社会心理流转构成社会现象**：塔尔德反对社会学中的生物学概念和社会中心概念，致力于建立一种心理学的社会学。**认为**社会现象的本质是心理的，它们由一些个人的心灵的某种交互作用所构成；他首次用欲求、意向和信仰的社会心理学概念，来解释社会现象和社会历程；社会现象基于构成社会的人的行动，而行动又决定于行动者欲求之类的因子。**这就是说**，一些个人

① 参见〔法〕埃米尔·迪尔凯姆著：《自杀论——社会学研究》，冯韵文译，商务印书馆1996年版，第349—350页。

的欲求、信仰之类的交换和流转，构成社会现象；它们经由三种主要形式，即重演或模仿、对抗、适应或发明；因此，重演或模仿、对抗、适应或发明，是社会现象的实质；不过，在这三种形式的历程中，最先的还是发明，随后才有重演或模仿。**发明**是个人的潜在的**欲求**的结果，它可以是一种观念，也可以转而为行为，并被其他个人**重演或模仿**，甚至出现模仿浪潮，从而由近及远，推向全社会。当**另一个发明**，即另一种观念或行动形成又一个模仿的浪潮时，两个或两个以上的浪潮就会发生**对抗**。对抗的结果，要么两个或两个以上的浪潮同遭毁灭；要么较弱的一方遭到淘汰；要么彼此相互适应，从而引起又一种**新的发明**。新的发明同样形成模仿的浪潮，同样发生对抗，同样毁灭、淘汰或者适应，再出现一种新的发明。如此往复不断。**由此可见**，在社会历程的三种形式中，模仿和发明是主要的，它们是社会生活的动力，而发明则是社会变迁、进步的原因。"任何一种革新或完善，不管怎样软弱无力，都是同以前的全部社会现象，同语言、宗教、政治、法律、工业、艺术的革新相关联的。""哪里没有这些心理关系，哪里就没有社会"。[①] **(2) 犯罪行为也是后天学会的**：基于社会现象形成的这一思想，塔尔德认为，任何行为包括犯罪行为都是后天学会的，犯罪行为同样受着模仿规律的支配，犯罪行为是一种手工业。具体地说：**A. 模仿规律**：塔尔德指出，社会上有两类人，一类是天才发明者，另一类是绝大多数模仿者，后者重复前者的行为。**模仿规律**有三条：模仿取决于交往的程度，互相保持密切接触和亲密关系的个人之间最容易模仿彼此的行为；模仿往往是由较高社会阶层向较低社会阶层、从城市向农村蔓延，青少年模仿老年人，穷人仿效富人，农民仿效贵族；当两种互相排斥的行为同时出现时，其中一种行为能为另一种行为所代替，较老式的行为衰退，较新式的行为流行。[②] **B. 犯罪的社会原因**：塔尔德断言，社会变动对犯罪的性质、犯罪行为的方式和犯罪人口成分有着深刻的影响。各种社会因素对现存的犯罪类型都有一定的关系，某些社会因素特别容易引起犯罪行为。这些因素有，作为犯罪活动滋生地的城市的发展、工业化社会带来的更大的物质利益和可以避开可怕的刑罚的机会等。他主张，法庭的职能应当归结为确定被告有罪或者无罪，至于具体量刑应由专门的委员会来决定。[③]

---

① 参见王养冲著：《西方近代社会学思想的演进》，华东师范大学出版社 1996 年版，第 112—113 页。

② 参见〔德〕汉斯·约阿希姆·施奈德著：《犯罪学》，吴鑫涛、马君玉译，中国人民公安大学出版社 1990 年版，第 531 页；邱国梁著：《犯罪学》，上海社会科学院出版社 1989 年版，第 71—72 页。

③ 参见邱国梁著：《犯罪学》，上海社会科学院出版社 1989 年版，第 72 页。

第27节 20世纪以来美国犯罪原因理论的深化

[1] 20世纪以来，以欧洲的犯罪原因理论为基奠，美国的犯罪原因理论取得了丰硕的成果。这与20世纪初美国犯罪问题的突出，以及美国注重实践的科学风格不无关系。犯罪突出的社会现实需要犯罪学理论对之予以深入研究，而注重实践的科学风格正是犯罪学这一实证学科的重要特征。美国的刑法理论与司法制度都彰显着，注重刑事政策思想的灵活切入及注重实效的操作技术的风格。在犯罪学领域，社会结构理论、社会化过程理论、冲突理论是美国犯罪原因理论的三大分支。社会结构理论以社会失范论等为基奠，又有社会解组论、紧张理论、文化越轨理论的分支；社会化过程理论以犯罪模仿论等为基奠，又有社会学习理论、社会控制论、标签理论的分支；冲突理论又分为保守的冲突理论与激进的冲突理论。其中，社会结构理论与社会化过程理论，具有学术观点及理论视角的相对意义。

一、社会结构理论之社会解组论分支

[2] **社会结构理论**（Social Structure Theories）：社会结构理论的主要知识背景是功能主义；社会结构理论以社会阶层的罪因考究为重心；社会结构理论的分支包括社会解组理论、紧张理论和文化越轨理论。**(1) 功能主义**：可以溯源到早期社会学理论家如孔德、斯宾塞、迪尔凯姆的著作[①]，其**主要特征**是：**A. 社会结构**：功能主义通过强调"系统"范畴，而将社会结构和社会整体作为基本的分析单位，把研究重点放在大型社会系统和宏观社会机制上。**B. 现存结构**：功能主义强调社会系统的现存结构，把任何现存的社会都当作具备了生存资格的适者；对于社会系统的内部组成，功能主义并不追究其产生的原因，而是侧重考察它们在维持系统生存中所发挥的社会效果。**C. 结构功能**：功能主义主张，任何现存社会都具有一些基本的制度模式（结构），而这些制度模式之间发生着相互支持的关系（功能），从而保证了社会系统的生存。因此，社会系统的存在具有首要意义。**D. 方法贡献**：功能主义既提出了独特的概念范畴与理论模式，更创立了全新的功能分析方法。功能主义为考察社会现象提供了新颖的观察角度，发展了一种全新的系统分析方法，为现代系

---

① 参见〔美〕戴维·波普诺著：《社会学》（第十版），李强等译，中国人民大学出版社、Prentice Hall出版公司1999年版，第18页。

统论的形成作出了贡献。[1] **(2) 基本特征:A. 强调下层阶级犯罪严重**。处于被剥夺状态的下层阶级,其不利的经济地位是犯罪的主要原因。尽管中产阶级和上层阶级也从事犯罪,但是中产阶级犯罪的发生频率、严重性和对公众社会的危害性相对较小,而下层阶级的青少年帮伙则常常实施暴力性、破坏性行为。因此真正的犯罪问题,在于下层阶级的犯罪现象;贫民窟地区的少年帮伙、高犯罪率、社会失范是社会的主要问题。**B. 关注青少年违法行为**。下层阶级中诱发犯罪的社会因素毒害着青少年,由此影响了他们的一生。虽然并不是所有的青少年违法者进入成年后都将去实施犯罪,但是许多犯罪的成年人,是在他们作为青少年违法团伙的成员时获得犯罪的价值观与技术训练的。**C. 认为社会环境决定行为**。社会结构理论否定将犯罪原因解释为心理失衡、生理遗传、藐视社会控制、自由意志或者其他的个体因素,坚持认为生活在同样的社会环境中的人们,有着相类似的行为模式。假如环境对人们的行为没有什么影响的话,那么整个社会中不同阶层的犯罪率应当是一致的,然而事实并非如此。[2] 既然城市中心的下层阶级的犯罪率比郊区的中产阶级的犯罪率要高,那么存在于城市贫民窟的一些社会因素肯定影响并控制着人们的行为。[3]

[3] **社会解组论**(Social Disorganization Theory):也称犯罪社会生态学、文化转型论、犯罪区位学,其是20世纪20—30年代在美国芝加哥产生一种犯罪原因理论流派。1892年,芝加哥大学创建了世界上第一个社会学系,系主任斯莫尔(Albion Small)创办了《美国社会学杂志》,和文森特(George Vincent)编写了第一部社会学教科书,并广泛吸纳贤才,使芝加哥大学成群星璀璨的社会学教学和研究圣地,构成了**芝加哥学派**的雏形。同属芝加哥学派的帕克(Robert Park)、伯吉斯(Ernest Buress)、肖(Clifford Shaw)、麦凯(Henry McKay)和思雷舍(Frederic Thrasher)等,对芝加哥地区的犯罪问题进行了深入的研究,提出了社会解组论。社会解组论的产生**得益于**:20世纪早期动植物生态学(生命系统)知识;芝加哥政府机构所搜集的社会统计数据的出现。[4] 社会解组理论的**中心思想**是,社区的生态特征与犯罪率密切相关。居民频频更替、价值分歧、社会组织崩溃的社区,常常也是犯罪丛生的地区。因为社区

---

① 参见贾春增主编:《外国社会学史》,中国人民大学出版社2000年版,第214—215页。

② David Brownfield, "Social Class and Violent Behavior", *Criminology*, Vol. 24, 1986, pp. 421—38.

③ See Charles Tittle and Robert Meier, "Specifying the SES/Delinquency Relationship", *Criminology*, Vol. 28, 1990, pp. 271—295 at 293.

④ Frank P. Williams Ⅲ, Marilyn D. McShane, *Criminology Theory: Selected Classic Readings*, Anderson Publishing Company, 1993, p. 34.

居民的频繁转换，削弱了社区的团结，阻碍了社区的问题的解决和共同目标的构建。人们对社区的事务不感兴趣，家庭、学校、社区服务机构等基本的社会控制组织削弱或解体。社会解组表现为，高比率的失业和逃学、低水平的收入和大量的单亲家庭。社会组织丧失了其功能，无从控制人们的行为，这就引起了其成员的冲突和沮丧，反社会的行为就会在这种环境中滋长、流行。[①]

[4] **都市发展同心圆论**（Theory of Concentric Circles）：芝加哥学派的创始人、社会解组论的奠基者帕克（Robert Park）和伯吉斯（Ernest Buress），汲取迪尔凯姆社会失范论的科学思想，并将生态学的理论和方法引入对人类社区的研究，试图揭示环境因素对犯罪的影响，提出了以都市发展同心圆论为核心的犯罪生态学。都市发展同心圆论的核心命题是，人类社区也是一个个有着特定动态平衡的生态共生区域，在这些区域中，居民更替至为频繁的空隙区，那里的生态共生关系被打破，犯罪现象等得以滋生。**具体内容**包括：**(1) 人类生态学的基本原理**：**生态学理论**认为，植物与动物构成一个动态复杂的自然整体，它们相互依赖而生存；每个**有机体**[②]，都在动态平衡的环境中为了自己的生存而斗争着。**帕克**认为，人类社区的现实存在，实际上也类似于这种生物生态；每个人都在有着相互依存关系的社区中，为了自己的生存而斗争着。具体地说：**A. "共生现象"**（symbiosis）。这原本是植物生态学上的一个术语，是指两种生物或两种中的一种，由于不能独立生存而共同生活在一起，或者一种生物生活于另一种生物的体内，两者互相依赖，各能获得一定利益的现象。由于每种植物和动物群落都被认为与有机体相类似，因此环境中的这种自然平衡被看成是类似于一种超有机体。帕克认为，与这种动植物的生态类似，城市不仅是一种地理学的现象，而且也是一种社会有机体；在城市中人们之间充满了相互作用和共生关系，使得城市成为一个超有机体。在这个城市的超有机体中，存在着许多不同类型的自然区域（natural areas）。其中，一些区域系属某一种族人群的聚居社区，例如唐人街、黑人区域；另一些区域则系某些特定职业群体或特定收入群体的聚居社区，例如工业区域、商业区域。不仅同一自然区域内的人们之间存在着共生关系，而且某一城市的不同自然区域之间也存在着共生关系。**B. "侵入、统治、接替"**（invasion,

---

① Larry J. Siegel, *Criminology: Theories, Patterns, and Typologies*, Fifth Edition, West Publishing Company, 1995, pp. 180—181.

② **有机体**，即自然界中有生命的生物体的总称，包括人和一切动植物，构成有机体的物质基础是蛋白质和核酸，它通过新陈代谢的运动形式而表现出一系列的生命现象，如应激、生长、发育、繁殖、遗传、变异。

dominance, succession)。自然界里的动植物的生态区域,存在着侵入、统治、接替的过程;表现为某种新的物种侵入某一自然区域,逐渐地将其他生物从该区域中赶走,进而统治该区域的生态关系,接替了其他生物而生活在该区域。与此相似,人类社会中的社区生态环境,也存在着侵入、统治、接替的过程。美国的历史就是呈现为,白人侵入印第安人的生活区域,将印第安人从其生活的领土上赶出,由此统治该区域,接替了印第安人而生活在该区域。现代城市的发展,也同样会呈现为,新的种族或者文化群体侵入某个自然区域,逐渐地将该区域中原有的居民赶走,进而统治这个区域,最终接替了该区域的原有居民而生活在该区域。[①] **(2) 都市发展同心圆论的具体分析:伯吉斯**经过对芝加哥市发展中的"侵入、统治、接替"过程的研究,发现芝加哥市在发展过程中形成了五个界限分明的同心圆地区(见图 **27-1**),从而提出了都市发展同心圆论。**A. 同心圆中的不同区域:**这五个区域分别是:**Ⅰ. 商业区:**此区是都市及其内地的政治、经济、文化活动中心,区内有市政厅、博物馆、影剧院、百货公司、摩天大楼、大饭店、火车站等。**Ⅱ. 过渡区:**此区成环状围绕中心商业区,属于贫民住宅区、移民聚居所、恶习区、房租区和一些轻工业区。该区居民通常是罪犯、失业者、少数种族等。**Ⅲ. 工人住宅区:**此区主要是工厂、商店工人的居住区,其房屋都很小、古老。第二圈中的居民为摆脱过渡区的恶劣环境,常常移居到这里。**Ⅳ. 中产阶级居住区:**此区主要是小商人、专业人员、企业管理人员及当地中产阶级的居住区,其房屋多数是呈现为标准型态的独家住宅单位。**Ⅴ. 通勤者区:**此区为最外圈地区,是中上层阶级的住宅区,居民多数是在市中心工作的中产阶级者。所谓通勤者(commuter),是指经常往返者。**B. 空隙区易于滋生犯罪:**每个区域因为居住的种族相同,所以习俗和价值观等也相近,从而构成一个自然区域。由于城市在不断地扩张成长,因此这些自然区域通过侵入、统治和接替的过程而不断地更新。一些从某一自然区域中迁出的居民侵入到其他自然区域,而使侵入区域原有的居民不断迁出搬到更令人满意的区域。这种不断由新的居民迁入旧的居民迁出的区域为空隙区域(interstitial areas),其被许多社会问题所困扰。具体地说,当城市中某一自然区域被新的居民侵入时,维系那里的共生关系被打破,原来存在于这一地区的正式社会组织被分化,社会控制力减低。[②] **(3) 都市发**

---

① Robert Park, "The City: Suggestions for the Investigation of Behavior in the City Envioronment", *American Journal of Sociology*, Vol. 1915, pp. 579—583; Robert Park, Ernest Burgess and Roderic McKenzie, *The City*, University of Chicago Press, 1925.

② Robert Park, Ernest Burgess and Roderic McKenzie, *The City*, University of Chicago Press, 1925, p. 51.

展同心圆论的实证展开:20 世纪 20 年代的芝加哥,是正在全美发生的许多城市变迁的典型。社会变迁引发了包括犯罪在内的许多社会问题。**肖和麦凯**运用伯吉斯的都市发展同心圆论,依据广泛搜集到的芝加哥地区的犯罪率统计资料,对芝加哥市的青少年犯罪原因进行了探讨。他们的**主要观点**是:**A. 犯罪现象**:同心地带(concentric zones)的犯罪保持着稳定的模式,其中过渡区是犯罪的高发地带,并且不受该地区种族结构的影响。肖和麦凯对芝加哥同心地带的犯罪统计资料进行了对比,意识到在这个城市中存在着不同的生态地区。统计资料表明,在芝加哥市五个不同的同心地带中,犯罪率有着稳定的、明显的差别。青少年犯罪集中在外来移民最多的城市中心地带,尔后向郊外逐步递减。并且,某一地区的犯罪趋向并不为其区域内居民的改变所影响。尽管犯罪率有所变化,但是最高的犯罪率总是出现在城市的中心地带和过渡性的地区,而且即使在这些地区的种族结构发生变化的时候,例如由德国人和爱尔兰人变为意大利人和波兰人,这些地区也仍然保持着高的犯罪率。为了探明这一现象的普遍性与否,肖和麦凯搜集了尽可能多的统计资料,对过去 65 年来这 5 个生态地区的犯罪状况进行了分析,结果不同地区间的犯罪率对比保持于同一模式。[①] **B. 犯罪原因**:犯罪率与社区的社会和经济特征密切相关,犯罪根植于动荡的社区生活。**其一**,社区的犯罪传统导致少年步入犯罪的生涯。在居民的经济地位较低的社区中,存在着价值体系的冲突,儿童面临着价值观的选择,而常常是违法犯罪对他有着更大的诱惑力。因为在这一社区中有着大量的依靠犯罪而赢得财富、声望、权力和社会地位的榜样;同时同伴的尊重与赞同,也为他提供了安全感和成就感,使他渐渐习惯于这种行为。进而,违法少年帮伙成为该少年从事犯罪生涯的精神鼓励和技术训练,由此他扎根于其中。可见,在这样的社区中,犯罪已发展成一种与该社区的生活密不可分的社会传统。犯罪的社会价值观和行为规范在该社区中占据了足够的地位,从而引导着许多青少年走向犯罪的生涯。儿童通过与少年犯罪帮伙的接触,习染了他们的行为、语言、手势、态度,并置身于这种帮伙之中。与此不同,在居民的经济地位较高的社区,少年在相对统一、稳定的传统价值观的教导下成长,对他来说不存在对冲突价值观的选择问题。社区传统的价值体系能够有效地控制少年的行为。**其二**,经济地位低下的人群拥有最高的犯罪率。社会地位以及社区地位,在很大程度上取决于经济状

---

① Larry J. Siegel, *Criminology: Theories, Patterns, and Typologies*, Fifth Edition, West Publishing Company, 1995, p. 182; Frank P. Williams Ⅲ, Marilyn D. McShane, *Criminology Theory: Selected Classic Readings*, Anderson Publishing Company, 1993, p. 34.

况。一个人的衣着、汽车、住房以及他所在社区的物理特征是他身份的重要标志。生活于贫困社区的居民，没有机会受到从事商业、生产和其他职业所必需的教育和训练。这使得他们难以赢得职业和发展。而富有社区的居民，则拥有足够的教育和训练机会。尽管不同社区的居民有着这种地位上的差异，然而社会所倡导的成功观念却是一致的，宣扬平等、自由、个人奋斗。这种不同社区间获得成功机会的悬殊，对于犯罪有着重大的影响。在其他的环境中可以通过合法途径获得经济、社会地位，而对于低收入的社区来说，犯罪则成了一种替代的手段。[①] **其三**，过渡性的聚居区（transitional neighborhoods）的社会解组是少年犯罪的重要原因。人口成分的不断变化、外来文化的瓦解、不同文化标准的扩散以及地区的工业化，导致了聚居区文化和组织的解体。聚居区传统的惯例和组织的持续性被打破。这样，聚居区作为整体控制以及社会道德标准传递媒介的效能，大大地降低。在这种环境中长大的儿童几乎没有机会接触传统社会的文化遗产，他们中的绝大多数参加自发的游戏群体和有组织的犯罪帮伙。这种地区特别有利于少年犯罪帮伙和有组织犯罪的栖息、生长。[②] **C. 犯罪治理**：要减少贫困社区的犯罪，必须改变那里的社区环境，粉碎其犯罪的价值观，由此倡导芝加哥区域计划（Chicago Area Project）。过渡性贫困社区的高犯罪率主要是由该区的物理环境和价值体系造成的，因此要减少这一社区的犯罪，必须更新社区的物理环境和价值体系，使该社区不仅成为青少年喜爱的地方，有足够的娱乐场所，而且彻底摧毁犯罪的价值观，以另外较传统的道德规范来代替之。基于这一理念，肖和麦凯大力倡导芝加哥区域计划，将犯罪原因的理论成果转化成犯罪预防的社会实践。芝加哥区域计划，是指在芝加哥青少年犯罪率最高的 6 个区域建立 6 个社区委员会领导其下的 22 个邻里中心。邻里中心的主要职能是：协调教堂、学校、俱乐部、劳资机构等解决社区问题；组织多项娱乐活动，建立通过共同行动解决社区问题的民主组织；做好社区的犯罪释放人员的安置工作。芝加哥区域计划实施了 25 年之久，使得各种犯罪显著减少，并对美国的犯罪社区区域防治产生了深远的影响。

---

① Frank P. Williams Ⅲ, Marilyn D. McShane, *Criminology Theory: Selected Classic Readings*, Anderson Publishing Company, 1993, pp. 42—46.

② Clifford Shaw, *The Natural History of a Delinquent Career*, Philadelphia: Albert Saifer, 1951, p. 15.

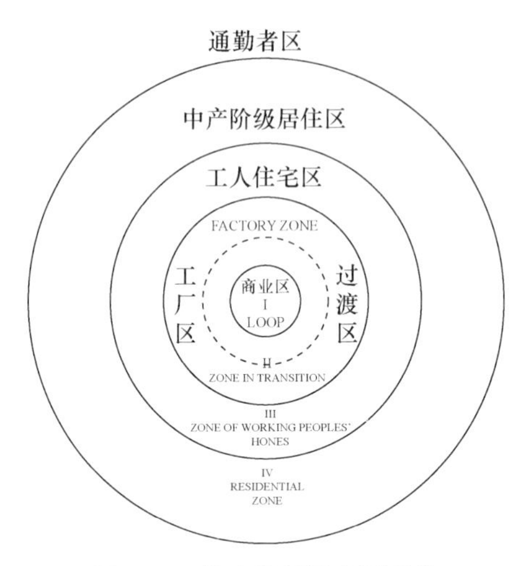

图 27-1　都市发展同心圆理论

二、社会结构理论之紧张理论分支

[5] **紧张理论**(Strain Theory):美国著名社会学家默顿(Robert Merton),是现代紧张理论的创始人。紧张理论自 1938 年创立以来,虽因其缺乏充足的实证基础,以及受到来自社会控制论、差异交往论等理论的冲击,曾一度受到冷落,但是紧张理论的生命力可谓经久不衰。20 世纪 90 年代以来,紧张理论再度受到推崇,许多学者依循默顿紧张理论的思想轨迹,构建犯罪原因解释的紧张学说,提出了许多著名的论断。例如,美国著名犯罪学家迈斯纳与罗森费尔德提出的美国人的梦,美国著名犯罪学家阿格纽提出的一般紧张理论等。当然,在这些紧张概念的再构与推进中,有的依循着默顿的社会学的思想轨道,例如,迈斯纳与罗森费尔德的理论建构,而有的则偏离了默顿的社会学的思想轨道,使紧张成为一个心理学上的现象,例如,阿格纽的理论建构(见本节段 8)。总体而论,最初的紧张理论系立于社会结构的视角解释犯罪,强调社会结构对犯罪率的影响,认为犯罪是由于行为人不能通过合法手段取得社会所界定的成功目标,而产生的沮丧和气愤情绪的产物。其**核心命题**是,社会结构的解体导致了紧张,而紧张促成了犯罪。**具体地说**,社会上所有经济阶层的人都向往中产阶级的价值目标,诸如财富、权力、声望等等,但是取得这种目标的能力却是由个人的社会经济地位所决定,从而不同阶层的人取得成功的方法及至紧张的程度是各不相同的。对于中、上层阶级来说,取得作为成功标志的教育、财富、声望等的手段是轻而易举的,因而他们不存在紧张。然而,对于下层阶级来说,由于其不利的经济和社会地位,几乎

所有通向成功的正常道路都被堵死了，因此他们感到愤怒、沮丧，不满于这种给他们带来不平等的社会。这种情绪促使他们通过越轨的方法去追寻成功的目标，或者排斥社会既定的目标而代之以诸如侵害、强硬等。

[6] **社会反常理论**(Theory of Anomie)：美国著名社会学家帕森斯(Talcott Parsons)的学生**默顿**(Robert Merton)，继承并发展了帕森斯的社会行动理论，肯定并融合了迪尔凯姆的社会失范论，汲取了芝加哥学派社会解组论的合理成分，提出了自己的社会反常理论(社会紊乱理论)，创立了紧张理论的典型学说。默顿社会反常理论的核心命题是，一个社会非常强调由大众文化所界定的成功的目标，而这个社会所提供的达到这些目标的方法却被不平等地在它的成员中分配；这种目标与方法之间的断裂(disjuncture between goals and means)，或者说获取成功目标的方法缺乏，就是社会反常状态；社会反常状态使违法行为增多，这尤其表现于在获取方法方面处于不利地位的社会群体中。具体内容包括：**(1) 帕森斯的社会行动理论**：社会行动不是“单元行动”，而是“社会行动系统”，即应把个体行动者的互动过程看作一个系统。当各种倾向的行动者互动时，他们逐渐形成了协定，并确立互动模式，这一互动模式变得“制度化”[①]，这种制度化模式可称为社会系统。社会系统受人格的影响，并受文化的制约。因此，行动系统包含了三个部分[②]：人格系统、社会系统和文化系统。[③] **A. 行动系统整合**：帕森斯运用结构与功能两个范畴来分析社会系统。社会系统要维持一种秩序，必须满足一定的功能先决条件。帕森斯将行动系统内部各系统之间的整合看作社会的基本生存条件。整合意味着：由各部分的和谐关系使体系达到均衡状态，避免变迁；体系内各部分共

---

① **制度化**是指处于一定地位的行动者(角色)之间互动形成的相对稳定的模式。

② 帕森斯在后来的著作中又增加了一个行为有机系统。**行为有机系统**是指人类的生理系统，包括体质与神经系统。行为有机系统是行动系统最基本的单位，但并非是其他三个系统的决定因素。它仅仅只是提供发展其他三个系统所必需的基础而已。人都有食与呼吸的有机体需求，但是如何来满足此类需求，则是由人格、社会、文化三个系统来决定的。

③ 人格系统、社会系统和文化系统都只是分析层次，它们与整个社会生活的不同层次和不同维度相对应，而不是一种物质实体的划分。按照帕森斯的推论，**人格**涉及个体的需求倾向，这些需求倾向是合群需要和精神需要。通过社会化的过程，客体的社会阅历逐渐丰富，他们成为具有个体身份的社会有机体中的一分子。人格是社会生活的特殊层次，并且意味着个人的独特性，但是这种独特性本身也只不过是社会的产物。在行动系统里，人格是行动者，显露在外，其他系统只是在背后影响而已。**社会**系统包括角色、模式规范、团体性等结构。社会系统，论及社会互动。社会互动并非是人与人之间的互动，而是角色与角色间的互动，这种互动可能是合作的也可能是对抗的。互动意味着不止一个人，无论何时我们都面临两个人以上的资源分配问题。社会系统会遇到物质匮乏和组织的压力这样的难题。为了解决物质的匮乏，进行组织，提出规则，而后者又反过来唤起合法性和公正性问题。**文化**既不是指人们的需求倾向，也不是指现实中互动的特征，而是指意义和价值的广泛的符号模式。文化模式不仅描述特定的互动和需求倾向的情况，而且告诉我们，在文化价值的一般性与特殊性之间总是存在着空白，它的意义要由社会或人格系统加以阐明。

同维持以抗拒外来的压力。帕森斯认为，社会系统各组成部分的平衡[①]构成人类社会的正常状态；人格系统和文化系统整合于社会系统，从而确保一定程度的规范内聚力和行动者服从规范和扮演角色的最低限度的责任感。其中，人格系统整合于社会系统的机制是社会化机制[②]和社会控制机制[③]，正是通过这些机制的作用，人格系统得以结构化，从而与社会系统的结构相一致。而文化系统作用于社会秩序维持平衡的方式是，文化通过向行动者提供共同的资源使互动成为可能[④]，以及文化模式向行动者提供共同的立场从而使得互动以最少分歧方式顺利地进行[⑤]。帕森斯认为，社会的特点便是存在某些"团结的集体"所持的"价值取向"，随着时间的推移，它会成为全社会的"价值系统"即社会成员所接受的一组规范性的判断，它提供了他们所认为的美好社会的定义。因此，集体目标和社会目标，而不是个人目标，促使和引导个人进入社会系统。个人通过集体目标的内在化而被社会化，社会秩序由此得到加强。**B. 紧张与变迁**：帕森斯用"紧张"的概念解释社会系统内部的失调，认为紧张是指任何影响正常规则下的两个或两个以上的互动单位的状况，或者说，任何影响到社会整合的因素都是紧张。紧张的结果常常会产生偏差行为，这需要有效的社会控制加以校正。紧张、偏差行为、社会控制的结果自然

---

① **平衡**概念在功能主义理论中占有极重要的地位。平衡基本上是指系统中的平衡状态；它在社会学中已为现代功能主义理论家发展成一种理论概念。从美国《现代社会学辞典》关于社会平衡的定义中可以看出平衡与功能主义的关系："社会平衡是一种概念，即社会生活有成为并保持一种功能性整合的现象之趋势。由此，社会系统中任何一部分的变化将会导致其他部分相应的变化。虽然初始的变化会产生不平衡，但是各部分功能的调整将会发生以便再造出一个整合的、相适应的和较为稳定的系统来。"功能主义把社会作为一个相互依存和自我平衡的实体。何景熙、王建敏主编：《西方社会学说史纲》，四川大学出版社 1995 年版，第 257—258 页。

② **社会化机制**是一种手段。通过这一手段的运用，文化模式—价值、信仰、语言和其他符号，被内化为人格系统，并制约它的需要结构。正是通过这一过程，行动者才愿意把动机的能量投放于角色中因而愿意遵守规范，并被赋予扮演角色所必需的人际技能和其他技能。社会化机制的另一种功能是提供稳定并保证那些能消减与获得适当的动机和技能相联系的紧张和焦虑的人际连带。

③ **社会控制机制**是将地位—角色在社会系统中组织起来以减少紧张和越轨的一些方法，具体包括：(1) 制度化。它将使角色期望清楚明确，同时又在时间和空间上将矛盾的期望分离开来。(2) 人际的约束和姿态。行动者将巧妙地运用它们来相互维持一致。(3) 仪式活动。行动者将在形式上用它们来消除具有破坏性的紧张的来源，与此同时强化了主要的文化模式。(4) 安全阀结构。通过这种结构，普遍存在的越轨的倾向从时间和空间上同正式制度模式分离开来。(5) 重新整合结构。它专门负责对付越轨倾向的恢复。(6) 把使用力量和强制的能力制度化为系统的某些部门。

④ 某些文化要素，如语言，是互动可以发生的必不可少的基本资源。没有符号资源，沟通和随之而来的互动是不可能的。

⑤ 文化模式诸如价值、信仰、意识形态等所包含的思想内容构成了互动者共同的"情景定义"，提供他们共同意愿，以使互动尽少分歧。

而然地构成系统的变迁。[①] 不过，功能理论认定，变迁是一种对社会系统的调整，是局部而缓慢的，无损于整个社会系统之整合与均衡，不论社会如何变迁，其最终目标总是朝向寻求均衡状态。帕森斯行动系统的中心概念，是建立在社会规范节制下的动机取向和价值取向，这样的行动会产生整合与稳定。他似乎从来没有解释一种可能的状况：当有一大多数的人具有相同的动机，也按照社会规范欲得目的，却发现社会和文化价值所界定的目的数量不够时，整合与稳定是否会被破坏？它是如何被破坏的？默顿的社会反常理论正是注意到了这个问题。[②] **(2) 默顿的目标与方法的断裂**：默顿认为，社会越轨行为可以视为社会结构的产品。社会结构抑制人性自由，由此人们定期地爆发公开反抗来反对这些对自由的抑制。按照默顿的分析，社会结构有两个最为重要的因素：明确的文化目标；实现目标的方法。进而，默顿提出，在社会学上，越轨行为是由所处文化规定的目标与社会为实现这些目标所提供的途径之间相脱离的一种表现。凡是一个社会的文化目标和许多成员达到这个目标的常规手段之间发生脱节的地方，社会结构瓦解，无规范状态就普遍存在，发生社会反常行为的可能性就最大。默顿的这一论断是依循着要素定位与要素冲突的逻辑路径而展开的。**A. 要素定位**：其一，目标（文化目标），即为社会所有人规定的合法的奋斗目标；其二，方法（合法方法），即社会所提供的为了达到这些目标的合法方法。默顿强调，每个社会系统都有其独特的目标和方法的结合。例如，美国社会强调获得财富、成功和力量的目标，达到这些目标的社会许可的方法是努力工作、接受教育和勤俭节约。这些对于全社会来说都是一致的。**B. 要素冲突**：在美国，尽管以财富等作为目标对全社会来说都是一致的，但是社会所提供的实现这些目标的手段，对全体社会成员来说却并不都是平等的，而是根据各人所处的社会经济地位来确定的。与整个社会划分为不同层次的阶级一样，获取财富的合法方法也有着相应的层次的划分。由于社会歧视性的阶级结构和种族等级的存在，那些缺乏正规教育和经济来源的社会成员，无法并驾齐驱地与中、上层阶级竞争以通过合法的途径获取金钱、尊严等成功。假如全体社会成员均持统一一致的社会目标，而方法却与社会成员的阶级地位紧密相关，那么那些被合法方法拒之门外的

---

① 参见谢立中主编：《西方社会学名著提要》，江西人民出版社1998年版，第155—156页；刘玉安主编：《西方社会学史》，山东大学出版社1993年版，第375—382页；〔美〕乔纳森·H.特纳著：《社会学理论的结构》，吴曲辉等译，浙江人民出版社1987年版，第68—82页；〔美〕杰弗里·亚历山大著：《社会学二十讲》，贾春增等译，华夏出版社2000年版，第17—37页。

② 参见蔡文辉著：《行动理论的奠基者——派深思》，台湾允晨文化实业股份有限公司1982年版，第71、80页。

成员将出现紧张和反常的状况，结果他们将采取违法犯罪的方法来达到目标。**(3) 默顿的个人适应模式**：在目标与方法断裂的瓦解地区，有些人犯罪而有些人不犯罪，为了解释这一现象，默顿具体阐释了对于目标与方法的个人不同选择（个人适应模式）。默顿认为，每个人都有其自己的社会目标和独特的获取这些目标的方法。尽管美国社会所强调的成功目标至高无上，然而一些人却没有足够的方法获得成功，而另一些拥有方法的人却认为这些目标并不适用于他们。由此，默顿根据个人的社会适应程度不同，将人们各自所采取的目标和方法的结合类型分为五种：遵从型、革新型、礼仪型、颓废型、反叛型，从而提出了个人适应于文化目标与合法方法的具体模式（**表 27-1**）。个人适应模式的类型，表明了默顿关于目标、方法与个人行为之间关系的假设。这说明，并不是所有不能通过合法手段而取得成功的公民，都会借助犯罪等非法手段实现自己的目标。**A. 遵从**（Conformity）：个人认同社会的目标，同时也拥有获取目标的恰当方法。在一个平衡的、稳定的社会，这是一种最为普遍的社会适应模式。假如一个社会的大多数成员均不采取遵从的模式，那么这个社会也就不存在了。**B. 革新**（Innovation）：个人认同社会的目标，但是并不通过或者无法通过合法的方法去实现这些目标。在这五种适应模式中，革新与犯罪行为的联系最为密切。美国文化特别强调成功的目标，这使得那些缺乏经济机会的社会成员背上了沉重的包袱，因而他们采取越轨的方法就不足为奇了。这种状况解释了为什么在贫民区会有高的犯罪率，因为在那里合法的方法被严格限制。当然，任何社会阶层的成员，在其感到缺乏合法的方法获取社会成功的时候，都可能采纳革新的方法。例如，商人为了暴发富裕而进行金融诈骗和逃税的白领犯罪。革新对社会有着相当的影响。这种情况持续而经常地发生，减轻甚至消除了社会系统中其他社会成员对传统准则的信念。“由此扩大了系统内社会反常的范围，使得那些通常在初次的、相对微弱的社会反常状态下并不采取越轨行为的人，随着社会反常状态的扩散与增强，也这样做了。”社会反常状态有着传染性，人们意识到社会没有能力控制犯罪，于是也求助于他人已成功地使用的违法方法。这就是为什么犯罪在某些低收入的生态地区滋生繁衍的原因。**C. 礼仪**（Ritualism）：拒绝传统的文化目标，却同时接受合法的方法。礼仪的选择者通常表现为坚持一套严格的并无现实目标的生活方式和习惯，他们抛弃了现实的目标，克制自己的欲望，并不期望获得大量的财富，但是却辛勤工作、接受教育、诚实做人。他们不会有未达到目标而出现的沮丧感，而是从既无现实追求也无现实目标的传统礼仪的实践中获得愉悦。这种情形经常出现于宗教领域、封建式团体、俱乐部、大学生联谊会以及其他的组织。**D. 颓废**(Retreatism):既排斥社会目标,也否定合法方法。认同这种适应模式的人是一种双重失败者,他们既被剥夺了实现成功目标的合法方法,又不能使用违法的方法去获取成功,于是疏远社会,退出正常的社会生活方式,采取颓废的态度,试图通过精神上的、肉体上的消沉来逃避失败的现实。颓废的选择者主要包括,"精神病患者、孤独症患者、贱民、无家可归者、流浪者、懒汉、乞丐、慢性酒精中毒者和吸毒成瘾者。" **E. 反叛**(Rebellion):以另一套目标及手段的组合来替代可以接受的、可供选择的一系列社会目标和方法。采纳这一适应模式的社会成员,希望推进现行社会结构的激烈改革,他们号召取舍生活方式、目标和信念。他们中的一些人采取暴力推翻现存的社会秩序,另一些人则倡导使用非暴力的、消极的抵制以改变社会。这是革命的典型,随着时间的推移,革命团体在美国社会中日益庞大。**显然**,采纳颓废、反叛和革新的方式容易导致犯罪行为,其中革新与犯罪行为的联系最为密切。考虑到美国社会明显的不平等,因而社会成员中的大部分处于社会反常状态,作为对这种反常状态的反应,他们或者采取革新的方式实施盗窃、敲诈勒索,或者吸毒、酗酒而消沉,或者认同反叛去参加革命、崇拜主义团体。[①]

表 27-1　个人适应模式的类型[②]

适应模式	文化目标	合法方法
遵从(Conformity)	+	+
革新(Innovation)	+	−
礼仪(Ritualism)	−	+
颓废(Retreatism)	−	−
反叛(Rebellion)	+/−	+/−

注:表中的"+"号表示接受;"−"号表示拒绝;"+/−"号表示拒绝现行的价值观念或合法方法,而代之以新的价值观念或合法方法。

[7] **美国人的梦**(the American Dream):1993年在美国犯罪学年会上,美国学者**迈斯纳**(Steven Messner)和**罗森费尔德**(Richard Rosenfeld)发表了题为:《犯罪与美国人的梦》的著作。他们以默顿的理论为基底,以文化目标与制度为分析轴,解释当代美国社会的犯罪,认为反社会行为是美国社会文

① Robert Merton, *Social Theory and Social Structure* , enlarged ed. , Free Press, 1968.

② Robert Merton, "Social Structure and Anomie", in *Social Theory and Social Structure*, Free Press, 1957, Glencoe Ⅲ.

化和制度影响的产物。其核心命题是，美国社会至为彰显成功的文化目标，而美国的社会制度非但没有控制人们过度膨胀的欲望，却对这种欲望予以制度性的认同而推波助澜，由此促使人们不择手段去实现自己过于膨胀的梦想，形成了社会反常状态，进而犯罪滋生。具体内容包括：**(1) 文化目标**：迈斯纳和罗森费尔德同意默顿观点，认为在美国社会中成功的目标是普遍的。他们称这种目标为“美国人的梦”，这是一个他们用作表示目标和过程的术语。作为目标来说，美国人的梦主要是指在广泛的个人竞争条件下的物质财富的积累；作为过程而言，美国人的梦包括以培养追求物质财富的成功以及树立在美国的文化中成功是一个可以取得的目标的信念为内容的社会化。不惜任何代价获取成功的愿望，驱使人们之间分崩离析，削弱社区集体的情感，培养野心，甚至使人不顾廉耻，社会反常状态由此产生。**(2) 社会制度**：迈斯纳和罗森费尔德认为，之所以社会反常状态如此渗透到美国的文化，这是由于本可以控制过分强调物质财富的成功的**制度**，显得软弱无力或者被废弃。社会制度衰退的原因有三：**A. 经济利益标准**：非经济利益的角色被认为是无价值的。其他的制度设置，诸如家庭、学校、社区等方面的成就，比不上物质财富方面的成功。**B. 经济角色唯上**：当冲突出现时，非经济角色服从于并且必须为经济角色提供方便。相对于家庭、学校、社区以及社会生活的其他方面要求而言，计划表、日常工作、工作场所的要求占据了的上风。**C. 经济标准扩张**：经济规范与标准渗透到非经济领域。经济的术语成了社会大众的语言：人们希望你达到“底线”(bottom line)；配偶将其自己看作是“管理”(manage)家务的“合伙人”(partners)。**(3) 文化与制度**：迈斯纳和罗森费尔德认为，美国相对较高的犯罪率，可以通过文化与制度间的相互关系获得解释。就文化水准而言，美国人的梦的神话支配使得许多美国人形成了物质财富的期待与愿望，而这种期待与愿望难以通过合法的途径获得满足，社会反常似乎变成了一种合乎规范的状态。就制度水准而言，经济关心的支配削弱了由家庭和学校所施加的非正式的社会控制。这些状况在一个从不中断的圆圈中相互增强：文化决定制度而制度的变化影响文化。“以任何需要的方法获得成功”的口号已经变成了民族的象征。①

[8] **一般紧张理论**(General Strain Theory)：美国犯罪学家**阿格纽**(Robert Agnew)，依循默顿紧张理论的思想轨迹，立于社会心理学的视角考究少年

---

① Larry J. Siegel, *Criminology: Theories, Patterns, and Typologies*, Fifth Edition, West Publishing Company ,1995,pp. 188—189.

违法与犯罪，于1992年系统地提出了一般紧张理论[①]，也称一般压力理论。其**核心命题**是，个体与他人的负面关系与负面体验，造成了个体心理上的压力与负面情绪，而对这种压力与情绪又有三种应对策略，这三种应对策略相互作用，由此可能引发越轨或犯罪的方式。具体内容包括：**(1) 压力来源(紧张类型)**：存在三种类型的紧张来源(负面关系或负面体验)：A. 未达正向目标：由于受到某种阻碍，没有能够达到自己所期望的得以被积极评价的目标，如金钱、地位和尊严、自治能力等。包括文化目标与实现可能之分离的紧张；期待成就与实际结果之分离的紧张；实际结果与应得公正结果之分离的紧张。B. 丧失正向刺激：生活中，能够给自己带来安慰的积极评价的人、事、物遭到破坏或者消失，如亲人或朋友的死亡、珍贵物品的被窃。由此，个人对遭受的损失感到紧张，进而试图阻止损失、弥补损失或报复损害的人。C. 面临负面刺激：生活中，遭受令人不安的一些负面情况，诸如受到朋辈的排挤、受到虐待、被歧视、缺乏亲情关系等。由此，个体易于采取非法手段以逃避或终止这种负面刺激，或者报复施加这种负面刺激的人。**(2) 负面情感(紧张内涵)**：来自外部环境的压力，会造成个体心理上的一种负面情感，这些负面情感包括愤怒、挫折、绝望、恐惧和抑郁等。其中，愤怒的情感最易于产生越轨或犯罪行为。当个体将自身的消极情形归咎于他人时，其就会产生愤怒的情感，而在愤怒之下，人的行为易于失去控制，进而促使并激励人们采取行动以实施报复。尤其是，反复遭受挫折与产生愤怒的人，更易于实施越轨或犯罪行为。这是因为在这种情况下，愤怒的情感不断地被推升，应对紧张的策略不堪重负，个体的行为变得极具攻击性，在任何场合对消极刺激均会产生强烈反应。**(3) 应对策略(紧张排解)**：个体排解负面情感的方式有三种：A. 通过认知适应：可谓是面对压力而自我心理安慰。具体包括，其一，主观忽略压力源的重要性：将引起压力事件(负面关系)的重要性最小化，试以逃避未达目标的压力。如正向目标没有意义，负面刺激不值畏惧。其二，主观贬低压力源的消极性：将引起压力事件的积极结果最大化，而将消极结果最小化，试以否定消极事件的事实。如此事看似结果不利，但未必就是坏事。其三，主观认可压力源的正当性：积极地去认可引起压力事件的消极后果，承认这一

---

① 20世纪80年代初，阿格纽即倾向于对默顿等紧张理论思想的挖掘与考究，而一般紧张理论的明确与系统的阐释，则是在其1992年在美国犯罪学杂志上发表的《少年违法犯罪行为的一般紧张理论的建构》一文中。Robert Agnew, "Success and Anomie: A Study of the Effect of Goals on Anomie", *The Sociological Quarterly*, Vol. 21, No. 1, Winter, 1980; Robert Agnew, "A Revised Strain Theory of Delinquency", *Social Forces*, Vol. 64, No. 1, Sep., 1985; Robert Agnew, "Foundation For a General Strain Theory of Crime and Delinquency", *Criminology*, Volume 30, Number 1, 1992.

消极后果是自己理应承担的责任。如此事理当如此，这是无法控制的命运。B. 采取行动适应：可谓直接针对压力源而采取措施。个体通过对负面关系采取某种行动，来改变自身遭受压力的客观状况。例如，通过违法方法获取正向目标，主动寻求正向刺激以替代原来的正向刺激，通过攻击造成负面刺激的人设法逃避负面刺激。C. 情感处理适用：可谓另辟蹊径以排解压力源。个体通过将自身的注意力转移到其他的活动上去，来尝试去除消极情感。例如，体育锻炼、娱乐、服用药物等。**(4) 影响个体策略的因素**：个体是否易于形成负面关系或负面体验，或者在个体面临压力来源的场合，其究竟采取何种策略予以应对，这受着一定的社会环境与个体本身的因素的影响。A. 社会系统的支持：社会引导个体确立正确的价值目标，树立正确的利害观念。B. 个体控制的能力：个人目标的合理定位，增强个人的气质、自尊和创造力等。[①]

[9] **相对剥夺理论**(Relative Deprivation Theory)：美国社会学家朱迪斯·布劳(Judith Blau)和彼得·布劳(Peter Blau)，于1982年在整合社会反常理论与社会解组理论的基础上，对相对剥夺理论进行了具体的阐述。[②] 其**核心命题**是，下层阶级的成员由于他们的种族和阶级地位，不能通过合法方法取得自己所期望的财富，同时他们又居住于富人也定居其间的城市的一些地区，亲眼目睹了富人的富有，由此最终形成了不公平感与不满意感。他们感到被剥夺，从而不信任这个造就了社会不公和阻塞了他们合法的发展机会的社会。经常的沮丧，产生了处于压抑状态的攻击和敌意，导致了一种愤怒和失范的状态。具体地说：**(1) 紧张系不满情绪**：相对剥夺理论的特殊之处在于，它将紧张解释为受居住区影响的以种族地位、经济收入的相对剥夺感为核心的下层阶级成员的一种不满情绪，这种不满情绪导致了犯罪。它的独特意义在于强调现代社会中的相对剥夺对犯罪的诱发作用。这使紧张的视角更为集中。**(2) 贫富交叉的区域**：强调贫富交叉的居住区滋生相对剥夺感。穷人与富人的明显的区别，形成了妒忌与怀疑的氛围。生长在像波士顿、纽约、芝加哥和洛杉矶的内城贫困区的少年，将经历这种相对剥夺的地位挫折。因为他们的街区通常与美国最富有的街区，诸如比肯山、派克大街、湖滨大道、贝尔艾尔等，位于大城市的同一地区。**(3) 下层阶级的情绪**：强调相对剥夺感是贫困的下层阶级成员的一种不满情绪。生活在恶化的城市地区的人

---

① Robert Agnew, "Foundation For a General Strain Theory of Crime and Delinquency", *Criminology*, Volume 30, Number 1, 1992.

② Judith Blau and Peter Blau, "The Cost of Inequality: Metropolitan Structure and Violent Crime", *American Sociological Review*, Vol. 147, 1982, pp. 114—129.

们，他们缺乏人类基本的需要，医疗保障、穿衣、住房等资源被相对剥夺，同时他们的居住区又与享有较高社会地位的居民密切相邻，因此他们将不可避免地最终求助于杀人、抢劫、伤害等犯罪行为。[①] **(4) 种族歧视与经济地位**：特别注重种族歧视和经济不平等对相对剥夺感的决定作用。那些收入普遍不平等的社会、非平等主义的社会，尤其贬低穷人。犯罪动机受被羞辱的感觉与回报以羞辱的影响。[②] 非洲裔美国青年对于相对剥夺有着最为切身的感受，因为他们经常遭受种族与经济的剥夺，从而处于城市居民中较低的地位。**(5) 实证检验**：一些研究表明，日益凝聚的社会不公平感与收入不平等有着直接的关系，并且在那些穷人与富人生活密切邻近的社区中形成。当邻近街区的阶级分界线趋于两极的时候，犯罪率确实上升。收入不平等似乎预告着财产犯罪和暴力犯罪的犯罪率。然而，也有研究指出，一个经济上贫富交融的街区生活，同样伤害了较多富有家庭的孩子，出现了较高的逃学率和较多的非婚生子女。还有一些资料则表明，种族的不平等，并非是犯罪率的一个强有力的预测器。[③] **(6) 理论质疑**：A. *富有阶层的相对被剥夺感*：相对被剥夺感不只是穷人的专利。对此，阿格纽指出，很有可能，甚至是最富有的美国人，当他们并没有取得"无限的目标"(unlimited goals)的时候，也会感到紧张。这就是说，无论他们的财富水准如何，由于为自己所设置的目标是如此的高悬，以致不可能实现，从而他们也可能拥有紧张。例如，一个百万富翁，可能因为他不是一个千万富翁而感到失望。一些富人，当他们将自己与比他们更为成功的同辈群体的成员相比较的时候，可能感到相对被剥夺。由此，这些相对被剥夺的富人可能采取违法的方法去满足他们自己"不切实际的"(unrealistic)成功目标。B. *目标与方法的断裂*：目标与方法的断裂是相对被剥夺感的缘由，这在富有阶层的成员中也有表现。帕思(Nikos Passas)描述了这种现象："上层阶级的一些人，绝不是没有挫折，相对剥夺和失范由文化目标与合法方法之间的断裂所形成，特别是在现代工业社会的背景下，一旦人们获得了既有的目标，新的目标随即产生。"或许其中的某些人被卷入了借贷丑闻或者华尔街的内幕交易案，在他们将自己所积蓄的微不足道的百万美元，与

① Kenneth Land, Patricia McCall, and Lawrence Cohen, "Structural Covariates of Homicide Rates: Are There Any Invariances across Time and Social Space?", *American Journal of Sociology*, Vol. 95, 1990, pp. 922—963; Robert Bursik and James Webb, "Community Change and Patterns of Delinquency", *American Journal of Sociology*, Vol. 88, 1982, pp. 24—42.

② John Braithwaite, "Poverty Power, White-Collar Crime and the Paradoxes of Criminological Theory", *Australian and New Zealand Journal of Criminology*, Vol. 24, 1991, pp. 40—58.

③ Larry J. Siegel, *Criminology: Theories, Patterns, and Typologies*, Fifth Edition, West Publishing Company, 1995, p. 190.

那些他们妒忌的“真正的富有者”所拥有的数以百计的百万美元相比较的时候，他们会感到相对被剥夺和社会挫折。①

三、社会结构理论之文化越轨理论分支

[10] **文化越轨理论**(Cultural Deviance Theory)：又称亚文化理论(Subculture Theory)、犯罪亚文化群理论、违法犯罪文化群理论。这一理论结合了社会解组理论和紧张理论的成分，理论分支包括文化冲突理论、暴力亚文化理论、下层阶级文化理论、少年犯罪亚文化理论、不同机会理论等。其**主要观点**是：**(1) 区域地位**：亚文化群的产生与发展，是与贫民区的产生、缺乏获得成功的机会、种族歧视等密不可分的。**(2) 价值观念**：犯罪亚文化群创立了自己的行为规范和价值观念，这些行为规范与价值观念与社会中主文化相对立。**(3) 功能取代**：贫民区的社会问题使得亚文化群取代了家庭和学校的功能，成为青少年社会化的重要场所，青少年通过不同接触或交往，习得了亚文化群的行为规范和价值观念。**(4) 等级传授**：犯罪亚文化群有着一定的等级关系，从事犯罪活动时间长、成果显赫、能力高强者，往往居于重要地位；年龄较大的青少年将其行为规范和价值观念传授给年龄较小的青少年，从而创造了稳定的贫民区亚文化。**(5) 组织特征**：从事犯罪活动的亚文化群的成员，在犯罪活动的组织性等方面，与合法职业者有着许多共同的特点。**(6) 各类犯罪**：犯罪亚文化群的成员绝不限于进行某一类犯罪活动，他们日益参加由其他亚文化群成员从事和支持的各种犯罪活动。**(7) 成年脱离**：亚文化群中的大部分青少年，在结婚、就业后会脱离亚文化群，少数的留在亚文化群而成为职业犯。②

[11] **下层阶级文化理论**(Theory of Lower-class Culture)：美国犯罪学家**米勒**(Walter Miller)，于1958年提出了下层阶级文化理论。其**核心命题**是：犯罪是遵循独特的下层阶级文化规范与价值观念的结果。下层阶级文化本身就包含着犯罪的要素；犯罪行为是下层阶级文化规范和价值观念的具体表现；下层阶级文化可以世代相传下去。**具体地说**：**(1) 下层阶级文化的形成**：下层阶级文化是在下层阶级的社会环境中逐步形成的。米勒在波士顿对少年帮伙实施控制计划时，研究了工人阶级居民的日常活动，发现贫民地区明显地拥有一种长期稳定的、独特的文化氛围。由于这些地区的居民处于社会

① Larry J. Siegel, *Criminology: Theories, Patterns, and Typologies*, Fifth Edition, West Publishing Company, 1995, pp. 190—191.

② 参见康树华著：《犯罪学——历史·现状·未来》，群众出版社1998年版，第256页。

经济系统的边缘，在合法的社会秩序中几乎没有机会获得成功，于是他们在自己的聚居区和文化中寻求个人的满足，由此逐渐形成了一种特别适合于贫民地区环境的一组独特的类似于价值观念的**核心信念**（焦点关心，focal concerns）。这种核心信念主宰着下层阶级的生活。**(2) 下层阶级文化的内容**：下层阶级的核心信念，主要有麻烦、强硬、聪明、刺激、命运和自主。[①] **A. 麻烦**（Trouble）。陷入与摆脱麻烦是下层阶级居民的主要信念。麻烦包括斗殴、酗酒和性失范等行为。下层阶级社区的居民们，常常以一个人能否制造麻烦来评价他的能力。例如，一个人因在打斗中表现出色，从而赢得了声望。**B. 强硬**（Toughness）。下层阶级的男性力求显示自己身体和精神的强硬。他们热爱身体的强壮、搏击的技能和运动的技巧，而鄙视情感、宽容、柔弱、胆怯。健壮的身体和坚韧的精神被赞扬为男子汉气概的表现。**C. 聪明**（Smartness）。下层阶级居民赞同精通街区生活的智能和精明的形象。这种智能，表现为拥有通过计谋和欺诈而击败对手的能力；精明意味着熟悉基本的生存技能，诸如赌博、欺诈以及规避法律。在这里，象牙塔智慧并不受到崇拜。**D. 刺激**（excitement）。下层阶级居民力求寻求趣味与刺激以丰富乏味的生活。寻求刺激可能导致赌博、斗殴、酗酒、勾引异性等。这种寻找刺激的行为，也常常引发麻烦。当然，下层阶级的居民并非时时刻刻都在寻找着刺激。**E. 命运**（Fate）。下层阶级的居民相信，他们的生活和命运被强大的超自然的力量所掌握和控制；幸运、财富等都远离他们，无论他们怎样努力都无法改变自己的命运。**F. 自主**（Autonomy）。下层阶级文化特别青睐个人的自由和自主。受控于警察、老师和父母等这些权威人物，是一种不可接受的软弱，与强硬的信念格格不入。因此，他们常常蔑视学校、政府机构、法院、监狱等权威组织的控制。**(3) 下层阶级文化的效应**：倘若认同下层阶级文化的核心信念，就会导致与法律相冲突的犯罪行为；犯罪的原因，就在于行为人遵循了这种在下层阶级社会中占上风的文化要求。例如，一个人要显示其强硬，那么他就不能从斗殴中退却；为了展现街区的智能和精明，他必须去从事欺诈等违法行为；为了寻求刺激，他会去酗酒、赌博或者吸毒。

[12] **少年犯罪亚文化理论**（Theory of Delinquent Subculture）：美国犯罪学家**艾伯特·科恩**（Albert Cohen），基于集中解释为什么少年犯罪集中在下层阶级贫民区，于1955年提出了少年犯罪亚文化理论。其**核心命题**是，美国社会下层阶级的少年犯罪行为，实际上是对中产阶级文化规范与价值观念的

---

① Walter Miller, "Lower-Class Culture as a Generating Milieu of Gang Delinquency", *Journal of Social Issues*, Vol. 14, 1958, pp. 5—19.

抗争。由于下层阶级的少年所经历的不利的社会和家庭环境，他们缺乏主流文化所要求的取得社会、经济成功的基本技巧（包括教育训练、语言社交技巧、延迟满足等），因而体验着一种地位挫折（status frustration），由此许多下层阶级的少年联合在一起，逐步形成了与主体文化相冲突的亚文化。亚文化是主体文化的颠覆，在亚文化看来，少年犯罪行为是正确的，而这恰恰是因为以主体文化规范为标准它是错误的。少年犯罪亚文化理论的**主要内容**，包括三个方面：中产阶级测量标尺、下层阶级少年的反应方式、犯罪少年亚文化的一般特征。**(1) 中产阶级测量标尺**：在美国社会，中产阶级占据着统治地位，大多数重要的社会机构，诸如，学校、教堂、公司、军队、司法系统等，均由中产阶级的成员所把持。这些权威人物按照中产阶级的价值观和行为标准来评价和衡量社会一般成员的行为，诸如，学生、工人、士兵等。科恩称这些权威人物所设置的标准为“中产阶级测量标尺”（middle-class measuring rod）。中产阶级测量标尺包括九个方面[①]：**A. 雄心**。倡导树立崇高的志向，经过长期的努力奋斗，克服困难，去赢得成功。**B. 个人责任**。赞成依靠自己的努力奋斗，而不求助于他人，去获得成功。**C. 技能和成就**。高度评价对技能的掌握与磨炼，赞扬使用技能去获得成功。**D. 世俗的禁欲主义**。鼓励为实现长远的目标而推迟眼前的满足，克制放纵的诱惑。**E. 理智**。要求深思熟虑的计划，高效地使用资源。**F. 修养**。增加人们的修养意识，将风度、礼貌、人格等方面的良好修养视作声望、成功的标志之一。**G. 克制暴力倾向**。注重控制对身体的攻击以及暴力行为。**H. 健康的娱乐**。开展有益的、健康的娱乐活动。**I. 尊重财产**。正确认识财产所有权的性质。不适应中产阶级测量标尺而产生的地位挫折，是犯罪的**主要原因**。当下层阶级少年的行为不符合中产阶级测量标尺的时候，他们的行为便获得了否定性的评价，并且被记录下来。这些记录在很大程度上会对他们今后的就业、求学或者参与其他社会活动产生不利的影响。例如，学校的记录可能被少年法庭当局查阅，少年法庭的记录则可能被军队部门打开，而军队的记录可能关系到求职的成败。因而，在遵循中产阶级测量标尺方面的失败，即使其不再重复，也并不是一个将被忘却的孤立事件。它变成了下层阶级少年所要忍受的永久记录，这些记录将伴随其终身并阻碍他们的发展。[②] **(2) 下层阶级少年的反应方式**：不适应中产阶级测量标尺的下层阶级少年，遭到了中产阶级社会的排斥，经历着**地位挫折**，在

---

① Albert K. Cohen, *Delinquent Boys: The Culture of the Gang*, Free Press, 1955, pp. 88—91.

② Larry J. Siegel, *Criminology: Theories, Patterns, and Typologies*, Fifth Edition, West Publishing Company, 1995, p. 194.

通常情况下,他们可能选择以下三种方式之一作为反应[①]:**A. 街角少年**(corner boy)。稳定的街角少年角色,是对中产阶级排斥的最普遍的一种反应。街角少年并不公然地进行违法犯罪,但是其行为有时却被视作违法。他们在其所生活的社区闲荡,从事赌博、竞技运动以及其他的群体活动,然后只能获得一份体力劳动的工作,而成为中产阶级的仆人。街角少年对他们的同辈群体忠心耿耿,因为这里有着他们的后盾、感情和志趣。他们坚持该群体的价值观念和行为规范。街角少年清楚地意识到他们无法实现美国社会所倡导的目标,于是退却到能够给其带来安逸感受的同辈下层阶级的世界,最终成为下层阶级社会中稳定的一员。**B. 大学少年**(college boy)。大学少年迎合中产阶级的文化价值观,而不是藐视中产阶级测量标尺。他们努力地按照中产阶级的标准去做,希望能够通过上大学来改变自己的社会地位。然而,由于他们经济、社会地位的低下,在教育、语言等方面缺乏充分的训练,因而难以取得中产阶级社会的持续认同而走向成功。这一类型的少年,多数走着一条几乎没有希望的路,只有其中特别努力的少年才有可能取得成功。**C. 犯罪少年**(delinquent boy)。犯罪少年在某种程度上依然受控于大众文化的行为规范和价值观,他们也曾向往中产阶级文化所张扬的成功,但是他们没有能力获得这种成功,从而承受着挫折、失望、愤怒的情绪,为了排解这种情绪,犯罪少年求助于“*反应形成*”(reaction formation)。反应形成,表现为对于微弱刺激的过分强烈的反应。具体地说,犯罪少年对于中产阶级的文化,采取嘲笑、讽刺、非理性、恶意甚至敌对的态度,以发泄内心的怨恨。犯罪少年确认自己被中产阶级社会完全排除在外。为了获得代偿性的成功和安慰,他们结成帮伙,一起从事各种犯罪活动,从而形成了与中产阶级的价值观相反的犯罪亚文化。**(3) 犯罪少年亚文化的一般特征**:犯罪少年亚文化,是社会结构中处境相同的下层阶级少年们通过相互交流而产生的一种信念和价值体系,它具有如下一些**特征**[②]:**A. 非功利性**(non-utilitarian)。指少年犯罪的目的并非为了获取某种利益,而是在于犯罪活动本身。通常认为,犯罪是有理性的或者功利的,但是少年犯罪则不存在理性、功利的动机,他们犯罪是要享受这种行为所带来的荣耀、勇敢和心理满足,是为了发泄愤怒、寻求刺激、显示胆量。因此,他们经常冒着危险去从事犯罪活动,犯罪过程充满着紧张的气氛。**B. 恶意性**(malicious)。指少年犯罪将享受建立在别人的痛苦之上,将欢乐建

---

① Albert K. Cohen, *Delinquent Boys: The Culture of the Gang*, Free Press, 1955, pp. 128—130.

② Ibid., pp. 25—32.

立在违反禁忌之上。他们对非帮派少年和成年人表现出无缘无故的敌意。除了进行帮派间的拼斗以外，他们还热衷于恐吓并驱赶那些在运动场或体育馆中活动的乖孩子，尽管自己不使用运动场或体育馆，但是他们却以此为乐；他们藐视学校的校规，进行逃学等等。总之，使自己变得令正直善良者讨厌。**C. 负面性**(negativistic)。指少年犯罪亚文化是一套有别于甚至冲突于中产阶级成年社会规范的行为规则，是对社会主文化的否定。少年犯罪亚文化的规范取源于更大的主文化，但是它却是主文化的完全颠倒。根据少年犯罪亚文化的标准，少年犯罪行为是正确的，恰恰是因为根据更大的主文化的规范，这种行为是错误的。非功利性、恶意性也是负面性的一种表现。犯罪亚文化的少年不知道什么叫"恶意性"和"否定性"，不知道犯罪的是与非。**D. 多样性**(versatility)。指少年犯罪帮伙的犯罪活动不具有专业性，犯罪少年从事各种不同的犯罪行为。他们可能从事盗窃，也可能从事暴力犯罪和其他财产犯罪。就盗窃而言，可能有各种形式，包括盗窃奶瓶、糖果、水果、铅笔、运动器材、汽车，针对醉酒者盗窃、入户盗窃以及进入商店、学校、加油站盗窃等。尽管少年犯罪帮伙并不从事全部类型的犯罪，但是少年犯罪帮伙也不会像许多成年人犯罪帮伙一样专门从事某一种犯罪。**E. 即时享乐主义**(short-run hedonism)。指少年犯罪亚文化对长远目标、活动计划、时间安排以及需要知识和技术的活动漠不关心，对通过实践、学习、思考去获得知识和技术不感兴趣。少年犯罪帮伙的成员，漫无目的地聚集在街角、糖果店或者其他一些公共场所，嚼着口香糖，闲荡，打闹玩笑，期待着一些事情发生，寻找刺激。为了即时享乐，他们不顾未来的得失。尽管及时行乐是下层阶级文化的总特征，但是少年犯罪帮伙尤其如此。**F. 群体自治**(group autonomy)。指少年犯罪亚文化强调，除了来自于少年犯罪帮伙本身的限制以外，不接受任何其他的制约。同一帮伙内部成员之间的关系格外地亲密、统一，而帮伙与帮伙之间的关系却冷漠、敌对。帮伙成员常常抵制家庭、学校的影响和其他一些权威组织的控制。这里的自治，不是犯罪少年个人的自治，而是少年犯罪帮伙的自治，其表现为少年犯罪帮伙是一个独特的、独立的并且充满着"凝聚、忠诚、团结"的不可抗拒的核心。**(4) 少年犯罪亚文化的类型**：在其后的研究中，与詹姆斯·肖特(James Short)合作，科恩又完善了他的理论，意识到少年犯罪亚文化的原先构想过于简单化，实际上，少年犯罪亚文化不止一种类型，需要引入更为复杂的模式来调整对其的界定。由此，他提出了少年犯罪亚文化的

五种倾向[1]：**A. 起源邪恶亚文化**(Parent-male subculture)。一种原本就具有的否定性的犯罪少年亚文化。**B. 定向冲突亚文化**(The conflict-oriented subculture)。一种从事群体暴力的大型犯罪帮伙的亚文化。**C. 吸毒成瘾亚文化**(The drug addict subculture)。以购买、出售和吸食毒品为生的少年犯罪亚文化。**D. 半职业盗窃亚文化**(Semiprofessional theft subculture)。以销赃、赢利为目的，从事商品的盗窃或抢劫的少年犯罪亚文化。**E. 中产阶级亚文化**(Middle-class subculture)。在中产阶级环境下而形成的少年犯罪亚文化。

四、社会化过程理论之社会学习理论分支

[13] **社会化过程理论**(Social Process Theories)：社会化过程理论的主要知识背景是互动理论；社会化过程理论以个体的不良社会化为罪因考究的重心；社会化过程理论的分支包括社会学习理论、社会控制理论、标签理论。**(1) 互动理论**：基本上是一种社会心理学的视野，其注意力已从欧洲学者热衷的诸如阶级冲突、社会结构等问题转向了社会互动过程和社会关系。互动本身被视为分析单位。社会由互动的个人组成。个人的行为不只是反应，而且还是领悟、解释、行动与创造；个人不是一组确定的态度，而是有活力的并不断变化着的行动者，一直处在生成中并永不会彻底完成。社会环境不是某种外在的静止的东西，它一直在影响着和塑造着我们，但这本质上是一互动的过程，因为环境正是互动的产物。个人有其内心生活，同时又是一个自我，自我并非是心理实体，而是社会互动过程的一个方面。[2] **(2) 基本特征**：**A. 人际互动影响犯罪**：强调社会化过程中的人际互动对犯罪的影响。犯罪是个体在个体社会化(individual socialization)过程中与各种社会化机构之间互动的结果。社会中的每个个体，从出生到参与社会生活，都不可避免地受着其家庭、学校、同辈群体、邻里社会、工作单位、大众传播媒介等的影响。假如个体与这些社会化机构之间的交往是积极的，那么他们将逐步地积累知识，充实和发展自己的社会性，把社会的价值观念、生活技能内化为自己的行为准则和个人能力，适应社会的要求，形成良好的个性，从而走向成功；反之，假如个体经历了不良的社会化过程，例如，家庭关系不和、同伴结交不良、学习成绩不好、司法纪录不佳等等，那么这种不良的社会化将影响他们良好个性的形成，

---

① Albert Cohen and James Short, "Research on Delinquent Subcultures", *Journal of Social Issues*, Vol. 14, 1958, pp. 25—31.

② 参见于海著：《西方社会思想史》，复旦大学出版社1993年版，第347—348页。

从而促使其走向违法犯罪。**B. 人人潜有犯罪可能**：社会上的每个成员都潜在有犯罪的可能。一个人在社会结构中的地位，并不是导致他犯罪的决定性因素。许多下层阶级的成员，尽管生活在城市最为恶劣的地区，但是他们中的大多数依然是守法的公民，他们努力工作、勤俭节约，通过辛勤的劳动来克服生活的贫困；而自我报告(self-report)资料表明，许多中产阶级与上层阶级的成员，尽管有着较高的经济地位与社会地位，但是他们照样从事盗窃、吸毒等犯罪活动。因此，假如中产阶级或者上层阶级成员的生活经历消极，那么他们也可能走向犯罪的道路。

[14] **差异交往理论**(Theory of Differential Association)：美国犯罪学之父、社会学家**萨瑟兰**(Edwin Sutherland)，于1939年在其名著《犯罪学原理》的第三版中提出了差异交往理论。[①] **其核心命题**是，犯罪是掌握着刑事权力的国家所作的政治性界定；在具有文化冲突的社会里，人们对犯罪的界定可能互不相同，被某一文化群体界定为犯罪的行为，可能被另一文化群体认为是正当的行为；犯罪的决定性因素，既不在于个人的特性，也不在于其社会经济地位；行为的获得是社会学习的过程，社会学习过程影响了在任何文化环境中的任何人；犯罪的动机和技巧，是通过与犯罪的价值观念、行为模式等接触而学会的。**具体地说**，差异交往理论的主要观点[②]：**A. 经由学习获得犯罪行为**：犯罪行为不是遗传等的结果，而是学习得来的。正如一个没有受过机械训练的人不会从事机械发明一样，一个没有受过犯罪训练的人也不会创造出犯罪行为。**B. 经由互动交往习得行为**：犯罪行为是在与他人交往过程中，经过互动而学会的。这种交往在许多方面是言语性的，但是也包括"手势交往"。**C. 个人交往学习至关重要**：犯罪行为的学习主要发生在个人的紧密的群体中。这就是说，非人与人实际接触的交往媒介，诸如电影、报纸等，在犯罪行为的产生中所起的作用相对并不重要。**D. 学习内容包括技术与态度**：犯罪行为学习的内容包括：学习实施犯罪的技术，这种技术有时非常复杂，有时则十分简单；学习对动机、冲动、合理化和态度等的特定方向。**E. 动机方向源于亲疏法典**：对动机和冲动的特定方向，是从赞同或反对法典的定义中学习

---

① 萨瑟兰一生对犯罪进行了不懈的研究，除提出了著名的差异交往理论以外，他还出版了《职业盗窃犯》(1937年)、《白领犯罪》(1949年)等著作，在职业盗窃和白领犯罪的研究方面作出了卓越的贡献。1939年，萨瑟兰在当选为美国社会学会会长的演说时，首次提出了白领犯罪问题。**白领犯罪**概念的提出，是犯罪学史上的里程碑，其把传统犯罪学只研究个人，特别是主要研究处于社会低层的人犯罪，改变为研究富有的、握有权力的中上层人士以及由他们操纵的公司所进行的犯罪，由此引起了犯罪学研究方向上的重大变化。

② Edwin H. Sutherland, *Principles of Criminology*, J. B. Lippincott Company, 1947, pp. 5—9. 文中黑体标题为笔者所加，以提示该段中心内容。

得来的。在一些社会中，一个人周围的人全都是把法典划定为应当遵守的规则，而在另一些社会中，他周围的人都将违反法典划定为值得赞同的行为。在美国社会，这些定义几乎总是混合在一起，因此经常存在着有关法典的文化冲突。**F. 差异交往影响行为选择**：一个人之所以成为罪犯，是因为他所接触的赞成违法的定义超过了反对违法的定义。这就是差异交往的原理。它既涉及犯罪的交往，也涉及非犯罪的交往，并且与这些相互对抗的力量有关。一些人成为犯罪人，是因为他们与犯罪榜样相交往，同时也是因为他们与非犯罪榜样相隔离。任何人都不可避免地要同化于周围的文化，除非存在有其他榜样的冲突；一个南方人不发“r”的音，因为其他南方人也不发“r”的音。这种不同交往的观点意味着，就犯罪而言，中性交往对犯罪行为的产生几乎没有影响或者没有任何影响。在这种意义上，个人的经历大多是中性的，比如学习刷牙。这种行为对犯罪行为没有任何消极或积极的影响，除非它与关系到法典的交往有关。这种中性行为特别重要，特别是在它占据着儿童的时间的情况下，因为在儿童从事中性行为的期间，他就不会与犯罪行为接触。**G. 交往程度影响行为选择**：差异交往在频率、持久性、优先性和强度上有所不同。这意味着与犯罪行为的交往和与非犯罪行为的交往在这些方面是不同的。频率和持久性作为差别交往的方式是明显的，无需解释。童年早期所形成的合法行为可能持续一生，同样童年早期所形成的违法行为也可能持续一生。从这个意义上说，优先性被假定是重要的。但是，这种倾向性并没有得到足够的证实，优先性的重要性似乎主要在于它的选择影响方面。强度并没有被精确地界定，不过它与犯罪或者非犯罪榜样来源的威信以及与差异交往相联系的情感反应相关。在对一个人的犯罪行为进行精确的描述中，应当用数量的形式来说明这些差别交往的方式，并且得出一个数学比率。然而，目前的研究还没有取得一种公式，而这样一种公式的获得是极为困难的。**H. 犯罪学习过程不限模仿**：通过与犯罪或非犯罪榜样的交往学习犯罪的过程，包含了在其他任何学习中所拥有的所有机制。这就是说，学习犯罪行为不限于模仿过程。例如，一个受到引诱堕落的人，通过交往而学习犯罪行为，但是通常并不把这个过程说成是模仿。**I. 一般需要无从解释犯罪**：尽管犯罪行为是一般需要和价值的表现，但是它却不能用这些一般需要和价值来解释，因为非犯罪行为也是同样需要和价值的表现。盗窃犯一般是为了得到金钱而行窃，但是诚实的劳动者也同样是为了获得金钱而工作。许多学者试图用那些一般的冲动和价值，诸如，享乐原则、谋求社会地位、金钱动机或者挫折等，来解释犯罪行为，这已被证明是徒劳的，并且必定继续是无效的，因为他们对合法行为的解释与他们对犯罪行为的解释完全一样。这些一般冲动和价值类似于呼吸，尽管呼吸对任何行为都是必需的，但是它并不能将犯罪行为与非犯罪行为区别开来。

[15] **中立化技术理论**(Techniques of Neutralization Theory)：美国犯罪学家**马茨阿**(David Matza)和**塞克斯**(Gresham Sykes)，于1957年在他们合写的论文《中立化技术：一种少年犯罪理论》中，提出了中立化技术理论。[①] **其核心命题**是，大多数少年违法者和犯罪人仍然保持有传统的价值观念和态度，只是由于他们学会了一些技术使他们中和了这些价值观念，以致在违法与合法行为之间来回漂移不定。**具体地说**，中立化技术理论的主要观点：**(1) 实际观察**：中立化技术理论奠定于以下几方面的观察[②]：**A. 存在罪恶感受**：少年犯罪人有时对自己的违法行为具有罪恶感。假如存在着一种与传统的价值观和规范相对立的稳定的少年犯罪价值体系，那么少年犯罪人除了后悔于被逮捕之外，将不可能对自己的行为表现出悔恨。**B. 尊崇诚实守法**：少年犯罪人常常尊敬、崇拜诚实守法的人。真正诚实的人经常受到少年犯罪人的尊敬；假如因为某种原因这些人被指控犯有不良行为，那么少年犯罪人将迅速地站出来为这些人的正直而辩护。这些受到尊敬的人包括运动员、宗教人员、父母、老师、邻居等。假如确有少年犯罪亚文化存在的话，就不会存在这些现象。**C. 划分侵害对象**：少年犯罪人对什么人可以侵害，什么人不可以侵害，划分得非常明确。宗教团体、教堂、同一种族、邻里等的成员，常常被排除在可侵害的范围之外。少年犯罪人的这一做法意味着他们明白其行为的错误性，否则的话为什么要在侵害对象中将这些人排除呢？**D. 参与合法活动**：少年犯罪人并不能免除合法行为的要求。大多数少年犯罪人，经常参加守法的少年们在学校、教堂、家庭中所进行的合法活动，而并非如同犯罪亚文化理论所说的那样，他们在大部分时间均从事非法活动。**(2) 核心概念**漂移：经由上述观察，马茨阿和塞克斯得出结论，违法少年在大部分时间里仍然遵循传统的文化规范和价值观念，他们的犯罪行为，是由于他们在接受社会传统的价值规范的同时，也学会了一套独特的中立化技术(techniques of neutralization)，正是这套技术使其中和了违法时所产生的道德困境，由此他们暂时"漂离"传统的行为而从事违法活动。**漂移**是中立化技术理论中的一个重要概念。所谓漂移(drift)，是指行为在完全自由与完全限制之间连续不断地流动，即从一个行为极端向另一个行为极端运动，这种漂移的结果使得行为有时越轨、违法，

① Gresham Sykes and David Matza, "Techniques of Neutralization: A Theory of Delinquency", *American Sociological Review*, Vol. 22, 1957, pp. 664—670.

② Ibid. 文中黑体标题为笔者所加，以提示该段中心内容。

有时则遵守规范、合法。而使行为漂离传统规范移向违法的是中立化技术的掌握。**(3) 中立化技术**:中立化技术的要点如下[①]:**A. 否认责任**(denial of responsibility):少年犯罪人有时声称,他们的违法行为并不是他们自己的过错,而是由于他们无法控制的力量或者意外事件所致。**B. 否认损害**(denial of injury):少年犯罪人否定行为对社会或者他人的损害性,从而中和违法行为。例如,将盗窃看成是"借用";认为故意破坏公物是因为无法控制的恶作剧所致;少年帮派之间的斗殴,只是他们用来解决问题的一种方式,并不构成对社会的危害。另一方面,社会也经常纵容违法少年,将他们的违法行为仅仅视作恶作剧,由此强化了违法少年关于犯罪是社会可以接受的观点。**C. 否认被害人**(denial of victim):少年犯罪人有时认为,犯罪行为是由于被害人自己的原因所造成的,它是对被害人进行的一种正当的报应和惩罚。通过这一中立化技术,少年犯罪人将其犯罪行为合理化。例如,由于可憎的老师或邻居的故意挑衅,从而迫使他们实施攻击行为;殴打同性恋者,是因为同性恋者的行为本身令人作呕;对妇女的猥亵,是由于被害妇女的衣着过于暴露。否认被害人,也可能采取其他的一些形式。诸如,无视不在场的被害人的权利,或者无视不认识的被害人的权利。这就是说,由于被害人不在场而无法对之加以同情或者尊敬,所以实施诸如破坏公共财物这样的犯罪在道义上是可以接受的。**D. 谴责那些谴责者**(condemnation of the condemners):少年犯罪人经常将这个世界看作是以狗咬狗为准则的腐败社会。谴责与惩罚他们的人都是伪君子。因为一些警察、法官并不公正,老师偏袒,父母常常把自己的挫折发泄在孩子身上,所以由这些权威人士来谴责少年的违法行为是不公正的,这些谴责者本身就应当受到谴责。这样,通过将谴责转换到他人身上,少年犯罪人消除了自己的罪责感。**E. 声称更高的效忠**(appeal to higher loyalties):少年犯罪新手常常声称他们受困于一种两难的境地,即既要效忠于他们自己的同辈群体,同时又要遵守大众的社会规范。因为同辈群体的要求是紧迫的和实际的,所以他们选择了效忠同辈群体。这种效忠同辈群体的表现值得赞扬,因此实施犯罪行为并不错误。**总之**,少年犯罪人经常利用下列口号来合理化犯罪的行为和态度,以便他们漂移到违法犯罪行为:"我并不是故意这样做","我并没有伤害任何人","是被害人制造出来的","每个人都针对着我","我并不是为自己而做"。

---

① Gresham Sykes and David Matza, "Techniques of Neutralization: A Theory of Delinquency", *American Sociological Review*, Vol. 22, 1957, pp. 664—670.

五、社会化过程理论之社会控制理论分支

[16] **社会控制理论**(Social Control Theory):是20世纪70年代、80年代最流行的犯罪原因理论之一。这一理论的一个共同观点是,所有的人都潜在有违法犯罪的可能,因此需要解释的不是人们为什么犯罪,而是人们为什么不犯罪。而遵奉(conformity)是回答问题的关键。通常认为,人们通过社会化获得社会的价值观和行为规范,不良的社会化将导致违法犯罪行为。这一理论强调一种单一的、主流的价值体系或者称道德秩序的存在。

[17] **赫希的社会控制理论**:美国社会学家赫希(Travis Hirschi),于1969年在其专著《少年犯罪原因》一书中,提出了社会控制理论(social control theory),构成了控制理论的统治学说。① 赫希的社会控制理论的**核心思想**是:赫希接受了英国启蒙思想家霍布斯(Thomas Hobbes)的学说,认为人原本是非道德的动物,都有犯罪的自然倾向。因此,犯罪原因是不需要解释的,而不犯罪的原因才需要探讨。人之所以不犯罪,是由于他害怕违法行为将损害自己与朋友、父母、邻居、老师、雇主等的联系,因而保持了克制。假如一个人缺乏对他人的情感与兴趣,没有这些社会联系,那么他就会放任自己的行为,进而实施犯罪。因此,社会联系(social bond)是制约人们犯罪的重要因素;犯罪缘于薄弱的社会联系。**社会联系**,是指一个人与传统社会之间的联系,也就是说一个人对传统社会的依附。社会联系由四个要素组成,这四个要素与犯罪之间有着联系:**A. 依恋**(attachment)。指一个人对他人的情感和兴趣。法国社会学家迪尔凯姆(Emile Durkheim)认为,我们个人成为道德动物的程度,是以我们成为社会动物的程度为衡量的。这就是说,只有当我们内化了社会的道德规范以后,我们才成为道德之人。通过定义,社会道德规范为社会成员所共同持有,因此违背社会道德规范就是背离他人的愿望与期待。如果一个人不在乎他人的愿望与期待,对他人的意见不敏感,那么他就可能不受社会规范的约束而陷于犯罪。从心理学上来讲,病态人格者的一些特征就是缺乏对他人的依恋或感情,不能对以尊重、关心同伴为基础的普通动机作出反应。许多社会学家所构建的概念,诸如赖斯(Albert Reiss)的个人控制、皮列文(Irving Piliavin)的承担义务等,均可以归入依恋。可见,对他人或社会控制机构的感情依恋是防止犯罪的重要因素。父母、同辈群体、学校是一个人与社会保持联系的重要组织。其中,对于父母的依恋最为重要。即使一个家庭由于离婚而解散,孩子必须保持对单亲或双亲的强烈依恋。没有对家庭的依

---

① Travis Hirschi, *Causes of Delinquency*, University of California Press, 1969.

恋，就不可能形成对其他权威人士的尊重的情感。**B. 奉献**（commitment）。指个人将时间、精力、自身投入到传统的活动中，诸如接受教育、建功立业、赢得声望等。英国启蒙思想家霍布斯（Thomas Hobbes）指出："在所有的激情中，迫使人们不违背法律的激情是恐惧。除了一些慷慨大方的本性之外，恐惧是唯一的在违法的利益与快乐的引诱面前，迫使人们遵守法律的东西。"人们有时仅仅是由于害怕后果而遵守行为规则。遵从中的这种理性成分，我们称之为奉献。当一个人准备从事越轨行为时，他必须考虑自己将为越轨行为所要付出的代价。如果越轨行为果真发生，除了可能侵害社会中大多数人的利益以外，还可能给行为人自己带来很大的不良作用，断送他美好的前途和受教育的机会。因此，倘若一个少年能将自身奉献于传统的各类活动，那么他从事犯罪行为的可能性就小。同时，不论少年的家庭背景如何，如果他越是希望未来能受到较高的教育，越是希望将来能从事较高尚的和较高地位的职业，那么他犯罪的可能性就越小。在产生遵从行为中，雄心、志向发挥着重要的作用。**C. 卷入**（involvement）。指花费时间和精力参加传统的活动，诸如学术活动、运动、正当的休闲活动等等。邪恶产生于懒人之手。卷入传统活动的人，受到职位、最后期限、工作时间、计划等的约束，以致很少有机会从事越轨行为。甚至是，由于他全身心地投入到传统的活动中，因此不可能考虑越轨行为，更不用说发展他的个人爱好。一个学生要是经常觉得很无聊，或者每天只用很少的时间去做功课，那么其犯罪的可能性就较大；一个学生每周用在与朋友闲聊的时间越多，或者用在开车游乐的时间越多，他就越可能从事越轨行为。学习、娱乐、家庭等活动的投入，将使一个人脱离潜在的犯罪诱惑，反之则容易导致犯罪。**D. 信念**（belief）。指对共同的价值体系和道德观念的赞同、承认和相信。生活在社会或群体中的人，拥有共同的道德信念，这些共同的道德信念促使他们替他人着想、尊重他人的权利，并且服从法律。但是，人们对他们认为应当遵循的道德规范的信念有着程度上的差异。假如一个人的这些共同的信念缺乏或削弱，他就很可能去实施越轨行为。尤其是，那些不尊重或不信仰警察的权力，热衷于探寻法律漏洞的人，其与犯罪仅一步之隔。**上述**社会联系的诸要素之间，既相互区别又**相互影响**。例如，对传统的人们有着依恋的人，也更有可能卷入传统的活动，更有可能接受传统的行为准则；而一个与传统的人们疏远的人，也很可能不赞成传统的价值观念，不愿意投身于为这种价值目标努力的活动。因此，社会联系诸要素之间的相互关系，控制着个人从事犯罪行为或者从事传统行为。

六、社会化过程理论之标签理论分支

[18] **标签理论**(Labeling Theory):盛行于20世纪70年代中期。这一理论强调,犯罪行为不是由社会环境引起的,而是由社会环境界定的。标签的过程,界定了自己和他人对行为和事件的概念,影响了我们对自身、对他人以及对世界的看法。标签理论的**主要观点**是:**(1) 犯罪的本质意义**:犯罪缘于界定。犯罪和越轨是由社会大众对该行为所作的负面反应的结果,而与行为的道德内涵无关。甚至是,杀人、强奸、伤害等犯罪,也是因为人们将其界定为罪恶才被认为是罪恶的。因为犯罪的时空差异是普遍存在的现象,堕胎、吸食大麻、私藏枪支、赌博等在历史上的某个时期、地方是合法的,而在其他的时间、地点则是违法的。**(2) 法律的差别特征**:法律不仅被差别地制定,而且被差别地执行。法律的内容基本上反映了社会上的权力关系。法律也被差别地执行和适用至不同的社会群体,具有经济和社会地位的人从中获益,而无权者则受到制裁。白领犯罪常常只受到轻微的处罚,或很少受到监禁的处置,而街头犯罪则经常受到较严厉的惩罚,被长期监禁。**(3) 社会因素与被贴标签**:社会因素对一个人是否被贴上标签有着重要的影响。一个人的权力、经济和社会地位,这个人在社区中的凸显程度,贴标签者和被贴标签者之间的社会距离,社区对被贴标签行为的容忍度,被贴标签行为的能见度等一些重要的社会特征,都是决定一个人是否被贴上否定性标签的重要因素。**(4) 否定标签与犯罪行为**:否定性的标签是犯罪行为的重要因素。否定性的标签,诸如“傻瓜”“危险者”“精神失常的人”“犯罪人”“差生”等,使被标签者的自我形象受到永久性的伤害,而逐渐成为一个被这一形象所标定的人。**(5) 否定标签与社会生活**:否定性的标签影响了被标签者的社会生活。被贴上了否定性标签的人,在家庭、学校、工作以及其他社会生活中将处于不利的地位。父母认为他们对其他兄弟姐妹有负面影响;学校将他们归为行为不轨的一类;应聘单位拒绝录用他们。他们发现自己孤立于传统的社会,被投进了越轨的生活圈,是一个被抛弃者。

[19] **贝克尔的标签理论**:美国社会学家贝克尔(Howard Becker),于1963年在其专著《局外人:对越轨行为的社会学研究》中,构建了标签理论的典型学说。① 贝克尔标签理论的**主要观点**是:**(1) 越轨的本质意义**:越轨是由外部反应所贴上的一种品质。越轨并非是个人本身的品质,而是依赖于他人的反应。社会群体通过制定那些违背它们就会构成越轨行为的规则来创造

① Howard S. Becker, *Outsiders: Studies in the Sociology of Deviance*, Free Press, 1963.

越轨行为，并且将这些规则适用于特定的人，给他们帖上局外人的标签。越轨者是被成功地贴上了标签的人，越轨行为是人们如此标定的行为。例如，一个人可能实施了越轨行为，但是除非该行为被他人所关注并对之采取行动，否则这个人不会被认为是越轨者。反之，即使一个人并没有实施越轨行为，但是假如人们认为这个人实施了该行为，那么他就被贴上了越轨人的标签。因此，越轨是由人们对之的反应所引起的。**(2) 越轨评价的冲突**：评价行为是否越轨的规则具有社会冲突性。社会规则是由特殊的社会群体所创造的。而在现代社会中，存在着许多有着不同的政治地位、经济地位、文化背景、种族背景的群体。不同的群体对规则的态度是不同的。因此，就全社会来讲，难以形成一个在任何情况下都被各个群体一致赞同的规则。尽管似乎是许多规则为社会大众所共同持有，但是经验性研究表明实际上人们对这些规则有着不同的态度。群体中的一些小团体可能并不赞同事实上有效的一些规则。被贴上局外人标签的人，可能认为他正被一群局外人按照某种规则所评判，而这种规则并不是他所参与制定的，同时也是他所无法接受的。可见，现实社会的实际是一个群体成功地迫使另一个群体接受他们的规则。而那些强势社会群体最可能推行他们的规则。我们的社会通常是成年人为少年制定规则，男性为女性制定规则，白人为黑人制定规则，中产阶级为下层阶级制定规则。年龄、性别、种族、社会阶层等的差异都与权力的大小有关，这种差异的程度决定了一个群体能否将它的规则强加于其他群体。**(3) 越轨行为的类型**：根据行为以及该行为所受到的评价的不同，存在着三种越轨行为。A. *受到虚假指控的越轨行为*。指行为本身并不存在，或者实际上并不违背社会规则，但是却无辜地被贴上了越轨的标签。B. *纯粹的越轨行为*。指行为违背了社会规则，同时也被贴上了越轨的标签。C. *秘密的越轨行为*。指行为实际已经发生，并且违背了社会规则，但是由于没有被发觉因而也没有被贴上越轨的标签。**(4) 主导身份的地位**：一个人的主导身份决定着人们对他的反应。一个人在社会中占据着多种不同的角色身份，有些身份较为重要、显赫。其中，最有影响的身份称为主导身份。例如，一个人可能具有丈夫、父亲、祖父等社会身份，但是假如这个人是一个大夫，那么医生就是这个人的主导身份。不管怎样，人们总会根据医生的标签而对他做出反应。一个人的主导身份统治着他所有的其他身份。主导身份的重要性表现在它被一系列品质所界定。因此，一个具有医生标签的人，意味着他具有人们所认为的一个医生所应有的一系列品质。另外，性别也是一个人的主导身份。假如这个医生是一个女性，那么人们很可能首先根据她的性别来对他做出反应。**(5) 犯罪标签与犯罪**：犯罪的标签迫使人走上犯罪的道路。犯罪人、违法少年和前科等是一些否定性的主导身份。由于许多不良的品质与这些身份相联系,因此被贴上这些身份标签的人可能难以获得工作,难以与他人进行正常的交往。否定性的标签限制了被标签者的生活机会。假如一个人的生活机会被大大地限制,那么犯罪就可能成为他生活的唯一出路。可见,一个人一旦被贴上了犯罪人的标签,那么这个犯罪人的身份将超过他的其他许多身份而成为他的一个重要特征,并且几乎终身无法改变,无论他如何努力,他也只得从事犯罪行为。这种人们对标签的反应以及标签对被标签者的影响,称作犯罪行为起源,其后的犯罪行为来源于将一个人称作犯罪人的最初标签。另外,一旦一个人被贴上犯罪人、违法少年的标签,那么刑事司法系统就会更加地关注他,由此也增加了这个人被再次逮捕的机会。

第28节 犯罪学研究的基本观念

[1] 犯罪原因的揭示,应当立于一个独特的理论视角、注重实证的分析方法、区分犯罪人形成的微观原因与犯罪率波动的宏观原因、常态社会的犯罪存在与反常社会的犯罪剧变等不同理论问题,构建犯罪原因机制的理论与实践。

一、罪因机制及社会原因的核心地位

[2] **独特理论视角的罪因机制:犯罪原因**,是指由对犯罪的形成与变化具有决定作用的致罪因素,所构成的动态系统。致罪因素也称犯罪因素,是犯罪原因的构成要素;犯罪原因中的致罪因素,尤其是指决定犯罪形成与变化的关键性因素。**(1) 犯罪原因系罪因机制**:犯罪原因包含社会因素、心理因素、生理因素、自然环境因素等多种因素,不过其中的社会因素居于主导地位。而社会因素又是由诸多对犯罪形成具有决定意义的社会事实、社会结构要素、社会化的执行单位等构成的。这些因素有机结合而形成一定的犯罪原因结构时,便可促使犯罪的形成与变化。犯罪原因是一个多质、多层次、彼此密切关联的致罪因素的有机系统。**(2) 犯罪原因揭示关键因素**:考究犯罪原因,就是要揭示决定犯罪形成的诸多因素中的关键性致罪因素,揭示这些因素在犯罪形成中的相互作用关系,以及这些因素与犯罪之间的确定关系。构成犯罪原因的致罪因素有许多,在这些致罪因素中,每个因素与犯罪的相关关系不尽相同,有的极为密切、有的相对疏离,有的起关键作用、有的作辅助支撑。研究犯罪原因,关键在于,从犯罪形成、变化的机理中,对导致犯罪的诸因素与犯罪之间的关系作定性与定量的分析,揭示决定犯罪形成与发展的

关键性因素。**(3) 犯罪原因应有独特视角**：犯罪原因理论就是以独特的视角，构建对罪因机制的深刻解析；从一个视角深刻地解析犯罪的形成与变化，是犯罪原因理论的真谛。这就是立足于一个理论基点，例如社会转型中的社会失范，对犯罪率的急剧波动予以社会学的解析。独特视角的深刻解析，是现代科学的犯罪学理论的主流（见第28节段3，罪因机制），综合罪因论或整合罪因论看似全面，但是由于它们失去了理论的针对性与深刻性，因而也就走向了解释的常识性与表面化，也不利于犯罪防控的可操作性的展开。所谓犯罪是社会综合因素的产物，或者将社会因素与生物因素及心理因素予以全面整合的罪因解释，难以对犯罪防控切实地、真正地起到作用。应当注意，独特的理论视角与犯罪类型研究不是一个概念。独特的理论视角并不排斥研究对象的全体，而类型代替不了全体。类型研究将对象限于特定的局部，这显然不能构建解析犯罪的基础理论。假如不从类型的特殊的界域中走出来，我们就无法看到犯罪的全貌，也就无法对这种犯罪的内在规律进行深入的揭示，对犯罪的认识就依然摆脱不了具体的俗套。

[3] **社会原因的主导地位**：刑法学巨擘李斯特早已确立了这一基本命题（见第26节段7）。不可否认，犯罪人的生物因素与心理因素对犯罪行为具有影响，但是，使生物因素与心理因素得以犯罪行为的激发的，还是社会因素的关键性的作用。正如，同样处于极度愤怒情感中的个体，有的不去犯罪，而有的却以犯罪的方式暴发，这是为什么？对此，如果不去考究不同的个体其先前的社会化所形成的不同个性，是难以获得深刻而客观与合理的答案的。尤其是，当我们解析的问题聚焦在，犯罪行为的形成而不是发生[①]的决定性因素是什么的时候，这种犯罪问题的社会学的解析，就具有了更为重要的意义。在当代犯罪学研究中心的美国，对于犯罪的生物因素、心理因素及社会因素的研究都有了重大的发展。不过，多数学者认为，生物因素与心理因素只有最终与社会因素相结合才能发挥作用。[②] 通常情况下，**自然环境因素**不是决定犯罪形成的独立因素，因为自然环境的变化总是伴随着社会因素的改变。也就是说，自然因素总在一定程度上转化为社会因素而与犯罪相关联。例如，"建筑物的损坏也是大城市城区社会结构解体的标记，那里的居民对他们的地区产生一种不利的自我形象"[③]。在任何季节里，大部分自杀都发生在白

① 关于犯罪形成与犯罪发生的区别，见本节段8。

② Larry J. Siegel, *Criminology: Theories, Patterns, and Typologies*, Fifth Edition, West Publishing Company, 1995, p. 174.

③ 〔德〕汉斯·约阿希姆·施奈德：《犯罪学》，吴金涛、马君玉译，中国人民公安大学出版社1990年版，第338页。

天，而这根本在于白天各种事务最繁忙，人际交往错综复杂，社会生活最紧张。[①] **犯罪心理因素**，通常是以生物因素为基础，在社会因素的作用下所形成的一系列独特的心理特征，从这个意义上说，它是生物因素与社会因素的因变量。进而，犯罪心理是接近甚至位居犯罪这一阶位的变量。**犯罪的生物因素**，就历时来讲，是个体社会化的载体[②]；就共时而言，表现为社会环境因素刺激下的生物反应。生物因素包括生理因素和病理因素。[③] 生理因素是指人类正常的生命机能活动；病理因素是人类异常的生命机能活动。犯罪的生理因素，主要揭示人类生理现象所决定的机体本能反应对犯罪的影响，例如，通过对单卵双胞胎（遗传结构相同）和双卵双胞胎（遗传结构不同）的成长过程进行比较，以确定遗传的影响；犯罪的病理因素，主要揭示人类病理现象所决定的机体异常反应对犯罪的影响，例如，龙勃罗梭对其认为具有返祖遗传的生物特征的罪犯的研究。在某些特殊情况下，犯罪的病理因素在一定程度上影响着犯罪，但是，正常的生理因素对犯罪形成的影响并未得到切实的科学的验证[④]。

二、实证方法的基本手段

[4] 犯罪学是一门**刑事事实学**[⑤]，以社会犯罪事实为研究素材，侧重于经验性方法，观测犯罪现象、探索犯罪机理、寻求犯罪对策；其构建的理论并不强调应当如何（规范的应然与应然的规范），而是说明事实如何（事实的现象与现象的事实）。可见，实证方法是犯罪学研究的基本的与必要的手段，而这种实证方法不只是定量分析，也可以是定性分析。同时，尽管实证方法系犯

---

① 意大利犯罪学家龙勃罗梭、菲利认为杀人的倾向随着气温的升高而增加，凶杀案夏天比冬天多，所以南方的凶杀案比北方多。但是，法国社会学家迪尔凯姆在对自杀的系统研究中证实，并非气温而是昼长的变化和自杀人数的变化之间表现出某种关系，在欧洲的几个主要国家里，自杀严格地以同样的方式发生在一年、一季或一月的不同时间里。龙勃罗梭和菲利的理论根本不能说明这种奇怪的一致性，因为欧洲不同地区的气温大不相同，而且变化也各种各样。相反，欧洲几个主要国家的昼长却明显地差不多。参见〔法〕埃米尔·迪尔凯姆：《自杀论——社会学研究》，冯韵文译，商务印书馆1996年版，第80、84—85页。

② 人是通过社会化进入社会的，而人类的生物遗传基因决定了只有人才能得以社会化，因此生物因素是社会化的载体。犯罪是触犯刑律的行为，刑法是社会规范的最低限度。**社会化**就是一个生物的人通过社会互动学习社会规范，从而形成自己独特个性的过程。

③ 有的学者将生物因素等同于生理因素，这是不确切的。

④ 参见〔德〕汉斯·约阿希姆·施奈德：《犯罪学》，吴金涛、马君玉译，中国人民公安大学出版社1990年版，第399页。

⑤ 犯罪学、刑事侦察学等，是刑事事实学的重要组成部分。与刑事事实学相对的，是刑事规范学。**刑事规范学**，以刑事法律规范为研究素材，侧重于思辩方法，考究法律文本、建构法律分析工具、揭示法律哲学思想，其构建的理论是规则的框架和应然的法则。刑法学与刑事诉讼法学等，是刑事规范学的重要组成部分。

罪学研究所必须，但是也应注意，思辨方法也必然为犯罪学研究所运用。

[5] **定性与定量的结合**：作为一门实证科学，犯罪学研究至为强调实证方法的运用，而这其中又包括定性的分析方法与定量的分析方法。具体地说，**典型个案分析**与**犯罪统计分析**是经验性方法中的两个相辅相成的主要手段，前者有助于说明犯罪与社会因素相互关联的质的规定性，后者有助于说明犯罪与社会因素相互关联的量的规定性。我国著名社会学家**严景耀**教授的专著《中国的犯罪问题与社会变迁的关系》[①]，以典型个案分析的模式，揭示了犯罪的社会原因；法国著名社会学家**迪尔凯姆**教授的专著《自杀论》[②]，则从统计分析的角度，阐明了自杀的社会因素。应当说，定性研究与定量研究，均是犯罪学研究所不可缺少的手段。**定性研究**重在思辨方法从质的方面分析社会现象之间的联系与作用；**定量研究**运用数学方法从量的方面考察社会现象之间的联系与作用。任何事物都是质与量的统一体，定性研究可以为定量研究提供基础，而定量研究又有助于将研究引向深入。(1) 定性分析的基础价值：这正如费孝通先生所指出的："由于定量分析难以深入到事物内部作考察，因而弄得不好，那些普查、抽样调查、问卷调查等，得到的结论只能在数量上给人一个表面形象，甚至是一种虚像。因此，为了正确把握事物的数量，我们在做定量分析之前应当先做好定性分析，然后再通过量的表现来进一步加深我们对性质的了解。"[③](2) 定量分析的定性提升：犯罪统计分析，有助于从量上验证某种犯罪学理论是否具有普遍的适用性。而且，有助于进一步考究量的背后的更深层次的质。尽管我们通过数量统计发现犯罪与某种社会因素的量的关联，但是这远不是结论，我们还必须对这种量的关联背后的质的关系作进一步的揭示：犯罪与该社会因素是否有着本质联系？该社会因素（自变量）与犯罪（因变量）之间有无其他社会因素（中间变量）的作用？(3) 司法统计与犯罪统计：应当注意，犯罪统计并不等于刑事司法统计。**司法统计**主要满足对司法情况进行评估和对犯罪事实进行一般性分析，而**犯罪统计**是为了某项专门研究的需要，由研究人员根据科学的调查统计方法，对研究中的理论设想进行宏观的实证检验或者对某些犯罪事实进行经验性的掌握。

[6] **思辨与经验的结合**：**思辨性研究**注重运用逻辑演绎推断来构建命题；**经验性研究**强调在使用感官观察外部世界搜集材料的基础上构建命题。一个完整的犯罪学研究，不仅需要经验材料，而且必须思辨分析。**(1) 经验素**

---

① 参见严景耀著：《中国的犯罪问题与社会变迁的关系》，吴桢译，北京大学出版社1986年版。

② 参见〔法〕埃米尔・迪尔凯姆著：《自杀论——社会学研究》，冯韵文译，商务印书馆1996年版。

③ 费孝通著：《学术自述与反思：费孝通学术文集》，生活・读书・新知三联书店1996年版，第19页。

材:在**犯罪学研究**中,“个体犯罪现象(个案)及其与社会因素之间的关系的征表”和“社会犯罪总量(犯罪率)及其与社会因素之间的关系的征表”,是考究犯罪的基本的经验性素材,其所反映的是犯罪怎么样,表现为单称阐述(针对具体的人、事或现象),形成**原子命题**[①]或**综合性命题**[②]。例如,2002年以来,暴力犯罪呈下降走势(见第23节段11);2002年以来,犯罪总量仍呈上升走势(见第24节段13)。**(2) 思辨分析**:理论是在诸多相关类型的实证资料基础上,经过系统提升而形成的抽象化的知识,其回答的是犯罪为什么,表现为普遍阐述(针对抽象的一般定理),构建**分子命题**[③]或**分析性命题**[④]。例如,社会转型而致的社会结构的失衡,与犯罪率的急剧攀升密切相关(见第29节段10)。这种命题必然借助于理性思辨,即应当寻找什么样的原子命题?如何确定相关的原子命题?相关的原子命题之间蕴含着怎样的关系?等等,而这些问题的回答少不了抽象的分析演绎。

三、界分犯罪原因的不同问题

[7] 在犯罪原因的研究中,应当注意,不同理论聚焦的区别。具体包括:犯罪形成与犯罪发生的界分;宏观罪因与微观罪因的区别;常态犯罪与反常犯罪的差异;静态分析与动态分析的不同等。

[8] **犯罪形成与犯罪发生**:犯罪形成与犯罪发生是一相对的概念。**犯罪形成**,是立足于犯罪原因(罪因机制)的考究(见第25节段3、第28节段2),揭示社会犯罪现象的逐步生成与发展的规律,为合理的犯罪预防提供理论前提。**犯罪发生**,是立足于犯罪条件的考究,揭示社会犯罪现象在特定条件下得以呈现的规律,为合理的犯罪控制提供理论前提。从犯罪发展的过程来看,首先是犯罪的形成,而后在犯罪形成的基础上犯罪发生。犯罪的形成基于犯罪原因的作用,而犯罪形成基础上的犯罪发生更在于犯罪条件的具备。犯罪是基于犯罪原因的作用,在适宜的犯罪条件下得以发生的。在此,应当注意,犯罪原因与犯罪条件的差异,以及犯罪预防与犯罪控制的区别:**(1) 犯罪原因与犯罪条件**:犯罪原因,是指由对犯罪的形成与变化具有决定作用的致罪因素,所构成的动态系统。犯罪原因的特征在于:直接性(犯罪原因主要表述直接的、表层的致罪因素);关键性(犯罪原因强调关键性的致罪因素);系统性(犯罪原因表现为致罪因素构成的系统);动态性(犯罪原因具有特定

---

① **原子命题**,即对经验性资料的具体描述,而构成的一种陈述。
② **综合性命题**,是指基于诸多相互关联的经验性事实而形成统一的具体陈述。
③ **分子命题**,即由诸多相关的原子命题结合,推导而成的理论概括。
④ **分析性命题**,是指基于概念、原理或者若干经验结论,经由理性演绎而推导出的具体陈述。

的时空背景)等。**犯罪条件**,是指有利于犯罪发生的各种因素,这种因素并不决定犯罪的形成和发展。犯罪条件的特征在于:表述犯罪发生的必要因素;展示犯罪原因的作用效果。犯罪条件与犯罪原因的**主要区别**有三:其一,犯罪条件与犯罪原因在犯罪因果链条中的作用和作用的重要程度不同。原因会产生后果,而条件只能保证原因能够发生作用。其二,原因是一种积极的现象,产生着物质、能量或者信息的传递,或者破坏(中止)这种传递。而条件一般则处于消极、稳定的状态。其三,原因与犯罪现象的形成、发展和变化有直接联系,并处于主导地位。而条件多与犯罪的发生有着关系,处于次要地位。[①] **(2) 犯罪预防与犯罪控制**:**犯罪预防**,是指基于犯罪原因的揭示,由国家、社会乃至个人采取各种方略与措施,致力于减少、消除犯罪形成的致罪因素,对于个体犯罪现象以及犯罪总量现象,予以预先防范的一系列活动。犯罪预防的基础,表现为对于犯罪原因(犯罪形成)的揭示。犯罪原因的研究成果,为犯罪预防的原则与方法的制定与实施提供了专业知识背景;犯罪原因所揭示的关键性的致罪因素及其在犯罪形成中的作用关系,是犯罪预防方略的重要理论依据。**犯罪控制**,是指基于犯罪条件的揭示,由国家与社会采取各种措施与方法,致力于减少、消除犯罪发生的致罪因素 ,对于个体犯罪现象以及犯罪总量现象,予以限控与遏制的一系列活动。犯罪控制的基础,表现为对于犯罪条件(犯罪发生)的揭示。犯罪条件所揭示的犯罪发生机制以及决定犯罪发生的关键性因素,为犯罪控制的措施与方法的制定与实施,提供了重要的专业知识背景与理论依据。**相比较而言**,犯罪预防与犯罪控制,在国家社会个人的主体特征、犯罪现象的对象特征、综合多样的措施特征等方面,具有较大的相似之处;不过,两者在基础特征与阶段特征等方面,则呈现出较大的区别。具体表现在:其一,基础特征的差异:犯罪预防以犯罪形成机制的揭示为知识平台;犯罪预防的方略与措施,奠基于犯罪原因所揭示的关键性致罪因素及其在犯罪形成中的作用关系。犯罪控制以犯罪发生机制的揭示为知识背景;犯罪控制的措施与方法,奠基于犯罪条件所揭示的引发或决定犯罪发生的关键性因素及其在犯罪发生中的作用关系。其二,阶段特征的差异:犯罪预防以犯罪形成之前的预先防范为着眼点;具体表现为遵循有关基本原则采取一系列措施,将犯罪阻断在犯罪形成的犯罪孕育阶段。犯罪控制以阻断已成定势而处于临界发生状态的犯罪为着眼点;从犯罪实施的时空等条件上,将犯罪阻断在犯罪发生的犯罪表现阶段。其三,目标特征的差异:犯罪预防试图将犯罪阻断于形成的源头,具有治本的意义;犯罪控制旨在

---

① 参见康树华:《犯罪学——历史·现状·未来》,群众出版社1998年版,第93—94页。

将犯罪遏制在一定限度的范围之内，具有治标的意义。应当注意，科学地**界分**犯罪预防与犯罪控制，不仅有助于明晰犯罪学理论的知识结构，诸如，犯罪原因与犯罪条件、犯罪形成与犯罪发生等，而且有助于明确犯罪学实践的基本价值，诸如，治本之举抑或治标之举。我国一些论著对于犯罪预防与犯罪控制不加区别，或者主张犯罪预防包容犯罪控制，这些见解的合理性均有待进一步地推敲。

[9] **宏观罪因与微观罪因**：犯罪原因是犯罪学研究的核心，它包括两个基本的视角：个体犯罪形成的原因；犯罪总量形成的原因。前者是犯罪原因的微观研究，后者是犯罪原因的宏观研究。**微观研究**将个体犯罪置于微观社会中[①]，核心是对犯罪人个案的微观社会剖析，探究个体为什么走向犯罪。这里，个体犯罪与微观社会构成对立统一的两条分析轴心线。就个体犯罪来看，分析轴基本的关键点有：个案、犯罪人、人格；就微观社会来看，分析轴基本的关键点有：社会化、家庭、学校、同辈群体、社区；生命历程、生命事件、年龄级角色、轨迹、变迁。**宏观研究**将犯罪总量置于宏观社会背景下，核心是对犯罪现象的宏观社会分析，揭示社会为什么存在犯罪。具体又有两种情形，其一是常态社会下的犯罪形成机制，其二是反常社会下的犯罪形成机制。这里，犯罪总量与宏观社会构成对立统一的两条分析轴心线。就犯罪总量来看，分析轴基本的关键点有：犯罪波动、犯罪类型、犯罪率、犯罪黑数；就宏观社会来看，分析轴基本的关键点有：社会变迁、社会结构、意识观念、社会分层、制度规范。[②]

[10] **常态犯罪与反常犯罪**：犯罪是社会有机体中的组成部分，呈现为社会机体的新陈代谢物。**常态犯罪**，是在社会机体处于正常状况下的社会犯罪现象的呈现，也可谓法国著名社会学家迪尔凯姆所讲的犯罪的规则现象，是社会的生理机制的犯罪的表现（见第 26 节段 8）。此时的社会，或者处于相对

---

① 此处仅是社会学的视角，从广义上来说，犯罪生物学、犯罪心理学均是对犯罪的微观研究。

② 这里并未将文化列入。应当说，文化与犯罪的联系是非常密切的。**但是**，应当注意，文化是一个极其复杂的歧义性极大的概念，据美国文化人类学家克罗伯和克鲁克洪的统计，1871—1951 年的 80 年间，严格的文化定义就有 164 个之多，法国社会心理学家莫尔新的统计资料也表明，20 世纪 70 年代以前世界文献中的文化定义已达 250 多个。参见刘进田：《文化哲学导论》，法律出版社 1999 年版，第 36 页。**再者**，文化也是一个内容极为丰富的概念，它几乎包含了各种社会要素。“文化的概念在它的基础部分或多或少是与社会的概念相互重合的”；“文化从广义来讲，是一个包括人在社会中所习得的知识、信仰、美术、道德、法律、风俗，以及任何其他的能力与习惯的整体”。〔日〕富永健一：《社会学原理》，严立贤等译，社会科学文献出版社 1992 年版，第 18 页；〔美〕克利福德·格尔兹：《文化的解释》，纳日碧力戈等译，上海人民出版社 1999 年版，第 5 页。**因此**，有关文化对犯罪的影响，集中表现在作为文化主体的“社会群体”以及作为文化内容的“意识观念”“制度规范”等方面，它们在构成要素、整合机制、动态演进的角色中，基于互为冲突与相互作用以及各自与犯罪的作用关系，决定着犯罪的形成。

静止的状态[1],或者呈现整体均衡的发展状态。[2] 在此场合,犯罪也表现为一种平稳的样态,并且被理解为一种社会必然现象。人类社会的过去与现在,乃至未来相当长的历史时期,犯罪作为一种社会现象与社会相伴生。犯罪为社会提供反面警示、犯罪给社会增强张力、犯罪给予人类精神震撼、犯罪促进制锁业发展、犯罪推动各类安全防范系统等等。犯罪源于社会,当社会处于相对稳定状态,社会的犯罪现象也保持在一定的水平,这时的犯罪是社会机体的正常的生理排泄。考究常态犯罪,就是要揭示常态社会状况下的犯罪存在机制。例如,某一相对协调稳定的常态社会状况下呈现出一定的犯罪率,这一社会状况致使这一犯罪率产生的因果关系是怎样的,社会结构中究竟哪些因素与犯罪的形成之间有着极为密切的关系,这些因素又是如何相互作用而决定了犯罪的形成的。**反常犯罪**,是在社会机体处于非正常状况下的社会犯罪现象的呈现,可谓是迪尔凯姆所讲的犯罪的非规则现象,是社会的病理机制的犯罪的表现(见第26节段9)。此时的社会处于从传统社会向现代社会的转变与过渡,社会中的传统因素与现代因素此消彼长。[3] 在此场合,犯罪也表现为急剧波动与不断攀升的样态。如果说犯罪功能论是从常态着眼考究犯罪的存在,那么社会失范论则是从病态角度探究犯罪的剧变。犯罪是社会变革的晴雨表,犯罪率的急剧波动,反映了社会结构的失调与不稳定状态,社会的急剧转型易于造成社会失范状态。社会的疾病导致了社会犯罪现象的反常。考究反常犯罪,是要揭示反常社会状况下的犯罪急剧波动机制。例如,某一时期犯罪率的突然升高,这一现象与社会反常状态之间呈现出怎样的因果关系,究竟是社会结构中的哪些病理因素决定了这一时期犯罪率的突然升高,这些决定性的因素又是如何相互作用的。

[11] **静态分析与动态分析:**犯罪学的研究,既包含静态的分析,也具有动态的考究。前者揭示决定犯罪形成、发展、变化机理的重要因素,后者分析这些因素在促成犯罪中的相互作用、整合与分化。例如,**社会结构**,是指一个社会中各种基本组成部分之间所形成的比较稳定的关系或构成方式。揭示某一特定时期的社会结构状态及其对犯罪的影响,是对犯罪的一种宏观静态分析。**社会变迁**是社会互动和社会关系等所构成的社会结构里的结构与功能

---

① 例如,我国"文革"后期的社会状态及其相应的犯罪样态。

② 例如,日本和瑞士"独特的发展进程,保持着亲密的家庭结构,以及有全体公民参加反对犯罪的斗争",使其成为"富裕的发达国家日益增长的犯罪率的两个重要例外。"〔美〕路易丝·谢利著:《犯罪与现代化——工业化与城市化对犯罪的影响》,何秉松译,群众出版社1986年版,第88、91页。

③ 例如,我国目前改革开放深化期的社会状态及其相应的犯罪样态。

上的改变。[1] 探究社会变迁及其与犯罪形成和变化之间的关系，则是对犯罪的一种宏观的动态研究。显然，犯罪的静态分析与动态研究，例如“社会结构及其对犯罪的影响”与“社会变迁及其对犯罪的影响”，这两者是密切相连的，是同一研究的两个侧面。

第29节　化解阻断罪因机制的理论模型

[1] 我国现阶段的犯罪现象属于一种非规则的犯罪现象，是目前社会转型中社会失范状态的一种典型表现，其形成与社会结构的一些不合理方面密切相关。犯罪是社会的一扇窗户，犯罪波动乃社会变革的集中反映；而犯罪原因机制理论，就是要在明确界分宏观与微观、常态与反常等不同的视角下，分别展开犯罪率与犯罪人的各自形成机制的独特侧面。这种原因理论应当具有如下特征：基于某种更为抽象的相对成熟的理论的背景[2]；具有一个独特的理论视角；拥有一个相对集中的理论命题；命题的论证不失实证的经验性验证。

[2] 以犯罪学研究应有的基本观念为指导，聚焦我国社会转型中犯罪率急剧波动的反常状态，立于罪因机制的社会学考究，应当说我国目前的罪因机制呈现为紧张化解阻断的理论模型。

一、化解阻断罪因机制的理论基奠

[3] 犯罪寄生于社会，由其所处的社会结构决定。社会是犯罪的培养液。动态地分析犯罪与社会：倘若社会相对稳定，犯罪率的呈现也相对平稳；倘若社会急剧转型，尤其是在社会反常状态下，犯罪率则会呈现出急剧波动的样态。犯罪是社会变革的晴雨表，犯罪率的波动与社会变迁紧密相连。

[4] 当代中国正处于后发性的现代化进程，经历着主要来自于外部力量的较为明显的大幅度的社会变迁，就更替的社会形态而言，近似是一种“从共同社会到利益社会”[3]的社会结构变动。作为**社会结构**变动的**社会变迁**（见第28节段11），其因素是多方面的，有科学技术、意识观念、社会规范、政治体系、

---

① 参见蔡文辉：《社会学》，台湾三民书局1997年版，第594页。

② 例如，美国社会学家默顿（Robert Merton）所提出的社会反常理论，就是基于帕森斯的社会结构理论以及迪尔凯姆的社会失范论。

③ 德国社会学家斐迪南·滕尼斯（Ferdinand Tonnies，1855—1936）在其名著《共同体与社会》一书中，抽象出两种社会类型：共同社会与利益社会。立于相对意义，前者是指拥有共同情感的社会，而后者则是为了追求利益而被组织在一起的社会。

经济制度等[①]。社会变迁不可能只发生于社会结构的某一方面，社会结构某一方面的改变，必然引起整个社会结构的变化。由此，也可以说，我国目前正经历着社会转型时期。**社会转型**，是指社会从传统社会向现代社会转变的过渡过程，是社会中的传统因素与现代因素此消彼长的进化过程；是社会结构的整体性、根本性变迁，它不是指社会某个领域的变化，更不是指社会某项制度的变化，而是指社会生活具体结构形式和发展形式的整体性变迁。社会转型的具体内容，包括结构转换、机制转轨、利益调整和观念转变；转型的实现，不是通过暴力的强制手段或大规模的群众运动，而是通过生产力和确立新的社会经济秩序来完成的。揭示我国社会犯罪的剧变(见第24节)的罪因机制，就是基于社会转型这样的社会大背景而具体展开的。由此，奠基于迪尔凯姆的社会失范论，科学融合帕森斯的社会行动理论，立足社会结构的功能性分析，聚焦考究社会反常状态下的犯罪现象，这种紧张理论给我们揭示当代我国犯罪剧变的原因机制，以有益的启示。

[5] **紧张理论的过滤**：20世纪90年代以来，默顿的紧张理论再度受到推崇(见第27节段5)，这与现代社会的动荡状态不无关系。这也意味着立足社会失范的社会学的视角，考究当今社会的越轨与犯罪行为，具有重要的价值与意义。然而，在现代紧张理论的构建中，有的实际上已经偏离了社会学的轨道。例如，**阿格纽**的一般紧张理论(见第27节段8)，在本质上是一种心理学的研究，其并没有深刻地揭示丧失正向刺激和面临负面刺激等压力来源的社会学意义上的原因，也没有深入地解释为什么个体心理上的负面情感(愤怒、挫折等)，就会发展成极端行为的越轨与犯罪。显然，这些问题与社会结构状况或犯罪人的个性特征的形成，是密切相关的。正如刑法学大师李斯特所言：如果“将特定犯罪人的特定行为纳入视线时，使我感兴趣的是他的特性”，但是“犯罪不是绝对的……犯罪的根源应当在正常的社会生活中寻找”。[②] 犯罪是一种社会现象，犯罪学研究的核心是，或者在宏观社会结构中去揭示犯罪率状况的罪因机制，或者在微观社会化过程中去探究犯罪人的个性形成。**对比**默顿的紧张理论(见第27节段5)与阿格纽的一般紧张理论(见第27节段8)，默顿的理论系以帕森斯的社会行动理论为基点，并且融合了迪

---

① **社会结构**，是指一个社会中各种基本组成部分之间所形成的比较稳定的关系或构成方式。**就领域而言**，社会结构是私人领域(市民社会)、权力领域(政治国家)、公共领域之间相互关系的一般状态；**就群体而言**，社会结构指由社会分化产生的各主要的社会地位群体，例如阶级、阶层、种族、职业群体、宗教团体等之间相互联系的基本状态。

② 〔德〕冯·李斯特著：《论犯罪、刑罚与刑事政策》，徐久生译，北京大学出版社2016年版，第183、185页。

尔凯姆的社会失范论，由此，其是对越轨行为的宏观社会结构的分析，是纯然的社会学的理论视角。帕森斯的社会行动理论揭示了社会的整合机制，而迪尔凯姆的社会失范论分析了社会的分化状态，默顿则将这两者有机结合起来，肯定了帕森斯的文化系统概念，同时也认为社会系统中的确也会存在与文化系统冲突的状况，这就是目标与方法的断裂，这种断裂本身就是一种社会紧张，是社会的反常状态，它会引发大量的越轨与犯罪行为。而默顿的个人适应模式，是对个人在这种社会反常状态下的不同生活方式的写照。这种对个人行为的解释，所指向的仍然是社会结构中的目标与方法这样一个大的社会背景。**与此不同**，阿格纽的理论是以个体的愤怒、挫折等情感为核心的，文化目标与实现可能之分离的紧张，只是个体愤怒、挫折等这种负面情感的来源之一，而个体的负面情感大量的还来自于个体生活中所经历的其他的人或事，但是，阿格纽的理论对这些紧张来源的人和事与社会结构的状况并没有建立起关联。可见，在阿格纽的理论中，社会学的概念已不重要或所剩无几，重要的是个体的心理感受或负面情感。而且，即使在这种心理学的视角下，其对个体的人格特征的差异也缺乏充分的关注，尤其是没有深入地关注，这种差异性的人格特征的形成对负面情感的形成与强度的影响。也可以说，在很大程度上，阿格纽的理论的重心在于犯罪发生机制，而非犯罪形成机制。

［6］**默顿理论的考究**：默顿的社会反常理论，也受到了一定的理论质疑。应当说，某些理论质疑不免牵强，当然默顿的理论也有其不足之处。**(1) 理论质疑的分析**：对于默顿社会反常理论的批评，主要存在以下几个方面：**A. 解释的局限**：认为默顿的理论不能解释所有的犯罪，对非功利性的犯罪、白领犯罪就缺乏解释力；默顿的理论也只适用于解释不同阶层犯罪率的差异，而难以解释同一区域个人的不同适用模式的选择机制。[①] 对此，应当说，默顿的理论具有相对的普适意义。其一，默顿的理论可以解释白领犯罪。默顿在对革新型的分析中指出，任何社会阶层的成员，在其感到缺乏合法的方法获取社会成功的时候，都可能采纳革新的方法。例如，商人为了暴发富裕而实施金融诈骗和逃税的白领犯罪。其二，默顿的理论也可以解释非功利性犯罪。默顿在个人适应模式类型的分析中，明确表明了个人可能存在的对文化目标的不同的价值观。假如说文化目标是功利性的，那么礼仪、颓废、反叛均可采取与文化目标不同的价值观。其三，默顿的理论对个体犯罪行为也有一定的解析

---

① 参见郭星华著：《当代中国社会转型与犯罪研究》，文物出版社 1999 年版，第 27 页；许春金著：《犯罪学》，台湾三民书局 1993 年版，第 307 页。

力。当然，在这方面，默顿理论的重心不在于个体犯罪的形成，而在于个体犯罪的选择。不过，这并不构成默顿理论的缺陷，因为理论离不开其独特的视角（见第28节段2）。总的来说，默顿的理论属于社会结构理论，而以个体犯罪形成为聚焦的理论，主要是社会化过程理论。**B. 实证的缺乏**：认为默顿的理论缺乏经验性基础。默顿的理论提出后，直到1976年仍无人从经验材料出发对它加以检验。美国社会学家利默特（Edwin Lemert）认为，默顿的文化目标的概念并不切合实际，因为只有个人的或社会群体的价值观，而没有全社会统一的价值观，美国社会呈现为多元化的价值观体系。对此，应当说，价值观的多元化是现代社会的共性，尤其是经济相对发达的民主制度社会，价值观的多样性更是其特征。不过，也应当注意，在一个**相对稳定**的社会，中产阶级的价值观占据主导地位，是社会价值观的标志，其构成了社会的主文化观念。不过，默顿考究的是社会反常状态，这种反常是文化目标与制度方法的断裂，然而，就文化目标这一变量本身考究，在一种社会**反常状态**下，通常是社会的主文化受到强烈的冲击，社会的价值观呈现出碎片的状态。**(2) 默顿理论的得失**：默顿的社会反常理论，对于以社会结构瓦解、无规范状态为背景的犯罪，有着较强的解析能力。同时，默顿的理论具体型塑了个人适应社会的五种类型，这远比美国犯罪学家肖（Clifford R. Shaw）等的社会解组理论要具体深入，并且为科恩（Albert Cohen）的少年犯罪亚文化理论和克洛沃德（Richard Cloward）等的不同机会理论奠定了坚实的理论基础。不过，默顿的理论有其**不足**：**A. 宏观与微观**：尽管默顿是从社会结构的意义上提出文化目标与合法方法这两个变量的，但是他对这两个变量的社会结构的内涵却缺乏必要的说明，而另一方面他又将这两个变量直接代入微观个体适应模式的解析，由此，这两个变量的社会结构的蕴意显得模糊，相反却成了个体类型的抽象，从而构成了宏观解析与微观解析的含混。默顿本人也认为，其理论的缺陷就在于没有论及可能影响个人对适应方式选择的社会结构要素。[①] **B. 文化目标**：将文化目标界定为全社会统一的价值观，不尽合理。在现代社会，价值的多元化是不可避免的，这正如利默特所言，只有个人或社会群体才表现出一定的价值观，而现代社会是由不同的个人、不同的群体所构成的。当今社会可以有主流的价值观，但是却难有完全统一的价值观。**C. 分析要素·违法成本**：合法方法与文化目标的脱节极易导致犯罪，但是事实上并非所有的没有合法方法的人都去犯罪，另一方面也并非所有的拥有合法方法的人都不

---

① Robert Merton, *Social Theory and Social Structure*, enlarged ed., Free Press, 1968, p. 214.

去犯罪。因此，尽管在犯罪解析中，合法方法及其与文化目标的断裂，是分析犯罪的重要因素，但是方法与目标的二元因素，难以进一步增强理论的解析力。事实上，违法成本是罪因机制中的一个更为重要的变量。**D. 分析要素·现实**：将犯罪解释为合法方法与文化目标的脱节，也显得笼统。目标是一种期待，当这种期待与现实之间并无很大距离的时候，行动的欲望也就不够强烈。没有行动，也就无所谓合法方法拥有的与否了。因此，作为考察行动的基础，需要考察目标与现实之间的距离，从而现实状况也应当是犯罪解析中的一个重要因素。

二、化解阻断罪因机制的基本架构

[7] 基于默顿的社会反常理论、犯罪原因理论的特征、犯罪原因的基本观念，注重实证研究方法，深入监狱实地调查，结合典型个案的定性剖析与犯罪统计的定量分析，以我国转型期的社会现实为背景，深入到社会结构的层面，通过社会揭示犯罪，通过犯罪了解社会，探索作为社会的一扇窗户、社会变革的晴雨表的犯罪原因，由此构建犯罪解析的化解阻断模式理论。

[8] 依据经验性事实的分析发现：*当代中国社会犯罪，主要缘于社会分化中社会结构方面无以化解的紧张，以及其在个体生活中的投射。无以化解的紧张是犯罪的直接的、决定性的作用力*。化解阻断罪因机制的基本架构（**化解阻断模式**）包括：理论命题及其变量的构造；宏观变量蕴意及变量关系；微观变量蕴意及变量关系。

[9] **理论命题及其变量的构造**：**(1) 总体命题**。犯罪主要是无以化解的紧张的结果：**犯罪≈紧张—化解**。其表明，犯罪与紧张正相关而与紧张的化解负相关。本命题以"≈"连接"犯罪"与"紧张—化解"，缘于本命题独特的理论视角。理论离不开独特的视角，本命题侧重于犯罪原因的社会结构的揭示，集中解析转型期中国社会分化中社会结构方面，决定犯罪率波动的某些关键性的因素（宏观），以及这些因素在个体生活层面表现的核心因素，从而决定个体共时性犯罪行为（微观）[①]。因此，本命题在转型期中国社会犯罪原因的社会结构的解析方面，有着较强的说服力。然而，就犯罪的整体来看，并

① 这里对决定个体共时性犯罪行为的核心因素的揭示，尽管在一定程度上也是对个体犯罪原因的解释，但是这种解释发自于社会结构的层面，探索的是决定犯罪的社会结构的因素在个体生活层面的投射，因而是宏观视角下的微观犯罪行为解析；而对于个体犯罪原因的解释，核心在于历时性的个体犯罪的形成，其主要的视角是个体的微观环境和社会化过程，这是微观视角下的微观犯罪行为的解析。

非所有的犯罪(尤其是微观层面上的个体犯罪行为)均出自于“紧张—化解”①。不过,犯罪群体的统计资料及许多典型个案表明,绝大多数情况下犯罪均缘于无以化解的紧张。**(2) 核心变量**。本命题的核心变量包括:因变量犯罪;中间变量紧张、化解;自变量意识价值、社会分层、制度规范(宏观),自变量目标、现实、合法方法、违法成本(微观)。由于解析犯罪原因的变量,在不同的层次上应当具有不同的表现形式。在罪因机制的分析中,宏观层面的一个社会为什么形成犯罪,与微观层面的一个人为什么走上犯罪,这两个问题的理论关键词是有所区别的。因此,在这些变量中,意识观念、社会分层、制度规范属于宏观层面上的自变量,它们是决定中间变量紧张、化解的社会结构中的关键性因素;而目标、现实、合法方法、违法成本则属于微观层面上的自变量,它们是决定中间变量紧张、化解的个体生活中的核心因素;同时,因变量犯罪,中间变量紧张、化解,在宏观与微观层面上也各有不同的意义。**(3) 因变量犯罪。**本命题之犯罪,不包括过失犯罪,过失犯罪并非犯罪学研究的重点。基于以上前提,本命题之犯罪包括宏观上的所有的社会犯罪现象和微观上的由于社会原因或主要由于社会原因而导致的个体共时性的犯罪行为。这里的“共时性”,意味着本命题在对个体犯罪行为的解析上,并非立足于犯罪人的特殊个性的形成,而是关注转型期失衡的社会结构背景下,宏观社会结构的致罪因素折射到微观层面,而构成的微观层面的社会因素对个体犯罪行为的击发。

[10] **宏观变量蕴意及变量关系:(1) 犯罪**:宏观层面因变量犯罪的核心概念是**犯罪率**。犯罪率具体是指一定时空范围内犯罪数与人口总数对比而计算的比率,通常为万分比,包括发案率与人犯率。因变量犯罪率,由中间变量紧张和化解的作用而形成。**(2) 紧张**:宏观层面的中间变量之一紧张,是由于社会结构的失衡而在社会中过度淤积的能量,这种过度淤积的能量走向了其反面,促使社会由整合转为离散状态。这一中间变量紧张,由自变量意识观念碎片与自变量社会分层失衡的作用而形成。自变量**意识观念**,是一个社会中人们所持有的对于社会的系统看法,它既反映了人们的生活目标与理想,也是人们据以区分是非善恶以及践行社会行为的内在思想根据;意识观念具体由物质利益观念、个人主义意识、道德体系状况表述。自变量**社会分层**,是一种根据获得有价值的物质与利益的方式,来决定人们在社会位置中的群体等级或者类属的一种持久模式;社会分层具体由利益群体、分层维度、

① 生物因素、心理因素、社会因素、自然环境因素均是影响犯罪的变量,然而它们各自与犯罪的关联程度却不尽相同,其中生物因素与社会因素是较为关键性的因素,而一般说来社会因素对犯罪具有决定性意义。化解阻断模式的命题聚焦于影响犯罪的最为关键的社会因素,尤其重在解读当代转型期中国社会明显波动的犯罪。但是,这并不否定生物因素对犯罪的影响。

贫富差距表述。(3) **化解**:宏观层面的中间变量之二化解,是合理调整社会结构使之趋于平衡,促使过度淤积的紧张能量得以合理释放,从而推进社会归于整合的基本路径。这一中间变量化解,由自变量制度规范的合理并有效的作用而形成。自变量**制度规范**,是以一定社会的政治与经济等状况为背景,通过自觉或者自然的过程而形成的,以要求人们做什么或者禁止人们做什么或者规定人们可以做什么的面目出现的,直接调整人们的各种社会活动的行为规则;制度规范的合理与效能,具体由社会控制、社会情绪表述。需要特别说明的是,这里的**社会(不满)情绪**,是社会结构失衡之社会结构紧张的征表,社会不满情绪本身不能化解阻断命题中的紧张(见第30节段32)。**(4) 变量关系**:宏观上,紧张主要缘于社会结构中意识观念碎片与社会分层失衡;化解阻断缘于缺乏合理或者有效的制度规范。由此,总体命题在宏观层面可具体表述为:转型期中国社会犯罪率的增长主要缘于意识观念碎片、社会分层失衡而构成的过度社会紧张,尤其是由于缺乏合理有效的制度规范化解这种紧张。具体地说,意识观念中物质利益观念的高度激发、个人主义的核心地位、道德观念的冲突与离散、"三信"(信仰、信任、信心)危机的呈现,以及社会分层中的复杂多样的利益群体、职业声望与收入状况的背离、贫富差距的急剧拉大,致使社会整合较大程度地被削弱而社会分化过于突显,而社会转型期制度规范的不尽合理或者效能低下,未能使分化的各种社会因素得以协调整合,从而促成了社会的不满情绪与社会的控制薄弱,并且这种制度规范问题与腐败问题交互增强,紧张化解受阻,淤积的这种能量不失以犯罪的方式释放。**见图29-1**。这一命题,可以从转型期相应社会现象及其相互间关系的变化中获得经验性验证。

[11] **微观变量蕴意及变量关系**:**(1) 犯罪**:微观层面因变量犯罪的核心概念是**犯罪行为**。犯罪行为具体是指个体在无明显生物异常的场合,主要由于社会因素而形成的共时性犯罪行为。因变量犯罪行为,由中间变量紧张和化解的作用而形成。**(2) 紧张**:微观层面的中间变量之一紧张,是由于社会结构的失衡而在个体生活中过度淤积的能量。这一中间变量紧张,由自变量目标与自变量现实的反向趋离作用而形成。自变量**目标**,是个体对重要社会生活资源的追求,通过目标期望值表述。自变量**现实**,是个体对所期待的重要社会生活资源的实际占有,通过现实满意度表述。**(3) 化解**:微观层面的中间变量之二化解,是促使过度淤积于个体的紧张能量得以合理释放的基本路径。这一中间变量化解,由自变量合法方法与自变量违法成本的协调作用而形成。自变量**合法方法**,是指一个社会的制度规范所允许的人们获得生活资源的手段,通过合法方法难易度表述;自变量**违法成本**,是以非制度性手段获

取生活资源所需要的付出，通过社会认知、刑法认知、司法效能评价表述。**(4) 变量关系**：微观上，紧张表现为目标与现实之间的反向趋离，其表达式是"紧张＝目标—现实"；化解与合法方法以及违法成本正相关，其表达式是"化解＝合法方法＋违法成本"。对于紧张，不难理解，现实不及目标将淤积成紧张。这里着重对**化解**作一分析。在此，对于化解的表述作一阐释。假如对生活资源的索求是人性的基本表现[①]，那么获取资源的工具则是主要的问题。为了化解由于缺乏需求的资源而构成的紧张，这种工具可以是合法的，也可以是违法的。犯罪主要缘于无以化解的紧张，由此化解成立可以阻断犯罪，而化解阻断则促成犯罪。拥有合法方法，化解也就得以成立，从而化解与合法方法正向关联。不过，有时尽管拥有合法方法的化解，但是个体也会权衡违法成本，在合法与违法之间作出抉择。于是，化解不仅受到合法方法有无的制约，而且同时受到违法成本高低的影响。违法成本越高，越有利于趋向正当的化解，反之亦然，由此化解与违法成本也呈正向关联。这样，总体**命题**在微观上可以表述为"犯罪行为≈紧张（目标－现实）－化解（合法方法＋违法成本）"，其中，违法成本低廉是更为核心的一个致罪要素，这是社会反常状态的直接而典型表现。具体地说：由于生存于一定社会结构中的个体，对社会生活资源，特别是工具性的财富有着较高的期望目标，而事实上个体对这些资源的占有却未能如愿，目标与现实两者之间的趋离构建了较强烈的紧张，尤其是这种紧张又缺乏必要的化解，主要表现在，尽管社会并非没有提供给个体以一定的合法方法，然而低廉的违法成本却诱使个体走向犯罪。目前的社会失范状态，官员廉政欠佳，社会道德缺损，刑法意识淡薄等等，影响着个体的犯罪行为。要治理犯罪首先应当惩治腐败，建构或完善系统而现实的道德整合，提高司法效能，细化法制教育等。由此，扭转化解的走向，降低紧张度。犯罪行为是社会结构折射下的，个体社会生活中无以化解的紧张的结果。这一命题，可以通过犯罪人群的统计调查定量分析来验证。

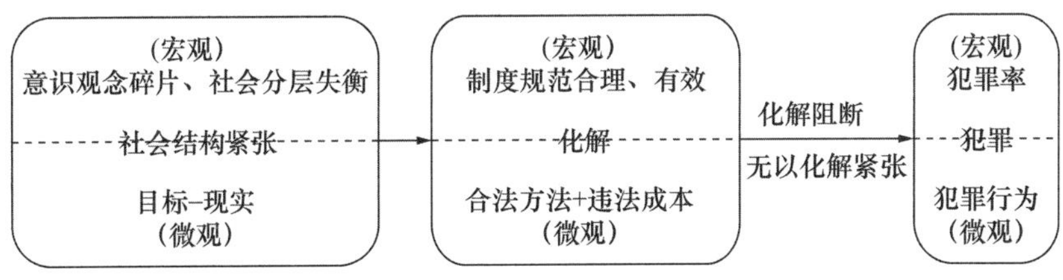

图 29-1　化解阻断模式架构图

① 参见〔美〕格尔哈斯・伦斯基：《权力与特权：社会分层的理论》，关信平等译，浙江人民出版社1988年版，第35—43页。

三、化解阻断罪因机制的理论特征

[12] 显然，化解阻断模式也系通过紧张概念的构建，来具体揭示我国社会犯罪形成的原因，尤其是，化解阻断模式在对犯罪的解析中，也将紧张、目标、方法作为重要变量。然而，化解阻断模式中这些变量的内涵及组合的特殊性，尤其是化解、违法成本等其他变量的加入，则表现出化解阻断模式与社会反常理论有着较大的差异。

[13] **构建宏观、微观的层次**：默顿的社会反常理论横跨宏观与微观两个层面，在宏观上确立了社会结构上的文化目标与合法方法两个变量，在微观上设计了个体对这两个变量的不同适应模式。尽管社会反常理论是从社会结构的意义上提出文化目标与合法方法这两个变量的，但是它对这两个变量的社会结构的内涵却缺乏必要的说明，而另一方面它又将这两个变量直接代入微观个体的解析，由此这两个变量的社会结构的蕴意显得模糊，相反却成了个体类型的抽象，从而构成了宏观解析与微观解析的含混（见本节段 15）。**与此不同**，化解阻断模式构建宏观与微观的理论层次，区分变量在宏观与微观上的不同要素：(1) 作为解析的对象，在宏观上针对犯罪率；在微观上针对犯罪行为。(2) 紧张，在宏观上主要缘于社会结构中意识观念碎片与社会分层失衡；在微观上缘于目标与现实之间的拉锯。(3) 化解，在宏观上取决于合理并有效的制度规范；在微观上其与合法方法、违法成本正相关。

[14] **舍弃文化目标的概念**：社会反常理论将文化目标表述成全社会统一一致的价值观念，然而这一界说受到了美国社会学家利默特（Edwin Lemert）等的质疑（见本节段 6）。现代社会的文化特征是价值观的多元化，一个社会可以有其主文化，但与此相对，该社会也必有亚文化，尤其是，在一个缺乏整合性的社会，社会的价值观还会呈现出碎片状态（见第 30 节段 3）。我国目前的社会状态更需对这种观念碎片予以关注（见本 30 节段 4）。可见，意识观念的多元与冲突，是影响社会紧张的一个重要因素。由此，化解阻断模式舍弃统一的文化目标的概念，在犯罪解析中并不使用文化目标这一变量，代之以个体的价值目标。

[15] **变更、新增变量**：社会反常理论以文化目标与合法方法作为解析犯罪的主要变量。而化解阻断模式，根据经验事实，变更并新增犯罪解析的变量：以中间变量紧张与化解来解析犯罪；并通过自变量意识价值、社会分层（宏观上）、目标、现实（微观上）解析紧张；通过自变量制度规范（宏观上）、合法方法、违法成本（微观上）解析化解。

[16] **更新紧张的概念**：社会反常理论强调的是，文化目标与合法方法之

间的脱节。它认为社会上所有经济阶层的人都持有基本相同的价值观念和生活目标:绝大多数美国人向往富裕、个人财产、教育、权力、尊严和舒适的生活等等,然而每个人取得这种目标的能力却是不一样的,而是依社会经济地位的不同而有所区别。在中、高阶层,获得作为成功标志的高等教育、体面而高薪的职业、物质财富等手段是轻而易举的。但是,对于下层阶级来说,由于不利的经济和社会地位,几乎所有通向成功的正常道路都被堵死了。这种文化目标与制度性方法之间的偏离即为紧张[①](见**图 29-2**)。**与此不同**,化解阻断模式更新紧张的概念,认为在社会结构的层面,紧张主要缘于意识观念碎片及社会分层失衡(社会结构的紧张);而在社会结构投射至个体生活的层面,紧张主要缘于个体的价值目标与现实状况之间的拉锯(个体生活的紧张)。这样,既明确显现出紧张的内涵,也将紧张突出于化解之前,从而力求使对犯罪的解析更为清晰,同时也为正确理解紧张的社会意义留下余地(见**图 29-3**)。

[17] **承认紧张的正当价值**:犯罪主要缘于意识价值及社会分层的失衡或者目标与现实之间的拉锯,而形成的社会结构方面或者个体生活方面的强烈的紧张,尤其是这种紧张又没有得到合理及有效的化解。过于强烈的紧张且又没有得到化解将引发犯罪,但是一定限度内的紧张并不一定有害于社会。社会的发展不能没有紧张的推动,正是由于我们对未来有着美好的期望才促使我们去改变现实。没有超越于现实的理想而安于现状,社会谈何进步。社会有机体的机能与力量的增强及健康发展,是在社会结构的有序张弛的不断推进中培养起来的。从这个意义上说,化解是因变量犯罪的一个更为主要的中间变量,也正因为此,本书更倾向于将这里所展示的犯罪解析的理论模型称为"化解阻断模式"。社会通过价值目标、社会分层等的引导,可以、甚至应当构建一定的紧张,但是社会更应当构建一套公正的制度规范,为其成员提供实现这一价值目标及逾越阶层的公平机会,并且致力于使之落到实处。

[18] **探索行为方式的成本**:社会反常理论,除了文化目标外,仅择合法方法变量来解析犯罪,因而在遇到说明如下的情形时则遇到了困难,即有些人尽管有合法方法但是却也犯罪,而有些人虽然没有合法方法但是却不犯罪。笔者对犯罪群体抽样问卷的经验性事实表明,许多犯罪人确实倾向于合法方法的拥有,而违法成本低廉促成犯罪也获得了经验性验证。[②] 显然,仅以"文

---

① Robert Merton, *Social Theory and Social Structure*, renewed ed., Free Press, 1997, p. 175.

② 详见张小虎:《犯罪行为的化解阻断模式论》,载《中国社会科学》2002 年第 2 期,第 17—30 页。

化目标”“合法方法”两个变量来解析犯罪已遭事实的诘难。化解阻断模式，在这一方面增加了违法成本的变量，注重违法成本的探讨，更切合于犯罪的社会现实，从而使理论具有较强的解析力。

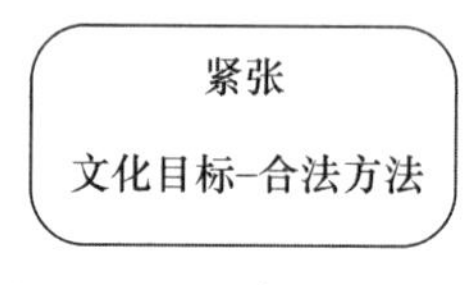

图 29-2　社会反常理论

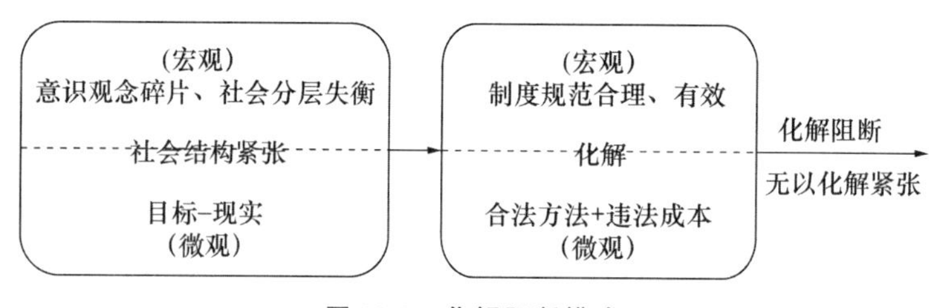

图 29-3　化解阻断模式

第 30 节　化解阻断罪因机制的结构性展开

[1] 化解阻断罪因机制的理论命题，不仅在微观层面取得了经验性的验证[①]，而且在宏观方面也获得了经验性的证实。意识观念碎片、社会分层失衡、制度规范缺损，均呈现出其对犯罪率波动的促成关系。

一、意识观念碎片与犯罪率波动

[2] 在社会结构中，观念与秩序有着更为直接与密切的关系。社会的价值观是社会这个有机体的大脑，社会观念碎片弥散是社会失范状态的核心征表之一。我国目前的犯罪率呈现不断阶位攀高的反常态势，其与社会观念碎片弥散的反常社会状态密切相关。社会观念碎片弥散不同于统一文化目标前提下的社会反常，也不同于主文化与亚文化冲突的可能的社会常态。

(一) 社会观念碎片与文化目标及亚文化

[3] 所谓**社会观念碎片弥散**，是指社会观念不能形成有效的相对整合，而是处于观念碎片的游离与散在的状态。这些碎片，或者是从本应依附于主文

---

① 详见张小虎：《犯罪行为的化解阻断模式论》，载《中国社会科学》2002 年第 2 期，第 17—30 页。

化的集成块中脱离出来的，或者是从本应依附于亚文化的集成块中脱离出来的。由此，在这种观念碎片弥散的状态下，主文化与亚文化的界分也变得模糊起来，从而主文化与亚文化的抗争也就不甚明显乃至缺乏，取而代之的是社会价值观念的迷惘与困惑状态。进而，许多社会规范标准问题呈现为林林总总的观点冲突，而难以取得相对凝聚与融合的双方或多方的集成块。这就犹如学术的核心理念与观点的过于离散，而难以形成相对规则的学术流派一样。

[4] **宏观犯罪现象与社会观念密切相关**。社会失范的典型标志就是社会价值体系的失落与犯罪率的不断增长。本书基于犯罪常态与犯罪反常、观念碎片弥散与文化冲突理论等罪因考究之概念的应有界分，通过对不同文化理论的探寻与分析，并结合我国的现实社会状况，主张我国当前社会观念碎片弥散与犯罪反常态势密切相关。具体地说，我国目前的犯罪率呈现出不断阶位攀高的态势，这是一种犯罪的反常样态，而这一犯罪反常与我国目前的观念失范密切相关。这种观念失范表现为观念碎片弥散的社会观念状态。显然，社会团结需要观念的整合，而社会观念碎片弥散会频频发生观念的碰撞，从而不可避免地使人们处于一种失落与厌烦的紧张状态，这种状态的极端的社会产物就是犯罪行为不断增多，这就是一种犯罪反常。新中国建立后至改革开放之前，我国的社会观念呈现高度整合的状况，摒弃物质利益观念与个人主义意识以及张扬道德迷信而致道德僵化，社会的犯罪也呈现较为稳定的低发态势，然而与之相应的只是缺乏生机与创造的、静态而封闭的社会。改革开放以来，我国的社会观念发生了根本性的变化，日趋形成多元、离散、裂化并碰撞的碎片化。物质利益观念与个人主义意识被高度激发，社会的价值准则面临纯粹金钱与权力等唯利主义的挑战。历经了规则期待却屡屡遭挫的人们，常常陷于一种激怒与厌烦的紧张状态，违法犯罪隐性或显性地成为这种紧张的一种极端的释放方式。当然，就合理的社会结构而论，适度的物质利益观念与个人主义意识以及相对集中完整的道德体系，则有利于构建合理的社会张力，进而既为现代社会发展注入动力又使社会保持在秩序的范围内。

[5] **社会观念碎片弥散不同于“文化目标与合法方法的背离”**。关于犯罪现象与社会观念之间的关系，可以溯至基于文化而对犯罪原因的考究。对此，具有里程碑性的理论建构可谓“文化目标与合法方法背离的社会反常理论”，然而，这种对犯罪现象的理论解释，不同于本书所提出的观念碎片弥散的犯罪反常论。尽管社会观念碎片弥散与“文化目标与合法方法的背离”均为一种社会反常状态，并且由此促成了犯罪反常的形成。但是，社会观念碎

片弥散之社会反常系社会文化反常，是社会价值观念缺乏有效的现实整合，而“文化目标与合法方法的背离”之社会反常系不同的社会结构要素的背离。“文化目标与合法方法背离”的社会反常理论，并不否认社会价值观念的整合，只是认为这种文化没有获得方法的支持或者制度的疏导，从而呈现为一种社会结构的紧张状态。默顿的社会反常理论正是这一思想的原创与经典的诠释。默顿的核心命题是：“人们所接受的规范与受社会鼓励的遵从这种规范的机会之间的背离‘促成’了越轨行为并产生出失范”。在此，默顿所称社会反常是指社会结构中文化目标与合法方法这两大要素的冲突。这种社会反常状态致使越轨与犯罪行为大量滋生。其中，文化目标是指一个社会的“全体成员或广泛分布于社会各界的成员所持的合法目标”，是群体所持“值得为之奋斗”的东西。合法方法是指根植于这一社会习俗或制度的规则以及实现文化目标所允许的程序的规则，是对文化目标获取的制度规范限制。值得注意的是，默顿强调这里的文化目标具有整合的特征，而合法方法则有着不同阶层的差异。为此，默顿指出：“这些目标或多或少是整合的——其程度是经验事实的问题——并大致按某种价值等级顺序排列。”其中，“流行目标构成了抱负参考框架”。例如，“金钱成功的目标尤其深深植根于美国文化”。“对成功目标极端的文化强调削弱了与在制度上所规定的实现此目标的方法的一致性”，“尤其是对在竞争中处于不利社会地位的那部分人”，这些人如果有必要就会使用不正当的方法。[①] 默顿的社会反常理论至今仍受到较大的推崇。最近，迈斯纳（Steven Messner）和罗森费尔德（Richard Rosenfeld）以默顿的理论为基底，主张当代美国反社会行为是文化目标和社会制度影响的产物。文化目标的张扬使得许多美国人形成了物质财富的期待与愿望，然而这又难以通过合法的途径获得满足，社会反常似乎变成了一种合乎规范的状态。社会制度本应具有控制过分强调物质财富成功的机能，然而其却显得软弱无力或者被废弃，经济关心的支配削弱了由家庭和学校所施加的制度控制。由此，文化目标的张扬决定了社会制度的倾重，而社会制度的倾重又推升了文化目标的张扬，从而“以任何需要的方法获得成功”成了民族的口号。同样值得注意的是，迈斯纳与罗森费尔德也将这里的文化目标视作美国社会所拥有的统一的价值观念，他们将之称作“美国人的梦”，认为在美国社会中成功的目标是普遍的。“美国人的梦”，就实现而论，包括培养在广泛的个人竞争条件下追求物质财富的积累，以及树立以成功是可以取得的信念为内容

---

① 〔美〕罗伯特·默顿：《社会理论和社会结构》，唐少杰、齐心等译，译林出版社 2008 年版，第 274—275、225、267 页。

的社会化。[①]

[6] **社会观念碎片弥散也不同于“主文化与亚文化的冲突”。**关于犯罪现象与社会观念之间的关系，在基于文化而对犯罪原因的考究方面，另一具有里程碑性的理论建构可谓“主文化与亚文化冲突的文化冲突理论”。然而，这种对犯罪现象的理论解释，也有别于本书所提出的观念碎片弥散的犯罪反常论。尽管社会观念碎片弥散与“主文化与亚文化的冲突”均聚焦于文化的分离、对立与碰撞，但是社会观念碎片弥散系社会文化反常之社会反常，其是犯罪反常形成机制的重要因素。与此不同，“主文化与亚文化的冲突”未必就是一种社会反常状态，文化多元化以及主文化与亚文化的冲突是现代社会的常态，基于文化冲突而形成的犯罪也未必就是一种犯罪反常状态。文化冲突理论聚焦价值观念的分歧探究罪因机制，但是这里的文化分歧之中有着相对的聚合，易言之，存在着主文化与亚文化的两大文化聚合体。对此，塞林(Thorsten Sellin)的**文化冲突理论**有着经典的诠释。塞林指出，多元性和异质性是现代社会规范的特征，居住在现代社会中，规范及其文化角色的冲突在所难免。科技的日益更新使社会不断分化而产生许多小团体，每个团体都有其特殊的文化和行为准则。在多元社会中，由于一个人隶属于许多团体，诸如家庭、工作单位、朋友等，因此文化的冲突是现代社会无法避免的现象。遵从一个团体的文化规范，却可能违反了另一个团体的文化规范。而在这些多元性和异质性的文化规范中，中产阶级的文化规范居于主导地位，犯罪是违反中产阶级文化规范的行为。中产阶级与下层阶级，各有其特殊的文化内涵，两者互异，于是产生冲突。而刑法是中产阶级文化规范的体现，是用来保护中产阶级利益的。因此，行为虽然符合下层阶级的文化规范，但是却与刑法规范相冲突，从而被界定为犯罪行为。而犯罪行为的形成则与文化适应密切相关。居住在高犯罪区域的人们，由于吸收并内化了区域内犯罪亚文化价值体系，使得他们的行为与外在传统文化及主流文化相冲突。[②]

[7] 在此，需要特别说明的是，国家倡导一种主流价值观与推进具有一定核心理念的文化建构，但这并不意味着这一主流文化标准已经成为社会大众所完全接受的社会现实。易言之，体系性的主流观念标准的倡导与期待并不

---

① Steven Messner and Richard Rosenfeld, “An Institutional Anomie Theory of the Social Distribution of Crime”, paper presented at the annual meeting of the American Society of Criminology, Phoenix, Arizona, November, 1993; Larry J. Siegel, *Criminology: Theories, Patterns, and Typologies*, Fifth Edition, West Publishing Company, 1995, pp. 188—189.

② Thorsten Sellin, “Culture Conflict and Crime”, New York: The Social Science Research Council Bulletin No. 41, 1938, pp. 63—70; Frank P. Williams Ⅲ and Marilyn D. Mcshane, *Criminology Theory: Selected Classic Readings*, Anderson Publishing Co., 1993, pp. 49—54.

否认现实中观念碎片弥散的状况;社会的核心价值观的提倡恰恰在一定程度上昭示了观念碎片弥散的现实。然而,在默顿的社会反常理论(见第27节段6)、迈斯纳的“美国人的梦”(见第27节段7)中,文化目标不仅是社会推崇的一种核心价值观念,而且也是一种为社会多数成员所接受与追求的人生准则。由此,才有差异的合法方法与之的冲突,才有将之称为美国的“民族”的象征。塞林的文化冲突理论(见本节段6)中的主文化,同样既是主流社会所推崇的核心价值观,也是为社会多数成员所接受的行为准则。

以社会观念的现实状况及其与犯罪率波动之间的关系为视角,可以将新中国建立后的观念形态与犯罪态势分为三个阶段:改革开放之前高度整合的社会观念形态,催生了犯罪率的低发与平稳的态势;社会转型初期,社会观念产生裂变,犯罪也随之出现了反常波动的样态;社会转型深化期,社会观念日益碎片化,犯罪呈现出持续大幅攀高的严重反常状态。

(二)改革开放之前的观念整合与低稳犯罪率

[8] **改革开放之前的观念整合形态**:在改革开放之前的上世纪70年代,中国社会的意识形态呈现一元化的状况。与单一的公有制经济和僵硬的行政管理模式相适应,公众观念受到国家意志的高度整合。国家整体至高无上,政治统帅备受崇尚,物质追求遭遇摒弃,个人自主趋于消解。这一时期社会观念呈现以下特点:**(1) 崇尚道德权威**。在竭力彰显政治思想教育与共产主义实践的背景下,高度集中的主流意识观念被有力地嵌入公众的思想肌体,曾经统治中国的儒家思想等被视为糟粕而予彻底抛弃,崇高的共产主义理想以及对于最高领袖的无限忠诚,成为整合人们思想的唯一行动指南与标准。“思想革命化,领导一元化,组织军事化,行动战斗化”等革命口号与红色标语如同当今的广告一样随处可见可听。同时,社会各个领域的活动也各有相应的基本标准。工业的榜样是大庆,农业的榜样是大寨,文艺榜样有“革命样板戏”,而“全国人民学解放军”。“斗私批修”的高度张扬在形式上彻底摧毁了个人意识的最后残留。而所有的这些又都是一种“革命”的象征,背离“革命”标准将受到近似政治斗争一样的冲击。**(2) 摒弃物质利益**。在政治思想挂帅的支配下,遏制生活消费、提倡贫困标准、强调平均主义也成为这一时期的一个核心观念。在当时看来,贫穷似是无产阶级的标签而富裕则为资产阶级的标志,谋求经济利益与追逐物质消费系属资本主义的生产生活方式。而无产阶级与资产阶级的尖锐对立又是当时的主流政治态度,于是乎越贫穷就越革命,越贫穷也就越光荣。为了使人们甘愿接受这种贫困生活,甚至将之作为一种骄傲的象征,屡屡追忆旧中国人们所历经的各种苦难生活就成为各个单位与部门的一种日常组织生活,这就是当时至为流行的“忆苦思甜”与

吃“忆苦饭”。对于贫困生活标准的一元整合，同时也意味着对于平均主义的张扬。由此，缩小一切可能的个人差距、防止任何享受与特权、实行人民公社化、批判“八级工资制”、取消军衔等成为当时经济政策的基本指导与做法。**(3) 奉行对敌法制**。在当时，这种浓厚的政治色彩不仅浸透到经济与道德领域，而且几乎覆盖了整个社会领域，包括刑事法制领域。在当时看来，应对犯罪的是“打击”，是“斗争”，甚至是“对敌斗争”。犯罪是“阶级斗争”乃至“敌我矛盾”的一种重要表现。以致在改革开放之初的1979年《刑法》中，仍有这种政治气息的遗迹。诸如，“反革命罪”被设为分则的开章之首，并且其中不仅有背叛国家、颠覆政权等典型的危害国家安全行为，而且还包括反革命的爆炸、放火、抢劫、杀人、伤害等行为。就《刑法》总则条文的具体规定来看，在刑法根据、任务与犯罪概念中，也不失“无产阶级专政”“社会主义革命”“马克思列宁主义毛泽东思想”以及“实行无产阶级领导”等政治性话语。1983年“严打”被称作是政治领域中的一场严重的敌我斗争，并将之提升到有利于增强民众的“敌情观念”与“政治警惕性”的高度[①]，强调“严打”就是专政，就是应该将严重的刑事犯罪当作敌我矛盾来处理。[②]

[9] **观念整合形态与犯罪的低稳态势**：意识观念的高度整合催生的是整齐划一的社会状态，主流思想被有效地嵌入到社会的各个领域，只有整体的存在而无个性的发达。既然个人的游离被强力而有效地禁锢，犯罪的低稳也就成为其当然的态势。“文革”前期的1966年至1971年，公、检、法机关被“砸烂”，也就没有了统计数据。从1972年至1977年的司法统计数据来看，这一时期年度间犯罪率增减的幅度不大，具体数值相对集中在50起/10万至60起/10万人之间，这一数值几乎是目前犯罪率数值的1/10（见第24节段4、段17）。**但是**，这并不一定值得庆贺，这种犯罪的平稳现象所植根的是一种政治高悬、思想束缚、经济濒临崩溃、个性丧失、社会几乎停滞的社会状态。法国著名社会学家迪尔凯姆非常注重集体意识与道德力量，他将触犯强烈而明确的集体意识的行为界定为犯罪。但是，迪尔凯姆也特别反对将道德意识僵硬化，强调道德意识的权威不可过分，主张一个进步的思想家要想超越本世纪的思想，“就需要在那一时期里，有犯罪的思想”。[③]

（三）社会转型初期的观念裂变与犯罪率波动

[10] **社会转型初期的观念碎片待发**：1978年至1987年是改革开放之后

① 中共中央《关于严厉打击刑事犯罪活动的决定》(1983年8月)。

② 参见刘复之：《“严打”就是专政》，载《人民公安》2000年第1期，第56—59页。

③ 〔法〕埃米尔·迪尔凯姆：《社会学方法的规则》，胡伟译，华夏出版社1999年版，第56页。

的社会转型初期，在此期间原先高度封闭僵化的意识观念受到巨大冲击，物质利益观念逐步得到肯定，民主自我意识日益赢得推崇，单一崇拜的思想迷信受到质疑。这一时期社会观念呈现以下特点：**(1) 破除思想束缚**。改革开放固然需要制度创新与科技发展，不过思想观念的转变则是各项工作的原动力。旧有的阶级斗争为纲以及贫穷昭示革命等思维惯性已经成为严重阻碍改革开放进程的路障，从而首先必须彻底破除旧有思想迷信的严重束缚，确立有利于改革开放的新思想与新观念。为此，改革开放总设计师邓小平同志于改革开放之初的1978年12月在中央工作会议上发表了题为《解放思想，实事求是，团结一致向前看》的讲话，强调"首先是解放思想"，只有思想解放了，才能解决新问题，进而确定实现四个现代化的具体方针与措施。而解放思想就是要坚持实事求是，一切从实际出发，敢想、敢做、敢说，破除思想僵化与迷信盛行；真正实行民主则是解放思想的重要条件，要坚持"不打棍子、不扣帽子、不抓辫子"的"三不主义"。邓小平同志的这一思想获得了随即召开的党的第十一届三中全会的肯定。党的十一届三中全会会议公报明确指出，要解放思想，努力研究新问题，坚持实事求是与理论联系实际的原则。**(2) 倡导物质利益**。大力发展经济国富民强是改革开放的一项最为核心的工作。而发展经济需要充分激发人们的生产积极性，切实执行按劳分配的原则，引进竞争机制，克服平均主义。在1978年12月的中央工作会议上，邓小平同志也明确提出了允许基于辛勤努力而有地区之间、企业之间以及个人之间的收入差异的思想。[①] 这就是"打破平均主义""让一部分人先富起来"。此后，这一思想继续得到进一步的彰显与发展。[②] 破除平均主义就是要不同情况不同对待，贯彻与实现收入分配的多劳多得。这里的不同情况是个体间作为差异分配的基础，而这种不同情况的形成需要个人的积极努力，其核心指向是个人更多财富的获得。在此，经济利益既是动因也是目标，合理竞争则是适当的途径。竞争是为了赢得自身的与众不同，这种不同又直接提升着其物质利益。因此，这一时期肯定与追逐个人物质利益的意识观念获得了充分的张扬与释放。**(3) 肯定个人主义**。现代民主社会的一个重要价值思想就是对个人主义精神的弘扬。这其中包含着对现实个人利益的肯定与对公民个人权利的充分保障，这是将个人的自我存在视作民主社会价值的来源。我国的改革

---

① 参见邓小平：《解放思想，实事求是，团结一致向前看》，载《邓小平文选》(第2卷)，人民出版社1994年版，第173页。

② 1988年，邓小平以"两个大局"的思想对此作了进一步的阐释。参见《邓小平文选》(第3卷)，人民出版社1994年版，第277—278页。1992年，邓小平又进一步更加具体明确地阐释了他的这一思想。参见《邓小平文选》(第3卷)，人民出版社1994年版，第373—374页。

开放可谓是全球现代文明背景下的社会创新，这是一次史无前例的充满荆棘与险阻的远征探险，只有切实保障个人利益与充分发扬民主自由，才能形成宽松的社会环境，使个性发达并激发出智慧的火花，进而实现百花齐放生机盎然的改革愿景。改革开放之初，个人主义的意识观念也获得了较为现实而充分的生存与发展空间。1978年党的十一届三中全会公报明确提出，必须坚决保障宪法规定的公民权利，并且切实加强社会主义法制，保证法律面前人人平等原则与社会主义法制原则的贯彻落实。1984年党的十二届四中全会所作《关于经济体制改革的决定》吹响了我国迈向社会主义市场经济体制的号角，这一改革也日益推进着市民社会之于政治国家的相对独立，由此催生了我国具有现代性的公民的民主与自由意识以及以人为本的现代人文精神。

[11] **观念碎片待发与犯罪的反常趋势**：作为思想变革与社会转型的重要征表，这一时期的犯罪率呈现出一定程度的增长与波动；而基于我国改革开放之初的起步与初速，以及社会各个组成部分之间关联性动态反应的波纹效应，这一时期的犯罪率虽未出现明显的大幅增长，却也呈现出一定的波动态势，1981年的89.40起/10万人是这一时期犯罪率的顶峰，这一数值已趋近新中国成立初期1950年的93.02起/10万人，并且是1951年至1981年这一时期犯罪率的最高值(见第24节段6)。从具体案件来看，这一时期也发生了一些震惊全国的重特大案件，如1979年9月9日上海的“控江路事件”(群体性流氓犯罪案)、1980年10月29日北京火车站的爆炸案(无差别杀人犯罪)、1981年4月2日北京北海公园的公然调戏、强奸女学生案件、1982年1月10日天安门广场姚锦云驾车撞人事件(无差别杀人犯罪)等。这一社会治安的严峻态势也在一定程度上催生了1983年的第一次“严打”。

(四) 社会转型深化期的观念碎片弥散与犯罪率阶位攀升

[12] 改革开放后的1988年以来，我国社会进入了社会转型的深化期。这一期间，物质利益观念受到高度激发，个人主义意识不断膨胀，体系性道德标准日益离散，以致呈现“三信”危机的态势。

[13] **物质利益观念被高度激发**。1988年元旦，《人民日报》社论明确指出，在改革的第十年到来之际，改革将向纵深与全面推进。[①] 1992年邓小平同志发表了“南方讲话”，对于既往改革开放的方针原则与所获成果作了充分肯定，尤其是号召人们进一步解放思想观念，放开手脚将改革开放大踏步地向纵深推进。基于这一时代背景，这一时期人们的经济利益与物质财富的欲望也被空前地调动与释放。1993年至1995年的一项针对社会公众的调查显

① 参见《迎接改革的第十年》，载《人民日报》1988年1月1日第1版。

示，约占被调查者 70%左右的人，对增加经济收入有着很强的需求。[①] 2002 年的一项针对福建省各行业 15 岁至 35 岁青年的调查显示，在对个人目前最迫切需要的多项选择上，选择"增加收入改善生活条件"的人数总和列居第一，占被调查者 55.1%的人将此作为首选。[②] 2013 年一项有关全国民生状况的满意度调查显示，尽管有 51%以上的被调查居民对于收入持比较满意以上的态度，但是这些居民中仍有 61%以上的人呼吁要求增加收入。[③] 这意味着人们对收入的期望值逾越了现实满意度，这是一种追求更多财富的心态。笔者对犯罪群体的问卷调查也显示，对财富期望很大的罪犯占被调查者的 49.3%，期望较大的占 29.9%，两项合计为 79.2%；与此相反，对财富期望很小的罪犯仅占被调查者的 3.9%，期望较小的占 3.4%，两项合计为 7.3%。[④] 应当说，对于经济利益与物质财富的追逐不失为现代经济文明进程中的重要特征[⑤]，但对物质财富之社会道德价值的认同与否则诠释了社会观念乃至社会结构是否整合的现状。然而，我国目前的社会观念则恰恰呈现出这一物质利益观念的离散、碎片与迷茫的样态。社会公众在对物质财富秉持积极追逐与高度向往的态度的同时，却又对本可由此而被称为"成功人士"的大量物质财富的拥有者予以否定性的评价。2013 年一项有关中国人财富观的调查显示，65%的被调查者认为"财富有原罪，只有品德败坏的人才可能巨富"[⑥]。这种现象，一方面表明公众对于富有者财富来源的过程的合理性存在着严重的关切与质疑；另一方面也表明目前社会普遍存在着地位不一致的现象[⑦]，人们对于成功标准的认同感有着严重的分歧。

[14] **个人主义意识蚕食集体意识。**随着社会主义市场经济体制的确立，政治国家与市民社会相分离，公民的民主、自由意识获得了充分的发展，社会

---

① 参见孙立主编：《转型期的中国社会——中国社会调查》，改革出版社 1997 年版，第 310 页。

② 有效样本数 943 人，参见福建省青少年研究会福建省团校课题组，金秋美：《福建青年思想文化状况调查分析与对策研究》，http://www.fjtx.org.cn/Html/23th/20070810143122752.htm。

③ 参见王静敏、马秀颖：《我国民生问题满意度调查与分析》，载《调研世界》2013 年第 6 期，第 10—12 页。

④ 资料来源：1999 年 11 月至 2001 年 2 月，笔者对河北冀东监狱、山东烟台监狱以及江苏常州监狱、徐州监狱、宜兴监狱、南通监狱、洪泽湖监狱等的罪犯进行的抽样问卷调查，有效样本共 596 个。

⑤ 恩格斯曾经指出："鄙俗的贪欲是文明时代从它的存在的第一日起直至今日的起推动作用的灵魂；财富、财富，第三还是财富，——不是社会的财富，而是这个微不足道的单个的个人的财富，这就是文明时代唯一的、具有决定意义的目的。"恩格斯：《家庭、私有制和国家的起源》，载《马克思恩格斯选集》(第 4 卷)，人民出版社 1995 年版，第 177 页。

⑥ 资料来源：《中国企业家财富观调查报告》，http://finance.ifeng.com/news/special/2013fortune/20130608/8120802.shtml。访问日期：2015 年 11 月 5 日。

⑦ 这意味着，在一个观念碎片弥散的社会结构形态下，缺乏一个相对稳定的并居核心地位的社会分层维度，收入、权力、声望的不同维度的社会分层结果，相对落差较大。

由过去的国家本位逐步走向公民本位。人文主义运动对人的弘扬，其直接的形态是对现实个人利益的肯定与弘扬，因而它是以个人主义为核心的。个人主义在现代性精神中居于核心地位，它意味着不再把个人看作只是拥有有限自主性的社会的产物，不再把社会或共同体看作是首要的东西，相反，而是把社会理解为为达到一定目的而自愿组织起来的独立的个人的结合体，将个人理解为民主社会价值的来源。[①] 改革开放必然提供宽松的社会环境，充分发扬个性，由此社会才能不断创新，而这种创新又是建立个人主义张扬的基础之上的。但是，过度的个人主义则不利于社会的稳定。迪尔凯姆（Emile Durkheim）“把这种产生于过分个人主义的特殊类型自杀称之为利己主义的自杀”，认为“个人所属的群体越是虚弱，他就越是不依靠群体，因而越是只依靠自己，不承认不符合他私人利益的其他行为规则。”[②]可见，这种过分的个人主义与社会缺乏相对统一的道德整合力量相伴生。个人主义无限张扬，集体力量随之明显削弱，社会缺乏有效的道德整合，而道德整合力量的丧失则易导致社会的失范和紧张。社会调查的实证数据也表明，这一时期人们个人主义观念超越集体主义意识，自我关心凌驾于社会关怀之上，公共道德水平受到较大的减损。1988年的一项社会调查显示，公众对社会风气、道德水平甚为忧虑。以“最令人忧虑的事”为主题的量表测量结果表明，在提供选择的12项“最令人忧虑的事”中，选项“社会风气不好，道德水平下降”的被选率位居第2位，选项“以权谋私现象愈演愈烈”位居第3，选项“一切向钱看的拜金主义泛滥”位居第5。[③] 另两个相关量表的测量结果也显示，多数人对“改革使人们的道德水平普遍下降”这一判断持肯定态度[④]，而对“改革使全社会的精神文明得到提高”这一判断持否定态度。[⑤] 2006年共青团中央的一项调查显示，青年知识分子多将自己的利益置于首要位置，较为明显地表现出个人主义观念相对厚重。针对周围青年对自己与他人利益的态度的提问，占被调查者18.0%的人认为，“只管自己的事，不管他人的事”是周围青年所持利益态度的实际；甚至有6.0%的被调查者，将“不惜损害他人利益以达到自己的目的”作为对周围青年所持利益态度的评价；占被调查者52.2%的人认为，周围青

---

① 参见高兆明著：《社会失范论》，江苏人民出版社2000年版，第185页。

② 〔法〕埃米尔·迪尔凯姆著：《自杀论——社会学研究》，冯韵文译，商务印书馆1996年版，第185页。

③ 参见刘崇顺、王铁顺著：《大潮下的情感波动》，中国社会科学出版社1993年版，第238页。

④ 持肯定态度者（同意与很同意）占43.6%，持否定态度者（不同意与很不同意）占40.8%。参见同上。

⑤ 持否定态度者（不同意与很不同意）占37.8%，持肯定态度者（同意与很同意）占35.4%。参见同上书，第247页。

年“在不损害自己利益的情况下帮助他人”；13.0%的被调查者认为，周围青年的实际是“如果他人帮助自己，自己就帮助他人”；而仅占被调查者3.3%的人认为，“为了他人利益可以损害自己利益”符合周围青年的实际。[①]

[15] **体系性道德规范产生的裂变与碎片化**。体系性的道德规范不是各部道德标准的简单拼凑，而是有着长期积累与历史传承的民族文化积淀，其有稳定的、无时无处不在的、庄重的仪式教导与敦促，有着扎根于基本社会生活事项的、为普通人所能认知与把持的行为规范的引导，有着触角延伸至广泛的社会领域而各部之间又有着严谨的逻辑整合的系统性思想。反之，道德规范的裂变与碎片化，恰恰是砸断了体系性道德规范的连接链，由此社会价值观念呈现相对离散与冲突的状况。社会调查的实证数据也表现出，这一时期体系性、主导性、有效性的道德标准缺乏：**(1) 价值标准与自我行为冲突**：有时表面上看，不少人似乎也持有一种标准，但这只是针对他人的一种利他主义的期待，而自己实际奉行的则是利己主义的行为，这仍然是对应有标准的抛弃。这近似于一种**多重人格**[②]的现象。以日常生活中的乘车、丢弃杂物等事项为例，2000年一项调查显示，青年人对自己行为有着较高评价，而对周围青年行为的评价却普遍较低。对于“在乘车遇有人多拥挤时您自己或朋友或其他青年通常如何做”的提问，被调查者自己的众数(51.6%)选项是“等待下趟公共汽车的到来”，而评价其他青年的众数(65.5%)选项是“不顾任何人，拼命挤上车”；对于“在公共汽车上遇有老弱病残需要座位时您自己或朋友或其他青年通常如何做”的提问，被调查者自己的众数(88.6%)选项是“主动让座”，而评价其他青年的众数(49.3%)选项是“闭上眼睛装没看见”；对于“在有关公共场所您自己或朋友或其他青年是否随地乱扔果皮等废弃物”的提问，被调查者自己的众数(均值61.5%)选项是“从无”，而评价其他青年的众数(均值53.6%)选项是“偶尔”。[③] 当然对此，也不排除作为样本的青年其本身的道德素质较高，倘若果真如此则样本的代表性乃至调查结果的代表性又值得推敲了。不过对此也可以解释为，被调查者(包括其他青年)对于这些基本的社会公德标准较为明确并对于他人行为存有相应期待，只是多数青年自

---

① 资料来源：芮宏：《当前青年知识分子思想道德状况变化的若干趋势》，载《中国青年研究》2007年第10期，第49页。对北京、江苏、上海等地青年知识分子的个人意识状况的调查，样本数2310人。

② 根据美国心理学家雷伯的解释，**多重人格**未必就是一种病理情况，“大多数正常的人，周旋于不同的社会环境中和不同的社会角色之间，也会表现出明显不同的风格上、行为上和反应上的改变。”〔美〕阿瑟·S·雷伯著：《心理学词典》，李伯黍等译，上海译文出版社1996年版，第521页。

③ 调查地区，北京、贵州等十省市；有效样本数2900人。参见中国青少年研究中心、共青团中央宣传部课题组、中国青少年研究中心“全青调查”：《2000年中国青年思想道德状况》，载《中国青年研究》2000年第4期，第20页。

己是否都按此标准去做就值得进一步考究了。事实上,其他多项调查也表明,明知应当何为而却不尽此为的现象不在少数。2002年一文针对北京市民社会公德称:99%的人认为不应该随地吐痰,但真正吐到手纸扔到垃圾箱里的不足50%;雨季商店为顾客准备的文明伞,表示用完后及时归还的占81%,但下雨过后,商店真正回收的雨伞仅占发放的10%。[①] 2006年一文针对农民思想道德称:对于"假如碰到小偷行窃、歹徒行凶怎么办"的提问,38.5%的人回答"期待别人去制止,自己装作没看见";对于"人际交往中你对别人最大的期望是什么"的问题,几乎100%的人回答"诚实守信、坦诚相待、真诚合作",然而对于一些多项选择,竟有60.5%的人认为"不说假话,办不了大事",76.2%的人遵循"逢人且说三分话,未可全抛一片心"。[②] **(2)社会价值观念的多元冲突**:人们的价值标准相对离散,许多本系相对明确的事情也需要公众的探讨与评说[③]。一些人的行为无所约束,其道德底线几乎丧失。1988年的一项调查显示,对"社会生活乱了套,很多事情没办法说清楚"的说法,持赞同态度的占被调查者的65.6%,而持否定态度的仅占31.6%,前者是后者的2.08倍;认同"生活中很多事情常常令人烦恼不快"这一说法的占被调查者的72.9%,而否定这一说法的只占24.9%,前者是后者的2.93倍。占被调查者的69.1%的人同意或很同意"人们心中好像有股无名火,社会牢骚越来越多"的说法,而不同意或很不同意这一说法的仅占12.4%。[④] 2000年团中央针对19岁至35岁青年的一项调查显示,在问题"您对当前青年的社会公德状况是否满意"的回答上,回答很满意的占被调查者的2.6%,回答满意的占17.1%,回答不满意的占49.8%,回答很不满意的占6.4%,回答说不清的占24.2%。[⑤] 2010年8月的一则报道更反映出社会上的一些人,有着较为浓厚的无名愤怒情绪,丧失基本的是非标准与道德准则,个人行为肆无忌惮无所顾忌。7月30日晚9时许,在重庆北碚朝阳巴士896路环城车上,一名40多岁的男子乘客在未到站点的路口要求停车,司机耐心解释而这名男子却称:

---

① 参见安云凤:《你离高尚有多远——关于北京市民社会公德现状的调查》,载《党建杂志》2002年第2期,第17页。

② 参见贺先平:《建设社会主义新农村的重要课题——当代农民思想道德状况调查与思考》,载《广西社会科学》2006年第9期,第2页。

③ 例如,购买车票而占有公交座位的宠物狗,是否应当向乘客让座?针对诸如此类的问题而展开所谓的讨论。

④ 参见刘崇顺、王铁顺著:《大潮下的情感波动》,中国社会科学出版社1993年版,第254、256页。

⑤ 调查地区,北京、贵州等十省市;有效样本数2900人。参见中国青少年研究中心、共青团中央宣传部课题组、中国青少年研究中心"全青调查":《2000年中国青年思想道德状况》,载《中国青年研究》2000年第4期,第21页。

“老子喊你停，你还不停?！老子拿钱买票，想在哪下就在哪下。”并且攥拳殴打司机头部，扇司机的耳光。[①] 类似的事件重庆当日发生两起，在厦门、武汉、宁波等地也多有发生。[②] 这也使人联想到近期多发的无差别杀人犯罪，这种针对不特定公众，以报复社会为动机，公然肆意残忍杀戮无辜的犯罪案件[③]，则表现出行为人对道德底线的严重突破，其将人类应有的最基本的道德良知抛弃，案犯的精神生活缺乏起码应有的道德信奉。这些现象，与这一时期人们的价值标准的离散密切相关。人们在日常生活中频频遭遇背离规范的事情，或者社会现实状况与遇事者心中的规范标准相去甚远；而这种个体的“频频遭遇背离规范或规范期待严重遭挫”，正是社会失范状态的典型写照。社会失范所决定的这种个体“屡屡遭遇”的必然，难免在个体精神状态上生成一种较为强烈的不满情绪。“社会牢骚”与“无名火”也在社会公众中呈现广泛的传播、蔓延与相互感染之势。由此，有些看似莫名与突发的暴力行为实则有其社会失范的生成根基。[④] 同时，这种普遍的社会失范状态也减轻了行为人对原本显系悖德行为的“负罪感”，于是乎“反常”似乎变成了一种“常态”。**(3) 道德体系碎片化的考究**：这种状况与主流文化体系频遭外力重构不无关系。自汉武帝采纳董仲舒的建议“罢黜百家，独尊儒术”以来，儒家思想体系占据了中国社会的主流价值观念两千多年。新文化运动提出“打倒孔家店”的口号，旧文化受到史无前例的猛烈抨击，当然新文化运动并非是对中国传统文化的全盘否定。“文革”期间又提出“彻底砸烂孔家店”的口号，一些儒家思想被作为封建糟粕受到彻底批判与猛烈冲击。而改革开放必先解放思想，由此原先的“极左”的意识观念受到空前的挑战与蚕食。然而，从“极左”思潮的重重禁锢中走出来的人们，却迷失了相对统一的现实的而有体系的道德标准。或许我们可以迅速地打破一个旧世界，但是却难以同样迅速地构建一个

---

① 事件详情，参见《“车还不停?”男司机挨了6耳光》，载《重庆晨报》2010年8月5日第17版。

② 参见席恺、黄敏江：《公交司机遭乘客殴打5分钟，数十乘客无人制止》，载《东南新闻网》2010年7月30日，http://www.chinanews.com.cn/sh/2010/07-30/2435980.shtml；林晓琪、曾志铭，《公交司机在大学附近被打晕》，载《东南快报》2007年10月12日，http://news.qq.com/a/20071012/000268.htm；《坐过站要求下车被拒绝，男子捡砖头猛拍司机》，载《钱江晚报》2010年2月27日，http://news.cqnews.net/sh/shzh/201004/t20100427_4292369.htm；《武汉一男子钻进公交车驾驶室暴打司机》，载《荆楚网》2009年9月1日，http://news.163.com/09/0901/08/5I432NRQ00011229.html。当然，在各地殴打公共汽车司机的事件中，也不排除有些事件的起因与司机的粗暴言行存在一定关系，不过果真如此仍是涉及行业的职业道德问题。

③ 关于我国此类犯罪的现状与特征，详见张小虎：《我国无差别杀人犯罪的现实状况与理论分析》，载《江海学刊》2011年第1期。

④ 我国近期呈现多发态势的无差别杀人犯罪即为典型适例。这是一种针对不特定的社会公众，以报复与震撼社会为动机，公然肆意残忍杀戮无辜的犯罪案件。

新世界。“因为几百年的业绩不可能在几年内重新完成。”[①]在新的道德体系尚未完全确立之时，外来腐朽文化的新奇诱惑，奢华富裕物质生活的感召，五光十色与绚丽多彩的世界，奏响了人们追求的畅想曲，冲破了旧有思想束缚的人们，纷纷奔向他们各自的理想，似乎追求就是现实且存在就是合理，从而频发出各种观念的碰撞与冲突。“道德刺激已被证明赶不上物质刺激。”[②]“这些，也许会使我们的生活形式变得更加丰富，但从另一个角度上说，却使意义本身陷入了前所未有的稀缺状态。”“在我们的筹划屡屡受挫，我们的意义解释处处不明的情况下，各种疑虑、惊诧和犹疑便会油然而生”。[③]

[16] **信仰、信任及信心危机出现**。近期，对于目前我国思想道德状况的评价，有着一种较为流行的说法，即“**三信危机**”，意指社会公众对于信仰、信任、信心的普遍缺乏。**(1) 信仰**是指一个人对于某种观念或思想的极度信奉与崇敬，并时刻自觉以此作为自己行动的指南。信仰不仅承载着人类必要的精神依托与灵魂归宿，而且也是社会秩序得以维护的一个极为重要的因素。个人缺乏信仰，或者人们的信仰分崩离析，社会也就难以形成一个精神实质相对集中的精神家园。在我国目前的社会现实中，作为信仰危机的表现，主要有如下几个方面：**A. 信仰缺乏**：许多人对于信仰在正确人生与合理社会中的重要地位认识不足，从而并无明确的信仰。例如，在大学生中的一项调查显示，对于“大学生群体中存在普遍的信仰危机”的问题，赞成者占被调查者的 48.9%，并称“许多人不一定有信仰，但他们却一样在事业上取得成功。”[④] **B. 信仰多元**：在认可自己具有信仰的人群中，就其信仰的具体内容而言，则呈现多元的态势而缺乏相对的整合。例如，针对大学信仰状况的一项调查显示，除了多数人没有信仰或尚未确立信仰之外，其余人所持的信仰包括：马克思主义；国外某种主义；中国古代的儒道佛教；其他思想或理论。[⑤] **C. 标准信仰不足**：共产主义信仰是我国倡导的主导价值观，而事实上坚持共产主义信仰的人数比率却不在多数。一项大学生政治信仰调查显示，“有 70.8% 的人

---

① 〔法〕埃米尔・迪尔凯姆著：《自杀论：社会学研究》，冯韵文译，商务印书馆 1996 年版，第 350 页。

② 〔美〕格尔哈斯・伦斯基著：《权力与特权：社会分层的理论》，关信平等译，浙江人民出版社 1988 年版，第 3 页。

③ 渠敬东著：《缺席与断裂》，上海人民出版社 1999 年版，第 117、115 页。

④ 参见李正军：《大学生信仰问题的调查与思考》，载《思想教育研究》2006 年第 1 期，第 36 页。

⑤ 资料来源：李宗云：《当前大学生信仰状况调查及对策研究》，载《吉林师范大学学报（人文社会科学版）》2010 年第 3 期，第 40 页。2006 年至 2009 年，对吉林省大学生信仰状况的调查，样本数 2200 人。问卷显示的其他思想或理论多数为极端个人主义、自由主义、追求名利或金钱、贪图享乐、宿命论等不健康思想或理论。

不相信马克思主义及其共产主义理论或持无所谓态度。”[①]有42%的学生认为,入党是为了就业和个人前途,而对“大学生党员的思想觉悟高于一般同学”评价,赞成者仅占28%,反对者则为44%。[②] **D. 功利信仰主导**:将物质利益置于首要位置,仍是多数人信奉的重要表现。例如,中国青少年研究中心针对2648名14岁至35岁青年的一项调查显示,对于“有钱就是好办事”的说法的态度,非常赞同者占17.%,比较赞同者占32.3%,而很不赞同者占6.6%,不太赞同者占15.1%,其余的28.9%为中立态度。[③] **(2) 信任**是指一个人对于他人的相信与基于此对相应事项的与之托付。人们社会交往得以有效进行的一个基本前提,就是相互之间的信任。而信任的形成,又依赖于相互之间的诚信交往;信任落于他人而诚信源于自身。缺乏诚信,在一定程度上就是对他人的欺诈。个人欺诈固然将会影响人际间的信任感,而行业欺诈则更会败坏社会的诚信风气。信任危机在我国目前的社会现实中也有着较为明显的表现。**A. 信任缺乏**:一项调查显示,对于“当您拿着许多行李在车站候车,有人提出要帮您拿一两件行李上车,您是否会把行李给他”的问题,46%的回答“不给他,怕他拿着行李跑走”,而回答“非常放心地给他”的仅为6.4%,有25%的人持“给他,但随时盯着他”的态度。[④] 在杭州[⑤]、广州、南京、兴化[⑥]等全国各地频频报道,老人倒地而无人救助,并且定量调查显示,仅7%的人表示遇有这种情况会扶起摔倒的老人[⑦]。不予救助倒地老人,究其主要原因是怕被讹诈,这也反映出社会信任的缺失。**B. 诚信缺乏**:对于一些生活基本事项,许多人缺乏诚信态度。例如,调查显示,对于“过人行横道时,您是否按交通指示灯行走”的问题,89.9%的人予以肯定回答,而调查者通过摄像机进行现场拍摄,所得到的结果却是70.12%的人闯红灯。[⑧] 对于涉及自身重大利益的事项,也有许多人缺乏诚信态度。例如,调查显示,大学生对于考试

---

① 参见穆亚娟、魏广松:《大学生政治信仰状况的调查与分析》,载《法制与社会》2009年第18期,第234页。

② 参见李正军:《大学生信仰问题的调查与思考》,载《思想教育研究》2006年第1期,第36页。

③ 《关于信仰的调查》,载《中华儿女》(青联版)2009年第7期,第31页。

④ 参见中国青少年研究中心、共青团中央宣传部课题组、中国青少年研究中心“全青调查”:《2000年中国青年思想道德状况》,载《中国青年研究》2000年第4期,第22页。

⑤ 《杭州八旬老人街头摔倒,众人送衣报警都不敢扶》,载《青年时报》2010年1月11日,http://news.qq.com/a/20100111/000367.htm。访问日期:2016年11月5日。

⑥ 王国柱:《老人骑车摔倒街头15分钟无人管,围观市民怕被讹》,载《扬子晚报》2010年7月11日,http://news.163.com/10/0711/02/6B9ERL6A00014AED.html。访问日期:2016年11月5日。

⑦ 是钟寅:《调查显示仅7%人会扶起摔倒老人,称担心惹麻烦》,载《现代快报》2009年8月24日,http://news.qq.com/a/20090824/000064.htm。访问日期:2016年11月5日。

⑧ 参见诚信指数调查组:《北京诚信指数调查》,载《首都经济贸易大学学报》2007年第3期,第86页。

作弊人数的评价，25％的人认为作弊人数较多，48％的人认为有少数人作弊，只有25％的人认为个别人作弊，或1.5％的人认为没有人作弊。[①] 甚至对于法律规制的事项，也同样有着较大程度的诚信缺乏。例如，据工商部门统计，目前全国每年订立合同40亿份左右，而合同履约率只有50％左右，有些地区的履约率只有30％左右。而据全国税务稽查机构抽样调查，涉及逃税的比率大概占抽样的半数以上，涉及金额高达几百个亿。[②] **C. 欺诈多发**：一项抽样调查显示，在一年内有31.6％的人有被欺骗的经历，其中，受骗一次的占35.3％，两次的占36.5％，三次的占11.9％，四次的占5.4％。[③] 行业欺诈及其隐含的问题更会产生恶劣的社会影响，而"资料显示，在经济活动中，有50％的经济合同带有欺诈性"[④]。食品安全涉及千家万户，然而其状况却颇为令人担忧；搜狐网站针对公众的食品安全调查显示，75.5％的人对我国的食品安全状况"非常不满意"，并且有79.44％的人认为我国食品安全监管"非常不好"。[⑤] 而"三鹿奶粉"等等有关食品安全或质量问题的典型个案[⑥]，更是令人匪夷所思。**(3) 信心**是指一个人对于自己的期望与目标一定能够得以实现的信念与心理。人类生活不可避免地会遇到各种困难与挫折，而信心是克服困难与战胜挫折的必要的精神因素。缺乏信心，意味着放弃奋斗与努力。对于自己没有信心，易于使人颓废；对于他人没有信心，增强了心中的失落；对于社会没有信心，难以形成对未来的期望。信心危机与信仰危机及信任危机也是密切关联的。缺乏信仰，精神生活没有依托，也就难以形成对自己、对他人以及对社会的信心。试想，一个人如果缺乏信仰，那么在其遭受困难与挫折时，又怎能在应有的精神支撑下，平和心态以正确面对挫折，进而增强信心而走出困境。缺乏信任，在一种诚信丧失的心理氛围中，对自己、对他人以及对社会的信心也就无从谈起。公民诚信与行业诚信等方面的诚信危机，必然形成对于他人乃至各种生活事件等过多的猜忌，这种不信任也就是对社会真实性的信心的丧失。有文章将"信心和诚信问题"列为目前"中国社会的九大

---

① 参见董娅、廖小明、刘维：《大学生学习诚信的现状调查与深度分析》，载《西南大学学报(社会科学版)》2008年第3期，第63页。

② 参见张菡：《关于我国企业诚信状况的调查与思考》，载《经济论坛》2009年第6期，第106页。

③ 参见诚信指数调查组：《北京诚信指数调查》，载《首都经济贸易大学》2007年第3期，第85页。

④ 参见张菡：《关于我国企业诚信状况的调查与思考》，载《经济论坛》2009年第6期，第106页。

⑤ 资料来源：搜狐调查，http://news.survey.sohu.com/poll/result.php? poll_id=8825。2010年，对全国网民的食品安全评价的调查，样本数161 261人。

⑥ 有关典型个案可见，亢秉刚：《冒牌绿色引发食品信任危机—"锦添"无公害猪肉全调查》，载《企业标准化》2006年第3期，第20—22页；《农妇警告：在中国吃猪肉等于自杀(重庆晚报论坛)》，http://www.topyl.com/2010/0804/118197.html；http://www.douban.com/group/topic/13145776/。访问日期：2013年9月15日。

风险”之一，并指出：“人们之所以失去信心和缺乏诚信，与某些政府官员贪污腐败、败坏社会风气有着密切的关系。信用问题不单是一个道德问题，也是一个制度性问题。”①

[17] **观念碎片弥散与犯罪的反常状态**：犯罪是征表社会变革状况的一扇窗户，是昭示社会稳定与否的晴雨表。与上述社会转型深化期的价值观念碎片化与弥散状态相应，这一时期的犯罪率也呈现出阶位攀高的严峻态势。具体表现在：1988年至1991年的大幅跃升；1992年至1997年的高位持平；1998年至2001年的迅猛跃升；2001年之后的继续上升。纵观新中国成立以来历次犯罪率的波峰，以2015年521.24起/10万人的数值作为目前犯罪率的标志，即使不计1992年上浮盗窃案立案标准对其后犯罪率数值的影响，如今的犯罪率比改革开放之初1981年的犯罪率波峰增加了近5倍，1991年至2015年社会转型深化期的24年间犯罪率的数值翻了一番多。

（五）合理建构社会道德体系的呼唤与要旨

[18] 在市场经济条件下，追逐物质利益本无可厚非，然而不受约束的人类欲望会走向私欲的极端。刑事古典学派的鼻祖贝卡利亚指出：“只要可能，我们当中的每一个人都希望约束别人的公约，不要约束我们自己，都希望成为世界上一切组合的中心。”②显然，应有有效的规则与道德制约人类的无限欲望。值得注意的是，目前与物质利益观念肆意张扬相伴的，却是个人主义意识的膨胀、“三信”危机的呈现，由此构成了一种不健康的意识观念锁链。不可否认，在基本良知丧失殆尽、道德底线被严重突破而制度约束又软弱无力的场合，贪婪的欲望会吞噬人类生存的一切条件，最终将人类自身推向毁灭的深渊。固然，这种“场合”并非现实也不会沦为现实，尽管如此，仍应特别关注守卫人类精神家园的基本而有效的道德体系的推崇。

[19] 人类现代文明社会奠基于道德整合。人类拥有丰富的智慧与无限的欲望，人类生活不能没有精神支柱与灵魂依附。科学技术不失为一把双刃利剑，现代科技在给人类生活带来巨大福祉的同时，也给人类自我彻底毁灭提供了无与伦比的利器。人类最大的威胁是在罪恶中走向自我毁灭，要避免这种灾难，人类的精神文明至少应当与其物质文明同步发展。倾心关注我们的精神世界，竭力完善我们的精神家园。人类善行应有合理的精神依托，社会稳定需要有效的道德整合。道德的真空致使是非曲直的标准缺失，进而人

---

① 参见丁元竹、陈崇林：《中国社会的九大风险因素》，载人民网，http://theory.people.com.cn/GB/40764/56657/56658/4521652.html。访问日期：2010年10月12日。

② 〔意〕贝卡利亚著：《论犯罪与刑罚》，黄风译，中国大百科全书出版社1993年版，第8页。

们的期望及其与现实的冲突难以获得合理调整，反常的社会情绪与状态由此滋生。丧失基本道德情感的人类将会回归动物的野蛮，甚至人类会利用其智慧尽情发挥这种野蛮而不及动物。应当确立由多个不同层次的道德信奉而组成的菱形结构的道德体系框架，而其中间层面是为普通社会大众所能理解与接受的无所不在的体系性准则。法律制度只是道德底线的行为约束，法律的应有精神也只是合理制度灵魂的张扬；刑罚处置仅为法律制度的制裁力量，刑罚的应有理性也只是合理刑事思想的彰显。而立于合理的体系性道德准则的建构，整合社会的精神思想，协同相应的外在仪式，由此才能在根本上敦促人类摆脱罪恶而走向仁善。

[20] 道德体系与制度支持是相辅相成的，尤其是在后发性的现代化进程中，新生观念的培养与形成以及旧有观念的摒弃与消除，尤其是社会主流价值观念的凝聚与整合，离不开制度的外力的作用与有形的引导。制度是“一种公开的规范体系，这一体系确定职务和地位及它们的权利、义务、权力、豁免等等。这些规范指定某些行为类型为允许的，另一些则为禁止的，并在违反出现时，给出某些惩罚和保护措施。”①制度是社会成员权利、义务关系的实体性存在。制度化了的规范与制度化了的措施，对社会成员的价值目标确定与行为方式选择，具有极为重要的意义。② 因此，社会分化的有序与稳定，其重要的基础之一在于合理制度规范的构建。同时，也应充分注意，制度的落实与运作是推进制度建设的更为重要的环节。腐败在很大程度上寄生于制度的运作过程。腐败是一切问题的症结，要治理犯罪首先要惩治腐败，而惩治腐败，制度运作机制的完善是根本。

二、社会分层失衡与犯罪率波动

[21] 1949 年以来，我国社会分层的标志经历了两次重大的变化：第一次是中华人民共和国成立初期，由阶级分层逐步演变为身份分层；第二次是改革开放以后，身份分层衰落，经济等多元分层占据主导地位。由于目前的社会分层没有建立起合理与稳定的菱形社会，从而形成了社会的结构性的失衡，进而社会功能也由此受到不良影响。我国目前犯罪率的阶位攀升，与此社会分层的失衡不无关系。

（一）改革开放前的社会分层与犯罪率

[22] 在改革开放以前的计划经济体制下，社会分层制度体系是身份制，

---

① 〔美〕约翰·罗尔斯著：《正义论》，何怀宏等译，中国社会科学出版社 1988 年版，第 50—51 页。

② Robert Merton, “Social Structure and Anomie”, *Social Theory and Social Structure*, Free Press, 1957, pp. 131—160.

区分身份地位的重要指标是职业和先赋因素，根据这样的因素区分出干部、工人、农民等群体。[1] 当时，社会分层的特点表现在：城乡阻隔相对静止、阶层简明清晰明了、刚性等级难以逾越。**(1) 城乡阻隔**：严格的户籍制度构成了城市与农村相互分割的二元社会结构。城乡差异成为最基本的社会分层。持有城市户口的人在收入、消费、社会福利、就业等各个方面所享有的条件和待遇，都是持有农村户口的人所不能相比的。城市与农村居民生活在两个世界之中，由于城乡之间有种种限制，例如粮票和副食证的制度等，因此除了考学等极少的渠道，农民要想改变其生活模式而进入城市，在当时几乎是不可能的。[2] **(2) 阶层简明**：干部在社会上的权力分层、收入分层、声望分层三者高度统一，干部的工资收入分层以及与之相配套的一系列待遇、福利制度，成为社会财产、收入分层的本位体系。工人阶层内部根据所有制形式的不同，划分出国有制和城镇集体制两大类，其中，国有制工人占全国工人总数的75%左右，无论在政治上还是在经济上他们的地位一般都比集体所有制工人要高。这种社会分层，各个阶层之间尽管有着差距，但是由于经济体制的基本指导思想是平均主义与吃大锅饭，因此差距并不明显。[3] **(3) 刚性等级**：干部、工人、农民这三大阶层不仅等级有序、泾渭分明，而且这种身份地位由法律法规等制度具体确定，阶层之间的流动受到多个层面的刚性制约。每一个人都被定位在一定的等级上，人们很难超越级别而突破此种先天的限制，因此也就没有了跨越身份界限的非分之想。整个体制表现得相对井然有序。[4] 由此，呈现僵硬与静态的社会结构：基于先赋身份的主导分层，经由社会流动的严格控制，从而身份地位的相对稳定。

[23] 这种社会分层的状况，是当时犯罪率并未出现大幅波动的一个重要因素。然而，这是以社会的低速发展为代价的，这种相对静态的社会缺乏生机、没有竞争、朴素公平。

（二）改革开放后的社会分层与犯罪率

[24] **阶层分化与阶层紧张**：改革开放以后，尤其是随着社会转型的深化，社会分层呈现出经济财富、政治权力、社会声望、职业地位、文化资源等多元标准并存而又冲突的格局，社会阶层分化日益明显，贫富差距不断扩大，社会

---

① 参见李强：《现代化对中国社会分层结构之影响》，载《东南学术》2000年第2期，第14—15页。

② 参见李培林主编：《中国新时期阶级阶层报告》，辽宁人民出版社1995年版，第64—67页。

③ 参见史昭乐、黄勇：《社会分层结构变化与城市贫困问题》，载《贵州社会科学》1999年第6期，第27页。

④ 参见李强：《现代化对中国社会分层结构之影响》，载《东南学术》2000年第2期，第16页。

张力超越合理边界而走向异化。**(1) 阶层分化**：有关研究展示了我国目前社会阶层的分化状况，包括：蓝领工人阶层、白领工人阶层、知识分子阶层、官员阶层、农业劳动者阶层、退休职业阶层，乡镇企业职工阶层、企业家阶层、“三资”企业职工阶层、第三产业职工阶层，个体劳动者阶层、私营企业主阶层、失业者阶层，过渡性阶层、交叉性阶层、边缘性群体。[①] 也有研究以职业分类为基础，以组织资源、经济资源和文化资源的占有状况为标准，将我国目前社会阶层划分为十类：国家与社会管理者阶层、经理人员阶层、私营企业主阶层、专业技术人员阶层、办事人员阶层、个体工商户阶层、商业服务业员工阶层、产业工人阶层、农业劳动者阶层和城乡无业失业半失业者阶层。[②] **(2) 阶层紧张**：就历时而言，这些分化出来的阶层将自身的现得利益与既有利益相观照，改革给多数人带来了新的、更多的利益，但是作为交换的代价，他们都必须或多或少地失去原来与旧体制有着联系的既得利益。由此，对于多数的社会成员来说，改革也会造成某些具体的利益冲突。从共时来说，不同的阶层之间相互攀比，大家都觉得总是自己吃亏。工人、知识分子乃至个体户都承认，与过去相比，改革给自己带来了很大的实惠，但是与别人相比，大家又都觉得自己所得利益最少。不同的社会阶层都是用自己的吃亏点来比别人的得益点，结果越比越失望。[③] 再者，某些阶层或群体本身，诸如失业者阶层与边缘性群体等，还隐藏着较多的不稳定因素。据有关学者调查推算，1998 年全国城镇包括下岗、待业人员在内的失业率应为 9.81%，人数约为 1807 万人；其中，失业下岗 7 个月以上的长期失业者达 66%，失业 37 个月以上的达 15.7%[④]；2002 年我国大城市的失业率为 12.46%(U4[⑤])或 8.95%(U1[⑥])，而中小城市的失业率为 12.28%(U4)或 8.45%(U1)[⑦]。我国有关失业率的官方数据是“中国城镇登记失业率”[⑧]。1998 年到 2009 年，中国城镇登记失业率分别为

---

① 参见朱光磊等著：《当代中国社会各阶层分析》，天津人民出版社 1998 年版，第 22—29 页。

② 参见陆学艺主编：《当代中国社会阶层研究报告》，社会科学文献出版社 2002 年版，第 8 页。

③ 参见朱光磊等著：《当代中国社会各阶层分析》，天津人民出版社 1998 年版，第 513、515 页。

④ 参见李强：《当前中国社会的四个利益群体》，载《学术界》2000 年第 3 期。

⑤ U4 意味着，既不考虑农民工的就业与失业情况，也不认定非正式工作为就业，由此计算出来的失业率。

⑥ U1 意味着，在考虑农民工的就业和失业的同时，认定非正式工作为就业的情况下计算出来的失业率。

⑦ 参见李实、邓曲恒：《中国城镇失业率的重新估计》，载《经济学动态》2004 年第 4 期。

⑧ **城镇登记失业率**，是指在报告期末城镇登记失业人数占城镇从业人数与城镇登记失业人数之和的比重。其中，城镇登记失业人员，是指非农户口，男 16 岁以上 50 岁以下、女 16 岁以上 45 岁以下，有劳动能力，无业而要求就业，并在当地就业服务机构登记求职的人员。我国政府决定，自 2011 年开始即“十二五”期间，将以“调查失业率”取代“城镇登记失业率”的指标。

3.1%、3.1%、3.1%、3.6%、4.0%、4.3%、4.2%、4.2%、4.1%、4.0%、4.2%、4.3%。由于统计标准的问题，官方数据未必能够反映我国实际失业状况，不过其历年数据的比较，却表现出我国失业率总体上呈逐年增长的态势，并保持于一个相对的较高阶位。“新中国建立50年谁也没有料到中国爆发空前未有的失业高峰，并成为跨入21世纪最大的挑战。”①失业者是典型的利益受损群体。失业所带来的社会地位与社会身份的下降以及生活的贫困，引发着这一群体对于社会稳定的威胁。而由游民、乞丐、食利者、娼妓等所组成的边缘性群体，其多数成员本身就是社会不稳定分子。另外，一些流入城市的农民，对于他们来说城市只是其赚钱与暂且的栖息之处，因而他们对于城市社区并没有认同感与责任感。一个对城市既不认同又无责任的群体生活在城市中，难免不是对城市治安与卫生等方面的威胁。② 大量的农民工涌入城市也给城市的管理与秩序带来了不可避免的消化不良。尤其是一些盲目流入城市的贫困农民，一方面他们亲身感受到城市富人生活与其贫困生活的明显差距，由此激发了他们的紧张与失衡，另一方面他们又缺乏必要的教育训练与职业技能，因而在城市中难觅工作而居无定所与食无保障，为了生计难免步入犯罪。笔者在对监狱罪犯进行的调查中发现，不少进城打工的农民，都是在缺乏生活来源的情况下犯罪的。

[25] **职业声望与收入状况**：我国目前的社会分层，无法形成一个相对稳定的并居核心地位的维度，权力、收入、声望等不同维度的社会分层结果，相对落差较大。这反映出转型深化期个体社会地位冲突与离散的特征，从而构成了影响社会稳定的一个重要的因素。**(1) 声望与收入背离**：在一个稳定的现代社会中，职业声望是社会分层的重要尺度，一般来说，职业声望基本上可以反映人们的社会地位。然而，我国目前收入序列的混乱和异常却使职业声望对社会地位的解释力有所削弱，这种职业声望与收入状况的倒置背离造成了较为明显的地位不一致现象。1993年，中国社会科学院“中国城乡居民家庭生活调查课题组”对不同省份的10个市县3000多户居民作了调查，发现职业声望序列与收入序列发生严重脱节。职业声望排在第20位的企事业政工干部和排在第45位的小学教师，其收入水平显然远远低于排在第64位的工商个体户和排在第69位的时装模特；特别是职业声望排在前5位的大学教授、政府部长、大城市市长、社会科学家、法院院长(检察院检察长)，实际上在

① 胡鞍钢：《跨入新世纪的最大挑战：中国进入高失业阶段》，载《社会学》2000年第4期，第79页。

② 参见李培林主编：《中国新时期阶级阶层报告》，辽宁人民出版社1995年版，第84页。

收入序列中都进入不了高收入阶层的前10位。[①] 1999年的一项调查显示，在知识、演艺、私营等阶层中职业声望与收入状况的倒置背离相当严重：声望地位高而收入地位低并且差距在10个位序以上的几乎都是知识阶层，包括大学教授、科学家、工程师、音乐家、科研人员、中小学教师、记者；而且知识阶层的也几乎均呈声望地位高而收入地位低同时差距位序较大的状况；其中声望位序居于1和2的大学教授与科学家，收入位序不足前15位而仅为16与17。**(2) 背离的不良效应**："某些类型的明显的地位不一致往往是紧张的一个来源。"[②]由此，造成了人们某些价值观念上的困惑，也使得一部分地位不一致者试图通过一些畸形的社会行为来满足自己对于社会地位的追求。在职业声望排序中位次不高但却有着高收入的群体，其中有一部分人为了满足自己对象征性权力的追求，从而实施炫耀式的高消费；在职业声望排序中位次较高但却收入较低的管理阶层，其中也有一部分人无视党纪国法并铤而走险，依靠手中的权力滥用职权与玩忽职守，贪污受贿从事各种权钱交易。[③] 更为令人忧虑的是，这种职业声望与收入状况的倒置背离，日益侵蚀着社会的良好价值体系，成为扰乱甚至摧毁人类理性精神家园的重要因素之一。

[26] **贫富差距急剧拉大**：收入分配差距程度是衡量贫富差距程度的重要指标，不过除了收入分配差距程度以外，衡量贫富差距程度的还有财产占有差距程度等指标。国际上衡量收入差距或贫富差距的方法主要有**基尼系数**[④]、**变异全距**[⑤]、**洛伦兹曲线**[⑥]、**分位法**[⑦]。**(1) 基尼系数**：国际上通常认为，基尼系数在0.2以下为收入绝对平均，0.2—0.3之间为比较平均，0.3—0.4之间为基本合理，0.4—0.5之间为差距较大，0.5以上为差距悬殊，从而0.4为

---

① 参见中国城乡居民家庭生活调查课题组：《中国城乡居民家庭生活调查报告》，中国大百科全书出版社1994年版，第145—148页。

② 〔美〕格尔哈斯·伦斯基著：《权力与特权：社会分层的理论》，关信平等译，浙江人民出版社1988年版，第108页。

③ 参见李培林：《再析新时期利益格局变动中的若干热点问题》，载《社会学研究》1995年第5期，第28页。

④ **基尼系数**，又称基尼集中比率，是意大利统计学家基尼(C. Gini)于1912年从洛伦兹曲线中推导出来的。其是国际上用来测量社会收入分配不均程度的重要指标之一，意指在全部居民收入中用于进行不平均分配的那一部分占全部收入的百分比。由此，基尼系数值越大，表明收入分配不均程度越大：基尼系数最大为1，表示居民之间的收入分配绝对不平均，即100%的收入被一个单位的人全部占有；基尼系数最小为0，表示居民之间的收入分配绝对平均，即人与人之间收入完全均等。

⑤ **变异全距**，又称极差，其通过总体某一数量标志最大数值与最小数值之差，来测定标志变异程度，是测量社会收入分配不均程度的最简单方法。

⑥ **洛伦兹曲线**，是美国统计学家洛伦兹于1905年提出的用来衡量收入分配不均程度的图形。

⑦ **分位法**，是测定社会收入分配不均程度的一种常用方法，它是按收入水平高低把总体单位依次分成若干个等分，计算第一等分与最末等分收入差距的倍数或两组收入绝对值差额，其数值越大表明分化程度越高。

收入差距的警戒线。改革开放之前的29年，总体上我国城镇居民基尼系数为0.16，农村居民基尼系数为0.22[①]；1978年的改革开放之初，我国农村居民基尼系数为0.2124[②]，城镇居民基尼系数为0.1806[③]。这表明当时的居民收入状况呈现绝对平均或者比较平均的样态。改革开放以来，我国农村居民个人、城镇居民个人以及城乡居民个人收入的基尼系数均呈增长走势。从基尼系数的具体数值来看，1985年以前诸年份，基尼系数基本保持在0.2至0.3之间，即收入比较平均[④]；而自1986年起，农村居民个人、城乡居民个人收入基尼系数总体超过0.3，即收入基本合理[⑤]；到1994年，城乡居民个人收入的基尼系数突破0.4的警戒线[⑥]，即收入差距较大，并继续逐年递增。2006年，城乡居民个人收入基尼系数增达0.487[⑦]，而1994年至1997年，如果将非法和非正常收入包括在内，按照南开大学经济研究所的调查，全国基尼系数已超过了0.5[⑧]，即收入差距悬殊。这些基尼系数表明一个事实，就是我国城乡居民收入差距日益趋近甚至超过悬殊，同时，这些变化还是在1985年至1993年、1993年至2006年等短短的几年或十几年间完成的。居民收入差距急剧扩大或曰社会贫富差距两极分化[⑨]，构成社会分层的结构性缺陷，由此引起社会的震荡在所难免。**(2) 变异全距**：资料表明，地区间的收入差距呈扩大态势

---

① 资料来源：赵人伟、李实、李思勤主编：《中国居民收入分配再研究》，中国财政经济出版社1999年版，第130—133页。

② 资料来源：《政府工作报告删除"灰色收入"提法》，载《东亚经贸新闻》2010年3月14日第2版。

③ 资料来源：王书华：《调整收入分配格局，扩大消费需求》，载《科技日报》2010年5月4日第11版。

④ 资料来源：陈宗胜、武洁：《收入分配差别与二元经济发展》，载《经济学家》1990年第3期。

⑤ 资料来源：陆学艺主编：《当代中国社会结构》，社会科学文献出版社2010年版，第177页。

⑥ 资料来源：李强、洪大用、宋时歌：《我国社会各阶层收入差距分析》，载《科技导报》1995年第11期，第61页。1994年，我国城乡居民家庭人均收入的基尼系数为0.434，城乡按家庭户收入分组计算为0.445。

⑦ 资料来源：《统计局发布2003年至2012年全国居民收入基尼系数》，载人民网，http://politics.people.com.cn/n/2013/0118/c1001-20253603.html。访问日期：2017年7月15日。本世纪以来，历年的数据虽有波动，但基本维持在此水平。2003年，0.479；2004年，0.473；2005年，0.485；2006年0.487；2007年，0.484；2008年，0.491；2009年，0.490；2010年，0.481；2011年，0.477；2012年，0.474；2013年，0.473；2014年，0.469；2015年，0.462；2016年，0.465。资料来源：《统计局：2016年基尼系数为0.465较2015年上升》，载搜狐网，http://news.sohu.com/20170120/n479204095.shtml。访问日期：2017年7月15日。

⑧ 资料来源：赵人伟：《缩小收入差距要靠深化改革》，载人民网，http://www.people.com.cn/GB/channel3/21/20000925/249377.html。访问日期：2017年7月15日。

⑨ 学者们对于我国目前贫富差距有两种提法：一种认为，我国目前贫富两极分化现象已相当严重。另一种认为，我国目前存在较突出的贫富差别并有扩大的可能，但不宜称"两极分化"。不过，无论怎样，事实上中国的贫富差距正在急剧拉大，趋于两极分化。

或相对固化。这既表现在不同地区的农村居民间，也表现在不同地区的城镇居民间，以及全国的城镇居民与农村居民间。**A. 农村居民地区差：农村居民人均纯收入**[①]，最高地区与最低地区的极值比与绝对差额，1978年分别为3.21∶1、199.60，到1999年这两项数值分别增加到4.13∶1、4100.00。[②] 2013年"农村人均纯收入最高的地区（上海）是最低地区（甘肃）的3.84倍"[③]。**农村居民人均可支配收入**[④]，最高地区与最低地区的极值比与绝对差额，2009年分别为4.17∶1、9440。[⑤] **全体居民人均可支配收入**，最高地区与最低地区的极值比与绝对差额，2016年分别为3.59∶1、39184。[⑥] **B. 城镇居民地区差：城镇居民人均生活费收入**[⑦]，最高地区与最低地区的极值比与绝对差额，1991年分为2.15∶1、13584，到1995年这两项数值分别增加到2.65∶1、4263.63[⑧]；**城镇居民人均可支配收入**，最高地区与最低地区的极值比与绝对差额，1978年分别为2.1∶1、299，到1999年这两项数值分别增加到2.5∶

---

① **农村居民人均纯收入**，是指常住居民家庭总收入中，扣除从事生产和非生产经营费支出、缴纳税款和上交集体任务后，可直接用于进行生产性、非生产性建设投资、生活消费和积蓄的那一部分收入的家庭人均值。

② 资料来源：国家统计局课题组：《目前我国收入分配差异及分析》，载《国家行政学院学报》2000年第5期，第61页。1978年，最高收入地区上海，农村居民人均纯收入290.00元，最低收入地区甘肃，农村居民人均纯收入90.40元，极值比为3.21∶1，绝对差额为199.60；1999年，最高收入地区上海，农村居民人均纯收入5409.00元，最低收入地区西藏，农村居民人均纯收入1309元，极值比为4.13∶1，绝对差额为4100.00。

③ 叶明确、曹萍萍：《中国城乡收入的分布动态分析》，载《首都经济贸易大学学报》2016年第4期，第11页。

④ **城乡居民人均可支配收入**，是指住户可用于最终消费支出和其他非义务性支出以及储蓄的总和的家庭人均值。**城镇居民人均可支配收入**，是指工资性收入、经营性收入、财产性收入、转移性收入的总和的家庭人口均值。其中，转移性收入包括离退休金、失业救济金、住房公积金、保险索赔等。**农村居民人均可支配收入**，系农村住户居民总收入扣除家庭经营费用支出、税费支出、生产性固定资产折旧、财产性支出、转移性支出所得数值的家庭人口均值。

⑤ 资料来源：青连斌：《社会不公的主要表现与应对策略》，载《大连干部学刊》2011年第4期，第14页。2009年，最高收入地区上海，农村居民人均可支配收入12420元，最低收入地区甘肃，农村居民人均可支配收入2980元。

⑥ 资料来源：《2016年人均可支配收入排名》，载南方财富网，http://www.southmoney.com/redianxinwen/201702/1091178.html。访问日期：2017年7月15日。2016年，最高收入地区上海，全体居民人均可支配收入54305元，最低收入地区贵州，全体居民人均可支配收入15121元。

⑦ **城镇居民人均生活费收入**，主要是指可支配的货币收入。

⑧ 资料来源：有关年份《中国统计年鉴》。1991年，最高收入地区广东，城镇居民人均生活费收入2535元，最低收入地区江西，城镇居民人均生活费收入1177元，极值比为2.15∶1，绝对差额为1358；1995年，最高收入地区广东，城镇居民人均生活费收入6849.65元，最低收入地区内蒙古，城镇居民人均生活费收入2587.02元，极值比为2.65∶1，绝对差额为4263.63。

1、6589[①]；2009年这两项数值分别为2.42∶1和16909。[②]“2013年城镇人均可支配收入最高的地区（上海）是最低地区（甘肃）的2.31倍”。[③] **C. 城乡居民差异：城乡居民人均可支配收入，**差距也日益明显，城乡的倍差比值与绝对差额，1987年分别为2.64∶1和728.89，而1993年相应的数值分别是3.27∶1和1835.97。[④]“从1992年到2013年城镇居民收入增加了12.12倍，而农村收入只增加了10.1倍。城镇居民家庭人均可支配收入与农村居民家庭人均纯收入之比从1992年的2.58增大到2012年的3.1，增幅达到20%”。[⑤] 2016年城乡的倍差比值与绝对差额分别为2.72∶1和21253。[⑥] **(3) 分位法：**按照五等份法测量不同收入层次所占收入的差距，结果我国的这一差距数值也在逐年扩大，并且已经超过了国际上中等不平等程度国家的相应数值。**A. 我国城镇居民，**20%的最高收入家庭收入占全部收入的百分比，由1989年的29.38%，扩大至1994年的44.46%，1996年的47.62%[⑦]。另据统计，这一数值是，由1990年的38.1%，扩大至1993年的43.5%，1996年的54.6%，1997年的53.7%。[⑧] **与此相对，**20%的最低收入家庭收入占全部收入的百分比，由1989年的11.65%，缩小至6.04%，1996年的5.78%[⑨]；另据统计，这一数值是，由1990年的9.01%，缩小至1993年的6.3%，1996年的

---

① 资料来源：国家统计局课题组：《目前我国收入分配差异及分析》，载《国家行政学院学报》2000年第5期，第60页。1978年，最高收入地区，城镇居民人均可支配收入560元，最低收入地区，城镇居民人均可支配收入261元；1999年，最高收入地区，城镇居民人均可支配收入10932元，最低收入地区，城镇居民人均可支配收入4343元。

② 资料来源：青连斌：《社会不公的主要表现与应对策略》，载《大连干部学刊》2011年第4期，第14页。2009年，最高收入地区上海，城镇居民人均可支配收入28838元，最低收入地区甘肃，城镇居民人均可支配收入11929元。

③ 叶明确、曹萍萍：《中国城乡收入的分布动态分析》，载《首都经济贸易大学学报》2016年第4期，第11页。

④ 资料来源：国家统计局农调总队课题组：《城乡居民收入差距及其决定因素研究》，载《中国农村经济》1995年第1期。城乡居民人均可支配收入（扣除物价因素），1987年，城镇居民人均收入1174.68元，农村居民人均收入445.79元，极值比为2.64∶1，绝对差额为728.89；1993年，城镇居民人均收入2645.05元，农村居民人均收入809.08元，极值比为3.27∶1，绝对差额为1835.97。

⑤ 叶明确、曹萍萍：《中国城乡收入的分布动态分析》，载《首都经济贸易大学学报》2016年第4期，第11页。

⑥ 资料来源：《2016年中国居民人均可支配收入及城镇、农村居民人均可支配收入分析》，载中国产业信息网，http://www.chyxx.com/industry/201702/496643.html。访问日期：2017年7月15日。2016年我国城镇、农村居民人均可支配收入分别是：33616元，12363元。

⑦ 资料来源：李强著：《社会分层与贫富差距》，鹭江出版社2000年版，第192—193页。

⑧ 资料来源：李培林、李强、孙立平等著：《中国社会分层》，社会科学文献出版社2004年版，第91页。

⑨ 资料来源：李强著：《社会分层与贫富差距》，鹭江出版社2000年版，第192—193页。

3.1%,1997年的3.0%。[①] **B. 我国农村居民**,20%的最高收入家庭收入占全部收入的百分比,由1989年的39.56%,扩大至1994年的48.79%,1996年的49.59%。[②] **与此相对**,20%的最低收入家庭收入占全部收入的百分比,由1989年的7.63%,缩小至4.59%,1996年的4.81%。[③] **C. 我国城乡居民**,20%的最高收入家庭收入占全部收入的百分比,1994年为50.13%,扩大至1996年的51.40%。[④] **与此相对**,20%的最低收入家庭收入占全部收入的百分比,由1994年为4.27%,缩小至1996年的4.06%。[⑤] **综上可见**,我国的这种不同阶层财富占有量的差距,不仅呈扩大趋势,而且超过了美国的相应数据。美国,1990年20%的最高收入家庭收入占全部收入的百分比为44.4,20%的最低收入家庭收入占全部收入的百分比为4.6。[⑥] **(4) 贫富差距影响犯罪率**:基尼系数、变异全距、分位法等对贫富差距的测量均表明,我国目前的社会并非是一个菱形结构的社会(中产社会),而是一个近似金字塔形的社会,贫富差距正在急剧拉大,已趋近于两极化。这种社会分层的结构性的缺陷,是我国目前易于引发社会矛盾的一个重要方面。通常,中产阶级占据社会的主体是现代社会走上稳定的重要结构因素。德国、英国和美国等发达国家的工业化和城市化均伴随着犯罪率的巨大增长,而日本却例外[⑦],其中一个重要的原因就是,在第二次世界大战以后的经济发展过程中,日本没有出现战前那种贫富悬殊的社会结构,而是建立起一个相对平等的社会结构,由此经济高度发展前一直处于底层的许多人,也部分地改善了他们的经济地位,可谓形成了"百分之九十中间层"的全体一亿人感到相对满足的状态。[⑧]

三、制度规范缺损与犯罪率波动

[27] 随着社会转型的日益深入,我国犯罪态势日趋严峻,这与缺损的制度规范密切相关。某些制度规范的缺损大大削弱了社会控制能力,也给腐败的滋生提供了温床,而腐败又进一步增强了制度规范的缺损,进而促成了公

---

① 资料来源:李培林、李强、孙立平等著:《中国社会分层》,社会科学文献出版社2004年版,第91页。

② 资料来源:李强著:《社会分层与贫富差距》,鹭江出版社2000年版,第192—193页。

③ 同上。

④ 同上。

⑤ 同上。

⑥ 同上书,第194页。

⑦ 参见〔美〕路易丝·谢利著:《犯罪与现代化——工业化与城市化对犯罪的影响》,何秉松译,群众出版社1986年版,第88页。

⑧ 参见〔日〕富永健一著:《社会学原理》,严立竖等译,社会科学文献出版社1992年版,第31—33页。

众对于日常生活等诸多事项的不满情绪。社会的不满情绪及其伴生的越轨行为有着极大的传染性,使社会趋于普遍的失范状态,由此反常行为与现象似乎变成了一种常态。当务之急,应当强化制度规范的运作与落实,遏制腐败的滋生与蔓延,促成全民的规则意识。

(一)制度规范缺陷与社会控制薄弱

[28] 社会的精神文明进程必须赶上科技发展速度,这是人类得以终极生存、发展与繁荣的必要条件。功利追求应有相应的制度规范限制贪婪,社会分化亦需合理的制度规范构建整合。社会应当在适度的张力中稳步协调发展。然而,目前经济改革孤军深入而政治改革相对滞后,制度创新尚在探索之中,尤其是一些权力渗透到经济的竞争中,消解了市场经济的公平,权力与暴利联姻滋生并蔓延了腐败,社会紧张失去了其应有的合理制度规范的化解。

[29] **制度规范设计的缺陷**:现阶段,我国某些制度规范设计上的一些缺陷,在社会管理的各个方面仍有一定的呈现。收入分配制度的缺陷,催生了贫富差距的扩大与新富家族的形成;住房改革方案与制度的缺陷,造成了房价的持续迅猛攀高与公众住房状况的失衡;教育管理体制的缺陷,使得教育资源不均、教育质量下滑与国民素质滑坡;交通出行改革方案与管理制度的缺陷,致使城市交通日益拥堵与空气质量每况愈下;医疗改革方案与制度的缺陷,助长了社会医疗的浪费与缺医的两重天以及医疗行业的滥用医疗与虚抬药价;食品监管机制的缺陷,使得大量问题食品得以跻身市场以及公众对于食品健康空前担忧。其他诸如,土地及资源的过度与无序利用,造成了环境资源的重大破坏;某些行业监督机制的真空,使得其任意所为似乎成为一种规则;等等。这些制度规范上的缺陷,也使得一些不法者有了可乘之机。例如,某些经营者想方设法规避国家政策与法律以逃避税收征管。据报道,我国每年被截留、流失的税款多达1000亿元,偷漏税行为普遍。“据不完全统计,目前全国国有、集体企业偷漏税面约占50%,个体户偷漏税面约占80%。”[①]也有一些公权者直接伸手经济领域而谋取物质利益。1994年的一项社会调查显示,多数公众对富裕者的致富途径持否定态度,48.5%的被调查者认为社会上的一些富人中通过正当途径致富的不太多,而10.7%的被调查者则认为富人通过正当途径致富的几乎没有。[②] 2008年的一项网上调查显示,对于中国城市贫富差距拉大的最重要原因是什么的问题,得票最多的选

---

① 刘应杰等:《中国社会现象分析》,中国城市出版社1998年版,第248页。

② 资料来源:李强、洪大用、宋时歌:《我国社会各阶层收入差距分析》,载《科技导报》1995年第11期,第61页。

项是"官府腐败，与有钱商人勾结，共同谋财，不顾普通人的死活"，占被参与投票网民的27.5%[①]；2010年人民论坛杂志社的一项网上调查显示，52.23%的网民对新富家族群体形象的总体评价持"不佳"态度，75.56%的网民认为"搞官商权钱交易"是影响新富家族群众形象的主要因素，86.5%的网民对如何实现新富家族的"官商分离、与公权力切割"最感忧虑[②]。显然，公众意识到，目前的贫富分化并非是有序的、公平竞争的产物。

[30] **制度规范效能的削弱**：制度规范设计的缺陷固然是制度规范上的一个重要问题，但是在许多情况下，一些相对合理的制度规范却由于缺乏有效的执行，而恰似一纸空文。这种执行环节缺失的核心在于制度执行者的渎职。渎职的存在有多重表现，或故意或过失、或作为或不作为、或徇私或贪功。贪污贿赂、滥用职权、玩忽职守、徇私舞弊、作风官僚、漠视疾苦等等，均不失为渎职的一些典型表现，而这些行为不可避免地会削弱甚至丧失公共管理职能。近年来发生的一系列热点事件令人深思。诸如：2008年6月发生的瓮安事件引起全国关注，时任贵州省委书记石宗源认为，事件背后的深层原因是当地在矿产资源开发、移民安置等工作中，侵犯群众利益的事情屡有发生，一些干部作风粗暴、一些干部工作不作为，有的领导干部和公安民警长期以来失职渎职，群众反映强烈[③]；2010年9月报道，河南审计厅的一项审计显示，近几年该省投资建设的农产品质量安全检验检测体系项目，资金多次被挤占挪用[④]；2010年7月报道，武汉同济医院内"黑救护车"违规运营，导致病人死亡，对此医院、市卫生局、市交管局等部门均认为主要监管职责不在自身[⑤]；2010年9月报道，河南省林州市畜牧局对辖区内一农民养殖的上万只鸡的死亡，先是认定鸡死于禽流感，其后又否认这一认定，致农民难以维权[⑥]。这些事件表明，本应得到及时体现的社会正义却姗姗来迟或不见踪影，本能顺理成章得到落实的制度规范却历经周折，正义与制度就这样在人民群众的

---

① 资料来源：第一调查网，网上自助调查。http://www.1diaocha.com/Survey/GetVote_56054.html。

② 参见艾芸：《调查：86.5%受访者忧虑新富家族联姻"公权力"》，http://www.chinanews.com.cn/gn/news/2010/03-16/2171941.shtml。访问日期：2013年8月15日。

③ 参见《贵州省委书记建议免去瓮安县公安局局长职务》，http://news.sina.com.cn/c/2008-07-03/222415866767.shtml。访问日期：2013年8月15日。

④ 参见《新华视点：河南相关部门挪用食品检测专款，建办公楼买小轿车》，http://news.xinhuanet.com/politics/2010-09/06/c_12521655.htm。访问日期：2013年8月15日。

⑤ 参见白宇：《武汉黑救护车猖獗，各部门责任不清》，http://news.qq.com/a/20100720/000391.htm。访问日期：2013年8月15日。

⑥ 参见《河南农民养殖上万只鸡莫名死亡，畜牧局否认法院判决》，http://china.cnr.cn/news-zh/yaowen/201009/t20100908_507016252.html。访问日期：2013年8月15日。

翘首期盼下变得遥远,国家公职形象由此受到玷污,信仰与信任反遭本属社会榜样群体的践踏,这给人们对公正廉明的信心与感触打上了折扣,促成了社会不满情绪的形成与积聚。

[31] **制度缺失与腐败滋生**:腐败是社会公众关心的焦点问题之一,它不仅引起了社会公众的较大不满,而且许多腐败本身就是一种犯罪,同时它也滋生着其他的犯罪,犯罪则利用了腐败。从调查的结果看,多数公众认为腐败较为严重。1995 年 11 月,占被调查者的 25.4%的人认为"大多数人腐败",18.6%的人认为"约半数人腐败"①,这意味着 44.0%的人认为"半数以上人腐败"。2008 年人民网的一项调查显示,对于问题"您认为当前我国社会腐败问题的现状是?",有 94.3%的人选择"很严重",5.1%的人选择"比较严重",而选择"不太严重"与"不严重"的人分别仅为 0.2%与 0.3%,其余 0.1%的人选择"说不清"。② 近年,有学者撰文称,"腐败问题,始终是困扰着当下中国的重大忧患","中国的腐败官员,很多是可以申报吉尼斯世界纪录的","我国的腐败,已经由发展型腐败全面恶化为掠夺型腐败、垄断型腐败。"③中科院国情研究中心主任胡鞍钢指出:"目前官员腐败被查处的概率依然太低,腐败的收益远远高于风险。据统计……一个人贪污受贿,只有 6%的概率被绳之以法"。④腐败须有强有力的制度规范予以遏制,反之制度规范的缺陷以及制度效能的削弱则使腐败的滋生有了温床,其实这种"缺陷"与"削弱"之中就蕴含着腐败的推波助澜,即腐败又不可避免地削弱了相关制度规范的形成与落实。对此,较为典型的是,在一些拥有重要权力与管理职能的关键岗位或者部门,时常出现**群体腐败**与**承续腐败**的现象(见第 22 节段 18)。这种群体腐败与承续腐败既是某些权力监督机制疲软的典型表现,固然也使相关的国家职能部门丧失了其基本的职能。不可否认,众所周知的赖昌星走私案给我们有关制度与反腐机制的完善留下了许多教训。

(二)公众不满情绪与制度规范不满

[32] 应当说,对财富追逐本身不一定就带来恶,竞争伴随着紧张,适度的社会紧张有利于社会的生机和发展。然而,过度的紧张却不利于社会的稳定与整合。改革开放带来了生活水平的普遍提高,却加大了贫富差距,许多腐

① 参见孙立:《转型期的中国社会——中国社会调查》,改革出版社 1997 年版,第 310 页。

② 资料来源:《网上调查:当前我国社会腐败问题的现状》,载人民网,http://cpc.people.com.cn/GB/64093/64387/7338517.html。访问日期:2010 年 8 月 28 日。

③ 周瑞金:《中国腐败问题究竟有多严重》,载搜狐网,http://star.news.sohu.com/20141128/n406461363.shtml。访问日期:2017 年 7 月 16 日。

④ 参见邓科:《胡鞍钢:腐败损失有多大 每年 1 万亿》,载《南方周末》2001 年 3 月 22 日。

败现象滋生，社会的道德体系也日渐离散，进而引发了公众对于日常生活等事项的诸多不满情绪，这是社会紧张过度状态的一种表现，是社会结构紧张的征表（见第29节段10），而我国目前的这种社会不满，在更深层次上则较大程度地指向制度规范的问题。

[33] **生活水平提高却有制度不满**：美国经济学家萨缪尔森（Paul Samuelson）曾指出，虽然工业化后的现实状态似乎不是那么使人满意，但是它的生活标准仍然要比前工业化时代的有着巨大的改善。① 改革开放以来，我国农村贫困人口的绝对数与贫困率均逐年减少，分别由1978年的25000万、30.7%减至2005年的2365万、2.5%。② 同时，改革开放以来，我国国内生产总值（GDP）、人均GDP以及人均收入也逐年增长，分别由1978年的3645.2亿元、381元、343.4元（城镇人均可支配收入）、133.6元（农村人均纯收入），增至2006年的210871.0亿元、16084元、11759.5元（城镇人均可支配收入）、3587.0元（农村人均纯收入）。③ 调查表明，多数人认为，“改革拉开了收入差距，调动了积极性”④，但是却“造成了贫富分化，扩大了不平等”⑤。1999年至2001年，笔者对犯罪群体的抽样问卷调查也显示，占被调查者60.6%的罪犯也赞同社会改革，认为社会改革很好或较好，相反，认为社会改革较差或很差的罪犯仅占被调查者的7.5%。⑥ 然而，多数罪犯对财富、社会保障、社会福利、发展机会、工作成就却有着较大的不满⑦，并且对官员廉政、社会道德风尚

---

① 参见〔美〕萨缪尔森著：《经济学》（上册），萧琛译，商务印书馆1988年版，第114页。

② 资料来源：《中华人民共和国年鉴2006年卷》，新华出版社2007年版。

③ 资料来源：《中国统计年鉴2007年卷》，中国统计出版社2007年版。

④ 资料来源：刘崇顺、王铁顺著：《大潮下的情感波动》，中国社会科学出版社1993年版，第240页。1988年10月，深圳、武汉、兰州三城市的社会心理与改革的调查统计资料，样本数1799。对于“改革拉开了收入差距，调动了积极性”这一判断的态度，同意者占50.47%，很同意占13.84%，不同意占14.96%，很不同意占3.81%，未答占3.97%，无所谓占12.96%。

⑤ 参见同上。对于“改革造成了贫富分化，扩大了不平等”这一判断的态度，同意者占49.33%，很同意占12.43%，不同意占16.36%，很不同意占4.49%，未答占3.8%，无所谓占13.6%。

⑥ 资料来源：笔者对河北冀东监狱、山东烟台监狱以及江苏常州监狱、徐州监狱、宜兴监狱、南通监狱、洪泽湖监狱等的罪犯进行的抽样问卷调查，有效样本数596。罪犯对**社会改革的评价**：很好占26.3%，较好占34.3%，很差占3.4%，较差占4.1%，说不清楚占7.1%

⑦ 罪犯对**财富的满意度**：很满意占12.9%，比较满意占25.0%，很不满意占21.9%，不太满意占25.8%，无所谓占7.6%；罪犯对**社会保障的满意度**：很满意占4.2%，比较满意占14.2%，很不满意占18.3%，不太满意占14.9%，无所谓占26.6%；罪犯对**社会福利的满意度**：很满意占3.2%，比较满意占10.9%，很不满意占19.8%，不太满意占14.0%，无所谓占29.8%；罪犯对**发展机会的满意度**：很满意占8.1%，比较满意占17.4%，很不满意占24.4%，不太满意占21.0%，无所谓占12.0%；罪犯对**工作成就的满意度**：很满意占8.7%，比较满意占18.5%，很不满意占25.5%，不太满意占21.1%，无所谓占12.9%。

的评价也很低。[①] 与此相似，调查资料显示，除了经济发展状况、新闻报道真实性、文化生活、国际地位之外，公众在与自身利益密切相关的一些社会生活方面：贫富差别、消费品质量、社会风气、依法办事、治安状况、环境保护、社会保障、挣钱机会、经济秩序、有法可依、物价状况，均表现出较大的不满，尤其是，在贫富差别、社会风气、消费品质量、物价状况等方面，不满意与满意之差竟达75左右。[②]

[34] **对某些社会现象的不满情绪**：具体地说，官员腐败、贫富差距、社会风气、失业就业、产品质量、社会保障、治安状况等问题，成为公众关注的焦点。**(1) 总体状况**：1997年的一项调查显示，有关城市居民对于生活现状的满意度仅在作为中位的“一般”左右，而总评则不足作为中位的“一般”。[③] 2010年《环球》杂志与新华网的问卷调查显示，七成以上的城市网民不满意当前的生活质量，近一半网民认为自己患有“城市焦虑症”。[④] 2008年的一项网络调查显示，71.2%的网民认为，与20世纪80年代初相比现在的社会公平度“降低了”；60.4%的网民，对近年来政府为解决社会公平问题所进行的种种努力的效果“不满意”；多数网民（32.3%）认为，与20世纪80年代初相比自己是向下流动了。[⑤] 2011年10月新京报报道，经合组织（OECD）经对40个国家公民过去15年间的生活状况的调查，发布了一份生活质量报告称，生活满意度得分，中国与匈牙利排名倒数第一。[⑥] **(2) 贫富差距**：2008年的一项网络调查显示，72.02%的被调查者认为“有差距很正常，但现在贫富差距太大”，49.93%的被调查者认为“贫富差距有固定化的倾向”，68.45%的被调查者认为自己目前的付出和收入不成正比例。[⑦] 2009年底报道称，一项覆盖中国5个省40个县的问卷调查显示，对于“中国社会问题最严重的是什么”的提问，

---

① 罪犯对**官员廉政的评价**：很好占4.3%，较好占6.9%，很差占27.7%，较差占20.1%，说不清楚占12.3%；罪犯对**社会道德风尚的评价**：很好占7.2%，较好占17.6%，很差占11.5%，较差占19.4%，说不清楚占4.1%。

② 资料来源：参见孙立主编：《转型期的中国社会——中国社会调查》，改革出版社1997年版，第293—298页。

③ 参见李斌：《城市社区居民对生活现状满意度的调查与分析》，载《社会主义研究》1998年第3期，第72—73页。

④ 参见邓喻静：《调查显示：七成城市居民不满当前生活质量》，载《环球》杂志2010年第10期。

⑤ 参见《30年公众公平感调查》，http://survey.news.sina.com.cn/result/25873.html。访问日期：2013年8月15日。

⑥ 参见沈玮青：《经合组织：国家间贫富差距加深》，http://www.bjnews.com.cn/finance/2011/10/14/157163.html。访问日期：2013年8月15日。

⑦ 参见人民论坛《千人问卷》调查组，艾芸：《民众最不认同何种不公——公众公平感调查》，载《人民论坛》2008年第21期。

在给出的19个选项中，被调查者认定排在头两位的是腐败与贫富差距。[①] 2012年人民网和人民日报政治文化部的联合调查显示，在参与分项调查的网友中，81.1%的人认为当前收入差距大，贫富分化严重，76%的人认为现行最低工资线普遍过低。[②] **(3) 社会风气：**据2000年报道，82.02%的被调查者对社会风气持不满意态度，成为不满意事项之最，此外有60%以上的被调查者对"就业状况""消费品质量"等持不满意态度。[③] 2003年国家统计局抽样调查结果显示，社会风气问题仍为被调查所关心的社会问题之最[④]；2006年与2007年国家统计局的调查结果显示，在所列出的十三类社会问题中，社会风气、医疗和社会治安依然是百姓最关注的前三个问题[⑤]。**(4) 食品安全：**《2006年31个城市食品放心工程满意度调查报告》显示，仍有六成以上消费者对当前食品安全表示担忧。[⑥]《中国居民生活质量调查报告》，关于"最关注的社会问题"的榜单，2007年结果显示，食品药品安全问题，被城镇居民列为第三，被农村居民列为第二，而2008年结果表明，食品药品安全问题，同时被城乡居民列为第二。[⑦] **(5) 官员廉政：**2008年人民网的一项调查显示，基层干部的"贪污腐败"行为最让百姓不满[⑧]；2009年人民论坛"千人问卷"调查组，针对"未来10年10个最严峻挑战"问题的调查显示，82.3%的受访者选择了第一大挑战

---

① 参见葛如江、沈锡权、孙洪磊：《半月谈：来自大城市的贫富差距调查报告》，http://finance.qq.com/a/20091125/002364.htm。访问日期：2013年8月15日；璩静、秦亚洲、姚润丰：《2009民生调查：国民收入分配改革进程亟待加快》，http://www.gov.cn/jrzg/2009-12/28/content_1498372.htm。访问日期：2013年8月15日。

② 《八成网友认为贫富差距大，七成网友认为最低工资线过低》，载人民网，http://politics.people.com.cn/GB/14562/17168093.html。访问日期：2017年7月16日。

③ 参见《调查显示中国八成人对"社会风气"不满》，http://news.sina.com.cn/society/2000-1-9/50291.html。访问日期：2013年8月15日。

④ 参见《社会风气成为2003年群众最关心的社会问题》，http://news.sina.com.cn/s/2004-03-15/23202055746s.shtml。访问日期：2013年8月15日。

⑤ 参见《调查显示中国百姓最关注社会风气医疗治安问题》，http://news.sohu.com/20070123/n247785372.shtml。访问日期：2013年8月15日；《国家统计局：2007年群众最关心医疗问题》，http://www.ce.cn/cysc/zyy/jrgx/200801/09/t20080109_14156858.shtml。访问日期：2013年8月15日。

⑥ 参见《六成以上消费者对食品市场不放心》，http://www.tech-food.com/news/2007-2-17/n0093678.htm。访问日期：2013年8月15日。

⑦ 参见袁岳：《2007年中国居民生活质量调查报告》，http://www.china.com.cn/aboutchina/zhuanti/08zgshxs/2008-04/01/content_14027570_2.htm。访问日期：2013年8月15日；袁岳、张慧：《2008年中国居民生活质量调查报告》，http://www.china.com.cn/aboutchina/zhuanti/09zgshxs/content_17099724.htm。访问日期：2013年8月15日。

⑧ 参见《调查：基层干部的贪污腐败行为最让百姓不满》，http://www.godpp.gov.cn/cjzc_/2008-08/07/content_14060488.htm。访问日期：2010年8月28日。

为“腐败问题突破民众承受底线”[1]。人民网的调查显示，自2002年以来在社会公众最关注的两会热点问题中，“反腐倡廉”多数位居首位(2002年、2003年、2004年、2006年、2008年、2009年)，并且总在前三位。

[35] **对制度缺失的不满情绪**：合理有效的制度规范是缓解社会矛盾与平息不满情绪的必要与关键途径，然而目前制度规范设计的缺陷以及制度规范运作的失真却阻塞了紧张的化解，这正是构成公众不满的深层次原因。具体表现在，对于制度规范的质疑已成为公众的一种较为普遍的情绪。**(1) 分化机制**：社会成员之间的差距客观必然，并且合理的差距亦为必要。在迄今为止的一切文明社会中，个人之间与群体之间，在权力、财产、社会地位等方面的差异与分层现象都是普遍存在的。差异的问题并不在于消除差距本身，而是在于形成一种合理的分层机制。[2] 因此，社会成员之间存在一定程度的差异，应当是可以接受的。绝对的平等并不意味着合理，“只要有理由认为不平均的分配能导致生产的进一步发展，并因此有利于每一个人……就可以证明正义并不要求严格的平等。”[3]我国的改革开放以“打破平均主义”“让一部分人先富起来”为经济分配的基本思想，显然这有利于充分调动劳动者的积极性，同时也拉开了人们的收入差距。然而，过大的收入差距则会造成贫富分化，尤其是公众认识到这种贫富分化缘于诸多不合理的制度规范，从而构成社会不稳定的重大隐患。2008年的一项网络调查显示，针对贫富差距拉大的现象，72.02%的人认为“有差距很正常，但现在贫富差距太大”，49.93%的人认为“贫富差距有固定化的倾向”，68.45%的人认为自己目前的付出和收入不成正比例。而针对当前社会不公平现象的突出表现，竟有96.11%的人认为是“由权力造成的不公平，如以权谋私”，77.44%的人认为是“由权力和金钱等结盟造成的不公平，如土地征用”。对于何种现象将使社会不公平感增加的问题，有86.56%的人认为是“官员的腐败行为”。对于改善社会公平现状的建议，有73.74%的人主张“进一步约束和规范官员的行为”，68.49%的人主张“调整收入分配政策”。[4] **(2) 分配制度**：对于分配制度公众颇存疑虑。2007年的一项研究调查显示，对于当前社会公平状况的评价，有44.4%的人认为“不太公平”、22.0%的人认为“不公平”；对于收入分配公平状况的评价，

---

① 参见《调查显示腐败问题突破民众承受底线》，http://news.hsw.cn/system/2009/12/24/050396642.shtml。访问日期：2013年8月15日。

② 参见李培林主编：《中国新时期阶级阶层报告》，辽宁人民出版社1995年版，第342页。

③ 〔美〕J.范伯格著：《自由、权利和社会正义》，王守昌、戴栩译，贵州人民出版社1998年版，第161页。

④ 参见人民论坛“千人问卷”调查组，艾芸：《民众最不认同何种不公——公众公平感调查》，载《人民论坛》2008年第21期。

持“不太公平”与“不公平”的人数比率分别为41.6%与29.6%；而针对损害社会公平的因素，有59.2%的人主张“社会地位不平等”，51.7%的人主张“经济权益不平等”，41.2%的人主张“制度安排不平等”；对于维护社会公平应当由谁承担责任的问题，有83.9%的被调查者认为党和政府的责任最大。① 2008年人民网与中国工会新闻网的“中国职工十大期待”调查显示，63.55%的网民投票“实现同工同酬，实现公平待遇”，成为“中国职工十大期待”之三。② 2007年人民论坛杂志社与人民网所进行的一项网上问卷调查显示，有96.5%的人对当前的工资状况不满意，而73.5%的人认为国有垄断行业工资差距最大。③ 2006年国资委统计评价局年报显示，石油石化、通信、煤炭、交通运输、电力等12家企业员工工资达全国平均工资的3至4倍。而这些高收入，相当一部分都受益于政策性垄断。④ **(3) 反腐制度**：反腐倡廉的关键是制度建设，公众对此也有着较为明确的认识。2008年人民网的一项调查显示，对于预防腐败最应当做什么的问题，有77.52%的人主张“改善权力的分配和制约制度”⑤。两会热点调查显示，对于当前腐败蔓延的原因，2009年占半数以上的人认为，是惩处力度不够，其次是体制、机制不健全。⑥ 2010年这两项因素以及监督不力仍为最高选项，分别占被调查者的56%、55%、56%，而对于推进廉洁从政的措施，大多也是主张监督严查与完善落实制度。⑦ **(4) 其他方面**：与公民社会生活密切相关的一些制度，有不少方面受到公众的质疑。诸如，人民网调查显示：2010年，有超过80%的网民认为企事业单位和公务员养老制度实行“双轨制”非常不合理⑧；2006年，76.7%的被调查者认为出现食品安

---

① 参见郑功成：《中国社会公平状况分析——价值判断、权益失衡与制度保障》，载《中国人民大学学报》2009年第2期。

② 参见张海燕：《中国职工十大期待之三：“让公平不再只是一句空话”，网友亟盼同工同酬》，http://acftu.people.com.cn/GB/67561/8160886.html。访问日期：2012年4月25日。

③ 参见陈阳波：《96.5%的人对当前工资不满》，载《人民论坛》2007年第11期。

④ 参见文跃然：《垄断行为高薪的合理与不合理》，载《人民论坛》2007年第11期。

⑤ 参见《网上调查：当前我国社会腐败问题的现状》，http://cpc.people.com.cn/GB/64093/64387/7338517.html，http://bbs.gxsky.com/thread-4963436-1-1.html。访问日期：2010年8月28日。

⑥ 参见《抑制腐败须破除关系网，惩治腐败需用重典震慑》，http://npc.people.com.cn/GB/8746206.html。访问日期：2012年4月25日。

⑦ 文中比率系多选答案结果。参见《2010年全国两会调查“您最关注的十大热点问题是什么”》，http://npc.people.com.cn/GB/28320/180060/180095/index.html，http://npc.people.com.cn/1297_ctdzb_001/sub.php。访问日期：2012年4月25日。共有41115位网民参与了投票。

⑧ 参见《两会调查显示收入分配问题居最关心话题首位》，http://china.huanqiu.com/roll/2010-03/731189.html。访问日期：2013年8月15日。

全问题的主要原因在于政府部门监管不力，58.2%的人认为是相关法律不健全[①]；2010年，91.92%的被调查者认为部分电信经营者在预付费服务中设置的使用期满后余额不退的规定不合理，91.82%的人认为目前国内大多数地区执行的20元左右的固定电话月租费不合理，82.06%的人认为通信企业在服务过程中存在收费陷阱[②]。

（三）社会不满情绪与社会失范蔓延

[36] 社会不满情绪是社会解组的重要征兆之一（见第29节段10），其与社会失范状态密切相关，而社会失范是基于社会结构的急速变动而形成的，一种在一个社会或者群体中普遍存在的，相对无规则的不正常状态。

[37] **不满情绪与社会失范**：社会不满情绪意味着公众对于政府职责与效能以及诸多社会生活状态的，一种较为强烈的否定性的社会心理状态，其也构成了一系列反社会行为倾向的主观基础；社会不满情绪的严重聚集，是社会结构失衡而构成的社会紧张的征表，或者说，是缺乏合理有效的制度规范予以化解的社会结构紧张的重要征表，与其相伴的是社会的失范状态。“贫困不会产生犯罪，但是因贫困而不满却会而且奇怪地足以产生犯罪，在富裕国家的相对剥夺的人们中间比在贫困国家的真正被剥夺的人们中间更有可能因贫困而不满。”[③] 1999年11月至2001年2月，笔者对犯罪群体进行了实地抽样问卷调查。[④] 针对罪犯对其犯罪时自身经济状况的评价，问卷提供了“赤贫”“清寒”“普通”“宽裕”“富有”这五个选项。结果，占被调查者72.1%的罪犯，认为犯罪时他们的经济状况属“普通”，而选择“赤贫”的仅为6.3%，“清寒”的仅为10.5%。针对罪犯对他人赢得较好生活的能力与途径的评价，问卷提供了两项封闭式问题：A.（问题）比我生活得好的人多数能力，（答案选项）比我强、和我差不多、比我差、说不清楚；B.（问题）比我生活得好的人多数通过，（答案选项）正当途径获得、不正当途径获得、说不清楚。结果，43.0%的罪犯认为，比他们生活得好的人，多数能力并不比他们强，而选择能力强于自己的罪犯只占30.6%；而对于他人获得较好生活的途径，持肯定评价罪犯的比率与持否定评价罪犯的比率基本相当，前者为29.8%，后者为28.9%。

---

① 参见吴翔、胡楚青：《2006年食品安全民意调查报告—中国百姓如何看食品安全》，http://www.foodqs.cn/news/ztzs01/20071313952.htm。访问日期：2013年8月15日。

② 参见刘浦泉：《调查显示：九成以上消费者对现行电信资费不满》，http://www.bj.xinhua.org/bjpd_sdzx/2010-08/17/content_20648458.htm。访问日期：2013年8月15日。

③ 〔美〕路易丝·谢利：《犯罪与现代化——工业化与城市化对犯罪的影响》，何秉松译，群众出版社1986年版，第100—101页。

④ 调查地区包括河北冀东监狱、山东烟台监狱以及江苏常州监狱、徐州监狱、宜兴监狱、南通监狱、洪泽湖监狱等，有效样本共596个。

大多数罪犯对官员廉政、社会道德风尚、司法公正的评价也很低，在这几个方面倾向于否定评价的人数比率分别为70.5%、39.1%、53.9%。

[38] **社会失范的传染蔓延**：社会的不满情绪及其伴生的越轨行为有着极大的传染性，使社会趋于普遍的失范状态。"当一种规范不再受人们尊重的时候，这种规范本身也不再是令人尊重的了，它的威严也就会荡然无存。……当个人人格不再受外界因素控制，不再接受习俗的神圣地位以后，个人的僭权行为最终会被承认是正当的。"①本书所述相关调查数据显示的，目前社会风气的堪忧、公职腐败的滋生、制度效能的削弱等等，无不是这一社会失范传染蔓延的重要表现。限于篇幅，兹择两项阐释：**(1) 腐败蔓延**：群体腐败与承续腐败可谓腐败蔓延的典型表现，而赖昌星走私案所现厦门海关的整体塌方，不失为这种群体腐败的典型事例。又据报道，湖南省耒阳市矿产品税费征收管理办公室，770多名干部职工中竟有超过百人涉嫌贪污受贿，55人被立案调查。② 国家公职形象不失社会风气的风向标，公职人员的渎职腐败也染至拥有权力的普通人，而这又催发了人际关系的紧张与社会不满情绪的积聚。据中国青年报社会调查中心与新浪网联合进行的一项最新调查显示，94.8%的被调者认为日常生活中普通人滥用权力的现象普遍存在。其中，68.3%的人认为日常生活中权力滥用的现象"非常多"。88.2%的被调查者声称曾是他人权力滥用的受害人。③ **(2) "三信"危机**：信仰、信任、信心是构建社会整合的基本与必要的因素，反之社会公众对于这"三信"的普遍缺乏则是社会失范的重要征兆，而目前我国社会的"三信"缺失恰恰呈蔓延之势而现一种危机样态（见本节段16）。这种危机形成了道德标准的离散与碎片，由此道德失范似乎成为一种常态。这正如著名法国社会学家迪尔凯姆所指出的："当社会在道德上无所适从的时候，它所处在的不稳定的状态便引起对这些不道德行为的纵容；每当谈起这些行为来，这种纵容便会无意地流露出来，并且使得这些行为显得不那么明显地不道德。"④

（四）过度社会紧张的合理制度化解

[39] 犯罪现象是社会分化中无以化解的紧张的结果。要治理犯罪，或者

---

① 〔法〕埃米尔·涂尔干著：《社会分工论》，渠东译，生活·读书·新知三联书店2000年版，第256—257页。

② 参见谭剑、徐宜军、丁文杰：《湖南耒阳一处科级单位超百人集体贪腐被曝光》，http://news.sina.com.cn/c/sd/2010-11-22/120421512745.shtml。访问日期：2013年8月15日。

③ 参见《调查：逾九成公众确认普通人滥用权力现象普遍存在》，http://news.xinhuanet.com/politics/2010-09/28/c_12613369.htm。访问日期：2013年8月15日。

④ 〔法〕埃米尔·迪尔凯姆：《自杀论——社会学研究》，冯韵文译，商务印书馆1996年版，第113页。

化解紧张，或者不让紧张发生。而社会不能没有适度的紧张。社会需要发展与进步，发展进步须要引入竞争机制，而竞争必然形成紧张氛围。社会的分化、竞争既带来了社会的紧张，也伴随着社会的进步。不过，任何事物都有其存在的度，超过了度就是它的反面。社会需要的是一种合理的紧张，因此重要的是化解不合理的紧张，使社会的分化与竞争制度化、有序化、公平化。从某种意义上说，社会就是通过适度紧张→普遍公正有效的化解→更高层次的适度紧张→普遍公正有效的化解……而层层递进向前发展的，适度紧张可谓发展的动力，普遍公正有效的化解犹如发展的轨道。

［40］**完善与协调各种公平机制**：化解不合理的紧张，作为制度化建设来讲，应当完善市场机制，基于合理的资源配置与初次分配而优胜劣汰，构建市场公平；同时，应当推进社会保障，基于合理社会再分配而救济弱者，构建社会公平。合理的市场竞争机制与社会分配制度，有助于缩小急剧增大的贫富差距，构建拥有生命活力的菱形社会。“金钱不能购买权利和权力，这必须有详尽的制度和法律来保护，并对低收入的人实行补偿性援助。一旦保护了这些权利，经济剥夺便告结束了。”①**（1）市场公平**：是指市场机制的公正与合理，具体包括机会公平、竞争公平、规则公平等等。这意味着在市场竞争的统一规则下，对于所有的人都应毫无差别地提供其参与社会竞争获取社会资源的机会，在发展机会上不偏袒、不歧视。市场公平属于竞争过程与规则的平等，旨在激发市场经济效率的高速发展；同时，这也是“人人生而平等”“人人享有相同权利”的理念，在市场制度规则中的具体体现。市场公平并不否定人与人之间背景的差异，不同的人其先前的受教育程度、财产状况等有所区别，固然会影响到竞争起点的差异，然而市场公平并不强求将所有的人扯平在同一起跑线上。**（2）社会公平**：是指社会财富占有的协调与收入分配的合理救济。广义的社会公平包括多方面的特征，诸如权利公平、机会公平、规则公平、分配公平等等。而在相对意义上，社会公平凸显的是社会分配收入的公平，强调市场经济效率与社会大众基本生活状况的协调。具体表现为“通过国家制定的税收制度、工资制度、就业制度、教育制度、社会保障制度等等来调节利益差距，进行社会福利的二次分配，并使在市场上竞争无力或竞争失败者具有起码的生存保障和发展的机会”②。而其宗旨在于基于合理的制度框架，致使社会的贫富差距不致过大。应当注意，社会公平并不等于绝对平均。社会公平承认合理的差异，肯定能力与社会贡献的大小，遵循按劳分配的原则，只

① 〔美〕阿瑟·奥肯：《平等与效率》，王奔洲等译，华夏出版社1999年版，第116页。
② 李培林：《中国新时期阶级阶层报告》，辽宁人民出版社1995年版，第32页。

是予以福利性质的社会救助与保障。而绝对平均则无视能力与社会贡献的大小,违背按劳分配的原则,一味强调将所有的人一律扯平。

[41] **加强制度建设与道德整合**:化解不合理的紧张,也应构建合理的道德体系与制度规范,遏制腐败的滋生与蔓延。而道德体系的确立又与制度规范的引导相辅相成,尤其是有效的制度运作是治理腐败的关键。**(1) 构建合理的道德体系**:合理的道德规则是人类有序行为的基本框架,道德的缺乏总是伴随着怪异的无序与混乱。人类拥有丰富的智慧与无限的欲望,人类生活不能没有精神支柱与灵魂依附。一个稳定的人类社会应有最为基本的现实的精神信念,这一精神信念是维系社会整合的重要因素之一。道德规范的特性在于它阐明了社会团结的基本条件。"任何社会团结的根源,任何促使人们去体谅他人的动力,任何对自身行为不带私心的规定,都可以称作道德,这些纽带的数量越多、力量越强,道德本身也就越牢固。"[①]在此应当特别关注,维系社会稳定的道德因素系属体系性的精神家园,其是为一般人所理解的、无所不在的、心向神往的虔诚信奉,唯此方可成为人类浩瀚的精神海洋。反之,孤立片断的道德规则嫁接,随着时间的推移难免枯竭,也不易给本能的世俗涌动的心灵以深切的感触。**(2) 制度引导道德的整合**:制度是社会成员权利、义务关系的实体性存在。制度化了的规范与制度化了的措施,对社会成员的价值目标确定与行为方式选择,具有极为重要的意义。[②] 这意味着,制度及其相应的观念是相辅相成而生长的,尤其是在后发性的现代化进程中,新的观念的培养与形成,离不开制度规范的外力的作用与有形的引导。并且,不仅合理的制度规范本身是对道德精神的形式彰显,而且制度规范的权力保障更使道德精神得到了确定性的体现。由此,公正的司法判决承载着净化人类精神家园的神圣使命,其是对社会应有道德体系的最好的张扬。以《刑法修正案(八)》将醉驾入刑以及对之严格执行为例,事实证明,近一年不仅酒后驾驶与醉酒驾驶的发案率同比分别下降 41.7%与 44.1%,而且"'醉驾入刑'有效带动了良好社会风气的形成,'开车不饮酒、饮酒不开车'等观念深入人心,自觉抵制酒后驾驶的氛围在全社会逐步形成。"[③]**(3) 制度运作机制的完善**:社会分化的有序与稳定,其重要的基础之一在于合理制度规范的构建。

---

① 〔法〕埃米尔·涂尔干:《社会分工论》,渠东译,生活·读书·新知三联书店 2000 年版,第 356 页。

② Robert Merton, "Social Structure and Anomie", *Social Theory and Social Structure*, Free Press, 1957, pp. 131—160.

③ 邹伟、陈菲:《酒驾入刑执行近 1 年,全国酒驾醉驾降幅均超 4 成》,http://news.cntv.cn/china/20120428/122316.shtml。访问日期:2013 年 8 月 15 日。

同时，也应充分注意到，尽管仍需推进制度设计的完善，然而相对而言，更为重要的是制度的落实与运作。腐败在很大程度上寄生于制度的运作过程。就刑事法治建设而论，严格司法应当成为推进整个社会规则意识的重点工程。应当说，我国刑事立法的笼统与模糊的特征，总体上也决定了其对于犯罪追究所涉范围的广泛，其实这也为刑事领域的法治原则的遵循构筑了平台。"刑罚的防范作用，绝不在于刑罚的残酷，而在于有罪必究。重要的不是对犯罪行为处以重刑，而是要把每一桩罪行都揭发出来。"[①]在目前的社会失范状态下，社会最为缺乏与急迫需要的就是规则意识与法律确信，而使这种意识与确信逐步得以张扬的，正是廉政的司法官员们对于终极社会公正的严格而迅速的兑现。"即便是最小的恶果，一旦成了确定的，就总令人心悸。"[②]

（4）构建最好的社会政策：就微观罪犯的刑事制裁与处遇而言，具有意志自由或者人身危险性的犯罪人，以极端残忍或狡诈的手段对无辜的被害人实施侵害，或者危害国家与社会的利益，他们理应承担相应的道义责任或者社会责任，刑罚是对犯罪行为的报应、威慑，或者是对犯罪人教育、矫正；犯罪是个体的社会适应不良，形成于缺损的社会化过程，是个体与社会以及个体与各种社会化机构之间在社会化过程中相互作用的结果。不过从宏观的视角观察社会的犯罪现象，我们又不得不承认社会犯罪现象有其社会结构的根源，社会应尽其力进行社会政策的改革，减少犯罪这个人间悲剧。最好的社会政策，就是最好的刑事政策。治理犯罪应当首先治理社会本身。

第31节　化解阻断罪因机制的类型性展开

［1］化解阻断罪因机制的理论命题，对有组织犯罪、无差别杀人犯罪等典型性的犯罪类型，也具有罪因机制的解析力。

一、有组织犯罪的罪因机制

［2］有组织犯罪作为犯罪形态中的一种，其发生固然与一般犯罪有着许多近似的方面。由此，在论及有组织犯罪原因时，许多论著从有组织犯罪形成的广泛的社会背景因素，诸如经济、社会、文化、心理，或者社会不平等、犯罪亚文化、政治腐败、社会控制弱化等，对罪因因素予以列举式的陈述。显然，这种陈述既非是对罪因机制的实质性的揭示，也难以真正凸显有组织犯

---

① 《列宁全集》(第4卷)，人民出版社1984年版，第356页。

② 〔意〕贝卡利亚：《论犯罪与刑罚》，黄风译，中国大百科全书出版社1993年版，第59页。

罪罪因的类型性。作为一种独特犯罪类型的有组织犯罪，特定的集团组织实施走私、贩毒等谋利型犯罪，是其罪因机制所需揭示的焦点问题。易言之，有组织犯罪的罪因机制，关键是揭示特定犯罪组织实施特定犯罪类型之原因，并且是揭示构成这一原因的核心因素及其相互间的作用关系。立于这一视角，本书有关罪因机制的化解阻断论，在有组织犯罪的类型性上可以**表述为**，有组织犯罪是社会结构失衡的社会不良侧面所折射出的集团组织极端行为。具体地说，组织[①]获利效能与非组织获利效能之间的巨大悬殊，或称"组织高效"与"经济巨利"的整合，构成了有组织犯罪的核心动因；而某些"社会制度侧面"以及某种"不良社会需要"提供组织生存与活动的温床，赋予这种动因以现实的生命，或称未能给予这种动因的现实化以合理有效的阻断。

（一）有组织犯罪的核心动因机制

[3] 黑社会组织的独特高效机能使其得以实施特定类型的犯罪，也使其能够通过这些类型的犯罪的实施获取巨额经济收入，并且大幅度降低其违法的成本与风险，这种"组织高效"与"经济巨利"的整合，构成了有组织犯罪的核心动因。

[4] **黑社会组织能够形成高效活动。**正如本书在有组织犯罪事实特征中所述，有组织犯罪的犯罪组织是一种国中之"国"的犯罪组织，这种犯罪组织拥有巨大的**活动能量**。不仅表现在其拥有雄厚的经济实力、强大的武装力量，而且表现在其具有一系列的组织保障，诸如高度集中的组织结构模式，严格纪律的组织制度约束。由此，犯罪组织能够得以高效地、精确地、可控与有序地运作，并且形成了相对稳固与安定的"经济与强力"的大本营。同时，有组织犯罪拥有合法的**经济外衣**，这也在很大程度上增加了其犯罪活动的隐蔽性，也是其巨额经济利益来源的核心承载；尤其是，有组织犯罪的犯罪组织拥有**权力保护**，这种保护不仅全方位地增强与扩大了犯罪组织的势力，而且大大降低了有组织犯罪可能带来的风险，也使得有组织犯罪所获的经济利益极大地超过其犯罪成本。这也可谓是"权钱互生，力可敌国"：钱谋权助，权助钱生，权钱交融，势与国匹。

[5] **高效组织能够获得经济巨利。**以黑社会组织之独特特征为基底的犯罪组织活动的高效与巨能，决定了其在犯罪活动的成效上可以、并且也只有其能够获得超乎寻常的经济巨利。这种犯罪所得的**经济巨利**，是单纯的犯罪个体或者一般的犯罪集团所无法比拟甚至是不可触及的。而这种经济巨利的获得，又是与唯有这种高效与巨能的犯罪组织能够有效与自如地实施一些

① 这里的"组织"仅指"黑社会犯罪组织"，下同。

独特的犯罪类型密切相关的。这些**独特类型**的犯罪包括走私、贩毒、洗钱、开设赌场、垄断卖淫、控制股价、放高利贷、实施跨国犯罪等等。显然,这些独特的犯罪类型是能够带来巨大经济收入的一些犯罪。但是,这些独特类型的犯罪却是单纯的**犯罪个体**或者一般的犯罪集团所难以独立与有效地完成的。尤其是,黑社会组织的高效与巨能还是其赢得典型与有效的权力保护的根本保证,而这种权力保护又能给黑社会组织带来更大的经济巨利,这就如同滚雪球一般。

[6] **高效组织赢得经济巨利催生了黑社会犯罪。**只有高效组织才能谋求经济巨利,而经济巨利基源于高效组织。高效组织与经济巨利两者**相辅相成**,决定了黑社会组织存在以致黑社会犯罪的根本动因。在此,这种根本动因充分凸显了黑社会犯罪组织与单纯的犯罪个体或者一般的犯罪集团,在犯罪的经济谋利的能量上所存在巨大的**差异**。这就是说,要抹平这种"差异",就得依靠黑社会组织,就得有黑社会犯罪。

(二) 有组织犯罪生存的土壤机制

[7] "权力庇护""经济外衣"以及对于有组织犯罪的一些独特犯罪类型的社会"消费市场",是使有组织犯罪的核心动因机制得以生存的社会土壤。其中,现存的社会机制存在供以有组织犯罪之"权力庇护"与"经济外衣"的可能,系有组织犯罪得以寄生的社会土壤本身;而社会成员对有组织犯罪有关独特犯罪类型中的有关"供应"的"消费需求",则系有组织犯罪寄生之社会土壤中促使其生长的营养液。

[8] **寄生的社会土壤。**现存社会机制的民主型与开放式的政治与经济运行模式,为有组织犯罪的生存或寄生提供了社会土壤。**(1) 经济条件:**我国实行社会主义市场经济,《宪法》第 11 条第 1 款对于非公有制经济的地位还予以了明确的规定:"在法律规定范围内的个体经济、私营经济等非公有制经济,是社会主义市场经济的重要组成部分。"犯罪组织完全可以利用国家的经济政策,注册开办各种公司、企业,并以其为经济依托,聚敛钱财、腐蚀官员、从事有组织犯罪活动。**(2) 腐败官员:**社会急剧转型,一定程度上引起了社会振荡。拜金主义、道德真空等意识观念的缺失,职业声望与收入状况的背离,管理制度的漏洞等,给腐败以滋生的土壤。一些官员将自己的权力当作换取不法利益的砝码,与黑社会犯罪组织勾结,在获取黑帮贿赂的同时又以权力给予黑帮资源。赖昌星走私案中整个厦门海关"塌方"的"群体腐败"就是这方面的一个典型的例证(见第 22 节段 18)。**(3) 犯罪事实:**改革开放以来,特别是社会转型深化期,我国犯罪率出现了明显的波动,呈现出阶位攀高与居高不下的样态(见第 24 节段 17)。新中国成立后曾在我国内地销声匿迹的黑社

会犯罪呈现再度抬头的态势，并日渐成为犯罪阵营中的一股恶流。[①] 对此，党和政府给予高度重视，连续开展了声势浩大的“打黑除恶”专项斗争。在打黑斗争中被铲除的轰动全国的赖昌星案件、刘涌案件等等(见第 21 节段 23)均不失黑社会犯罪的特征，而且就其程度而言，已突破黑社会犯罪的初级形态。[②]

[9] **寄生土壤之养分。**一定社会机制下的非法“消费需求”为有组织犯罪的滋生提供了养分。**(1) 非法商品与非法服务的“消费需求”。**有组织犯罪所提供的毒品、赌博、卖淫等非法商品与非法服务，迎合了具有较为广泛的市场的非法“消费需求”。开设赌场与妓院，走私贩卖毒品与军火，洗钱等，是一些较为独特类型的犯罪；有效地实施这样的一些犯罪，需要拥有雄厚的经济实力、较为严密的组织活动伎俩、强有力的暴力保障机制等基础，而有组织犯罪的这种大型的犯罪组织则拥有这些基础。因此，可以说，有组织犯罪总是和这些独特类型的犯罪联系在一些的。一定程度上，通过实施这些独特类型的犯罪谋取高额经济利润，可谓是有组织犯罪的命脉。而能使这一命脉得以生存与不断延续的，是一定状态的社会中的众多成员，对这些犯罪类型中所提供的非法商品，诸如毒品、军火等，或者非法服务，诸如洗钱、卖淫等，有着巨大的“消费需求”，而有组织犯罪则对此提供了稳定的、“安全的”、有序的、源源不断的供应保障。这种社会状态是一种在价值观念与管理机制上较为松弛的社会，在这种社会状态下不仅有组织犯罪得以滋生，而且这种非法“消费需求”在观念与制度的奔放与柔韧下也得以生存与发展，这是一种“或明或暗”的、一定程度的“地下性”的消费形式。**(2) “黑色秩序”与“权力帮凶”的需求。**此外，有组织犯罪也会提供某种“黑色秩序”的支持或者某种“权力集团”的帮凶，这也可谓是一种非法“消费需求”。在一种民主型与开放型的社会状态下，在官方法律秩序的“地上社会”的“地下层面”，还寄生着一个“underworld”(黑社会)，这就是有组织犯罪的社会。地下社会也有其制度与规则，并以此建构与维护着其“黑色秩序”，这种“黑色秩序”一方面保持着不同的黑社

---

① 对于我国目前是否存在有组织犯罪(黑社会犯罪)，犯罪学理论与实践颇有争议，主要存在否定说、肯定说与折衷说三种见解。否定说区别黑社会性质犯罪与黑社会犯罪，但不承认我国现阶段存在黑社会犯罪；肯定说虽然承认黑社会犯罪的存在，但是同时也认为黑社会性质犯罪是黑社会犯罪的初级形态；折衷说区别黑社会性质犯罪与黑社会犯罪，但是认为我国现阶段存在的只是黑社会性质犯罪，而并非黑社会犯罪。应当注意，黑社会性质犯罪不同于黑社会犯罪(见第 21 节段 14)。而我国目前存在黑社会犯罪，这是一个不争的事实。

② 目前，我国的有组织犯罪虽然在人员规模、组织程度、势力范围、经济实力、武装力量等方面，不及意大利的黑手党、美国的黑手党、日本的暴力团以及我国香港地区的三合会、台湾地区的竹联帮等典型，不过我国目前的有组织犯罪也不失作为这些典型犯罪黑帮标志的一系列特征。

会犯罪组织之间的势力范围的划分，另一方面也会介入“地上社会”的秩序管理。对于社会民众来说，如果在“地上社会”自身合法利益目标的诉求成本过高甚或不能实现，则不排除其借助“地下社会”的某些强力组织按“黑道”的方式实现其诉求。例如，基于债务关系的债权人难以有效地在“地上社会”实现自身的利益，于是请黑社会犯罪组织出面来解决，这就是暴力讨债。这种“地下社会”对“地上社会”的介入，不仅迎合一般民众的非法“消费需求”，甚至也会满足某些“有权者”的非法“消费需求”。黑社会组织势力庞大而活动灵活隐秘，其高度集中的内部管理机制又决定了其行动效力极高，从而其可以“解决”某些“政客”所难以公然解决的一些问题。蒋介石在“四·一二”反革命政变中，利用当时的上海黑帮充当打手，大肆屠杀上海总工会的工人，就是一个典型的适例。**(3) 非法需求的“滋养”效应**。一定社会状态下的非法“消费需求”与有组织犯罪的非法服务供给，两者相辅相成，均滋生于这一社会土壤，而非法“消费需求”为有组织犯罪能量的释放提供了源源不断的渠道，也可谓是为其蓬勃生长提供了营养液。

二、无差别杀人犯罪的罪因机制

[10] 无差别杀人犯罪的发生，有些固然与行为人的人格特征存在一定关系，的确此类案件的部分案犯存在一定的人格障碍。然而，此仅微观视角的问题展开，其难以揭示无差别杀人犯罪隐含的社会问题。在目前我国社会转型的背景下，更应深切关注无差别杀人犯罪的社会症结，以便完善社会结构减少此类案件的发生。立于这一视角，本书有关罪因机制的化解阻断论，在无差别杀人犯罪的类型性上可以**表述为**，无差别杀人犯罪是社会结构失衡的社会不良侧面所折射出的个人极端行为。具体地说，社会失范状态的阴影催生了“规范预期”与“现实遭挫”的尖锐冲突，从而形成了个体的过度紧张状态，其又缺乏合理有效的制度疏导，进而爆发出针对社会现实的极端行为。

（一）罪因机制的社会结构层面展开

[11] 法国著名社会学家迪尔凯姆(Emile Durkheim)有关自杀问题的社会学研究，对于深入认识目前我国无差别杀人犯罪的多发原因，具有重要的启发意义。迪尔凯姆认为，“利己主义自杀和反常自杀的发展可以被看成是**病态**的，只有这两种自杀是我们必须关心的。”其中，**反常自杀**是一种比较现代化的容易和杀人相结合的自杀。导致反常自杀的因素有二：个人活动失常；社会控制薄弱(见第 26 节段 9)。

[12] 犯罪是社会变革的晴雨表，犯罪波动与社会转型密切相关。我国目前正处在后发性的现代化进程，经历着主要来自于外部力量的较为明显的大

幅度的社会变迁，其间形成了社会结构方面的一些不合理的形态。其中，不良的意识价值、社会分层、制度规范及其相互作用，与犯罪有着直接关系、对犯罪形成起着关键性影响。这一化解阻断罪因机制的理论模型（见第29节段9），对于无差别杀人犯罪的多发，仍具宏观层面的解释意义。**（1）意识价值：**道德体系不尽完善、物质利益观念高度激发、个人主义意识过度张扬、意识价值标准冲突离散等，不失我国目前意识价值方面的诸多不良表现。就道德层面而论，无差别杀人犯罪是行为人对道德底线的严重突破，其将人类应有的最基本的道德良知抛弃，案犯的精神生活缺乏起码应有的道德信奉。这也更为深刻地表明，在当代中国，应当确立多层次道德信奉的道德框架，构建道德体系的菱形结构，而其中间层面是为社会大众理解接受的无所不在的体系性准则。**（2）社会分层：**社会保障不够健全、失业下岗人员增多、边缘群体多方存在、发展机会不尽平衡、收入分配不公、贫富差距过大、菱形社会结构缺乏等问题，使得社会碰撞与矛盾增多，引发了诸多不健康的社会紧张情绪。当然，在现阶段的任何社会，均不可避免地存在诸多社会差距。这其中存在合理与不合理之别。不过，即使是合理的社会差距，也有着一个能否对其正确认识的问题。缺乏道德标准与信奉而持极端自我意识的思想，即使是面对合理的社会差距，也是难以获得心理平衡的。**（3）制度规范：**不够健全或者缺乏合理的制度规范、制度规范的不尽落实等问题，较大地削弱了制度规范本应起到的调节化解社会紧张的机能。尤其是，某些机构与官员的贪污受贿、滥用职权、玩忽职守等的渎职腐败，行政管理与经济活动的界线不清等问题，不仅败坏了公职人员应有的崇高形象，较大程度地减损了公众的对于社会公平乃至善良人性的信奉，而且使国家机构应有的职能旁落甚至异化。不能否认，有关无差别杀人犯罪的发生，与某些管理职能的不到位与不完善存在着较为密切的关系。

（二）罪因机制的个人行为层面展开

[13] 社会结构失衡的社会不良侧面形成了一定程度的社会失范状态，沉浸在这种社会失范状态中的个人易于产生“规范预期”与“现实遭遇”的严重冲突，如果这种严重冲突又未能得到合理有效的制度疏导，这就使得个人很容易将冲突的基源归结于整个社会的问题，从而将淤积的怨恨情绪发泄于整个社会。

[14] **规范预期与现实遭遇的冲突。**个体在社会化过程中逐步接受社会规范的要求并将之内化为自己行为的准则。人类有序的社会生活离不开合理的人际互动，参与互动的双方均以社会规范为准则，期待与判断着对方的行为的应然与可能，并且在这一社会规范的指引下做出自己相应的行为应

对。在一个常态社会下，社会规范的标准相对确定而成为一种主流文化，这种主流文化不仅切实地存在于人们的观念中，更是社会公众践行自己的社会行为的事实呈现。显然，在这种状态下，人们的规范预期与现实遭遇不会产生较大的差距。然而，如果出现社会反常状态，此时社会规范标准离散而呈碎片化，或许在公众的观念中似乎也隐隐约约地明白某些行为应当遵循的准则，但是这种"明白"之中同时也存在着与应然准则相敌的规范准则，这使得人们既难以将应有的社会规范内化为自己的行为标准，更不会在自己的社会行为中切实地遵循这一社会规范。在此，社会的主流文化在实质上并未真正地形成，有时甚至连与之相对的亚文化也未形成相对集中的脉络。这样，在行为人的眼中，似乎"白道"的规则没有，而"黑道"的规则也无。由此，在社会事务的交往中，行为人认为自己的现实遭遇总是达不到自己心中的规范预期，其对自己实际生活状况的规范预期与现实遭遇难免形成激烈的冲突。行为人会觉得自己周围的他人总是不按规矩办事，于是会将自己的这种不快遭遇的情绪归结于周围他人的不规范行为，进而仇视社会诋毁他人。无差别杀人犯罪的犯罪人，绝大多数是40岁至45岁以上的人，这也从一个侧面表现出这些人早年社会化中所形成规范标准与现今社会观念现实，在其社会交往行为所致的心理感受上的冲突。

[15] **合理有效制度疏导的不足**。社会转型是社会结构的整体性、根本性的急剧变迁，是整个社会生活体系与机制的大幅度改变。我国目前正处于后发性的现代化进程，经历着主要来自于外部力量的较为明显的大幅度的社会变迁。其间，旧有的价值观念受到空前的挑战，过去被推崇甚至被奉为经典的一些思想意识，如今在公众的质疑声中被抛弃，而新的体系性的道德规范却未能及时构建，社会应有的道德准则失去了居所，同时各种社会矛盾也日益变得纷繁复杂。在这种情况下，本需要合理有效的制度规范，通过对失范行为的有形的、确定的、严格的制裁，来树立明确与肯定的行为规范标准，引导并制约人们的社会行为，调整转型期各种利益碰撞而产生的诸多社会冲突。但是，同样基于社会转型的背景，某些制度规范，或者缺乏合理的机制，或者未能得以有效的贯彻落实，从而未能起到确立规范标准、引导规范行为、调整社会矛盾的作用。由此，行为人生活中所遇到的一些社会矛盾，或者难以找到有效的合法途径予以解决，或者遭遇到过多的违法成本低廉行为的侵蚀，即侵蚀权益的不法行为并未承担应有的不良后果。在行为人的眼中，自己无端地承受着本不该承受的磨难，而众多的违规者却逍遥自在。这又在一定程度上加剧了个体现实生活的挫折感。

[16] **生活信心与期望的彻底丧失**。规范预期与现实遭遇的激烈冲突，加

上制度规范未能合理有效地化解这种冲突所产生的不满情绪。行为人在这种屡屡遭挫的失落感中,产生了一种"社会型的精神失常状态"。一方面他们认为,社会上人人都是其所预期之规范标准的践踏者,不遵从应有规范的人不仅未能受到应有的惩罚,相反却过着比自己更为优越的生活;另一方面他们对自己的生活完全失去了信心,日益形成了彻底绝望的情绪,或许他们感觉到自己生不如死,幻觉般地认为似乎死亡可使自己获得解脱。在此,前者使行为人实施显系悖德之无差别杀人的负罪感大大降低;后者则成为道德低下的行为人实施无差别杀人的直接的内驱力。

三、恐怖主义犯罪的罪因机制

[17] 恐怖主义犯罪研究的关键,不在于表现恐怖主义犯罪活动的"恐怖"特征,而在于揭示恐怖主义犯罪之罪因机制的类型性特征,这种类型性罪因机制揭示的聚焦议题则是恐怖主义组织的生存土壤、恐怖主义思想的形成与传播的机制、恐怖主义活动方式选择的根源等。由此,极端主义思想的坚强纽带与束缚、恐怖活动的组织背景与依托、行动目的与活动宗旨的政治图谋等,系恐怖主义犯罪的标志性特征。

[18] 由此,恐怖主义犯罪罪因机制的核心命题可以**表述为**:国内或国际不同格局之间的意识形态的尖锐冲突以及经济实力的巨大悬殊而构成的紧张,以及国际或国内社会对于这种紧张缺乏合理有效的调和与化解机制,使得坚持极端主义思想并实力相对弱势的一方采取针对社会公众而旨在要挟政府的现代社会里的"游击战"的方式,试图达到其政治、经济与社会的目的。

第八章　宽严相济政策的报应已然之罪的制裁制度

[1] 法律是刑事政策的制度化与条文化，从这个意义上说，刑法是宽严相济刑事政策思想在制度上的重要体现，或者说，宽严相济政策应有其刑法制度的平台。宽严相济政策的思想核心是区别对待与宽严相济，这就是：强调区分不同的犯罪情节，分别予以相应的、各有差异的罪刑处置；强调罪刑处置应当根据不同的犯罪情节，做到有宽有严、宽严并举、相互救济、相成有益。由此，作为对上述宽严相济核心思想的具体体现，刑法制度的设置也应强调具备相应的柔韧与宽严空间，以便能够根据犯罪事实的不同情节包括犯罪人的人身危险性差异，区别情况、差别对待、宽严并举、宽严救济。宽严相济政策框架下的刑法制度，具体内容覆盖犯罪认定与刑事处置的各个方面、犯罪制裁与罪犯处遇的各项措施，包括犯罪构成的基本框架、各种犯罪形态的构成条件、正当行为的具体特征、刑罚体系与各种刑罚方法以及保安处分的裁量、措施与执行等等。限于篇幅，本书以下分设三章，仅择犯罪构成与有期徒刑、危险行为与保安处分、缓刑与假释的合理设置作一展开。

[2] 犯罪与刑罚固然有其一般预防与特殊预防的价值取向，不过就其主流而言，犯罪与刑罚的刑事处置路径呈现报应已然之罪的核心线索，展示犯罪制裁的精神脉络与制度平台①。然而，无论是报应已然之罪还是预防再犯，宽严相济政策依然是其应当遵循的一项策略原则，易言之，犯罪与刑罚也需一定的可予体现宽严相济的制度平台，以便更为合理有效地应对现实生活的各种具体犯罪。基于这一思路，限于篇幅，本章仅择犯罪构成与有期徒刑，立于宽严相济政策的视野，对其合理建构作一阐释。

第32节　犯罪构成理论体系的演进与形成

[1] 犯罪构成理论的**基本点**在于：刑法分则中被特殊化（具体化）的构成要件至关重要，犯罪的成立必须首先符合此种意义上的构成要件。不仅如

---

① 行为的犯罪构成与相应的刑罚处罚的制度设置本身即具有报应与制裁的风格，或曰这种制度模式是其相应精神价值的住所。

此,刑法总论中的诸问题,诸如违法性、责任、未遂犯、共犯、一罪数罪等理论,也应当与构成要件的概念联系起来加以解决。由此,以构成要件理论为中心,构建了犯罪一般理论体系。应当注意的是,在犯罪构成理论中,构成要件与犯罪构成要件是两个不同的概念。**犯罪构成要件**,又称犯罪成立的条件,是指刑法上犯罪成立所必须具备的要件,按照现代大陆法系构成要件理论的通说即为:构成要件的该当性、违法性、有责性;而**构成要件**,则仅指其中的该当性的构成要件,即犯罪成立所必须具备的条件之一。**犯罪构成理论体系**,是指犯罪成立诸要件及其具体内容的**系统化知识结构**,可以视作当代刑法学犯罪论的缩影。其中,犯罪成立诸要件的**排列顺序**、**组合模式**、**各别内容**具有典型的意义。

[2] 罪刑法定原则奠定了近代刑法理论的思想基石,而罪刑法定原则的价值理念需要具体、肯定、明确的法律形态予以展现,由此凸显犯罪法律规格的犯罪构成理论**应运而生**。犯罪构成理论可溯及至"构成要件"概念的出现,**费尔巴哈与施就贝尔**,将"构成要件"由诉讼法意义上的概念变为实体法上的概念,为犯罪构成理论的探索奠定了基础;**贝林格**以构成要件为核心构建犯罪理论体系,首创行为成立犯罪的明确性、精确化判断,建构了犯罪构成理论的基本雏形;**迈耶**确立"构成要件符合性、违法性、归责可能性"的犯罪论体系,提出规范构成要件要素的观念,有力地推进了犯罪构成理论的发展;**麦兹格**首倡"不法"的概念,确立"行为、不法、责任"的犯罪论体系,提出主观构成要件要素的观念,形成新构成要件论;**威尔哲尔**提出开放构成要件理论的观念,创立"人的不法"的违法性评价,强调构成要件中的主观要素,进一步将犯罪构成理论推向深入。[①]

一、奠定基础:费尔巴哈之犯罪法律制约条件的犯罪构成

[3] 19世纪初,德国刑法学家费尔巴哈、施就贝尔将"构成要件"(Tatbestand)由诉讼法意义上的概念变为**实体法**上的概念。费尔巴哈将犯罪的构成要件定义为:"特定行为特征的整体,或者包含在特定种类的违法行为的法定概念中的事实"。[②] 但是,在19世纪的刑法学中,构成要件一词仅限于指犯罪成立的事实上或法律上的制约条件,其分为一般构成要件和特殊构成要件[③],

---

① 详见张小虎:《大陆法系犯罪构成理论进程解析》,载《社会科学辑刊》2007年第3期。

② 〔德〕费尔巴哈著:《德国刑法教科书》(第14版),徐久生译,中国方正出版社2010年版,第83页。

③ 按照这一时期的通说,**所谓一般构成要件**,是指成立犯罪所必需的要素的总和;**所谓特殊构成要件**,是指各种犯罪所特有的要素。

或者主观构成要件和客观构成要件。这一时期，虽有构成要件的概念，但是并没有考虑它的特殊理论机能，与现代意义的构成要件理论有所不同。[①]

[4] 费尔巴哈的犯罪构成思想表现出以下**特点：(1) 强调人权保障**：基于法治主义等保障人权的思想，费尔巴哈首先提出了"法无明文规定不为罪，法无明文规定不处罚"(nullum crimen sine lege, nulla poena sine lege)的口号，继而又用法谚的形式对罪刑法定原则作了极为简洁严格的表述：无法律则无刑罚(Nulla poena sine lege)，无犯罪则无刑罚(Nulla poena sine crime)，无法律规定的刑罚则无犯罪(Nullum crimen sine poena legali)，进而认为，犯罪构成具有限制刑罚权，防止统治者、法官任意定罪的作用。**(2) 强调客观构成**：立于客观主义与一般预防的立场，费尔巴哈以分则具体犯罪构成以及客观构成来构建违法行为的犯罪成立条件。由费尔巴哈草拟的1813年《巴伐利亚刑法典》第27条规定："当违法行为包含依法属于某罪概念的全部要件时，就认为它是犯罪。"在此，费尔巴哈强调分则具体犯罪构成的规格意义，违法行为符合分则具体犯罪的全部要件，则这一违法行为就可被认作犯罪。这思想也反映在其教科书中：费尔巴哈不仅将"特定行为特征的整体"定义为"犯罪的构成要件"，而且明确指出："犯罪的构成要件(构成事实)是不同的，原因是犯罪的法定概念各有不同"[②]。**同时**，费尔巴哈的犯罪构成要件确有注重客观而忽视主观的倾向。为此，费尔巴哈强调，"犯罪是刑罚法中规定的违法之一"，而一个行为如果被评价为犯罪，其前提条件是：Ⅰ. 外在的可认识性；Ⅱ. 缺少法律根据；Ⅲ. 犯罪对象须受国家保护。这与费尔巴哈将犯罪构成要件界定为"包含在特定种类的违法行为的法定概念中的事实"[③]，也是一脉相承的。但是，费尔巴哈也不否认违法行为的主观上的不同原因，认为从意志因素上看，犯罪可以因故意或过失这两种不同的意思决定来实施。[④] **(3) 前置行为概**

---

① 参见〔日〕小野清一郎著：《犯罪构成要件理论》，王泰译，中国人民公安大学出版社1991年版，第3页。

② 〔德〕费尔巴哈著：《德国刑法教科书》(第14版)，徐久生译，中国方正出版社2010年版，第83页。

③ 同上书，第39、83页。

④ 费尔巴哈又指出：一定的违法的结果，通常属于犯罪构成；行为违法性的某种主观(属于犯罪人的心理方面的)根据，即某种故意或者某种意思表示，也往往属于犯罪构成；行为的外部特征，永远属于犯罪构成。转引自〔苏联〕A. H. 特拉伊宁著：《犯罪构成的一般学说》，薛秉忠等译，中国人民大学出版社1958年版，第15页。苏联学者认为费尔巴哈的犯罪构成理论是客观结构论，"罪过却处在犯罪构成的范围之外"。〔苏联〕A. H. 特拉伊宁著：《犯罪构成的一般学说》，薛秉忠等译，中国人民大学出版社1958年版，第15页。我国也有学者主张，费尔巴哈的犯罪构成要件概念，实际上只是指每一犯罪行为的客观事实特征在法律上的表现。曾宪信、江任天、朱继良著：《犯罪构成论》，武汉大学出版社1988年版，第13页。**其实**，费尔巴哈在注重构成要件中的客观因素的同时，并不完全排斥构成要件中的主观因素。

念:费尔巴哈将犯罪成立条件,分析为两种:必要条件(普通要件)与择一必要条件(犯罪形态要件[①])。认为“外在的可认识性”及“缺少法律根据”、犯罪对象须受国家保护,属于前者;“违法后果与违法行为之间的关系”及“违法行为与违法后果之间的因果关系”“行为本身的内在的(心理的)原因”,属于后者。[②] 在此,行为不是犯罪构成要件的普通要件,行为概念在犯罪论体系中并无地位,易言之,“犯罪是行为”乃不言自明的道理,需要说明的是“在何种条件下行为成立犯罪”。其后,出现了以德国学者宾丁等为代表的“一元的犯罪理论体系”,该体系以“行为”为中心设立犯罪理论体系。此后,德国学者贝林格将构成要件理论导入犯罪理论体系,使之成为理解行为的框架,而行为概念则纳入构成要件之中。进而逐步形成了以构成要件概念为基础的犯罪理论体系。[③]

二、理论初创:贝林格创建犯罪构成理论基本雏形

[5] 1906年,德国学者**贝林格**出版《犯罪的理论》(Die Lehre vom Verbrechen)专著,以构成要件(Tatbestand)为核心构建犯罪构成理论体系,首创行为成立犯罪的**明确性**、**精确化**判断,建构了犯罪构成理论的基本雏形。**见图32-1**。其理论要点如下:

[6] **区分有关构成要件概念**:德文“Tatbestand”,有时被译成“构成要件”,有时又被称作“构成事实”,而在贝林格的构成要件理论中,构成要件、构成事实与一般构成要件、特别构成要件属于两组不同的概念。**(1) 构成要件、构成事实**:**构成要件**,贝林格称之为概念的构成要件(begrifflicher Tatbestand)[④],是指法律上的、抽象性的、观念性的犯罪类型的轮廓,由刑法分则规定,属于犯罪成立要件之一。**构成事实**,贝林格称之为具体的构成要件(Konkreter Tatbestand)[⑤],是指现实中的、具体性的、个别性的符合犯罪类型轮廓的事实,属于事实关系而与法律关系相对。**(2) 一般构成要件、特别构成要件**:**一般构成要件**,又称犯罪构成要件,是指刑法总则上的一般犯罪概念的成

---

① 即以不同的方式违反刑法规定,由此界分出犯罪既遂与犯罪未遂、正犯与共犯、故意犯与过失犯。

② 〔德〕费尔巴哈著:《德国刑法教科书》(第14版),徐久生译,中国方正出版社2010年版,第39、45页。

③ 参见洪福增著:《刑法理论之基础》,台湾三民书局1977年版,第3—5页。

④ 对犯罪构成理论具有标志性贡献的德国另一名学者M. E. 迈耶,将此称作抽象的构成要件(abstrakter Tatbestand)、法律的构成要件(gesetzlicher Tatbestand)。

⑤ 德国学者M. E. 迈耶,将此称作具体的构成要件(Konkreter Tatbestand)、事实的构成要件(faktischer Tatbestand)。

立要件；**特别构成要件**，又称构成要件，是指刑法分则上具体犯罪的构成要件。

[7] **强调构成要件意义**：基于罪刑法定原则的观念，贝林格提出了“无构成要件则无犯罪”(Kein Verbrechen ohne Tatbestand)的论断，从而特别关注**形式化构成要件**在犯罪成立中的决定性地位，并且特别强调**刑法分则**的构成要件。认为只有与刑法分则所表述的构成要件相一致的行为，才能被称为犯罪。不仅如此，贝林格还进一步指出，要把刑法分则的特殊构成要件类型化、概念化、理论化，并把它提升为刑法总则的犯罪概念的中心，从而与违法性、有责性一起构成犯罪概念。由此，通过构成要件的概念，把刑法分则与刑法总则的理论有机地结合起来，构建一个以构成要件为中心的犯罪论体系。这样，贝林格将构成要件概念提升为具有体系性知识结构的犯罪构成理论，使构成要件具有了**刑法体系**的意义，贝林格也赢得了犯罪构成理论鼻祖的桂冠。

[8] **分层判断行为成立犯罪**：贝林格的犯罪成立判断属于层层递进的模式，其整合了**以构成要件为核心**的判断以及作为构成要件**之外的处罚条件**的判断。**(1) 行为**(Handlung)：“属于第一层次，以其为犯罪的上位概念(Oberbegriff)，也就是种类概念(Gattungsbegriff)。”[①] 行为包摄于**行止**(Verhalten)，只有**人之行止**中的行为方可成为犯罪行为，其他诸如动物之行止、法人之行止、自然事件均排除在犯罪行为之外。而人之行止复分为非行为与行为。**非行为**，是指睡梦中的动作或者其他无意识状态下的动作；**行为**，是指基于意志的身体的运动和静止，属于纯自然意义而不具有伦理或法律意义。**(2) 构成要件该当性**(Tatbestandsmassigkeit)：属于第二层次。**构成要件**，是指刑法分则所规定的各种具体犯罪的类型性的标准、特征的总和，易言之，是具体犯罪类型轮廓的全部要素，属于纯中性的而不具有价值评价的意义。**构成要件该当性**，是指只有符合刑法分则所规定的具体犯罪类型轮廓的行为才可能是犯罪，不符合构成要件的行为无论如何也不能成立犯罪。**(3) 违法性**(Rechtswidrigkeit)：属于第三层次。行为符合构成要件，但不一定违法，行为成立犯罪还应当具有违法性。**违法性**，是指行为违反立法者所规定的法律秩序，具有“规范的违反”“法秩序的违反”“法律的抵触”等意义，属于客观价值评价的层面。所谓违法，是指违反**规范**而不是刑罚法规。这里，贝林格采纳了德国刑法学家**宾丁**(Karl Binding)的规范学说。宾丁严格区别刑罚法规与规范，认为刑罚法规是规定何种行为是犯罪、对犯罪科处何种

---

① 参见陈志龙：《构成要件理论之变迁》，载《刑事思潮之奔腾——韩忠谟教授纪念论文集》，台湾财团法人韩忠谟教授法学基金会2000年版，第53页。

刑罚的法律；而规范是关于行为的禁止或命令，是行为能力者举动的规矩，属于刑罚法规的前提，先于刑罚法规而存在。违法性是对行为的**客观评价**而与行为人的主观因素无关，表现为客观行为事实与规范在形式上的冲突。行为客观上合乎规范要求，即使行为人主观上具有不良的动机与目的，也不是违法；反之，行为客观上违反规范要求，即使行为人主观上出于良好的动机与目的，也是违法。**(4) 有责性**(Schuld)：属于第四层次。行为成立犯罪还应当具有有责性。**有责性**，是指行为人知道或者应当知道不应为却为之，由此应当受到道义上的非难，属于主观价值评价的层面。**责任**包括罪责条件与罪责形式，其中，罪责条件是指责任能力，罪责形式是指故意与过失。有责性是对行为的**主观评价**，是基于行为人的内心意思与行为的关系而作的判断。**(5) 处罚条件**(Strafdrohungsbedingung；obj. Bedingung der Srtafbardeit)：属于构成要件陌生条件，与犯罪类型无关，但是却是犯罪成立的一个要件。贝林格认为，犯罪概念是狭于有责性的层次，犯罪的成立除须有构成要件该当性、违法性及有责性的行为条件之外，还须用刑罚能够予以喝止者为限。**处罚条件**，是指在行为的符合构成要件、违法、有责的判断成立后，作为对之予以处罚而必要的先决性的事实情况。处罚条件并不绝对需要有心理上的关系，只要有事实存在即足。①

[9] **创立客观构成要件要素理念(各别独立判断)：(1) 基本观点**：贝林格力求构建**清晰、明了、直观、确定**的定罪标准，从而在犯罪成立上至为关注形式上的应为规范，严格以法律规定为绝对标准，强调对犯罪规格的外部描述，由此形成了主观与客观分离、形式与实质分离的判断模式。在贝林格的犯罪构成理论体系中，构成要件符合性、违法性、有责性这三者的判断是**各自独立**的，具体表现在：构成要件只是纯客观的、无色的犯罪类型；违法性只是规范的、客观的价值评价；有责性只是主观的价值评价。贝林格主张**构成要件**是客观的、记述的“犯罪类型的轮廓”，即刑法分则所规定的犯罪类型的轮廓。构成要件只以客观要素为内容(即行为、结果以及与行为有关的现象)，行为人主观能力及其心理状态独立于构成要件之外；同时，行为充足构成要件类型，也并不能由此推论行为具有违法性。**违法性、有责性**是构成要件之外的犯罪成立要件，它们与构成要件是完全分离的，构成要件、违法性、有责性三者之间没有什么联系。行为的客观价值判断依赖于规范标准，由违法性的要

① 参见陈志龙：《构成要件理论之变迁》，载《刑事思潮之奔腾——韩忠谟教授纪念论文集》，台湾财团法人韩忠谟教授法学基金会 2000 年版，第 52—54 页；何秉松著：《犯罪构成系统论》，中国法制出版社 1995 年版，第 4—6 页；林山田著：《刑法通论》，台湾三民书局 1986 年版，第 67 页。

件独立完成；行为的行为人的主观内部关系，也仅由独立的有责性要件完成。**（2）后期发展**：贝林格将构成要件设计成客观的、记述的“犯罪类型的轮廓”，增强了定罪标准的形式化特征，有利于充分体现罪刑法定原则的精神，但是却出现了理论与现实逻辑上的**矛盾**。对此，日本刑法学家小野清一郎指出：贝林格的这种观点，从根本上来说，只能是一种概念的、形式的观点。如果考虑被称为“犯罪”的违法有责行为的实体的话，即使在犯罪类型的轮廓中，也理应在被抽象化了的形式下存在着规范性和主观性，并且这与其说是各个不同的要素，不如说是在构成要件中全面地存在着。[①] 贝林格感到自己理论的缺陷，1930 年发表了《构成要件的理论》一文，对自己的观点作了修正，以“指导形象”(Leitbild)的概念来替代构成要件，并将犯罪类型从构成要件中分离出来。**犯罪类型**是由多种不同的要素而构成的整体，既包括客观要素也包括主观要素。**指导形象**是理论上先行于犯罪类型的观念形态，担任理解犯罪类型的逻辑先导，其着眼于整体而将犯罪类型的各个要素统一起来。这个指导形象就是**构成要件**。犯罪类型的各个要素经由构成要件的观念形象指导，才整合成犯罪类型。不过在这里，作为犯罪类型的种种要素并不属于构成要件的内容，构成要件又是一个内容空虚的抽象概念。小野清一郎指出：“这种从企图把责任问题中的主观要素与构成要件对应起来的观点中产生出的极端抽象的观念形象，是不能叫做‘法律上的’构成要件的。”[②]

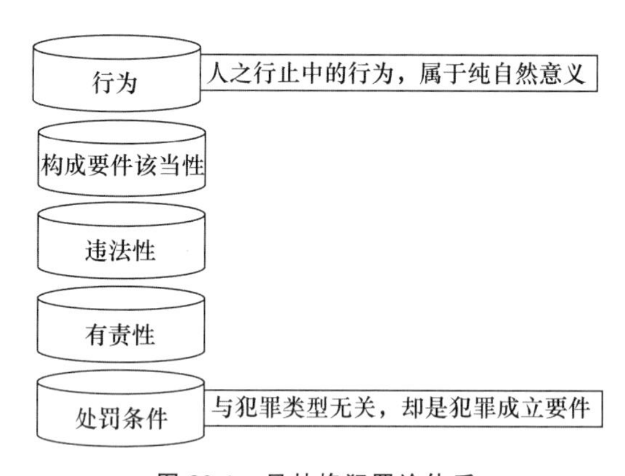

图 32-1　贝林格犯罪论体系

---

① 参见〔日〕小野清一郎著：《犯罪构成要件理论》，王泰译，中国人民公安大学出版社 1991 年版，第 29 页。

② 同上书，第 36 页。

三、理论发展:迈耶确立犯罪构成理论基本模式

[10] 1915年,德国学者**迈耶**出版《刑法总论》教科书,对贝林格构成要件理论进行了修正,确立了构成要件符合性、违法性、归责可能性的犯罪论体系,提出规范构成要件要素的观念,从而构建构成要件与违法性的关系,有力地推进了犯罪构成理论的发展。**见图32-2**。其理论要点如下:

[11] **确立三层次犯罪构成理论体系**:在贝林格犯罪构成理论体系的基础上,迈耶将构成要件符合性、违法性、归责可能性的理论模式定型化。迈耶的犯罪成立判断表现为三个层次:**(1) 构成要件符合性**:**行为**是构成要件符合性的内容,而不是一个独立的犯罪成立要件。犯罪成立,必须是某种事实行为**符合**刑法分则所规定的具体犯罪的构成要件。法律上的构成要件是违法性的认识依据,所以必须由**纯客观的**、**无价值的**事由来构成;但是,在法律上的构成要件当中,可以发现有规范的要素和主观的要素,不过它们不是真正的构成要件要素。[①] **(2) 违法性**:**违法性**是指对于文化规范的违反。对于合法行为与违法行为的区分,系立法者在经由其对文化规范的承认,而以禁止规范或命令规范的形式,来具体保障此种文化规范能够存在。违法性与构成要件符合性是**分离**而并列的,不过行为符合构成要件就可以**推定**行为具有违法性,两者的关系恰如烟与火的关系,但是也会有**例外**的情形,存在即使符合构成要件也不违法的事态,这就是所谓存在违法阻却事由的情形。[②] **(3) 归责可能性**:归责可能性是与构成要件符合性、违法性**并列**的犯罪成立要件。归责可能性,是指就符合构成要件且违法的行为可以对行为人进行**非难**评价的特征。违法性是从客观上说明行为应受非难的价值判断;而归责可能性是从**主观**上表述行为人应受非难的价值判断。迈耶的**三元**犯罪构成理论体系,为德日等大陆法系国家的绝大多数学者所认可,从而成为犯罪构成理论体系的通说。

[12] **创立规范构成要件要素理念(各别关联判断)**:迈耶的这一理念主要表现在:**(1) 违法性的文化规范违反**:迈耶继承并发展了宾丁的规范学说,提出了自己的文化规范理论(Kulturnormentheorie)。主张**违法**实质上是对于社会共同生活所要求的禁止行为与命令行为的文化规范的违背。立法者将

---

① 参见〔日〕小野清一郎著:《犯罪构成要件理论》,王泰译,中国人民公安大学出版社1991年版,第29—30页;〔日〕大塚仁著:《犯罪论的基本问题》,冯军译,中国政法大学出版社1993年版,第25页。

② 陈志龙:《构成要件理论之变迁》,载《刑事思潮之奔腾——韩忠谟教授纪念论文集》,台湾财团法人韩忠谟教授法学基金会2000年版,第58页;〔日〕大塚仁著:《犯罪论的基本问题》,冯军译,中国政法大学出版社1993年版,第39页。

文化规范以条文规定成法律规范，这种特征在刑法上尤其明显；而国家以刑法规范所承认的文化规范是由确定法定的构成要件进行的。由此，法律上的构成要件是违法性的认识根据，行为符合构成要件就可以**推定**行为也具有违法性，除非出现违法阻却的例外事态。强调构成要件与违法性的两位一体的关系。这里，构成要件不是纯中性的、无色的，其中蕴含着违法性的要素。**(2) 构成要件的规范要素**：迈耶认为，在法律上的构成要件中，可以发现有规范的要素和主观的要素。迈耶首创构成要件包含以由法官评价为必要的所谓**规范要素**的观点。诸如盗窃罪中的“他人的财物”、伪证罪中的“虚伪的事实”等等，均与价值中立的构成要件要素不同，因为它们不能被法官用感官来感觉，而需要有法官的评价确定。然而，它们属于“非真正的构成要件要素”而是“真正的违法性要素”。作为非真正的构成要件要素，是因为它们含有评价的内容而与通常纯客观的构成要件要素不同；作为真正的违法性要素，是因为它们已由刑法条文作为“行为情况”考虑在内，只能表达在构成要件概念的领域，从而不仅是违法性的认识依据，也是其存在的根据。[①] 迈耶主张在构成要件中包含**主观要素**，但是他又认为这是属于责任的问题，应当把它从构成要件相符性的问题中排除出去，而只把客观要素当作构成要件相符性的问题。**(3) 构成要件的乏评价性(客观性与记叙性)**：迈耶认为，行为是否符合某一构成要件与行为是否违反某一规范，这是两个必须**分离**的问题，由此构成要件符合性与违法性必须严格地加以区分；同时，责任与构成要件也是分离的。原则上构成要件是**乏评价性**(Wertfreiheit)的，这有两层含义：构成要件不含有立法者的评价在内，至于立法者对于行为的评价，则属于违法性的问题；构成要件原则上也不含有法官的评价要素，但是法官对于构成要件的“例外性”的评价是存在的。迈耶承认在法律上的构成要件中，有规范性要素和主观性要素。但是，迈耶这里所说的**规范要素**并不是真正的构成要件要素，实际上只不过是违法性的要素；他所说的**主观要素**，也应当看作归责可能性要素的东西。此种构成要件只含有外在世界的而由人的感官可以知觉到的客观实现，如果以现代的观点来看，这就是“描述性的要素”。因此，迈耶一方面笼统地承认法律上的构成要件中有规范性要素和主观性要素，另一方面实际上却又提出一些不属于构成要件而属于违法性的东西来，仍然维持了构成

---

① 规范要素，属于构成要件中的层次要素，然而却不是纯粹描述性的构成要件要素，而具有违法性的特征，由此，构成要件与违法性构建了关联。通常，构成要件要素仅仅是不法的表征，但是规范要素却是违法性存在的根据。

要件只具有无价值的记叙性和客观性的观点。[①]

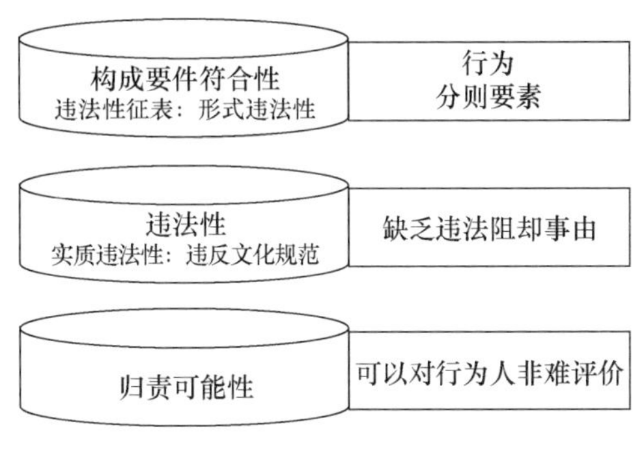

图 32-2　迈耶犯罪论体系

四、理论创新：麦兹格创立主观构成要件理论基本理念

[13] 1926年，德国学者麦兹格发表了题为《刑法构成要件之意义》的论文，在反对贝林格构成要件理论的基础上，创建"不法"的概念，确立行为、不法、责任的犯罪论体系，提出主观构成要件要素的观念，形成新构成要件论。**见图 32-3**。其理论要点如下：

[14] **提出"不法"概念（违法性与构成要件重合）**：麦兹格继承了贝林格将构成要件作为犯罪类型的观点，但是反对贝林格割裂构成要件符合性与违法性关系的理论，主张构成要件符合性与违法性两者是结合在一起的，并且将之统辖于"**不法**"的概念。所谓不法，并不是具体行为[②]的违法性，而是类型性的、构成要件性质的违法性。与违法的实质分析相对，这种不法明确地来源于对刑罚法规本身的分析，属于实定法上的违法行为。同时，不法不同于违法性还在于，"违法性是行为与法规范的矛盾；不法是指被评价为违法的行为本身"。[③] 在不法中，**构成要件**符合性不仅限于特殊的违法性的认识根据，而且也是它的存在根据。构成要件的实现"就意味着刑罚所判处的'不法'"。构成要件是违法性的基础，符合构成要件的行为，只要不存在违法阻却事由而被合法化，那么构成要件就是违法性的存在根据。"所以，只要将刑法分则所规定的构成要件（特别构成要件）作为犯罪处理的根据即可，不必再另外提

① 陈志龙：《构成要件理论之变迁》，载《刑事思潮之奔腾——韩忠谟教授纪念论文集》，台湾财团法人韩忠谟教授法学基金会2000年版，第58—60页；〔日〕小野清一郎著：《犯罪构成要件理论》，王泰译，中国人民公安大学出版社1991年版，第12—13页。

② 这里的具体行为是指事实行为，事实行为与规范行为相对。

③ 〔德〕汉斯·海因里希·耶塞克、托马斯·魏根特著：《德国刑法教科书》，徐久生译，中国法制出版社2001年版，第287—288页。有时，"不法概念还被理解为实质的违法性"。

出一个违法类型的概念。”①

[15] **确立新的犯罪构成理论体系**:基于构成要件是不法的类型或违法类型,因而把构成要件论包括到违法性论之中,让它与责任论对立起来。由此,“构成要件—违法性—责任”的体系变成了“**行为(先行事实)—违法类型(=构成要件)—责任**”的体系。构成要件符合性只是限制、修饰犯罪成立要件的概念,而不是独立的犯罪成立要件。例如,可以说,符合构成要件的行为、符合构成要件的违法、符合构成要件的责任。**行为**,是指先行于其他犯罪成立要件的事实性行为,属于超越杀人行为、盗窃行为等个别行为的一般的纯行为,而不存在刑法性的判断;**违法**类型,是特别的、符合构成要件的、类型的不法,它被详细地规定在每个刑罚法规条文里,属于法律概念;**责任**是犯罪成立的独立的评价要件,说明行为人行为的道义、伦理意义,包括故意、过失等要素。日本刑法学家小野清一郎对麦兹格的这一构成要件理论体系提出了**质疑**,指出:“作为记叙的体裁,是否非按‘构成要件—违法性—道义责任’的顺序不可,这并不是一定要坚持的问题,但作为体系性的思路却是重要的……‘行为(纯粹的)—违法性(=构成要件)—责任’的体系在原理上是错误的。”②应当说,小野清一郎的见解不无一定道理。

[16] **创立主观构成要件要素理念**:迈耶认为在构成要件中可以发现有规范要素和主观要素,并首创构成要件包含以由法官评价为必要的所谓规范要素的观点,然而迈耶在这一问题的处理上是不彻底的。麦兹格进一步肯定了构成要件的规范要素与主观要素,尤其是创立了**主观构成要件要素**的理念。麦兹格认为,构成要件的核心在于对“外在世界之客观事物”的描述,然而要求构成要件本身能够被客观的(外在的)事物竭尽为不法之描述,并且这些事物必须是纯粹的描述性质,这在实际上并不可能。在个别犯罪的结构上,仍然有相当多的要素属于“主观的”及“规范的”要素。麦兹格**构成要件的规范要素**分为三类:法律规范评价要素、文化观点评价要素、法官主观裁量评价要素。例如,盗窃罪中的“他人”财物属于法律规范评价要素;猥亵罪中的“猥亵”行为属于文化观点评价要素。③ 麦兹格**构成要件的主观要素**是指利益损害的要素,能够确定犯罪的特殊性质,属于主观的不法要素,而不是主观的违

---

① 参见〔日〕小野清一郎著:《犯罪构成要件理论》,王泰译,中国人民公安大学出版社 1991 年版,第 14—15 页;何秉松著:《犯罪构成系统论》,中国法制出版社 1995 年版,第 11 页。

② 参见〔日〕小野清一郎著:《犯罪构成要件理论》,王泰译,中国人民公安大学出版社 1991 年版,第 19、22 页;马克昌著:《比较刑法原理》,武汉大学出版社 2002 年版,第 115 页。

③ 陈志龙:《构成要件理论之变迁》,载《刑事思潮之奔腾——韩忠谟教授纪念论文集》,财团法人韩忠谟教授法学基金会 2000 年版,第 61 页。

法阻却。主观的构成要件要素与主观的违法阻却,两者具有明确的体系区分。构成要件的主观不法要素存在于目的犯、倾向犯、表现犯等三类犯罪的构成要件中,不仅如此,德国刑法典绝大多数犯罪的构成要件中都存在主观的不法要素。目的犯表现为法律要求行为必须具有某些特定目的的犯罪。例如,盗窃罪的非法占有目的。倾向犯表现为法律要求行为必须具有某种主观倾向的犯罪。例如,猥亵罪的猥亵他人的主观倾向。表现犯表现为法律要求行为必须是行为人自身意愿表现的犯罪。例如,伪证罪的故意为虚伪陈述,这种虚伪陈述必须基于行为人内心确信。这里的"目的""主观倾向""自身意愿"就是构成要件中的主观不法要素。**可见**,麦兹格既认可构成要件中的客观要素,又强调其中的主观要素,既不否认构成要件的描述意义,又至为关注其规范评价内容,尤其是他将这些完全融合在构成要件中,确立了构成要件是客观要素与主观要素、描述要素与规范要素的基本观念。

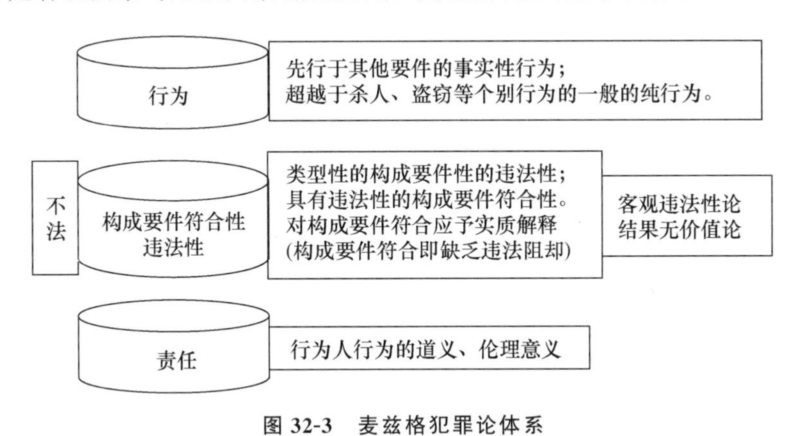

图32-3　麦兹格犯罪论体系

五、理论细化:威尔哲尔创立开放构成要件理论基本理念

[17] 德国学者威尔哲尔在麦兹格主观构成要件要素理念的基础上,以**目的行为论**为基底,提出开放构成要件理论的基本理念,创立"人的不法"的违法性评价,强调构成要件中的主观要素,进一步将犯罪构成理论推向深入。**见图32-4**。其理论要点如下:

[18] **区分开放的构成要件与封闭的构成要件:构成要件**,是指对于刑法上有关禁止举止的具体的描述。禁止实体就是规范实体,因此构成要件可以视作规范实体的同义词。如果行为人的行为与规范实体所描述的情形一致,则该行为符合构成要件。然而,行为符合构成要件并不能肯定行为就**违法**。易言之,行为符合构成要件仅意味着行为与个别规范抵触,要肯定行为违法

还需要判断行为是否为全部法秩序所不容许，即是否存在“许可条件（阻却违法要素）”、是否具有正面违法要素。这里，构成要件审查行为对于刑法规范的关系；而违法性审查行为对于全部法秩序的关系。**构成要件符合性与违法性**之间关系的判断具有两个思路：**(1) 封闭构成要件**：封闭构成要件，是指构成要件的描述能够竭尽地显示出所要禁止的行为，从而构成要件属于违法性的表征。在**封闭构成要件**的场合，行为符合构成要件即可直接认为行为也初步具有了违法性（正面违法要素），法官只需进行违法性的消极程序审查，即审查是否存在违法阻却事由（负面违法要素）。易言之，行为符合构成要件并且不存在“许可条件”，则行为就与全部法秩序相抵触而具有违法性。**(2) 开放构成要件**：开放构成要件，是指构成要件的描述不能竭尽地显示所要禁止的行为，从而构成要件不能表征违法性。在**开放构成要件**的场合，行为符合构成要件之后，由于构成要件并非违法性的表征，因此法官须先进行违法性的积极程序审查，即进行正面的违法性审查，然后才可进行负面的违法性审查，即审查是否存在违法阻却事由。所谓**正面违法性审查**，是指在探讨有无一般许可条件（违法阻却事由）之前，首先需要根据社会共同生活的观点正面确定行为是否具有违法性要素。这种正面违法性审查的必要性基于刑法未能尽述构成要素及其禁止意义，可称作“**违法性规则**”。根据刑法规定的不同，违法性规则分为一般违法性规则与特殊违法性规则。**一般违法性规则**的典型可谓《德国刑法典》第240条第2款的规定。这是关于“强制罪”的条款。从法条表述所能涵盖的内容来看，行为人“以暴力或恶意胁迫强制他人为一定行为”的违法性并不肯定，也就是说不排除“以暴力或恶意胁迫强制他人为一定行为”的合法性可能，因此需要法官对行为的违法性（非法）予以判断。而该条第2款对“非法”作了明确的定义：“非法是指为卑鄙之目的而使用暴力或恶意胁迫”。因此，这里的违法性规则要求法官在认定强制罪时首先确定“使用暴力或恶意胁迫强制他人为一定行为”是“为卑鄙之目的”，即分析“手段”与“目的”之间依社会共同生活观点存在可非难性（正面违法性审查）。**特殊违法性规则**主要涉及以下情形：依法执行职务、有效法律或法令、公务员职务或机关管辖、特殊身份行为人、滥用或缺乏权限、他人犯罪等。在此，所谓“依法”“有效”“职务或管辖”“身份义务”“滥用或缺乏”“犯罪”等，均为违法性要素并须法官予以正面审查。以依法执行职务为例，依法执行职务并不属于对禁止行为的描述，而是纯粹的违法性要素。这里何为“依法”需要审查，法官须先确定公务员职务行为是否具有合法性，只有对合法职务行为的抵抗才具有违法性。其他亦具有类似性：只有对有效的法律不服从才具有违法性；只有对具有特定职务或管辖权的公务员或机关实施行为才具有违法性。

[19] **提出"人的不法"的违法性评价**:在麦兹格看来,违法性是与外部的因果性事象相关的,对法益的侵害或者威胁。对此,威尔哲尔主张,法益的侵害或者威胁这种结果的无价值,对大部分犯罪来说是本质性的东西,但是它只是人的违法行为的部分要素,仅仅用法益侵害绝不可能充分说明行为不法的特征,只有在人的违法行为即行为的无价值之中,才具有刑法的意义。行为人设立何种目标,采取什么客观行为,行为人以什么心情实施行为,在这种场合行为人负有什么义务,所有这些,与可能发生的法益侵害一起,决定行为的违法。违法性是对与一定的行为人有关的行为的否定,违法就是与行为人有关的"人的"行为的违法。① 因此,在违法性的评价上不应只关注结果无价值,而应重视人的行为,从而强调行为无价值。**结果无价值**,又称物的违法观、客观主义、行为主义,是指违法性的实质只是基于行为所产生的客观损害结果,表现出其对于法益的侵害乃至威胁,从而显示其无价值的性质。**行为无价值**,又称人的违法观、主观主义、行为人主义,是指违法性的实质表现为以行为人的人格为基底的侵害行为的样态、方式、行为之附随情况等,与社会伦理观念严重冲突,从而显示其无价值的性质。

[20] **主张故意与过失的构成要件要素**:威尔哲尔创立了**目的行为论**。这一行为论的一个重要特征就是强调行为的目的性,目的与行为不可分离,目的是行为的本质要素,从而使主观要素在构成要件中更居显赫地位。目的行为论试图利用目的来解释一切行为:故意行为具有目的,其目的性指向适合于构成要件以内的结果;过失行为也具有目的,其目的性指向适合于构成要件以外的(在法律上不重要的)结果。由此,不论是故意行为还是过失行为,都属于构成要件的行为。这就涉及犯罪成立的**责任要素**问题。就**责任本质**而言,威尔哲尔依然坚持迈耶、麦兹格所创立、发展的规范责任论。主张在通常情况下人具有意志自由,能够根据利、害判断来决定自己的行为,在这种情况下行为人违反了应为规范和义务规范,而决定实施违法行为,理应受到责难;同时,在现实社会生活中存在着由于行为时的伴随情况而使行为不受意志支配的场合,在这种场合下仅仅根据行为人对行为的故意或过失来责难行为人就不合理,因而必须以期待在行为时有遵从规范的可能性作为责难的制约因素。因此,规范责任的结构要素为心理事实、规范评价、期待可能性。② 但是,就**责任要素**而言,威尔哲尔将违法性认识因素从故意中独立出来,由此

---

① 转引自〔日〕大塚仁著:《刑法概说(总论)》,冯军译,中国人民大学出版社2003年版,第311页;张明楷:《外国刑法纲要》,清华大学出版社1999年版,第144页。

② 详见张小虎著:《刑法的基本观念》,北京大学出版社2004年版,第79页。

使故意脱离责任结构的心理事实，而成为构成要件的主观要素。认为故意的认识在于构成要件要素认识，而非违法性认识，构成要件要素认识有误将影响故意的成立，而构成要件要素认识属于构成要件的主观内容，由此故意也被纳入构成要件；然而，违法性认识则仍然依存于责任要件，属于责任要素，它与故意无关，即使违法性认识存在错误但是故意依然可以成立。因此，故意与过失是行为的本质要素（基于目的行为论），也是构成要件的主观要素，而构成要件是违法类型，这样故意与过失也是主观的违法要素。

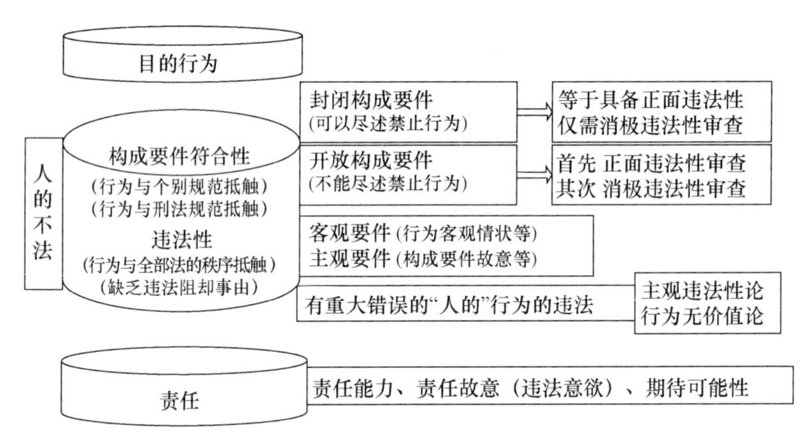

图 32-4　威尔哲尔犯罪论体系

六、理论柔化：罗克辛倡导目的理性的犯罪论体系

［21］德国学者罗克辛基于刑事政策与刑法体系应予融合的基本观念，强调犯罪论体系的概念性（明确性）、现实性、目的性（政策性）①，立于刑事政策机能的视角在法技术层面，对犯罪论体系作了不法与罪责的两阶层的总体框架建构。这是试将刑事政策目的及刑罚目的嵌入犯罪论体系的理论设置，而其具体展仍然是以行为的事实特征为基本的技术平台②。基于现阶段难以克服的、对于超越行为事实特征而予人身危险性直接评价的技术困难，所谓“以行为人的危险性为核心的刑事归责模式是不存在的”。③

［22］**刑法上的不法**：从刑法目的引出不法构造，这一目的即保护法益（法

① 参见〔德〕克劳斯·罗克辛著：《刑事政策与刑法体系》（第2版），蔡桂生译，中国人民大学出版社2011年版，第20页。

② 这与刑事近代学派巨擘菲利彰显刑事政策，进而解构刑罚，是有原则区别的。

③ 〔德〕冈特·施特拉腾韦特、洛塔尔·库伦著：《刑法总论Ⅰ——犯罪论》，杨萌译，法律出版社2006年版，第17页。

益是指对人类和平与自由地共同生活所必不可少的那些东西），而实现这一目的的技术措施系客观归责理论（法秩序禁止对刑法所保护的法益创设危险，如果行为人在某个侵害法益的结果中实现了这种危险，那么实现危险则被作为符合构成要件的行为归属于行为人）。[①] 在此，刑事政策目的指向构成行为（抽象的刑罚必要性与具体的禁止性）；不法与符合构成要件的行为互为表里，并且具体呈现为实现不被容许的风险。“不法包含了行为和行为构成”，“与此相反，违法性并不特别的是刑法的范畴”。[②]

［23］**刑法上的罪责**：从具体处罚目的引出罪责构造，这一目的即预防犯罪（报应理论缺乏社会正当性，刑罚目的只能是特殊预防与一般预防），同时这一目的的实现也应受到罪责原则的限制（没有罪责，不受处罚）。由此，决定刑罚的要素有二：预防的必要性与罪责的大小。这两个要素同等重要。这个范畴的罪责称为“答责性”[③]。刑事政策目的指向具体的行为人（行为人个人的刑罚必要性）。所谓罪责阻却事由，诸如，免责的紧急避险、防卫过当等，并非它们没有罪责，而是“在这种极端的情况下，立法者既不会肯定特殊预防的刑事需要，也不会肯定一般预防的刑事需要”。[④]

第33节　犯罪构成理论体系的模式与比较

［1］**大陆法系**具有注重理论建构的传统，由此在犯罪构成理论体系上呈现出百花争艳的多姿多彩的画面。**中国法律**原则上具有大陆法系的特征，不过在犯罪构成理论体系上却承袭原苏联的模式而与大陆法系犯罪论体系的主流互不相守。**英美法系**注重实务，相应地在犯罪构成理论体系上也表现出一定的独特性。综合起来，对于中外犯罪构成理论体系的模式，可作如下归类。

一、大陆法系犯罪论体系的主要模式

［2］大陆法系犯罪构成理论体系多彩多姿，而**基本路径**有三：以行为与行

---

① 参见〔德〕克劳斯·罗克辛著：《刑事政策与刑法体系》（第2版），蔡桂生译，中国人民大学出版社2011年版，第70、72页。

② 〔德〕克劳斯·罗克辛著：《德国刑法学总论》（第1卷），王世洲译，法律出版社2005年版，第134页。

③ 参见〔德〕克劳斯·罗克辛著：《刑事政策与刑法体系》（第2版），蔡桂生译，中国人民大学出版社2011年版，第76—79页。

④ 〔德〕克劳斯·罗克辛著：《德国刑法学总论》（第1卷），王世洲译，法律出版社2005年版，第136页。

为人的两轨模式展开的**二元论体系**；将行为纳入构成要件并以构成要件为出发点的体系(**构成要件论体系**、构成要件·违法·责任、**观念论犯罪论**[①])；将行为独立并前置于构成要件的行为论的体系(**行为论体系**、行为·不法·责任、目的论犯罪论、**存在论犯罪论**[②])。而就犯罪论体系的**发展进程**而言，大陆法系的犯罪论体系有**古典犯罪论**(如贝林格的犯罪论体系、李斯特的犯罪论体系)、**新古典犯罪论**(如迈耶的犯罪论体系、麦兹格的犯罪论体系)、**目的论犯罪论**(如威尔哲尔的犯罪论体系)、**目的理性的犯罪论**(如罗克辛的犯罪论体系)。

(一) 二元犯罪构成理论体系

[3] **二元论体系**，将犯罪构成要件分成两大部分，犯罪成立是基于这两大部分各别判断的整合，并由此构建犯罪论的整体结构。二元论体系通常被表述为系以行为与行为人的两轨模式而展开的犯罪成立评价路径。具体地说，对于二元论体系，不同的学者又持不同的见解。

[4] **行为与行为人**：以行为与行为人的平面双轨来确立犯罪构成理论体系的见解认为，成立犯罪必须充足行为与行为人两个要件。**行为要件**，是指具有构成要件符合性而不存在违阻却事由的行为；**行为人要件**，是指具有有责性的存在，而这里的有责性并非关于行为本身的属性，而是关于实施违法行为的行为人的人格特征。德国学者**康托罗威茨**、**拉德布鲁赫**、**密特迈尔**采此体系。[③] **(1) 康托罗威茨**：在康托罗威茨看来，行为人有责地实施其人的、符合构成要件的、且不合法的行为，则该行为为**可罚行为**。可罚行为分为客观行为与主观行为人。**A. 行为层面**：行为；构成要件符合性；违法阻却事由的欠缺。**B. 行为人层面**：行为者；责任；阻却一身性处罚事由的欠缺[④]。**(2) 拉德布鲁赫**：拉德布鲁赫既着眼于行为人的刑事政策的意义，又根据目的论的犯罪论体系的观点，将犯罪与犯罪人区分。**A. 犯罪层面**：构成要件符合性；违法性。**B. 犯罪人层面**：归责可能性；归责能力。**(3) 密特迈尔**：密特迈尔将犯罪成立分为行为与行为人两部分。犯罪构成要件有：符合构成要件的违法的举动；行为人人格；责任。其中，行为人人格与责任相分离。

[5] **主观要件与客观要件**：德国学者**毕克迈耶**将犯罪构成理论体系划分

---

① **观念论犯罪论体系**，将事实与价值两分，隔开构成要件(事实)与违法性(价值)，进而在犯罪认定的顺序上总体上坚持了三阶层论。

② **存在论犯罪论体系**，将事实与价值合一，强调违法类型的构成要件(不法)，进而在犯罪认定的顺序上总体上坚持了二阶层论。

③ 参见洪福增著：《刑法理论之基础》，台湾三民书局1977年版，第23页；马克昌著：《比较刑法原理》，武汉大学出版社2002年版，第104页。

④ 一身性处罚阻却，是指基于一定的身份关系的处罚阻却。

为**客观构成要件与主观构成要件**的**二元平面**结构。**客观构成要件**包括，行为、结果、因果关系，行为的违法性及其阻却；**主观构成要件**包括，行为人的责任及责任能力。与这一理论逻辑路径相似，台湾学者**韩忠谟**在**1982年版**的《刑法原理》著作中指出："所谓犯罪成立要件者，乃刑法学就犯罪之结构，依分析所得之诸种构成要素是也。"[①]主张犯罪成立要件分为主观要件与客观要件两大部分。其**2002年版**的《刑法原理》虽然采纳了三分法的犯罪构成理论体系，但是对原来所取的二分法犯罪构成理论体系并未完全否定，认为："对社会生活中实存的犯罪，为便利学者理解其法律的构造，故假借客观的成立要件与主观的成立要件之双面关系，以详析犯罪之法律要素"；尽管随着构成要件理论的发展，学者们纷纷主张构成要件事实既有主观要素也有客观要素，客观违法与主观责任之间殊难划分界限，"然而传统的区别主客观两面之分析方法，犹有其实用价值，未可一概否定也。"[②]兹根据韩忠谟1982年版的《刑法原理》介绍其二元犯罪构成理论体系要点：犯罪成立要件分为一般成立要件与特别成立要件。**特别成立要件**，是指具体犯罪成立的独特个别要件，由刑法分则予以规定；**一般成立要件**，是指所有犯罪成立的共同一般要件，由刑法总则予以规定。其中，一般成立要件按性质不同又分为客观要件与主观要件。**(1) 客观要件**：包括行为的侵害性与行为的违法性。**A. 行为的侵害性**：又称犯罪事实的构成性。犯罪为反社会性的行为，在客观方面必须该当于侵害法益的抽象的法定事实，而表现其对社会之侵害性。所谓**抽象的法定事实**，是指刑法分则所规定的构成具体犯罪的事实特征。**行为的侵害性**，是指行为符合刑法分则所规定的具体犯罪的事实特征，并在某种情形下对一定结果的发生确有因果关系。**B. 行为的违法性**：刑法分则对于各种**具体犯罪构成事实**分别予以抽象的规定，这种具体犯罪的构成事实，不仅为**侵害法益的定型**，而且也是**违法的定型**，行为如果该当于法定具体犯罪构成事实，除有一定的阻却原因外，其行为即具有违法性。**(2) 主观要件**：包括责任能力与责任条件。**A. 责任能力**：是指行为人负担刑事责任所必须具有的辨别是非善恶理解社会规范价值的心理能力，包括行为价值的认识能力、行为实施的意志能力。责任能力的有无与行为人的精神状态是否成熟、有无障碍有关。凡未达一定年龄者，或精神障碍者，法律均不认可其具有责任能力。**B. 责任条件**：是指行为人负担刑事责任所必须具有的侵害法益的一定意思决定的心理状态，包括故意与过失。故意是指对于构成犯罪事实之认识及实行此构成犯罪事

---

① 韩忠谟著：《刑法原理》，台湾雨利美术印刷有限公司1982年版，第81页。
② 参见韩忠谟著：《刑法原理》，中国政法大学出版社2002年版，第59、60页。

实之决意;过失是指对于构成犯罪事实欠缺注意从而致使其发生由此应予归责之心理状态。[①]

（二）古典犯罪构成理论体系

[6] **古典犯罪论**，以贝林格、李斯特为代表，强调因果行为论，主张构成要件符合性、违法性、有责性的阶层分隔，且构成要件由纯客观的、无价值的事由构成，而违法性是行为的客观上的价值判断，有责性则是行为的主观评价，并主张心理责任论。

[7] 德国学者**李斯特**在其出版的专著《刑法教科书》中，原则上坚持了**行为、违法行为、有责行为、可罚性的客观条件**的四层次犯罪构成理论体系：**(1) 犯罪的特征：A. 作为行为的犯罪**：行为是相对于外部世界的任意举止，包括作为与不作为。行为具有如下要素：作为法律评价客体的意志活动；引起社会外界产生某种改变（结果[②]，人、物、事态的改变，危险结果）；结果与意志活动的关系（意志活动与结果之间存在客观的因果关系，行为人在意志活动时对结果产生的预见或应当预见）。作为是借助于由意志支配的身体运动造成某一结果的产生；不作为是指对结果的意志上的不阻碍。**B. 作为违法行为的犯罪**：违法行为是对犯罪行为作出的客观上的、法律上的否定评价。客观是指否定评价的作出不取决于行为人的个人能力，而通常是以法制的要求为准绳。违法性包括形式违法与实质违法。违法性与（特殊）构成要件符合性密切相关；（特殊）构成要件均具有评价的特征，并分为客观要素和主观要素。违法性问题还存在合法化事由的阻却，这些事由包括正当防卫、紧急避险、符合法律义务的行为等。**C. 作为有责行为的犯罪**：责任是指主观上行为人因其违法行为而受到非难的可能性。责任包括心理要素与规范要素。罪责的先决条件是责任能力，罪责的种类分为故意与过失。因不可期望合法行为而免责也是责任的重大问题。**D. 可罚性的客观条件**：可罚性的客观条件，又称刑罚之条件，是指立法者出于不同的原因，将与符合构成要件行为本身无关的外在情况，作为行为的可罚性的条件。例如，针对友好国家的敌对行为的处罚，以互相保证予以处罚为条件，对挑起决斗的处罚，以决斗事实上已经发生为先决条件。**(2) 犯罪的概念**：犯罪是指实现犯罪构成、应受刑法处罚的作为和不作为。**A. 犯罪构成要素的特征**：犯罪永远是人的**行为**，只有人的行为才是犯罪评价的客体。犯罪这种否定评价只能与违法行为有关，而只有符合特

---

① 参见韩忠谟著：《刑法原理》，台湾雨利美术印刷有限公司1982年版，第82—83页。

② 注意，在此李斯特所言之“结果”，是一种“刑事不法”中的结果，或称“作为刑法的多因素综合体的结果”，从而“任何一种犯罪均以某种结果为前提”。

定刑法规范的犯罪构成的行为才是犯罪行为。犯罪还是一种有责的行为，刑法中的罪责涉及符合犯罪构成的违法行为，从而罪责只能在违法性学说之后来探讨。**B. 构成要件与违法性：构成要件**属于法律概念而不同于事实情况或生活事件。普通构成要件是指每一个犯罪中都必须具备的特征，包括人的行为、违法性、罪责。刑法中的构成要件通常是指特殊构成要件，意味着由刑法分则规定的具体不法类型特征的总和。特殊构成要件是确定违法性、罪责的先导。构成要件是一种以刑罚处罚来强调的对违法性的宣告（构成要件的适当性是违法性的标志），但是这种宣告不等于具体的由法官在具体情况下进行判决的行为。在存在合法化事由的场合，构成要件作为违法性的标志是不可靠的，这种行为自始合法。合法化事由不仅存在于刑法的规定，而且存在于法秩序的整体。[①]

（三）新古典犯罪构成理论体系

[8] **新古典犯罪论**，以迈耶[②]、尤其是麦兹格等为代表，在行为概念上主张“完全可以放弃行为概念，以便直接在构成要件适当性上开始犯罪构成”[③]。强调构成要件既有客观要素也有主观要素、既是客观事实的描述也是规范的价值评价，甚至将构成要件符合性与违法性合二为一，从而提出了“不法”的概念（具有违法性的构成要件符合性）。有责性虽仍系独立于“不法”的一个阶层，属行为的主观评价，但却主张规范责任论。新古典犯罪论曾经受到极大推崇。日本学者团藤重光、木村龟二、吉川经夫、大塚仁、小野清一郎、泷川幸辰、野村等的犯罪论体系，虽在体系之层次的分割以及各个层次之具体内容的定位上，接近上述新古典犯罪论思想的程度各有不同，但是其总体上均可归属于此。在这其中，其于犯罪论体系层次展开的差异，又可分为**三阶层**

① 《德国刑法教科书》于**1881**年初版，以后多次再版，至**1919**年由李斯特本人出版第22版。李斯特逝世后该教科书由他的学生继续再版。**1931**年，由施密特博士修订了第26版。本书所述即根据我国学者徐久生所译第26版《德国刑法教科书》。参见〔德〕李斯特著：《德国刑法教科书》，徐久生译，法律出版社2000年版，第176页以下。

② 德国学者**耶赛克**在讨论新古典犯罪论的思想特征时，同时引用了迈耶的《刑法教科书》与麦兹格的文集。参见〔德〕汉斯·海因里希·耶赛克、托马斯·魏根特著：《德国刑法教科书（总论）》，徐久生译，中国法制出版社2001年版，第254页，注3。在**笔者**看来，迈耶的犯罪论体系与新古典犯罪论体系，在形式构造上尚有一定差距，其与新古典犯罪论并没有走得那么近，即将构成要件符合性与违法性合二为一，创立“不法”的概念，而是仍然明确将构成要件符合性与违法性界分为二个阶层。然而，在思想内容上，迈耶的犯罪论的理论阐释已至为接近新古典犯罪论的思想。迈耶强调，构成要件符合性与违法性是“烟”和“火”的关系，是两位一体的关系。由此可见，在实质解释上，迈耶的构成要件符合性与违法性已基本上走到一起去了。

③ 〔德〕汉斯·海因里希·耶赛克、托马斯·魏根特著：《德国刑法教科书》，徐久生译，中国法制出版社2001年版，第253—254页。

的犯罪论（构成要件论的犯罪论[①]）、行为论的犯罪论。

[9] **三阶层的犯罪论**：德国学者迈耶在贝林格犯罪构成理论的基础上，首创**构成要件符合性、违法性、责任**的三阶层递进的犯罪成立评价，并由此构成其犯罪构成理论体系，而成为大陆法系国家犯罪构成理论体系架构的通说。当然，这并不否认在犯罪成立三要件的**具体内容**上以及三**要件之间**的评价关联上，不同的学者有着不同的见解。总体上主张这一理论体系架构的学者还有日本学者团藤重光、木村龟二、吉川经夫、大塚仁等。兹列举较具代表性的日本学者小野清一郎的体系。1953年，日本学者**小野清一郎**出版的专著《犯罪构成要件理论》，继承并发展了**构成要件符合性、违法性、责任**的三阶层犯罪构成理论体系：**(1) 犯罪成立要件**：小野将犯罪成立要件分为构成要件符合性、违法性、责任三个层面。**A. 构成要件符合性**：“**构成要件**，是指将违法并有道义责任的行为予以类型化的观念形象（定型），是作为刑罚法规中科刑根据的概念性规定”。这一概念强调了以下几个方面：**法律性**：构成要件不是具体事实，而是抽象的法律概念。详言之，构成要件是一种将社会生活中出现的事实加以类型化的观念形象，并且进而将其抽象为法律上的概念。**特殊性**：构成要件是指刑法各条中规定的特殊化了的“罪”。构成要件作为特殊性规定的概念，在某种程度上是具体的；但是作为法律上规定的概念，它又是抽象的、形式的，需要加以解释。**类型性**：构成要件不仅是特殊化了的“犯罪类型的轮廓”，而且还是不法的类型，也是道义责任的类型。**实体性**：构成要件从其在刑罚法规中所发挥的机能性质上来看，它是客观的、记叙性的；然而从其伦理的、法的意义上来看，从中又可以找出规范的和主观的要素。**构成要件符合性**，是指成立犯罪必须要有符合构成要件的事实，这是刑事责任的基本条件。**B. 违法性**：**违法性**，是在一般法律秩序中对行为的规范性评价。并不是所有的违法行为都要受处罚，它只是宣布，只有那些被构成要件所定型化的行为，才是可罚的。违法性本身的范畴比构成要件的要大，是“超构成要件性”的。违法性的阻却，足以阻却“构成要件性的违法”；而被构成要件类型化了的违法性被阻却，则只不过是阻却了它的可罚性。**C. 责任**：**责任**，又称道义责任，是对实施违法行为的人进行的、从道义上非难其所实施的行为的规范性判断。正是这一道义非难，才是刑法中责任的真正根据。责任与构成要件有关并被限定了内容。尤其对故意犯罪而言，只有当行为人认识到构成要件性的事实并故意行动时，他才有责任。在这个意义上，构成要件制约着道义

---

① 将行为作为犯罪成立第一要件的犯罪论体系叫做**行为论的犯罪论**；将构成要件符合性作为犯罪成立第一要件的犯罪论体系叫做**构成要件论的犯罪论**。

责任。所以，责任的阻却自然足以阻却构成要件的责任。[①] **(2) 三要件的关联：A. 构成要件与违法性、道义责任**：构成要件既将行为的违法性加以**类型化**（不法类型），也将行为人的道义责任类型化（责任类型），还将违法并且有责的行为中具有可罚性的行为用法律概念加以规定（法律定型）。构成要件、违法性和责任这三者不应是并列的，而是有所**重合**的。犯罪的实体是违法性质的行为，并且是行为人具有道义责任的行为，属于违法且有责行为的类型。可是它之所以具备了可罚性，是因为它是特殊性的已被刑法分则相应条款规定了的。这种被刑法分则相应条款规定的特殊的、类型性的违法的有责行为，即是构成要件。出现在前面的是构成要件，站在它背后的是具有实体意义的违法性及道义责任。[②] **B. 刑法中对行为的三重评价：符合构成要件的评价**，是法律的、抽象的评价。**违法性的评价**，是从行为的客观方面，即它的外部，对行为进行的评价，因而属于客观评价；是对行为本身的具体评价，但也是将行为大体上与行为人分离开来而后的评价，所以也可说是社会的、并且仍是抽象的评价。**道义责任的评价**，是在违法性评价的基础上，针对行为人精神方面的能力、性格、情操、认识、意图、动机等，进行伦理的、道义的评价，因而属于主观评价；是把行为作为"行为人的行为"的最具体的评价。[③] **C. 构成要件的规范要素与主观要素**：构成要件是违法有责行为事实的法律定型，既然如此，那么构成要件中就自然具有**规范**的及**主观**的要素。甚至还可以说，它全面地含有规范意义的要素，并且全面地含有主观的、内部的要素。但是，构成要件主要是从被客观化了的事实方面来把握行为的，而且是已经被类型化、抽象化并概念性地规定了的。所以在违法性方面，规范性质十分明确；在道义责任中，行为的主观方面构成中心对象；与之不同，在构成要件中占据主要地位的，自然是行为的客观方面、事实的记叙方面。[④]

〔10〕**行为论的犯罪论**：德国学者麦兹格在批判贝林格构成要件理论的基础上，首创**行为、不法(违法性)、责任**的阶层递进的犯罪成立评价，由此创立了行为论的犯罪论体系，也是新古典犯罪论体系的标志。总体上主张这一理论体系架构的学者还有日本学者佐伯千仞、野村稔、井上正治、西原春夫等。兹列举日本学者野村稔的体系。1990年，日本学者**野村稔**在其出版的专著《刑法总论》中，原则上坚持了**行为、违法性、责任**的行为论的犯罪论体系：

---

① 参见〔日〕小野清一郎著：《犯罪构成要件理论》，王泰译，中国人民公安大学出版社1991年版，第6—10页。

② 同上书，第16页。

③ 同上书，第17—18、21—22页。

④ 同上书，第28页。

(1) 行为论的犯罪论体系：基于犯罪成立本身理论的完整性与发挥刑法保护法益机能，犯罪论体系的建构应当注意三个方面：**A. 犯罪的本质构造**：必须直接对犯罪本质构造予以把握。犯罪是侵害、威胁法益的作为人的主观与客观统一体的行为；无论是责任还是违法性，都应当将作为主观和客观统一体的行为全体作为判断的对象。**B. 犯罪的认定构造**：不能忘记在实践中对犯罪的认定过程。犯罪成立的基本事实原则上成为证明对象，而阻却事由作为例外事实予以考虑。因此，犯罪论体系是根据原则—例外的关系来构筑的。**C. 犯罪的实现过程**：犯罪论体系必须反映犯罪的实现过程。犯罪大致经历犯罪意思、犯罪谋划、犯罪实行、犯罪完成、法益被侵害等过程，对应于这种动态的过程，刑法规范必须发挥保护法益的机能而对之予以评价，由此犯罪论体系应当反映刑法的这种动的性格。鉴于上述三方面的见解，**犯罪成立要件**体系应当如下：引起法益的侵害以及危险化这种事实的是人的行为(行为)；根据刑法规范该行为被判断为无价值并且被认为违法(违法性)；由于实行了该行为因而对该行为者可以进行规范的非难(责任)。**(2) 犯罪成立要件**：**A. 行为**：狭义的行为，是指由能够支配自己意志的具有社会意义的人所为的反映行为人意志的外部行为；广义的行为，是指引起法益的侵害、危险化的事实，由狭义的行为以及结果、因果关系所构成。行为是指广义的行为，刑法规范所关心的行为是使法益受到侵害或使之危险化的行为，即构成要件该当行为。意思内容系属行为的标志，社会成员根据一般常识，确定行为的社会意义，由此考虑行为的行为无价值与结果无价值。行为属于违法、责任评价的对象。由于行为是刑法的价值评价的对象，因而必须与刑法的价值相对独立开来予以确定。**B. 违法性**：所谓违法性，是指行为违反刑法规范。具体而论：其一，(违法判断)构成要件的该当行为，根据法益的存在状况或者命令、禁止规范，而受到无价值的评价，因而被判断为违法。立于违法二元论的立场，对于行为本身的违法和结果的违法作出判断。当两者间存在折衷的相当因果关系时肯定既遂的违法性；当不存在这种关系时只能肯定未遂的违法性。其二，(合法判断)构成要件的该当行为，根据容许规范受到有价值的判断，因而被判断为合法。立于违法二元论的立场，对于行为本身的合法性和结果的合法性作出判断。两者都被肯定的场合则构成要件该当的行为被判断为合法。**C. 责任**：所谓责任，是指因为违法行为而对该行为人进行规范的非难。责任非难具有对行为者产生规范意识的觉醒，进而起到特别预防的作用。由此，责任的内容包括：其一，责任能力：行为者必须对这种作为规范的报应的非难能够予以理解，并因此能使行为者的规范意识觉醒。其二，违法性的认识可能性：必须存在能够为规范行为而为违反行为这种相反的动机之可能性状态，即行为人至少应当处于能够意识到自己将要为的行为是违反规范的行为这种状况。其三，合法行为的期待可能性：虽然行为人认识到自己的行为会违反规范，但由于外部情况的异常性而不得不为相反的行为，就没有必要将规范报应的非难指向行为者，也无必要以此让行为者的规范意识觉醒。**(3) 三要件的关联：A. 行为、构成要件与违法性**：构成要件是刑法规范所关心的**行为类型**，是将法益作为事实而予以侵害或者危险化的这种行为类型；构成要件本身在理论上与刑法的价值评价相对独立。不过，该当构成要件的行为，原则上也具有违法性，如果具有违法阻却事由的例外，则违法性被阻却。**B. 行为的机能**：行为是引起法益侵害、危险化的事实，属于违法、责任评价的对象。行为具有选择刑法评价范围事象的机能，具有将刑法内故意行为、过失行为、作为、不作为等犯罪形态统一于行为的机能，具有将构成要件该当性、违法性、有责性的行为属性评价予以联结的机能。**C. 违法性与责任**：违法性和责任的本质都是以规范的报应为内容的规范的非难。违法非难面向一般的法共同体成员；与此相对，责任非难则面向个别的行为人。从违法的规范非难也适用于行为人来看，可以说从违法可以推定责任。**(4) 犯罪的构成要素**：犯罪构成要素分为一般构成要素与个别构成要素。**A. 一般构成要素**：作为规范的类型的犯罪，是该当构成要件的、违法的、有责的行为。通常，行为该当构成要件、违法、有责，则犯罪成立，发生国家刑罚权，但是在例外的两种情况下，尽管行为成立犯罪，然而国家刑罚权必须附条件发生或者因所附条件而不发生。这两种例外情况即为停止条件与解除条件。该两项条件均系犯罪成立要件之外。**B. 个别构成要素**：是指刑法条文对犯罪的特别构成要素的规定。复分为客观要素、主观要素，记述要素、规范要素。客观要素包括主体、客体、行为、行为状况、行为与结果之间的因果关系和结果；主观要素包括一般的主观违法要素、特别的主观违法要素、主观的正当化要素；记述要素，是指在有必要对此进行解释的场合，无需进行价值评价，而仅仅根据法定的认识判断就可以认定的要素；规范要素，是指尽管对此存在着一定的解释，但是还是必须由法官根据法的规范或社会文化进行价值判断才可予以认定的要素。[①]

［11］**构成要件符合性独立的行为论犯罪论**：基于在犯罪论体系中是否将构成要件符合性作为一个独立的阶层，可以区分出“**不法论的行为论犯罪论**”与“**构成要件论的行为论犯罪论**”。前者将构成要件符合性与违法性合二为一，从而创立“不法”的概念；后者仍将构成要件符合性与违法性作为两个阶

① 参见〔日〕野村稔著：《刑法总论》，全理其、何力译，法律出版社2001年版，第87页以下。

层，并不设置“不法”的范畴。这里讲的构成要件符合性独立的行为论犯罪论，就是本书所称的“构成要件论的行为论犯罪论”，其将犯罪论体系设置为**行为、构成要件符合性、违法性、有责性**的阶层结构。对此，不同的学者又持不同的见解。日本学者牧野英一、泷川幸辰、泉二新熊、中山敬一等的犯罪论体系，总体上均可归属于此。兹列举日本学者泷川幸辰的体系。1938年，日本学者**泷川幸辰**在其出版的专著《犯罪论序说》中，原则上坚持了**行为、构成要件、违法、责任**之阶层的犯罪论体系：**(1) 犯罪成立要件**：**A. 行为**：是指基于行为人意志的身体动静和由此产生的结果的全体。不论是作为还是不作为，在法益侵害（或危险）的意义上都包含有事实要素；不论是故意行为还是过失行为，都是基于意志的（存在意欲或是存在意欲可能性的）身体动静。由此，包含意志要素的事实要素为判断违法提供了证据，而意志要素则为判断责任提供了依据。这两个特征画出了犯罪的外部轮廓，形成了和犯罪以外的事件相区别的标识。从而行为概念就成为犯罪理论的出发点和基础。**B. 构成要件**：是指为了发生一定的法律效果（刑罚）而需要的法律要件，也可以称作犯罪的行为模式。构成要件要素包括客观构成要件要素与主观构成要件要素。客观构成要件要素有行为主体、行为客体、行为形态、处罚条件；主观构成要件要素指特定的心理状态、目的、倾向。构成要件要素分为记叙性要素和规范性要素。记叙性要素，是指要求法官对外部、可以感性地认识的客观事物的单纯认识性活动的要素；规范性要素，是指要求法官并非单纯给予事实的认识，还必须在此基础上考虑历史和社会情况予以补充性评价活动的要素，这种评价有时是刑法以外的法律评价，有时是道德、社会、经济的评价。**C. 违法**：违法的判断是针对行为人的意志表现下的行为的。就形式而论，违法的词意是指行为与法律规范相矛盾，由此，违法判断的标准是法律，包括所有的公法与私法。从实质来看，违法的内容是对生活利益的侵害或危险，刑法防止侵犯他人利益的行为，犯罪侵害法益而刑法保护法益。违法的学说存在客观违法论与主观违法论的对立。客观违法论，主张违法是对法律的评价规范的客观侵害；主观违法论，主张违法是对法律的命令规范的主观违反。违法阻却原因是违法与否判断的重要方面。违法阻却原因主要有依据法令的行为、业务行为、被害人的同意、正当防卫。**D. 责任**：责任，首先是一种心理性质的事实关系，不过其并不只是一定的事实关系，而是作为非难对象的、规范性的、评价性的事实关系。责任要素包括责任能力、责任条件、期待可能性。责任能力存在无责任能力、减轻责任能力与有责任能力的重要议题，责任能力不同于犯罪能力、刑罚能力；责任条件是指对行为结果及违法性的认识及认识可能性，具体有故意或过失；期待可能性主要表述责任阻却原因，表现为紧急避险等情形。有责任能力的行为人、具有责任条件，并且在存在合法行为期待可能性的情况下，超出合法行为范围而实施违法行为，就要受到刑法上的非难。**(2) 四要件的关联：A. 犯罪类型与构成要件**：犯罪类型不同于构成要件。犯罪类型是刑法分则各条所规定的犯罪目录，属于具体现实的犯罪事实；构成要件是从现实犯罪类型事实中推导出来的指导形态，属于脱离实在的犯罪类型的逻辑先导和指示方向。构成要件将客观要素与主观要素予以统领而成为犯罪类型；构成要件也将一系列相同种类的犯罪类型统一在一起；犯罪是类型性的(符合构成要件的)、违法的、有责的行为。**B. 行为与构成要件**(前置)：行为是犯罪评价的最基本的对象，犯罪是给行为加上符合构成要件性、违法性和责任性的特征的评价。而作为这一评价前提的是必须对评价对象(行为)的范围予以确定，将一切可罚的举止纳入并且排除无须刑法评价的对象，由此行为属于前置于构成要件、违法、责任的一个独立的部分。**C. 构成要件与违法性**：犯罪在形式上是违反了法律的命令或禁止的行为，在实质上则是侵害了法益或给法益带来危险的行为。构成要件指示评价标准，是违法类型，叫做违法性的认识根据。凡是符合构成要件的行为，只要不存在违法阻却原因，都可以判断为违法。不过，违法类型不是判断违法的最终标准，违法阻却原因虽然符合构成要件，但它本来却不是违法行为，并且不是排除了“本身是违法的”违法性，而是从一开始就不是违法行为。**D. 违法性与责任**：在犯罪要素中，原则上违法是客观的东西，责任是主观的东西。违法是把行为从行为人的人格中分离出来，并比照客观的法律秩序加以判断的结果，而责任是把被如此客观地评价为违法的行为与行为人的人格结合起来加以判断的结果。违法是客观上的侵害法益，它对行为人的行为关系是在进入行为人对违法行为是否应负责任问题之后才产生意义。因此，违法判断是责任判断的逻辑前提，责任判断在违法判断之上形成。[①]

二、犯罪构成理论体系的典型样态

[12] 本节上述二元犯罪论、古典犯罪论、新古典犯罪论等模式的犯罪构成理论体系，均为大陆法系相应理论的范畴。**大陆法系**犯罪构成理论体系学说林立，不过较为成熟的、具有标志性的体系当推构成要件符合性、违法性、有责性的三阶层犯罪论(见第 33 节段 9)。行为论的犯罪论将**行为**前置于构成要件作为犯罪判断的基础事实，然而超脱构成要件的行为难以说明其在犯

---

① 参见〔日〕泷川幸辰著：《犯罪论序说》，王泰译，载高铭暄、赵秉志主编：《刑法论丛》(第 3 卷)，法律出版社 1999 年版，第 156 页以下。

罪构成理论体系上的意义。前置的行为具有将刑法不予关注的行止予以排除的倾向，不过构成要件内的行为的限定也就意味着其他行为的排除，由此行为也就没有独立于构成要件的必要。至于将**处罚条件**作为与构成要件、违法、责任并列的犯罪构成理论体系的成分，亦无必要。处罚条件强调一定客观事实的发生是国家刑罚权发动的前提，这一理论范畴的设置有其刑事政策需要与排除主观故意认识的机能，不过本书主张，*以构成要件行为为基本线索、以具备主观责任为必要的*犯罪构成理论体系，从而对于处罚条件的具体内容分别不同情形，或者还原成犯罪构成的肯定要素与否定要素，或者作为刑罚裁量的事由而置于刑罚论中予以理论探讨。[①]

[13] 这里的**三阶层犯罪论**，系有着新古典犯罪论思想的构成要件论的犯罪论。犯罪成立条件包括构成要件符合性、违法性、有责性的三个阶层；构成要件既有客观要素也有主观要素，既是事实的描述也含规范的评价；违法性系实质的判断，但其不是类型性的判断，而是具体事态的判断；有责性是以规范责任论为基点的，针对具体行为人的主观评价。具体地说：**(1) 构成要件要素**：包括行为、行为结果、因果关系、行为状况、行为主体、行为对象等客观构成要件要素，以及构成要件故意、构成要件过失、目的犯的目的、倾向犯的主观倾向、表现犯的心理状态等主观构成要件要素；**(2) 违法要素**：包括客观违法要素，构成要件要素原则上也是客观违法要素；主观违法要素，包括违法故意、违法过失、目的犯的目的、倾向犯的主观倾向、表现犯的心理状态等[②]；消极违法要素，包括正当防卫、紧急避险等。**(3) 责任要素**：包括责任能力的归责前提或归责要素，责任故意、责任过失等主观责任要素，以及期待可能性等客观责任要素。

[14] 笔者认为，这种三阶层犯罪论，就其在发展史上的阶段、理论特征以及价值取向而论，也应受到我国目前社会背景与法治背景下的张扬。犯罪论体系，由古典论到新古典论再到目的论以至目的理性的犯罪论体系，其一个明显的思想逻辑路径就是，将刑事政策、刑罚目的、保护社会等刑事近代学派的思想，逐步渗透并试以渐渐地侵入构成要件符合性的犯罪成立要素中，使

---

① 详见张小虎：《论处罚条件理论及其形态消释》，载《河南财经政法大学学报》2014 年第 2 期，第 132—138 页。

② “违法是客观的、责任是主观的”的口号表明，违法性与行为的外部的、物理的方面相关联，而责任是行为人内部的、心理的方面的问题。不过，20 世纪初以来，这一观念受到挑战，尤其是麦兹格创立的主观构成要件要素理论认为，目的犯中的目的、倾向犯中行为人的主观倾向、表现犯中行为人的心理经过或者状态属于主观违法要素；进而第二次世界大战以后，学者们提出故意与过失也是主观的违法要素；另外，正当防卫中防卫意思、紧急避险中的避险意思、自救行为中的自救意思等，则属于决定违法性有无的主观性要素。

犯罪论体系日益柔韧化、实质化、政策化，以便在更为宽松的犯罪构成的体系框架下，更为自如地、灵活地、无障碍地应对日益严峻的犯罪态势。这也是一个在构成要件符合性的判断上，实质解释论不断侵入、统治与接替形式解释论的过程。[①] 在这一理论视野下，我们可以看到，贝林格等**古典论的犯罪论**在体系结构及其各个要素的具体内容上，层次分明、内容肯定明确、评价规则严谨，显然这里至为突出了犯罪论体系的人权保障机能，这与遵循严格意义上的罪刑法定原则思想，是一脉相承的。而走到另一端的**目的理性的犯罪论**体系，其体系结构与各个要素的具体内容显得较为粗犷与宏大，这样在技术操作上就可以融入更多的非制度性的内容，以实现刑事政策及刑罚目的所需要对于现实犯罪的应对。以这一体系中的客观归责论为例，其缺乏相对具体的技术构造，甚至将"规范保护目的"这样的价值判断直接纳入到因果关系判断的技术构造中，使技术构造失去了其应有的特质。这就犹如被单裹身，宽松的空间下什么都可以装载，但是却失去了其肢体样态的界分。难怪乎，一方面客观归责论是作为一个不法成立的问题被提出的[②]；同时，客观归责论又被作为一个因果关系判断的问题而被阐释[③]。从而，正如批评者所言："客观归责理论根本不是真正的理论，只是一种类集合"[④]；"其决定行为人应该负责与否，几乎完全是从价值判断的层面来下手"。[⑤] **因此**，犯罪论体系的取舍，不能不考虑到它的结构性功能的体现、它所承载的价值目标以及社会发展阶段赋予其应有的使命。从这个意义上说：其一，只要仍然以行为为线索构建犯罪论体系，只要还没有走到菲利的全然的犯罪人的判断，那么就不能低估行为成立犯罪的犯罪论框架的技术意义，而依循这一路径，作为具体犯罪类型的轮廓的构成要件保留，对明确犯罪认定的具体操作就具有重要价值；其二，保障人权与保护社会如同钟摆的两端，现代的现实的刑法始终游离于这两端之间，不过在我国目前的社会发展阶段，应当倾重人权保障的刑法机能，坚持犯罪理念的客观主义主导地位（见第17节段10），而构成要件符合性之要件的

---

① 关于形式解释论与实质解释论，详见张小虎著：《刑法学》，北京大学出版社2015年版，第50页。

② 正如客观归责理论的创立者所言："从这个不法构想中产生了客观归属理论"，其所认定的是将"一种符合构成要件的行为归属到该行为人身上"，"客观归属理论已经发展成为了一个内容广泛的归属体系"。〔德〕克劳斯·罗克辛著：《刑事政策与刑法体系》（第2版），蔡桂生译，中国人民大学出版社2011年版，第72—73页。

③ 在该理论创立者的教科书中，"进一步归责于客观行为构成"，是在与"因果关系的理论"相对的理论地位上阐释的。〔德〕克劳斯·罗克辛著：《德国刑法学总论》（第1卷），王世洲译，法律出版社2005年版，第231—245页。

④ 参见许玉秀：《当代刑法思潮》，中国民主法制出版社2005年版，第476页。

⑤ 黄荣坚著：《刑法问题与利益思考》，中国人民大学出版社2009年版，第86页。

设置有利于这一刑法机能的实现。

[15] **中国法律**原则上具有大陆法系的特征，不过在犯罪构成理论体系上却承袭了原苏联的模式，而与大陆法系犯罪论体系的主流互不相守，可谓**平面四要件犯罪构成理论体系**。**犯罪构成**就是依照我国刑法的规定，决定某一具体行为的社会危害性及其程度而为该行为构成犯罪所必需的一切客观和主观要件的有机统一。具体包括犯罪客体、犯罪客观方面、犯罪主体、犯罪主观方面四项要件。**(1) 犯罪客体**，是指刑法所保护的，而为犯罪行为所侵害的社会关系。**(2) 犯罪客观方面**，是指犯罪活动的客观外在表现，包括危害行为、危害结果以及危害行为与危害结果之间的因果关系，有的犯罪还要求特定的时间、地点、方法。**(3) 犯罪主体**，是指达到法定刑事责任年龄、具有刑事责任能力、实施危害行为的自然人。有的犯罪还有特定身份，少数犯罪可为单位主体。**(4) 犯罪主观方面**，是指行为人有罪过（包括故意和过失），有的犯罪还要求特定的犯罪目的。

[16] **英美法系**注重实务，相应地在犯罪构成理论体系上也以层层收缩的动态形式来界定犯罪。与大陆法系犯罪构成理论所不同的是，它们的犯罪成立要件是**双层模式**：犯罪本体要件；责任充足条件（缺乏合法辩护）。**(1) 犯罪本体要件**：是将刑法分则所规定的种种犯罪构成抽象为两个方面的内容——犯罪行为和犯罪心态。**犯罪行为**是指有意识的行为；**犯罪心态**是指行为人在实施危害社会行为时的应受社会谴责的心理状态，具体有蓄意、明知、轻率、疏忽。犯罪本体要件是刑事责任的基础，刑法分则的犯罪是建立在行为本身具有刑事政策上的危害性和行为人具备责任条件的假设前提之下的（即假定责任充足条件具备）。在刑事司法中，公诉一方要能够证明被告人行为符合犯罪本体要件，即可推定被告人具有刑事责任基础；如果被告人不抗辩，犯罪即告成立。但是，如果被告人抗辩，那么要成立犯罪除了应当具有犯罪本体要件之外，还必须排除合法辩护的可能，即具备责任充足要件。**(2) 责任充足条件**：即缺乏合法辩护，反之，如果能够进行合法辩护则不具有责任充足条件，进而便可不负刑事责任。**合法辩护**，是指被告人能说明自己不具有责任能力，如未成年、精神病等，或者能够说明自己的行为正当合法，而不具有政策性危害，如正当防卫、紧急避险、执行职务、体育竞技等，或者能够说明具有其他可宽恕的情由，如认识错误、被胁迫、警察圈套，等等。这些刑事诉讼中的合法辩护，是在长期司法实践的基础上，经过理性总结，将诉讼原则上升为实体法的总则性规范，是判例法传统的产物。在犯罪构成理论上，犯罪本体要件为第一层次，责任充足要件为第二层次。

三、各种模式犯罪构成理论体系的比较

[17] 犯罪构成理论体系样态纷呈，然而各种见解交织的中心议题不外是**犯罪构成的要件与要素、构成要件的描述与评价、犯罪构成的层次与平面**，就此可以展开统一逻辑前提下的比较分析。通过这一比较可以看到，各种理念模式的犯罪构成，其构成要件的基本要素的具体类型有着一定的共通表现，关键区别在于，这些具体要素在不同的犯罪论体系中所处的结构位置及其理论意义的差异，由此决定了不同犯罪论的功能性区别。尽管如此，不同模式的犯罪论体系，其构成要件内容在客观与主观的归属、描述与评价的特征等方面，又有一定相似之处，从而表现出犯罪构成理论的有关基本规律，由此决定了犯罪论所应有的核心功能。

[18] **犯罪构成的要素类型的共通**：基于上述大陆法系、英美法系及我国的犯罪论的典型样态的考究，就三阶层犯罪论、英美双层犯罪论、我国平面四要件犯罪论的犯罪构成的基本要素而论，可以看到，各种犯罪论体系的结构模式虽有不同，然而其组合要件之基本要素的具体类型却有一定的共通表现。这些**共通的要素**大致有：行为、行为结果、因果关系、行为状况、行为主体、行为对象、责任能力、故意、过失、期待可能性或者缺乏不可抗力或意外事件、缺乏正当防卫或紧急避险等阻却违法或者犯罪的事由。兹择日本学者大谷实之三阶层犯罪论体系[①]，以及我国平面四要件犯罪论体系，对之组合要件及其要素的对应关系，**示图33-1**说明如下。

[19] **犯罪要件内容的客观与主观**：犯罪构成要件之基本要素的具体类型具有一定的共通表现，然而这些要素在不同犯罪构成理论体系中的结构位置、理论意义却有着较大的差异，从而构成了犯罪构成的不同理论模式。兹按我国犯罪构成理论体系的路径作一比较分析：**(1) 犯罪客体·实质违法性·法益侵害**：**平面四要件**犯罪论体系，将犯罪客体列于犯罪成立要件之首，与犯罪成立的其他要件平行并举，充任行为价值实质属性的评价。相比较而言，**三阶层**犯罪论体系，将犯罪成立条件之一的违法性分为形式违法性与实质违法性，其中实质违法性是在构成要件符合性（形式违法性）之后的判断，同样具有行为价值评价的意义[②]。与此**相关**，正当防卫、紧急避险等，在平面四要件犯罪论体系中并非犯罪构成要件的内容，而是排除社会危害性的行

---

① 〔日〕大谷实著：《刑法总论》，黎宏译，法律出版社2003年版，第88页以下。

② 犯罪客体与实质违法性，两者均力求对法定犯罪实质的揭示，不过在对法定犯罪实质的具体定位上，犯罪客体强调行为对社会关系的侵害，实质违法性指向行为对法益的侵害。同时，两者在犯罪论体系中的地位也各有不同。

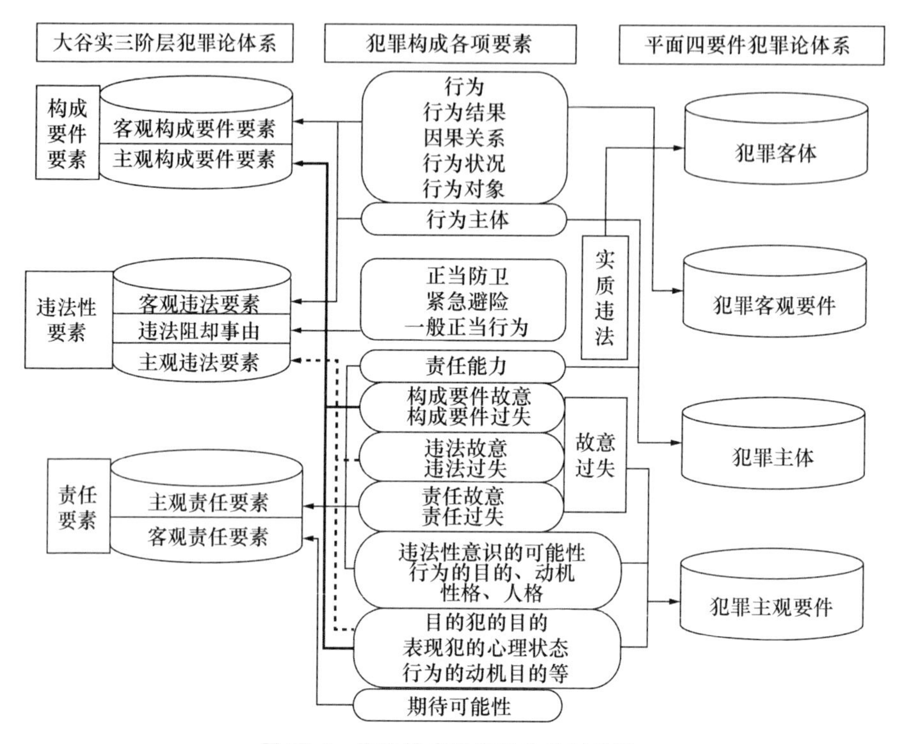

图 33-1　犯罪构成要素及地位对比图

为，而在三阶层犯罪论体系中则位于犯罪成立要件的框架内，属于消极违法要素（阻却违法事由）。**(2) 犯罪客观方面·客观要素·客观要件：平面四要件**犯罪论体系的犯罪客观方面所列要素，包括危害行为、危害结果、因果关系、行为状况、行为对象等，行为主体属于犯罪主体的要素之一而非客观方面的要素；并且，这一犯罪客观方面作为犯罪构成的要件之一，依存于同一层面的平台并无纵向的分割。相比较而言，**三阶层**犯罪论体系的客观要素，不仅包括行为、结果、因果关系、行为状况、行为对象等要素，而且包括行为主体的要素；并且这些客观要素也有三个层面的体现：A. 客观构成要件要素，主要指行为、结果、因果关系、行为状况、行为对象等，B. 客观违法要素，要素承载大致与前者相当，C. 客观责任要素，是指影响期待可能性的事实。这里，A 与 B 的要素除了行为主体以外，与平面四要件犯罪论体系中的客观方面大致相同，而 C 的要素在平面四要件犯罪论体系中则难以找到相近的方面，四要件犯罪论体系并无期待可能性的范畴。**(3) 犯罪主体·责任能力·主体要件：平面四要件**犯罪论体系的责任能力、特殊身份、单位主体等要素统摄于犯罪主体，而犯罪主体又是犯罪构成的独立要件之一，与犯罪客体、犯罪客面方面、犯罪主观方面并列。相比较而言，**三阶层**犯罪论体系的行为主体（包括特殊身份、单位主体）隶属构成要件的客观要素，而责任能力则属于责任的主观要素之一，具有责任形式（故意与过失）的归责前提或归责要素的意义。**(4) 犯罪主观方面·主观要素·主观要件：平面四要件**犯罪论体系将犯罪主观方面的理论议题列为犯罪故意、犯罪过失、意外事件、犯罪目的、犯罪动机、认识错误，而犯罪构成的主观要素包括犯罪故意、犯罪过失、犯罪目的等，并且仅为横向的结构组合。相比较而言，当代**三阶层**犯罪论体系通常将主观要素纳入构成要件的范畴[①]，同时认为违法性与有责性也存在主观的内容，从而形成了**构成要件故意**与过失、**违法故意**与过失、**责任故意**与过失的纵向的主观要素体系[②]。**(5) 简评：应当看到**，不同模式的犯罪构成理论，其构成要件要素的结构位置与理论意义虽有差异，然而这些构成要件要素在类型侧重上，不失客观或主观、实质或形式的归属。

[20] **犯罪要件内容的描述与评价：**犯罪构成的内容既有主观要件也有客观要件，是形态的描述也是价值的评价，这几乎是当今各种犯罪构成理论体系的通说。关于犯罪构成的各个构成要件内容的主观与客观的属性，已如上述。至于犯罪要件内容的描述与评价的理论表现，不同模式的犯罪构成理论体系也有着不同的特点。仍以三阶层犯罪论体系与平面四要件犯罪论体系为例。**(1) 三阶层犯罪论体系：**总体上，构成要件是具体犯罪的轮廓与法律定型，构成要件符合性是对行为的抽象的、类型性的判断；违法性，是在一般法律秩序中对行为本身（具体的）、与行为人分离（抽象的）、以违法阻却为主导的规范性评价；有责性，是对实施违法行为的具体行为人进行的（具体的）、可以非难其欠缺规范意识的规范性判断（见本节段9）。不过，构成要件要素分为记述的构成要件要素与规范的构成要件要素[③]；违法性内容存在形式违法

---

① 三阶层犯罪论体系创立之初，基于客观主义的基本理念，构成要件是犯罪规格的外部描述，属于纯客观的成份而将主观要素排除在外。然而，作为犯罪类型的轮廓，无法排除其主观的内容。因而，当代三阶层犯罪论体系在构成要件的框架内也有主观要素。

② 从故意的**事实**内容来看，构成要件故意，仅以行为人对于客观构成要件事实的知与欲为其成立要素。而责任故意，行为人除须认识构成要件事实以外，尚须认识作为违法性前提的事实；甚至对于作为责任前提的事实存在（如形成期待可能性判断必有的特殊情事），也应当成为责任故意认识的内容。参见黄仲夫编著：《刑法精义》，台湾五南图书出版有限公司2001年版，第71页。构成要件是违法类型，因此具有构成要件故意，通常推定具有违法故意。从故意的**归宿**来看，构成要件故意表现为行为人对于构成要件事实知与欲的故意；责任故意表现为以行为人对构成要件事实知与欲为前提的可予谴责的故意责任。

③ **记述的构成要件要素**，是指构成要件中，只需要法官凭借事实本身进行认识就可以认定其存在与否的要素。**规范的构成要件要素**，是指构成要件中，需要法官凭借法的或文化的规范进行评价才能认定其存在与否的要素。

性与实质违法性;责任判断包括作为判断标准的规范与成为判断对象的事实。**(2)平面四要件犯罪论体系**:犯罪构成要件是以整合的规范形式所构建的一种融形式与内容为一体的犯罪成立判断。其中,犯罪客体位于之首,侧重于行为成立犯罪的价值标准的判断;犯罪客观要件、犯罪主体、犯罪主观要件,侧重于行为成立犯罪的形式标准的判断。不过,即使在客观要件、主体、主观要件中,也分别存在着仅凭法官直接认识就能确定的记述要素与必须法官价值评价才能确定的规范要素。[①] **(3)简评:综合上述**两种犯罪论体系之要件的情形,可以说,不论何种犯罪构成理论体系,犯罪构成的不同要件在总体上各有描述或评价的不同侧重,而各个构成要件同时又包括描述要素与评价要素的内容。

[21] **犯罪构成层次结构模式的优点与不足**:不论是大陆法系还是英美法系,其犯罪构成理论模式均表现为阶层性的犯罪评价过程,犯罪成立是在层层递进的基础上所得出的结论。其优点在于:**(1)表现出人类认识具体犯罪的思维规律**。人类对于具体犯罪的认识总是逐步深入、由抽象到具体。以迈耶构成要件符合性、违法性、有责性的三阶层模式为例,构成要件是具体犯罪类型的轮廓,在得到构成要件符合性这种抽象判断之后进入违法性的评价,违法性的核心是就行为本身客观特征根据法的规范、文化规范的标准所作的具体而抽象性判断,接下来是责任的评价,责任主要是针对行为人的心理事实根据法律规范所进行的可予非难的具体性判断。可见,在大陆法系三阶层犯罪论体系中,构成要件侧重行为事实轮廓;违法性侧重行为价值属性;有责性侧重行为人主观责任。**(2)凸显出构成要件理论的限制功能**。犯罪成立的判断表现为逐层收缩的限定与制约。仍以迈耶的构成要件理论为例,行为符合构成要件只是犯罪成立的第一层判断,法律上的构成要件是违法性的认识根据,行为符合构成要件通常可以推定作为犯罪成立第二层判断的违法性存在,不过也会出现存在违法阻却的例外事态,在这种场合即使符合构成要件也不违法,从而表现出第二层判断对第一层判断的限制,而作为犯罪成立的第三层判断有责性,是指就符合构成要件且违法的行为可以对行为人进行非难评价的特征,这意味着尽管符合第一层、第二层的判断,但是缺乏第三层判断的肯定,依然不能成立犯罪。不过,大陆法系的三层次犯罪论体系也表现出一定**不足**。在这一理论模式中,主观与客观的内容并不十分彰显,价值性

① 例如,危害行为似乎更具形式意义,然而作为与不作为的界定本身就包含着"不应为而为"与"应为而不为"的价值评价;而犯罪故意与犯罪过失,虽也被视作形式要件,然此两项心态内容所指向的"行为的危害结果",则更具实质意义。

质缺乏独立的正面的体现[①]。然而,主观与客观的清晰明了、价值性质的界分与明确,却是犯罪评价与认定的重要环节。见图33-1.

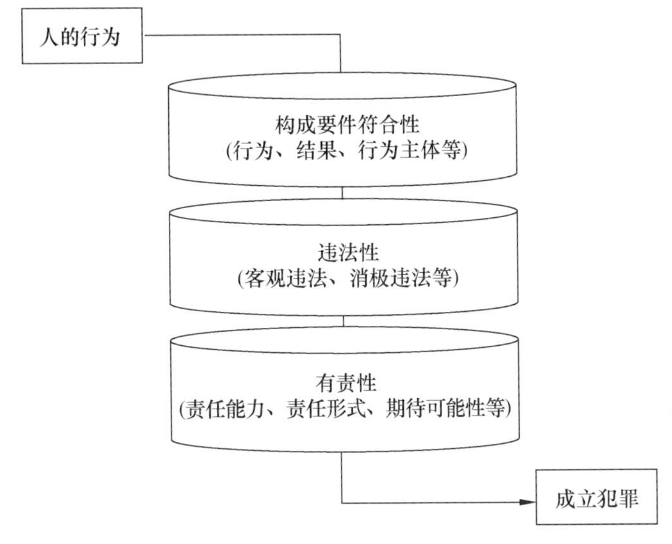

图33-1　大陆法系三阶层犯罪论体系图

[22] **平面四要件犯罪构成的长处与不足:**我国四要件犯罪构成理论模式表现为平面性的犯罪评价结论,犯罪成立是四个要件平行并举的判断整合。具体表现在犯罪客体、犯罪客观要件、犯罪主体、犯罪主观要件是犯罪成立的充分必要条件。其**长处**主要是:(1) 将犯罪成立的基本要素,按照实质、客观、主体、主观的侧重,予以相对集中的阐释,使得犯罪成立所必需的主观与客观的内容较为明晰;(2) 四个要件的整合评价,更为贴近客观事实与认识事物的规律。客观犯罪本为统一的事实整体,理论分析重在基于不同侧面而对之予以分析考察。其**不足**表现为:四个要件的每个要件均强调是"犯罪"的一个方面,这是以既有犯罪事实为前提的一种再分析,而非对行为进入犯罪门槛的逐层递进的评价;从而,各个要件的先后顺序并不重要,并不存在"犯罪主体""犯罪客体"等谁先谁后的评价问题,重要的是四个"犯罪"方面的有机统一。由此,犯罪成立的评价路径,缺乏必要的层次,致使犯罪构成应有的限制机能有所削弱。同时,由于犯罪构成缺乏严重危害的限定要件,因此对于我国刑法严格限制犯罪范围的立法思路与实然规定体现不足。在此,应当**特别注**

① 在三阶层犯罪论体系中,实质违法性的重要机能在于缩限违法性的成立,表现为行为的违法阻却事由缺乏侵害法的秩序的宗旨,从而不具有违法性。而违法性的肯定一般也只是一种伴随的评价,行为该当构成要件通常即可推定行为也具有违法性。

意,国外刑法犯罪轻重的范围虽甚为广泛,对于犯罪的认定也无法定的整体意义上的严重危害的特别强调,不过其在犯罪构成中仍有各个侧面的实质程度的限定,例如,可罚的违法性、可罚的责任等。而我国刑法的总体观念与立法实然则至为关切犯罪的严重危害性特征。因此,犯罪成立的层次判断与犯罪仅限严重危害的观念,应当成为我国犯罪构成理论的重要标志。见图33-2.

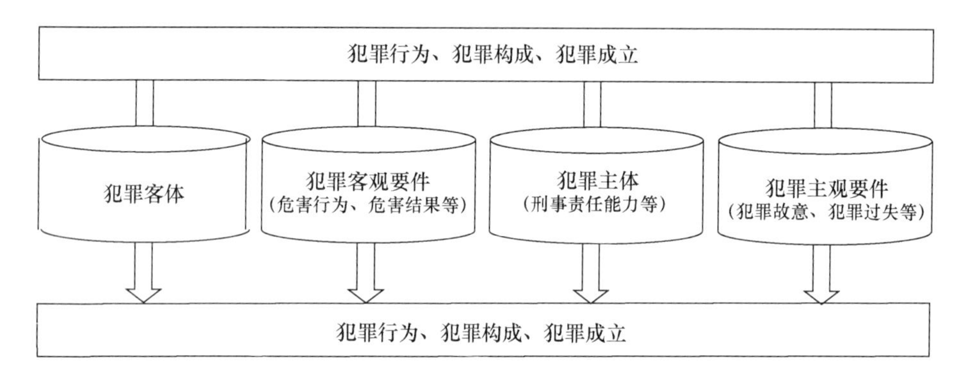

图 33-2　我国平面四要件犯罪论体系图

第 34 节　双层多阶犯罪构成理论体系的建构

[1] 犯罪论典型模式的比较分析表明,构成要件的中心理论地位、犯罪成立条件的层次性、构成要件要素的主观与客观、描述与规范等,系属犯罪构成理论体系的必要规则;同时,犯罪论体系作为一种犯罪评价理论,其也是对现实刑法规范的科学提升,刑法规范是刑法理论最基本的实证根据与事实平台。具体而论,犯罪构成,可以基于客观方面与主观方面、事实描述与规范评价、抽象类型与具体判断、积极构成与消极构成、平面整合与分层递进、要素枚举罗列与评价线索演绎等的视角予以具体展开。这些具体展开也各有特色,已如前文所述(见第 33 节段 2)。然而,犯罪构成理论体系的核心意义是对犯罪评价过程的客观展现,并且基于犯罪构成的犯罪判断系属罪刑法定原则精神的具体技术方案,从而犯罪构成理论体系也应当体现刑法所应有的谦抑精神,而不是简单的事实特征的归类或者罗列。由此,由抽象到具体、展示积极与消极、注重分层递进判断等,应当成为犯罪构成体系建构的关键性的理论路径。有鉴于此,坚持遵循构成要件理论的必要规则,包容我国犯罪构成理论的基本现实,并且根据我国刑法立法有关犯罪界定的实然

状况，本书继续提倡适合我国《刑法》的双层多阶的犯罪论体系的主要思路与框架。[①]

一、双层多阶犯罪构成理论体系的技术构造

［2］双层多阶犯罪论体系的具体结构，以积极与消极、客观与主观、行为与行为人、事实与规范的路径为主线而展开。犯罪成立必须具备本体构成符合与危害阻却缺乏这两个阶层要件。其中，本体构成符合为第一层次（第一要件），系犯罪成立的积极评价（**犯罪的轮廓**或法律定型），其又由三个阶层的要素递进评价构成，即客观事实要素（事实构成）、客观规范要素（违法性）、主观责任要素（有责性）[②]；危害阻却缺乏为第二层次（第二要件），系犯罪成立的消极评价（特殊事态的例外判断）[③]，其又由三个阶层的要素递进评价构成，即违法阻却、责任阻却、其他严重危害阻却。通常，行为符合本体构成即可认为行为具备严重危害，继而犯罪成立，但是不排除在特殊场合如果存在有关严重危害的阻却事由，由此犯罪成立所需的严重危害被阻却，则犯罪不能成立。犯罪成立是本体构成符合与危害阻却缺乏两者缩限评价的结论。见图34-1。

［3］**本体构成符合·积极要件**：**本体构成**是抽象的行为与行为人的入罪的肯定判断。**本体构成**是指刑法规范所规定的，对于说明某一具体行为的严重危害性具有决定意义，而为该行为构成犯罪所必需的客观与主观及事实与规范的要素的有序统一。本体构成是分则具体**犯罪的轮廓**，也是行为事实构成类型（客观事实要素）、行为违法性类型（客观规范要素）与行为人有责性类

---

① 关于这一犯罪构成理论体系的建构，笔者于**2006年**，在《犯罪论的比较与建构》（北京大学出版社）一书中，提出了犯罪成立的构成要件符合性（犯罪类型的轮廓）与严重社会危害性的双层一体结构，确立了二层次犯罪构成理论体系的总体框架（第88页）。**2010年**，在《论我国双层模式犯罪构成理论的建构》（载《犯罪研究》2010年第2期）一文中，明确将客观价值评价要素与主观价值评价要素纳入犯罪成立的本体构成符合的层面，进一步深化了双层模式的犯罪构成理论体系的具体架构（第19页）。**2014年**《犯罪论的比较与建构》（第二版，北京大学出版社，第87页）及**2015年**《刑法学》（北京大学出版社，第67页），明确将违法阻却事由与责任阻却事由统归于犯罪成立的严重危害阻却缺乏，且进一步明确界分出犯罪成立的积极要件（本体构成符合）与消极要件（严重危害阻却缺乏），并对本体构成符合的要素及危害阻却缺乏的要素予以阶位层次的展开，形成了双层多阶犯罪构成理论体系的全方位的体系性架构。**本书**对双层多阶犯罪构成理论体系的框架结构，各个构成要素的具体内容及其相互关联，该犯罪论体系在认定犯罪中的具体判断路径、价值基奠以及司法适用等，又作了更为具体与明确的理论阐释。

② **较之**大陆法系三阶层犯罪论体系，在具体犯罪的类型性意义上，其与构成要件符合性近似；而在具体内容上，其则包含了事实要素（构成要件）、规范要素（违法）、责任要素（责任）（见本节段7）。

③ 犯罪构成的**消极要件**，系犯罪构成的否定要件。这些要件的核心意义在于，对原本存在的要件的阻却，也即通常不具要件阻却而成立犯罪，但现在存在要件阻却则犯罪不成立（承担机能）。所谓消极意味着，在特殊场合当特定的事实特征具备时构成要件被阻却，而这一要件的肯定在入罪评价的进程中则是一种常态（内容指向）。

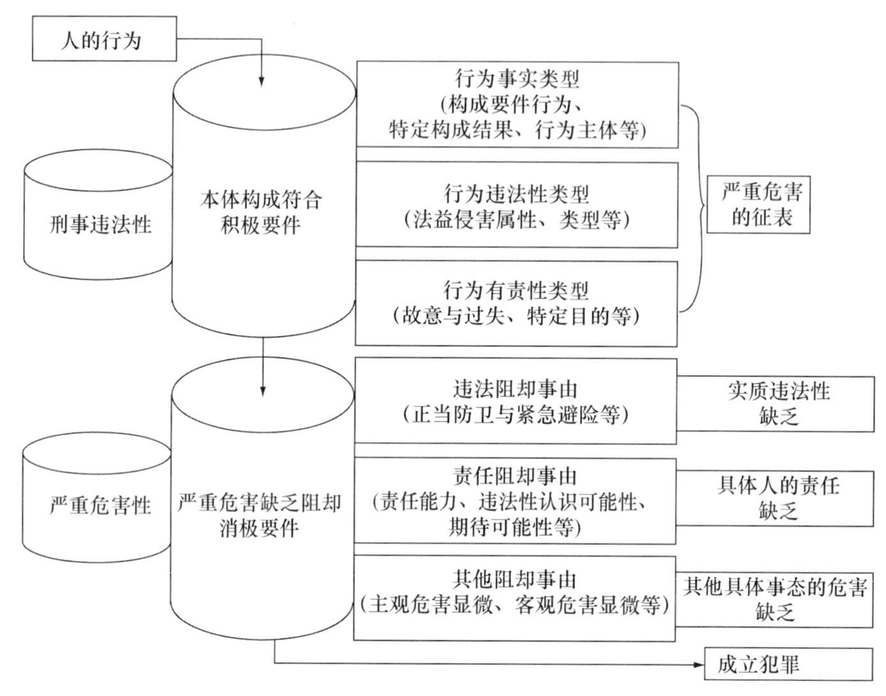

图 34-1 双层多阶犯罪论体系图

型(主观责任要素)。**(1) 客观事实要素**,是指刑法所规定的、说明行为的严重危害性而为行为构成犯罪所必需的、作为犯罪活动客观外在表现的事实特征。客观事实要素展示了犯罪成立所需的以行为为核心的一系列客观事实,**包括**:构成要件行为(其典型形态是实行行为),特定构成结果(包括因果关系),行为附随情状(包括行为对象、行为时间、行为地点、行为情境),行为主体,定量事实等。其中,构成要件行为与行为主体是客观事实要素的必备要素(各种具体犯罪成立的要素);特定构成结果是客观事实要素的选择要素(结果犯等完成形态的要素);特别要求的行为对象、行为时间、行为地点、行为情境等是客观事实要素的选择要素(某些具体犯罪成立的要素);定量事实是客观事实要素的选择要素(次数犯、数额犯、情节犯等的构成要素)。客观事实要素是对**行为事实构成类型**的描述,而行为事实构成类型是具体犯罪的轮廓(本体构成)的征表(**认识根据**)。**(2) 客观规范要素**,是指刑法所规定的、说明行为的严重危害性而为行为构成犯罪所必需的、构成要件行为造成刑法所保护的利益或价值的实害或危险而显示出的其无价值属性。具体表现为行为的法益侵害属性(**行为的违法性**,包括形式违法性与实质违法性)。这些被侵法益的类型包括:利益、权利、秩序、制度等所呈现的法益,以及个人法益、社会法益、国家法益，整体法益、类型法益、具体法益。就**犯罪的轮廓**（法律定型）而论，其具体表述**法益侵害的类型**与种类，也即具体揭示行为违反国家法律规范、社会伦理价值等制度规范而侵害法益的具体特点与性质。在本体构成符合阶层，客观规范要素的判断依凭客观事实要素的**具体征表**。客观规范要素以客观事实的价值评价为核心，唤起社会公众对于法律尊重与信奉，体现刑法的**一般预防**的机能。**(3) 主观责任要素**，是指刑法所规定的，成立犯罪所必需的，行为人实施构成要件行为时，对自己行为的危害结果所抱的心理态度以及其他说明行为危害性的有关心理状态。A. 就**横向次级要素**而论，其包括故意与过失的心理态度，以及特定目的、特定动机、特定明知、排除特定目的等心理状态。其中，故意与过失的心理态度是主观责任要素的必备要素（各种具体犯罪成立的要素）；特定目的、特定动机等心理状态是主观责任要素的选择要素（目的犯等某些犯罪形态的要素）。B. 就**纵深次级要素**而论，其既有事实描述也有规范评价。作为**事实描述**，主观心态的内容指向本体构成的客观事实要素，是针对这一客观事实的明知故犯或不意误犯；作为**规范评价**，主观心态的内容指向**规范意识欠缺**的意思活动，是针对这一意思活动应予的规范非难。其中，违法性知与欲的意思活动的否定构成故意规范评价的核心，违反注意义务的意思活动的否定构成过失规范评价的核心。在本体构成符合阶层，规范意识欠缺的判断（对规范的心态）依凭对客观事实要素的主观心态（对事实的心态）**具体征表**。主观责任要素以对行为人主观心态的规范评价为核心，唤起行为人对于规范意识的觉醒，体现刑法的**特殊预防**的机能。

［4］**危害阻却缺乏·消极要件**：这一要件是对犯罪成立所需严重危害性的特别审查，其讨论的核心是危害阻却。**危害阻却**以不同侧面指向严重危害的排除，是对具体的行为与行为人的入罪的否定判断。**危害阻却**，是指符合本体构成的行为，基于具体案件中特定场合的主观或者客观异常情况，而致原先基于一般场合本体构成符合而生的严重危害存在的判断被排除，进而犯罪的成立也被阻却。危害阻却是继犯罪成立之类型性判断（本体构成符合）之后，基于具体案件中的特殊情状而对具体行为与行为人的、以严重危害是否存在为内容的判断。危害阻却具体表现为行为客观面的违法阻却、行为人主观面的责任阻却以及其他严重危害阻却。**(1) 违法阻却**，包括正当防卫、紧急避险以及其他正当化事由等；**(2) 责任阻却**，包括缺乏责任能力、缺乏违法性认识可能性、缺乏期待可能性等；**(3) 其他严重危害阻却**，包括客观危害显微、主观危害显微等。

二、双层多阶犯罪构成理论体系的判断路径

[5] **本体构成的判断：(1) 本体构成之于危害阻却**：基于司法定罪的路径与犯罪成立的框架，本体构成属于犯罪成立的首要的、实在的、基本的评价。法定具体犯罪的设置皆以其具有严重危害为前提(抽象立法)，从而在通常场合，行为符合本体构成即可推定这一行为也具有严重危害(具体认定)；但是，在该行为事实出现严重危害阻却事由的场合(具体特殊事态)，行为的严重危害被阻却(见本节段 6)，从而行为不能成立犯罪。**(2) 本体构成内部的阶层**：就本体构成的内部结构的判断而论，本体构成的符合，是客观事实要素、客观规范要素与主观责任要素这三项要素逐层递进的肯定判断。本体构成的这三项要素，是定罪过程的呈现而非犯罪整体的侧面；进而，三项要素依次分为三个阶层，表现本体构成符合之评价的思维过程。**(3) 客观事实之于违法**：本体构成作为分则具体犯罪的轮廓，首当其冲的是其客观事实要素所具有的类型性表征，或者说，以行为为核心的客观事实特征(客观事实要素)，具有具体犯罪轮廓的标志性的类型性呈现。因此，在本体构成的框架中(犯罪成立的积极要件)，行为符合客观事实要素，即可也认为具有**行为的违法性**(客观规范要素)。**(4) 客观事实之于责任**：在本体构成的框架中，客观事实要素系行为违法性的征表。因此，主观责任要素中的针对客观事实的主观心态(对事实要素的心态)，亦为对违法性主观心态的标志(认识根据)。易言之，一般场合，行为人对于本体构成的客观事实具有知明故犯的故意或者不意误犯的过失，也就可以认为行为人对于自己行为的违法性也具有明知故犯的故意(见本段上文)，或者可以认为行为人存在违反注意义务的不意误犯的过失心态[①]**(规范意识欠缺)**。

[6] **危害阻却的判断**：刑法规定的所有具体犯罪均是以存在严重危害为前提的，我国《刑法》第 13 条前段对此即有明确的表述，有鉴于此，在犯罪成立的框架下，严重危害具备的肯定评价，依附于本体构成符合的肯定评价。严重危害侧重于实质内容，具体则由本体构成予以形式展示。在犯罪成立的判断中，严重危害评价的独立意义在于，基于特定事由的存在而肯定严重危害阻却，此即为**我国《刑法》第 13 条**“但书”的明确规定。[②] 这主要表现在，由于具体案件中出现的特殊异常情状，而生违法阻却事由、责任阻却事由、其他严

---

① 过失是以存在主观注意义务为前提的，对于过失的肯定评价也呈表里统一的样态。针对客观事实的主观心态是过失的形式征表，而这一征表又表述着违反注意义务的实质内容。

② 基于当然解释，行为缺乏危害固然不是犯罪。我国《刑法》第 13 条前段的犯罪定义是对全体具体犯罪之本质特征的宣示；第 13 条“但书”的出罪规定是对全体阻却事由之实质精神的宣示。

重危害阻却事由，而致本体构成类型性评价中的客观面与主观面的规范要素（行为的违法性、规范意识欠缺，见本节段5）被阻却，或者致本体构成相关事实所现的严重危害的肯定判断被阻却。由此，危害阻却，是具体性的判断，是否定性的判断，是实质性的判断，是继本体构成之后对犯罪成立条件的进一步限定。**(1) 违法阻却的判断**：作为类型性的判断，在本体构成中，行为符合客观事实要素，即可认为行为具有法益侵害要素，即具有行为的违法性。然而，作为具体性的判断，由于具体案件存在违法阻却事由，诸如，正当防卫、紧急避险等，则实质违法性被排除，行为的客观危害被阻却。在此，客观事实的价值评价所展示的已非分则具体犯罪的轮廓，而是基于具体案件所现特殊事由而致实质违法性的阻却，是对犯罪成立的否定。**(2) 责任阻却的判断**：作为类型性的判断，在本体构成中，具有针对客观事实的故意或过失的主观心态，即可认为存在以违法性的知与欲为内容的故意或存在具有违反注意义务的意思活动的过失，也即行为人存在规范意识欠缺的意思活动。然而，作为具体性的判断，由于具体案件存在责任阻却事由，诸如，缺乏责任能力、缺乏违法性认识可能性、缺乏期待可能性等，则主观责任的规范非难被排除，行为人的主观危害被阻却。在此，主观心态的价值评价所展示的已非分则具体犯罪的轮廓，而是基于具体案件所现特殊事由而致主观责任的阻却，是对犯罪成立的否定。**(3) 严重危害阻却的判断**：除了可以归入上述违法阻却与责任阻却中而排除严重危害的一些特殊的异常情况之外，也可能出现其他一些不宜归入其中的但具有排除严重危害价值的一些事由，这些事由可谓其他严重危害阻却事由。例如，具体案件事实表明行为人的人身危险性显著趋小，存在依法亦可不予入罪的事实情况。

三、双层多阶犯罪构成理论体系的价值基奠

[7] 犯罪构成，虽可基于客观方面与主观方面、事实描述与规范评价、抽象类型与具体判断、积极构成与消极构成、平面整合与分层递进、要素枚举罗列与评价线索演绎等的逻辑路径，予以具体展开。**但是**，各种犯罪论体系的比较分析表明：构成要件（犯罪的轮廓）的理论中心地位、犯罪成立条件的层次性、构成要件要素的主观与客观、描述与规范等，系属犯罪构成理论体系的必要规则；犯罪构成体系是罪刑法定原则思想的具体技术呈现，彰显刑法谦抑精神（见第19节段2），保障人权是其内在灵魂的根本所在，而保护社会也是其应有的兼顾体现；同时，犯罪构成体系作为一种犯罪评价理论，其也是对现实刑法规范的科学提升，刑法规范（实然刑法规定）是刑法理论最基本的实

证根据与事实平台(**法条实证**)。[①] 因此,应当建构适合我国《刑法》的双层多阶犯罪构成理论体系,而由抽象到具体、展示积极与消极、注重分层递进判断等,也应成为该体系建构的关键性的理论路径。

[8] 分则具体**犯罪的轮廓**,是对犯罪成立的全部要素的常态性(类型性)的表述(**法律定型**)。显然,这全部要素中包含着事实与规范、客观与主观、行为与行为人。这也是对犯罪成立的全部的**积极要素**的表述。对此,本书将之谓以本体构成(积极要件),并以三项阶层要素具体展开:客观事实要素、客观规范要素、主观责任要素(事实心态与规范心态)。在此,需要特别说明的是**危害阻却缺乏(消极要件)**设置的价值。

[9] 犯罪成立之危害阻却的设置,有其重要的理论意义与现实必要:**(1) 评价层次**:危害阻却层次的加入,构成了犯罪成立条件的双层次结构模式。第一层次为犯罪构成的本体构成符合,第二层次为犯罪构成的危害阻却缺乏,危害阻却则为犯罪成立的消极要件。由此,为犯罪构成理论的限制机能奠定了基础。**(2) 现实必要**:除了分则对于具体犯罪的设置存在定量因素之外,我国《刑法》总则对于所有具体犯罪存在普遍的严重危害的定量限定,此即为第13条的但书。在罪刑法定原则的框架下,将严重危害作为犯罪构成的消极要件,也是我国刑法定罪的总体观念与立法实然的反映。与此相应,大陆法系刑法立法对于犯罪概念少有表述,也鲜有对于犯罪予以综合定量限定的总则表述,不过其刑法理论也多侧面地以可罚底限的方式限定入罪。**(3) 应对实际**:可以更为灵活地应对现实案件处理的需要,使得对于符合本体构成的行为予以出罪,有了更为合理的解释路径。例如,敲诈勒索符合我国《刑法》第274条的规定,即符合该罪的本体构成,不过倘若具体案件存在"敲诈勒索近亲属的财物,获得谅解",或者存在"被害人对敲诈勒索的发生存在过错"且"情节显著轻微危害不大"的特殊事实,则可"不认为是犯罪"[②];奸淫幼女符合我国《刑法》第236条第2款的规定,即符合该罪的本体构成,不过倘若具体案件存在"已满14周岁不满16周岁的人偶尔与幼女发生性关系,情节

---

① 事实学,诸如**犯罪学**,通过经验性方法(实证方法)彰显其科学性,其理论的正确与否能够在社会事实中获得经验性的验证(关于经验性方法及犯罪学的学科特征,详见张小虎著:《当代中国社会结构与犯罪》,群众出版社2009年版,第38页)。而规范学,诸如**刑法学**,系通过思辨性方法构建分析性命题,其理论的正确性取决于:(1) 对于该学科长期凝结的基本规则的遵循,例如,刑法因果关系系客观归责问题,而不能将之混同于主观责任;(2) 架构基于实然刑法规定的知识体系,例如,我国《刑法》第13条的规定,就是我国刑法犯罪论的基本事实根据。此也乃刑法教义学研究之基本模式。

② 最高人民法院、最高人民检察院《关于办理敲诈勒索刑事案件适用法律若干问题的解释》(2013年)第6条。

轻微、未造成严重后果”的特殊事实，则“不认为是犯罪”[①]。

四、双层多阶犯罪构成理论体系的司法适用

[10] 对于**本体构成符合**的认定，根据分则具体犯罪的罪状规定即可，相对而言这较为明确。在此，需要特别说明的是**危害阻却事实特征**的规范根据及司法认定。

[11] **危害阻却事实特征的规范根据**：在我国目前法治进程阶段的社会背景下，基于我国《刑法》所体现的基本思想，就规范根据而言，阻却严重危害的事由应当以《刑法》的具体规定或合理的有权解释为限（**定罪法定**）。我国《刑法》第13条但书，只是精神原则的宣示而不能成为具体处理的具体根据。[②] **(1) 法治阶段**：改革开放以来，法治主义思想得到了空前的张扬，逐渐成为全社会一项不容置疑的价值标准，党和政府的执政活动也越来越多地步入法治轨道，法治国家的建设进程正得以全面地向前推进。然而，也应看到，我国有着长期的封建专制传统；民众的知识素质与公共意识有待增强；政治体制改革相对滞后；腐败现象不仅案发的纵深日益严重而且触及的广度渐趋宽泛，群体腐败、承续腐败等失范腐败的社会态势逐步漫延；人们的意识观念走向完全开放的自我游离，物质利益欲望缺乏有效约束，个人主义意识蚕食集体力量，有效而体系性道德标准流失，信仰、信任、信心危机多有呈现。这些意味着法治文化并未浸透到社会的各个角落，更没有成为广泛社会活动的践行。由此，严格遵循制度与彰显形式制约就显得尤其必要，这也是法治国建设进程所应有的特质。**(2) 刑法思想**：也是基于上述现实社会状况，我国《刑法》明确了四项原则：罪刑法定原则、罪刑均衡原则、适用刑法平等原则、法制原则。罪刑法定原则与罪刑均衡原则侧重刑法人权保障价值，体现刑法应有的谦抑精神；适用刑法平等原则与法制原则强调刑法面前人人平等与严格遵循刑法规定，兼有人权保障与社会保护的双重价值，既注重刑法的谦抑精神又彰显刑事法网的严密。关于罪刑法定原则、罪刑均衡原则、适用刑法平等原则的基本原则定位及其在《刑法》中的具体表述，这已为刑法理论所公认与明确。在此，本书所言我国《刑法》的法制原则，其法定根据在于第3条前段的表述：“法律明文规定为犯罪行为的，依照法律定罪处刑”。这一规定直接的核心的意义在于严格依法办案，而其基本前提必然是法律对于罪刑具有明确

① 最高人民法院《关于审理未成年人刑事案件具体应用法律若干问题的解释》（2006年）第6条。

② 类似道理，诸如，我国《刑法》第13条前段的犯罪定义，也不能成为具体犯罪认定的具体根据；我国《刑法》第61条的量刑规定，同样不能成为具体犯罪量刑轻重的具体根据。

规定，这就是“有法可依、有法必依、执法必严、违法必究”的法制原则。

［12］**危害阻却事实特征的形式承载**：相对于本体构成的事实特征而言，危害阻却事由并非作为本体构成要素的事实特征；而就犯罪成立的事实特征而言，作为消极要件的危害阻却的事由可谓承载于定罪事实的范畴，依存于罪前或罪中的表现。**（1）定罪事实**：严重危害系由本体构成表征，从而严重危害阻却事由的范畴亦与定罪事实或定罪情节密切相关。具体地说，严重危害阻却事由，与入罪的本体构成的若干事实特征相对，即针对实行行为、行为结果、行为对象、行为主体、行为情境、主观心态等要素，是具体案件特殊场合所存在的说明这些本体构成的要素的轻向事实特征，从而表现出的全案情节显著轻微危害不大。反之，有关本体构成以外的影响量刑的一些事实特征，有的虽有轻向意义[①]进而也可谓是对危害不大的说明，但其却不是对定罪危害的说明而只为罪外危害的展示，从而并不属于本处阻却定罪危害的事由。**（2）罪前罪中**：严重危害阻却事由承载说明出罪的机能，入罪事实严格限定于行为时，不过出罪事实则可延伸至行为前，无行为则无犯罪但有行为则未必有罪。例如，虽有符合本体构成的行为，但是行为人的先前生活背景等事实表明其不具有人身危险性，这一说明不具有人身危险性的事实即为严重危害阻却的罪前事由之一。同时，这里出罪也是基于基准犯罪构成（基准犯）而具体展开，由此出罪事由原则上表现为罪前与罪中的一些轻向事实特征。反之，有关罪后的行为及其结果等事实特征，有的虽也具有说明危害轻向的意义，但是其却不应成为这里的出罪事由。当然，罪后的有关轻向事实特征可以成为量刑情节的一个方面；罪后的有关重向事实特征也可成为定罪情节［见本段（4）特别说明］。**（3）立法得失**：基于上述“定罪事实”与“罪前罪中”的分析，将基准犯既遂后的有关轻向事实作为量刑情节的立法值得肯定，反之将其作为出罪事由的立法则值得推敲。对此，我国《刑法》均有表现：A. 值得肯定：第 276 条之一（拒不支付劳动报酬罪）第 3 款“有前两款行为，尚未造成严重后果，在提起公诉前支付劳动者的劳动报酬，并依法承担相应赔偿责任的，可以减轻或者免除处罚。”本处的“有前两款行为，尚未造成严重后果”是指构成本罪的基准犯。B. 值得推敲：第 201 条（逃税罪）第 4 款前段“有第 1 款行为，经税务机关依法下达追缴通知后，补缴应纳税款，缴纳滞纳金，已受行政处罚的，不予追究刑事责任”。本处的第 1 款行为包括逃税罪的基准犯与加重犯。**（4）特别说明**：量刑事实固然可以是罪后事实，而定罪事实在基准犯的层面原则上呈现为罪中或罪前的事实。不过，定罪事实也可表现为有关罪

---

① 例如，积极退赔、罪后自首等。

后的事实，这主要存在于加重犯、包容犯、转化犯等的立法例中。例如：A. 加重犯：《刑法》第133条（交通肇事罪）中段、后段的交通肇事后"逃逸"、"因逃逸致人死亡"，构成交通肇事罪的加重犯，处加重法定刑。B. 包容犯：《刑法》第171条（出售、购买、运输假币罪……）第3款的伪造货币并"出售或者运输伪造的货币"，构成伪造货币罪从重处罚。C. 转化犯：《刑法》第241条（收买被拐卖的妇女、儿童罪）第2款的收买被拐卖的妇女"强行与其发生性关系"，构成强奸罪。

五、犯罪论体系中相关概念的区别

[13] **犯罪成立中的要素阻却与要素缺乏的区别**：在犯罪成立的判断中，要件或要素的缺乏与要件或要素的阻却是有区别的两个概念。**(1) 要素缺乏**，意味着在抽象类型性的判断中（本体构成的评价阶段），这一要素基于一般场合的原则性判断就未得到肯定。而作为这一缺乏判断根据的：就事实要素而言，表现为本体构成的某一事实要素或某一具体要素内部结构的事实特征的不具备，例如，作为缺乏身体动作；就规范要素而言，表现为本体构成的某一规范要素或某一具体要素内部结构的规范特征的不具备，例如，过失缺乏注意义务。在犯罪成立中，事实特征是基本的承载，从而事实评价的缺乏对于规范评价的缺乏具有决定意义。例如，缺乏构成要件行为，则客观事实要素缺乏，而客观事实要素缺乏，则无从论及行为违法性的客观规范要素。**(2) 要素阻却**，意味着在抽象类型性的判断中，这一要素基于一般场合的原则性判断曾经获得肯定；但是，在犯罪成立的具体审查中，基于具体案件存在不同于一般场合的特殊的异常情况，从而原先曾被肯定的要素现被否定。在此，具体审查的内容针对严重危害的审查，作为判断的事实根据是超出本体构成的事实特征的特定事由。这里，要素阻却就是指危害阻却。例如，一般场合，符合本体构成客观事实要素的行为，即具有行为违法性的客观规范判断，但是由于存在正当防卫或紧急避险等特殊情况，则行为的实质违法性被阻却；一般场合，具有针对本体构成客观事实的故意，即可认为也具有针对行为违法性的故意，但是由于存在违法性认识缺乏或违法性认识错误的事由，则行为人的故意责任被阻却。

[14] **危害阻却事由与处罚阻却事由的区别**：应当注意，这里的严重危害的阻却事由，其超越本体构成的要件或者要素的部分，与大陆法系刑法理论所称的"**客观处罚条件**和**处罚阻却事由**"，也有着重要区别。虽然两者均可为

超越本体构成要件或者要素的事实[①]，但是两者各自的理论地位与承担机能却不相同。在本书双层多阶犯罪构成理论体系的视野下，严重危害的阻却事由，置身犯罪成立之危害阻却缺乏的框架，承担违法阻却、责任阻却以及其他严重危害阻却的独立评价的出罪功能，即为犯罪成立的消极要件；而客观处罚条件和处罚阻却事由，系属构成要件、不法与责任之外的范畴，其将某些事实特征的客观存在作为可罚性的附加条件，从而排除对其故意或过失的要求。[②]

第35节　我国有期徒刑的形成

[1] 有期徒刑是现代世界各国主要的刑罚方法，在应对犯罪的刑事处置中具有一定的典型性，对之予以宽严相济刑事政策指导下的制度性的考究，具有重要意义。例如，设置交叉法定刑（见本节段18）、提高有期徒刑的最高法定刑使之与无期徒刑合理衔接等，这些都是贯彻区别对待与宽严相济的应有的制度平台。

一、奴隶制时期的萌芽

[2] 中国奴隶制时期始于夏，终于周[③]，刑罚以肉刑、死刑为主体，刑罚手段残酷。[④] 不过，在这种主流中，也略渗有自由刑的表现。从渊源上来看，自由刑可表为流刑、徒刑。

[3] **流刑**：流刑的基本特征是将受刑人放逐迁徙到荒僻边远地区的惩罚方法。有的学者主张，古代法（灋）字，原来就有流放的含义；在虞舜中期以前，流放表现为，罪犯被投于江河之内，随水漂去，大多为水淹死；虞舜中期以后，改革流放的执行方法，罪犯被戴上戒具，并多数免溺死。[⑤] 由此可见，早在五帝时代即有流刑记载。据《史记》记载，五帝、夏朝、商朝、周朝均有流放的

---

① 关于客观处罚条件的理论地位，详见张小虎：《论处罚条件理论及其形态消释》，载《河南财经政法大学学报》2014年第2期。

② 关于可罚性条件与严重危害特征的理论机能比较，详见同上。

③ 据《史记》（汉代，司马迁著），周前的断代划分为五帝、夏、殷、周。周谷城先生基于朝代，将中国古代史划分为夏、商、周、秦、汉。参见周谷城著：《中国通史》，上海人民出版社1957年版，第28—29页。郭沫若先生指出："夏、殷、周三代的生产方式是只能是奴隶制度。"参见郭沫若著：《奴隶制时代》，科学出版社1956年版，第3页。

④ 据考，夏朝确立了五刑：辟、膑、宫、劓、墨；商朝沿用夏朝五刑：墨、劓、宫、刖、辟；西周仍然承袭五刑：墨劓、宫、剕（刖）、辟。参见钱大群主编：《中国法制史教程》，南京大学出版社1987年版，第26—52页；张晋藩主编：《中国法制史研究综述》，中国人民公安大学出版社1990年版，第24—25页。

⑤ 参见宁汉林、魏克家著：《中国刑法简史》，中国检察出版社1997年版，第231—232页。

刑罚。(1)五帝时,舜帝嘱咐刑官皋陶说:"皋陶,蛮夷猾夏,寇贼奸宄,汝作士,五刑有服,五服三就;五流有度,五度三居;维明能信。"[①]其中"五流"即指五种流放。(2)夏朝时,"帝桀之时……桀不务德而武伤百姓,百姓弗堪……汤修德,诸侯皆归汤,汤遂率兵以伐夏桀。桀走鸣条,遂放而死。"其中,"放"即指流放。(3)商朝时,"帝太甲既立三年,不明,暴虐,不遵汤法,乱德,于是伊尹放之于桐宫……帝太甲居桐宫三年,悔过自责,反善,于是伊尹乃迎帝太甲而授之政。"其中,"放"亦指流放。(4)周朝时,"成王少,周初定天下,周公恐诸侯畔周,公乃摄行政当国。管叔、蔡叔群弟疑周公,与武庚作乱,畔周。周公奉成王命,伐诛武庚、管叔、放蔡叔"。其中,"放"乃指流放。[②]

[4] **徒刑**:徒刑的基本特征是将受刑人拘禁于一定的场所强制服劳役的惩罚方法。(1)商朝时,已有监狱的记载,当时称"圉"。据考,殷墟发掘出的卜辞,其中:"㚔"字,就是刑具的象形字;"执"字,即人跪地手戴梏形;"圉"字,即方框中之人跪地戴梏,意为牢狱;还有王命小臣"作圉"的记载。[③](2)周朝时,已有较为确切的劳役记载,时称"圜土""嘉石"。据《大司寇》,周时"以圜土聚教罢民。凡害人者,置之圜土而施职事焉,以明刑耻之。其能改过,反于中国,不齿3年。其不能改而出圜土者杀。凡害人者,弗使冠饰而加明刑焉,任之以事而收教之。能改者,上罪3年而舍,中罪2年而舍,下罪1年而舍。其不能改而出圜土者,杀。虽出,3年不齿。凡圜土之刑人也不亏体,其罚人也不亏财。"周时"以嘉石平罢民。凡万民之有罪过而未丽于法而害于州里者,桎梏而坐诸嘉石,役诸司空。重罪旬有3日坐,朞役;其次9日坐,9月役;其次7日坐,7月役;其次5日坐,5月役;其下罪3日坐,3月役。使州里任之,则宥而舍之。"

二、封建制时期的统一

[5] 中国封建制时期始于秦,终于清[④],刑罚依然以死刑、肉刑为主体,但是流刑、徒刑作为重要的刑罚方法,也得以确立并统一。

---

① 本节下引,若未特别注明,均引自司马迁著:《史记》。

② 周朝分为西周与东周,东周又经历了春秋、战国两个时期。春秋时期,重大的法制事件有:公元前536年,郑国子产铸刑书;公元前501年,郑国邓析制竹刑;公元前513年,晋国赵鞅铸刑鼎。战国时期,重大的法制事件有:魏文侯时,李悝制订《法经》;秦孝公时,商鞅变法,第一次变法始于公元前359年(孝公6年),第二次变法始于公元前350年。

③ 参见冯克诚、田晓娜主编:《中国通史》(上),青海人民出版社1998年版,第16页。

④ 具体历经:秦、汉(西汉、东汉)、三国(魏、蜀、吴)、两晋(西晋、东晋)、十六国、南北朝、隋、唐、宋、辽、金、西夏、元、明、清。

[6] **秦朝时**,刑罚方法相当繁杂,流刑当时主要称"迁"[①],徒刑主要有"城旦舂""鬼薪白粲""隶臣妾""司寇""候"[②];**汉朝时**,文帝、景帝实施了废除肉刑的改革,总体上刑罚方法有所简略,承秦"迁"刑,汉称"徙边",徒刑亦基本承秦制,主要有"城旦舂""鬼薪白粲""隶臣妾""司寇""罚作复作""输作左校""输作右校"等。**三国两晋南北朝时**,封建制五刑趋于形成。《北齐律》将刑罚体系规定为"死、流、刑、鞭、杖"五刑,为其后的封建制五刑奠定了基础。在《北齐律》中,徒刑称"刑(罪)",不过其意相同。同时,流刑在刑罚体系中得以正式确立,流刑成为轻于"死"而重于"徒"的刑罚。**隋朝时**,《开皇律》在废除枭首、轘裂、鞭刑等的基础上,确立了"死、流、徒、杖、笞"五刑共计 20 等。《隋书·刑法志》记载:"其刑名有五:一曰死刑二,有绞,有斩。二曰流刑三,有 1000 里,1500 里,2000 里。应配者,1000 里居作 2 年,1500 里居作 2 年半,2000 里居作 3 年。应住居作者,三流俱役 3 年。近流加杖 100,一等加 30。三曰徒刑五,有 1 年,1 年半,2 年,2 年半,3 年。四曰杖刑五,自 50 至于 100。五曰笞刑五,自 10 至于 50。"**唐朝时**,《永徽律》(据此,长孙无忌撰著《义疏》,通称《唐律疏义》)[③],是我国封建制立法的典型代表,也是"笞、杖、徒、流、死"封建制五刑形成的标志。《永徽律》规定的刑罚体系为:笞刑五:笞 10(赎铜 1 斤),20(2 斤),30(3 斤),40(4 斤),50(5 斤);杖刑五:杖 60(赎铜 6 斤),70(7 斤),80(8 斤),90(9 斤),100(10 斤);徒刑五:1 年(赎铜 20 斤),1 年半(30 斤),2 年(40 斤),2 年半(50 斤),3 年(60 斤);流刑三:2000 里(赎铜 80 斤),2500 里(90 斤),3000 里(100 斤);死刑二:绞、斩(赎铜 120 斤)。此外,有加重流刑"加流役"。

三、清末民国时期的引进

[7] 1840 年鸦片战争以后,中国逐步沦为半殖民地半封建社会。迫于形势,清末统治者慈禧于 1901 年宣布实行"新政",并下诏变法。1910 年 4 月 7 日,在修改《大清律例》的基础上,制定颁布了《大清现行刑律》,将刑罚体系改为"死、遣、流、徒、罚金",从而取代了"笞、杖、徒、流、死";12 月 25 日,在仿照德、日刑法的基础上,制定颁布了《大清新刑律》,将刑罚体系更定为:主刑,包

---

① 例如,"五十年十月,武安君白起有罪,为士伍,迁阴密。"(《史记·秦始皇本纪第五》)"八年,王弟长安君成蟜将军击赵,反,死屯留,军吏皆斩死,迁其民于临洮。"(《史记·秦始皇本纪第六》)"盗不盈 220 以下到 1 钱,迁之"。(《秦简》)"敢有诈伪者……伍人户一盾,皆迁之。"(《秦律杂抄》)迁也有举家迁徙的意思。

② 周密教授对此归纳为:流刑(自由刑)5 种;徒刑 32 种。参见周密著:《中国刑法史纲》,北京大学出版社 1998 年版,第 451—452 页。

③ 唐律先后共四部:《武德律》《贞观律》《永徽律》《开元律》。

括死刑、无期徒刑、有期徒刑、拘留、罚金，从刑，包括褫夺公权和没收。其中的“拘留”即相当于“拘役”；由此，自由刑种类为“无期徒刑”“有期徒刑”“拘留”。

[8] 1911年辛亥革命推翻了封建帝制，建立了中华民国。1912年，北洋政府在清末《大清新刑律》的基础上，制定颁布了《中华民国暂行新刑律》；1928年，蒋介石政府颁布了《中华民国刑法》（又称旧刑法）；1935年，蒋介石政府又修正颁布了《中华民国刑法》（又称新刑法）。这三部刑法典，在刑罚体系的总体结构上，基本沿袭了《大清新刑律》的立法模式：刑罚分为主刑与从刑；主刑包括死刑、无期徒刑、有期徒刑、拘役、罚金；从刑包括褫夺公权、没收。

四、革命根据地时期的表现

[9] 1919年五四运动，揭开了新民主主义革命的序幕。1921年，中国共产党成立以后，领导人民进行了创立新中国的斗争，其间经历了土地革命时期（1927—1937年）、抗日战争时期（1937—1945年）、解放战争时期（1945—1949年），在各根据地解放区，制定颁布了一系列的刑事法律，为新中国的刑罚制度奠定了基础。这一时期的刑罚种类，散见于各种规范性法律文件中，主要有：“死刑”①“无期徒刑”②“有期徒刑”“监禁”③“定期劳役”④“拘役”⑤“褫夺公权”⑥“取消公民权”⑦“没收财产”“罚金”“驱逐出境”等等。其中，类似现行有期徒刑的刑种包括：有期徒刑、监禁、定期劳役。

[10] 关于**有期徒刑**，当时的法规，有的没有明确刑期，有的设置了一定的区间。例如，1939年《陕甘宁边区抗战时期惩治汉奸条例》（草案）规定：“犯第

---

① 例如，1934年《中华苏维埃共和国惩治反革命条例》所规定的刑罚种类有死刑、监禁、没收财产（第39条）、剥夺公民权（第39条）、驱逐出境（第29条）；1939年《陕甘宁边区抗战时期惩治汉奸条例（草案）》所规定的刑罚种类有死刑、有期徒刑、没收财产、罚金。

② 例如，1942年《晋冀鲁豫边区危害军队及妨害军事工作治罪暂行条例》第1条规定：“有下列行为之一者处死刑、无期徒刑，或5年以上有期徒刑……”

③ 实际相当于有期徒刑，只是称谓不同。例如，1934年《中华苏维埃共和国惩治反革命条例》规定的监禁刑期种类有“10年为最高限度”（第40条）、“3年以上”（第5条）、“1年以上”（第6、7、19、26条）、“2年以上”（第8、28条）、“1至5年”（第10、13条）、“6个月以上”（第12、14、21、23、24、25、27条）。

④ 例如，1948年《晋冀鲁豫边区破坏土地改革治罪暂行条例》规定，“当众批评警告、撤销公职、定期取消公民权、定期劳役、死刑”五种处罚方法（第2条）；其中，劳役可以是“1年以上5年以下”、“1年以下”（第4条）、“3年以下”（第5条）、“2年以下”（第6条）。对于当时的**“徒刑”与“劳役”**的关系，需作进一步的考究，不过，从新中国成立后司法部对“劳役”的解释看，其似乎更趋近于管制不予关押而在地方上强制劳动的特征。详见1956年司法部《对江西省司法厅关于徒刑和劳役改造如何区别问题的复函》。

⑤ 参见1942年《晋察冀边区惩治贪污条例》第4条。

⑥ 参见1942年《晋察冀边区处理伪军伪组织人员办法》第6条。

⑦ 参见1948年《晋冀鲁豫边区破坏土地改革治罪暂行条例》第2条。

3 条各款之罪者，视情节之轻重判其有期徒刑或死刑，并没收本犯之全部财产或处以罚金。”1942 年《晋冀鲁豫边区危害军队及妨害军事工作治罪暂行条例》规定：“有下列行为之一者处死刑无期徒刑，或 5 年以上有期徒刑……”关于**监禁**，较为典型的立法例，是 1934 年《中华苏维埃共和国惩治反革命条例》的规定。其“监禁期限，以 10 年为最高限度”（第 40 条）；监禁刑期种类有“10 年为最高限度”（第 40 条）、“3 年以上”（第 5 条）、“1 年以上”（第 6、7、19、26 条）、“2 年以上”（第 8、28 条）、“6 个月以上”（第 12、14、21、23、24、25、27 条）、“1 至 5 年”（第 10、13 条）。关于**劳役**，可举的立法例，是 1948 年《晋冀鲁豫边区破坏土地改革治罪暂行条例》的规定。该条例规定了“当众批评警告、撤销公职、定期取消公民权、定期劳役、死刑”5 种刑种（第 2 条），其中“定期劳役”仅次于“死刑”；法定刑幅度包括“1 年以上 5 年以下”“1 年以下”“3 年以下”“2 年以下”。

五、新中国成立后的确立

[11] 这一时期的有期徒刑立法可以分为三个阶段：散在的法规；1963 年《刑法草案》；1979 年《刑法》；1997 年修订的《刑法》。其中，1997 年修订的《刑法》为现行刑法，将予专题论述。

[12] **新中国建立初期**颁布的一系列规范性文件，对有期徒刑规定的特点：(1) 刑期：有期徒刑的最高年限，一般不超过 15 年，有特殊情况时可以提高至 20 年①；(2) 执行场所：主要有监狱（关押重刑犯并不适宜监外劳动）、劳改管教队（适宜在监外劳动）、少年犯管教所（关押 13 周岁以上未满 18 周岁的少年犯）②；(3) 执行内容：劳动改造，贯彻惩罚管制与思想改造相结合，劳动生产与政治教育相结合的方针③；(4) 刑期折抵：刑期从判决执行之日起计算，判决确定前先行羁押的，羁押 1 日折抵刑期 1 日④；判决前因同一行为被行政拘留的，被拘留的日期，应予折抵刑期⑤。

---

① 参见 1953 年最高人民法院、司法部《对华东分院关于有期徒刑最高年限的批复》；1950 年最高人民法院西北分院《为徒刑最长可至 20 年必要时可处无期徒刑的通令》。

② 参见 1954 年《中华人民共和国劳动改造条例》第 3、13—22 条。

③ 1954 年《中华人民共和国劳动改造条例》第 4、25 条。

④ 参见 1953 年最高人民法院《关于“三反”中被判处徒刑、劳役或机关管制的贪污分子其刑期起算问题的通知》；1951 年最高人民法院《对华东分院关于被告在诉讼中死亡的裁判问题及裁判前羁押日数的折抵问题之意见》第 2 条；1957 年最高人民法院《对云南省高级人民法院关于在伪政权关押之刑事犯羁押日数如何折抵刑期问题的复函》；1955 年最高人法院《对新疆军区生产建设兵团军事法院关于 1955 年以前被判处徒刑犯人的刑期起算问题的批复》。

⑤ 1957 年最高人民法院《对浙江省高级人民法院关于行政拘留日期应否折抵刑期等问题的批复》。

[13] **1963年《刑法草案》**，是1979年《刑法》的雏形，该《刑法草案》对有期徒刑作了具体规定，表现出如下特征：(1) 有期徒刑制度：将有期徒刑作为一种独立的主刑之一①，并于第三章第四节对徒刑（包括有期徒刑与无期徒刑）的期限、内容、执行场所、刑期计算等作了具体规定，确立了有期徒刑制度。(2) 总则期限：有期徒刑的期限，为6个月以上15年以下；在数罪并罚或者无期徒刑减为有期徒刑的时候，可以到20年（第43条）。(3) 法定刑幅度：分则所设置的有期徒刑法定刑幅度主要有如下情形：10年以上、7年以上、5年以上；1年以上7年以下、3年以上10年以下、5年以上10年以下②；7年以下、5年以下、3年以下、2年以下③、1年以下④。(4) 具体执行：被判处有期徒刑的犯罪分子，凡有劳动能力的，在监狱或者其他劳动改造场所实行劳动改造（第44条）。(5) 刑期计算：有期徒刑的刑期，从判决执行之日起计算；判决执行以前先行羁押的，羁押1日折抵刑期1日（第45条）。

[14] **1979年《刑法》**对于有期徒刑的规定，内容与1963年《刑法草案》的规定完全一样，除了有关刑期与具体执行条文的文字表述方式有所调整以外，其他表述完全一致。文字表述的变化具体表现为：(1) 刑期：《刑法草案》第43条后段"但书"对有期徒刑可以到20年的情形作了例外规定："在数罪并罚或者无期徒刑减为有期徒刑的时候，可以到20年。"而1979年《刑法》，对此在有期徒刑的规定中未予特别说明，但同样的内容在数罪并罚制度、死刑制度中仍有明确规定：数罪并罚"……有期徒刑最高不能超过20年"（第64条）；"判处死刑缓期执行的……如果确有悔改并有立功表现，2年期满以后，减为15年以上20年以下有期徒刑……"(2) 具体执行：《刑法草案》第44条一句贯之，"被判处有期徒刑、无期徒刑的犯罪分子，凡有劳动能力的，在监狱或者其他劳动改造场所实行劳动改造"；同样的内容，1979年《刑法》第41条分句陈述，"被判处有期徒刑、无期徒刑的犯罪分子，在监狱或者其他劳动改造场所执行；凡有劳动能力的，实行劳动改造"。

[15] 由此观之，1979年《刑法》，相对简洁明快地构建了有期徒刑制度的基本框架。相对于1979年《刑法》，1997年修订的《刑法》除了对有期徒刑的最高刑期予以特别说明外，未作任何变动。所作的说明是："……除本法第54条、第69条规定外……"（第45条）。这实际上是指在死缓改为有期徒刑（第

---

① 1963年《刑法草案》第28条，将主刑规定为拘役、管制、有期徒刑、无期徒刑、死刑五种，其中有期徒刑介于管制与无期徒刑之间。

② 《刑法草案》第163条贪污罪。

③ 《刑法草案》第169条虐待罪、第192条非法狩猎罪。

④ 《刑法草案》第149条故意传播花柳病罪、第203条私自开拆、隐匿、毁弃邮件、电报罪。

50条)、数罪并罚(第69条)情况下,有期徒刑的刑期根据相应条文的规定,而这些条文与1979年《刑法》的相应条文一样,均将有期徒刑的最高刑期限定为"20年以下"(第50条)"不能超过20年"(第69条)。由此可见,实质性的内容仍未有任何变动。

第36节　国外有期自由刑

[1] 有期自由刑[①]是当代刑罚的主流刑种,世界各国无不如此。当然,在有期自由刑的名称、刑期、内容、执行等方面,各国现行刑法典的规定也都有所差异。兹择如下部分作一介绍:俄罗斯刑法中的有期自由刑;法、日、意刑法中的有期自由刑。

一、俄罗斯刑法中的有期自由刑

[2] 1996年《俄罗斯刑法典》规定的刑罚体系是:主刑9种;附加刑4种;主刑兼附加刑的3种。[②] 其中,与我国有期徒刑颇为类似是"一定期限的剥夺自由",其特点是:**(1) 主刑之一**:此前,在历次苏俄刑事立法中,剥夺自由均为重要刑种之一。[③] 1996年《俄罗斯刑法典》将"一定期限的剥夺自由"作为纯粹的主刑之一[④]。其在刑罚体系中,列于"拘役""军纪营管束"之后、"终身剥夺自由"之前,从而是重于拘役而又轻于终身剥夺自由的刑种。[⑤] **(2) 适用对象**:剥夺自由在刑罚体系中占据着相当大的比重;在司法实践中,剥夺自由也适用得相当频繁;具有高度社会危害性的严重犯罪大多适用剥夺自由;剥夺自由也适用于被判处死刑的人获得特赦的,以及恶意逃避服劳动改造或限制自

---

① 鉴于本处所讨论的有期徒刑主题,这里的"有期自由刑"是指排除了"短期自由刑"而与我国有期徒刑雷同的自由刑。关于短期自由刑,详见张小虎著:《刑罚论的比较与建构》(上卷),群众出版社2010年版,第101—123页。

② 《俄罗斯刑法典》(1996年)第45条。

③ 1919年《苏俄刑法指导原则》第25条,作为"刑罚种类"之一的"定期或截至一定事实发生前之不定期的剥夺自由";1922年《苏俄刑法典》第32条,作为"刑罚"之一的"严格隔离或不隔离的剥夺自由";1924年《苏联及各加盟共和国刑事立法基本原则》第13条,作为"司法改造性的社会保卫方法"的"严格隔离的剥夺自由"与"不加严格隔离的剥夺自由";1927年《苏俄刑法典》第20条,作为"司法改造性的社会保卫方法"的"在苏联边远地方劳动改造营中的剥夺自由"与"一般监禁场所中的剥夺自由"(1934年,将"司法改造性的社会保卫方法"更名为"惩罚");1961年《苏俄刑法典》第21、22条,作为"主刑"之一的"剥夺自由"。

④ 这里"纯粹的主刑",相对于"主刑兼附加刑"而言。

⑤ 《俄罗斯刑法典》(1996年)第44、45条。

由刑的人。[①] 可见，剥夺自由适用的具体犯罪，由轻至重，范围极其广泛。**(3) 具体内容**：根据犯罪人特征、罪行轻重等不同，将被判刑人分押于劳动改造机构、劳动改造营或者监狱等不同场所[②]，与社会隔离[③]；根据被判刑人的表现和劳动态度，可以由法院变更被判刑人服刑的劳动改造机构的种类[④]；被判处剥夺自由的人在劳动改造机构中分开关押[⑤]；被判处剥夺自由的人，一般应该在一个劳动改造营、监狱或劳动教养营服满整个刑期；在被判刑人患病等特殊情况下，允许将其从一个劳动改造营（监狱）移送到同一种类的另一个劳动改造营（监狱）继续服刑。[⑥] **(4) 执行场所**：被判处剥夺自由的人，在其居住地或者判刑地的俄罗斯联邦主体境内的劳动改造机构服刑；在特殊情况下，根据被判刑人的健康状况等，被判刑人可以被移送到俄罗斯联邦其他主体境内的相应劳动改造机构服刑；对于特定种类的被判刑人[⑦]，应当送往相应的劳动改造机构所在地服刑。[⑧] **(5) 刑期**：总则规定剥夺自由最高与最低的总体刑期极限：一般场合，剥夺自由的期限为2个月以上20年以下；在数罪并罚时，剥夺自由的最长刑期不得超过25年[⑨]，而在数个判决合并处刑时，不得超过30年[⑩]。分则规定对应于具体犯罪的相对确定的法定刑幅度，例如，玩忽职守过失造成人员健康严重损害或人员死亡的，处5年以下剥夺自由[⑪]，逼供的，处3年以下剥夺自由，使用暴力、侮辱或酷刑实施逼供的，处2年以上8年以下的剥夺自由[⑫]。

二、法、日、意刑法中的有期自由刑

[3] 法国、日本、意大利均为大陆法系国家，这些国家刑法中的有期自由

---

① 〔俄〕库兹涅佐娃、佳日科娃主编：《俄罗斯刑法教程》（总论）上卷，黄道秀译，中国法制出版社2002年版，第622—623页。

② 根据《俄罗斯刑法典》第56条第1款、《俄罗斯刑事执行法典》第74条的规定，剥夺自由执行场所的类型有教养营、医疗性改造机构、改造营、监狱。各种执行场所，分别羁押不同类型的罪犯。

③ 《俄罗斯刑法典》（1996年）第56条第1款。

④ 《俄罗斯刑事执行法典》第78条。

⑤ 《俄罗斯刑事执行法典》第80条。

⑥ 《俄罗斯刑事执行法典》第81条。

⑦ 指作为特别危险的累犯的被判刑人、被判处终身剥夺自由的人、被判处在监狱服剥夺自由刑的人、被判处死刑获特赦而被改判剥夺自由的人、被判刑的妇女、未成年被判刑人以及被判刑的外国公民和无国籍人。《俄罗斯刑事执行法典》第73条第3款。

⑧ 《俄罗斯刑事执行法典》第73条。

⑨ 俄罗斯刑法的数罪并罚，是指判决前一人犯数罪以及判决后发现漏罪的处刑情形。

⑩ 《俄罗斯刑法典》（1996年）第56条。俄罗斯刑法的数个判决合并处罚，是指判决后在刑罚执行期间犯罪分子又犯新罪的处刑情形。

⑪ 《俄罗斯刑法典》（1996年）第293条。

⑫ 《俄罗斯刑法典》（1996年）第302条。

刑也各有特色。**(1) 法国刑法中的徒刑、监禁**：在《法国刑法典》的刑罚体系中，类似于我国有期徒刑的刑种主要有：徒刑或拘押（自然人重罪刑罚）；监禁（自然人轻罪刑罚）。其特点是：A. 适用对象：徒刑与拘押仅适用于重罪；并且拘押仅适用于“危害国家基本利益罪”；监禁仅适用于轻罪。例如，《法国刑法典》第 411-4 条规定：“同外国国家、外国企业或组织通谋，或者受外国控制，或同外国工作人员通谋，以图挑动敌视法国或侵犯法国之行动的，处 30 年拘押……”B. 刑期：总则规定刑期幅度界点。其中，徒刑或拘押的最高界点为 30 年、20 年、15 年，最低界点为 10 年[①]；监禁的最高界点为 10 年、7 年、5 年、3 年、2 年、1 年、6 个月[②]。分则规定法定刑幅度的最高界点。例如，“越狱罪处 3 年监禁”[③]，意味着越狱罪处 3 年以下监禁。C. 执行：1 年及其以下的监禁刑，作为特殊情况在原住所附近的监狱服刑[④]；犯人在监狱服刑的刑期等于或低于 5 年的，可以在一些特殊的服刑机构服刑[⑤]；依犯人刑罚的种类、年龄、身体健康状况和性格，将犯人在各监狱机构分配[⑥]。**(2) 日本刑法中的惩役、监禁**：《日本刑法典》规定的主刑，由重至轻[⑦]有死刑、惩役、监禁、罚金、拘留和科料，附加刑为没收[⑧]。其中，惩役、监禁分为有期惩役与无期惩役、有期监禁与无期监禁[⑨]，而有期惩役、有期监禁类似我国的有期徒刑，其特点是：A. 适用对象：惩役与监禁是刑罚体系的核心刑种，基本上可以适用于所有的具体犯罪，监禁适用于非无耻动机的犯罪或者过失犯罪[⑩]。B. 刑期：总则规定惩役、监禁最低与最高的总体刑期极限。有期惩役为 1 个月以上 15

---

① 《法国刑法典》(1994 年)第 131-1 条。

② 《法国刑法典》(1994 年)第 131-4 条。同时，规定减轻处罚时，监禁不得低于 2 年或 1 年。《法国刑法典》(1994 年)第 132-18 条。

③ 《法国刑法典》(1994 年)第 434-27 条。

④ 《法国刑事诉讼法典》(1959 年)第 717 条第 3 款。

⑤ 《法国刑事诉讼法典》第 717 条。

⑥ 《法国刑事诉讼法典》第 718 条。

⑦ 《日本刑法典》(1907 年)第 10 条。

⑧ 《日本刑法典》(1907 年)第 9 条。

⑨ 《日本刑法典》(1907 年)第 12、13 条。

⑩ 主要有：内乱罪（第 77 条）、预备和阴谋内乱罪（第 78 条）、帮助内乱罪（第 79 条）、私战预备和阴谋罪（第 93 条）、违反中立命令罪（第 94 条）、妨害执行公务和职务强要罪（第 95 条）、骚乱罪（第 106 条）、多众不解散罪（第 107 条）、业务上失火罪（第 117 条之 2）、妨害水利和引起水患罪（第 123 条）、业务过失导致交通危险罪（第 129 条第 2 款）、制作虚伪诊断书罪（第 160 条）、行使伪造的私文书罪（第 161 条）、对礼拜场所不敬和妨害传教等罪（第 188 条）、公务员滥用职权罪（第 193 条）、特别公务员滥用职权罪（第 194 条）、特别公务员暴行、凌辱、虐待罪（第 195 条）、参与自杀和同意杀人罪（第 202 条）、业务上过失致死伤罪（第 211 条）、毁损名誉罪（第 230 条）。

年以下[①],有期监禁亦同[②],数罪并罚时可突破15年[③]。分则规定对应于具体犯罪的相对确定的法定刑幅度。例如,伤害致死罪,处2年以上有期惩役[④]。C. 执行:惩役是拘禁在监狱内服一定劳役;监禁是拘禁在监狱内[⑤]。因此,惩役与监禁的区别在于,惩役具有劳役内容,而监禁则没有。**(3) 意大刑法中的有期徒刑**:《意大刑法典》也按重罪与违警区分刑种。重罪主刑有死刑、无期徒刑、有期徒刑、罚金;违警罪主刑为拘役、罚款;另有重罪附加刑与违警罪附加刑。其中,有期徒刑与我国有期徒刑相似,其特点表现为:A. 对象:是仅适用于重罪的主刑;重于罚金,轻于无期徒刑;在重罪分则中适用范围极其广泛,几乎覆盖所有具体重罪。B. 刑期:总则规定有期徒刑的最低与最高的总体刑期极限,具体为15日至24年。分则规定对应于具体犯罪的相对确定的法定刑幅度。例如,杀人罪,处以21年以上有期徒刑[⑥]。C. 执行:在为有期徒刑指定的监狱场所中执行,服刑期间必须劳动并且实行夜间隔离;被判处有期徒刑的人,在至少服刑1年后,可以获准参加室外劳动。[⑦]

[4] **综上**,国外类似我国有期徒刑的有期自由刑具有如下特点:**(1) 名称**:称谓不一,有的称作"一定期限的剥夺自由"(俄罗斯),有的谓之"徒刑、拘押、监禁"(法国),有的采用"惩役、监禁"(日本)。**(2) 对象**:是刑罚体系中的核心主刑,基于刑期总体幅度大并具有较大可分割性的特点,因而适用范围极为广泛,几乎可以适用于分则所有的具体犯罪。**(3) 执行**:均实行较为严格的监禁拘押;根据犯罪人特征、罪行轻重等,分押分管;基本均具有强制劳动的内容[⑧]。**(4) 刑期**:通常是总则规定有期自由刑的最高与最低的刑期极限(刑期区间)(俄罗斯、日本、意大利),也有的规定有期自由刑的刑期幅度界点(法国)。分则规定对应于具体犯罪的相对确定的法定刑幅度。

---

① 《日本刑法典》(1907年)第12条。
② 《日本刑法典》(1907年)第13条。
③ 《日本刑法典》(1907年)第47条。
④ 《日本刑法典》(1907年)第205条。
⑤ 《日本刑法典》(1907年)第12、13条。
⑥ 《意大利刑法典》(1931年)第575条。
⑦ 《意大利刑法典》(1931年)第23条。
⑧ 除日本的监禁。不过事实上,被处监禁的罪犯,请求从事劳动的,可以允许(《日本监狱法》第26条);被允许劳动的人,没有正当事由,不能不劳动(《日本监狱法》第64条)。

第37节　我国有期徒刑的特征与完善

[1] 我国有期徒刑表现出制度简洁、幅度大、劳动改造等特点。基于我国有期徒刑的一些不足方面，应当在扩大有期徒刑刑期区间、调整有期徒刑刑期等级、注意法定刑设置的交叉等方面，进一步完善我国的有期徒刑。

一、有期徒刑的概念与特征

[2] **有期徒刑**，是指剥夺犯罪分子一定期限的人身自由，实行强制劳动改造，在监狱或者其他执行场所执行的刑罚方法。我国现行有期徒刑具有如下**特征**：

[3] **有期徒刑制度**：表现出相对简洁的特色。有期徒刑与无期徒刑均属于徒刑，我国《刑法》将两者并列，由第三章第四节统辖；该节对有期徒刑的有关问题作了具体规定，囊括了有期徒刑制度的基本内容，包括有期徒刑的期限、具体执行、刑期计算等。在刑罚体系及有期徒刑的制度框架上，1997年修订的《刑法》沿袭了1979年《刑法》的结构。有期徒刑属于主刑之一，只能独立适用；列于拘役之后无期徒刑之前，表明轻于拘役重于无期徒刑①。在条文的表述上，我国《刑法》有关有期徒刑制度的规定仅用3个条文。相关内容清晰明了：第45条规定了有期徒刑的期限；第46条规定了有关有期徒刑的执行；第47条明确了有期徒刑的刑期计算。

[4] **有期徒刑对象**：表现出全面覆盖的特色。有期徒刑是刑罚体系的主体刑种，并且刑罚跨度较大(6个月以上15年以下)、法定刑幅度种类多样(15种)，因此可以适应于由轻至重各种梯度等级的具体犯罪，是我国刑罚体系中唯一的，除第133条之危险驾驶罪之外，其余所有罪名均有适用的刑种。有期徒刑的分则条文适用率约89%。我国《刑法》分则所规定的有期徒刑的**幅度种类**是：1年以下，2年以下，3年以下，5年以下；1年以上3年以下②，2年以上5年以下③，2年以上7年以下，3年以上7年以下，3年以上10年以下，5年以上10年以下，7年以上10年以下④；5年以上，7年以上，10年以上，15年⑤。

---

① 我国《刑法》第33条。

② 我国《刑法》第322条后段[偷越国(边)境罪]。

③ 我国《刑法》第270条第1款。

④ 我国《刑法》第390条之一第1款后段(对有影响力的人行贿罪)。

⑤ 此为我国《刑法》第140条所规定的法定刑(生产、销售伪劣产品“……销售金额200万元以上的，处15年有期徒刑或者无期徒刑……”)。严格来讲，就有期徒刑而言，其不存在幅度。

而法定刑**幅度界点**为1年[①]、2年[②]、3年、5年、7年、10年、15年。

[5] **有期徒刑内容**：表现出剥夺自由、劳动改造的特色。(1) 剥夺自由：被判处有期徒刑的犯罪分子，依法受到相对严格的拘押监禁，被剥夺人身自由。(2) 劳动改造：被判处有期徒刑的犯罪分子，凡有劳动能力的，都应当参加劳动，接受教育和改造。[③] (3) 报酬待遇：《刑法》对于有期徒刑的劳动报酬未予明确，然而从管制同工同酬、拘役酌量报酬的规定看，重于管制与拘役的有期徒刑应当没有报酬，实践中有期徒刑一般也是没有报酬的[④]。不过，我国现行《监狱法》规定，"监狱对参加劳动的罪犯，应当按照有关规定给予报酬"。[⑤]

[6] **有期徒刑期限**：表现出幅度大、变化多的特点。(1) 幅度大：有期徒刑的幅度相当大，具体表现在：一般情况，6个月以上15年以下[⑥]；数罪并罚，最高不超过20年或25年[⑦]；死缓减为有期徒刑，为25年[⑧]。可见，总体上，有期徒刑的刑期跨度由6个月起直至25年止。(2) 变化多：也正因为有期徒刑整体幅度相当大，因而在整体幅度的框架内，具体的法定刑幅度(有期徒刑在分则中的具体表现)类型相当多，如上文所述，计有7个幅度界点、15种幅度，可以较为灵活、合理地对应于轻重不同的各种具体犯罪。

[7] **有期徒刑执行**：表现出以监内为原则、以监外为例外、分押监管的特色。(1) 监狱执行：我国《刑法》规定，有期徒刑在监狱或者其他执行场所执

---

① 我国1997年修订的《刑法》规定自由刑法定刑刑期，以 *1* 年为界限的条款有：第252条(侵犯通信自由罪)、第322条[偷越国(边)境罪]。

② 我国1997年修订的《刑法》规定自由刑法定刑刑期，以 *2* 年为界限的条款有22个条文：第140条(生产、销售伪劣产品罪)、第205条之一(虚开发票罪)、第209条第2款(非法制造、出售非法制造的发票罪)、第210条之一(持有伪造发票罪)、第221条(损害商业信誉、商品声誉罪)、第222条(虚假广告罪)、第227条(伪造、倒卖伪造的有价票证罪)、第251条(非法剥夺公民宗教信仰自由罪、侵犯少数民族风俗习惯罪)、第253条第1款(私自开拆、隐匿、毁弃邮件、电报罪)、第254条(报复陷害罪)、第257条(暴力干涉婚姻自由罪)、第258条(重婚罪)、第260条(虐待罪)、第270条(侵占罪)、第284条(非法使用窃听、窃照专用器材罪)、第304条(故意延误投递邮件罪)、第318条[组织他人偷越国(边)境罪]、第364条(传播淫秽物品罪)、第376条第2款(战时拒绝、逃避服役罪)、第383条第4款(贪污罪)、第395条第2款(隐瞒境外存款罪)、第416条第2款(阻碍解救被拐卖、绑架妇女、儿童罪)。

③ 我国《刑法》第46条。

④ 劳动成果的一部分可由狱政机关直接补贴到罪犯的伙食中。

⑤ 我国《监狱法》第72条。

⑥ 我国《刑法》第45条。

⑦ 我国《刑法》第69条。

⑧ 我国《刑法》第50条。

行。[①] 现行监禁场所一律称为监狱。[②] 除缓刑、假释、监外执行等特殊情况外[③],有期徒刑均应收监执行[④]。(2)短期余刑执行:交付执行前剩余刑期为3个月以下的,由看守所代为执行。[⑤] (3)监外执行[⑥]:对于被判处有期徒刑的罪犯,符合法定条件的,可以监外执行。A. 可予监外执行的情形有:有严重疾病需要保外就医的;怀孕或者正在哺乳自己婴儿的妇女[⑦];对于生活不能自理,适用暂予监外执行不致危害社会的罪犯。[⑧] B. 有关监外执行的决定有:在交付执行前,暂予监外执行由交付执行的人民法院决定;在交付执行后,暂予监外执行由监狱或看守所提出书面意见,报省级以上监狱管理机关或者设区的市一级以上公安机关批准。[⑨] (4)假释执行:被判处有期徒刑的犯罪分子,执行原判刑期1/2以上,确有悔改表现,没有再犯罪危险,假释后对居住社区没有重大不良影响的,可以假释[⑩];有期徒刑的假释考验期限,为没有执行完毕的刑期[⑪];被假释的犯罪分子,由社区矫正机关予以监督,如果没有发现应当撤销假释的法定情形,假释考验期满,就认为原判刑罚已经执行完毕。[⑫] (5)分押监管:对于收监执行的犯罪分子应当分押分管,具体包括:A. 基于犯罪人分押分管:监狱对成年男犯、女犯和未成年犯实行分开关押和管理,对未成年犯和女犯的改造,应当照顾其生理、心理特点。[⑬] 对未成年犯应当在未成年犯管教所执行。[⑭] B. 基于罪行表现分押分管:监狱根据罪犯的犯罪类型、刑罚种类、刑期、改造表现等情况,对罪犯实行分别关押,采取不同方式管理。[⑮] C. 基于刑期表现等级分管:分押分管的管理形式,通常分为三级,即从严管理、普通管理、从宽管理的3个档次,罪犯的宽严待遇也相应地与分押分

---

① 我国《刑法》第46条前段。

② 我国《监狱法》第2、39条。

③ 严格而论,我国缓刑属于"刑罚执行犹豫制度"中的"附条件免除执行",是有条件地不执行原判刑罚。而我国假释属于附条件免除余刑监禁的执行,是在行刑过程中对于原判刑罚余刑的执行方式的轻向调整。

④ 我国《监狱法》第2条第2款。

⑤ 我国《刑事诉讼法》第253条。

⑥ **监外执行**,是指对于本应在监狱内执行的罪犯,由于存在某种法定的特殊情形而不宜收监,因此暂时将其放在监外,由其居住地公安机关负责执行原判刑罚的一种变通执行制度。

⑦ 我国《监狱法》第17条、《刑事诉讼法》第254条。

⑧ 我国《刑事诉讼法》第254条第1款。

⑨ 我国《刑事诉讼法》第354条第5款。

⑩ 我国《刑法》第81条。

⑪ 我国《刑法》第83条。

⑫ 我国《刑法》第85条。

⑬ 我国《监狱法》第39条第1款。

⑭ 我国《刑事诉讼法》第253条。

⑮ 我国《监狱法》第39条第2款

管的管理形式等级相吻合。

［8］**刑期折抵**：表现出先行羁押与剥夺自由的对等。行为人在判决执行之前，可能被采取强制措施或者因同一事由受到行政处罚，其中不失剥夺自由而予羁押的逮捕、刑事拘留、行政拘留[①]等，这些判决执行以前的先行羁押，同样具有痛苦性[②]，应予折抵刑期。有期徒刑与先行羁押均具有剥夺人身自由的典型特征，在这一点上两者是相同的。为此，我国《刑法》第47条规定："有期徒刑的刑期，从判决执行之日起计算；判决执行以前先行羁押的，羁押1日折抵刑期1日。"非羁押的监视居住与取保候审期间，不予折抵刑期。

二、有期徒刑的利弊

［9］**利弊考察**：综观我国刑法理论，关于有期徒刑的利弊，存在如下见解：**（1）有期徒刑的优点**：A. 发挥教育改造功能：有期徒刑刑期幅度较大，有利于行刑机构根据罪犯特点进行针对性的教育改造，更符合特殊预防的需要。B. 具有广泛的适用性：有期徒刑不但刑期幅度大，而且具有可分割性，可以适用于由轻至重严重程度不同的各种具体犯罪。C. 体现罪刑相适应与刑罚个别化：有期徒刑刑期幅度大又具有可分割性，从而可以通过其本身的刑期差别，同罪行与人身危险性各不相同的犯罪与犯罪人相适应。[③] **（2）有期徒刑的不足**：A. 刑期过剩与不足：有期徒刑的宣告刑与实际改造所需时间不相吻合，形成"刑期的剩余"或"刑期的不足"，从而影响刑罚特殊预防目的的实现。B. 相互恶习感染机会：有期徒刑为某些恶习未改的人相互传授犯罪伎俩、传播犯罪思想提供了机会，这比无期徒刑或拘役的相应表现更为严重。C. 造成罪犯社会适应不良：罪犯与社会隔离，造成重新与社会生活适应的问题；而谴责与否定性的社会评价，也会演化成罪犯出狱后的被歧视。[④]

［10］**利弊分析·优点**：有期徒刑的优点与不足是客观存在的。优点突出地表现在：**（1）阶梯悠长，等级匀称**：阶梯悠长，表现在有期徒刑的刑期自最低至最高，拥有相当长的幅度，其间可以造就众多级别的阶梯；等级匀称，表现在有期徒刑以年月日为单位，易于分割，可以根据客观需要进行各个级别的具体设置。这是有期徒刑的根本优点。**（2）覆盖犯罪范围广泛**：有期徒刑阶

---

① 因同一事由，在被判处有期徒刑以前受到行政拘留、劳动教养等行政性剥夺自由处罚的，其剥夺自由的期间应予折抵刑罚的刑期。

② 固然，两者的内容与目的等并不一致，由此折抵问题在理论上存在争议。但不论怎样，可予折抵是相对合理的。

③ 参见樊凤林主编：《刑罚通论》，中国政法大学出版社1994年版，第200—201页。

④ 同上书，第201—202页。

梯悠长的特征，决定了有期徒刑可以应对罪行以及人身危险性程度，由轻至重的各种具体犯罪；有期徒刑等级匀称的特征，决定了有期徒刑可以较为灵便地运用等级砝码，使刑与罪微调相称，罚当其罪。这是有期徒刑的派生优点。**(3) 行刑调整余地充分**：有期徒刑是刑罚体系的核心刑种，在各种配套制度上也相对比较成熟。行刑中的刑期调整，可以达到罪刑相适应的动态效果以及最大程度实现刑罚目的。对于3年以下有期徒刑，可以适用缓刑、减刑等，对于其他有期徒刑可以适用减刑、假释等。**(4) 教育改造进程稳妥**：相对而言，有期徒刑的刑期较长却又不失可预期性，这样既可以避免无期徒刑在罪犯心理上形成的无望感觉，又可以提供较为充足的时间，便于行刑机构针对犯罪人的具体特征，有计划、分步骤地实施矫正措施，同时根据信息反馈予以调整。

[11] **利弊分析·不足**：有期徒刑的**不足**突出地表现在：**(1) 交叉感染**：在这个问题上，**差异交往理论**的确有着相当的解释力。尽管分押分管，但是实质上的差异交往不可避免，而且在有期徒刑的情况下，时间相对更长。**(2) 社会适应**：有期徒刑监禁的刑期相对较长，与大众社会的长期隔离，的确会在一定程度上造成罪犯对现行社会的陌生，形成其回归社会后的重新适应社会问题。**(3) 标签阴影**：犯罪的评价是一种最严厉的谴责与否定，而受到有期徒刑的处罚更是一种犯罪评价的有形象征，由此基于**标签理论**，徒刑标签难免会给罪犯的今后生活造成阴影。**(4) 刑期断层**：我国有期徒刑最高刑期是15年(25年)，而15年至无期之间的跨度较大，形成断层，由此无法较为合理地应对社会危害性程度在这跨度之间的一些犯罪。**(5) 幅度无序**：我国有期徒刑的法定刑幅度从0差、半年、1年半、2年半、3年、4年、4年半、5年、6年、7年、8年直至10年(见本节段16及其注释)，由此使有期徒刑法定刑的递增缺乏应有的规则。**(6) 等级不明**：总则对于有期徒刑的等级界点未予明确，分则法定刑设置的幅度界点为1年、2年、3年、5年、7年、10年、15年。幅度界点意味着法定刑的起止，近似等级界点，但需明确。**(7) 缺乏交叉**：分则具体犯罪的法定刑设置，高低衔接紧凑而无交叉，这固然使法定刑的层次更为明晰，但是却显得过于僵硬，不利于应对具体犯罪情况复杂的罪状形态。[①]

三、有期徒刑的完善

[12] 有期徒刑是刑罚体系的核心刑种，几乎成为刑罚的象征，自然无从论及有期徒刑的废除。然而，有期徒刑的不足使得有期徒刑的完善成为有期

① 例如，我国《刑法》第234条将故意伤害罪的法定刑设置为“3年以下有期徒刑”(轻伤)、“3年以上10年以下有期徒刑”(重伤)、“10年以上有期徒刑、无期徒刑或者死刑”(致死)。

徒刑议题的焦点之一。

（一）有期徒刑完善考察

［13］综观我国刑法理论，关于有期徒刑的完善，存在如下见解：**(1) 提高法定最高刑期**：可以将我国有期徒刑最高刑期提高至25年，数罪并罚或死缓减刑时不超过30年，同时限制无期徒刑的适用范围。① **(2) 缩短法定刑的幅度**：限制法定刑幅度，上下限之间幅度以不超过5年徒刑为宜，同时通过司法解释，将幅度较宽的法定刑适用情况具体化。② **(3) 刑罚制度补救措施**：这主要是指减刑、假释、缓刑等制度，在一定程度上对“刑期过剩”的避免，以及缓刑制度对“交叉感染”的补救。**(4) 增加有期徒刑交叉**：对于涉及数额的犯罪，模仿《关于惩治贪污罪贿赂罪的补充规定》(1988年)第2条的立法，设置有期徒刑的交叉规定。**(5) 设计有期徒刑等级**：可以考虑将有期徒刑分为10个等级：2年、4年、6年、8年、10年、12年、14年、16年、18年、20年。相应地，刑法规定加重或减轻的若干等。③ **(6)制定加刑制度**：在总则第四章“刑罚具体运用”中增设“加刑”一节，或者在分则妨害社会管理秩序罪章中增设“抗拒劳动改造罪”。**(7) 制定行刑社会化制度**：监狱设施开放化、受刑人狱外工作制以及受刑人归假制度等，都可以结合我国具体国情加以改进试行。**(8) 制定行刑分别化制度**：我国现行的分押分管行刑制，只是以所判刑期长短为根据。应当根据犯罪人人身危险性程度的不同，在不同场所分别执行刑罚。④

（二）有期徒刑完善辨析

［14］针对有期徒刑较为突出的不足，可以对现行有期徒刑进行如下完善。关于本题的简明表述，可见**表37-1**。

［15］**扩大有期徒刑刑期区间**：许多国家有期自由刑的刑期，在非特殊情况下，均超过了15年。⑤ 我国有期徒刑的期限，一般情况为6个以上15年

---

① 参见马克昌主编：《刑罚通论》，武汉大学出版社1999年版，第161页。也有的学者提出，将有期徒刑的上限提高到20年，数罪并罚不得超过25年。参见陈兴良著：《刑法适用总论》(下卷)，法律出版社1999年版，第194—195页。

② 参见马克昌主编：《刑罚通论》，武汉大学出版社1999年版，第161页。有的学者提出：有期徒刑的幅度以2年以下、3年以下、5年以下为宜，废除10年的幅度，以便执法。参见陈兴良著：《刑法适用总论》(下卷)，法律出版社1999年版，第195页。

③ 参见陈兴良著：《刑法适用总论》(下卷)，法律出版社1999年版，第195—197页。

④ 参见樊凤林主编：《刑罚通论》，中国政法大学出版社1994年版，第204页。也有的学者提出：建立延长刑期制度、实行行刑分别化、实行开放性改造措施。参见高格：《论进一步完善我国的刑罚制度》，载杨敦先等编：《刑法发展与司法完善》，中国人民公安大学出版社1989年版，第149页；王作富主编：《刑法完善专题研究》，中央广播电视大学出版社1996年版，第245—246页。

⑤ 例如，俄罗斯的剥夺自由的期限，为2个月以上20年以下，特殊情况可达30年；法国的徒刑(或拘押)刑期的最高界点为30年；意大利有期徒刑的期限为15日至24年；瑞士重惩役的刑期，最低为1年，最高为20年[《瑞士刑法典》(1937年)第35条]。

以下。[①] 比较诸多国家的立法，基于犯罪由轻至重的层次连续，由此刑罚阶梯也应当相对平缓，不宜过大跳跃。而15年有期徒刑直接升至无期徒刑，其间跨度过大，不利于罪刑相适用原则的贯彻，也给广泛采用无期徒刑的重刑倾向留下了余地。有鉴于此，考虑到人的自然寿命规律，可以将我国有期徒刑的最高刑期增至25年，数罪并罚时不超过30年。

[16] **建立法定刑幅度序列化**：我国现行《刑法》分则的法定刑设置模式表明，法定刑幅度存在12种情形[②]。可以考虑3年有期徒刑作为重罪与轻罪法定刑的标志；参照法国重罪徒刑的等级界点，以5年作为一个幅度。由此，形成有期徒刑应对犯罪重轻的一些界点[③]：3年、5年、10年、15年、20年、25年。基于这些界点，确定法定刑幅度规则：A. 对于3年以下，法定刑幅度不宜拉得过宽，以2年、3年为宜；B. 对于3年至5年，可以将法定刑幅度设置为3年；C. 对于5年至14年[④]，法定刑幅度以适中为宜，可以设置为5年；D. 对于14年以上，法定刑幅度可以适当放宽，具体设置为7年。[⑤]

[17] **调整有期徒刑刑期等级**：5年以下刑期等级差距一般为1年；5年以上刑期等级差距一般为2年。由此，应由《刑法》总则明确规定，有期徒刑法定刑的**等级界点**为：1年、2年、3年、4年、5年、6年、8年、10年、12年、14年、16年、18年、20年、22年、25年。结合上述法定刑幅度规则，《刑法》分则可以将有期徒刑的法定刑类型设置为：1年以下，2年以下，3年以下、1—3[⑥]，1—4，5年以下、2—5，1—6，2—7，5—8，4—9，5—10，7—12，9—14、7—14，9—16，11—18，13—20，15—22，18年以上。

[18] **注意法定刑设置的交叉**：所谓A、B交叉，表现为A与B部分重合并且部分分离；A是B的一部分或B为A的一部分，均不属于交叉，而是包容。

---

① 我国有期徒刑的期限，为6个以上15年以下，特殊情况可达25年。也有些国家有期自由刑的刑期与我国的近似，例如，德国的有期自由刑最高为15年，日本的有期惩役(有期监禁)为1个月以上15年以下。

② 0差(15年)、半年(1年以下)、1年半(2年以下)、2年(1年以上3年以下)、2年半(3年以下)、3年(2年以上5年以下、7年以上10年以下)、4年(3年以上7年以下)、4年半(5年以下)，5年(2年以上7年以下、5年以上10年以下、10年以上)、7年(3年以上10年以下)，8年(7年以上)、10年(5年以上)。括号内为我国《刑法》分则所设置的法定刑幅度模式。

③ 这一界点，拉得比较粗疏，并为设置法定刑幅度而考虑，还不能等同于有期徒刑的等级界点。

④ 此处取值14年，是基于考虑到等级界点设置在14年上。关于等级界点，见本节段17。

⑤ 法定刑幅度的宽与窄，各有利弊。A. 宽的优点表现在：法定刑幅度大，则包容的罪状相对丰富，立法较为粗疏，有利于适应立法技术尚不够完善的情形；罪状相对丰富，包容量较大，使法律具有较大灵活性，便于应对社会现实；法定刑幅度大，有利于法官根据具体案件的情况适当量刑。B. 窄的优点表现在：法定刑幅度小，则罪状相对明确外延较小，有利于体现刑法的明确性；法定刑幅度小，可以限制法官的自由裁量权，便于量刑的统一与严格执法。

⑥ "1—3"，意味着1年以上3年以下。下同。

例如，“1—3”与“2—5”即为交叉。法定刑设置的交叉意味着，就《刑法》分则规定具体犯罪的罪与刑而言，对应于不同罪状的法定刑幅度之间，应当存在一定的交叉。例如，《刑法》可以对虐待罪的法定刑作如下规定：虐待家庭成员，情节恶劣的，处2年以下有期徒刑……犯前款罪，致使被害人重伤、死亡的，处1年以上6年以下有期徒刑……

[19] **注重人身危险性而分押**：在刑罚执行上，设置不同性质的改造场所，赋以宽严管押不同、改造侧重有别的行刑内容；同时，基于人身危险性的评价[①]，结合罪犯其他特征、罪行轻重等的差异，对罪犯进行分类；将不同类别的罪犯置于不同性质的改造场所，实施相应的矫治，执行中基于一定的条件可予适当调整。对此，俄罗斯剥夺自由的执行具有一定的参考价值。少年犯管教所，以羁押未成年犯为主；医疗改造机构，主要羁押与生理恶习密切相关的罪犯；普通改造机构，羁押普通罪犯，并且复分为若干等级；监狱，羁押重刑犯、累犯等罪犯。

[20] **构建刑罚执行消灭制度**：有期徒刑的一些不足，几乎是“先天性”的[②]，“交叉感染”“社会适应”“标签阴影”，这些弊端根深蒂固，但却可最大程度地予以削减。除了上述完善刑罚执行中的分管分押等措施以外，可以进一步完善缓刑、减刑、假释等制度，使刑期、执行方法更为贴近罪犯个体。同时，应当建立我国的刑罚消灭制度。加刑制度有违刑法基本原则，不过，可以建立与完善罪犯回归社会后的生活保障与继续矫正制度，对社会特殊群体予以特别关注，这也是国家的责任。

表37-1　有期徒刑等级界点、幅度规则、法定刑幅度对应表

等级界点	幅度规则	法定刑幅度
1;2;3	2	1－;2－;1—3
	3	3－
3;4;5	3	1—4;2—5
5;6;7;8;9;10;12;14	5	5－;1—6;2—7;5—8;4—9;5—10;7—12;9—14
14;16;18;20;22;25	7	7—14;9—16;11—18;13—20;15—22;18＋

说明：(1) 数字单位为年；(2) “－”表示以下，“＋”表示以上；(3) “A－B”表示A年以上B年以下。

① 尽管人身危险性测量技术尚未根本解决，不过在宣告刑既已确定的框架下，在刑罚执行的层面，对于人身危险性的评价予以重视，符合刑罚以报应为基底兼顾预防的目的。

② 例如，被判处有期徒刑犯罪分子的社会适应问题，只要较长时间的监禁总会或多或少存在，而不予监禁又失去了有期徒刑的基本特征；再如，被判处有期徒刑犯罪分子的标签阴影问题，只要认定犯罪予犯罪分子以刑罚处罚，这种标签效应就会存在；个体罪犯的差异总是客观存在的，再详尽的分管分押，也难以为每一个罪犯设置一个矫正场所(单独监禁已被历史否定)。

第九章　宽严相济政策的再犯预防的处遇制度

[1] 危险行为与保安处分是刑事近代学派思想在刑事处置制度上的一个重要体现，而刑事政策基于刑事近代学派的思想及其繁荣得以充分张扬，保安处分制度与刑事政策思想两者有着共同的思想背景。若制度称作形式则思想可谓实质，保安处分的制度形式有其刑事政策的思想实质。具体而论，危险行为与保安处分的刑事处置路径呈现预防再犯的核心线索，展示罪犯处遇的精神脉络与制度平台①。显然，以实现再犯预防为宗旨的罪犯处遇，更需其制度形式具有较大柔韧的宽严空间，而宽严相济政策正为这一制度的价值取向提供了思想基础。易言之，宽严相济政策强调刑事处置宽与严的区别对待与相互救济，在制度上强调宽严兼容的相对广阔平台，在效益上不失关注罪犯的再犯预防，这与危险行为保安处分的应有制度建构与精神宗旨紧密相连。

第38节　保安处分的演进

[1] 人类早期的刑罚制度，出于复仇、报应、抚慰神灵的震怒、赎罪等理念，基于当时低下的生产力、对犯罪的无知与恐惧以及粗犷的心灵，盛行生命刑、肢体刑、耻辱刑，辅以自由刑、财产刑。这些充斥于古代与中世纪的法典。这一时期，并无典型意义的作为针对社会危险行为的社会防卫措施，刑罚淹没了制裁手段。② 严格意义上的保安处分，是近代的产物，并由理论发轫，到制度肇始，经由学派争鸣，走向成熟定型。

[2] **刑事古典学派**强调绝对罪刑法定主义，危险行为并非犯罪，没有犯罪也就没有刑罚，由此，保安处分并无依存的理论根基；**刑事近代学派**倡导社会

---

① 基于危险特征的犯罪人类型与相应的保安处分措施的制度设置本身即具有特殊预防与罪犯处遇的风格，或曰这种制度模式是其相应精神价值的住所。

② 1532年，神圣罗马帝国的《卡洛林纳刑法典》第176条规定："对于一些预想实施犯罪行为的人，在缺乏使其将来不实施犯罪之保障的场合，应科以不定期的保安监置。"中世纪英国于监狱外建立了诸多感化院，例如，布莱德威尔感化院，用于收容流浪汉并强迫他们劳动。尽管如此，这些"保安监置""感化院"等仍沉没于浩瀚的刑罚之中，而无独显的意义。例如，布莱德威尔感化院实际上也被政府作为监狱，犯人也被送到这里监禁。

防卫思想，推崇刑罚替代措施[①]，刑罚不能有效地遏制犯罪，而予消解，由此，保安处分兴起却淹没于社会政策之中；**折衷主义**崇尚相对罪刑法定原则[②]，兼顾人权保障与社会保护，由此，保安处分得以与刑罚并驾齐驱，保安处分趋于理论成熟并展现于刑法。

一、观念发轫与奠定

［3］**克莱因的观念发轫**：德国学者**克莱因**(E. F. Klein)是现代保安处分理念的鼻祖。18世纪末叶，产生了刑罚与保安处分的概念之争。克莱因在其著作《保安处分的理论》中，将保安处分与刑罚予以区分，提出了如下见解：**(1) 刑罚应对犯罪**：刑罚针对现实犯罪的行为与行为人的否定评价而予发动，并且其种类与限度在判决中予以准确地规定。**(2) 保安处分应对危险行为**：保安处分针对行为人的犯罪危险性，在其危险性并非属于犯罪恶害时发动，并且具有不定期的内容。**(3) 刑罚与保安处分同为终极目的**："公共安宁与幸福"是刑罚与保安处分所共有的终极目的；这一目的将两者贯穿起来；保护法益、特别预防，均为此目的。**(4) 保安处分可以用于刑罚执行**：对于一定的犯罪人，虽然适用了刑罚，但是在刑罚执行完毕之后，必要时也可以将之置于矫正机构予以保安改善处分。**(5) 刑罚与保安处分共由法官确定**：基于保障公民自由，刑罚由法院宣判，并且对一定的行为人是否科以保安处分，也必须由法官确定，而不能取决于警察或行政长官。克莱因的这些见解划定了现代意义的保安处分的基本特征。但是，这些见解，有违于作为当时思想主流的**刑事古典学派**的基本理念。其中，费尔巴哈(Paul Johann Anselm Feuerbach，1775—1833)的罪刑法定主义与黑格尔(George Wilhelm Friedrich Hegel，1770—1831)的报应刑主义，直接消解着克莱因保安处分的思想基础。基于

---

① 刑事近代学派的著名代表**菲利**，认为"经验使我们确信刑罚几乎完全失去了威慑作用，所以为了社会防卫的目的，我们必须求助于最有效的替代手段。""关于预防犯罪措施的改革哪怕只进步一点，也比出版一部完整的刑法典的效力要高一百倍。"〔意〕恩里科·菲利著：《犯罪社会学》，郭建安译，中国人民公安大学出版社1990年版，第80、94页。由此，1921年，菲利草拟并发表了《意大利刑法草案》(史称《菲利草案》)，这是一部无刑罚的刑法典，在这里刑罚的概念消失了，被制裁所彻底取代。

② 相对的罪刑法定原则，与绝对的罪刑法定原则相对，两者的显著区别表现在形式意义上。**绝对的罪刑法定原则**，形式上表现为：严格的罪刑法定、排斥习惯法、禁止绝对不确定刑(甚至强调绝对确定的法定刑)、禁止适用类推、禁止事后法等。**相对的罪刑法定原则**，形式上表现为：相对的罪刑法定(例如，基于教育刑论的缓刑、假释、保安处分等制度得以在刑法中存在并发展)、承认习惯的补充效力、普遍采用相对确定的法定刑、允许有利于被告的类推、允许有利于被告的事后法等。不过，相对罪刑法定原则与绝对罪刑法定原则，**两者实质精神如一**：以民主政治为根基，否定罪刑擅断，限制国家的刑罚权，保障公民的自由权利。两者均未背离法治原则，只是绝对罪刑法定原则站在个人本位的角度强调法治，而相对罪刑法定原则站在国家本位的角度遵循法治。

法治国理念与罪刑法定主义，没有犯罪恶害也就没有刑罚，不能仅据行为人的犯罪危险性而予处置，法官只能行使刑罚权，而不拥有行使保安处分的权力；基于报应刑主义，刑罚以报应犯罪为根本，对于没有犯罪恶害的行为人，仅仅根据其犯罪危险性而予处置，这是不公正的。由此，克莱因的见解未能抵挡得住以费尔巴哈为首的刑事古典学派思想的驳斥，从而保安处分的思想消融于刑事古典学派思想的浪潮中，无从获得生存的空间。[①]

[4] **近代学派的思想奠定**：然而，刑事古典学派的理论并没有解决现实社会中日益严重的犯罪问题。由此，刑事近代学派的思想，在与刑事古典学派理念的抗争中异军突起。菲利（Enrico Ferri，1856—1929）与李斯特（Franz Liszt，1851—1919），作为**刑事近代学派**的巨擘，竭力倡导社会责任论、社会防卫论、刑罚的替代措施、教育刑论，这些理论思想为保安处分的生存提供了广阔的知识背景和坚实的理论根基。**(1) 菲利的社会责任论与刑罚替代论**：菲利首倡**社会责任论**的思想，认为犯罪是一种由人类学因素、自然因素、社会因素三种因素决定的自然现象，所以它符合犯罪饱和法则；这一法则必然决定一个国家某一时期的犯罪在质和量上的程度；为了社会自卫的利益，有必要反对古典派过分强调个人主义的做法，而应当恢复个人和社会权利之间的平衡；合法判决的目的不是确定犯人的不可确定的道义责任，而是将最适合于犯罪人的法律按照犯罪人所表现出来的反社会性加以适用。[②] 基于这一思想，菲利竭力推崇**刑罚的替代措施**，强调根据犯罪的决定因素，调整社会体制，由此产生对犯罪形成的间接影响，避免刑罚的无益镇压与威慑。进而提出应对犯罪的三类方案：不确定罪犯隔离时间的不定期隔离，具有公共和社会性质的强制赔偿，对各种罪犯都适用的防卫措施。[③] **(2) 李斯特的社会防卫论与教育刑论**：李斯特系统地提出了**社会防卫论**的思想，主张犯罪人的情况具有个别性，应当考虑犯罪人社会危险性的不同对之进行分类，并相应地施以不同的处分；应当彻底抛弃刑罚的报复，而代之以目的观念的确定并顺利地引导；通过改善教育和安全保障措施，更确定、更简单地实现保护法益和预防犯罪的效果；社会必须保护自己免受破坏，防卫性的刑罚才是正确的理解，

---

① 当时，也有一些类似保安处分的立法。例如，1799 年，普鲁士刑法，规定了不定期的保安刑罚；1885 年，法国刑法修正案，对于累犯、少年犯的处置予以特别规定，在主刑之外附设终身流刑；1810 年，法国《刑法典》第 66 条规定，将少年犯移交双亲或者移交慈善院。这些立法，基于当时占主导地位的报应刑主义思想，法官们也受这一主流思想的支配，在实际中并未得以有效的适用。

② 参见〔意〕菲利著：《实证派犯罪学》，郭建安译，中国政法大学出版社 1987 年版，第 98、103 页。

③ 同上书，第 81、141 页。

刑罚通过预防达到镇压的目的。[①] 基于这一思想，李斯特竭力推崇**教育刑论**，强调"刑事政策并非对社会的，而是对个人的……是以个人的改善教育为其任务。"[②]进而提出应对犯罪的三类方案：终身监禁不能改造的犯罪人（惯犯），改造机构改造需要改造的犯罪人，剥夺公民权利、罚金等威慑不需要改造的犯罪人（偶犯）。[③] **(3) 近代学派的保安处分一元论**：以菲利、李斯特等为代表的刑事近代学派的思想，有力地回击了刑事古典学派的报应刑主义与极端自由主义理念，并构建了刑罚目的主义与社会整体主义的刑法观念，这使最初并未占据有利地位的克莱因的保安处分理念再度勃发，在刑事近代学派宏大系统的知识背景下，保安处分获得了其生存与发展的根基。不过，克莱因所对保安处分的最初构想，是将保安处分与刑罚并驾齐驱，以二元论的模式发展；**与此不同**，刑事近代学派主张以保安处分取代刑罚的一元论。1921年，菲利草拟并发表了《意大利刑法草案》（史称《菲利草案》），这是一部无刑罚的刑法典，在这里刑罚的概念消失了，完全被制裁所彻底取代；李斯特也认为"他在事实上，虽然追随着所谓刑罚同保安处分要加以区分的二元论，但是作为将来的发展方向来说，应该是转向两者不加区分的一元论。"[④]这意味着菲利与李斯特的思想，也走向了轻视刑罚乃至舍弃刑罚的另一个极端[⑤]，由此，展开了一元论与二元论之间的论战。

[5] **国际会议的推波助澜：诸多国际刑事会议**，包括国际监狱会议[⑥]、国际刑法学协会（国际刑法学大会）[⑦]、国际刑法统一会议、国际犯罪学协议（国际

---

① 参见〔德〕弗郎兹·冯·李斯特著：《刑罚的目的观念》，丁小春译，载邱兴隆主编：《比较刑法》（第二卷），中国检察出版社2004年版，第360—376页。

② 转引自张甘妹著：《刑事政策》，台湾三民书局1979年版，第12页。

③ 参见〔德〕弗郎兹·冯·李斯特著：《刑罚的目的观念》，丁小春译，载邱兴隆主编：《比较刑法》（第二卷），中国检察出版社2004年版，第371—374页。

④ 转引自〔日〕大塚仁：《新派刑法学》，载《外国政法学术资料》1964年第4期，第9页。

⑤ 在这一点上，菲利较为极端一些，而李斯特相对缓和一些。

⑥ **"国际监狱会议"**（International Penitentiary Congress）经历了两个阶段，并于其后更名为**"国际刑罚与监狱会议"**（International Penal and Penitentiary Congress），1950年起又开启了国际性**"联合国预防犯罪与罪犯处遇大会"**（United Nations Congresses on the Prevention of Crime and the Treatment of Offenders）。

⑦ **"国际刑法学协会"**（International Association of Penal Law），是非政府性的刑事科学国际学术组织。其前身是国际刑法学联盟（International Union of Penal Law），该联盟由德国刑法学家李斯特（Franz Von Liszt，1851—1919）、比利时刑法学家普林斯（Adolphe Prins，1845—1919）、荷兰刑法学家哈默尔（Gerard Anton Van Hamel，1842—1917）三人于1889年在维也纳创立。1914年7月28日，第一次世界大战爆发致使联盟停止活动。1924年在巴黎，该联盟又恢复重建，并更名为国际刑法学协会。协会每5年举行一次代表大会，按学科的专题进行学术研讨，学科领域包括刑法学、国际刑法学、犯罪学、监狱学、刑事诉讼法学、司法精神病学、法医学等。自1926年至2004年，已召开了17届大会。其中，1926年的布鲁塞尔会议、1953年的罗马会议等，将保安处分作为专门议题之一，予以讨论。

犯罪学大会)等，对于少年犯的教养保护、预防累犯的保护措施、流浪人的处置、酗酒犯与精神病犯的矫正治疗、出狱人的保护、保安处分①等问题所展开的讨论，也进一步推动了保安处分思想的广泛传播。19世纪末20世纪初，随着社会的变迁，人口迁移、失业、家庭瓦解、社会张力过大、价值体系崩溃，社会失范状态日益严重，犯罪率大幅度提高，尤其是常习犯(惯犯)、常业犯、职业犯、累犯、少年犯等激增，需要增强刑事处置的柔韧性，以便更为有效地控制社会犯罪现象，从而为保安处分的生成提供了社会现实背景。当然，保安处分理论思想的演进，也是伴随着立法现实上的具体表现。

二、制度肇始与确立

[6] 保安处分制度的肇始与确立，具体表现为：《司托斯草案》的肇始；《菲利草案》的极致；二元模式的确立。

[7]**《司托斯草案》的肇始**：1893年，瑞士联邦参议院，为统一当时25个州各州刑法分立的状况，委托刑法学家司托斯(Prof. C. Stooss，1849—1934)，制定并公布了瑞士《刑法预备草案总论》共49条，次年又公布了《刑法预备草案各论》共162条，史称**《司托斯草案》**。**(1) 草案的内容与精神**：这一草案，首次在刑法典中将保安处分确立为一种正式的、独立的、系统的处置方法，并与刑罚的处置方法并驾齐驱。由此，标志着保安处分刑法立法的开端。《司托斯草案》所规定的保安处分**种类**有：对于无责任能力人、限制责任能力人、精

① 1893年标志保安处分立法开端的《司托斯草案》对欧美各国立法产生了重大影响，其时刑事近代学派的目的刑主义思想的日益兴盛燃起了对于保安处分新的关注。**1895年在法国巴黎**召开的国际监狱会议，应对当时保安处分思想与立法的理论与实际需要，将保安处分作为一个专门议题展开了深入的探讨。会议决议："社会对于乞丐与放荡者，均有保护及强制处分的权利。欲实行此项权利，宜有合理的组织，无论何人，对于此种组织，宜援助之、保护之、视察之。"会议特别规定：对于职业的乞丐，或职业的放荡者，如欲防止其再犯，宜严格予以惩治，将其拘禁于依审判厅命令所组织的特别劳动殖民地。这种殖民地劳动，与其视为惩罚手段，不如视为使犯罪人归于正业的一种手段。**1930年在捷克布拉格**召开的第一次国际刑罚与监狱会议，对于保安处分立法问题展开了专门探讨。会议决议：保安处分旨在保卫社会安全，对于不应适用刑罚或者不能适用刑罚的人，作为补充刑罚的不足而适用；除适用于少年犯外，保安处分必须由审判机关宣告。审判机关可以根据具体情况选择采用下列方式：剥夺自由处分(包括拘禁治疗精神病人与危险变态人、拘禁治疗酗酒者与吸毒者、拘禁乞丐与无赖者监督劳动、拘禁隔绝惯犯)；非剥夺自由处分(主要表现为保护监视处分、善行保证、禁止从事特定业务、禁止出入饮食店)；带有经济性质的处分(主要表现为没收危害公共安全的物品、或者其他旨在排除危害的措施)。**1935年在德国柏林**召开了第二次国际刑罚与监狱会议，再度对保安处分问题展开了专门探讨，并对去势断种这一措施作出了肯定的决议：应以法律明文区别断种与去势；去势对于性异常的犯罪有良好的治疗与预防效果，各国法律应予采纳；基于优生的理由，强制断种是间接预防非正常人犯罪人的方法；基于健康或者优生的理由的断种与由于性犯罪的累犯的去势，这是保安处分的适当制度，但是施行手术应有正当无误的保障；对于犯罪人的去势断种与对于一般人基于健康或者优生的理由而进行的断种，具有相同的原理。

神病人，由精神病治疗所监护处分；对于酒癖犯罪人，由酒癖矫正所收容；对于避忌劳动者，由劳动收容所收容；对于累犯，适用严格的矫正与监督处分；对于假释者，采取保护监督措施；对于滥施职权、亲权以及其他权利的人，予以剥夺其行使权利的处分；对于与犯罪有关联的公共危险物，适用消除处分；对于实施犯罪危险行为的人，适用预诫处分。[①]《司托斯草案》坚持的是刑罚与保安处分**二元论**的思想，具有较为明显的折衷主义的倾向。表现在，一方面，其坚持罪刑法定主义与报应主义的基本理念，确立刑罚的惩罚地位，对于犯罪严格、规范、确定地适用刑罚；另一方面，其又吸纳社会防卫主义与矫正改善主义的基本思想，注重保安处分的预防地位，对于累犯、酒癖犯罪人、避忌劳动者以及其他具有社会危险的人，予以矫正、改善、隔离等保安措施。由此，《司托斯草案》被称为“社会民主主义刑法”。**(2) 草案的立法影响**：《司托斯草案》，不仅对欧洲而且对英国、美国、日本等的刑事立法均产生了重大的影响。1902 年挪威的《刑法典》，以刑罚和预防性措施展开刑事处置。其中，刑罚包括监禁、拘留、社区服务、罚金、剥夺公民权等；预防性措施包括命令犯罪人待在或者禁止进入某一特定场所；将犯罪人置于警察或者监督人的监督之下；禁止犯罪人消费含酒精的饮料；将犯罪人置于可信赖的私人照看之下等等。1909 年的德国《刑法预备草案》，将保安处分置于刑法典中作为刑外刑，主要包括劳作所收容；酒癖矫正所收容；对危险性限制责任能力者的保护监置；对危险性常习犯罪人的保安刑。1907 年，英国制定了《保护观察法》《少年法》，规定对于犯罪少年采取监护处分；1908 年制定了《犯罪预防法》，规定对于常习犯罪人在处以强制劳动的刑罚后，可以继续实施一定期限的预防拘禁。

［8］**《菲利草案》的极致**：应当注意到，《司托斯草案》及其影响下的有关国家的保安处分立法，其主流曾一度是二元论的模式，而 1921 年的**《菲利草案》**（菲利草拟制定的《意大利刑法草案》），彻底明确地以社会性的制裁措施取代传统的刑罚方法，旗帜鲜明地彰显保安处分一元论，将保安处分的刑法地位推向极致。《菲利草案》虽然未能得以正式立法，甚至在意大利很快为 1927 年的《意大利刑法草案》所取代[②]，但是却是继《司托斯草案》之后，对整个欧美刑法立法产生重大影响的一个典范。例如，古巴 1926 年的《刑法草案》、墨西哥

---

① 参见甘雨沛、何鹏：《外国刑法学》(下)，北京大学出版社 1984 年版，第 608 页。

② 《菲利草案》推出后，在意大利受到强烈反对，1925 年阿尔图洛·罗科(Arturo Rocco)教授主持成立了一个委员会，重新开始了刑法典的起草工作，通过在学者和法官中的广泛讨论，并征求议会专门委员会的意见，由时任司法部长的阿尔弗雷德·罗科(Alfredo Rocco)对阿尔图洛·罗科委员会所提交的草案进行最后修改，该法典于 1930 年 10 月 19 日经墨索里尼(Benito Mussolini)签署公布，并于 1931 年 7 月 1 日正式生效，史称《罗科法典》，至今一直沿用。这是一部具有显著的二元论模式的刑法典。

1929年的《刑法典》等均属《菲利草案》影响下的保安处分一元论的立法例。较为典型的是，1924年的《苏联刑事立法基本原则》，取消了刑罚[①]，而代之以社会保卫方法。社会保卫方法包括：司法改造性的方法；医疗性的方法；医疗教育性的方法。其中，对于故意犯罪或者过失犯罪，适用司法改造性的社会保卫方法；对于在慢性精神病状态中或一时心神丧失状态中而为犯罪行为的人，以及其行为虽为精神正常状态时实施但在判决时患精神病的人，适用医疗性方法；对于幼年人必须适用医疗教育性的社会保卫方法，对于未成年人仅限于相当机关认为不能对其适用司法改造性社会保卫方法时，才应适用医疗教育方法。[②] 随后1926年的《苏俄刑法典》，延续了1924年《苏联刑事立法基本原则》的一元论立法模式，以社会保卫方法统辖整个刑事处置，刑罚消融于保安处分之中。

［9］**二元模式的确立**：不过，保安处分一元论的立法例，在刑法理念上社会防卫的思想过于奔放，而有蚕食人权保障之嫌；在立法事实上名虽以保安处分消解了刑罚，而实则刑罚内容依然存在只是套用以保安处分之名[③]。刑

---

① 此前，**1919年的《苏俄刑法指导原则》**，虽仅列"刑罚"，但其内容包含有社会保护方法，并且明确规定："刑罚的任务，是保卫社会秩序，防止实施犯罪的人或企图实施此种犯罪的人和防止此人或其他人等将来再有犯罪的可能。"（第8条）"对于已实施犯罪行为的人防止其将来的犯罪行为，使社会秩序得到安全，可以采用使他适合于该社会秩序的方法，或是如果他不接受这种适合办法，即将其隔离起来，并于特殊场合，消灭其生存。"（第9条）**1922年的《苏俄刑法典》**，明确采纳了"刑罚与其他社会保卫方法"的二元论模式。其中，刑罚包括有期或无期驱逐出境、严格隔离或不隔离的剥夺自由、不拘禁的强迫工作、缓刑、没收全部或一部财产、罚金、剥夺权利、免职、公开训诫、责令赔偿损害（第32条）；社会保卫方法主要表现在，对于不能适用刑罚的精神病被告人，认为其对于社会有危险时，可以决定将其强制送交特定收容所或医疗机构（第17、47条），对于未成年犯罪人也可以用医疗教育方法取代刑罚（第18条）。

② 1924年《苏联刑事立法基本原则》，第6—8条。

③ 所谓保安处分取代刑罚，至多只是名义上的替换，而刑罚的内容依然存在。例如，1922年的《苏俄刑法典》采纳的是刑罚与社会保卫方法两者并列的二元论模式，而1926年的《苏俄刑法典》采纳的是社会保卫方法的一元论模式（司法改造性的方法；医疗性的方法；医疗教育性的方法），1960年的《苏俄刑法典》又重新将刑罚与社会保卫方法（医疗性和教育性的强制方法）并列，尽管如此，实际上在这三部刑法典中，刑罚内容的存在，总体上始终如一。**1922年《苏俄刑法典》**的刑罚方法包括：包括有期或无期驱逐出俄罗斯社会主义联邦苏维埃共和国国境、严格隔离或不隔离的剥夺自由、不拘禁的强迫工作、缓刑、没收全部或一部财产、罚金、剥夺权利、免职、公开训诫、责令赔偿损害（第32条）；**1926年《苏俄刑法典》**以司法改造性社会保卫方法取代了刑罚，而司法改造性社会保卫方法的内容是：宣布为劳动人民公敌，剥夺盟员共和国国籍，同时剥夺苏联国籍并逐出苏联国境以外；在苏联边远地方劳动改造营中的剥夺自由；一般监禁场所中的剥夺自由；不剥夺自由的劳动改造工作；剥夺政治权利及部分的公民权利；有期限地放逐于苏联国境以外；放逐于苏联国境或特定地域以外，并指定或不指定其移住地区，禁止或不禁止其居住于一定地区；免职，并禁止或不禁止担任某种职务；禁止从事某种活动或营业；公开训诫；没收全部或一部财产；罚金；责令赔偿所造成的损害。（第20条）**1960年《苏俄刑法典》**的刑罚种类包括：剥夺自由，流放，放逐，不剥夺自由的劳动改造，剥夺担任一定职务或从事某种活动的权利，罚金，撤职，责令赔偿所致成的损害，公开训诫，没收财产，剥夺军衔或专门称号。（第21条）

事古典学派以刑罚笼罩整个刑事处置，保安处分淹没于刑罚而无所生存；刑事近代学派以保安处分取代刑罚，刑罚消融于保安处分之中而无以显现。这两者均走向了极端，这也决定了保安处分一元论的立法模式在现实中难以立足，并表明在近现代的社会发展阶段，刑罚不可能被取消。对于刑罚制度的任何在道德上讲得通的说明，都必须表现为诸种性质各异且部分冲突的原理的一种折衷。[①] 由此，自1931年《意大利刑法典》以来，以折衷主义思想为背景的保安处分二元论的立法模式，在世界各国的刑法制度中，日益占据了统治地位，成为现代刑法立法的主流模式。目前，许多国家或地区的现行刑法典，均采纳了二元论的立法模式。例如，《意大利刑法典》(1931年)的"刑罚"与"行政保安处分"[②]；《奥地利刑法典》(1974年)的"刑罚、没收和预防性处分"；《德国刑法典》(1998年)的"刑罚"与"矫正与保安处分"；《瑞士刑法典》(1937年)的"刑罚、保安处分和其他处分"；《巴西刑法典》(1941年)的"刑罚"与"保安措施"；《俄罗斯刑法典》(1996年)的"刑罚"与"强制性教育感化措施"、"医疗性强制措施"；《罗马尼亚刑法典》(1996年)的"刑罚"与"保安处分"；等等。

[10] 目前，二元论的立法例主要表现为两种情形：**(1) 纳入刑法**：刑法典在规定刑罚的同时，对于保安处分也予以独立的明确的规定。例如，1998年的德国《刑法典》，在第三章犯罪的法律后果中，将"刑罚"与"矫正和保安处分"各自分节独立设置。其中，刑罚包括自由刑、罚金刑、财产刑、附加刑、附随后果等；矫正和保安处分包括收容于精神病院、收容于戒除瘾癖的机构、保安监督、行为监督、吊销驾驶执照、禁止从事特定之职业。**(2) 单独立法**：刑法典中仅列刑罚，而对保安处分不作规定；在刑法典之外，采用单行法的形式，针对某类具有特殊危险性的人规定保安处分。例如，日本《刑法典》中并无严格意义的保安处分规定，然而在《刑法典》之外，存在诸多保安处分立法性质的单行刑法。例如，《卖淫防止法》规定的辅导处分、《犯罪人预防改造法》规定的保护观察、《犯罪人预防更生法》规定的更生紧急保护、《少年法》规定的对少年的保护处分等。[③]

---

① 参见〔英〕哈特著：《惩罚与责任》，王勇等译，华夏出版社1989年版，第1页。

② 这里的"行政处分措施"，实质为"刑事处分措施"。意大利学者帕多瓦尼指出：保安处分在刑法典中被定义为"行政性"措施，因为1930年刑法典的立法者认为其主要是属于预防警察的管理范围，不是司法措施(尽管这种措施基本上由司法机关在适用)。但现在的理论认为，保安处分无疑是真正的"刑事制裁"措施，属于刑法调整的领域。〔意〕杜里奥·帕多瓦尼著：《意大利刑法学原理》，陈忠林译评，中国人民大学出版社2004年版，第331页。

③ 类似的立法例还有：比利时1930年的《精神病人及常习犯社会防卫法》，西班牙1935年的《流浪者及嫌疑犯处分法》，荷兰1929年的《常习犯罪人法》，韩国1980年的《社会保护法》、1989年的《保安观察法》、1995年的《保护观察法》等。

第39节　保安处分的界说

［1］**保安处分**（Sicherungsmassnahme，Indeterminate Sentence，Peace Preservation Measures），是指由国家依据法律，对于具有社会危险性的特殊对象，旨在保护社会预防犯罪而采取的，矫治改善或者监禁隔离的安全措施。[①] 通常，将保安处分分为广义上的保安处分与狭义上的保安处分；也有的将保安处分区分为行政法上的保安处分与刑法上的保安处分；针对保安处分与刑罚的关系，存在一元论与二元论的不同见解；基于保安处分二元论的总体框架，具体又存在并科主义、代替主义、择一主义。保安处分的界说，阐明保安处分的本质蕴含，厘定保安处分与刑罚之间的关系。

一、广义保安处分与狭义保安处分

［2］**界说考察**：刑法理论，对于广义保安处分与狭义保安处分，基于不同视角，存在不同的界定：**（1）对人与对物**：基于保安处分是否包括对物的保安处分的不同，对于保安处分作广义与狭义的划分。广义的保安处分，包括对人的保安处分与对物的保安处分；而狭义的保安处分，仅指对人的保安处分。例如，有的论著指出："在这个广义上的保安处分中，不仅包括对人的处分，即对人的保安处分，还包括对物的处分……狭义的保安处分，仅仅意味着对人的保安处分。"[②]**（2）危险与违法**：基于保安处分的适用是否必须具备违法行为[③]的不同，对于保安处分作广义与狭义的划分。广义的保安处分，仅以行为人的危险性而不以违法行为为要件；狭义的保安处分，兼以行为人的危险性与违法行为为要件。例如，有的论著指出："广义的保安处分，只要能认定行为人具有社会危险性便可实施。与此相对，刑法上的（狭义的）的保安处分，是在行为人实施了符合构成要件的违法行为，并且仍有将来再犯的可能性时，针对其危险性所采取的特别预防措施。"[④]**（3）剥夺与限制**：基于保安处分是否包括限制自由方式的不同，对于保安处分作广义与狭义的划分。广义的保安处分，包括剥夺自由与限制自由的方式；而狭义的保安处分，仅指剥夺自

---

① 英美法系刑法，并无保安处分的概念，但是实际上却有类似大陆法系刑法的保安处分的做法，总体上也是持刑罚与保安措施的二元论的观念。

② 〔日〕木村龟二主编：《刑法学词典》，顾肖荣、郑树周等译校，上海翻译出版公司1991年版，第464页。

③ 意指，按照三阶层的犯罪论体系，行为该当构成要件并具有违法性，但是缺乏有责性。

④ 〔日〕大谷实著：《刑事政策学》，黎宏译，法律出版社2000年版，第151页。

由的方式。例如,有的论著指出:“广义的保安处分又分为对人的保安处分和对物的保安处分。对人的保安处分又分为对人的自由的剥夺和对人的自由的限制两种情况。狭义的保安处分,是……以剥夺自由的方式,由法院宣判的处分。”①

[3] **应然界说**:现代意义的保安处分,通常是指以违法行为并社会危险性为前提的、包括剥夺自由与限制自由的方式的保安处分,这在各国立法例上均有体现②,关键是保安处分是否包括对物的保安处分,本书基于这一意义,对保安处分的广义与狭义作一概述。**(1) 广义保安处分**,是指刑罚以外的、用以补充或者代替刑罚的一切社会保安处分。包括对人的保安处分(Persoenliche Sicherungsmassnahme)与对物的保安处分(sachliche oder vermoegensrechtliche Sicherungsmassnahme)。**A. 对人的保安处分**,是指以人作为直接对象的保安处分,包括对精神病人的收容治疗、对酒癖者的收容戒除、对常习犯的保安监禁、禁止从业、驱逐出境、取消驾驶执照、保护观察、善行保证等等。**B. 对物的保安处分**,是指以物作为直接对象的保安处分,包括没收、关闭营业所、解散法人、停止业务等。**(2) 狭义保安处分**,是指刑罚以外的、用以补充或者代替刑罚的、对于具有犯罪危险的特殊人员而采用的社会保安处分。狭义的保安处分,仅指对人的保安处分。

[4] **立法表现**:**(1)** 采纳**广义保安处分立法**的有关国家的刑法典,包括《瑞士刑法典》(1937年)、《意大利刑法典》(1931年)、《匈牙利刑法典》(1978年)、《奥地利刑法典》(1974年)、《罗马尼亚刑法典》(1996年)。例如,《意大利刑法典》(1931年),将“行政保安处分”分为“人身保安处分”与“财产保安处分”。其中:**A. 人身保安处分**划分为监禁性的和非监禁性的。监禁性保安处分是:送往农垦区或劳动场;收容于治疗看守所;收容于精神病院;收容于司法教养院;非监禁性保安处分是:监视自由;禁止在一个或数个市镇或者一省或数省逗留;禁止去酒店和出售含酒精饮料的公共店铺;将外国人驱逐出境。(第215条)**B. 财产保安处分**,除特殊法律条款规定的措施以外,一般是:交纳善行保证金;没收财产。(第236条)**(2)** 采纳**狭义保安处分立法**的有关国家的刑法典,包括《德国刑法典》(1998年)、《泰国刑法典》(1956年)。例如,《德国刑法典》(1998年)将矫正与保安处分的种类规定为:收容于精神病院;收容

① 甘雨沛、何鹏:《外国刑法学》(下),北京大学出版社1984年版,第586页。

② 参见《奥地利刑法典》(1974年)第21—23条,《瑞士刑法典》(1937年)第42—44条,《德国刑法典》(1998年)第63—66条,《巴西刑法典》(1941年)第76、88条,《罗马尼亚刑法典》(1996年)第128、129条,《泰国刑法典》(1956年)第39、41、45、46、48—50条,《意大利刑法典》(1931年)第202、215条等。

于戒除瘾癖的机构；保安监督；行为监督；吊销驾驶执照；禁止从事特定之职业。（第61条）其中，收容于精神病院、收容于戒除瘾癖的机构，属于监禁性保安处分；保安监督、行为监督、吊销驾驶执照、禁止从事特定之职业，属于非监禁性保安处分。有的论著认为，广义保安处分是目前通行的做法①；也有的论著认为，狭义的保安处分立法占主导地位②。鉴于对于物的保安处分，在适用的宗旨、条件等方面，具有保安处分的诸多特征，从而不失为保安处分的一个重要组成部分，否则这一成分无以确认其法律地位，由此采纳广义保安处分有其合理的意义。

二、行政保安处分与刑法保安处分

[5] **行政保安处分**，是指由行使国家保安职权的行政机关，对于具有社会危险性的特殊对象，旨在保护社会预防犯罪而采取的，矫治改善或者监禁隔离的行政处分。行政保安处分，以行政法为依据，由行政机关适用，属于行政处罚范畴，如若出现处分上的违法或不当，则只能借助行政诉讼程序予以救济。例如，《法国刑法典》（1994年）对于保安处分未予系统明确的规定，法国法律中实际运作的保安处分措施分为三种情况：作为保安处分措施得到正式承认的措施；以刑罚的名称运作的保安处分措施；按照行政性制度运作的保安处分措施。其中，按照行政性制度运作的保安处分措施，是指由行政部门采取而脱离司法权力管辖的，具有避免将来犯罪目的的措施，具体包括精神病患者的住院治疗、驱逐出境、解送至边境、指定居所、行政性扣留、吊销驾驶执照、行政性吊销驾驶执照、行政性扣留驾驶执照、对某些特定的人进行强制性治疗、关闭机构等。③

[6] **刑法保安处分**，又称司法保安处分，是指由行使国家审判职权的法院，按照刑事诉讼法的程序予以宣判，对于具有社会危险性的特殊对象，旨在保护社会预防犯罪而采取的，矫治改善或者监禁隔离的刑事处分。刑法保安处分，以刑法为依据，由法院适用，属于刑事处罚范畴，如若出现处分上的违法或不当，可以通过刑事上诉程序或者抗诉程序予以司法救济。严格来讲，近代以来的保安处分，是指由法院依据刑事法律予以宣告的刑法保安处分，这是法治思想的必然要求。行政保安处分虽然也为公法处分，然而保安处分涉及公民人身自由，由行政机关予以决定，缺乏严格的司法程序，存有侵犯人

---

① 参见甘雨沛、何鹏：《外国刑法学》（下），北京大学出版社1984年版，第586页。

② 参见高仰止著：《刑法总则之理论与实用》，台湾五南图书出版公司1986年版，第590页。

③ 参见〔法〕卡斯东·斯特法尼等著：《法国刑法总论精义》，罗结珍译，中国政法大学出版社1998年版，第502—520页。

权、僭越行政权力之嫌。有关公民自由等重大事项的处置,必须由国家审判机关,基于公正的原则,按照严格的司法程序,予以公开宣判。现代意义的保安处分的肇始与勃发,也正是本源于这种思想。因此,通常所称的保安处分是指刑法保安处分。本书所谓的保安处分,也仅基于这一意义。

三、一元论与二元论

[7] **一元论主张**,刑法上的法律效果仅为保安处分,保安处分与刑罚二者合二为一,以保安处分代替刑罚。李斯特(Franz Liszt)等刑事近代学派的学者构成了一元论的理论阵营。基于刑事近代学派目的主义的特殊预防的思想,一元论强调刑罚与保安处分在本质上的一致,从而统一于保安刑,其主要理由是:**(1) 预防目的一致**:近代刑罚并不可能仅为报应而无其他目的,而是或多或少、或自觉或不自觉地拥有初犯预防(一般预防)或再犯预防(特殊预防)的终极目的。因此,刑罚与保安处分,二者的终极目的都是为了预防犯罪、矫正改善罪犯、保卫社会,从而应当基于这一终极目的,将刑罚与保安处分统一起来,共同置于社会防卫措施。**(2) 保卫机能一致**:只有国家统治与社会存在,才有法律生存,而法律必然以保卫社会、维护国家统治为己任。因此,保安处分的任务是防卫社会,而刑罚的任务也同样如此。同时,刑罚与保安处分二者可以替代适用或者补充适用,这也说明,二者具有共通的性质,共同服务于保卫社会的最终目的。**(3) 定量标准一致**:古典学派的刑罚强调犯罪与行为造成的客观危害相适应的罪刑均衡原则,而这在当今的刑法实际中已经不可能。各国刑法所普遍采用的不定期刑、缓刑、假释等等,足以证明刑罚的适用同样以行为人的人身危险性作为刑罚适用的标准。因此,刑罚与保安处分二者,均是基于行为人的个性特征、根据其改造的可能性与将要实施犯罪的危险性,予以具体量定。**(4) 剥夺痛苦一致**:基于报应犯罪,刑罚强调给予犯罪人的剥夺与痛苦。然而,即使着眼于这一视角,剥夺与限制自由的保安处分,诸如拘禁治疗、保安监禁、保护观察、行为监视等等,也同样具有剥夺与限制自由的痛苦,被处分者依然必须予以忍受。由此,保安处分与刑罚一样,具有剥夺与痛苦的属性。**(5) 司法性质一致**:刑罚是基于犯罪行为所表现出的行为人的社会危险性而予以的刑事处分;保安处分是基于行为人的个性特征所表现出的行为人的社会危险性而予以的刑事处分。由此,保安处分与刑罚一样,都属于刑事司法处分,均须由法院予以判决宣告,二者仅存量的差异,而无本质区别。**(6) 发展趋势一致**:法治国的罪刑法定原则,在文化国的今天,面对越来越严重复杂的社会犯罪现象,无法发挥有效的惩罚与预防作用,由此保安处分制度形成并日益发挥着重大的功效。起初,保安处分只

是补充刑罚的适用;逐步地,保安处分将代替刑罚的适用;最终,刑罚完全蜕化成矫正改善处分,从而形成无刑罚的刑法典。

[8] **二元论主张**,刑法上的法律效果包括刑罚与保安处分,保安处分与刑罚二者并驾齐驱,各自有着不同的理念侧重、适用对象等特征。毕克迈耶(Karl V. Birkmeyer,1847—1920)等后期古典学派(折衷主义)①的学者,竭力张扬二元论的思想。二元论既坚持刑事古典学派报应刑主义的立场,又兼容刑事近代学派目的主义的特殊预防的思想,强调刑罚与保安处分在本质上有所区别,从而应将二者彼此分离并行,其主要理由是:**(1) 报应与预防的差异**:刑罚针对已然之罪而适用,目的在于报应犯罪,威慑有可能犯罪的对象不致实施犯罪;而保安处分针对未然之罪而适用,目的是为了预防再犯,矫正改善具有社会危险性的特殊对象。**(2) 责任与防卫的差异**:刑罚严格以道义责任为基础,刑罚的施加必须是具有是非辨别能力与意志自由能力的人实施了犯罪行为,造成了一定的危害结果;而保安处分基于社会责任的理念,保安处分针对具有社会危险性的人采取,以防卫社会为必要。**(3) 衡定与不定的差异**:刑罚坚持罪刑法定、罪刑均衡,刑罚的施加与已然的犯罪事实及责任保持相应的比例,期限明确肯定;保安处分并不强求处分与已然之罪之间的均衡,而是针对具有社会危险性的人预先实施,处分的期限随着被处分人的危险性大小而变化,实行不定期处分。**(4) 痛苦与保护的差异**:刑罚旨在报应惩罚犯罪,各种刑罚方法都具有较为明显的剥夺、痛苦的属性;而保安处分旨在矫正改善被处分人,消除其社会危险性,使其重返社会,因此更为注重被处分人利益的保护。**(5) 司法与行政的差异**:从本质上讲,刑罚属于刑法上的法律后果,具有司法制裁的性质,只能由法院予以判决宣告;而保安处分属于行政法上的预防措施,具有行政处分的性质,本不应由法院判决宣告。

[9] 一元论与二元论站在不同的角度,一元论注重社会保护,而刑罚处置相对严谨,由此必然彰显更为柔韧的保安处分;二元论强调人权保障,也关注保护社会,而刑罚与保安处分各有特点,由此可以将二者兼容并蓄。相对而言,**二元论较为可取**。**(1) 预防目的**:尽管刑罚与保安处分均有特殊预防与矫

---

① 严格地讲,刑事古典学派否认保安处分的合理存在,刑事近代学派肯定保安处分一元论,而后期古典学派既不完全否定保安处分,又充分强调保安处分与刑罚之间的本质区别,从而竭力倡导保安处分二元论的立场。**后期古典学派**,又称新古典学派,形成于19世纪末叶20世纪初,主要代表人物有德国学者宾丁(Karl Binding)、贝林格(Ernst Beling)、迈耶(Max Ernst Mayer)、麦兹格(Edmund Mezger)、毕克迈耶(Karl Birkmeyer),提出了规范责任论、人格责任论、构成要件理论、刑罚一体论等理论学说。与此相对,**前期古典学派**,形成于18世纪后期,主要代表人物有意大利学者贝卡利亚(Cesare Beccaria)、英国的边沁(Jeremy Bentham)、德国学者康德(Immanuel Kant)、黑格尔(George Hegel)、费尔巴哈(Paul Feuerbach)等,提出了意志自由论、心理强制说、报应刑论等学说。

正改善的目的，但是二者的侧重确有不同。刑罚首先着眼于已然之罪而发动，报应构成刑罚的基底；同时，刑罚也应避免僵硬并展示其更深层面的社会意义，预防成为刑罚的兼顾。而保安处分着眼于未然之罪，以预防犯罪为己任。**(2) 保卫机能**：刑罚与保安处分，均服务于国家统治、社会安定。然而，刑罚的适用以保障人权为本位，兼顾保护社会，刑罚处罚严谨、规则；而保安处分的适用侧重于保卫社会，兼顾保障人权，保安处分柔韧、奔放。**(3) 定量标准**：刑罚与保安处分的适用，均会考虑到行为人的人身危险性。但是，在刑罚的适用中，人身危险性仅具量的意义，刑罚与犯罪相适应；而在保安处分的适用中，人身危险性具有质的意义，保安处分与人身危险性相适应。① **(4) 剥夺痛苦**：刑罚具有报应基底、利益剥夺、强制属性、严厉属性等特征，由此必然给犯罪人带来痛苦。保安处分也具有利益剥夺、强制属性的特征，从而也会造成受处罚者的痛苦，但是保安处分旨在预防犯罪、力求矫治改善，从而痛苦严厉的成分会有所减弱。**(5) 司法性质**：刑罚与保安处分存在着本质上的差异，法律性质也各有不同，但是这并不否认可以将保安处分作为独立于刑罚的刑事处置体系，纳入刑法典，并且由法院按照司法程序适用保安处分，更有利于人权保障。**(6) 发展趋势**：或许保安处分一元体系，是文化国走向未来社会的理想形态，在法律精神深入人心，法律规范成为社会大众心系神往的信奉的时候，刑罚的铁板面孔将日益消融，法律会变得愈加宽和、原则、抽象、柔韧、灵活。然而，在现阶段，尤其是在法治国进程中的中国，刑罚与保安处分的二元体系实为客观的必然。

四、并科主义、代替主义、择一主义

[10] 对于无责任能力的社会危险者，只能处以保安处分，但是倘若行为人的行为构成犯罪，应当处以刑罚，同时该行为人又具有较大的人身危险性，也需要适用保安处分，对此，基于二元论的总体框架，在刑罚与保安处分之间的具体适用关系上，存在并科主义、代替主义、择一主义等不同的理论见解与立法实际。

[11] **并科主义**，又称积累主义、重叠主义、狭义的二元主义，是指对于同一对象，基于其犯罪与社会危险性，应当同时科处并执行刑罚与保安处分，并且刑罚与保安处分均须执行。具体包括：**(1) 刑罚先执行主义**，即同时处以刑

① **刑罚**针对犯罪而发动，而犯罪的成立，必须行为符合犯罪构成要件，不能仅凭人身危险性而予刑罚处罚，不过人身危险性是影响量刑的一个重要因素。与此相对，**保安处分**针对人身危险性而发动，而人身危险性的评价，以行为人的个性特征与社会生活背景为依据，对于具有人身危险性者予以保安处分。

罚与保安处分,而先执行刑罚。例如,《意大利刑法典》(1931年)第211条(保安处分的执行)规定:“与监禁刑并处的保安处分,在监禁刑执行完毕或者以其他方式消灭后执行。与非监禁刑并处的保安处分,在处罚判决成为不可撤销的后执行。与监禁性保安处分并处的暂时的非监禁性保安处分,在监禁性保安处分执行完毕后执行。”[①] **(2) 保安处分先执行主义**,即同时处以刑罚与保安处分,而先执行保安处分。例如,《奥地利刑法典》(1974年)第24条(自由刑和剥夺自由的预防性处分的执行顺序)第1款规定:“收容于安置精神病违法者的机构,或收容于安置需要戒除瘾癖的违法者的机构,应先于自由刑执行。拘留期间折抵刑期。刑期届满前被取消收容的,违法者收监执行,但其余刑被附条件释放或无条件释放的,不在此限。”

[12] **代替主义**,又称代科主义、免除代替主义,是指对于同一对象,基于其犯罪与社会危险性,可以同时科以刑罚与保安处分,但是在先行执行其中的刑罚或者保安处分之后,另一尚未执行的保安处分或者刑罚,予以免除。具体包括:**(1) 必要代替主义**,是指对于科处的刑罚与保安处分,执行了其中之一,则另一不再执行。例如,《奥地利刑法典》(1974年)第21条(收容于安置患有精神疾病违法者的机构)第2款规定:“行为人虽具有责任能力,但有在精神或心理疾患影响下实施应科处1年以上自由刑行为的较大可能性,同样得命令将其收容于安置精神病违法者的机构。在此等情况下,安置命令与刑罚同时宣布。”第23条(收容于安置危险的再犯的机构)第3款规定:“依据第21条第2款收容于安置精神病违法者的机构,或收容于安置需要戒除瘾癖的违法者的机构,视同监禁(本条第1款第2项),收容期间算入刑期。”[②] **(2) 任意代替主义**,是指对于科处的刑罚与保安处分,执行了其中之一,则另一可以免除执行。例如,《日本改正刑法草案》(1974年)第110条(刑罚与保安处分的代替)规定:“已经被执行刑罚的人,如果认为没有必要执行保安处分,裁判所可以解除保安处分。已经执行保安处分的人,如果认为没有必要执行刑罚,裁判所可以免除执行刑罚的全部或部分。”

[13] **择一主义**,又称宣告中的代替主义、宣告上的一元主义,是指对于同一对象,基于其犯罪与社会危险性,在科处宣告时,选择确定刑罚或者保安处分之一,从而并不涉及执行中的选择与代替问题。例如,《瑞士刑法典》(1937年)第42条(习惯犯的监禁)之(1)规定:“行为人曾经多次故意实施重罪或轻

---

① 类似的立法例:《巴西刑法典》(1941年)第82条;《泰国刑法典》(1956年)第42条第1款。

② 这里,第21条的“同时宣布”意味着并科,而第23条的“收容期间算入刑期”可以视作代替。当然,这种代替存有一定的保留,在执行的收容期间与刑期不等的场合,意味着保安处分与刑罚有执行。

罪，且因此受重惩自由刑、轻惩自由刑或劳动教育处分，受有总共2年以上剥夺自由的处罚，或者曾因常习犯被执行保安处分以代替执行自由刑，如果在确定刑之执行完毕后5年内又故意犯重罪或轻罪，以致足以表明他具有常习犯的倾向，法官得将其处以保安处分以代替重惩自由刑或轻惩自由刑之处罚。"

［14］**并科主义**坚持了彻底的刑罚与保安处分二元论的思想，强调刑罚与保安处分的区别，从而二者不应替代与选择。其所受到的质疑是：**(1) 剥夺自由的冲突**：在自由刑与剥夺自由的保安处分并科场合，剥夺自由的痛苦对于刑罚与保安处分是一致的，此时刑罚与保安处分两者并无多大的差异。**(2) 侵害人权的嫌疑**：在刑罚与保安处分没有本质区别的场合，执行其中之一便可实现目的，然而并科要求两者均予执行，这有造成不必要的人权侵害之嫌。**代替主义与择一主义**坚持相对的刑罚与保安处分二元论的思想。具体表现在，立法阶段与宣告阶段，其坚持了二元论；而在执行阶段，倘若选择保安处分，则是认可了一元论。由此，代替主义与择一主义在原则上肯定刑罚与保安处分区别的前提下，也承认在一定的场合二者在功能与内容上的互补。相对而言，代替主义与择一主义具有更大的灵活性，也避免了人权侵害之嫌。**刑罚与保安处分**的原则区别应予肯定，同时也应承认刑罚与保安处分互补，由此，对于有责任者，基于其所犯的罪行与所具有的社会危险性，可以适用刑罚与保安处分，对于缺乏责任者，基于其所实施的行为与所具有的社会危险性，只能适用保安处分。在责任罪行与社会危险性并存的场合：(1) 对于并科主义虽然不必彻底否定，但是应当区分并科中刑罚与保安处分的重轻，尤其是不能侵犯被处分者的人权。为此，对于已然罪行较大并人身危险性也较大者，可以采纳将保安处分作为补充刑罚适用的措施，在刑罚执行完毕之后，有条件地适用保安处分。(2) 对于代替主义、择一主义可予更大的支持。对于已然罪行居主导人身危险其次者，适用刑罚；对于危险性居主导地位者，将保安处分作为刑罚的替代予以适用，并先执行保安处分，在保安处分执行完毕后，视具体情况决定是否执行刑罚。

五、保安处分的本质蕴含

［15］基于上述对于广义保安处分与狭义保安处分、行政保安处分与刑法保安处分、保安处分一元论与二元论以及并科主义、代替主义、择一主义等的分析，可以对保安处分的本质蕴含作如下归纳：**保安处分**，是指由法院按照司法程序依据刑法，对于实施了危害行为的具有社会危险性的特殊对象，旨在预防犯罪与保护社会而采取的，与被适用者的社会危险性相适应的、不定期

的矫治改善或者监禁隔离的安全措施。保安处分存在如下**特征**：

[16] **目的特征(预防犯罪、保护社会)**：保安处分着眼于未然之罪，适用的目的直接指向预防犯罪、保护社会。**预防犯罪**，包括对于特定的犯罪人的再犯预防(特殊预防)，与对于有犯罪之虞的人的初犯预防(一般预防)。**保护社会**，意味着保安处分不以道义责任论而以社会责任论为基底，行为人的社会危险性是其适用的重要依据。保安处分的这一目的，在其前提特征(基于社会危险行为)、内容特征(矫正改善监禁隔离)、量定特征(适合危险性不定期)、关系特征(补充刑罚代替刑罚)等方面，均有不同程度的表现。不少国家的刑法立法，对于保安处分的这一宗旨也予以明确规定。例如，《瑞士刑法典》(1937 年)第 43 条第 1 款规定："……如果其精神状态表明，行为人将严重危害公共安全的，法官命令对其实行保安监禁，但以该处分是为防止其进一步的危害实属必要者为限。……"[①]

[17] **前提特征(基于社会危险行为)**：**社会危险行为**，是指行为人所实施的危害社会行为与行为人内在的社会危险性的组合。保安处分的适用，不以犯罪而以社会危险行为为前提，意味着总体而言[②]，适用保安处分必须且只需：(1) 危害行为：行为人实施了危害社会的行为；并且(2) 社会危险性：行为人基于其人格素质或生活环境，而充分表明其具有实施违法犯罪行为的可能性，从而构成了对社会安全的现实的重大威胁。基于这一前提，保安处分的具体对象表现为：已经实施危害行为而表现出社会危险性的无责任能力人或限制责任能力人，例如，精神病人、未成年人；已经实施危害行为表现出社会危险性的责任能力人，例如，瘾癖人员、流浪人员、常习犯；具有诱发犯罪发生的性质的违禁品；可能诱发犯罪发生的已然犯罪的残存物。

[18] **量定特征(适合危险性、不定期)**：保安处分的具体量定，并不注重行为的具体客观危害，而是根据行为人的社会危险性，并且广泛采用不定期处分[③]。行为人社会危险性的量定内容、社会危险行为与保安处分措施的具体对应、保安处分措施的某些期限范围，通常由刑法予以规定，法官据此予以裁量。例如，《意大利刑法典》(1931 年)第 203 条规定了社会危险的含义与量定标准；第 216，219、221，222，223—227，228—230 条等，对于送往农垦区或劳动

---

① 其他立法例：《泰国刑法典》(1956 年)第 40 条；《罗马尼亚刑法典》(1996 年)第 128 条(保安处分目的)第 1 款。

② 具体而论，各种处分措施的适用又有其相对独特的法定事实前提。保安处分适用的法定事实前提，既有指向各种处分措施的一般要件，也有针对某种处分措施的具体要件。其中，一般要件即为这里的"客观要件：危害行为；主观要件：社会危险性"；而具体要件直接依存于具体保安处分措施的知识框架。见第 41 节段 2。

③ 包括处分绝对不定期与处分相对不定期。见第 40 节段 16。

场，收容于治疗看守所，收容于司法精神病院，收容于司法教养院，监视自由等保安处分措施的具体适用情形，作了规定；第217，219、221，222，223、224、226，228—230条等，也相应地规定了上述有关保安处分措施的期限范围。

[19] **性质特征（刑事程序、法院适用）**：就法律性质而言，保安处分属于刑事司法处分，这意味着保安处分由刑法予以规定，适用刑事诉讼法程序，由法院予以裁量宣告。(1) 刑法规定：通常的也是相对合理的模式是将保安处分与刑罚并列统一于刑法典，当然也不排除采用单行刑法的模式规定保安处分；(2) 刑事诉讼程序：保安处分具有严格的适用程序，不仅措施的裁量宣告必须经过严格的程序，而且在不服处分或产生疑问时，可以通过上诉和抗诉获得司法救济；(3) 法院裁量宣告：作为一种刑事处置，保安处分只能由法院予以裁量宣告，未经代表着公正的法院的判决，任何个人和组织均不得以任何理由适用保安处分。保安处分的这一特征，是现代刑事法治与人权保障的必然要求。

[20] **关系特征（代替刑罚、补充刑罚）**：就保安处分与刑罚的关系而言，二元论较为可取并居主导地位；并且，在注重刑罚与保安处分原则区别的同时，也应承认刑罚与保安处分的互补。刑罚以犯罪为前提，重在报应犯罪，而保安处分以社会危险行为为前提，重在消除被处分者的社会危险性。对于责任罪行适用刑罚，对于社会危险行为适用保安处分。在责任罪行与社会危险行为并存，并且有必要适用保安处分的场合，保安处分或者代替刑罚适用，或者补充刑罚适用。(1) 代替刑罚：主要表现为行为人的社会危险性重大而罪行相对轻微，对于并科的刑罚与保安处分，先执行保安处分而另一刑罚可不予执行；(2) 补充刑罚：主要表现为行为人所犯罪行重大同时又具有较大的社会危险性，对于并科的刑罚与保安处分，先执行刑罚，刑罚执行完毕后视情况再执行保安处分。

[21] **内容特征（矫治改善、监禁隔离）**：保安处分措施包括矫治改善性质与监禁隔离性质。其中，矫治改善性质居于主导地位，由此保安处分措施的中心内容是瘾癖的矫治、疾病的医疗、职业的培训、个性的改善、犯罪习性的去除等等。(1) 矫治改善：积极地针对犯罪人的利益，通过各种措施促使受处分人再塑良好个性重返正常社会。具体包括，对精神病人的治疗处分、对酒癖者的戒除处分、对厌恶劳动者的收容劳动处分、善行保证、保护观察、行

为监视等。[①]（2）监禁隔离：消极地针对犯罪人的利益，通过各种措施将受处分人与犯罪条件与机会隔断分离从而保卫社会安全。具体包括，对常习犯的保安监禁[②]、禁止从业、限制居住、驱逐出境、禁止进入酒店、取消驾驶执照等。

[22] 保安处分的**上述特征**，原则上阐明了保安处分的适用条件、适用对象、具体种类等，并折射出保安处分的理论基础、基本原则，而这些构成了保安处分的核心内容。其中，保安处分的理论基础，表现为一元论的刑事近代学派价值理念与二元论的后期古典学派的价值思想，对此本书在保安处分的演进中已有较为详尽的阐述。

第40节　保安处分的基本原则

[1] **保安处分的基本原则**，是指展示保安处分特有性质，贯穿于保安处分整体，对保安处分立法和司法具有全面指导意义，作为保安处分理论与实践的准则。对于保安处分基本原则的具体内容，刑法理论存在如下**见解**：（1）四项原则说：将保安处分的基本原则列为四项：处分法定原则、处分必要原则、处分相当原则、处分不定期原则。[③]（2）二项原则说：将保安处分的基本原则列为二项：处分必要原则、处分相当原则。[④]（3）三项原则说：将保安处分的原则列为三项：处分必要原则、处分相当原则、伦理允许原则[⑤]；或者处分法定原则、处分相当原则、处分不定期原则[⑥]。

[2] **应当说**，有关论著所列的这些具体原则，对于保安处分来说，均具有重要的意义。其中，伦理允许原则，尽管在某些场合，有关论著将予以独立，

---

① 德国学者耶塞克指出："科处矫正及保安处分的目的仅是为了避免被判刑人继续实施犯罪行为，而不是为了追求其道德的'改善'，或为了实现对其有益的治疗。因为且就处分是为了保护受到犯罪威胁的、相对于被判刑人的自由更高的公共利益所必需而言，行为人有义务接受处分命令中规定的对其自由的（额外）干涉。"〔德〕汉斯·海因里希·耶塞克、托马斯·魏根特著：《德国刑法教科书》（总论），徐久生译，中国法制出版社2001年版，第967页。**这里**，实际上，耶塞克强调了保安处分的社会责任论的价值根基，但是这并不否认在实现保安处分宗旨的路径中，可以包容矫治改善的内容。**应当说**，基于社会责任论的价值观念，保安处分旨在预防犯罪与保护社会，而这种宗旨可以通过矫治改善与监禁隔离等得以实现。

② 固然，对常习犯的保安监禁，也包含着以常习犯罪的教育、引导、改善，从这个意义上说，其也可视作一种矫正处分。

③ 参见苗有水著：《保安处分与中国刑法发展》，中国方正出版社2001年版，第59—66页。

④ 参见张明楷：《外国刑法纲要》，清华大学出版社1999年版，第452—454页；林山田著：《刑罚学》，台湾商务印书馆股份有限公司1983年版，第345—346页。

⑤ 林山田著：《刑法通论》，台湾三民书局1986年版，第450—451页。

⑥ 参见陈啸平：《保安处分的理论与实践》，载《全国刑法硕士论文荟萃》，中国人民公安大学出版社1989年版，第570页。

其蕴意仍可包含于处分必要原则的意义框架[①]；"处分法定原则"，是保安处分作为刑事处分应当遵循法治主义价值理念的支柱性思想；"处分必要原则"，如同"罪刑均衡原则"一样，表述着保安处分的应有的核心意义；"处分必要原则"，基于保安处分的保护社会理念，对于保安处分合理性具有独特的意义；"处分不定期原则"既是保安处分的一个显著标志，也是保安处分理念得以贯彻的必要要求。由此，本书将保安处分的具体原则列为：处分法定原则、处分必要原则、处分相当原则、处分不定期原则等。

一、处分法定原则

[3] **处分法定原则**，就形式规则而言，是指没有刑法事先的明确规定，对于任何公民均不得以任何理由处以保安处分，由此强调无法则无处分，成文法法源，禁止类推适用等；就实质精神而言，意味着以法治主义为基底，对国家保安处分权的限制与公民自由权利的保障。有论著以"保安处分必须法律规定；法律规定之外不得处分"模式，界定处分法定原则。例如，指出处分法定原则的含义是"保安处分的对象、条件、种类、裁决、执行、解除等实体性内容和程序性内容，都必须事先以成文法的形式确定下来；在法律明文规定的情形以外，对任何公民不得处以保安处分。"[②]应当说，"保安处分必须法律规定"的表述，对于处分法定原则来说，不尽明确与合理。处分法定原则的核心意义是，无法律则无处分，而不是必须法律规定；前者强调的是只有法律存在才可处分从而限制权力[③]，后者似乎是应当予以法律规定而无从彰显对于权力的限制。

[4] 处分法定原则的**形式规则**意义：非依刑法明文不得适用保安处分；保安处分的制度模式只能表现为事先成文刑法；不得类推适用保安处分。这意味着，刑法对于社会危险行为以及与之相应的保安处分的事先的明确的规定，是适用保安处分的唯一的法律前提。保安处分应对社会危险行为。这里的社会危险行为包括行为人所实施的危害行为与行为人的社会危险性，两者统一构成保安处分的事实前提；这里的保安处分包括对人、对物、剥夺自由与限制自由等各种类型的旨在预防犯罪的措施。具体地说，对于社会危险行为以及与之相应的保安处分的刑法规定，意味着对于保安处分的基本原则、保

---

① 参见张明楷：《外国刑法纲要》，清华大学出版社1999年版，第453页；林山田著：《刑罚学》，台湾商务印书馆股份有限公司1983年版，第345页。

② 《北京大学法学百科全书·刑法学犯罪学监狱法学》，北京大学出版社2003年版，第21页。

③ 至于保安处分的法律是否应当存在，那是另外一个问题。也可以是保安处分的法律不存在，那就不予推行保安处分制度，而采纳一元刑罚的刑法典。

安处分适用的前提条件、保安处分的具体对象、被适用者社会危险性的量定标准、保安处分措施的种类、保安处分的裁量原则、保安处分的执行制度、保安处分的解除制度等等，有关保安处分制度的内容，在刑法中予以具体明确的规定。

[5] 处分法定原则的**实质精神**意义：保安处分以社会危险行为为前提，其针对的核心是行为人的社会危险性，这就需要考究处分宣告时行为人社会危险性的大小以及预测执行到何时其社会危险性将消除，然而对于行为人社会危险性的测定，至今并无肯定、客观、定量、精确的方法；另一方面，保安处分以消除行为人的社会危险性预防其再次犯罪为宗旨，基于难以准确地确定与推测行为人当时与未来的社会危险性，从而处分的不定期成为保安处分的重要特征，而保安处分又是剥夺或限制行为人的自由为主要内容的。这种处分前提与处分本身的不确定性，尤其可能侵犯人权。因此，处分法定原则，通过对于保安处分制度的具体内容在刑法中予以明确规定，由此将国家的保安处分权力限制在法定范围内，进而保障公民的合法权益不受侵犯。

[6] **处分法定原则与罪刑法定原则**，两者既有相同之处也有区别。**罪刑法定原则**，就形式规则而言，是指法无明文规定不为罪，法无明文规定不处罚，刑法成文法法源，禁止绝对不定期刑，禁止适用类推，禁止事后法；就实质精神而言，意味着以法治主义为基底，对国家刑罚权的限制与公民自由权利的保障。①（1）处分法定原则与罪刑法定原则的**相同之处**：**A. 实质精神**：两者均以法治主义为基底，强调对国家刑事处置权力的限制与公民自由权利的保障，彰显人权保障的价值理念。**B. 形式表述**：两者均以否定的形式，严格表述施加刑事处置的形式限定：只能在法律明文规定犯罪与社会危险行为以及相应的刑罚与保安处分的场合。**C. 成文法源**：两者均强调制度模式只能表现为成文刑法。犯罪与刑罚只能由成文刑法予以规定；社会危险行为与保安处分也是如此。（2）处分法定原则与罪刑法定原则的**主要区别**：**A. 内在与外在**：罪刑法定原则与处分法定原则，尽管两者的实质精神取向一至，即均旨在彰显人权保障的价值理念，但是这一精神在融入两者的理论背景仍有一定的差异。罪刑法定原则奠基于刑事古典学派的基本思想，自始就具有鲜明的反对罪刑擅断、防止司法专横、限制国家刑罚权、保障公民自由的价值意义，表现为本源上的个人本位，因此罪刑法定原则的人权保障价值是源发的、内在的。而保安处分的盛行得益于刑事近代学派的基本思想，自始就以预防再犯、保护社会为宗旨，表现为本源上的国家本位，所谓处分法定原则，只是囿于法治

---

① 详见张小虎著：《刑法的基本观念》，北京大学出版社2004年版，第143—146页。

主义的社会背景与主流文化以及社会危险性测量等技术操作能力的客观制约,不得不对罪刑法定主义思想的认同,其生成是后发的、外在的。**B. 严谨与张弛**:罪刑法定原则,针对犯罪与刑罚。犯罪具有相对严格确定的犯罪构成的认定标准[①];刑罚的内容与方法也比较具体并确定;刑法分则亦以具体犯罪与相应刑刑罚为线索;同时罪刑法定原则本源上具有个人本位。这就使得罪刑法定原则的脉络,相对清晰、规则、严谨,表现在对于罪刑法定思想从基本到派生的全面贯彻,例如,否定不定期刑、禁止事后法。处分法定原则,针对社会危险行为与保安处分。而对于社会危险性,缺乏肯定、客观、定量、精确的测定方法;处分对于被适用者的个别适应要求,也使得其难以确定;社会危险行为与保安处分主要规定于抽象、原则的总则;尤其保安处分本源上具有国家本位。这就使得处分法定原则的构成,相对柔韧、奔放、张弛,表现在对于处分法定思想的贯彻并不彻底,例如,允许适用事后法[②],乃至处分不定期[③]成为保安处分的基本原则之一。

[7] 处分法定原则的**制度体现**,最初得益于国际会议决议的推崇。1928年,在罗马召开的国际刑法统一会议,通过了关于保安处分的《统一立法案》,该法案第1条规定:“对任何人,非依照刑法规定不得施以保安处分。保安处分的内容,悉依照法律的规定。”[④]其后,有关国家和地区在刑法典中,明确规定了法定处分原则。处分法定原则与罪刑法定原则,两者的实质精神存在一定的承继关系,由此有必要考究刑法立法对于这两者表述的模式及其具体意义。**(1) 立法模式:A. 同条隐含二者**:刑法典对于有关法定原则的规定,可以视作同时具有罪刑法定原则与处分法定原则的意义。例如,《瑞士刑法典》(1937年)第1条(法无规定者不处罚)规定:“本法只处罚行为前已为法律明

---

① 犯罪构成的客观内容,基于其客观外在表现从而具有较大的确定性,犯罪构成的主观内容,也以行为时的心理状态为核心从而依然相对确定。

② **允许适用事后法**,意味着保安处分的事后规定具有溯及力。所谓**溯及力**,又称刑法溯及既往的效力,是指刑法生效以后,对其生效以前未经审判或者判决尚未确定的行为是否具有追溯适用的效力,如果具有追溯适用的效力,就是有溯及力,否则就是没有溯及力。保安处分许多国家的**刑法立法**,明文肯定了保安处分事后法的溯及力。例如,《巴西刑法典》(1941年)第75条规定:“保安措施按判决时的现行法律确定,如果在执行时和现行法律不同,则按执行时的现行法律处理。”《意大利刑法典》(1931年)第200条(相对于时间、地域和人员因素而适用保安处分)第1、2款规定:“保安处分由适用该处分时生效的法律调整。如果在保安处分应当执行时法律发生变化,适用在执行时生效的法律。”《德国刑法典》(1998年)第2条(时间效力)第6项规定:“矫正与保安处分适用审判时有效之法律,法律另有规定的除外。”

③ 罪刑法定原则否定不定期刑,从而法院对于被告人所宣告的刑罚不仅种类肯定而且刑期确定。而处分法定原则不可能否定适用处分的不定期(见第40节段5),法院对于受处分者所宣告的具体保安措施,并不确定其具体的期限。

④ 林纪东著:《刑事政策学》,台湾三民书局1979年版,第311页。

文规定的行为。”该刑法典将刑罚和保安处分合并于同一章同一节[①]，这里的“处罚”可以理解为包括“刑罚与保安处分”的处罚，从而该条文具有统辖罪刑法定原则与处分法定原则的意义。**B. 同条明确二者**：刑法典于同一条文，对于罪刑法定原则与处分法定原则，分别予以具体表述。例如，《奥地利刑法典》第1条（无法无刑）规定：“（1）行为时本法已明确规定予以刑罚处罚的行为，始可科处刑罚或预防性处分。（2）……预防性处分或者某一与其种类相似的刑罚或预防性处分，在行为时已为法律明文规定的，始可科处……”其中，“（1）”是以罪刑法定原则为重心的规定；“（2）”是以处分法定原则为重心的规定。**C. 各条分别规定**：刑法典于不同条文，分别规定罪刑法定原则与处分法定原则。例如，《意大利刑法典》（1931年）第1条（犯罪与刑罚：法律明文规定）规定：“任何人不得因未被法律明文规定为犯罪的行为而受到处罚，也不得被处以法律未规定的刑罚。”第199条（保安处分的适用：法律明文规定）规定：“对任何人不得适用不是由法律明文规定的保安处分，也不得在法律规定的情况以外适用保安处分。”**D. 仅列罪刑法定**：刑法典将保安处分与刑罚共同列为刑法上的法律后果，但是仅规定罪刑法定原则，而对保安处分的基本原则未予规定。例如，《泰国刑法典》（1956年）只规定了罪刑法定原则，该法典第2条第1款规定：“行为的处罚，以行为时的法律规定其为犯罪和刑罚者为限。加予行为人的刑罚，应当依照法律的规定。”显然，这一规定，在形式上只是针对罪刑法定原则的。**（2）具体意义**：需要说明的是，在上述“D. 仅列罪刑法定”的立法模式的场合，能否以此认为，关于罪刑法定原则的规定也适用于保安处分。对此，本书原则上持肯定态度。不可否认，保安处分在根基上具有国家本位、保护社会、预防再犯、行为人社会危险性测定缺乏客观定量、处分不定期等特征，这些特征在本质上是与法定主义思想相背离的。从而不得不引发对于保安处分适用法定原则的疑问。然而，在法治主义思想观念与社会形态占主导地位的历史阶段，在尚未到达生产力高度发达按需分配的未来社会的当今，在人类的正义、法律的规范尚未成为社会大众发自内心的信奉与准则的时候，人权保障的实现依然需要法律形式的赋予。因此，从另一个角度讲，也正因为保安处分的这些特征决定了保安处分具有侵犯人权的较大可能性，所以应当格外张扬处分法定主义原则，以最终实现处分的人权保障价值。刑法典规定了罪刑法定原则，这本身就意味着法定主义理念是整个刑法所必须遵循的价值准则，更不用说刑法理论的解释，也应当具有引导与实现致使刑法趋同时代合理性的责任。但是，也应当看到，罪刑法定原

---

① 即“第三章刑罚、保安处分和其他处分”，“第一节具体的刑罚和处分”。

则与处分法定原则两者毕竟并不完全同一，尤其是基于保安处分的有关特征而容易引发对于处分法定原则的疑问，因此，最为理想的立法模式是“B. 同条明确二者”或者“C. 各条分别规定”。在“社会危险行为、保安处分”与“犯罪、刑罚”并列为刑法总则部分的刑法体系中，“C. 各条分别规定”的模式更为恰当。这样，以“罪刑法定原则”统辖“犯罪与刑罚”，以“处分法定原则”统辖“社会危险行为与保安处分”，从而刑法的整个脉络相对清晰。

二、处分必要原则

[8] **处分必要原则**，又称必要性原则，是指保安处分只有在其成为消除行为人的社会危险性，而为防卫社会所必需，同时符合社会道德伦理的要求的场合，才能存在与适用。行为人的危险性并非必须通过保安处分所消除，或者保安处分也是必需的，但是其本身缺乏社会道德伦理的许可，一律不得适用保安处分。由此，适用保安处分属于消除社会危险性的必需途径、保安处分的道德伦理许可等二者的统一，是处分必要原则的中心内容。

[9] 保安处分的**必需途径**，意味着对于行为人社会危险性的消除，保安处分属于必不可少的、充分有效的、合乎目的的方法。基于社会防卫的理念，具有社会危险性的人的存在，对于社会的安宁与幸福就是一种威胁，因此有必要对于这些人采取保安处分以预防犯罪、保护社会。在一定程度上，刑罚也具有预防犯罪与保护社会的机能，然而在一些特殊情况下，对于社会危险行为无从施加刑罚（例如，行为人的责任能力成为问题），或者行为人缺乏刑罚的适应性（刑罚能力成为问题），而保安处分基于其针对被处分者的具体特征，采取特别的矫正、治疗、教育、改善、监禁、隔离等措施，从而属于预防犯罪、保护社会的充分有效、合乎目的的方法。但是，除了刑法所规定的保安处分之外，也不排除其他方法具有矫治与改善的功效。而保安处分，尽管具有较强的有效性与目的性，但是也不失处分的不确定性[①]、剥夺与限制自由的严厉性等特征，由此过于柔韧地运用保安处分无疑将会侵犯人权，这有违于法治主义的基本理念，从而有必要将保安处分限定为不得已而为之的方法。

[10] 保安处分的**道德伦理许可**，意味着保安处分的存在与适用应当符合社会道德伦理观念的要求。任何法律均应符合社会道德伦理的要求，作为刑法上的法律后果的保安处分更应如此。保安处分以预防犯罪、保护社会为宗旨，其具体措施也基于这一目的而形成；同时，保安处分又具有相对强烈的目的与效果的追求。由此，“为了目的与效果而不择手段”，很可能成为保安处

① 例如，处分的不定期、对于客观定量测定社会危险性的缺乏等。见本节段16、段5。

分制度建构的一个弊端，果真如此，所谓的保安处分将成为人道灾难的罪魁。例如，纳粹德国所大力推行的送集中营监禁、强制阉割等保安处分措施，堪称典型的历史教训。保安处分的道德伦理许可，为德国后期古典学派的学者所倡导。德国著名学者威尔哲尔（Hans Welzel，1904—1977）指出，就法治国家原则与罪责原则观之，仅仅基于有效性与目的性并没有足够的理由来剥夺不具责任能力者的身体自由，或是剥夺超越行为人罪责程度的自由，因为这种与刑罚同样严厉的法律效果，在刑法上的存在依据，除了有效性与目的性之外，尚须具有“伦理的容许性”①

［11］在有关国家的**刑法典**中，处分必要原则也有明文规定。例如，《日本改正刑法草案》将保安处分列为治疗处分与禁绝处分两种（第97条），而对于这两种处分措施的适用，均强调必须是“在保安上认为有必要时”。其中，治疗处分的适用前提是：因精神障碍而没有责任能力或者责任能力明显减低的人，实施了符合禁锢以上刑罚的行为，如果不加以治疗和看护将来可能再次实施符合禁锢以上刑罚的行为，在保安上认为有必要时（第98条）；禁绝处分的适用前提是：具有过度饮酒或者使用麻药、兴奋剂或者其他药物习癖的人，因其习癖而实施了符合禁锢以上刑罚的行为的，如果不消除习癖将来可能再次实施符合禁锢以上刑罚的行为，在保安上认为有必要时。

三、处分均衡原则

［12］**处分均衡原则**，又称相当性原则，是指保安处分的措施类型与轻重程度，必须与行为人的社会危险性以及预防犯罪保护社会的具体需要，构成相应适度的比例关系。这意味着保安处分的具体运用，不得超越行为人社会危险性的程度以及预防犯罪保护社会所需要的程度。由此，行为人社会危险性的程度与预防犯罪保护社会需要的程度等二者，与保安处分的质与量的对应关系，构成处分均衡原则的中心内容。

［13］处分均衡原则具体表现在：**(1) 需要程度**：保安处分的质量与预防犯罪保护社会需要的程度相适应。如同上文所述，保安处分具有较强的有效性与目的性的追求，适用保安处分就是为了实现有效的预防行为人犯罪从而保护社会安全的目的，而有效地达此目的的前提，必须是保安处分具有相应

① 转引自林山田著：《刑罚学》，台湾商务印书馆股份有限公司1983年版，第339页。德国学者迈耶（Max Ernst Mayer）也指出：“一切保安处分，一方面要有‘合目的性’（公共安全的必要）；另一方面须有‘个人道德的容许性’；但更重要的是，需要有‘个人人身自由的保障’；尤其是在立法和适用上，要充分考虑适用保安处分的‘必要性’”。转引自杨春洗、甘雨沛等著：《刑法总论》，北京大学出版社1981年版，第305页。

适当的质与量。**(2) 危险程度**:保安处分的质量与行为人的社会危险性相适应。保安处分针对行为人的社会危险性以矫治改善监禁隔离为内容。易言之,这种矫治隔离的措施是以行为人的社会危险性为基础的,这就决定了保安处分的具体质与量,必须与行为人的社会危险性程度相适应。**(3) 质量相称**:处分均衡,包括质与量两个方面。质的相称,主要是指保安处分的措施类型与行为人社会危险性的具体种类及其矫治预防行为人犯罪所需内容的性质相适应,例如,将精神病患者收容于精神病治疗机构,将毒品瘾癖者收容于戒除毒品瘾癖机构;量的相称,主要是指具体保安措施的施加程度与行为人危险性的程度及其矫治预防犯罪所需的量的标准相适应。例如,保安处分的最高宣告期限与危险程度并需要程度的相适应。**(4) 相关关系**:需要程度与危险程度,两者共同决定着保安处分的具体的质与量,不过基于人权保障理念,危险程度更具决定意义。如同上文所述,在目的与效果的外衣下,保安处分也可能发生异化,而危险程度的强调,在一定程度上可以制约保安处分的滥用,从而彰显人权保障。

[14] **处分均衡原则与罪刑均衡原则**,两者承继呼应,既有联系也有区别。**罪刑均衡原则**,实质上体现了刑法的一种精神:即以法治为基底,对国家刑罚权的限制与公民自由权利的保障。罪与刑的相适应,就其具体内容而言,在社会发展的不同阶段,会有不同的表现,其合理的标准,应当以某一社会的发展程度、文化状况等为背景。罪刑相适应原则实体内容的抽象框架是:罪与刑的质的相称与量的相称的有机统一。其中,罪是指以已然之罪为主、未然之罪为辅的罪的统一体;刑是指以报应之刑为基础、预防之刑为引申的刑的统一体。① (1) 罪刑均衡原则与处分均衡原则的**相同之处**:**A. 实质精神**:两者均基于法治主义的精神,强调对国家刑事处置权力的限制与公民自由权利的保障,彰显人权保障的价值理念。**B. 形式意义**:两者均强调处罚的对应性与适当性:刑罚与犯罪相适应;保安处分与行为人的社会危险性以及预防犯罪保护社会需要相适应。**C. 兼容并蓄**:罪刑均衡原则,在一定程度上可以视作包含了处分均衡原则的意义。罪刑均衡的"罪"与"刑"可以理解为:未然之罪与已然之罪;刑事处置(刑罚与保安处分)。(2) 处分法定原则与罪刑法定原则的**主要区别**:**A. 内在与外在**:基于理论背景的差异,罪刑均衡原则表现为本源上的个人本位,其人权保障价值是源发的内在的;而保安处分表现为本源上的国家本位,处分均衡原则的生成是后发的、外在的。**B. 刑罚与处分**:罪刑均衡原则,侧重于表述刑罚与犯罪的相称;而处分均衡原则,侧重于表述保安

① 详见张小虎著:《刑法的基本观念》,北京大学出版社2004年版,第157—162页。

处分与行为人的社会危险程度以及预防犯罪保护社会的需要程度的相称。**C. 严谨与张弛**：基于犯罪的认定标准与刑罚的内容方法的相对确定性（见本节段6），罪刑均衡原则的脉络相对清晰、规则、严谨；而行为人社会危险性与预防犯罪保护社会需要的测定，缺乏客观与精确，以及处分不定期，由此处分均衡原则的路径相对柔韧、奔放、张弛。

[15] 一些国家的**刑法典**对处分均衡原则作了特别明确的规定。例如，《德国刑法典》(1998年)第62条(适当性原则)规定："如判处矫正与保安处分与行为人犯罪行为的严重性，或可能造成的犯罪以及行为人的危险程度不相适应的，不得判处。"

四、处分不定期原则

[16] **处分不定期原则**，是指审判机关在裁量保安处分时，对于受处分者的处分期限不予具体确定，而是只判决宣告处以某种处分措施，其执行的具体期限，有待根据受处分者被矫治或隔离后社会危险性改善的具体情况而定，包括处分绝对不定期与处分相对不定期。处分绝对不定期，是指审判机关所判决宣告的处分期限，既无上限也无下限而是完全不确定。处分相对不定期，是指审判机关所判决宣告的处分期限，存在上限、下限或上限与下限的限定。

[17] **处分不定期的类型：(1) 法定刑、宣告刑、执行刑**①：基于保安处分的不同表现形式，处分不定期可以表现为**法定不定期、宣告不定期、执行不定期**。法定不定期，是指刑法对于具体保安处分措施的法定期限不予具体确定。法定不定期易于导致宣告不定期，系宣告不定期的前提与基础②。宣告不定期，是指法院对于判决宣告的保安措施的具体期限并不确定。执行不定期，是指保安处分措施宣告以后具体执行的期限并不确定。**(2) 绝对与相对**：基于不定期的不同表现形式，处分不定期可以表现为绝对不定期、相对不定期。**绝对不定期**，是指保安处分的期限既无上限也无下限而是完全不确定。**相对不定期**，是指保安处分的期限虽不确定但存在上限、下限或上限与下限的限定。如果结合法定刑、宣告刑的视角，绝对不定期与相对不定期，分别表现为法定绝对不定期、宣告绝对不定期与法定相对不定期、宣告相对不定期。

---

① **法定刑**是立法机关，在刑法条文中所设置的刑事处置。**宣告刑**是各级审判机关，对行为人所宣告的具体刑事处置。**执行刑**是审判机关所确定的应予执行的刑事处置。

② 当然，即使立法上存在法定不定期，法官也可以判决宣告确定的期限，关键是刑法是否允许宣告不定期。但是，如果立法上只是绝对定期，则法官只能判决宣告确定的期限。由此，法定不定期是宣告不定期的前提与基础。

[18] **宣告不定期的定位**：在法定不定期、宣告不定期与执行不定期等三者中，法定不定期与执行不定期，一定程度上属于保安处分与刑罚在处罚期限上的现实状况。[①] 由此，就刑罚而言，存在较大争议的，是不定期宣告刑，从而所谓不定期刑也主要是指不定期宣告刑[②]；从保安处分来看，基于保安处分的目的宗旨与技术操作，宣告不定期仍为保安处分的重要特征与必然选择。具体地说：基于处分均衡原则，保安处分必须与行为人社会危险性的程度（危险程度）以及预防犯罪保护社会需要的程度（需要程度）相适应，这就是说，被处分者的社会危险性与消除被处分者危险性所需的时间，决定着处分期限的遴选。而这一危险程度与需要程度，取决于被处分者现时社会危险性程度测定、取决于被处分者在执行中改善的进展情况、取决于执行机构具体方法措施的实效、取决于矫治过程中各种环境因素的影响，等等。这些取决因素，在处分的判决宣告时，是难以准确确定的。由此，处分的宣告不定期也就成了保安处分的必然选择与重要特征，乃至成为保安处分的一项原则。

[19] **宣告不定期的刑法规定**：一些国家和地区的刑法典，对于适用保安处分时必须予以不定期的宣告，有着明文的规定。其中，**(1)** 有的是直接表述：例如，《奥地利刑法典》（1974 年）第 25 条（剥夺自由的预防性处分的期限）第 1 款规定："预防性处分的期限是不确定的。期限的长短取决于其目的的实现。但收容于安置需要戒除瘾癖的违法者的机构的，其期限不得长于 2 年；收容于安置危险的再犯的机构的，其期限不得长于 10 年。"**(2)** 有的是间接表述：例如，我国台湾地区"刑法"（2005 年）第 97 条规定："依第 86 条至第 90 条及第 92 条规定宣告之保安处分，期间未终了前，认为无继续执行之必要者，法院得免其处分之执行。如认为有延长之必要者，法院得就法定期间之范围内

---

① 从法定期限来看，各国刑法典对于保安处分，普遍采用法定不定期的立法模式，自当无疑；而各国刑法典对于刑罚，普遍采用相对确定的法定刑，这也是事实。就执行期限而言，基于当今各国刑法普遍规定了减刑、假释、行刑时效、赦免等刑罚制度，因此执行刑的不定期几乎是不可避免的事实；而基于处分的宣告不定期，处分的执行不定期成为保安处分的一个重要特征。

② 现今各国刑法典法定自由刑基本均为（相对）不定期刑，刑法理论所谓不定期刑特指不定期宣告刑。**中国大陆**：参见郗朝俊著：《刑法原理》，商务印书馆 1930 年版，第 361 页；杨春洗主编：《刑事法学大辞书》，南京大学出版社 1990 年版，第 30 页；杨春洗、康树华、杨殿升主编：《北京大学法学百科全书・刑法学犯罪学监狱法学》，北京大学出版社 2003 年版，第 52 页；康树华、王岱、冯树梁主编：《犯罪学大辞书》，甘肃人民出版社 1995 年版，第 87 页；马克昌主编：《刑罚通论》，武汉大学出版社 1999 年版，第 162 页；**中国台湾**：参见张甘妹著：《刑事政策》，台湾三民书局 1979 年版，第 302 页；林山田著：《刑罚学》，台湾商务印书馆 1983 年版，第 255 页；高仰止著：《刑法总则之理论与实用》，台湾五南图书出版公司 1986 年版，第 460 页；**国外刑法**：〔日〕大谷实著：《刑事政策学》，黎宏译，法律出版社 2000 年版，第 126 页；〔日〕木村龟二主编：《刑法学词典》，顾肖荣等译校，上海翻译出版公司 1991 年版，第 440 页。**鉴于**不定期法定刑的法定基础地位与不定期执行刑的客观实际状况，将不定期刑理解为不定期宣告刑有其依据。

酌量延长之。”

[20] **法定不定期的前提**：法定刑是宣告刑的前提与基础，只有法定不定期才有宣告不定期的可能。如上所述，保安处分的法定不定期，包括法定绝对不定期与法定相对不定期。其中：**(1) 法定绝对不定期**：例如，《罗马尼亚刑法典》(1996 年)第 130 条(强制医疗)第 1 款规定：“对因疾病、慢性酒精依赖、药物中毒或其他类似物质中毒，而致具有社会危险性的罪犯，可以强制定期进行医疗，直至恢复正常。”第 131 条(收容住院)第 1 款规定：“如果罪犯患有精神病或因药物中毒，其行为引起社会危险的，可送入特设医疗机构，直至恢复正常。”法定绝对不定期，由于过于柔韧灵活，易于侵犯人权，从而并不为各国刑法立法所普遍采纳。**(2) 法定相对不定期**，是各国刑法立法的基本模式，具体包括：**A. 规定期限上限**：例如，《德国刑法典》(1998 年)第 67d 条(收容期间)第 1 款规定：“收容于戒除瘾癖的机构的期间不得超过 2 年。期间自收容开始时计算。如果执行处分的时间折抵刑罚的，先于自由刑执行的剥夺自由的处分，其期间可予以延长，但不得超过自由刑的法定最高限。”**B. 规定期限下限**：例如，《意大利刑法典》(1931 年)第 217 条(最短持续期)规定：“送往农垦区或劳动场的最短持续期为 1 年。对于惯犯，最短持续期为 2 年；对于职业犯，最短持续期为 3 年；对于倾向犯，最短持续期为 4 年。”**C. 规定期限上下限**：例如，《瑞士刑法典》(1937 年)第 56 条(禁止进入酒店)第 1 款规定：“重罪或轻罪是在过量饮用含酒精饮料后实施的，除科处被告刑罚外，法官还可禁止被告在 6 个月至 2 年期间内进入出售含酒精饮料的酒店。……”

第 41 节　保安处分的适用

[1] 本节所阐释的保安处分的适用，是指广义上的适用，即包括保安处分的适用条件、保安处分的裁量、保安处分的执行等内容。同时，保安处分的具体种类(见第 41 节)系针对不同处分对象而适用具体的处分措施，从而具有分论的保安处分适用的意义，则本节的保安处分适用就具有总论的保安处分适用的意义。

一、保安处分的适用条件

[2] **保安处分的适用条件**，又称保安处分的适用要件[①]，是指刑法所规定的适用保安处分措施所必须具备的事实前提的构成要素。包括一般要件与

---

① 严格来讲，称适用要件更为贴切。

具体要件。**一般要件**,是指各种保安处分措施的适用的法定事实前提,所共有的构成要素;**具体要件**,是指某一保安处分措施的适用的法定事实前提,所具有的构成要素。① 其中,具体要件直接依存于具体保安处分措施的知识框架,本书将在保安处分措施的类型中予以阐述。这里,主要就较具抽象意义的一般要件,予以阐述。一般要件揭示各种处分措施的共同适用要件,表述适用要件的共性。具体表现为:客观要件,即危害行为;主观要件,即社会危险性。

（一）客观要件:危害行为

[3] **危害行为**,是指刑法所规定的适用保安处分措施所必须具备的,行为人实施危害社会行为的客观事实特征。危害行为作为保安处分的适用要件,存在理论争议、立法实际、要件地位、具体内容等议题。

[4] **理论争议**:保安处分的适用,是否必须具备危害行为,刑法理论存在争议:**(1) 肯定论**:例如,日本刑法学家牧野英一认为,社会危险性应以客观上的犯罪行为以及严重程度为根据,不能脱离客观的犯罪行为而独立存在。保安处分也是以一定的犯罪行为为要件的。在缺少客观的犯罪行为的条件下,由法官根据主观危险性决定保安处分,实际上是漫无限制,不利于保障公民人身自由。**(2) 否定论**:例如,德国刑法学家李斯特认为,保安处分针对的是行为人的主观危险性,而不是犯罪行为,只要认为行为人主观上具有社会危险性,即使客观上并没有实施犯罪行为,也可以对其实行保安处分,将一定的犯罪行为作为保安处分的要件,这是将"无犯罪则无刑罚"的原则,不适当地扩张于保安处分。② 肯定论强调保安处分适用的客观基础,彰显人权保障的价值理念,与时代主流的法治主义精神相吻合,从而得到广泛的支持,成为理论上的通说。

[5] **立法实际**:就世界各国的立法状况的考察,可以说,危害行为作为处分措施适用的一般要件之一,肯定是原则,否定是例外,即"总体肯定","少数例外"。**(1) 总体肯定**:危害行为作为适用保安处分的一般要件,也得到了世界各国立法的广泛认同,具体表现在,各国刑法对于诸种处分措施适用要件的规定,**通常**均包含有危害行为的内容。而其具体的立法模式又分为两种情况:**A. 总体明确规定**:设置专门条款,对于适用保安处分的一般要件予以明文,其中明确强调危害行为(并社会危险性)的必要。例如,《意大利刑法典》

---

① 例如,《德国刑法典》(1998 年)第 64 条规定"收容于戒除瘾癖的机构"的适用要件是:具有过量服用酒精麻醉剂等的瘾癖;基于瘾癖而实施违法行为;违法行为被判处有罪或因缺乏责任能力而未被判处有罪;由于瘾癖仍然存在严重违法犯罪的危险。

② 转引自甘雨沛、杨春洗、张文主编:《犯罪与刑罚新论》,北京大学出版社 1991 年版,第 556、554 页。

(1931年)第202条对于"保安处分的可适用性"作了一般性的规定[①],明确将危害行为(包括犯罪行为与其他危害行为)作为适用保安处分的要件之一。采纳这一立法模式的还有《罗马尼亚刑法典》(1996年)[②]和《巴西刑法典》(1941年)[③]。**B. 具体规定表现**:虽不以专门条款总括适用保安处分的一般条件,但是在各个处分措施的适用条件中,均包含有危害行为要件的内容。例如,《德国刑法典》(1998年)规定了六项保安处分措施[④],该法并未设专条总括这些措施适用的一般要件,但是分别该六项措施规定了各自的适用要件[⑤],而危害行为是该六项措施的共有适用要件。采纳这一立法模式的还有《奥地利刑法典》(1974年)[⑥]等。**(2) 少数例外**:将危害行为作为保安处分措施的适用要件之一,这是各国刑法所规定的各种保安处分措施适用要件的一般状况,不过也不排除**某些例外**。这种例外主要表现为,有些国家的刑法,对于多数处分措施的适用要件,均肯定危害行为的要件地位,而对于某些处分措施的适用,则不强调危害行为的必要性。例如,《瑞士刑法典》(1937年)所规定的具有保安处分性质的措施包括:习惯犯的监禁(第42条),对精神病患者的保安处分(第43条),酒鬼、毒品瘾君子的治疗(第44条),和平担保(第57条),保安没收(第58条)等。根据相应条文的规定,其中绝大部分措施的适用要件,均须具备危害行为的要件,但是对于"和平担保"的适用,也可以不以危害行为为要件。该法典第57条规定,法官可以仅就行为人"存在向某人实施重罪或轻罪的危险",根据被威胁者的要求,而适用和平担保。

[6] **要件地位**:基于保安处分的宗旨与价值理念,保安处分直接针对行为

---

① 该条规定:"只有对实施了被法律规定为犯罪的行为并且具有社会危险性的人,才可以适用保安处分。"(第1款)"刑事法律确定在哪些情况下可以因不被法律规定为犯罪的行为而对具有社会危险性的人适用保安处分。"(第2款)该条第2款所谓的"刑事法律确定的不被法律规定为犯罪的行为",主要是指该法典第49条第2款所规定的不能犯,以及第115条第2款所规定的犯罪协议、第4款所规定的拒绝接受教唆,这些规定的情形,虽不能构成犯罪,但不失为危害行为。

② 该法典第128条(保安措施的目的)第2款规定:"保安处分专门针对实施刑法所禁止的行为的人员适用。"

③ 该法典第76条规定:"采用保安措施的条件:Ⅰ. 实施已确定为犯罪的事实;Ⅱ. 行为人有犯罪危险性的。附款:如果具备第Ⅱ项的条件,保安措施也适用于第14条、第27条。"该法典的第14条是对不能犯的规定,第27条是对共同犯罪实行犯尚未构成未遂犯的规定。

④ 该法典第61条规定:"矫正与保安处分的种类有:(1)收容于精神病院;(2)收容于戒除瘾癖的机构;(3)保安监督;(4)行为监督;(5)吊销驾驶执照;(6)禁止从事特定之职业。"

⑤ 具体条文与处分措施的对应关系是:第63条针对收容于精神病院、第64条针对收容于戒除瘾癖的机构、第66条针对保安监督、第68条针对行为监督、第69条针对吊销驾驶执照、第70条针对禁止执业。

⑥ 该法典所规定的预防性处分包括收容于安置患有精神疾病违法者的机构、收容于安置需要戒除瘾癖的违法者的机构、收容于安置危险的再犯的机构、没收,法典的第21、22、23、26条分别对这些措施的适用要件作了规定,这些规定均将危害行为作为要件之一。

人的社会危险性，以预防再犯、保护社会为根本。由此，保安处分的“社会危险性”的适用要件，居于核心地位。另一方面，行为人实施危害行为，在很大程度上受其内在素质等的支配，甚至可以说，危害行为是社会危险性的一个重要的征表。这一思想也在刑法立法中表现出来。例如，有些国家刑法所规定的个别保安处分措施，不以危害行为而仅以社会危险性为适用要件[见本节段5中(2)少数例外]；《瑞士刑法典》(1937年)第42(1)条，将“又故意犯罪重罪或轻罪”作为“足以表明他具有犯罪重罪或轻罪之倾向”的表征。尽管如此，如同上文“理论争议”所述，基于人权保障的价值理念，危害行为作为处分措施的客观适用要件，应予肯定。同时，也应当看到，危害行为与社会危险性的一定程度的表里关系，同危害行为与社会危险性分别作为处分措施的适用要件，两者属于不同的问题，易言之，这种关系并不否定危害行为与社会危害性并列作为处分措施的适用要件的地位。

[7] **具体内容**：作为适用处分措施的一般要件，危害行为的性质也是需要考究的一个问题。这意味着危害行为是否必须是犯罪行为，或者违法行为，或者兼可犯罪行为与违法行为。对此，从各国刑法的具体规定来看，并无统一的规则。不仅不同国家之间的刑法规定有所差异，而且基于处分措施的种类多样，一些国家的不同处分措施之间，也各有区别。具体表现为：**(1) 原则必须犯罪行为**：有些国家的刑法，不分处分措施的类型(针对各种处分措施)总括性地规定，作为适用处分措施要件的危害行为，原则上必须表现为犯罪行为，个别情况可以例外。例如，《意大利刑法典》(1931年)第202条的规定、《巴西刑法典》(1941年)第76条的规定，首先强调适用处分措施(当然是针对所有处分措施)必须实施犯罪行为并具有社会危险性，而后又对不能犯情形、被教唆者拒绝接受教唆的情形[①]等，行为虽不构成犯罪，但可予适用处分措施，作了例外的规定。另外，鉴于有关处分措施专门针对精神病人、未成年人等缺乏责任能力的人，而责任能力是犯罪成立的一个必备要素，从这个意义上说，刑法也不会统一将犯罪行为作为适用处分措施的事实前提要件。[②]

---

① 对于“被教唆者拒绝接受教唆”的情形，可否作为教唆未遂，这在共犯独立性说与共犯从属性说，有着不同的结论。详见张小虎著：《犯罪论的比较与建构》，北京大学出版社2006年版，第621—622页。

② 有时，条文虽指“犯罪”，但事实上基于犯罪成立条件，这个“犯罪”至少可以理解为包括因缺乏责任能力而不成立犯罪的危害行为。例如，《罗马尼亚刑法典》(1996年)第128条(保安处分的目的)总括性地将“实施刑法所禁止的行为”作为处分措施的适用要件之一。其后，第131条在对“收容住院”处分的规定中，将“犯罪分子患有精神病或药物依赖，并具有社会危险性的”，作为该处分的适用要件。这里的“犯罪分子”就可以理解为包括实施了因缺乏责任能力而不成立犯罪的危害行为的人员。**类似的情况**，包括：《德国刑法典》(1998年)第63条(收容于精神病院)、《奥地利刑法典》(1974年)第21条(收容于安置患有精神疾病违法者的机构)第1款、《瑞士刑法典》(1937年)第43条(对精神病患者的保安处分)等的规定。

(2) 犯罪行为或违法行为:有些国家的刑法,分别处分措施的类型,规定处分措施的适用要件,处分措施不同,对于危害行为性质的要求也有所差异:**A. 犯罪行为**:有的处分措施的适用,以犯罪行为为要件:例如,《奥地利刑法典》(1974 年)第 23 条第 1 款规定,适用“收容于安置危险的再犯的机构”的处分措施,必须“因应受刑罚处罚的行为而被判处 2 年以上自由刑”。通常,对于常习犯的监禁处分,均须行为人实施犯罪行为。**B. 违法行为或犯罪行为**:有的处分措施的适用,兼含犯罪行为或违法行为的要件。例如,《德国刑法典》(1998 年)第 64 条第 1 款规定,适用“收容于戒除瘾癖的机构”的处分措施,必须“实施违法行为,或违法行为……被判处有罪;或因能证明行为人无责任能力或不能排除行为人无责任能力而未被判处有罪”。

(二) 主观要件:社会危险性

[8] **社会危险性**,是指刑法所规定的适用保安处分措施所必须具备的,行为人基于其人格素质或生活环境,而充分表明其具有实施违法犯罪行为的可能性,从而构成了对社会安全的现实的重大威胁的主观事实特征。社会危险性作为保安处分的适用要件,存在测定内容、立法模式等议题。

[9] **测定内容**:保安处分的适用必须是行为人具有社会危险性,这与保安处分的价值根基与现实宗旨相吻合,自应得到肯定。另外,保安处分作为限制与剥夺自由的措施,也应在社会危险性达至一定程度方可施加,并有所轻重,这也是处分均衡原则的应有之意。然而,问题是,如何在社会危险性的不确定中寻求相对确定。**社会危险性的确定**,意味着基于行为人过去与现在的各种因素,评价其内在的恶性倾向,进而预测其未来实施违法犯罪行为的概率大小。这里粗略地说,“内在倾向”“未来行为”“概率大小”等均具有结论项的意义,而“行为人过去与现在的各种因素”(以下简称“基础因素”)则构成结论项的基础依据。所谓“粗略”,是因为严格说来,“内在倾向”与“未来行为”“概率大小”,各自相对独立,相互之间也存在一定的相因关系。比如,“内在倾向”并不意味着“未来行为”,“内在倾向”可以成为“潜在行为”也可以“显现行为”,而这又在一定程度上取决于“行为条件”“社会控制”等因素。相关变量的构成及其定量关系,可设专题研究。鉴于表述简洁与仅提原则性思路,在此仅择“基础因素”与“内在倾向”作为分析的两个基点,予以扼要阐述。其中,“基础因素”是自变量,“内在倾向”是因变量。需要回答的问题是:“基础因素(A)”具有又由哪些因素(a1、a2、a3……)构成,这些因素(a1、a2、a3……)相互之间有何关系,这些因素(a1、a2、a3……)与“**内在倾向(B)**”之间又有何关系。有关“变量相关分析”问题,需以实证资料,拟另文详述。而“**基础因素(A)**”的构成,可以考虑如下因素:**a1. 人格素质**,是指行为人的特殊思想、感觉

和自我观照模式，其构成特殊个体的一系列鲜明的品质特征。包括认知、行为、情感。[①] 这里主要表现为：本次违法犯罪情况（罪名、直接原因、主观心态、共犯情况、归案方式、罪后态度、罪行严重程度等）；初次违法犯罪年龄；以前犯罪次数，初犯、再犯、常习犯、累犯等特征；前次受刑出狱情况（期满出狱、减刑、假释），狱中表现，脱逃情况；赌博习惯，醉酒恶习，吸毒恶习，勤劳习惯；精神状况，健康状况；宗教信仰，自我态度，人际关系态度，国民意识，对物的态度，对事的态度，在校期间学习态度；文化程度，职业状况。**a2. 生活环境**，是指行为人生活于其间的对行为人认知、行为及情感具有相对决定意义的情况和条件。这里主要表现为：家庭结构、家庭关系与情感、婚姻状况、夫妻关系与情感、子女状况、经济收入、社会阶层地位、生活区域民风、交友情况。人格素质与生活环境，既互为关联又相对独立。生活环境是人格素质形成的外在因素，而人格素质又促使个体青睐特定的生活环境。但是，人格素质属于特殊个体的独特品质特征，而生活环境属于特殊个体的活动条件，两者具有不同的意义。就对于内在恶性倾向的作用而言，人格素质具有更为直接的意义，生活环境处于外在条件地位。

［10］**立法模式**：各国刑法均将行为人的社会危险性作为保安处分措施的重要适用要件，这在上文关于危害行为的“立法模式”中，已有介绍。需要进一步考究的是，刑法对于如何具体确定行为人社会危险性，所采取的立法模式。对此，根据社会危险性的认定标准与处分措施的适用要件的关系不同，主要存在**四种**：**(1) 明确规定**：在处分措施的适用要件之外，对于行为人社会危险性的衡量标准，刑法设置专门条款，不分处分措施的类型，予以总括性的、较为具体明确的规定。例如，《意大利刑法典》(1931年)第202条规定了处分措施的一般适用要件，此外，又以第203条第1款明确规定了社会危险性的含义[②]，并且以第203条第2款以及第133条对于具有社会危险性的人身特点予以明文规定[③]，从而相对明确了社会危险性的衡量标准。《巴西刑法典》(1941年)第76条规定了处分措施的一般适用要件，此外，又以第77条对

① 参见〔美〕戴维·波普诺著，《社会学》，李强等译，中国人民大学出版社1999年版，第147页。

② 第203条（社会危险性）第1款规定：“在刑事法律的意义上，当实施了前条列举的某一行为的人员有可能重新实施被法律规定为犯罪的行为时，即使是不可归罪的或者不可受处罚的，均被视为具有社会危险性。”

③ 第203条第2款规定：“具有社会危险性的人身特点，根据第133条列举的情节推论。”而第133条（犯罪的严重程度：从刑罚角度的考虑），是对法官“认定犯罪的严重程度”与“认定犯罪人的犯罪能力”，所应当依据的有关因素的规定。这些因素包括：［针对“严重程度”］“1）行为的性质、类型、手段、对象、时间、地点和其他方式；2）对犯罪被害人造成的损害或者危险的程度；3）故意或者过失的程度。”［针对“犯罪能力”］“1）犯罪的原因和犯罪人的特点；2）刑事处罚前科，尤其是犯罪人在犯罪前的品行和生活；3）犯罪时的品行或者犯罪后的品行；4）犯罪人所处的个人、家庭和社会生活环境。”

危险分子认定的一般方法作了规定,并且还以第78条具体列举了应当被推定为具有危险性的各种情形。**(2) 原则规定**:对于行为人社会危险性的衡量标准,刑法并无专门条款的总括性规定,而是在对各个处分措施的适用要件进行规定的同时,在同条中予以有别于适用要件的原则性的表述。例如,《奥地利刑法典》(1974年)第21条第1款具体规定了"收容于安置患有精神疾病违法者的机构"的适用要件:实施危害行为;因精神障碍阻却责任;行为人仍有因精神障碍实施危害行为的危险。而该条款对于如何认定行为人的危险性,也作了表述:"法院在考虑行为人和行为种类后,如认为该人……"这是将"行为人"以及"行为种类"作为认定行为人危险性的依据,然而其具体意义又不甚明确,从而属于原则性的规定。[①] **(3) 融合规定**:对于如何具体地确定行为人的社会危险性,刑法并无专门条款的总括性规定,而是将行为人社会危险性的评价,融合于对于具体处分措施的适用要件之中。易言之,具备处分措施的适用要件,也就视作具有了危险性。例如,《瑞士刑法典》(1937年)第42条之(1)具体规定了"习惯犯的监禁"的适用要件:行为人曾多次故意犯罪;曾被执行2年以上自由刑或作为习惯犯被执行过保安处分;释放后5年内又故意犯罪;足以表明行为人具有犯重罪或轻罪的倾向。这里"足以表现行为人具有犯重罪或轻罪的倾向",既是适用该处分措施的一个独立要件,又是基于前项若干要件所得出的必然结论。**(4) 特殊素质**:将行为人所具有的某一特殊素质,视作危险性的原因,从而作为危险性的评价依据。例如,《罗马尼亚刑法典》(1996年)第130条(强制医疗)第1款规定:"对因疾病、慢性酒精依赖、药物中毒或其他类似物质中毒,而致具有社会危险性的罪犯,可以强制定期进行医疗……"[②]这里,"疾病、慢性酒精依赖等类似物质中毒"的特殊素质,是行为人之所以具有社会危险性重要因素。有时,法条也明确规定,这种特殊素质也是相应处分措施的适用要件之一。例如,《德国刑法典》(1998年)第64条规定"收容于戒除瘾癖的机构"的适用要件是:具有过量服用酒精麻醉剂等的瘾癖;基于瘾癖而实施违法行为;违法行为被判处有罪或因缺乏责任能力而未被判处有罪;由于瘾癖仍然存在严重违法犯罪危险。这里,"行为人具有瘾癖",既是适用该处分措施的一个独立要件,又是评价行为人危险性的依据。

---

① 类似的立法例还有:该法典第22条第1款的规定;《德国刑法典》(1998年)第63条的规定。

② 类似的立法例还有:该法典第114条第1款;《瑞士刑法典》(1937年)第43(1)条、第44(1)条等。

二、保安处分的裁量

[11] **保安处分的裁量**，固然应当遵循保安处分的基本原则、符合保安处分的适用条件以及其他有关保安处分的基本规则。对此，已如上文所述，而基于保安处分裁量的独特视角，保安处分的裁量具有如下**特征**：

（一）处分的宣告机关

[12] **保安处分**，作为一种刑事司法处置，原则上由法院依法予以裁判宣告。存在特殊例外的是，有时特别法对于假释中的保护观察，规定由专门的委员会予以决定。兹分述如下：

[13] **法院依法宣告**：保安处分，作为一种刑事司法处置，原则上由国家审判机关，严格按照刑事程序，根据刑法的规定，予以裁判宣告。这也是保安处分与行政处分的原则区别之一。这不仅表现在许多国家均将保安处分置于刑法典中予以规定，而且有些国家在刑法典中还对此予以特别强调。例如，《意大利刑法典》(1931年)第205条(法官决定)第1款规定："法官在处罚判决或者开释判决中对保安处分的适用做出决定。"即使是有关国家采纳特别法设置保安处分，有的也在该保安处分法中强调，具体保安处分措施由法院统一适用。例如，《韩国社会保安法》(1980年)第4条第2款规定："监护案件的第一审裁判，由地方法院及地方法院支院合议庭管辖。"《日本少年法》(1948年)第3条规定，对于犯罪少年、触法少年、虞犯少年等案件，"交付家庭裁判所审判"。

[14] **专门委员会决定**：这属于较为特殊的情形。主要表现为基于符合法定条件而予假释，由此适用另一限制自由的保安处分，对此法律规定由专门委员会予以决定。着眼于原先的刑罚，这实际上属于假释的决定，而将这一决定假释的权力赋予专门委员会，可谓采纳了英美法系的传统做法[①]；着眼于作为假释内容的保安处分，这又可谓保安处分的决定，由此表现出非法院决定保安处分的特别例外。例如，《韩国保护观察法》(1995年)规定了保护观察(第三章)与更生保护(第四章)。其中，保护观察的适用对象，主要是以保护观察为条件的，法院判决的少年暂缓宣告刑罚者、法院判决的少年暂缓执行刑罚者、审查委员会决定的被假释或者监外执行者等等(第3条)。这意味着，以保护观察为条件的假释或者监外执行，可由保护观察审查委员会审查、决定(第30条)。

---

① 对此，大陆法系的传统做法是，决定假释的权力仍然归属于法院。参见李贵方著：《自由刑比较研究》，吉林人民出版社1992年版，第310页。

（二）宣告的具体阶段

[15] 保安处分，原则上由法院在刑事判决时，与刑罚一并予以宣告，或者在案件审理结束而不予刑罚处罚时宣告。但是，有时在判决宣告前的诉讼阶段，或者在判决宣告后执行阶段，或者在刑罚（处分）执行完毕时，基于特殊情况，而由法院予以宣告。

[16] **判决一并宣告**：包括在判决时与刑罚一并予以宣告，或者在案件审理结束而不予刑罚处罚时宣告。例如，我国台湾地区"刑法"（2005 年）第 96 条规定："保安处分于裁判时并宣告之。但本法或其他法律另有规定者，不在此限。"《西班牙刑法典》（1995 年）第 101—104 条规定，对于被免除刑事责任或者未被完全免除刑事责任的行为人，确有必要时，法官可以采用相应的保安处分，并且"法官或者法院应在判决时确定"保安处分拘留期限的上限。①

[17] **先予裁定宣告**：在法院判决前的侦查、起诉或审理阶段，基于特殊紧急情况，为了有效地预防再犯与保护社会，经由检察机关提请，法院先予裁定宣告临时保安处分。主要针对精神障碍患者、瘾癖人员、未成年人、严重传染病患者等适用。例如，《意大利刑法典》（1931 年）第 206 条规定："在预审和审判期间，可以决定将未成年人、精神病人、惯常性醉酒者、使用麻醉品成瘾者、处于因酒精或麻醉品造成的慢性中毒状态的人暂时收容于教养院或者司法精神病院。"（第 1 款）"临时执行保安处分的时间计入有关保安处分的最短持续期中。"（第 3 款）②

[18] **执行过程宣告**：在刑罚或者保安处分执行过程中，基于假释等原因，经检察机关或执行机关提请，由法院裁定予以保护观察等处分；也可表现为保护观察等与其他保安处分措施的变更。例如，我国台湾地区"刑法"（2005 年）第 93 条第 2 款规定："假释出狱者，在假释中付保护管束。"这一规定应属第 96 条的"但书例外"。《中华民国刑事诉讼法》（1945 年）第 481 条规定，依刑法第 96 条但书之付保安处分，由检察官声请法院裁定之。《意大利刑法典》（1931 年）第 231 条规定，当处于监视自由状态者违反为其规定的义务时，法官可以为监视自由附加善行保证金；考虑到违反义务行为的特别严重性与反复性，法官可以将监视自由更换为送往农垦区或劳动场。

[19] **执行完毕宣告**：在刑罚或者保安处分执行完毕时，基于受刑者或受处分者仍有一定的社会危险性或者难以自力适应大众社会，从而由法院予以

---

① 类似的立法例：《巴西刑法典》（1941 年）第 79 条规定，保安措施应当列入有罪判决书或无罪判决书中。

② 类似的立法例：《罗马尼亚刑法典》（1996 年）第 131 条第 2 款。

宣告适用。较为典型的是保护观察处分、善行保证处分、更生保护处分。例如,《德国刑法典》(1998年)第67d条第3款规定,保安监督已执行10年而不存在严重犯罪危险,法院可宣告处分终结并对行为人的行为实行监督。《意大利刑法典》(1931年)第230条第2款规定,在已适用送往农垦区或劳动场的情况下,在该保安处分执行完毕后,法官可以决定对应离场的人员适用交纳善行保证金。

(三)与刑罚等并用关系

[20] 在保安处分与刑罚的并用关系上,基于各国刑法规定以及各种处分措施性质的不同,主要存在如下情形:单独科处保安处分;保安处分与刑罚并科;保安处分与保安处分并科;保安处分优先科处。

[21] **单独科处保安处分**:主要表现为,责任能力问题的单独适用与严重社会危险的单独适用。**(1) 责任能力问题**:基于责任能力问题行为不能成立犯罪,从而无从适用刑罚而单独适用保安处分。例如,《奥地利刑法典》(1974年)第21条之(1)规定:"实施应科处1年以上自由刑的应受刑罚处罚的行为,因行为时行为人有较严重的精神或心理疾患而阻却责任的,法院在考虑行为人和行为种类后,如认为该人仍有可能因其精神或心理疾患而实施应当受刑罚处罚的行为的,得命令将其收容于安置精神病违法者的机构。"**(2) 严重社会危险**:虽然行为成立犯罪,但是基于行为人的社会危险性的主导地位而仅宜适用保安处分。例如,《瑞士刑法典》(1937年)第42条之(1)规定:"行为人曾经多次故意实施重罪或轻罪,且因被科处重惩役或监禁刑或劳动教养处分,至少已执行2年自由刑,或者已作为习惯犯被执行保安处分以代替执行自由刑,且自释放后5年内又故意犯重罪或轻罪,足以表明他具有犯重罪或轻罪之倾向的,法官可命令对其执行保安处分来代替执行重惩役或监禁刑。"

[22] **保安处分与刑罚并科**:也可表现为两种情形:**(1) 监禁刑与监禁处分**:剥夺自由的保安处分与监禁刑同时适用。例如,《德国刑法典》(1998年)第66条第1—3款具体规定,行为人在具备特定要件的场合,法院除判处行为人刑罚外,还可命令交付保安监督。其中第1款所规定的特定要件包括四个条件的整合:本次因故意犯罪被处2年以上自由刑;此前曾因故意犯罪2次被处1年以上自由刑;此前已被执行2年以上自由刑,或已被执行剥夺自由的保安处分;具有重大社会危险性。**(2) 监禁刑与非监禁处分**:限制自由或财产保安处分与监禁刑同时适用。例如,《意大利刑法典》第225条第1款规定,当已满14岁不满18岁的未成年人被认定为可归罪时,法官考虑到行为的严重程度以及该未成年人所生活的家庭道德环境,可以决定在刑罚执行完毕后将其收容于司法教养院或者对其实行监视自由。

[23] **保安处分与保安处分并科**：主要表现为针对数行为或者一行为的，不同种类的保安处分的并科。**(1) 针对数行为**：针对数行为，在各别行为可以适用不同种类保安处分的场合。例如，《意大利刑法典》(1931年)第209条规定，当某人实施了包括在不同的时间中实施了数个可对之适用不同种类的保安处分的行为时，法官综合估量产生于该人的危险，并且根据这种危险适用由法律规定的一项或数项保安处分。**(2) 针对一行为**：虽为一行为，但针对该行为可以适用一个为主的监禁性保安处分与附加的非监禁性保安处分。例如，《意大利刑法典》(1931年)第230条第2款规定："在已适用送往农垦区或劳动场的情况下，在该保安处分执行完毕后，法官可以决定对应离场的人员适用监视自由，或者可以要求该人交纳善行保证金。"

[24] **保安处分优先科处**：有的国家刑法，针对一定场合的情形，规定在选科保安处分与刑罚时，可以用保安处分代替刑罚，或者优先科处保安处分。**(1) 保安处分代替刑罚**：例如，《瑞士刑法典》(1937年)第42条规定，对于"足以表明其具有犯重罪或轻罪之倾向的"习惯犯，"法官可命令对其执行保安处分来代替执行重惩役或监禁刑。"**(2) 保安处分优先科处**：例如，《奥地利刑法典》(1974年)第28条第4款规定："同时宣判单一或数个应受刑罚处罚的行为，其中有一个具备科处预防性处分条件的，应为预防性处分的宣告。"

(四) 保安处分的缓刑

[25] **保安处分的缓刑**，是指基于受处分者的行为表现、生活背景、社会危险性等因素，法院认为暂缓执行原判剥夺自由的保安处分，而予以限制自由的监督，足以达到所判剥夺自由保安处分目的的，由此规定一定的考验期，在考验期内受处分者并未再犯新罪、被发现有漏罪或者违反缓刑监督管理规定，原判处分应不再执行的制度。

[26] **保安处分缓刑的立法状况**：对于刑罚，各国普遍规定了缓刑制度，而对于保安处分，诸如意大利、瑞士、西班牙等不少国家并未规定类似的缓刑制度。**在保安处分中**，通常缓刑的机能可以为某些处分措施予以体现。行为人的社会危险性颇大，而不宜放之社会的，则应根据不同情况处以各别不同的剥夺自由的处分措施；反之，倘若基于行为人的社会危险性，可予放之社会的，则可以处以保护观察处分等。尤其，在一些场合，保护观察处分就是作为缓刑或者假释的考验内容而适用。**尽管如此**，保安处分的缓刑仍有其独立的意义。对于本应适用剥夺自由处分的行为人，基于其行为表现、生活背景、社会危险性等因素，认为暂缓执行剥夺自由的保安处分，而予以限制自由的监督，足以达到所判剥夺自由保安处分的目的，由此处以剥夺自由的保安处分同时宣告的缓期执行，视缓刑考验期间的表现，最终决定是否执行原判处分，

就有其一定的合理性。为此，也有**一些国家刑法**，对于保安处分缓刑予以了明确的规定。例如，我国澳门地区《刑法典》（1995年）第90条有关“收容之暂缓执行”的规定；《奥地利刑法典》（1974年）第45条有关“预防性处分的附条件缓刑”的规定；《德国刑法典》（1998年）第67b条、第67c条有关“命令缓刑”等的规定。

［27］**保安处分缓刑制度的特征·裁量特征**：综合有关国家或地区的立法，总体上，保安处分缓刑在裁量上具有如下**特征**：**（1）针对剥夺自由处分**：保安处分的缓刑，通常旨在对于受处分者不予收容也能实现收容的目的，从而主要针对剥夺自由的保安处分适用。例如，《德国刑法典》（1998年）第67b条所规定的“同时命令缓刑”，适用于“法院命令收容于精神病院或戒除瘾癖的机构”的处分措施；《奥地利刑法典》（1974年）第45条所规定的“预防性处分的附条件缓刑”，适用于“收容于安置精神病违法者的机构”与“收容于安置需要戒除瘾癖的违法者的机构”的处分。**（2）社会危险程度可行**：保安处分的缓刑，基于受处分者的行为表现、生活背景、社会危险性等因素，法院认为可行而适用。例如，《奥地利刑法典》（1974年）第45条规定，适用保安处分缓刑，必须“根据当事人的健康状况、履历、行为的种类和正派生活的可能性”，尤其是根据其被暂时拘留期间或待审拘留期间，暂时收容所取得的治疗效果，考虑到在社会上的治疗，仅命令缓刑帮助等处分，足以防止预防性处分所针对的危险性。**（3）能够实现处分目的**：保安处分的缓刑，给予受处分者以限制自由的监督，应当足以达到所判剥夺自由保安处分的目的。例如，《德国刑法典》（1998年）第67b条规定，适用保安处分缓刑，必须“如有特殊情况，认为不执行也能实现处分之目的”。我国澳门地区《刑法典》（1995年）第90条第1款规定，“如期待暂缓执行收容可达该处分之目的属合理者，作收容命令之法院须命令不执行收容而将该执行暂缓。”**（4）其他限定条件**：有的国家或地区的刑法，对于处分缓刑的适用，还规定了其他一些限定条件。包括：**A. 规定最低收容期间**：对于较为严重的犯罪，法律规定最低收容期，缓刑必须在此期间经过之后。例如，我国澳门地区《刑法典》（1995年）第90条第2款规定，对于法定收容期间最低为3年的，实施侵犯人身罪或公共危险罪的不可归责者，必须在最低的收容期间经过后，方可暂缓执行收容。**B. 并科刑罚场合的限定**：在并科刑罚场合，除非刑罚缓刑，否则判决时不得宣告处分缓刑。例如，《德国刑法典》（1998年）第67b条第1款规定，“如行为人被同时判处自由刑未缓

刑而须执行的，则处分不得缓刑。”①

[28] **保安处分缓刑制度的特征·暂缓执行特征**：综合有关国家或地区的立法，保安处分缓刑在暂缓执行的具体情形上具有如下**特征**：通常，保安处分缓刑意味着在单科处分的场合，对于所判处分暂缓执行，即单科处分暂缓；有时，刑罚与处分并科而先执行刑罚，在刑罚执行完毕时，对于未执行的处分暂缓执行，即后续处分暂缓。**A. 单科处分暂缓**：例如，《德国刑法典》(1998年)第67条所规定的，法院在命令收容于精神病院或戒除瘾癖机构的同时，对于符合条件的，命令缓刑交付考验。**B. 后续处分暂缓**：例如，《德国刑法典》(1998年)第67c条所规定的，法院在刑罚执行完毕前，考察对该人是否仍需收容才能达到处分目的，如无此需要，则命令缓刑交付考验。

[29] **保安处分缓刑制度的特征·缓刑考验期特征**：综合有关国家或地区的立法，保安处分缓刑在缓刑考验期上具有如下**特征**：**(1)** 就**立法模式**而言，表现为三种情形：保护观察处分；处分所定期限；专门规定。**A. 保护观察处分**：有的国家刑法对于缓刑的考验期不作专门规定，而是表现为作为缓刑考验内容的保护观察处分的法定期限。例如，《德国刑法典》(1998年)对于缓刑的考验期未予明确规定，而是强调“凡缓刑交付考验的，对行为人的行为实行监督。”(第67b条、第67c条)而“行为监督的期间不得低于2年，高于5年”，在被审人具备特殊情形时，可以命令“不定期的行为监督。”(第68c条)**B. 处分所定期限**：有的国家或地区的刑法明确规定，缓刑的考验期依据所处剥夺自由处分的法定期限而论。例如，我国澳门地区《刑法典》(1995年)第90条第6款规定，该法第84条及第85条第1款与第2款的规定，相应适用于收容之暂缓执行。而该法典第84条是关于收容的时间及其终止与延长的规定，第85条是关于对被收容者情况予以重新审查的情形与时间的规定。**C. 专门规定**：有的国家刑法对于缓刑的考验期作了专门的规定。例如，《奥地利刑法典》(1974年)第45条规定，收容于安置患有精神疾病违法者的机构的附条件的缓刑，其“考验期为10年，导致收容的应受刑罚处罚的行为被科处10年以下自由刑的，考验期为5年。”“附条件缓刑所规定的考验期，同样适用于被附条件缓刑的收容于安置需要戒除瘾癖的违法者的机构的处分。”**(2)** 就**具体期限**而言，也表现为三种情形：确定高低限度；明确具体期限；不定期。**A. 确定高低限度**：规定处分考验期的最低年限与最高年限。例如，上述《德国刑法

① 《奥地利刑法典》(1974年)第45条以及我国澳门地区《刑法典》(1995年)第90条第5款，均有类似的规定。

典》关于“行为监督的期间不得低于2年，高于5年”的规定。[①] **B. 明确具体期限**：将处分考验期规定为一个具体的年限。例如，上述《奥地利刑法典》关于“考验期为10年”与“考验期为5年”的规定。[②] **C. 不定期**：将处分考验期规定为不定期。例如，上述《德国刑法典》关于“在被审人具备特殊情形时，可以命令‘不定期的行为监督’”的规定。

[30] **保安处分缓刑制度的特征·缓刑考验内容特征**：综合有关国家或地区的立法，保安处分缓刑在缓刑考验内容上具有如下**特征**：**(1)** 就**立法模式**而言：**A. 保护观察处分**：有的国家刑法，将缓刑考验内容统归于对于保护观察处分的具体规定之中。例如，《德国刑法典》(1998年)第68条第2款、第68a条、第68b条，有关行为监督的适用、行为监督人和考验帮助人、行为监督的指示等的规定。**B. 专门规定**：有的国家刑法，专门针对缓刑考验内容予以的规定。例如，《奥地利刑法典》(1974年)第50—52条，有关“指示应遵守事项及任命考验辅佐人”“应遵守事项”“考验辅佐”等的规定。**(2)** 就**具体内容**而言：缓刑考验内容，主要表现为受处分者必须在专门的机构或人员的监督下，遵守法院依法对其命令的具有限制自由特征的有关指示。例如，《奥地利刑法典》(1974年)第50条规定，对于处分缓刑，为使其不再犯，必要时，法院应指示其应遵守的行状及指定考验辅佐人。第51条具体规定了“应遵守事项”：A. 宗旨：防止违法者继续实施新的应受刑罚处罚的行为。B. 居住：要求居住于特定的场所、特定的家庭或特定的居所。C. 交往：回避特定的居所、特定的场所或特定的交际，戒绝酒精饮料。D. 技能：学会或从事与其知识、能力和爱好相适应的职业。E. 报告：变换居所或工作岗位，应即告知，并定期向法院或有关机构报告。F. 补偿：尽力对其所造成的损失给予补偿。G. 治疗：接受禁戒治疗、心理治疗或者其他医药治疗。

[31] **保安处分缓刑制度的特征·缓刑撤销特征**：综合有关国家或地区的立法，保安处分缓刑在缓刑撤销上具有如下**特征**：主要表现为被缓刑者在考验期内，再次实施应受刑罚处罚的行为，或者严重违反缓刑考验应当遵守的规定，或者被发现尚有应受处罚的行为未受判决，从而显示收容为不可免除，有必要撤销缓刑。**例如**，《奥地利刑法典》(1974年)第54条、第55条，具体规定了撤销预防处分缓刑的若干情形：**A. 再次实施危害行为**：被缓刑者，在考验

---

① 根据我国澳门地区《刑法典》(1995年)第84条第2款与第85条第2款的规定，收容缓刑的考验期也表现为一个相对确定的上下年限：最高“不得超逾对不可归责者所实现之罪状可科处刑罚之最高限度”，最低为作出缓刑裁判起经过2年。

② 该法典第54条规定，如果被缓刑者再次实施危害行为或者严重违反指示，而未被撤销缓刑的，法院可将考验期延长至15年，或者考验期只有5年的延长至10年。

期内(包括考验期结束后6个月内),再次实施应受刑罚处罚的行为,从而表现出预防性处分所针对的危险性仍然存在,法院应当撤销处分的附条件缓刑,执行其处分。**B. 严重违反指示**:被缓刑者,在考验期内不顾正式警告,恶意不遵守法院所指示的应遵守事项,或者屡次抗拒考验辅佐人的影响,从而表现出处分所针对的危险性仍然存在,法院应当撤销其缓刑,执行处分。**C. 发现漏罪判决**:曾因A行为受到判决,其后又因B行为受到裁判,而B行为本应在A行为的诉讼中一并受到判决,且总和刑未被附条件缓刑的,必须撤销收容于安置需要戒除瘾癖的违法者机构的处分的缓刑。

三、保安处分的执行

[32] **保安处分的执行**,是指对于法院所宣告的保安处分,由特定的执行机构将相应处分内容付诸实施。保安处分的执行涉及执行机构、执行顺序、执行中的变更(包括保安处分的假释)等内容。鉴于执行中的变更及保安处分假释,在保安处分的执行中较具典型意义,从而对之单独予以阐释。

(一) 执行机构

[33] 执行机构包括监督指挥执行的机构(或称执行指挥机构)与负责实施执行的机构(或称执行操作机构)。基于各国刑法与处分措施的差异,保安处分的执行机构也有所不同。

[34] **执行指挥机构**:通常,执行的指挥机构是检察机构。例如,《德国刑事诉讼法典》(1994年)第451条第1款规定:"刑罚的执行,由作为执行机关的检察院依据书记处书记员发放的、附有可执行性证书和经过核实的判决主文副本付诸实施。"而该法典第463条第1款明确规定,"除另有规定外,对矫正及保安处分的执行参照适用关于刑罚执行的规定。"①

[35] **执行操作机构**:根据处分措施的不同,包括具有治疗与监护机能的司法精神病院,具有治疗与禁绝机能的戒酒机构、戒毒机构,具有医疗与隔离机能的特殊治疗机构,劳役场或者习艺所,具有特定监禁与改善机能的场所、农垦区或劳动场、开放式或封闭式监狱,对于未成年对象可以是司法教养院、治疗机构、再教育中心、感化教育处所,对于限制自由的保安处分还包括警察机构、社会扶助机构等等(见第42节)。

(二) 执行顺序

[36] 执行顺序,主要是指在保安处分与刑罚并科的场合,两者执行的先

---

① 类似的立法例:《中华民国刑事诉讼法》(1945年)第461条;《韩国社会保护法》(1980年)第22条。

后关系。对此，与上述执行机构类似，同样表现出各国规定与处分措施的差异。

[37] **先执行处分后执行刑罚**：先执行处分，意味着受处分者需要先行治疗，或者体现了注重消除受处分者的社会危险性的理念。**(1) 需予先行治疗**：例如，我国台湾地区“刑法”(2005年)第91条规定，对于实施特定犯罪的花柳病或麻风患者，除判处刑罚外，予以强制治疗处分，并且这一强制治疗在“刑之执行前为之，其期间至治愈时为止。”[①]《意大利刑法典》(1931年)第220条第2款也规定，“考虑到被判刑人具体的精神病状况，法官可以决定在限制人身自由的刑罚开始执行或者终止执行之前实行收容。”[②] **(2) 消除社会危险**：《德国刑法典》原则上坚持了处分先于刑罚执行的思路。例如，《德国刑法典》(1998年)第67条规定：“依第63条和第64条的规定[③]，如除判处自由刑外还要收容于保安监督机构的，则先执行处分，而后执行刑罚。”(第1款)“如处分的目的较容易达到的，法院可命令先执行刑罚或先执行刑罚之一部分。”(第2款)

[38] **先执行刑罚后执行处分**：体现了承认刑罚的矫正改善机能与关注犯罪的刑罚报应的理念。《意大利刑法典》以及我国台湾地区“刑法”等，虽也规定在一定条件下可以先执行处分，但主流上坚持了刑罚先于处分执行的思路。例如，《意大利刑法典》(1931年)第220条第1款规定：“将被判刑人收容于治疗看守所的命令，在限制人身自由的刑罚执行完毕或者以其他方式消灭后予以执行。”我国台湾地区“刑法”(2005年)第86条第2款规定，除宣告3年以下有期徒刑、拘役或罚金者得于刑罚执行前施以处分，“因未满18岁而减轻其刑者，得于刑之执行完毕或赦免后，令入感化教育处所，施以感化教育。”第87条第2款规定：由于精神障碍或其他心智缺陷而使辨识能力或行为能力显著减低者，或者喑哑人，“其情状足认有再犯或有危害公共安全之虞时，于刑之执行完毕或赦免后，令入相当处所，施以监护。但必要时，得于刑之执行前为之。”[④]

[39] **处分与刑罚同时执行**：主要表现为财产刑与剥夺自由的保安处分并科，或者财产保安处分与刑罚并科的场合。例如，根据《意大利刑法典》(1931

---

① 该法典第88条针对毒品瘾癖人员的强制禁戒处分，也规定“于刑之执行前为之”。

② 类似的立法例：《奥地利刑法典》(1974年)第24条；《瑞士刑法典》(1937年)第43条之(2)、第44条之(5)。

③ 该法典第63条是有关“收容于精神病院”的规定，第64条是有关“收容于戒除瘾癖的机构”的规定。

④ 类似的立法例：《泰国刑法典》(1956年)第42条规定，在被判处刑罚与管训的场合，“应当先执行徒刑或者拘役，并以释放的次日为管训开始之日。”而根据该法典第40条的规定，管训是针对习惯犯的处分措施。

年）第240条没收财产的规定，行为人实施犯罪被处刑罚，可以同时决定没收犯罪物品、犯罪收益等。

[40] **两种处分同时执行**：主要表现为限制自由的保安处分与财产保安处分并科的场合。例如，《意大利刑法典》（1931年）第231条规定："当处于监视自由状态者违反其规定的义务时，法官可以为监视自由附加善行保证金。"

四、保安处分的变更

[41] **保安处分的变更**，意味着在保安处分的执行中，基于某种法定事实的出现，法院对原先判决宣告的保安处分予以调整。包括重向变更与轻向变更。其中，重向变更主要表现为处分种类的重向更换与处分期限的延长；轻向变更主要表现为保安处分的假释。

[42] **重向变更：(1) 处分类型的重向更换**，表现为原处限制自由的保安处分，基于执行过程中某种法定事实的出现，法院以新的剥夺自由的处分措施替代原先的处分，或者在原先处分的基础上再加科限制自由处分或财产处分。例如，《意大利刑法典》（1931年）第231条规定：除被假释的人因犯新罪或者违反监视自由义务，而被撤销假释外，"当处于监视自由状态者违反为其规定的义务时，法官可以为监视自由附加善行保证金。"（第1款）"考虑到违反义务行为的特别严重性和反复性，或者在违反义务者不交纳善行保证金的情况下，法官可以将监视自由变换为送往农垦区或劳动场；如果是未成年人，可以更换为收容于司法教养院。"（第2款）**(2) 处分期限的延长**，是指判决宣告的保安处分期限虽然业已届满，但是基于受处分者的社会危险性尚存，从而有必要的，法院依法增加原判保安处分的期限。处分期限的延长有利于彻底实现保安处分的目的，但是有时也会造成对于受处分者合法权益的侵犯，因而有关国家或地区在对这一制度予以规定时，总体上均表现出一定的限制。具体表现为：**A. 行为应处刑罚限度**：只能在行为可处刑罚的法定最高刑的期限内延长。例如，《德国刑法典》（1998年）第67d条规定，"收容于戒除瘾癖机构的期间，不得超过2年。"但是，在"执行处分的时间折抵刑罚，并且处分先于自由刑执行"的场合，收容期间可予延长。不过，延长的最高期间不得超过自由刑的法定最高限。**B. 法定期间范围限度**：只能在刑法所规定的处分措施的法定期间的范围内延长。例如，我国台湾地区"刑法"（2005年）第97条后段规定，依法所宣告的感化教育、治疗监护、强制禁戒、强制工作、保护管束等处分，如认为有延长之必要的，法院得就法定期间之范围内酌量延长之。**C. 独立期间限度**：以一个相对独立的期间范围对于延长期限予以限定。例如，我国澳门地区《刑法典》（1995年）第94条针对"业务禁止"处分的延长规定："在

判决所定之禁止期间届满时，如法院认为该禁止期间不足以排除作为该处分依据之危险，得将禁止延长，但以 3 年为限。”**D. 限定每次延长限度**：只是对每次延长的期间予以限定，而有关延长的次数以及累计延长的期限则不确定。例如，我国澳门地区《刑法典》(1995 年)第 84 条第 3 款规定，如不可归责者所作之事实为可处以最高限度超逾 8 年徒刑之犯罪，以及有作出其他同类事实之危险，且危险程度严重至不宜将之释放，得以 2 年为一期，将收容连续延长，直至法院证实导致收容的犯罪危险性状态已终止。

[43] **轻向变更**：基于保安处分的不定期的特征，处分的期限，宣告时并不绝对确定，通常在一定的框架下波动，根据被处分者在执行中的具体情况而定最终。由此，保安处分的轻向变更，一般不具有纯粹的执行中的处分期限削减的意义，而主要表现为处分类型的轻向转变与保安处分的假释。由于保安处分的假释较为典型，以下设专题对之予以阐释，这里主要讨论处分类型的轻向转变。

[44] **处分类型的轻向转变**：表现为针对特殊危险人员的剥夺自由的保安处分，根据刑法的规定，在该处分执行终结之时，承继以限制自由的保安处分。与保安处分的假释相比，这种处分类型的轻向转变，尽管也表现为由剥夺自由处分到限制自由处分的变换，但是其在以下诸多方面仍表现出较大独特意义：具有法定特征；针对特殊类型人员；基于剥夺自由处分执行终结。这种轻向转变的立法适例：《德国刑法典》(1998 年)第 67d 条第 3 款规定，保安监督已执行 10 年而不存在严重犯罪危险的，法院可宣告处分已终结。处分被宣告终结的，对行为人的行为实行监督。《意大利刑法典》(1931 年)第 230 条第 2 款规定，在已适用送往农垦区或劳动场的情况下，在该保安处分执行完毕后，法官可以决定对应离场的人员适用监视自由。

五、保安处分的假释

[45] **保安处分的假释**，可谓保安处分轻向变更的情形之一，是指剥夺自由的保安处分经过一定期间的执行，基于受处分者的行为表现、生活背景、社会危险性等因素，法院认为附条件予以释放，而予以限制自由的监督，足以达到继续执行剥夺自由保安处分目的的，由此规定一定的考验期，在考验期内受处分者并未再犯新罪或者违反假释监督管理规定，原判剥夺自由处分的剩余部分视为执行完毕的制度。

[46] **立法状况**：保安处分假释的立法适例包括：《奥地利刑法典》(1974 年)第 47 条有关“从剥夺自由的预防性处分中附条件释放”的规定；我国澳门地区《刑法典》(1995 年)第 86、87 条有关“考验性释放”“考验性释放之废止”

的规定;《西班牙刑法典》(1995年)第97条第1款第3项有关保安处分中止执行的规定;《巴西刑法典》(1941年)第94—96条有关拘禁性措施的监视释放的规定。

[47] **基本特征**:综合有关国家或地区的立法,总体上,保安处分假释具有如下**特征**:**(1) 针对剥夺自由处分**:保安处分假释,旨在通过附条件释放达到继续执行剥夺自由保安处分的目的,从而主要针对已经经过一定期间执行的剥夺自由的保安处分。例如,《奥地利刑法典》(1974年)第47条规定:"从剥夺自由的预防性处分中附条件释放"的情形包括:被收容于安置精神病违法者机构的被收容人,附条件释放;被收容于安置戒除瘾癖违法者机构的被收容人,或者被收容于安置危险再犯机构的被收容人,其拘禁期间届满,附条件释放;被收容于安置戒除瘾癖违法者机构的被收容人,继续戒毒治疗毫无奏效希望,附条件释放。**(2) 社会危险程度可行**:保安处分假释,基于受处分者的行为表现、生活背景、社会危险性等因素,法院认为可行而适用。例如,《奥地利刑法典》(1974年)第47条规定,适用保安处分假释,必须"根据被关押者的表现和发展情况,根据其人身、健康状况、履历和正派生活的可能性,认为预防性处分所针对的危险性已不复存在的,始可命令从剥夺自由的防止预防性处分中附条件释放。"[①] **(3) 处分假释考验期**:主要表现为四种情形:处分剩余期限;单独确定期限;相对期限并剩余限度;无考验期限。A. *处分剩余期限*:有的国家的刑法明确规定,假释考验期的限度为,所处剥夺自由处分的法定最高期限的剩余期限。例如,《西班牙刑法典》(1995年)第97条第1款第3项规定,中止实施剥夺自由措施的"期间不得超过宣判的最长期间所剩余的时间。"B. *单独确定期限*:对于假释考验期单独予以规定。例如,《奥地利刑法典》(1974年)第48条第2款规定,收容于安置精神病违法者机构和安置危险再犯机构被附条件释放的,导致收容的行为被科处10年以下自由刑的,考验期为5年;收容于安置戒除瘾癖违法者机构被附条件释放的,考验期为1年以上5年以下。C. *相对期限并剩余限度*:专门规定一个相对的考验期限,但是强调其不能超过所处剥夺自由处分的法定最高期限的剩余期限。例如,我国澳门地区《刑法典》(1995年)第86条第1款规定,考验性释放的考验期间最低为2年,最高为5年,但考验性释放期不得超逾收容期间最高限度之剩余时间。D. *无考验期限*:主要针对基于继续收容毫无效果而予以释放的对象。例如,根据《奥地利刑法典》(1974年)第47条第1款的规定,对于被收容于安置

① 类似的规定:《西班牙刑法典》(1995年)第97条第1款第3项,将"实施的保安处分已达到目的",作为"中止实施该措施"的条件。

戒除瘾癖违法者机构的被收容人，由于继续戒毒治疗毫无奏效希望而释放的，无须规定考验期。**(4) 处分假释考验内容**：通常，假释考验内容与缓刑考验内容相似，主要表现为受处分者必须在专门的机构或人员的监督下，遵守法院依法对其命令的具有限制自由特征的有关指示。例如，《奥地利刑法典》(1974年)第50条规定，对于处分假释，为使其不再犯，必要时，法院应指示其应遵守的行状及指定考验辅佐人。第51条具体规定了“应遵守事项”(见第41节段30)。《巴西刑法典》(1941年)，将假释考验内容委于法官具体制定，该法典第95条规定，“在适用监视释放时，为了避免犯人再犯刑事法律，法官应对犯人制定一些操行规则，该规则在执行过程中可以修改补充。”[①] **(5) 假释考验执行机构**：主要表现为专门机构或者警察机构。例如，《巴西刑法典》(1941年)第95条附款规定，对于监视释放，“若无专门机构，可委托警察当局执行。”根据我国澳门地区《刑法典》(1995年)第90条第4款、第51条第2款的规定，对于处分假释的考验，须基于一重新适应社会的个人计划，并于考验期间，在社会重返部门的看管及辅助下执行。**(6) 处分假释的撤销**：主要表现为被假释者在考验期内，再次实施犯罪行为，或者严重违反假释考验应当遵守的规定，或者行为显示收容为不可免除，从而有必要撤销假释。A. *再次实施犯罪行为*：例如，《西班牙刑法典》(1995年)第97条第1款第3项，将撤销保安处分中止执行的事由规定为，在中止执行期间内，再次实施犯罪行为，并且可以推断其行为可能会引起新的犯罪。B. *严重违反考验规定*：例如，《巴西刑法典》(1941年)第96条规定，如果违反监视释放条例，除撤销假释外，法官可决定拘禁在看管医疗所、农场、劳役场、改造所或习艺所，拘禁期限可达到6个月。C. *收容不可免除*：例如，我国澳门地区《刑法典》(1995年)第87条，将废止考验性释放的情形规定为，行为人的行为显示收容为不可免除，或者行为人被判处剥夺自由的刑罚，且不符合法定暂缓执行该刑罚的前提。**(7) 处分假释的终结**：被假释者在考验期内，并未发生应当撤销假释事项的，考验期届满即可宣告解除考验监督，并且认为原判处分已经执行完毕或者终结。例如，《奥地利刑法典》(1974年)第48条第1款规定，从剥夺自由的预防性处分中附条件释放未被撤销的，预防性处分视为已执行完毕。我国澳门地区《刑法典》(1995年)第86条第3款规定，在考验性释放期届满时，如无导致废止考验性释放之原因，则宣告收容处分消灭。

---

① 与《奥地利刑法典》(1974年)类似，我国澳门地区《刑法典》(1995年)也具体规定了缓刑与假释的考验内容(第86条第2款和第90条第3、4款)，具体包括：法院规定的对于预防犯罪危险性所必需的行为规则(第90条第3款)；这些行为规则的内容总体上由该法典第50条第2款予以明确。此外，命令其履行接受治疗、遵守适当的非留院性康复制度，以及在指定地方接受检查与观察的义务。

六、保安处分的消灭

[48] **保安处分的消灭**，是指法院所宣告的保安处分，基于特定事由的发生，而归于取消。这里，引起保安处分消灭的特定事由属于核心问题，这些事由大致包括处分执行完毕、处分未予执行、执行时效完成、追诉时效完成、赦免、犯罪消灭、被处分者死亡、被处分物消除等。其中，被处分者死亡与被处分物消除，则保安处分消灭[①]，较为明确，无需赘述。兹对处分执行完毕等分述如下：

[49] **处分执行完毕而消灭**：是指保安处分经过一定形式的执行而归于取消。保安处分具有不定期的特征，因而难以通过执行期满界定执行完毕，即使一些处分措施存在法定最高期限的限定，但是有的也还存在处分的延长制度，另一方面，也存在着执行中的种类更换与停止执行等情况。因此，处分执行完毕的表现形式较为复杂，而其核心则是经由执行而归于消灭。具体情形可以表现如下：**(1) 持续执行直至取消**：处分宣告后持续执行，经过一定期限后直接取消处分。例如，根据我国澳门地区《刑法典》(1995 年)第 83 条第 2 款与第 84 条第 1 款的规定，被收容于康复场所、治疗场所或保安处分场所的受处分者，在执行了收容的最低期间之后，“如法院证实导致收容之犯罪危险性状态已终止，须终结收容”。**(2) 经由延长直至取消**：处分宣告后虽经一定期间的执行，但法院再予延长期间，直至最终取消处分。例如，根据我国澳门地区《刑法典》(1995 年)第 94 条的规定，行为人被宣告一定期限的禁止业务，在宣告期限届满时，法院将禁止延长 2 年，再经由一定时间的执行后，法院宣告禁止消灭。**(3) 更替的处分消灭**：如果发生处分类型的重向更换或者轻向转变(见本节段 42、段 43)，则在后继的处分(B)消灭时，原先的处分(A)也告消灭。反之，如果后继的处分(B)尚未消灭，则原先的处分(A)未必消灭。例如，根据《意大利刑法典》(1931 年)的规定，在送往农垦区的处分执行完毕后，法官可以决定适用监视自由(第 230 条第 2 款)；而当处于监视自由状态者违反义务特别严重，法官可以将监视自由更换为送往农垦区(第 231 条第 2 款)。**(4) 经由假释直至消灭**：剥夺自由的保安处分经过一定期间的执行，法院宣告予以假释，并且并未出现应当撤销假释的情形，则假释考验期满，处分消灭。例如，我国澳门地区《刑法典》(1995 年)第 86 条第 3 款规定，在考验性释放期届满时，如无导致废止考验性释放之原因，则宣告收容处分消灭。**(5) 停止执行归于消灭**：是指保安处分经过一定期间的执行，虽然判决宣告的期限尚未

---

① 有关立法例：我国澳门地区《刑法典》(1995 年)第 120 条第 1 款规定，行为人之死亡不仅使刑事程序消灭，亦使刑罚或保安处分消灭。

届满，但是受处分者的社会危险性业已消除，从而保安处分没有继续执行的必要，法院依法停止保安处分的执行。例如，《西班牙刑法典》(1995年)第97条第1款第1项规定："执行判决期间，法官或者法院根据刑事监察法官的建议，可以通过相对的程序作出：当罪犯消失实施刑事犯罪的危险性后决定取消某项保安处分。"

[50] **处分未予执行而消灭**：是指法院所宣告的保安处分尚未实质执行，基于法定事由的出现而归于取消。主要表现为处分缓刑而消灭与取消执行而消灭。**(1) 处分缓刑而消灭**：法院对于所判处的保安处分，宣告予以缓刑，并且并未出现应当撤销缓刑的情形，则缓刑考验期满，原判处分不再执行而归于消灭。例如，《德国刑法典》(1998年)第67c条规定，自由刑先于同时判处的收容处分执行的，法院在刑罚执行完毕前，要考察对该人是否仍需收容才达到处分目的。如无此需要，则命令缓刑交付考验。凡处分目的已经达到的，则法院应宣告处分终结。**(2) 取消执行而消灭**：是指在刑罚与保安处分同科并且刑罚先行执行的场合，基于刑罚的执行，受处分者的社会危险性业已消除，从而保安处分没有执行的必要，法院依法取消保安处分的执行。例如，我国台湾地区"刑法"(2005年)第98条第1款前段规定，针对未成年人的感化教育处分、针对精神障碍或其他心智缺陷者以及喑哑人的治疗监护处分，其先执行徒刑者，于刑之执行完毕或赦免后，认为无执行之必要者，法院得免其处分之执行。

[51] **执行时效完成而处分消灭**：保安处分宣告后，经由一定的时间而未执行，则这一处分是否还有必要予以执行，由此提出了保安处分的执行时效问题。否定说主张，法院既然对于有关保安处分适用要件的基本事实已作确定，并对具体的处分措施已作宣告，就应当予以执行，而不应再受经过时间的影响。肯定说主张，法院对于保安处分虽然已作宣告，但是经过相当时间而未予执行，其间受处分者的社会危险性已经发生显著变化，从而并无再予执行的必要。许可说主张，宣告的保安处分，经过相当时间而未予执行，其间受处分者的社会危险性固然发生变化，但是增大与减弱均有可能，因而非经法院许可不得执行。现实中，这三种学说的立法例均有体现。A. 否定时效：例如，《奥地利刑法典》(1974年)第59条第1款①。B. 肯定时效：例如，《泰国刑法典》(1956年)第100、101条。C. 法院许可：例如，《瑞士刑法典》(1937年)

---

① 《奥地利刑法典》第59条对于执行时效作了规定，这一规定的第1款与第2款，分别不同情况否定与肯定了执行时效：**A.** 第1款否定执行时效，针对的情形是：终身自由刑、10年以上自由刑，收容于安置精神病违法者机构的处分、收容于安置危险再犯机构的处分。**B.** 第2款肯定执行时效，针对的情形是：除上述第1款所列情形以外的其他刑罚、没收非法所得、追缴和预防性处分。

第45条第6款。**其中**,采纳肯定时效与法院许可的立法,在时效完成时,就存在处分消灭的问题。**(1) 肯定时效**:刑法规定,保安处分宣告后经过一定时间未予执行,则处分归于消灭。例如,《泰国刑法典》(1956年)第100条规定:"被确定判决管训的人,其管训没有被执行或者因为脱逃没有全部执行的,自宣告刑罚执行完毕或者行刑权因时效而消灭或者管训中脱逃之日起3年期间届满时,管训权消灭。"[①]**(2) 法院许可**:刑法规定,保安处分宣告后经过一定时间未予执行或者执行中断,则非经法院再予许可不得执行。例如,《巴西刑法典》(1941年)第78条规定,行为人基于责任能力的缺乏而免除刑罚,从判决之日起已过10年,或者在其他情况下,从判决之日起已过5年,则在执行保安措施的时候必须证实犯罪的危险性,但是在此期间行为人未犯新罪从而保安措施归于撤销的除外。[②]

[52] **追诉时效完成而处分消灭**:是指作为保安处分适用要件的基本事实,经过相当时间而未被予以确认,则推定行为人的社会危险性已经消失,进而也就无需再行适用保安处分。有的国家的刑法承认了保安处分的追诉时效制度,由此,当追诉时效完成时,处分也就随之消灭。例如,《巴西刑法典》(1941年)第78条规定,行为人基于责任能力的缺乏而免除刑罚,如果判决是在实施犯罪10年后宣布的;或者在其他情况下,判决是在实施犯罪5年后宣布的,都不再推定为有危险性的。[③]

[53] **由于赦免而处分消灭**:通常各国刑法都肯定赦免对于刑罚的消灭,但是赦免能否引起保安处分消灭,则有关国家或地区的刑法规定不一。**肯定者**,例如,我国澳门地区《刑法典》(1995年)第120条第2款规定,大赦使刑事程序消灭;如属已判决之情况,大赦使刑罚及其效力终止执行,亦使保安处分终止执行。**否定者**,例如,《罗马尼亚刑法典》(1996年)第137条规定,大赦免除犯罪之刑事责任。如果大赦发生在有罪判决之后,可以免除服刑与其他定罪后果。大赦不得免除保安处分与教育处分。**其中**,在刑法肯定赦免对于保安处分免除的场合,则赦免就成为处分消灭的法定事由。

[54] **犯罪消灭而处分消灭**:在某些场合,犯罪是保安处分适用的前提之一,由此犯罪的消灭自然影响到保安处分的继续存在。例如,《意大利刑法

---

① 类似的立法例:《西班牙刑法典》(1995年)第137条;我国澳门地区《刑法典》(1995年)116条及我国台湾地区"刑法"(2005年)第99条后段。

② 类似的立法例:《瑞士刑法典》(1937年)第45条(6);《德国刑法典》(1998年)第67c条第2款及我国台湾地区"刑法"(2005年)第99条前段。

③ 类似的立法例:《西班牙刑法典》(1995年)第135条第1项;《泰国刑法典》(1956年)第101条有关请求法院命令缴纳保证金的规定。

典》(1931年)第210条第1款规定:“犯罪的消灭阻止保安处分的适用,并且使保安处分的执行终止。”

第42节　保安处分的对象和措施

[1] 保安处分的对象和措施,考究保安处分适用所针对的具体的人或物,或者保安处分适用所采取的具体的类型性措施。从而,这也可谓保安处分适用的分论性知识内容。

一、保安处分对象和措施概述

[2] 保安处分的**核心思想**,就是基于不同的人或物这一对象在犯罪的形成中或在犯罪的危险性中的差异,而采取具有针对性及可操作性的刑事司法措施,对之予以特别的矫正与改善,消除其犯罪的人格特征或犯罪的危险性,以实现刑事处置在针对具体的人或物这一微观层面上的遏制犯罪的积极机能。这是**犯罪学思想**在刑事处置制度上的典型体现,即不同犯罪人的罪因机制有所不同,从而对于不同的犯罪人也应采取不同的具有针对性的处遇制度,这样才能最大限度地及有效地遏制犯罪。可以说,保安处分制度就是这种处遇制度的典型表现之一。在此,基于罪因机制的对象的类型性以及相应的矫正措施的类型性,是这里的基于犯罪学思想的处遇制度的两个关键点。

(一) 保安处分的适用对象

[3] **保安处分的适用对象**,即保安处分措施所直接针对的对象,是指符合保安处分的适用要件,从而直接承受处分措施的具体的人或者物。包括:承受处分措施的人;承受处分措施的物。

[4] **承受处分措施的人**:是指保安处分措施所直接针对的、符合保安处分适用要件的具体的人。包括:精神障碍患者;瘾癖人员;未成年人;特殊危险人员;其他危险人员等。**另外**,也有的国家的刑法,排除**不能犯**的可罚性,而是将之纳入保安处分的对象范畴。对于不能犯,基于不同的学说、根据不同的标准,存在不同的界说。[①]《意大利刑法典》(1931年)第49条(错误推测的犯罪和不可能的犯罪)第2、4款规定:“当因行为不适当或者行为的对象不存在而不可能发生损害结果或者危险结果时,也排除可罚性。”“在第2款规定的情况下,法官可以决定对被开释的被告人采取保安处分。”对于排除可罚性的

---

① 关于不能犯的界说,详见张小虎著:《犯罪论的比较与建构》,北京大学出版社2006年版,第558—561页。

不能犯，予以保安处分，也在一定程度上反映了立法上对主观主义与目的主义的关注。

［5］**具有危险性的单位**：保安处分对人的适用，主要是指对自然人的适用，不过，也有的国家刑法，将**具有危险性的单位**列为保安处分的适用对象。所谓具有危险性的单位，是指被用作犯罪的平台并且将有可能继续被犯罪所用的单位。例如，《巴西刑法典》（1941 年）第 99 条规定："如果以商店、企业、公司或协会作为刑事犯罪的手段或借口，可封闭商店、企业、公司或协会的会址 15 天以上 6 个月以下。（一）封闭企业是禁止犯人或犯人所让与的第三者在当地经营该工业或商业。（二）如果公司或协会会址被封闭，则不能在其他地方进行活动。"①

［6］对于人的保安处分固然没有疑问，而由于物品无所谓实施危害行为，并不直接符合保安处分的适用要件，从而**对于物品**是否可以作为保安处分的对象，**不无疑问**。事实上，在采纳刑罚与保安处分二元论的立法的一些国家中，在这一问题上存在两种做法：肯定财产保安处分，并将之与人身保安处分并列；否定财产保安处分，保安处分仅为人身保安处分。

［7］**肯定财产保安处分**：多数国家或者地区在刑法上承认财产保安处分。例如，《意大利刑法典》（1931 年）第八章第二节财产保安处分；《罗马尼亚刑法典》（1996 年）第 136 条特别没收；《匈牙利刑法典》（1978 年）第 77 条没收；《瑞士刑法典》（1937 年）第 58 条保安没收；《奥地利刑法典》（1974 年）第 26 条没收②等。承认财产保安处分，固然就会涉及具体的承受处分措施的物。**承受处分措施的物**，是指保安处分措施所直接针对的、具有消除行为人社会危险性意义的具体的物，包括：犯罪物品、犯罪所得、善行保证金等。**(1) 犯罪物品与犯罪所得**：**犯罪物品**，是指被行为人用作犯罪的工具、手段、方法、措施等的物品，包括用于犯罪的物品与准备用于犯罪的物品、犯罪构成要素的物品与非犯罪构成要素的物品。**犯罪所得**，是指行为人通过犯罪所直接或间接获得的经济收益或者财物。对于犯罪物品与犯罪所得，均予没收。例如，《罗马尼亚刑法典》（1996 年）第 136 条（特别没收）规定："下列财物应予特别没收：(1) 犯罪所得财物，或者通过犯罪取得不同法律地位的财物；(2) 用于犯罪或企图用于犯罪、属于犯罪分子所有的财物；(3) 用于引诱他人犯罪或鼓励犯罪分子的财物；(4) 显系犯罪所得，尚未返还被害人的财物与不属于补偿犯罪损

---

① 不过，该刑法典第 88 条将这一针对公司或协会的企业或会址的封闭和没收，作为财产性质的保安处分。然而，基于处分对象的视角考察，针对企业的封闭也不失是对于单位的处分。

② 该刑法典所规定的没收，较为独特，包括：作为刑罚的没收（第 20 条，没收非法所得）；作为保安处分的没收（第 26 条，没收犯罪物品或犯罪所得）。

失范围的财物；(5) 非法持有的财物。”**(2) 善行保证金**：是指要求行为人提供一定数额的金钱，作为其不实施犯罪行为的担保，如果行为人一定期限内未实施犯罪，则保证金返还；如果行为人实施犯罪，则保证金没收。例如：《瑞士刑法典》(1937年)第57条(和平担保)规定：“(1) 存在向某人实施重罪或轻罪的危险，或者因犯重罪或轻罪而被判刑之人，计划在某日重新犯罪的，法官可根据被威胁者的要求，命令行为人保证不实施计划中的犯罪行为，并督促他提供适当的担保。(2) 行为人拒绝保证，或者恶意地在特定的时间内不提供担保的，法官可命令对其实行保安监禁。……(3) 行为人在提供担保后两年内犯重罪或轻罪的，担保金归国家所有。在其他情况下，返还担保金。”①

[8] **否定财产保安处分**：也有相当一部分国家的刑法，只承认人身保安处分，而对于没收犯罪物品与犯罪所得、善行保证金等，或者作为一种独立的法律后果，或者仍置于刑罚规定中，或者作为人身保安处分。**(1) 独立法律后果**：对于没收犯罪物品与没收犯罪所得，作为独立于刑罚与保安处分的法律后果予以规定。例如，《德国刑法典》(1998年)将犯罪的法律后果分为：刑罚、矫正与保安处分、充公与没收等(第三章)。这里，充公与没收，相对于刑罚与保安处分来说，具有一定的独立性，同时其主要针对犯罪收益、犯罪所得物、用于犯罪物品。该法典第73条(充公的先决条件)，将犯罪收益规定为充公的对象②；第73d条(其他情况的充公)，将用于犯罪物品也列为充公的对象；第74条(没收的先决条件)，将犯罪所得物与用于犯罪物品规定为没收的对象。**(2) 属于刑罚方法**：对于没收犯罪物品与没收犯罪所得，仍然作为刑罚方法，列入刑罚体系。例如，《泰国刑法典》(1956年)将刑罚与保安处分并列为刑法的法律后果(第一章第三节)。其中，保安处分的种类为：A. 管训；B. 禁止进入特定地区；C. 提供附加担保物的安全保证书；D. 医院限居；E. 禁止执业(第39条)；而刑罚的种类是：A. 死刑；B. 徒刑；C. 拘役；D. 罚金；E. 没收财产(第18条)。由此，“没收财产”属于刑罚方法。而没收财产的主要范围是：因犯罪而使用或者持有的财物；因犯罪所得的财物。③ **(3) 置于人身保安处分**：对于善行保证金，置于人身保安处分的体系中予以规定。例如，《泰国刑法典》(1956年)保安处分具体包括五种，其中的“管训、禁止进入特定地区、医院限居、禁止执业”均为人身保安处分，“提供附加担保物的安全保证书”置于其中。该法典的提供附加担保物的安全保证书，是指“法院经公诉人的请求，

---

① 类似的立法例，《意大利刑法典》(1931年)第237—239条。

② 具体包括：正犯或共犯因违法行为取得财产利益；正犯或共犯出让所有物而获得的财物或将攫取之财物作为被他人丧失、损坏或夺走的财物的补偿，或基于所得权利而获取的财物。

③ 该法典第34条还对没收财物的其他范围，作了具体规定。

认为任何人足以对他人或者他人财物造成危险;或者在案件审理中被告虽然没有被定罪,但是有理由认为其足以对他人或者他人财物造成危险的,应当命令提供5000铢以下的保证书,可以附加或者不附加担保物,以维护法院命令所定期间的安全,但是这不得超过2年。”(第46条)**(4) 分别归类**:根据是否有助于避免犯罪实施的不同,将犯罪所得的没收分为两种,其中,有助于避免犯罪实施的没收作为保安处分性质的没收,其他没收具有刑罚性质。例如,《奥地利刑法典》(1974年)分别规定了“没收非法所得”(第20条)、“追缴”(第20b条)与“没收”(第26条)。其中,“没收非法所得”“追缴”具有刑罚性质;“没收”具有保安处分性质。没收非法所得,主要针对行为人实施应受刑罚处罚的行为,并因此获得的财产利益,或为实施应受刑罚处罚的行为而接受的财产利益;追缴主要针对恐怖集团的财产价值;而没收的条件是,根据物的特点,没收有助于避免应受刑罚处罚行为的实施,行为人用于或准备用于此等行为之物,或因此等行为所得之物。

[9] **财产保安处分的应然**:相对而言,肯定财产保安处分的立法模式较具理论与实际意义。基于**价值理念**,没收犯罪物品与犯罪所得,尤其是没收犯罪所得,虽然在一定程度上也是对犯罪的报应,具有一般预防的意义,但是通过没收消除再犯的物质基础,更具特别预防、保护社会的效果。而善行保证金,其特殊预防的宗旨则更为彰显。因此,这些措施更应归属于保安处分。基于**形式表现**,没收犯罪物品与犯罪所得,包括善行保证金,尽管最终落实在行为人身上,但是其直接针对的是财物,而且注重财物的特定意义:用于实施犯罪或者准备实施犯罪的物品;通过犯罪所获得的财物;作为保证善行的财物。从而,这些措施重心在物的特有属性上,与人身保安处分不同。

(二) 保安处分的具体措施

[10] **保安处分的具体措施**,即保安处分措施的具体类型性表现,是指基于一定的标准,对刑法所规定的保安处分措施予以分门别类,而形成的保安处分措施的具体表现。划分保安处分的具体标准,表现为多种多样;标准不同,作为划分结果的具体类型也有所区别。根据适用对象,可以分为人身保安处分、财产保安处分;根据适用宗旨,可以分为矫治改善处分、监禁隔离处分;根据剥夺自由与否,可以分为剥夺自由的保安处分、限制自由的保安处分,等等。**本书**基于保安处分的措施性质,兼顾措施对象,将保安处分分为:剥夺自由的保安处分;限制自由的保安处分;财产保安处分。

二、剥夺自由的保安处分

[11] 剥夺自由的保安处分,具体包括:治疗监护处分、强制禁戒处分、感

化教育处分、强制工作处分、强制治疗处分、保安监禁处分。

（一）治疗监护处分

[12] **治疗监护处分**，又称疗护处分、治疗处分、监护处分、收容于精神病院、收容于治疗机构，是指刑法规定的，对于无责任能力或者限制责任能力的精神障碍人、限制责任能力的聋哑人，基于其实施了严重危害社会的行为，并有继续实施此类行为的社会危险，从而有必要予以人道的、特殊的处遇，法院宣告将其收容于具有治疗与监护机能的司法精神病院，经过一定的期限，促使其精神健康得以改善，借以实现预防犯罪与保护社会目的的剥夺自由的保安处分。

[13] 治疗监护处分的**立法适例**包括：《意大利刑法典》(1931年)第219条有关"送往治疗看守所"、第222条有关"收容于司法精神病院"的规定；《瑞士刑法典》(1937年)第43条有关"对精神病患者的保安处分"的规定；《德国刑法典》(1998年)第63条有关"收容于精神病院"的规定；《越南刑法典》(1999年)第43条有关"强制治疗"的规定；《韩国社会保护法》(1980年)第8条有关"治疗监护"的规定[①]，等等。

[14] **精神障碍人**是治疗监护处分的典型适用对象。**(1) 精神障碍**：是指由于先天或者后天、机体内或机体外等各种因素而导致的，大脑神经功能发生紊乱的精神疾病或者精神异常现象。包括：精神病（器质性精神病、精神分裂症、躁狂抑郁症、偏执性精神病、反应性精神病等）；非精神性精神障碍（神经症、人格障碍、性心理障碍）；精神发育迟缓（愚鲁、痴愚、白痴等）。[②] **(2) 处置影响**：精神障碍将会影响到行为人的**犯罪能力**[③]（自由意志支配下的行为能力），从而可能属于无责任能力或限制责任能力，而在无责任能力的场合，行为不能成立犯罪(A)，或者虽属限制责任能力，从而可以成立犯罪，但是刑罚能力减弱(B)；精神障碍也会影响到行为人的**刑罚能力**（由危险性格所决定的刑罚适应性），这表现在，行为人行为时有犯罪能力但行为后却可能无刑罚能力(C)，或者行为人行为时与行为后均无刑罚能力(D)[④]。基于精神障碍对犯罪能力与刑罚能力的影响，上述A、B、C、D四种情形，或者无从对行为人适用刑罚（情形A，无犯罪则无刑罚），或者使行为人的刑罚适应性成为问题（情形B、C、D）。然而，行为人实施了危害行为并具有社会危险性，从而以矫治改善为核心内容的保安处分就成为一种有力的方法。许多国家的刑法都对此予

① 该法典将针对精神障碍人的治疗监护以及针对瘾癖人员的强制禁戒，统归为治疗监护。
② 详见张小虎著：《犯罪论的比较与建构》，北京大学出版社2006年版，第226—227页。
③ 关于犯罪能力、责任能力、刑罚能力，详见同上书，第214—216页。
④ 没有犯罪能力，通常也无刑罚能力；但是没有刑罚能力，却不一定也无犯罪能力。

以一定的规定。**(3) 立法状况**:对于精神障碍人的保安处分,各国或者有关地区存在如下立法模式:**A. 精神障碍·缺乏责任·保安处分**:由于精神障碍而无责任能力,不能成立犯罪,从而不予刑罚处罚,但是可予保安处分。例如,《巴西刑法典》(1941年)第91条规定:"根据第22条的规定被免除刑罚的人,应拘禁在司法精神病院……"而第22条是关于因精神障碍而无责任能力的规定:"行为人因患精神病,或智力发育不健全,或发育迟缓,在作为或不作为时完全不能辨认事实的犯罪性质,或完全不能根据这种辨认控制自己,不负刑事责任。"这一立法例模式较为普遍。[①] **B. 精神障碍·限制责任·刑罚保安处分**:由于精神障碍而限制责任能力,可以成立犯罪并予刑罚处罚,但是刑罚能力减弱而予保安处分。例如,《德国刑法典》(1998年)第63条(收容于精神病院)规定:"犯罪时……限制责任能力(第21条),法院在考虑犯罪行为和行为人后,如认为该人还可能违法犯罪而危害公共安全的,可命令将其收容于精神病院。"第21条是关于限制责任能力的规定:由于病理性精神障碍、深度的意识错乱、智力低下或其他严重的精神反常,行为人行为时认识能力显著减弱,或依其认识而行为的,减轻其刑罚。**C. 行为后精神障碍·刑罚保安处分**:行为人行为时有犯罪能力可予刑罚处罚,但是行为后由于精神障碍从而刑罚能力成为问题,可以予以保安处分。例如,《瑞士刑法典》(1937年)第43条(对精神病患者的保安处分)第1款规定:"实施应科处重惩役或监禁刑的犯罪的行为人,如其精神状态要求进行治疗或特别护理,且认为行为人因此将减少或避免继续实施犯罪行为的危险的,法官可命令将其收容于治疗或护理机构。……"这里,"精神状态要求进行治疗或特别护理",也可以理解为包括行为后的精神状况。

[15] **治疗监护处分**具有如下**特征**:**(1) 刑法规定**:治疗监护处分的对象、要件、宣告、执行、期限、变更、消灭等,均由刑法明文予以规定。例如,《德国刑法典》(1998年)第63条(收容于精神病院)、第67条(执行次序)、第67a条(转换执行其他处分)、第67b条(同时命令缓刑)、第67e条(审查),具体规定了适用"收容于精神病院"处分的对象、要件、宣告,执行次序,转换执行其他处分,缓刑,假释审查期间等。**(2) 适用对象**:适用于无责任能力或者限制责任能力的**精神障碍人**,或者限制责任能力的**聋哑人**。例如,《意大利刑法典》(1931年)第222条规定:"在因精神病、酒精或麻醉品慢性中毒或者又聋又哑

---

① 例如,《奥地利刑法典》(1974年)第21条(收容于安置患有精神疾病违法者的机构)第1款规定:"实施应科处1年以上自由刑的应受刑罚处罚的行为,因行为时行为人有较严重的精神或心理疾患而阻却责任(第11条)的,法院在考虑行为人和行为种类后,如认为该人仍有可能因其精神或心理疾患而实施应当受刑罚处罚的行为的,得命令将其收容于安置精神病违法者的机构。"

而被开释的情况下，一律适用收容于司法精神病院”。对于精神障碍人予以治疗监护处分，这在一些国家或地区的刑法典中较为常见；对于聋哑人予以治疗监护处分，除了上述《意大利刑法典》（1931 年）的规定以外，我国台湾地区“刑法”（2005 年）第 87 条第 2 款也规定：得减轻其刑的喑哑人之行为，“其情状足认有再犯或有危害公共安全之虞时，于刑之执行完毕或赦免后，令入相当处所，施以监护。但必要时，得于刑之执行前为之。”[①] **(3) 适用情形**：包括单一处分与并科刑罚。**A. 单一处分**：主要基于责任能力的缺乏。例如，《西班牙刑法典》（1995 年）第 101 条规定，如果行为人因精神障碍被免除刑事责任，确有必要时，可以将其拘留于医疗中心或精神矫正中心。**B. 并科刑罚**：主要在于限制责任能力的场合。例如，根据《德国刑法典》（1998 年）第 63 条与第 67 条的规定，如果行为人属于限制责任能力，法院除对行为人科处刑罚外，还可命令将其收容于精神病院。[②] **(4) 行为要件**：治疗监护处分的适用，必须是受处分者实施了较为严重的危害社会的行为。例如，《瑞士刑法典》（1937 年）第 43 条规定，“收容于治疗或护理机构”的前提之一是，行为人“实施应被科处重惩役或监禁刑的犯罪”。我国澳门地区《刑法典》（1995 年）第 96 条也将“行为人未被宣告为不可归责而被判处徒刑，但显示由于在犯罪时精神已失常”，作为法院命令将患有精神失常者收容于特别场所的前提之一。**(5) 危险要件**：治疗监护处分的适用，必须是受处分者具有继续实施危害行为的社会危险性。例如，《奥地利刑法典》（1974 年）第 21 条规定：“收容于安置精神病违法者的机构”的前提之一是，“法院在考虑行为人和行为种类后”，“认为该人仍有可能因其精神或心理疾患而实施应当受刑罚处罚的行为的”。**(6) 必要原则**：根据行为人的身心素质，予以人道的、特别的治疗与监护实属必要。例如，《格陵兰刑法典》（1954 年）第 106 条规定，适用“将犯罪人安置在医院或其他机构内”的“强制处置”，必须是“犯罪人的行为由于患心理、性病态……所造成，法院认为对维护公共安全有必要”，并且必须“经医疗鉴定”。[③] **(7) 适用主体**：只能由法院根据刑法的规定依照司法程序予以宣告。这是在刑事法律中设置保安处分国家的惯常做法。例如，《瑞士刑法典》（1937 年）第 43 条针

---

① 该条规定也适用于因精神障碍或其他心智缺陷而致辨识能力或行为能力显著减低者的行为。

② 按照《德国刑法典》（1998）第 63 条的规定，如果不能确认行为人是无责任能力还是限制责任能力，则不能对其科处刑罚，但可予保安处分。反之，如果不能确认行为人是有责任能力还是限制责任能力，则不能对其命令保安处分，因为对于有责任能力的行为人，应当排除保安处分适用。如果不能确认行为人是有责任能力还是限制责任能力，并且又不能排除行为人由于精神障碍而无责任能力，则既不能适用刑罚也不得命令保安处分。

③ 《格陵兰刑法典》对于制裁措施的刑罚性质或保安处分性质，未予明确区分。基于“医治处置”所指向的维护公共安全、具体适用对象等特征，可以认为该措施具有保安处分性质。

对"对精神病患者的保安处分"的适用规定："法官依据对行为人的身体和精神状态和保安监禁、治疗或护理的必要性之鉴定，作出其裁决。"**(8) 执行机构**：执行机构是具有治疗与监护机能的专门的司法精神病院。例如，《巴西刑法典》(1941 年)第 91 条，针对因患精神病或智力发育不健全或发育迟缓，而对于行为的辨认与控制能力丧失或减弱，由此被免除刑罚的人，所规定的医疗监护处分的场所是"拘禁在司法精神病院"。**(9) 法定期限**：法定期限不定，包括法定相对不定期与法定绝对不定期。**A. 法定相对不定期**。例如，《意大利刑法典》(1931 年)第 222 条，采纳规定最低期限的立法模式，根据情况的不同，包括不少于 2 年、10 年或 5 年。**B. 法定绝对不定期**。例如，《罗马尼亚刑法典》(1996 年)第 131 条，将"送入特设医疗机构"措施的期间，表述为"直至恢复正常"。**(10) 适用宗旨**：旨在通过在监禁隔离条件下的治疗与监护，改善受处分者的精神与心理健康，从而实现预防犯罪与保护社会的目的。一些国家的刑法典规定，法院可以根据执行中受处分者的精神与心理健康的改善情况，决定转处其他措施。例如，《德国刑法典》(1998 年)第 67e 条规定，"法院可随时审查是否可以停止收容交付考验。"

（二）强制禁戒处分

[16] **强制禁戒处分**，又称矫正处分、禁戒处分、禁绝处分、收容矫正处分，是指刑法规定，对于酒精瘾癖、毒品瘾癖等人员，基于其在瘾癖直接或间接的作用下实施了严重危害社会的行为，并有在瘾癖的作用下继续实施危害行为的社会危险，从而有可能也有必要予以人道的、特殊的处遇，法院宣告将其收容于具有医疗与禁绝机能的司法禁戒机构，经过一定期限，促使其不良瘾癖得以矫正，借以实现预防犯罪与保护社会目的的剥夺自由的保安处分。

[17] 强制禁戒处分的**立法适例**包括：《意大利刑法典》(1931 年)第 219 条有关"送往治疗看守所"、第 221 条有关"惯常性醉酒"的规定；《瑞士刑法典》(1937 年)第 43 条有关"酒鬼、毒品瘾君子的治疗"的规定；《德国刑法典》(1998 年)第 63 条有关"收容于戒除瘾癖的机构"的规定；《奥地利刑法典》(1974 年)第 22 条有关"收容于安置需要戒除瘾癖的违法者的机构"的规定；《韩国社会保护法》(1980 年)第 8 条有关"治疗监护"的规定①，等等。

[18] **瘾癖人员**是强制禁戒处分的典型适用对象。**(1) 瘾癖**：是指由于神经中枢经常接受某种刺激，从而形成的对于某种习惯的生物性依赖。包括：酒精瘾癖、毒品瘾癖等。**(2) 处置影响**：**刑罚能力**，重在表述由于危险性格所

① 该法典将针对精神障碍人的治疗监护以及针对瘾癖人员的强制禁戒，统归为治疗监护。

决定的刑罚适应性。瘾癖的生物性依赖特征，决定了瘾癖人员反复实施癖行的顽固性，而这种癖行构成对于社会的危害或威胁，这意味着瘾癖人员具有较大的社会危险性，从而其刑罚适应性成为问题，由此对于瘾癖人员适用**保安处分**就成为当然的选择。至于基于瘾癖的危害行为，是否也应受到**刑罚处罚**，这就涉及瘾癖对于**犯罪能力**的影响，而这种影响直接表现为瘾癖所致状态对于责任能力的决定意义，对此各国刑法规定不一。[①] 在肯定瘾癖所致状态具有犯罪能力从而可以成立犯罪的场合，是否应当基于瘾癖增加刑罚处罚，也是处置实施危害行为的瘾癖人员需要考究的问题[②]。**综上**，首先可以肯定，对于实施危害行为的瘾癖人员，需予保安处分；其次，倘若肯定基于瘾癖所致状态可以成立犯罪从而应受刑罚处罚，甚或在此基础上基于瘾癖可以增加刑罚处罚，则基于刑罚与保安处分的二元主义理念，在适用保安处分的同时，也可以予以刑罚处罚，当然此时对于人权保障应予充分关注，具体处置的采取应当谨慎[③]。对于瘾癖人员适用保安处分，也为许多国家或者地区的刑法立法所采纳。**(3) 立法状况**：对于瘾癖人员的保安处分，各国或者有关地区存在如下立法模式：**A. 酒精毒品瘾癖·刑罚保安处分**：通常将酒精瘾癖与毒品瘾癖作为类似的情形，并列予以规定。对于瘾癖人员适用保安处分，当然行为成立犯罪的也可予刑罚处罚：例如，《瑞士刑法典》(1937 年)第 44 条(酒鬼、毒品瘾君子的治疗)规定："(1) 行为人患有酒瘾，且其行为与酒瘾有关的，法官可命令将其收容于戒酒机构，或者如果必要也可收容于其他治疗机构，以防止行为人继续实施重罪或轻罪。……(6) 本条之规定同样适用于毒品瘾君子。被科处刑罚的毒品瘾君子事后证明有治疗之需要、能够治疗且愿意治

① 以**醉酒**为例。醉酒可以分为慢性醉酒、急性醉酒(复杂性醉酒、病理性醉酒、生理性醉酒)；基于与瘾癖相关的视角，醉酒还可以分为慢性醉酒、习惯性醉酒、非瘾癖醉酒。我国《刑法》对于慢性醉酒未予明确规定；病理性醉酒属于精神病；我国《刑法》不承认生理性醉酒对刑事责任能力的免除(第 18 条第 4 款)。《意大利刑法典》(1931 年)规定：对于慢性醉酒分别不同情况，按无责任能力或者减轻责任能力处理(第 95 条)；对于习惯性醉酒，增加刑罚(第 94 条第 1 款)；对于无过错醉酒，可予免除或减轻处罚(第 91 条)；对于非无过错醉酒，不影响归罪性(第 92 条第 1 款)；对于故意醉酒实施犯罪，增加刑罚(第 92 条第 2 款)；对于慢性醉酒、习惯性醉酒，还处以保安处分(收容于治疗看守所，第 219、221 条)。详见张小虎著：《犯罪论的比较与建构》，北京大学出版社 2006 年，第 229—232 页。

② 例如，《意大利刑法典》(1931 年)对此持肯定态度。该法典第 94 条(惯常性醉酒)规定："如果犯罪是在醉酒状态中实施的，并且该状态属于惯常性醉酒，刑罚予以增加。"(第 1 款)"在刑事法律的意义上，那些沉溺于饮用酒精饮料并且经常处于醉酒状态的人，被视为惯常性醉酒者。"(第 2 款)"当沉溺于使用麻醉品的人在麻醉品作用下实施犯罪时，也适用本条第 1 款规定的加重处罚。"(第 3 款)

③ 具体处置理念，见第 39 节段 10 至段 14。

疗的,法官可根据其申请将其收容于戒毒机构进行治疗,未执行完毕之刑罚顺延。"[①]**B. 具有责任·瘾癖人员·刑罚保安处分**:对于具有责任能力的瘾癖人员适用保安处分与刑罚:例如,《意大利刑法典》(1931 年)瘾癖所致状态分为惯常性中毒(惯常性酒精中毒与惯常性麻醉品中毒,第 94 条)、慢性中毒(慢性酒精中毒、慢性麻醉品中毒,第 95 条)。**惯常性中毒**,是指主体还有运用意志来控制、放弃自己的恶习,并最终恢复正常生活的能力的情况;**慢性中毒**,是指中毒极大地影响到主体的身心健康,并已不可逆转地造成了严重的器官损害和人格变形的情况。[②] 对于惯常性中毒,不仅视作具有责任能力,而且刑罚予以增加(第 94 条);对于慢性中毒,可为无责任能力或减轻责任能力(第 95 条);惯常性中毒与慢性中毒,均适用保安处分(第 221 条第 1 款、第 219 条第 1 款)。**C. 缺乏责任·瘾癖人员·保安处分**:对于没有责任能力的瘾癖人员适用保安处分:例如,《德国刑法典》(1998 年)第 64 条(收容于戒除瘾癖)第 1 款规定:"如有过量服用含酒精饮料或其他麻醉剂的瘾癖,在昏醉中实施违法行为,或违法行为由此等瘾癖引起,而被判处有罪;或因能证明行为人无责任能力或不能排除行为人无责任能力而未被判处有罪……法院可命令将行为人收容于戒除瘾癖的机构。"该条前段属于对于具有责任能力的瘾癖人员适用刑罚与保安处分的规定,后段则属于对于没有责任能力的瘾癖人员适用保安处分的规定。

[19] **强制禁戒处分**,除了通常保安处分所具有的法定、必要、主体等特征外,在适用对象、适用情形、行为要件、危险要件、执行机构、期限、宗旨等方面,具有如下**特点**:**(1) 适用对象**:适用于饮酒或者吸食毒品等兴奋剂,业已成为癖习的人。例如,《奥地利刑法典》(1974 年)第 22 条规定,"收容于安置需要戒除瘾癖的违法者的机构"的对象是,"滥用麻醉剂或毒品"的人。《瑞士刑法典》(1937 年)第 44 条,针对"酒瘾人员"规定了"收容于戒酒机构治疗"的措施;针对"毒瘾人员"规定了"收容于戒毒机构治疗"的措施。**(2) 适用情形**:包括单一处分与并科刑罚。**A. 单一处分**:主要表现为刑法,对于由于酒精毒品

---

① 类似的立法例还有:《奥地利刑法典》(1974 年)第 22 条(收容于安置需要戒除瘾癖的违法者的机构)第 1 款规定:"滥用麻醉剂或毒品,因昏醉或瘾癖而实施应受刑罚处罚的行为,或在昏醉状态中实施应受刑罚处罚的行为(第 287 条),法院……得命令将其收容于安置需要戒除瘾癖的违法者的机构。"其中,**第 287 条**(在昏醉状态实施应受刑罚处罚的行为)第 1 款,属于基于原因自由行为理念的立法,虽然行为时基于昏醉状态而阻却责任能力,但是行为人基于故意或过失使自己陷入昏醉状态而实施犯罪,对此可以基于行为人原因行为责任能力的具备,肯定其行为的可归责性。关于原因自由行为的阐述,详见张小虎著:《犯罪论的比较与建构》,北京大学出版社 2006 年版,第 233—235 页。

② 参见〔意〕杜里奥·帕多瓦尼著:《意大利刑法学原理》,陈忠林译评,中国人民大学出版社 2004 年版,第 181 页。

所造成的意志丧失状态，在符合一定条件时承认可予免责的场合。例如，《西班牙刑法典》（1995年）第102条规定，如果行为人因酒精毒品作用而行为被免除刑事责任，确有必要时，可以将其拘留于习惯矫正中心。**B. 并科刑罚**：主要表现为刑法，并不承认由于酒精毒品所造成的状态可予免责的场合。例如，根据《德国刑法典》（1998年）第64条与第67条的规定，如果瘾癖人员在昏醉中实施违法行为而被判处有罪，法院除对其科处刑罚外，还可命令将其收容于戒除瘾癖机构。**(3) 行为要件**：基于瘾癖的直接或间接作用，实施了较为严重的危害社会的行为。例如，《意大利刑法典》（1931年）第221条规定，“收容于治疗看守所”的适用要件之一是，“因在惯常性醉酒状态中实施犯罪或者因在使用上瘾的麻醉品作用下实施犯罪而被判的人”。《奥地利刑法典》（1974年）第22条也强调，“收容于安置需要戒除瘾癖的违法者的机构”的前提之一是，“因昏醉或因瘾癖而实施应受刑罚处罚的行为”。**(4) 危险要件**：由于瘾癖的存在，行为人具有继续实施危害行为的社会危险性。例如，《德国刑法典》（1998年）第64条规定，“收容于戒除瘾癖的机构”的适用要件之一是，“由于瘾癖仍然存在严重违法犯罪危险的”。《奥地利刑法典》（1974年）第22条规定，行为人“仍有可能因麻醉剂或毒品，实施应当受刑罚处罚的具有严重后果或较严重后果的行为的，得命令将其收容于安置需要戒除瘾癖的违法者的机构。”**(5)执行机构**：执行机构是具有治疗与禁绝机能的戒酒机构、戒毒机构或者其他治疗机构。例如，《瑞士刑法典》（1937年）第44条所规定的，强制禁戒处分的执行机构是，“收容于戒酒机构”“收容于其他治疗机构”“收容于戒毒机构”。《意大利刑法典》（1931年）第220条所规定的，对于惯常性醉酒与麻醉品瘾癖人员的保安处分的执行机构是，“收容于治疗看守所”。**(6) 期限**：通常表现为法定相对不定期，也包括法定绝对不定期。例如，《德国刑法典》（1998年）第67d条规定，“收容于戒除瘾癖的机构的期间不得超过2年。期间自收容开始时计算。”《格陵兰刑法典》（1954年）第90条第2、3款规定，针对酒精瘾癖、毒品瘾癖等的医疗处置，“最高期限不得超过10年”，在审议了所有材料并依法认为必需时，“也可判处不定期限”。**(7) 宗旨**：旨在通过治疗与禁绝，改善与消除受处分者的瘾癖，使其适应正常社会生活。这表现在对于处分效果的要求与处分的适用要件等的规定中。例如，《奥地利刑法典》第22条强调，“收容于安置需要戒除瘾癖的违法者的机构”，适用于行为人“仍可能因麻醉剂或毒品，实施应当受刑罚处罚的具有严重后果或较重后果的行为”，并且“戒毒尝试自始就无希望的”可不适用这一处分。

（三）感化教育处分

[20] **感化教育处分**，又称收容于司法感化院、少年保护处分，是指刑法

(或少年法)规定的,对于犯罪少年、触法少年、或者虞犯少年,基于其不良人格的社会危险特征,从而有必要予以人道的、特殊的处遇,法院宣告将其收容于具有教育感化机能的场所,经过一定的期限,促使其不良的个性得以矫正,借以实现预防犯罪与保护社会目的的剥夺自由的保安处分。

[21] 针对未成年人的感化教育处分,有的国家在刑法典中以若干条文专门予以规定,例如,《意大利刑法典》(1931 年)第 224—227 条;也有的国家在刑法典中设置专门章节予以规定,例如,《瑞士刑法典》(1937 年)的"第四章儿童和少年";还有的国家在少年刑法中设置专门的条文予以规定,例如,《日本少年法》(1948 年)第 6、24 条;也有的国家将少年法(包括少年刑法)附录于普通刑法典之后,例如,《奥地利少年法院法》。

[22] **未成年人**是感化教育处分的典型适用对象。**(1) 未成年人**:是指尚未达到法定责任年龄、实施了危害行为并具有社会危险性的人。这里的未成年人法定年龄,在不同的国家有所差异,通常是指 18 周岁[①]。我国现行《宪法》第 34 条规定:"中华人民共和国年满 18 周岁的公民……都有选举权和被选举权……"我国《刑法》第 17 条第 3 款规定:"已满 14 周岁不满 18 周岁的人犯罪,应当从轻或者减轻处罚。"**(2) 处置影响**:未成年人处在人生成长的特殊阶段,生理心理尚未成熟,接受事物的能力较强,具有较大的可塑性,以矫治改善为核心内容的保安处分,对于违法危险未成年人重返正常社会,具有特殊的意义;当然,各国刑法对于未成年人的刑事责任年龄也有不同的阶段划分,从而在未成年人中会出现有责任能力、无责任能力、限制责任能力、减轻责任能力等情况,由此,未成年人犯罪也可能受到一定的刑罚处罚。但是,不论怎样,未成年人的身心特征,决定了保安处分是应对具有社会危险性的未成年人违法犯罪的一个重要方法,这一价值理念在有关国家的刑法立法中也有所表现。**(3) 立法状况**:对于未成年人的保安处分,各国或者有关地区存在如下立法模式:**A. 缺乏责任·未成年人·保安处分**:对于没有责任能力的未成年人,由于不能成立犯罪,从而不予刑罚处罚,但是可予保安处分。例如,《意大利刑法典》(1931 年)第 224 条(不可归罪的未成年人)第 1 款规定:"如果由不满 14 岁未成年人实施的行为被法律规定为重罪,并且该人具有危险性,法官考虑到行为的严重程度以及该未成年人所生活的家庭道德环境,可决定将其收容于司法教养院或者对其实行监视自由。"而根据该法典第 97 条(不满 14 岁的未成年人)的规定:"在实施行为时不满 14 岁的,是不可归罪的。"从而,不满 14 岁的未成年人,也就无所谓受刑罚处罚的问题。**B. 具有责**

① 康树华、赵可:《国外青少年犯罪及其对策》,北京大学出版社 1985 年版,第 1 页。

任・未成年人・刑罚保安处分：对于具有责任能力的未成年人适用保安处分与刑罚。例如，《意大利刑法典》(1931年)，将可归罪的未成年人分为两类，分别不同情况予以保安处分与刑罚。其一，一般未成年人：是指已满14岁不满18岁的未成年人。对于这类未成年人，法官考虑到行为的严重程度以及该未成年人所生活的家庭道德环境，可以决定在刑罚执行完毕后将其收容于司法教养院或者对其实行监视自由。(第225条第1款①)其二，特殊危险未成年人：是指被宣告为惯犯、职业犯或者倾向犯的、不满18岁的未成年人。对于这类未成年人，一律决定收容于司法教养院，并且收容时间不得少于3年。当该人满18岁时，法官决定将其送往农垦区或劳动场。(第226条第1款)**C. 虞犯少年・保护处分**：**虞犯少年**，与犯罪少年、触法少年相对，是指尚未实施被刑法规定为犯罪的行为，但是其人格素质明显地表明其具有犯罪的倾向与较大可能性的未成年人。而**犯罪少年**，是指触犯刑律并成立犯罪的少年；**触法少年**，是指触犯刑律但因未达责任年龄而不成立犯罪的少年。对于虞犯少年予以保护处分，主要表现于《日本少年法》(1948年)的规定。该法第3条明确将该法的适用对象规定为：犯罪少年、触法少年、虞犯少年②。而**对于虞犯少年**，警察或监护人可以直接将其解送家庭裁判所(第6条第2款)。家庭裁判所根据调查的案情，作出给予保护处分或不予保护处分的判决。保护处分包括：交付保护观察所进行保护观察；送交教养院或者其他教养设施；送交少年院(第24条)。**(4) 特别立法**：对于未成年人的刑事处置(刑罚与保安处分)，也有的国家在刑法典中设置专门章节予以规定，从而构建相对独立的**未成年人刑法制度**。例如，《瑞士刑法典》(1937年)的"第四章儿童和少年"，《罗马尼亚刑法典》(1996年)的"第四篇未成年人"。其中，《瑞士刑法典》的立法模式较具特色，着眼于保安处分对象的视角，表现为：① 细化年龄阶段：具体分为：A. 不满7岁的儿童；B. 已满7岁不满15岁的儿童；C. 已满15岁不满18岁的少年；D. 已满18岁不满25岁的刚成年青年。② 分别年龄处置：对于A，一律免除包括保安处分在内的所有刑事处置(第82条第1款③)；对于B，可以处以教育处分(教育帮助、收容于适当家庭或收容于教养院)、特殊治疗、纪律罚(第84、85、87条)；对于C，可以处以教育处分、特殊治疗、收容于劳动教养

---

① 第225条第2款还规定："对于先前因缺乏可归罪性而被处以保安处分的未成年人，如果在该保安处分执行期间因重罪而被判刑，一律适用以上列举的某一保安处分。"

② 该条规定："下列少年，交付家庭裁判所审判：(一) 犯罪少年；(二) 未满14岁触犯刑罚法令的少年；(三) 参照少年的品性或环境，具有下列理由，可能触犯刑罚法令的少年：(1) 具有不服从监护人正当监督之恶习的；(2) 无正当理由不接近家庭的；(3) 与具有犯罪性质的人或者不道德的人交往的，或者出入于可疑场所的；(4) 具有损害自己或者他人品德行为的。"

③ 类似的立法例还有：《泰国刑法典》第73条。

所、收容于治疗机构、收容于事后教育机构、罚金或禁锢(第91、92、93a、93b、95条);对于D,可以处以收容于劳动教养所代替科处刑罚(第100a条)。③ 具体处置条件:对于各种处置条件,予以相对明确具体的规定。例如,规定对于少年予以特殊治疗的条件是:"少年的状况要求为特殊治疗,尤其当少年患有精神疾病、弱智、失明、严重的听说障碍、癫痫、酒瘾、毒瘾,或其精神或道德发展具有严重障碍或异常滞后的"(第92条第1款)。

[23] **感化教育处分**,除了通常保安处分所具有的法定、必要、主体等特征外,在对象、行为、危险、执行、宗旨等方面,具有如下**特点:(1) 对象**:适用于具有社会危险性的未成年人,包括:**A. 没有责任能力的未成年人**(通常未满14周岁)。例如,《瑞士刑法典》(1937年)规定,"已满7岁不满15岁的儿童实施了本法规定的应受刑罚处罚的行为"(第82条),在符合法定要件的情况下,审判机关可以对之适用"教育处分"(第84条)、"特殊治疗"(第85条)。**B. 具有责任能力的未成年人**(通常已满14周岁未满18周岁)。例如,《意大利刑法典》(1931年)第225条规定:"当已满14岁、但不满18岁的未成年人被认定为可归罪的时候,法官考虑到前条前一部分列举的情形[①],可以决定在刑罚执行完毕后将其收容于司法教养院或者对其实行监视自由。"**C. 虞犯少年**。例如,《日本少年法》(1948年)第6条第2款、第23、24条的规定(见本节段22,虞犯少年)。**(2) 行为**:实施了危害社会的行为,或者仅有实施法定犯罪行为的现实倾向。**A. 犯罪少年**:实施了犯罪行为,并有责任能力从而成立犯罪。例如,《罗马尼亚刑法典》(1996年)第114条规定,"对于应负刑事责任的未成年人,可以适用教育处分或刑罚",并且"只有在教育处分不足以矫正未成年人行为的情况下,才可以适用刑罚。"**B. 触法少年**:实施了法定犯罪行为,但因缺乏责任能力从而阻却了犯罪的成立。例如,《意大利刑法典》(1931年)第224条针对"不可归罪的未成年人"规定,"如果由不满14岁未成年人实施的行为被法律规定为重罪",在具备一定要件的情况下,法官"可决定将其收容于司法教养院或者对其实行监视自由"。**C. 虞犯少年**:尚未实施法定犯罪行为仅由其品行表现出现实的犯罪倾向。例如,我国台湾《少年事件处理法》第3条规定,12岁以上未满18岁的少年,具备有关情形[②],不服从父母或其他监督权人之监督,而有触犯刑罚法令之虞的,或者12岁以上18岁以下的少年,无家可归,具备有关情形,足以认为有影响社会治安之虞的,可以适用感化教

---

① 这些情形是:行为的严重程度以及该未成年人所生活的家庭道德环境。

② 这里的"**有关情形**"是下列情形之一:经常与有犯罪习性的人交往;经常出入少年不当进入的场所;经常逃学或逃家;参加不良组织;无正当理由经常携带刀械;有违警习性或经常于深夜在外游荡;吸食或施打烟毒以外的麻醉或迷幻物品。

育处分。(3) **危险**:适用感化教育处分,通常都强调以被处分者具有社会危险为前提;尤其是对于触法少年或者虞犯少年适用感化教育处分,更以被处分者具有社会危险为前提。例如,我国台湾《少年事件处理法》规定,对于虞犯少年适用感化教育处分的要件之一是"有触犯刑罚法令之虞的"或"有影响社会治安之虞的"。[①]《瑞士刑法典》(1937年),将"具有明显的危险性"(第84、91条),作为对不受刑罚处罚的儿童或者可予并处刑罚的少年,适用教育处分的前提要件之一。《意大利刑法典》(1931年)第224规定,对于"不可归罪的未成年人"收容于司法教养院的必要前提之一是"该人具有危险性"。**当然**,也不排除在特殊的场合,适用感化教育处分无需核实未成年人是否具有社会危险性。例如,《意大利刑法典》(1931年)第227条规定:"当法律规定无需核实有关未成年人是否具有社会危险性即可决定将其收容于司法教养院时,将该未成年人发送到特别教养院或者普通教养院的特别场所。"对此,应当注重两点:A. 核实与存在:这里的"无需核实有关未成年人是否具有社会危险性",并不意味着被处以收容于司法教养院的未成年人就不具有社会危险性,只是说这种社会危险性无需核实。B. 重罪与惯犯:法律规定这种"无需核实"即可处以收容于司法教养院的情形,通常是未成年人实施了法定特别严重的犯罪[②],或者未成年人属于惯犯、职业犯或者倾向犯[③]。(4) **执行**:执行机构是具有教育、训练、改善机能的特殊司法**场所**,具体可以表现为司法教养院(意大利),教养院、劳动教养所、治疗机构、事后教育机构(瑞士),再教育中心、医疗教育机构(罗马尼亚),感化教育处所(我国台湾地区)等。相对于其他处分措施,感化教育处分的**内容**还表现出如下特点:**A. 感化教育**:感化教育处分,针对未成年人的身心特点,更为注重保护、培养、治疗、增进、引导。例如,有的国家明确规定,再教育中心收容"应确保未成年人有机会获得必要的教育和符合其自身能力的职业培训。"[④]**B. 内容广泛**:基于未成年人情况各异,感化教育的内容也更为广泛,通常包括文化知识与职业技能、身体锻炼与精神健康、个性改善与习惯培养、疾病治疗与瘾癖戒除等等。(5) **适用情形**:在感化教育处分与刑罚的关系上,主要存在如下情形:**A. 只能适用感化教育处分**:

---

① 《日本少年法》第3条也有类似的规定。

② 例如,《意大利刑法典》(1931年)第224条(不可归罪的未成年人)第2款规定:"如果法律规定对所实施的犯罪处以无期徒刑或者最低不少于3年的有期徒刑,并且该犯罪不属于过失犯罪,一律决定收容于司法教养院,为期不少于3年。"

③ 例如,《意大利刑法典》(1931年)第226条(未成年的惯犯、职业犯或者倾向犯)第1款规定:"对于被宣告为惯犯、职业犯或者倾向犯的、不满18岁的未成年人,一律决定收容于司法教养院;并且收容时间不得少于3年。当该人满18岁时,法官决定将其送往农垦区或劳动场。"

④ 《罗马尼亚刑法典》(1996年)第119条第1款后段。

缺乏责任能力的未成年人，其行为不能成立犯罪，固然无从适用刑罚。**B. 刑罚之外附加感化教育处分**：未成年人行为成立犯罪，同时又具有感化教育必要的。例如，《意大利刑法典》(1931 年)第 225 条第 1 款的规定、《瑞士刑法典》(1937 年)第 91 条之(1)的规定。**C. 感化教育处分替代刑罚**：《瑞士刑法典》(1937 年)第 100a 条之(1)规定："行为的性格发展受到明显的障碍或危害，或者无人管教、放荡、不爱劳动，且其犯罪行为与之有关的，法官如果认为通过将行为人收容于劳动教养所能够防止其继续犯罪的，可以用收容于劳动教养所代替科处刑罚。"**(6) 期限**：通常表现为法定相对不定期，具体包括：**A. 规定期限上限下限**：例如，我国台湾地区"刑法"(2005 年)第 86 条第 3 款规定："感化教育之期间为 3 年以下。但执行已逾 6 月，认无继续执行之必要者，法院得免其处分之执行。"**B. 规定年龄上限期限下限**：例如，《瑞士刑法典》(1937 年)第 91、94 条规定，针对少年的教育处分，收容于教养院的收容期限不得少于 2 年；其后，如果符合法定条件的，可以附条件释放，考验期限不得长于该少年年满 22 岁或 25 岁。**C. 规定年龄上限具体期限不定**：例如，《罗马尼亚刑法典》(1996 年)第 119 条规定，收容于再教育中心的"教育处分的适用期限不确定，但是未成年人年满 18 周岁的，不得继续适用。"具有法定特殊情形的①，可以适用至未成年人年满 20 周岁。② **(7) 宗旨**：通过对于未成年人施以特殊的矫治，增进知识文化，培养生活技能，树立道德观念，确立良好个性等，由此促使未成年人的身心健康得以全面改善，从而实现预防犯罪与保护社会的目的。教育感化具有核心意义，监禁隔离只是辅助方式。例如，《日本少年法》第 1 条规定："本法对于少年违法行为，实行改造其品性以及调整环境的保护处分，并对危害少年福利之成年人刑事案件，研究特别措施，以便达到健康培养少年之目的。"③

(四) 强制工作处分

[24] **强制工作处分**，又称劳作处分、移交劳役场、遣送习艺所等，是指刑法规定，对于流浪懒惰成习者，基于其实施了危害社会的行为而受轻刑处置，同时其不良的品行表现出其具有继续危害社会的危险，从而需要予以特别矫治，法院宣告将其收容于具有劳动改造与教育辅导机能的特定的劳役或习艺

---

① 这些法定情形是指：未成年人犯罪时即将年满 18 周岁、未成年人实施行为的严重程度不宜适用刑罚、未成年人需要接受再教育以及需要继续对未成年人进行培训的。

② 该刑法典第 120 条针对"医疗教育机构收容"的适用期限，有着类似的规定。

③ 其他国家的立法也有类似的规定。例如，《瑞士刑法典》(1937 年)第 91 条之(1)规定："通过教育帮助，应使得少年得到适当的照料、教育和职业培训，使其有规律地工作，合理利用其自由时间和劳动所得。"

场所，经过一定期限，促使其不良恶习得以改善与矫正，借以实现预防犯罪与保护社会目的的剥夺自由的保安处分。

[25] 强制工作处分的**立法**，也不如治疗监护处分、强制禁戒处分等多见，不过仍然有一些国家或地区的刑法典，对之予以了明确的规定。例如，《巴西刑法典》(1941年)第93条规定，对于"由于游手好闲、流浪或卖淫罪而被剥夺自由的"犯罪人，可以"至少拘禁1年"，拘禁于"农场、劳役场、改造所或习艺所"。《格陵兰刑法典》(1954年)第28章强迫劳动，其中第101条规定："特别当犯罪认为是由于懒惰成性或不愿通过正当劳动维持自己生活所致，使他们坚持在一定条件下劳动是有利的。"我国台湾地区"刑法"(2005年)第90条规定："……因游荡或懒惰成习而犯罪者，于刑之执行前，令入劳动场所，强制工作。"①

[26] **流浪懒惰成习者**是强制工作处分的典型适用对象。**流浪懒惰成习者**，是指四处游荡居无定所、嫌弃厌恶劳动、游手好闲已成习惯，或者存在其他人格缺陷而拒绝正当职业，从而缺乏社会适应性的人，包括游荡成习者、懒惰成习者、职业乞丐、惯性营利卖淫者等。流浪懒惰成习者，基于其流浪懒惰的习性而实施犯罪行为，虽可予刑罚处罚，但是这种习性也展示了行为人的人格素质及生活环境，表现出行为人的社会危险性。为此，对于犯罪的流浪懒惰成习者，有关国家和地区的刑法规定了相应的保安处分措施。例如，《巴西刑法典》(1941年)第93条规定，对于"由于游手好闲、流浪或卖淫罪而被剥夺自由的"犯罪人，可以"拘禁在农场、劳役场、改造所或习艺所"至少1年。我国台湾地区"刑法"(2005年)第90条规定："……因游荡或懒惰成习而犯罪者，于刑之执行前，令入劳动场所，强制工作。""前项之处分期间为3年。"

[27] **强制工作处分**，除了通常保安处分所具有的*法定*、*必要*、*主体*等特征外，在对象、行为、危险、执行、期限、宗旨等方面，具有如下**特点**：**(1) 对象**：适用于流浪懒惰成习者，包括游荡成习者、懒惰成习者、职业乞丐、惯性营利卖淫者等②。例如，《格陵兰刑法典》(1954年)第101条，将"强迫劳动"的适用对象规定为"由于懒惰成性或不愿通过正当劳动维持自己生活"的人。**(2) 行为**：实施了危害社会的行为而受刑罚处置。例如，《巴西刑法典》(1941年)、我

---

① 该刑法典，将针对"特别危险人员"与"流浪懒惰成习者"的强制工作处分，规定于同一条文。但是，强制工作处分对于"特别危险人员"与"流浪懒惰成习者"的适用，还是各有不同侧重的。

② 又说，强制工作处分的**广义适用对象**，还包括常习犯(习惯犯)、常业犯等。严格来讲，对于特殊危险人员[包括累犯、常习犯(习惯犯)、常业犯、职业犯]，适用的保安处分措施主要是保安监禁处分。针对特殊危险人员的保安监禁处分，有时也会表现为强制工作的特征；保安监禁处分与强制工作处分，尽管两者存在诸多相似之处，但是强制工作处分与保安监禁处分在宗旨、行为等特征方面，仍然有着区别。见本节段38。

国台湾地区“刑法”(2005年),所规定的强制工作处分均以行为构成犯罪为前提。日本《卖淫防止法》(1958年)所规定的辅导处分,还以缓刑为前提。**(3)危险**:行为人由于其人格恶习或者不良的生活环境,具有继续危害社会的危险。例如,《巴西刑法典》(1941年)规定,保安措施的适用要件之一是“行为人有犯罪危险性”(第76条),这固然包括了适用强制工作处分的要求。**(4)执行**:执行机构是劳役场或者习艺所,通常附加于刑罚之外,执行于刑罚之后。例如,《巴西刑法典》(1941年)规定,对于流浪懒惰成习者适用强制工作处分的场所是“拘禁在农场、劳役场、改造所或习艺所”(第93条)。**(5)期限**:通常表现为法定相对不定期。例如,我国台湾地区“刑法”(2005年)第90条,将“强制工作”处分的期间规定为一般场合3年;执行满1年6个月后,如无继续执行之必要者,得免其处分之执行;执行期间届满前,如有延长之必要者,得许可延长之,并以一次为限。**(6)宗旨**:旨在积极改善与矫正,培养劳动习惯与正当谋生能力,改正不良的恶习,适应正常社会生活,从而实现预防犯罪与保护社会的目的。这是相对于治疗监护处分、强制禁戒处分、强制治疗处分等措施的各别具体宗旨而言的。

[28] 日本特别刑法所规定的**辅导处分**,在一定程度上也具有强制工作处分的特征。具体地说,**辅导处分**,是指日本特别刑法《卖淫防止法》(1958年)规定,对于实施了劝诱卖淫罪的20岁以上的妇女,基于其所具有的与所犯罪行相关的社会适应能力或身心障碍,在其被处以缓刑时,法院可以附加适用将其收容于具有职业辅导与身心矫治机能的特定辅导院,经过一定期限①,促使其适应正常社会生活的身心条件与能力得以改善的,借以实现预防犯罪与保护社会目的剥夺自由的保安处分。

[29] 对于强制工作处分的合理性,一些刑法学者提出了**质疑**,理由是:实证研究证实,强制工作处分并不能使流浪懒惰成习者养成劳动习惯,从而改善成效极为微小;流浪懒惰成习者所犯之罪,大多为轻微的犯罪行为,对之采取性质相当严厉的强制处分有违相当性原则;流浪懒惰成习者,具有轻微犯罪行为的,应当收容于社会福利机构中的游民收容所,犯重罪的,可判处保安监禁处分;劳动习惯与正当谋生能力的培养,可于刑罚执行期间予以实行,而无需在刑罚之外再附加强制工作处分。②

(五)强制治疗处分

[30] **强制治疗处分**,是指刑法规定,对于严重传染病患者,基于其实施了

---

① 法定期间为6个月,经地方更生保护委员会许可,可以假释,余期附加保护观察。

② 参见林山田著:《刑罚学》,台湾商务印书馆股份有限公司1983年版,第360页。

与所患传染病密切相关犯罪行为，同时其有将所患传染病继续传播的社会危险，从而需要将其置于特定场所予以监禁并医疗、矫正，法院宣告将其收容于具有医疗与隔离机能的治疗机构，经过一定期限，促使其病患得以痊愈，借以实现预防犯罪与保护社会目的的剥夺自由的保安处分。

［31］强制治疗处分的**立法**，虽不如治疗监护处分、强制禁戒处分等多见，但也有一些国家或地区的刑法典，对之予以了明确的规定。例如，《罗马尼亚刑法典》（1996年）第130条（强制医疗）第1款规定："对因疾病……而致具有社会危险性的罪犯，可强制定期进行医疗，直至恢复正常。"我国台湾地区"刑法"（2005年）第91条规定："犯第285条之罪者[①]，得令入相当处所，强制治疗。""前项处分于执行前为之，其期间至治愈时为止。"

［32］**严重传染病患者**是治疗监护处分的典型适用对象。**严重传染病患者**，是指患有由病原体传染而引起的疾患，具有造成疾患在人群中流行传播的严重危险的人。实施了犯罪行为的严重传染病患者，尤其是其犯罪与所患传染病密切相关，从而需要将其置于特定场所予以监禁并医疗、矫正。对此，我国台湾地区现行刑法有所规定，对于"明知自己有花柳病或麻风，隐瞒而与他人为猥亵之行为或奸淫，致传染于人者"，除构成犯罪处"1年以下有期徒刑、拘役或500元以下罚金"（第285条）外，"得令入相当处所，强制治疗"，并且这一强制治疗在"刑之执行前为之，其期间至治愈时为止。"（第91条）。

［33］**强制治疗处分**，除了通常保安处分所具有的法定、必要、主体等特征外，在对象、行为、危险、执行、期限、宗旨等方面，具有如下**特点**：**(1) 对象**：适用于严重传染病患者。例如，我国台湾地区"刑法"（2005年）第91条所规定的"强制治疗"处分，适用于"花柳病或麻风"患者。**(2) 行为**：实施了与所患传染病密切相关犯罪行为。例如，我国台湾地区"刑法"（2005年）所规定的"强制治疗"处分，适用要件之一是实施了该法第285条所规定之传播传染病罪。**(3) 危险**：由于传染病的存在，行为人具有将所患传染病继续传播的社会危险。例如，《罗马尼亚刑法典》（1996年）所规定的"强制医疗"处分适用，强调必须"因疾病……而致具有社会危险性"。**(4) 执行**：执行机构是具有医疗与隔离机能的特殊治疗机构，并且强制医疗处分先于刑罚执行。我国台湾地区"刑法"（2005年）所规定的执行"强制治疗"的场所是"相当处所"。这里的所谓"相当"，固然是指与受处分者所患疾病对应治疗与隔离机构。**(5) 期限**：通常表现为法定绝对不定期。例如，我国台湾地区"刑法"（2005年）第91条规定"强制治疗"

---

① 我国台湾地区"刑法"（2005年）第285条所规定之罪，是指"明知自己有花柳病或麻风，隐瞒而与他人为猥亵之行为或奸淫，致传染于人者"。

的期间是“至治愈时为止”;《罗马尼亚刑法典》(1996年)第130条第1款也作了类似的规定。**(6) 宗旨**:旨在通过治疗与隔离,根除受处分者的疾患,防止传染疾患传播,从而实现预防犯罪与保护社会的目的。这一宗旨蕴含于有关刑法典对于强制治疗处分先于刑罚执行、强制治疗处分适用要件等的规定中。

(六) 保安监禁处分

[34] **保安监禁处分**,又称预防监禁处分、保安拘禁处分、保安监置处分,是指刑法规定,对于特殊危险人员,基于其实施了危害社会的行为而受到刑罚处置,同时其不良的品行表现出其具有继续危害社会的危险,从而需要予以特别隔离与矫正,法院宣告将其收容于具有特定监禁与改善机能的场所,经过一定期限,断绝其继续危害社会的可能,改正其不良个性,借以实现预防犯罪与保护社会目的的剥夺自由的保安处分。

[35] 保安监禁处分的**立法适例**包括:《意大利刑法典》(1931年)第216条有关“送往农垦区或劳动场”的规定;《瑞士刑法典》(1937年)第42条有关“习惯犯的监禁”的规定;《德国刑法典》(1998年)第63条有关“保安监督”的规定;《奥地利刑法典》(1974年)第23条有关“收容于安置危险的再犯的机构”的规定;《韩国社会保护法》(1980年)第5条有关“保护监护”(主要针对常习犯等)的规定,等等。

[36] **特殊危险人员**是保安监禁处分的典型适用对象。**(1) 特殊危险人员**,是指反复实施犯罪行为,从而构成相对稳定的犯罪惯性,刑罚对之难以获得矫正效果的行为人。具体表现为:常习累犯、常习犯(习惯犯)、常业犯、职业犯。**(2) 处置影响**:特殊危险人员的犯罪能力并无特别之处,特别的在于其刑罚能力。这些人员,或者已经形成犯罪恶习,或者其所谓的职业活动本身就具有犯罪性,从而其社会危险性较大并刑罚能力成为问题,有必要对其施以特别的矫正改善与监禁隔离措施,以便使其重返正常社会。**(3) 立法状况**:对于特殊危险人员的保安处分,各国或者有关地区存在如下立法情形:**A. 常习累犯**:刑法理论存在普通累犯与常习累犯的界分。**普通累犯**,不以行为人具有实施某种犯罪的个性特殊为要件;而**常习累犯**,强调行为人具有实施某种犯罪的个性特征、犯罪恶习、犯罪偏好。不过,普通累犯与常习累犯均属累犯的范畴,而**累犯**的最基本的含义在于前罪与后罪之间的关系,即行为人在犯罪既已判决(前罪)之后又实施犯罪(后罪),狭义累犯尚需具备一定的法定条件方可成立。由此,常习累犯既具有行为人人身危险性的犯罪常习特征,又具有前罪与后罪关系的累犯特征。基于常习累犯的较大社会危险性,许多国家刑法对于常习累犯规定了保安处分。例如,《德国刑法典》(1998年)第66条(保安监督)第1项规定:“因故意犯罪被判处2年以上自由刑,具备下列情

形之一的，法院除判处行为人刑罚外，还可命令交付保安监督：1. 行为人在犯本罪前，由于故意犯罪两次被判处1年以上自由刑的，2. 在犯本罪前由于一罪或数罪已执行2年以上自由刑，或执行剥夺自由的矫正与保安处分的，且3. 全面考察行为人及其行为后，认为该人具有恶习可能犯重罪，或严重损害被害人身心健康，或引起重大财产损失，危害公共安全的。”**B. 常习犯·常业犯·职业犯**：常习犯，又称习惯犯、惯习犯，是指行为人逐步养成某种犯罪的习惯，在较长时间内反复多次实施该种具体犯罪，以犯罪所得作为主要生活来源的犯罪形态；**常业犯**，是指行为人实施某种非法经营性的活动，刑法规范将其包括在同一犯罪构成中的犯罪形态；**职业犯**，是指行为人违法实施某种职业性的活动，刑法规范将其包括在同一犯罪构成中的犯罪形态。常习犯、常业犯、职业犯，也是有关国家刑法中保安处分的重要适用对象，在这种场合，常习犯、常业犯、职业犯的法定构成，通常也包括行为人人身危险性的要素。例如，《意大利刑法典》(1931年)，明确规定惯犯、职业犯、倾向犯，除加重刑罚以外，还适用保安处分[①]。根据该法典的规定，惯犯是指在10年内因3次同样性质的非过失犯罪而被判处总共5年以上有期徒刑的人，如果又因另一同样性质的非过失犯罪受到处罚，并且该犯罪是在先前最后一次犯罪之后的10年内实施的情况(第102条[②])；职业犯[③](包括违警职业犯)是指符合宣告惯犯条件的人又因另一犯罪被处以刑罚，并且根据犯罪人的人格素质和生活环境，认为其惯于依靠犯罪所得生活的情况(第105条)；倾向犯，是指行为人在实施侵犯个人生命或健康的非过失犯罪中，以及基于认定犯罪严重程度和犯罪人犯罪能力的法定情形，表现出行为人具有特别的犯罪偏好，并且这种偏好根源于行为人特有的恶性的情况(第108条)。对于惯犯、职业犯、倾向犯所适用的保安处分措施是“送往农垦区或劳动场”(第216条)。另外，《奥地利刑法典》(1974年)第23条第1款，对于符合特定要件的再犯，规定适用“收容于安置危险的再犯的机构”的保安处分；《瑞士刑法典》(1937年)第23条，对于习惯犯(常习累犯)，规定“执行保安处分来代替执行重惩役或监禁刑”的保安监禁。

[37] **保安监禁处分**，除了通常保安处分所具有的法定、必要、主体等特征

---

① 该法典第109条(宣告惯犯、职业犯或者倾向犯的后果)第1款规定：“除对累犯规定的加重处罚和其他法律条款规定的特殊后果外，宣告惯犯、职业犯或者倾向犯还意味着适用保安处分。”

② 该法典第103条(法官认定的惯犯)还规定了法官在第102条之外，相对灵活认定惯犯的必要条件；第104条(违警罪惯犯)规定了法官认定违警罪惯犯的必要条件。

③ 《意大利刑法典》(1931年)所谓的“职业犯”与本书作为集合犯一种独立类型的“职业犯”，并不具有同一意义，《意大利刑法典》的“职业犯”实际上近似惯犯的一种。

外，在适用对象、适用情形、行为要件、危险要件、执行机构、法定期限、适用宗旨等方面，具有如下**特点：(1) 适用对象**：适用于特殊危险人员，包括累犯、常习犯、常业犯、职业犯。例如，《意大利刑法典》(1931 年)第 216 条，将"送往农垦区或劳动场"的适用对象规定为"被宣告为惯犯、职业犯或者倾向犯"等；《德国刑法典》(1998 年)第 66 条"保安监督"，第 1 款实际上是对累犯适用的规定[①]。也有的国家，将特别危险的精神病患者作为保安监禁的对象。例如，《瑞士刑法典》(1937 年)第 43 条规定，如果精神病患者的"精神状态表明，行为人将严重危害公共安全的，法官命令对其实行保安监禁"。**(2) 适用情形**：在保安监禁处分与刑罚的关系上，存在单轨或双轨两种立法模式。**A. 单轨模式**：以保安监禁处分代替刑罚。例如，《瑞士刑法典》(1937 年)第 42 条规定，对于习惯犯"法官可命令对其执行保安处分来代替执行重惩役或监禁刑。"**B. 双轨模式**：刑罚与保安监禁并处，保安监禁执行于刑罚之后。例如，《奥地利刑法典》(1974 年)规定，对于再犯"法院同时命令收容于安置危险的再犯的机构"(第 23 条)，并且"收容于安置危害的再犯的机构，应后于自由刑执行。"(第 24 条)**(3) 行为要件**：实施了严重危害社会的行为，并受刑罚处置。通常，这些特殊危险人员的行为成立犯罪，只是刑罚能力成为问题，需予特别处分。例如，《奥地利刑法典》(1974 年)第 23 条规定，"收容于安置危险的再犯的机构"的适用要件之一是，"年满 24 岁因应受刑罚处罚的行为而被判处 2 年以上自由刑"。**(4) 危险要件**：行为人，或者已经形成犯罪恶习，或者其所谓的职业活动本身就具有犯罪性，从而其社会危险性较大。这也是有关国家刑法典所规定的适用保安监禁处分的重要要件之一。例如，《瑞士刑法典》(1937 年)将这种危险性表述为"足以表明他具有犯重罪或轻罪之倾向"(第 42 条)；《德国刑法典》(1998 年)将之表述为"该人具有恶习可能犯重罪，或严重损害被害人身心健康，或引起重大财产损失，危害公共安全"(第 66 条)。**(5) 执行机构**：执行机构是具有特定监禁与改善机能的场所，有的国家表现为"农垦区或劳动场"[《意大利刑法典》(1931 年)第 216 条]，有的国家表现为"开放式或封闭式监狱"并"有劳动义务"[《瑞士刑法典》(1937 年)第 42 条]，有的国家表现为专门的"安置危险的再犯的机构"[《奥地利刑法典》(1974 年)第 23 条]。**(6) 法定期限**：通常表现为法定相对不定期。例如，《奥地利刑法典》(1974 年)第 25 条规定，"预防性处分的期限是不确定的"，"收容于安置危险的再犯的机构

---

① 其具体适用要件可以简括为：(1) 本次因故意犯罪被处 2 年以上自由刑；(2) 此前曾因故意犯罪 2 次被处 1 年以上自由刑；(3) 此前已被执行 2 年以上自由刑，或已被执行剥夺自由的保安处分；(4) 具有重大社会危险性。

的，其期限不得长于10年。"《瑞士刑法典》(1937年)第42条规定，"被保安监禁者至少必须在监狱服刑2/3刑期或至少服刑3年"，"在再次被执行保安监禁情况下，新的保安监禁的最低期限一般为5年。"**(7) 适用宗旨**：通过监禁隔离，断绝特殊危险人员继续危害社会的可能，改善其不良个性，从而实现预防犯罪与保护社会的目的。与其他保安处分措施不同，保安监禁处分是一种最为严厉的保安处分措施，侧重于消极的监禁隔离从而保护社会，不过劳动与教育也不失为其内容[①]。德国学者称"保安监督是保护公众免受累犯侵害的'刑事政策的最后一个紧急措施'"，认为"它仅仅是为了隔离行为人而设立的，但不反对在执行过程中应当为被安置人的再社会化作出努力。"[②]

［38］**保安监禁处分不同于强制工作处分**：尽管两者均为剥夺自由的处分，有时也都有强制劳动的内容，甚至有的刑法典将之纳入同一条文[③]，但是两者仍有区别：**(1) 对象**：保安监禁处分的适用对象是累犯、常习犯等特殊危险人员；强制工作处分的适用对象是游荡成习者、职业乞丐等流浪懒惰成习者。**(2) 行为**：保安监禁处分，基于其适应对象的特征，其适用要件之一，通常表现为行为人实施犯罪行为的次数。**(3) 危险**：相对于流浪懒惰成习者而言，特殊危险人员的社会危险性更大，有的学者甚至称这些特殊危险人员是"无矫治可能性的习惯犯"[④]。**(4) 期限**：保安监禁处分的法定最高期限相对较长[⑤]，有的国家刑法典甚至规定，在再次科处保安监禁的场合，无法定最高期限的限制[⑥]。**(5) 宗旨**：这是两者的典型区别。保安监禁处分侧重于监禁隔离，由此断绝被处分者继续危害社会的可能；强制工作处分侧重于劳动习惯与正当谋生技能的培养，由此改善被处分者的个性与社会适应能力。

---

① 例如，《瑞士刑法典》(1937年)规定，被保安监禁之人有劳动义务(第42条)；《意大利刑法典》(1931年)规定，将惯犯等送往农垦区或劳动场(第216条)。针对保安监禁处分的本质，我国台湾学者林山田指出：保安监禁是"以不定期的消极监禁手段来对付无矫治可能性的习惯犯与常业犯，故就其本质而言之，实为一种隔离罪犯的保安措施。"林山田著：《刑罚学》，台湾商务印书馆股份有限公司1983年版，第362页。**应当说**，对于具有重大社会危险的习惯犯，保安监禁处分以监禁隔离为主导，但并不否认执行中对于改善习惯犯个性的努力，毕竟基于法律规定，初次被科处保安监禁处分的习惯犯，在经一定期限后，仍应回归社会或予转处。

② 〔德〕汉斯·海因里希·耶塞克、托马斯·魏根特著：《德国刑法教科书》(总论)，徐久生译，中国法制出版社2001年版，第979页。

③ 例如，《巴西刑法典》(1941年)第93条；我国台湾地区"刑法"(2005年)第90条。

④ 参见林山田著：《刑罚学》，台湾商务印书馆股份有限公司1983年版，第362页。

⑤ 例如，《巴西刑法典》(1941年)第93条规定，对于累犯欺诈罪拘禁于农场等场所的期限是"至少2年"，而对于游手好闲、流浪等拘禁于农场等场所的期限是"至少1年"。

⑥ 例如，《德国刑法典》(1998年)第67d条。

三、限制自由的保安处分

[39] 限制自由的保安处分，具体包括：保护观察处分、更生保护处分、限制居住处分、驱逐出境处分、禁止出入特定场所、剥夺驾驶许可处分、禁止执业处分。

（一）保护观察处分

[40] **保护观察处分**，又称保护管束处分、行为监督处分，是指刑法规定的，对于受到刑罚处罚的人员、已受或者应受保安处分的人员、或者缓刑人员、假释人员，基于这些人员仍具有一定的社会危险性，从而有必要对之予以一定的保护与管束，法院宣告由警察机构、民间团体或其他适当人员基于社会力量给予受处分者适当的指导与援助，经过一定的期限，使其个性与身心得以改善，借以实现预防犯罪与保护社会目的的限制自由的保安处分。

[41] 保护观察处分，适用人员广泛，内容丰富，各个国家或者地区的规定也有所差异，尤其是缓刑考验与假释考验的内容也涵盖于其中。由此，保护观察处分的**性质**成为问题。具体地说，保护观察处分与缓刑、假释有何关系；保护观察处分与社区矫正的关系。在**美国**，未受自由刑执行而交付保护管束的，称为“probation”，通常译为缓刑，有时也译作保护观察；受自由刑部分执行而交付保护管束的，称为“parole”，通常译为假释。保护观察具有从属于缓刑、假释或者延期刑罚的处分的性质。[①] 在**英国**，类似于保护观察的“警察监视”，是作为与死刑、惩役、监禁、罚金等刑罚方法相并列的独立的刑事处置之一。在**日本**，保护观察包括针对正在缓期执行中的人附加保护观察，以及由于假出狱而附加的保护观察，这些保护观察又都属于限制自由的保安处分。[②] 在**意大利**，类似于保护观察的“监视自由”，包括了对于假释犯考验的情形，被假释的人如果违反“监视自由的义务，假释将予撤销”。[③] 在**我国台湾地区**，保护管束处分既是感化教育、治疗监护、强制禁戒、强制工作、强制治疗等处分的替代措施，又是缓刑与假释的附加处分。[④] **应当说**，就具体内容而言，保护观察、缓刑考验、假释考验、社区矫正，具有一定程度的重合或者相似，表现为针对特定的对象，依靠社会力量，予以特别的辅导、帮助，在管束与限制自由

---

① 参见何鹏：《英美刑法中的保护观察制度》，载《国外法学》1986 年第 1 期。

② 参见〔日〕大谷实著：《刑法总论》，黎宏译，法律出版社 2003 年版，第 408 页。

③ 参见《意大利刑法典》(1931 年)第 177、230 条。

④ 参见我国台湾地区“刑法”(2005 年)第 92、93 条。为此，我国台湾学者林山田指出，保护管束处分，既具有与“素行考管处分”(针对危险累犯，在其刑满出狱后危险时期内，予以辅导与考核的处分)相类似的性质，也为缓刑制度与附条件释放制度中对于受缓刑宣告者与假释出狱人观护手段。参见林山田著：《刑罚学》，台湾商务印书馆 1983 年版，第 371、374 页。

的条件下，考察与改善具体对象的品行。**但是**，从总体上说，保护观察处分仍有其独特的意义，尤其是在作为保安处分措施之一的场合。作为保安处分措施之一，保护观察处分具有刑事处置类型的意义，并且旨在通过对受处分者的再社会化，实现预防犯罪、保护社会的目的；而缓刑考验、假释考验，主要属于刑罚的执行方法而非刑事处置类型，并且其所附加的保护观察内容更具有观察与考验具体对象在特定期间的社会危险性的意义；另外，社区矫正，也主要表现为行刑方法的特征，具有刑罚开放化处遇的意义，强调依靠社区力量矫正罪犯，使之更易适应正常社会，可以视作行刑社会化的重要表现。

［42］保护观察处分的**立法适例**包括：《意大利刑法典》（1931年）第228—232条有关“监视自由”的规定；《德国刑法典》（1998年）第68—68g条有关“行为监督”的规定；《瑞士刑法典》（1937年）第47条有关“保护监督”的规定；《巴西刑法典》（1941年）第88、94—96条有关“监视释放”的规定；我国台湾地区“刑法”（2005年）第92、93条有关“保护管束”的规定等。有的国家以特别刑法，对于保护观察处分予以专门规定。例如，韩国《保安观察法》（1989年）①所规定的“保安观察处分”、《保护观察法》（1995年）②所规定的“保护观察处分”③、《社会保护法》（1980年）所规定的“保护观察处分”④。

［43］综合有关国家或地区的立法，总体上，保护观察处分存在如下**特征**：**（1）适用主体**：对于保护观察处分的宣告、期限以及限制自由的具体内容等，由法官予以确定。例如，《意大利刑法典》（1931年）规定，法官对于受处分者所处的监视自由的状态，确定一系列旨在避免其重新犯罪的限制性的规定（第228条第2款）；《德国刑法典》（1998年）规定，对于符合特定条件的行为人，法院可以命令行为监督（第68条第1款），并对行为监督人的工作和受处分人在行为监督期间的行为，作出指示（第68a条第4款、第68b条）。**（2）执行机构**：对于受处分者的监督，由其近亲属、警察机构、社会扶助机构或者其他适宜而由法院指定的人员或者组织。例如，《意大利刑法典》（1931年）规定，对于受处分者监督，由公共安全机关具体负责（第228条第1款）；对于未成年人和处于精神病状态的人，只有在可以将其托付给父母、社会扶助机构等时，才能对其实行监视自由（第232条第1款）。我国台湾地区“保安处分执

---

① 主要针对实施法定特定犯罪（第2、3条），尤其是侵害国家法益、社会法益的犯罪。

② 主要针对受到刑罚暂缓宣告者、受到刑罚暂缓执行者、被假释或者监外执行者以及依照少年法受到保护处分的少年、受到更生保护处分的对象等（第3条）。

③ 除了“保护观察处分”之外，韩国《保护观察法》（1995年）还规定了“更生保护处分”。

④ 除了“保护观察处分”之外，韩国《社会保护法》（1980年）还规定了“保护监护处分”（针对常习犯等）与“治疗监护处分”（针对精神障碍者、瘾癖人员）。

行法”(1963年、2006年)第64条第1款规定:“保护管束,应按其情形交由受保护管束人所在地或所在地以外之警察机关、自治团体、慈善团体、本人最近亲属、家属或其他适当之人执行之。”**(3) 法定期限**:其一,作为**独立的处分措施**,法定期限通常表现为四种:A. 规定法定期限上限,例如,我国台湾地区“刑法”(2005年)规定,代替其他有关处分措施的保护管束,期间为3年以下(第92条);B. 规定法定期限下限,例如,《意大利刑法典》(1931年)规定,监视自由的最短持续期不得少于1年(第228条第4款)。C. 规定法定期限上限与下限,例如,《德国刑法典》(1998年)规定,行为监督的期间不得低于2年,高于5年(第68c条第1款)。D. 最高期限绝对不定期,例如,《德国刑法典》(1998年)规定,被审判人员具有特别情形[①],并且具有继续实施危害公共安全的严重犯罪行为的现实危险的,法院可以命令最高期限不定期的行为监督(第68c条第2款)。其二,作为**缓刑或假释的考验内容**,保护观察的期限通常是缓刑或假释的考验期限。例如,我国台湾地区“刑法”(2005年)规定,在缓刑期内得付保护管束,在假释中付保护管束。**(4) 适用情况**(适用对象):具体包括如下情况:**A. 附加于自由刑**(受到刑罚处罚的人员):作为独立的处分措施,附加于自由刑适用。例如,《德国刑法典》(1998年)规定,因实施法律特别规定了行为监督的犯罪行为,而被判处6个月以上有期自由刑,并且行为人仍存在继续犯罪危险的,法院除判处自由刑外还可命令行为监督(第68条第1款)。**B. 独立的处分措施**(应受保安处分的人员):作为独立的处分措施,代替其他处分措施而独立适用。例如,我国台湾地区“刑法”(2005年)规定,对于未成年人的感化教育处分、对于精神障碍人或喑哑人的治疗监护处分、对于瘾癖人员的强制禁戒处分、对于特别危险人员或流浪懒惰成习者的(保安监禁)强制工作处分,可以根据具体情形代之以保护管束(第92条第)。[②] **C. 刑罚缓刑假释的考验**(缓刑人员与假释人员):作为刑罚的缓刑或者假释的考验内容而适用,或者说,在缓刑、假释时附加适用。例如,《意大利刑法典》(1931年)第230条所规定的一律适用监视自由的情形,包括了被判刑人获准假释;《瑞士刑法典》(1937年)第38条规定,对于假释性质的附条件释放可处保护监督。**D. 处分缓刑的考验**(受到保安处分的人员):作为处分的缓刑或者假释的

---

① 这种特别情形是指:不同意执行接受治疗或戒除瘾癖的治疗,或者不执行参加治疗或戒除瘾癖治疗的指示。

② 类似的立法例还有:《意大利刑法典》(1931年)第229条规定,除特别法律条款规定的情形之外,在本法典允许因不被法律规定为犯罪的行为而适用保安处分的情况下,可以适用监视自由。同时,该法典的第219条(送往治疗看守所)第3款、第221条(惯常性醉酒)第2款、第223条(将未成年人收容于司法教养院)第2款等,均规定了可以将有关保护处分“更换为监视自由”。

考验内容而适用。例如，《德国刑法典》(1998年)规定，法院命令收容于精神病院或戒除瘾癖的机构，如有特殊情况，认为不执行也能实现处分之目的，可同时命令缓刑交付考验。凡经缓刑交付考验的，对行为人的行为实行监督(第67b条、第67c条、第67d条第2款)。[①] **E. 处分终结的监督**(已受保安处分的人员)：主要针对特别危险人员，在其特定的保安处分执行完毕后(或被宣告终结后)适用。例如，《德国刑法典》(1998年)规定，保安监督已执行10年而不存在严重犯罪危险，处分被宣告终结的，对行为人的行为实行监督(第67d条第3款)。[②] **F. 暂停处分的监督**(已受保安处分的人员)：例如，《德国刑法典》(1998年)规定，至少已在戒除瘾癖的机构执行1年处分，如果处分目的尚未实现，法院决定事后继续执行处分，被收容人被释放的，对其行为实行监督(第67d条第5款)。**G. 刑罚完毕的监督**(已受刑罚处罚的人员)：主要是指特定的自由刑已被执行完毕，在被判刑人从监狱获释时适用。《德国刑法典》(1998年)规定，因故意犯罪被判处2年以上自由刑或因法定有关性犯罪被判处1年以上自由刑，已被执行完毕，被判刑人从监狱释放之际，即是对其行为监督开始之时(第68f条)。**H. 可以适用与应当适用**：《意大利刑法典》(1931年)将监视自由的适用情形，具体归纳为两种，予以明确规定：*可以适用*是指下列情形之一：被处1年以上有期徒刑的；该法典允许因非法定犯罪行为而适用保安处分的；在农垦区或劳动场执行保安处分完毕应离场的人员。*应当适用*是指下列情形之一：被科处的有期徒刑不少于10年的；当被判刑人获准假释时；有关惯犯或职业犯重新犯罪并表现出其犯罪惯常性或者职业性的；法律规定的其他情形。**(5) 行为限制**：被处以保护观察的受处分者，在保护观察期间应当遵守旨在改善行为、预防犯罪的限制性规定，对于这些规定的具体内容及其确定，存在两种立法例：**A. 法官确定**：对于受处分者行为限制的具体内容，法律不作具体规定，而明确由法官根据具体案件的情况，予以指定。例如，《意大利刑法典》(1931年)第228条第2款规定："法官为处于监视自由状态者确定限制性规定，以使其避免重新犯罪的机会。"《巴西刑法典》(1941年)第95条规定："在适用监视释放时，为了避免犯人再犯刑事法律，法官应对犯人制定一些操行规则，该规则在执行过程中可以修改补充。"**B. 相对法定**：对于受处分者行为限制的具体内容，法律予以原则规定，而由法官根据具体案件的情况，具体详细指定。例如，《德国刑法典》(1998年)第68b条，对于法院

---

① 类似的立法例还有：《意大利刑法典》(1931年)第230条；《巴西刑法典》(1941年)第94条；我国台湾地区"刑法"(2005年)第93条。

② 类似的规定：《意大利刑法典》(1931年)第230条第2款。

指示受处分者在行为监督期间所应当遵守的行为规则的具体内容与范围，予以了相对明确的列举[①]，并且要求法院以此为依据，“在指示中应对禁止的行为或要求的行为作出详细的规定。”**(6) 变更与撤销**：保护观察处分的变更与撤销，主要存在如下情形：**A. 撤销缓刑或假释**：在保护观察处分作为缓刑或者假释的考验内容而适用的场合，被处分人违反所应遵守的限制性规定，可予撤销缓刑或假释。例如，《意大利刑法典》(1931 年)第 177 条规定，如果被假释的人违反所应遵守的监视自由的义务，假释将予以撤销。**B. 附加财产保安处分**：被处分人违反所应遵守的限制性规定，可以附加财产保安处分。例如，《意大利刑法典》(1931 年)第 231 条第 1 款规定，当处于监视自由状态者违反为其规定的义务时，法官可以为监视自由附加善行保证金。**C. 变更为监禁性处分**：被处分人违反所应遵守的限制性规定，由此将保护观察处分变更为其他监禁性的处分措施。例如，《意大利刑法典》(1931 年)第 231 条第 2 款规定，在违反义务行为严重、反复的场合，或者受处分者不交保证金的，法官可以将监视自由更换为送往农垦区或劳动场、对于未成年人可以收容于司法教养院。[②] **(7) 处分宗旨**：保护观察处分更具积极意义。通过对于受处分者施以帮助、教育、限制，促使其个性得以全面改善，从而实现预防犯罪与保护社会的目的。例如，《瑞士刑法典》(1937 年)第 47 条规定：“保护监督旨在帮助被保护监督者诚实生活，其方法是大力支持他们，尤其是在寻找住所和工作方面给予帮助。”“对被保护监督者的监督要引人注目，以避免使他们的生活增加困难。”

(二) 更生保护处分

[44] **更生保护处分**，又称免囚保护处分、司法保护处分、紧急更生保护，是指刑法(特别刑法)规定的，对于刑罚或处分执行完毕或宣告终结的人员、或者被免予处罚人员、受到暂缓起诉人员，基于其在有关刑事处遇之后重返正常社会的适应断层，从而需要在社会生活方面予以特别保护，由此作出保护决定，对之施以一系列的保护措施，借以实现预防犯罪与保护社会目的的促进性的保安处分措施。

[45] 韩国《保护观察法》(1995 年)所规定的“更生保护”，与日本《紧急更生保护法》《犯罪者预防更生法》所规定的“紧急更生保护”，是有关更生保护处分的较为典型的立法例。总体上，更生保护处分具有如下**特征**：**(1) 适用对**

---

① 该条所列举的指示的具体内容与范围包括：未经行为监督人许可，不得擅自离开住所或居所或指定地区；不得逗留于有犯罪机会或足以诱发犯罪的特定地区；对于可能提供机会或诱发其继续犯罪的特定人或特定集团成员，不得雇佣、指导和留宿；不得从事可能被其滥用于实施犯罪的特定工作；等等。

② 类似的立法例，《德国刑法典》(1998 年)第 67g 条第 2 款。

象：日本的紧急更生保护对象包括：惩役、监禁、拘留的刑罚已经执行完毕，或者被免除刑罚执行的人；惩役、监禁的刑罚受到缓刑宣告，但是判决尚未生效的人；惩役、监禁的刑罚受到缓刑宣告，但是没有附加保护观察的人；受到暂缓起诉处分的人，在基于刑事程序的被关押解除之后；辅导处分已经执行完毕，或者被从辅导院中释放的人。这些人员，不能得到亲属、朋友等的帮助，或者不能享受公共福利以及其他有关保护，或者这些帮助保护不能使其得到更生，在解除关押后的6个月内，经本人申请而施加（《预防更生法》第48条）。① **（2）保护方法**：韩国的更生保护方法包括：提供住宿；旅费支付；生活工具、生活消费品的支付或者贷款；职业训练及就业介绍；其他对更生保护对象的自立支援；附属于上述保护方法的善行指导（韩国《保护观察法》第62条）。日本的紧急更生保护措施主要有：A 临时保护，包括安排住宿、提供金钱、给予贷款等；B 继续保护，包括收容于有关设施，提供居所，提供医疗、就职，调整或改善环境等。**（3）更生保护**：更生保护属于一种保安处分措施，同样具有预防犯罪与保护社会的目的以及适用的必要、法定等特征，尤其是相对于保护观察处分而言，两者均具有较为明显的温和、保护、帮助的特征。不过，更生保护处分仍有其独特的特点。保护观察既可以在其他处分完毕之后适用，更可以作为缓刑假释的考验，还可以附加于刑罚适用等，而更生保护则主要在有关刑事处遇之后适用；保护观察，在保护之中仍有观察限制的意义，而更生保护则更为专注于保护帮助，为受处分者适应正常社会提供各种有益的条件。

（三）限制居住处分

[46] **限制居住处分**，又称限制居住自由，是指刑法规定的，对于政治性犯罪或者区域性犯罪，基于这些犯罪的犯罪人与特定区域密切相关的社会危险特征，从而有必要对之予以居住区域的限制，法院宣告限制其居住场所，经过一定的期限，借以实现预防犯罪与保护社会目的的限制自由的保安处分。

[47] 对于限制居住，有的国家作为**刑罚方法**予以规定。例如，《越南刑法典》第37条。不过，应当注意，如同刑罚与保安处分的区别一样，某种刑事处罚措施，被置于刑罚体系或者被置于保安处分体系，则其所蕴含的实质价值理念与所表现的形式构成要件，是有着具体区别的。这在下文所涉及的有关驱逐出境、禁止出入特定场所、剥夺驾驶许可等的立法方面，均值得关注。

[48] 将限制居住作为**保安处分措施**予以规定的立法模式，主要表现为**两**

① 韩国的更生保护对象，是指受到刑事处分或者保护处分，被认为有必要为其自力更生的食宿提供、旅费支付、生活工具、生活消费品的支出或贷款、职业训练及就业介绍等予以援助保护者。

种:**(1) 专门规定**:将限制居住处分作为一项独立的处分措施,专门予以规定。例如,《意大利刑法典》(1931 年)第 233 条所规定的"禁止在一个或数个市镇或者一省或数省逗留";《罗马尼亚刑法典》(1968 年)第 116 条所规定的"禁止进入一定地区";《巴西刑法典》(1941 年)第 97 条所规定的"地域性放逐";《西班牙刑法典》(1995 年)第 105 条所规定的"在某地居住"或者"禁止在指定的地点或者区域居住"。**(2) 附设规定**:将限制居住处分作为其他处分措施的一部分,予以规定。例如,《德国刑法典》(1998 年)规定了"行为监督"的处分措施,而行为监督的内容即包括"法院可对受审判人在行为监督期间或较短期间内作出指示",这一指示包括"未经行为监督人许可,不得擅自离开住所或居所或指定地区;不得逗留于有犯罪机会或足以诱发犯罪的特定地区"。

[49] 综合有关国家或地区的立法,总体上,限制居住处分具有如下**特征**:**(1) 适用对象**:适用限制居住处分的基本前提是,特定的居住区域对于危害行为的发生,起着诱发因素或者行为条件的作用。例如,《格陵兰刑法典》(1954 年)第 100 条规定:"如果犯罪人的居住地或寄宿地能为他提供适于犯罪的条件,且有理由推定在这种环境居住有继续犯罪危险者,则判处在特定场所居住。"**(2) 法定期间**:通常由法条予以相对明确。例如,《意大利刑法典》(1931 年)第 233 条第 2 款规定,禁止市镇或省逗留禁令的持续期不少于 1 年。《巴西刑法典》(1941 年)第 97 条规定:"地域性放逐就是禁止犯人在犯罪的居民区、市或行政区居住或逗留,至少 1 年。"有时,法条对于限制居住处分的具体期限,不予明确。例如,上述《格陵兰刑法典》的立法例。**(3) 违令制裁**:有的国家刑法明确规定,在被处分人违反限制居住禁令时,可以适用其他处分措施。例如,《意大利刑法典》(1931 年)第 233 条第 3 款规定,在违反禁止在市镇或省逗留禁令的情况下,最终持续期重新计算,并且可以另外适用监视自由。

(四) 驱逐出境处分

[50] **驱逐出境处分**,又称放逐国外、追放国外、驱逐处分,是指刑法规定的,对于实施了犯罪行为的外国人,在刑罚执行完毕或赦免后,基于其居留在本国将会继续危害本国国家和公民利益,从而禁止其继续居留于本国境内,而将其遣送回国或至其他国家或地区,借以实现预防犯罪与保护社会目的限制自由的保安处分措施。

[51] 对于驱逐出境,不少国家作为**刑罚方法**予以规定。例如,我国《刑法》第 35 条以及《瑞士刑法典》(1937 年)第 55 条、《越南刑法典》(1999 年)第 32 条。将限制居住作为**保安处分措施**予以规定的立法适例包括:《罗马尼亚刑法典》(1996 年)第 135 条有关"驱逐出境"的规定;《意大利刑法典》(1931

年)第235条有关“将外国人驱逐出境”的规定等。

[52] **犯罪的外国人**是驱逐出境处分的典型适用对象。**犯罪的外国人**,是指实施了犯罪行为,从而受刑罚处罚或者未予刑罚处罚,并且居留在本国将会继续危害本国国家和公民利益的不具有本国国籍的人或者无国籍人。对于犯罪的外国人,可以单独或者附加适用驱逐出境的刑事处置。而驱逐出境,在有的国家的刑法中属于**附加刑**。例如,《瑞士刑法典》(1937年)将“具体的刑罚和处分”(第三章第一节)分为五大类:(1)自由刑;(2)保安处分;(3)罚金刑;(4)附加刑;(5)其他处分。其中,附加刑包括:不得担任公职(第51条);剥夺教养权和监护权(第53条);禁止执业或禁止经商(第54条);驱逐出境(第55条);禁止进酒店(第56条)。对于驱逐出境,该法典第55条之(1)规定:“法官可以将被科处重惩役或监禁刑的外国人从瑞士驱逐出境3年至15年。在重新犯罪情况下,可将该外国人终身驱逐出境。”也有的国家刑法,将驱逐出境作为**保安处分**措施之一。例如,《意大利刑法典》(1931年)将保安处分分为“人身保安处分”与“财产保安处分”,其中,“人身保安处分”包括“监禁性和非监禁性”,而“非监禁性保安处分是:1)监视自由;2)禁止在一个或数个市镇或者一省或数省逗留;3)禁止去酒店和出售含酒精饮料的公共店铺;4)将外国人驱逐出境。”(第215条)关于驱逐出境的适用,该法典第235条第1款规定:“除法律明确规定的情况外,当外国人被判处10年以上有期徒刑时,法官做出将其驱逐出境的决定。”驱逐出境,作为附加刑与保安处分,其价值理念有所不一,不过两者实际效果基本一致。具体取向,似表明立法者对于刑事处置的价值理念的侧重。

[53] 综合有关国家或地区的立法,总体上,驱逐出境处分具有如下**特征**:**(1) 适用对象**:实施了犯罪行为,从而受刑罚处罚或者未予刑罚处罚,并且居留在本国将会继续危害本国国家和公民利益的不具有本国国籍的人或者无国籍人。例如,《罗马尼亚刑法典》(1996年)第135条规定,驱逐出境适用于犯罪的外国公民;我国台湾地区“刑法”(2005年)第95条规定,驱逐出境适用于受有期徒刑以上刑之宣告的外国人。**(2) 适用方法**:有的刑法规定既可以独立适用,也可以并处于刑罚;有的刑法强调只能并处于徒刑。A. 可以独立适用:例如,《罗马尼亚刑法典》(1996年)第135条所规定驱逐,既可以独立适用,也可以并处于监禁。B. 并处于徒刑:例如,《意大利刑法典》(1931年)第235条第1款规定:“除法律明确规定的情况外,当外国人被判处10年以上有期徒刑时,法官做出将其驱逐出境的决定。”**(3) 具体执行**:在并处于刑罚的场合,驱逐出境处分在刑罚执行完毕或赦免以后执行。例如,我国台湾地区“刑法”(2005年)第95条规定:“外国人受有期徒刑以上刑之宣告者,得于刑之执

行完毕或赦免后，驱逐出境。"《意大利刑法典》(1931年)第235条第2款还规定了违反驱逐出境处分所应受到的制裁措施。

（五）禁止出入特定场所

[54] **禁止出入特定场所**，是指刑法规定的，对于瘾癖人员以及其他有关人员等，基于这些人员的危害社会行为与特定场所密切相关的社会危险特征，从而有必要对之予以出入场所的限制，法院宣告限制其出入可能引发其实施危害行为的特定场所，经过一定的期限，借以实现预防犯罪与保护社会目的的限制自由的保安处分。

[55] 对于禁止出入特定场所，有的国家作为**刑罚方法**予以规定。例如，《瑞士刑法典》(1937年)第56条有关**"禁止进入酒店"**的规定。将禁止出入特定场所作为**保安处分措施**予以规定的**立法适例**包括：《意大利刑法典》(1931年)第234条有关"禁止去酒店和出售含酒精饮料的公共店铺"的规定；《巴西刑法典》(1941年)第98条有关"禁止去某些场所"的规定；《西班牙刑法典》(1995年)第105条有关"禁止前往某地或者进入提供酒精类饮料的地点"的规定等。

[56] 综合有关国家或地区的立法，总体上，禁止出入特定场所具有如下**特征：(1) 适用对象**：鉴于特定的场所对于危害行为的发生，起着诱发因素或者行为条件的作用。由此，酒精瘾癖人员与酒精出售场所的隔离成为立法的重要选择，此外还包括其他有关人员与相应的场所的隔离。例如，《格陵兰刑法典》(1954年)第101条规定："当犯罪时的环境使犯罪人进入饭店、港口区、公私货栈区或船只特定场所很可能继续犯罪者，则判处禁止去此种场所。"**(2) 法定期间**：通常由法条予以相对明确。例如，《意大利刑法典》(1931年)第234条第1款规定："禁止去酒店和出售含酒精饮料的公共店铺的最短持续期为1年。"《巴西刑法典》第98条规定："禁止去某些场所是特别的预防措施，其最低期限为：Ⅰ. 由于酗酒而犯罪的为1年；Ⅱ. 在其他情况下为3个月。"有时，法条对于禁止出入特定场所的具体期限，不予明确。例如，上述《格陵兰刑法典》的立法例。**(3) 违令制裁**：有的国家刑法明确规定，在被处分人违反禁止出入特定场所时，可以适用其他处分措施。例如，《意大利刑法典》(1931年)第234条第3款规定，在违反禁止去酒店禁令的情况下，可以另外适用监视自由或者要求交纳善行保证金。

[57] 应当注意，**禁止出入特定场所与限制居住处分**，两者虽有一定联系，但却属于各不相同的处分措施。两者的**相似之处**表现在：均予受处者的活动空间以一定的限制，由此隔断具体空间对于危害行为所提供的条件作用。有些国家也将这两种处分规定在同一条文之中。例如，《泰国刑法典》(1956年)

第44条规定："禁止进入特定地区的，是指在判决中载明禁止进入的区域或者处所。"两者的**主要区别**表现在：禁止出入特定场所，针对酒铺、饭店、港口等具体设施，并且注重这些设施的功能属性，同时也以其类型化的意义对于受处分者的出入予以禁止；而限制居住处分，针对市镇、省份等具体区域，并且注重这些区域的地理范围，强调的是受处分者不能在该地区持续逗留、居住。

（六）剥夺驾驶许可处分

[58] **剥夺驾驶许可处分**，是指刑法规定的，对于违规驾驶机动车辆的人员，基于这些人员实施了与驾驶机动车辆有关的危害行为，并且如果继续驾驶机动车辆存在现实社会危险，从而有必要将其排除于机动车辆交通之外，法院宣告剥夺其驾驶许可，经过一定的期限，借以实现预防犯罪与保护社会安全目的的限制自由的保安处分。

[59] 对于剥夺驾驶许可，有的国家作为**刑罚方法**予以规定。例如，《法国刑法典》(1994年)第131-6条、第131-14条、第131-16条有关"暂时吊销驾驶执照""禁止驾驶特定车辆""撤销驾驶执照"的规定。将剥夺驾驶许可作为**保安处分措施**予以规定的立法适例，主要是《德国刑法典》(1998年)第69条、第69a条、第69b条有关"吊销驾驶执照""禁止授予驾驶执照"的规定；《西班牙刑法典》(1995年)第105条第2项、第106条有关"取消机动车辆驾驶权"的规定。

[60]《德国刑法典》所规定的剥夺驾驶许可处分，主要具有如下**特征**：**(1) 适用情形**：主要针对违规驾驶机动车辆的人员。例如，《德国刑法典》(1998年)明确规定了法院应予吊销驾驶执照的对象，包括：实施了与驾驶机动车辆有关的违法行为①，并且其行为表明不适合驾驶机动车辆②；实施了该法典第315c条所规定的危害公路交通安全的犯罪；实施了该法典第316条所规定的酒后驾驶的犯罪；行为人明知或可能知道发生事故致人伤亡或造成财产损失而逃逸；实施了与危害公路交通、酒后驾驶、交通肇事逃逸等有关的醉酒后的违法行为(第69条)。**(2) 法定期限**：剥夺驾驶许可，包括吊销驾驶执照与禁止授予新的驾驶执照。对于这一处分的法定期限，《德国刑法典》

---

① 具体包括：在驾驶机动车辆时发生违法行为，或者利用机动车辆实施违法犯罪，或者违反机动车辆驾驶人员义务而被判处刑罚，或者违反驾驶人员义务而因无责任能力未被判处刑罚。

② 对此，法院得对行为和行为人人格作出整体评价。如果犯罪行为表明行为人有身体、精神或性格等方面的缺陷，此等缺陷构成行为人不适宜驾驶机动车辆理由的，则必须命令为该处分。参见〔德〕汉斯·海因里希·耶塞克、托马斯·魏根特著：《德国刑法教科书》(总论)，徐久生译，中国法制出版社2001年版，第993页。

(1998年)也给予了具体规定:**A. 吊销或禁止授予驾驶执照**:在吊销驾驶执照的同时,规定在6个月以上5年以下期间内,禁止授予新的驾驶执照,根据情况也可以命令永远禁止授予驾驶执照;行为人原未获得驾驶执照的,仅予禁止授予。**B. 禁止授予执照的最低期间**:除上述期间外,如果行为人3年内已受一次禁止宣告的,其禁止期间不得少于1年;如果在禁止之前行为人的驾驶执照被暂时吊销的,其禁止期间不得少于3个月(第69a条)。**(3) 国外驾证**:基于德国在一定程度上对于有关外国驾驶证件的承认,因而会涉及对于外国驾驶证件的吊销问题。对此,《德国刑法典》(1998年)也作了具体规定:行为人拥有在德国有效的外国驾驶证件,在德国驾驶机动车辆,只有当其行为违反德国交通规则时,方可吊销其驾驶执照。外国的驾驶证件是由欧盟成员国当局或有关欧洲经济区条约的签字国发放,且证件持有人在德国有固定住所的,判决没收之,并将之退回发放当局。在其他情况下,吊销驾照和禁止只在外国驾驶证件中予以记载(第69b条)。

（七）禁止执业处分

[61] **禁止执业处分**,又称剥夺营业权,是指刑法规定的,对于违规从事某种特定职业的人员,基于这些人员实施了与某种职业有关的危害行为,并且如果继续从事此项职业存在现实社会危险,从而有必要将其排除于特定职业之外,法院宣告剥夺其从事该项职业的权利,经过一定的期限,借以实现预防犯罪与保护社会目的的限制自由的保安处分。

[62] 对于禁止执业,有的国家或地区作为**刑罚方法**予以规定。例如,《法国刑法典》(1994年)第131-6条有关“禁止从事便利犯罪实行的职业或社会活动”的规定;《俄罗斯刑法典》(1996年)第47条有关“剥夺从事某种(职业)活动的权利”的规定;《越南刑法典》(1999年)第36条有关“禁止从事一定的行业或工作”的规定;《瑞士刑法典》(1937年)第54条有关“禁止执业或禁止经商”的规定;我国澳门地区《刑法典》(1995年)第92—95条有关“业务之禁止”的规定等。将禁止执业作为**保安处分措施**予以规定的立法适例,主要是《德国刑法典》(1998年)第70条、第70a条、第70b条有关“禁止执业”的规定;《西班牙刑法典》第107条有关“不得从事某项职业”的规定;《泰国刑法典》(1956年)第50条有关“禁止执业”的规定;《罗马尼亚刑法典》(1996年)第132条有关“禁止从事某种职业”的规定。

[63] 综合有关国家或地区的立法,总体上,禁止执业处分具有如下**特征**:**(1) 适用要件**:主要针对违规从事特定职业的人员,这些人员滥用职业知识与职业关系实施危害行为,并且如果继续从事此项职业存在现实社会危险。例如,《西班牙刑法典》(1995年)第107条规定了适用禁止执业处分的前提条

件：行为人实施的犯罪源于滥用其从事的职业行为或者与其从事的职业行为相关，并且利用以上职业行为可能导致其再次实施相同或者相似犯罪，同时由于行为人法定责任能力的缺乏而不能予以刑罚处罚。**(2) 适用情形**：禁止执业处分在具体适用上，表现为如下情形：**A. 独立适用**：例如，《西班牙刑法典》(1995年)第107条所规定的禁止执业处分，其适用要件强调，只能在行为人具有该法典第20条所规定因缺乏责任能力从而不能予以刑罚处罚时适用。**B. 可以并处于刑罚**：例如，《德国刑法典》(1998年)第70条所规定的禁止执业处分的适用，包括"发生违法行为而被判处刑罚，或因无责任能力或不能排除无责任能力而未被判处刑罚"。**C. 附加于刑罚**：例如，《泰国刑法典》(1956年)第50条所规定的禁止执业处分，是指"法院在宣告科刑判决时……可以命令在刑罚执行完毕之日起5年以内禁止从事该职业。"**D. 缓刑**：例如，《德国刑法典》(1998年)第70a条规定，如果命令禁止执业后，有理由认为，行为人已不存在实施法定重大违法行为危险的，法院可将禁止执业缓刑交付考验。**(3) 法定期限**：禁止执业处分的法定期限，表现为如下情形：A. 通常5年。《德国刑法典》(1998年)第70条以及我国澳门地区《刑法典》(1995年)第92条，均将禁止执业的法定期间规定1年以上5年以下，《西班牙刑法典》第107条也将禁止执业的法定期间规定为5年以内。B. 永远禁止。《德国刑法典》第70条还规定，"如认为禁止执业的法定最长期限仍不足以防止行为所造成的危险的，可永远禁止其执业。"C. 延长禁止。我国澳门地区《刑法典》第94条规定，"在判决所定之禁止期间届满时，如法院认为该禁止期间不足以排除作为该处分依据之危险，得将禁止延长，但以3年为限。"**(4) 期限计算**：A. 起算与扣除：禁止执行的命令自裁判确定时生效；曾因同一事实而被临时禁止执业的期间，应当予以扣除；行为人被羁押于拘留所的期间，不得算入禁止期间以内。例如，我国澳门地区《刑法典》(1995年)第92条、《德国刑法典》(1998年)第70条。B. 禁止期之中止：在行为人因法院之裁判而被剥夺自由期间，禁止期中止进行；如中止时间持续两年或两年以上，法院须复查科处该处分所依据之情况，以确认或废止该处分。例如，我国澳门地区《刑法典》(1998年)第93条。

四、财产保安处分

[64] 财产保安处分，具体包括：善行保证处分、没收处分。

(一) 善行保证处分

[65] **善行保证处分**，又称提供善行保证金，是指刑法规定的，对于已受或者应受保安处分的人员，基于这些人员仍具有一定的社会危险性，从而有必

要对之予以一定的限制，法院宣告要求行为人提供一定数额的金钱，作为其不实施犯罪行为的担保，经过一定的期限，促使其行为得以改善，借以实现预防犯罪与保护社会目的的限制自由的财产保安处分。[①]

[66] 善行保证处分的**立法适例**包括：《意大利刑法典》(1931年)第237—239条有关“交纳善行保证金”的规定；《瑞士刑法典》(1937年)第57条有关“和平担保”规定；《泰国刑法典》(1956年)第46条有关“提供附加担保物的安全保证书”的规定等。

[67] 综合有关国家或地区的立法，总体上，善行保证处分具有如下**特征**：**(1) 适用情况**(适用对象)：具体包括如下情况：**A. 处分终结的善行保证**(已受保安处分的人员)：主要针对特别危险人员，在其特定的保安处分执行完毕后适用。例如，《意大利刑法典》(1931年)第230条第2款规定，在已适用送往农垦区或劳动场[②]的情况下，在该保安处分执行完毕后，法官可以决定对应离场的人员适用交纳善行保证金。**B. 违反观察处分的善行保证**(已受保安处分的人员)：被处以保护观察的受处分人，违反所应遵守的限制性规定，可以附加善行保证处分。例如，《意大利刑法典》(1931年)第231条第1款规定，当处于监视自由状态者违反为其规定的义务时，法官可以为监视自由附加善行保证金。**C. 避免特定犯罪的善行保证**(具有实施特定犯罪的危险人员)：对于具有实施特定犯罪的危险人员，可以适用善行保证。例如《瑞士刑法典》(1937年)第57条规定，存在向某人实施重罪或轻罪的危险，或者因犯罪重罪或轻罪而被判刑之人，计划在某日重新犯罪的，法官可以命令行为人提供担保。**(2) 保证金的处置**：善行保证的保证金，包括法院扣押保证金的情形，以及其后对保证金的处理，对此主要存在三种情形：**A. 实物保证**：受处分者向法院储存一定额度的现金作为担保，或者以一定财物抵押作为担保。例如，《意大利刑法典》(1931年)第237条规定：“善行保证金通过在罚款收款处储存一笔不少于20万里拉并且不超过400万里拉的款额交纳。”“可以通过抵押或者连带担保的方式提供保证，以取代上述钱款储存。”**B. 凭证保证**：受处分者向法院提供载明一定额度现金的保证书，作为善行的担保，而无需实际将现金储存于法院或者以财物作为抵押。例如，《泰国刑法典》(1956年)第46条规定，对于具有特定社会危险性的人员，“应当命令提供5000铢以下的保证书，可以附加或者不附加担保物，以维护法院命令所定期间的安全。”**C. 没收与退**

---

① 有的国家刑法典，将善行保证处分作为人身保安处分，例如《泰国刑法典》(1956年)。不过，总体上，善行保证处分仍应属于财产保安处分。

② 根据《意大利刑法典》(1931年)第216条规定，被送往农垦区或劳动场的人员主要是惯犯、职业犯或者倾向犯，或者法律明确规定的其他被判刑人或被开释人。

还：受处分者在规定期限内并未违反其保证的，则保证金返还或不予交纳，反之，则没收保证金。例如，《意大利刑法典》(1931 年)第 239 条规定："如果被处分者在保安处分执行期间未实施任何重罪或者依法应判处拘役的违警罪，决定退还被储存的钱款或者撤销抵押；并且连带提保消灭。在相反的情况下，为提供保证而交纳的钱款划归罚款收款处。"**(3) 法定期限**：善行保证处分的法定期限表现为：**A. 规定法定期限上限**：例如，《泰国刑法典》(1956 年)第 46 条规定，对于具有特定社会危险性的人员，法院命令提供保证书，以维护所定期间的安全，这一期间不得超过 2 年。[①] **B. 规定法定期限上限与下限**：例如，《意大利刑法典》(1931 年)第 237 条第 3 款规定，交纳善行保证金的处分，持续期不得少于 1 年，也不得超过 5 年，时间从保证金交纳之日起计算。**(4) 替代处分**：在受处分者拒绝提供善行保证的场合，法院可以易科剥夺自由处分、限制自由处分。**A. 剥夺自由处分**：例如，《瑞士刑法典》(1937 年)第 57 条之(2)规定："行为人拒绝保证，或者恶意地在特定的时间内不提供担保的，法官可命令对其实行保安监禁。"**B. 限制自由处分**：例如，《意大利刑法典》(1931 年)第 238 条规定，受处分者如果不实行钱款储存或者不提供保证，法官将交纳善行保证金更换为监视自由。**C. 剥夺自由处罚**：例如，《泰国刑法典》(1956 年)第 46 条第 2 款规定，对于拒绝提供保证的受处分者，可以予以 6 个月以下的拘留或者科以禁止进入特定地区。其中，拘留具有剥夺自由处罚的性质，禁止进入特定地区具有限制自由处分的性质。

（二）没收处分

[68] **没收处分**，又称没收，是指刑法规定的，对于犯罪物品或者犯罪所得，基于这些物品与所得给予犯罪提供一定条件，具有一定的社会危险性，法院宣告对之予以收缴，借以实现预防犯罪与保护社会目的的财产保安处分。

[69] 在**刑事立法**上，没收犯罪物品与犯罪所得，所处地位较为复杂，主要存在如下情形：**(1) 作为刑罚方法**：通常作为附加刑。例如，《日本刑法典》(1907 年)第 19 条所规定的"没收"；《韩国刑法典》(1953 年)第 48、49 条所规定的"没收"。[②] **(2) 独立法律后果**：作为独立于刑罚与保安处分的法律后果。

---

① 《瑞士刑法典》(1937 年)也采纳类似的立法模式，该法典第 57 条之(3)规定："行为人在提供担保后两年内犯重罪或轻罪的，担保金归国家所有。在其他情况下，返还担保金。"

② 尽管立法上如此规定，但是刑法理论仍认为，其实质上具有保安处分的性质。〔日〕野村稔著：《刑法总论》，全理其、何力译，法律出版社 2001 年版，第 477 页；〔韩〕李在祥著：《韩国刑法总论》，韩相敦译，中国人民大学出版社 2005 年版，第 504—505 页。**类似的立法例**：《泰国刑法典》(1956 年)第 32—37 条有关"没收财产"的规定；《法国刑法典》(1994 年)第 131-6、131-14、131-16 条有关"没收用于或旨在用于实行犯罪之物或犯罪所生之物"的规定；我国台湾地区"刑法"(2005 年)第 38—40 条有关"没收"的规定。

例如,《德国刑法典》(1998 年)将犯罪的法律后果分为:刑罚、矫正与保安处分、充公与没收等(第三章)。[①] **(3) 分别归类**:将没收分为刑罚与保安处分两种。例如,《奥地利刑法典》(1974 年)第 20 条与第 20b 条所规定的"没收非法所得""追缴",具有刑罚性质;第 26 条所规定的"没收"具有保安处分性质。**(4) 非刑措施**:既非刑罚,也非保安处分,而是财物恢复原状、行政强制措施、刑事诉讼需要。主要表现为我国《刑法》第 64 条的规定。[②] **(5) 作为保安处分**:多数国家或者地区,将没收置于财产保安处分的地位。例如,《意大利刑法典》(1931 年)第 240 条所规定的"没收财产";《罗马尼亚刑法典》(1996 年)第 136 条所规定的"特别没收";《瑞士刑法典》(1937 年)第 58 条所规定的"保安没收"等。

[70] 综合有关国家或地区对于没收处分的规定,总体上其具有如下**特征**:**(1) 犯罪物品与犯罪所得**:没收的对象,主要针对**犯罪物品与犯罪所得**[③]。例如,《瑞士刑法典》(1937 年)第 58 条所规定的保安没收的对象是,"用于犯罪行为之物品,或者因犯罪行为所获得之物品"。《意大利刑法典》(1931 年)第 240 条、《奥地利刑法典》(1974 年)第 26 条、《罗马尼亚刑法典》(1996 年)第 136 条等,也有类似的规定。**(2) 其他有关物品**:主要是指一些违禁品、法律管制的物品以及诱发犯罪的物品。例如,《意大利刑法典》(1931 年)第 240 条所规定的没收财产的对象,还包括"其制造、使用、携带、持有和转让构成犯罪的物品";《罗马尼亚刑法典》(1996 年)第 136 条所规定的特别没收的对象,还包括"用以引诱他人犯罪或鼓励犯罪分子的财物。"**(3) 使用或准备使用**:没收犯罪物品,可以针对已予使用,或者准备使用的情形。例如,《奥地利刑法典》(1974 年)第 26 条规定:"没收有助于避免应受刑罚处罚行为的实施的,行为人用于此等行为之物,准备用于此等行为之物"。类似的规定还有,《瑞士刑

---

① 类似的立法例:我国澳门地区《刑法典》第八章"与犯罪有关之物或权利之丧失"的规定。

② 我国现行《刑法》所规定的没收有两种:附加刑没收(第 59、60 条);其他没收(第 64 条)。其中,"附加刑没收"固然属于刑罚方法,而"其他没收"则既非刑罚也非保安处分。对于这一没收,我国刑法理论**通常认为**,"犯罪分子犯罪所得财物,本来属于国家或者他人所有,理应予以追缴或责令退赔,这是使受损失的公私财物恢复原状。犯罪所涉及的违禁品,是国家法律禁止个人非法所有的物品,当然应予没收,这是一种行政性强制措施。供犯罪使用的财物,具有诉讼证据的作用,没收这些财物是刑事诉讼的需要。"高铭暄、马克昌主编:《刑法学》(第七版),北京大学出版社、高等教育出版社 2016 年版,第 245 页。我国《刑法》第 64 条所规定的"**其他没收**",就形式而言,其规定于"第四章刑罚的具体运用""第一节量刑",而这种"其他没收"实非量刑问题;从实质来说,这种"其他没收"究竟属何性质、居何地位,从法律的规定来看,不得而知,这或许是立法观念导致立法技术的偏颇。

③ **犯罪物品**,是指被行为人用作犯罪的工具、手段、方法、措施等的物品,包括用于犯罪的物品与准备用于犯罪的物品、犯罪构成要素的物品与非犯罪构成要素的物品。**犯罪所得**,是指行为人通过犯罪所直接或间接获得的经济收益或者财物。

法典》(1937年)第58条、《罗马尼亚刑法典》(1996年)第136条等。**(4)具有社会危险性**:主要针对可以给予犯罪提供一定条件等,从而具有一定社会危险性的物品。例如,《奥地利刑法典》(1974年)第26条强调,"没收有助于避免应受刑罚处罚行为的实施的"物品,并且"如果权利人消除了物的特殊的特征,尤其是去除物上的装置或标记,或使应受刑罚处罚的行为的实施变得容易的装置或标记无法使用,不予没收。"《瑞士刑法典》(1937年)第58条也强调,没收的对象"以此等物品危害人身安全、道德或公共秩序者为限"。**(5)排斥与无关物品**:对于属于第三者的物品,除非基于权利人的过错而被用于犯罪,或者权利人无法避免该物被用于犯罪,否则不予没收。例如,《奥地利刑法典》(1974年)第26条规定,"未参与犯罪行为之人对之有权利请求权之标的物,仅以关系人无法保证其不被作为实施犯罪所使用者为限,得没收之。"

第43节　我国类似保安处分的处罚措施

[1] 我国现行法律体系中没有保安处分之名,我国《刑法》也未设置**保安处分**制度,这是一种立法不足。刑法中是否存在保安处分制度,应以刑法所设刑事制裁类型是否具有保安处分措施为准,而不是在刑罚适用甚或犯罪规定中设置相应措施,严格来讲,没有前者(缺乏类型规定)而有后者(仅有适用规定)是有违罪刑法定原则与处分法定原则的。由此,我国《刑法》第17条第4款后段的"政府收容教养"、第18条第1款后段的"政府强制医疗"、第37条之一第1款的"禁止……从事相关职业"、第38条第2款的"禁止……从事特定活动,进入特定区域、场所,接触特定的人"、第72条第2款的"禁止……从事特定活动,进入特定区域、场所,接触特定的人"的规定,均缺乏刑事制裁种类的前提设定。**但是**,上述我国《刑法》的这些规定,在价值宗旨上确有保安处分措施的倾向;同时,在我国有关行政法中也存在一定的具有保安处分部分功能的各种措施。对此,本书将之称为类似保安处分的处罚措施(以下简称**处罚措施**)。对于这些处罚措施的性质与内容,需予明确。

一、处罚措施的性质

[2] 这些**处罚措施**,虽然类似保安处分,但是却与保安处分有着重大区别。**保安处分**坚持处分法定等原则,并表现出如下特征:目的特征(预防犯罪保护社会);前提特征(基于社会危险行为);量定特征(适合危险性不定期);性质特征(刑事程序法院适用);关系特征(代替刑罚补充刑罚);内容特征(矫治改善监禁隔离)。(见第39节段16至21)**相比较而言**,处罚措施与保安处

分,在以下两个方面存在一定的类似:侧重预防犯罪与保护社会的目的;具有矫治改善监禁隔离的功效。然而,两者的区别则是相对明显的:**(1) 社会危险与客观危害**:保安处分基于社会危险行为而适用,尤其是对于行为人的社会危险性的评价,是法院适用保安处分的重要环节;而处罚措施仍然较为关注行为的客观社会危害,而无法定的对于行为人的社会危险性予以评价的环节。**(2) 不定期与定期**:保安处分的期限,宣告时通常不尽确定,执行中也存在延长与免除等情况,由此其不定期的特征较为明显;而处罚措施的期限,在涉及治疗的场合,虽然有的也不尽确定①,但是作为一种处罚,总体上期限是相对确定的。**(3) 法院适用与行政决定**:保安处分由刑法予以规定,适用刑事诉讼法程序,由法院予以裁量宣告,从而属于刑事司法处分;而处罚措施多数隶属于行政法②,即使部分措施在刑法中有所规定,但是像"收容教养""强制医疗"③这些措施,由于在《刑法》上的规定较为原则,从而最终也被转换到行政法中而具体适用。**(4) 关联刑罚与独立措施**:保安处分具有代替刑罚与补充刑罚的特征,剥夺自由的保安处分可以与自由刑并科,视不同情况予以执行、互补。④ 而处罚措施并不构成与刑罚的直接关联,处罚措施不能替代刑罚,尤其是诸多行政处罚措施仅具行政处罚的意义,剥夺自由的处罚措施也不能与自由刑并科。

二、处罚措施的种类

[3] 综合世界各国刑法的规定,保安处分的种类主要包括:剥夺自由的保安处分(治疗监护、强制禁戒、感化教育、强制工作、强制治疗、保安监禁等);限制自由的保安处分(保护观察、更生保护、限制居住、驱逐出境、禁止出入特定场所、剥夺驾驶许可、禁止执业等);财产保安处分(善行保证、没收)。国外保安处分措施,在我国法律上的近似体现主要有:**(1) 刑罚方法**:这主要是指驱逐出境。我国《刑法》在"刑罚的种类"一节,以第 35 条规定:"对于犯罪的外国人,可以独立适用或者附加适用驱逐出境。"由此,驱逐出境属于附加刑性质的刑罚方法。**(2) 归属管制**:这主要是指限制居住。我国《刑法》第 39 条对

---

① 与此相对,保安处分在一些治疗场合,其期限有的是绝对不确定的。例如,《罗马尼亚刑法典》(1996 年)第 130 条第 1 款、第 131 条第 1 款的规定,《格陵兰刑法典》(1954 年)第 90 条第 2、3 款的规定,以及我国台湾地区"刑法"(2005 年)第 91 条的规定,等等。

② 例如,强制戒毒(我国《禁毒法》第 38 条)、劳动教养(1957 年国务院《关于劳动教养问题的决定》第 1 条)、吊销机动车驾驶证(我国《道路交通安全法》第 88 条)等。

③ 收容教养(我国《刑法》第 17 条第 4 款)、强制医疗(我国《刑法》第 18 条)等。

④ 先执行保安处分而另一刑罚可不予执行,或者先执行刑罚,刑罚执行完毕后视情况再执行保安处分。

管制的内容作了具体规定，其中第1款第5项具有限制居住的意义："离开所居住的市、县或者迁居，应当报经执行机关批准。"当然，管制的限居与作为处分措施的限居仍有重要区别。[①] **(3) 独立后果**：这主要是指没收。我国《刑法》第64条规定了针对违法所得与犯罪物品等的"其他没收"，就内容而言，其与保安处分的没收基本类同，然而在我国《刑法》中，其既非刑罚方法也非保安处分。**(4) 缺乏体现**：这主要是指善行保证、更生保护。我国法律并无较为典型意义的类似于善行保证与更生保护的具体规定[②]。有关法规针对某些处罚措施的执行而规定的"**短期离所担保**"，与"善行保证处分"有着重要区别。某些行政法规有针对未成年人的禁止出入某些场所的规定，然而这与作为保安处分的禁止出入特定场所仍有区别。**(5) 管制内容**：这主要是指保护观察。我国《刑法》所规定的作为管制内容的"报告活动情况"与"限定会客"，与保护观察中的相关内容似有类同，然而保护观察的内容比此要广泛得多，另外就适用与宗旨等而言，两者显然有着原则区别。**(6) 刑法规定**：我国《刑法》明确规定了四项具有保安处分性质的措施：针对缺乏责任能力的未成年人的"政府收容教养"(第17条第4款)；针对缺乏责任能力的精神病人的"政府强制医疗"(第18条第1款)；针对利用职业犯罪或背离职业犯罪的"禁止从业"(第37条之一第1款)；根据犯罪情况在判处管制或宣告缓刑时适用的"禁止令"(第38条第2款、第72条第2款)。然而，这些不能称作我国《刑法》上的保安处分措施(见本节段34)，并且，其中"收容教养"与"强制医疗"的规定也相当原则，最终有待于行政法规予以落实。[③] **(7) 行政规定**：对于强制禁戒、强制治疗、强制工作、保安监禁、感化教育、剥夺驾驶许可、禁止执业等，主要表现为我国行政法上的一些相关的规定："强制戒毒""强制治疗""劳动教养""收容

---

① 这里，将管制的限居与处分的限居相提并论，只是限于"居住"的"限制"的意义而论。如果广而论之，我国《刑法》管制中的限制居住与国外处分措施的限制居住，即使在形式内容上也有重要区别。诸如，管制的限居，强调将罪犯限制于常住地；而处分的限居，强调将罪犯隔除于与犯罪密切相关的特定区域。关于限制居住处分的具体含义，见第42节段46。

② 有关法规规定了在某些处罚措施执行中的"**短期离所担保**"。例如，《卖淫嫖娼人员收容教育办法》(1993年，国务院令)第16条第2款规定："被收容教育人员在收容教育期间，遇有子女出生、家属患严重疾病、死亡以及其他正当理由需要离所的，由其家属或者其所在单位担保并交纳保证金后，经所长批准，可以离所。离所期限一般不超过7日。"显然，这种"**短期离所担保**"与"**善行保证处分**"有着区别。例如，前者针对特定事由的需要而适用，而后者适用的情形是"处分终结的善行保证、违反观察处分的善行保证、避免特定犯罪的善行保证"。

③ 其中，**政府收容教养**，基于公安部《关于少年犯管教所收押、收容范围的通知》(1982年)、《关于对不满14岁的少年犯罪人员收容教养问题的通知》(1993年)等规章，在实际中已有广泛执行。而**政府强制医疗**，虽有我国《刑事诉讼法》以专章对相应的程序问题作了规定，但是《刑法》对强制医疗的一些实体缺乏规定，由此制度的实际执行困难重重(见本节段17)。

教育”“禁止执业”[①]“禁止驾驶”等；另外，《刑法》所规定的“政府收容教养”与“政府强制医疗”也在行政法规上得以一定的落实。

[4] 应当注意，我国的“社会帮教”并非这里所讲的“处分措施”。**社会帮教**，是指按照一定的程序，针对一般违法人员、解除劳教人员或者刑满释放人员等，基于他们存在一定的社会危险性，而确定采取的，由社会有关部门、单位、个人，施以内容广泛、形式多样的帮助、感化、教育、挽救，旨在实现特殊预防与保护社会目的的，一种既非司法处置又非行政处罚的改善措施。尽管社会帮教的确定与撤销也有严格审批程序，同时社会帮教也指向帮教对象的社会危险性，但是社会帮教既不具有刑事处置性质也不具有行政处罚性质。并且，在这个意义上，尽管其也特别强调对帮教对象的“社会帮助”[②]，但是社会帮教与国外有关国家作为保安处分措施之一的“更生保护处分”，同样有着重要的区别。

[5] **另外**，“社区矫治”也不应理解为这里的“处分措施”。**社区矫正**，是指对于被判处监禁刑的犯罪分子，基于将其放在社会上予以非监禁的改造不致危害社会，并且更有利于其对于大众社会的适应与回归，从而将其置于社区予以开放性的刑罚执行，而不置于监狱的刑罚执行方法。由此，社区矫正属于刑罚的开放化处遇，可以视作行刑社会化的重要表现。近年来，社区矫正备受我国刑法理论的重视，也为我国刑法实践所采纳。[③] 不过，应当注意，作为刑罚执行方法的社会矫正，既非保安处分措施，也非我们这里所说的“处罚措施”。保安处分属于与刑罚相对的刑事处置措施，处罚措施则具有行政处罚的性质。

三、处罚措施的内容

[6] 驱逐出境、管制等属于刑罚方法。这里主要阐述：我国《刑法》规定并在行政法规上落实的“政府收容教养”“政府强制医疗”；我国《刑法》规定的“禁止执业”和“禁止令”；以及行政法中的有关处罚措施。具体包括：“收容教养”“强制医疗”“禁止执业”“禁止令”“收容教育”“强制治疗”“强制戒毒”“禁止驾驶”。

---

① 在我国，禁止执业既有《刑法》的规定，也有行政法的规定（见本节段 18），当然其具体适用的前提、条件等是不同的。

② 当然，也包括改善、教育。

③ 详见最高人民法院、最高人民检察院、公安部、司法部《社区矫正实施办法》（2012 年）；最高人民法院、最高人民检察院、公安部、司法部《关于在全国试行社区矫正工作的意见》（2009 年）；最高人民法院、最高人民检察院、公安部、司法部《关于开展社区矫正试点工作的通知》（2003 年）。

（一）收容教养

[7] **收容教养**，是指刑法、法规、规章等规定的，对于实施了刑法所规定的危害社会行为的未成年人，基于其不满16周而不予刑事处罚，但又需予以一定的监禁性感化教育，由公安机关决定，关押于劳动教养所予以一定期限的教育，促使其不良个性得以改善，借以实现预防犯罪与保护社会目的的剥夺自由的处罚措施。我国的收容教养具有如下**特征**。

[8] **法律依据**：**基本依据**是《刑法》第17条第4款的规定："因不满16周岁不予刑事处罚的，责令他的家长或者监护人加以管教；在必要的时候，也可以由政府收容教养。"**此外**，主要表现为部门规章，有权解释等。例如，公安部《关于少年犯管教所收押、收容范围的通知》（1982年）、司法部《关于将政府收容教养的犯罪少年移至劳动教养场所收容教养的通知》（1996年）、最高人民法院《关于"少年收容教养"是否属于行政诉讼受案范围的答复》（1998年）等。

[9] **适用对象**：实施了刑法所规定的危害行为，但是因为不够刑事责任年龄从而不予刑事处罚，并且有必要由政府予以收容的未成年人。具体包括：**（1）不满14周岁**：实施了《刑法》第17条第2款规定的危害行为以及其他严重危害社会的行为，不予刑罚处罚但有必要收容的未成年人。[①] **（2）已满14周岁不满16周岁**：实施了《刑法》第17条第2款规定以外的严重危害社会的行为，不予刑罚处罚但有必要收容的未成年人。例如，最高人民法院研究室《关于已满14岁不满16岁的未成年人过失杀人是否应负刑事责任问题的复函》（1991年）指出："关于已满14岁不满16岁的未成年人……对他们的过失犯罪也不应追究刑事责任，可以责令其家长或监护人加以管教，必要时也可由政府收容教养"。

[10] **适用主体**：收容教养具体由地级或地级市的公安机关决定。公安部《关于少年犯管教所收押、收容范围的通知》（1982年）第2条规定："对确有必要由政府收容教养的犯罪少年，应当由地区行政公署公安处或省辖市公安局审批，遇有犯罪少年不满14岁等特殊情况，须报请省、市、自治区公安厅、局审批。"公安部《关于对少年收容教养人员提前解除或减少收容教养期限的批准权限问题的批复》（1997年）也指出："如果收容教养人员在收容教养期间有新的犯罪行为，符合收容教养条件的，应当由公安机关对新的犯罪行为作出收容教养的决定"。

[11] **执行机构**：目前尚无具体明确的法律规定。原先，公安部《关于少年

---

① 详见公安部《关于对不满14岁的少年犯罪人员收容教养问题的通知》（1993年）。

犯管教所收押、收容范围的通知》(1982 年)第 1 条第 2 款规定,未成年收容教养人员收容于少年犯管教所。然而,少年犯管教所(现称未成年犯管教所[①])是关押未成年犯罪分子的监狱性质的场所,而未成年收容教养人员与未成年犯罪分子有着原则区别,由此,司法部《关于将政府收容教养的犯罪少年移至劳动教养场所收容教养的通知》(1996 年),"决定将按照《刑法》第 14 条(1997 年修订的《刑法》第 17 条)由政府收容教养的犯罪少年移至劳动教养场所收容教养。"[②]然而,2013 年劳动教养制度被废止,由此收容教养执行场的具体去向成为问题,现在有的地方将之归于工读学校,而有地方仍置于未成年犯管教所。

[12] **收容期限**:一般为 1 年至 3 年,必要时可以延长 1 年。公安部《关于少年犯管教所收押、收容范围的通知》(1982 年)第 2 条规定:"收容教养的期限,一般为 1 至 3 年。"公安部《关于对少年收容教养人员提前解除或减少收容教养期限的批准权限问题的批复》(1997 年)又规定:"如果收容教养人员在收容教养期间有新的犯罪行为,符合收容教养条件的,应当由公安机关对新的犯罪行为作出收容教养的决定,并与原收容教养的剩余期限合并执行,但实际执行期限不得超过 4 年。"

[13] **收容宗旨**:收容教养旨在通过监禁性的感化教育,促使收容教养人员的不良个性得以改善,借以实现特殊预防与保护社会的目的。对此,虽然有关法律、法规、规章未予直接规定,但是有关规定也间接地表述了这一意义。例如,司法部《关于将政府收容教养的犯罪少年移至劳动教养场所收容教养的通知》(1996 年)指出:"十几年来,少年管教场所收容教养了大批犯罪少年,为维护社会稳定,教育、改造、挽救违法犯罪少年,做出了应有的贡献。""为了……大力增强对少年教养人员进行管理教育的针对性和有效性,保障失足少年的健康成长……决定将按照《刑法》第 14 条(1997 年修订的《刑法》第 17 条)由政府收容教养的犯罪少年移至劳动教养场所收容教养"。

[14] **收容性质**:收容教养属于行政处罚措施,这除了在适用主体、适用对象等方面有所表现以外,在有关规章、司法解释对于收容教养性质的间接说明与收容教育争议处理的适用程序中,也有着较为明确的体现。**(1) 性质的间接说明**:司法部《关于将政府收容教养的犯罪少年移至劳动教养场所收容教养的通知》(1996 年)指出:"少年犯和少年教养人员是两类性质不同的人

---

① 详见《未成年犯管教所管理规定》(1999 年,司法部令)。

② 未成年犯管教所,仅仅关押已满 16 周岁或者已满 14 周岁不满 16 周岁,实施危害行为而构成犯罪被判处有期徒刑或者无期徒刑,并且不满 18 周岁的未成年犯罪分子。详见《未成年犯管教所管理规定》(1999 年,司法部令)第 2 条的规定。

员，一类是受到刑罚处罚的，一类是因不满16岁不处罚、由政府收容教养的。”这意味着“收容教养”与“刑罚处罚”是两种性质不同的处罚措施，刑罚处罚具有刑事性质，而收容教育具有行政性质。**(2) 争议的处理程序**：最高人民法院《关于“少年收容教养”是否属于行政诉讼受案范围的答复》(1998年)指出：“公安机关对公民作出的‘少年收容教养’决定是具体行政行为，属于《中华人民共和国行政诉讼法》第11条规定的受案范围，若当事人对公安机关作出的‘少年收容教养’决定不服向人民法院起诉的，人民法院应当受理。”这里的“具体行政行为”与“属于《行政诉讼法》受案范围”，也在一定程度上说明了收容教养的行政处罚性质。

（二）强制医疗

[15] **强制医疗**，是指刑法、刑事诉讼法等规定的，对于实施暴力行为，危害公共安全或者严重危害公民人身安全，经法定程序鉴定依法不负刑事责任，有继续危害社会可能的精神病人，予以一定的监禁性医护治疗，以制止其继续危害社会、促使其身体健康得以恢复的，剥夺自由的社会保护措施。

[16] 我国的强制医疗具有如下**特征**。**(1) 法律依据**：是《刑法》第18条第1款以及《刑事诉讼法》第284条至第289条的规定。**(2) 适用对象**：应当同时具备以下要件：采用暴力行为实施了《刑法》所规定的危害行为造成危害结果；危害公共安全或者严重危害公民人身安全；经法定程序鉴定，患有精神病、缺乏辨认与控制能力，从而不负刑事责任；有继续危害社会可能。① **(3) 适用主体**：由公安机关写出强制医疗意见书，移送人民检察院；人民检察院向人民法院提出强制医疗的申请；人民法院作出强制医疗的决定。人民检察院对强制医疗的决定和执行实行监督。②

[17] 我国《刑事诉讼法》虽以专章对强制医疗的对象、程序、审理、审理期限、解除、法律监督等作了规定，但是《刑法》中的强制医疗，不仅只是在精神病人这一特定行为主体“责任能力”框架下的特别规定，而且在其适用情形、法定期限、适用宗旨、执行机构等实体内容上均无规定，由此强制医疗制度在司法实际中执行起来困难重重，难以得到切实而有效的普遍推行。

（三）禁止执业

[18] 我国的禁止执业，分为《刑法》上的禁止执业（刑法上的禁止执业）与其他法律法规所规定的禁止执业（行政法上的禁止执业）。这两种禁止执业在措施性质、适用条件、具体内容等方面是有所区别的。

---

① 我国《刑事诉讼法》第284条。

② 我国《刑事诉讼法》第285条与第289条。

1. 刑法上的禁止执业

[19] **禁止执业**，是指剥夺犯罪分子从事某种特定职业的权利。我国《刑法》第37条之一对禁止执业的具体适用作了明确规定。

[20] 我国《刑法》上的禁止执业表现出如下**特征**：(1) 适用前提：利用职业便利实施犯罪，或者实施违背职业要求的特定义务的犯罪，并且被判处刑罚的。(2) 适用方式：附加于刑罚而适用，即在犯罪分子被判处主刑或附加刑时，同时适用禁止执业。(3) 适用根据：犯罪情况和预防再犯需要。这里的犯罪情况即**广义的犯罪事实**，预防再犯需要即犯罪分子仍有利用职业再犯的危险。(4) 适用期限：3年至5年；自刑罚执行完毕之日或者假释之日起计算；禁止效力及于刑罚执行期间；刑罚执行完毕是指主刑执行完毕。(5) 禁止内容：剥夺犯罪分子从事相关职业的权利，这种职业系其实施犯罪所利用的职业或者背离特定职业义务的职业。(6) 适用主体：由人民法院依法予以判决。被禁止执业的犯罪人违反法院决定的，由公安机关依法给予处罚。

[21] 需要特别考究的是，我国《刑法》第37条之一禁止执业的**法律地位**。我国《刑法》将之**附载**于"刑罚的种类"①，以第36、37条作了明确规定。对此，从立法形态上来看，其呈现为一种刑事特别处置(A)；而从实质内容与适用特征上来看，其更具资格刑(附加刑)的特征(B)。就A而论，禁止执业既非第33条的主刑种类，也非第34条的附加刑种类，而是附载于"第三章刑罚"的"第一节刑罚的种类"之下的，承接于第36条与第37条之刑事特别处置之后的一种刑事处置措施。从B来看，禁止执业系从业权利的剥夺，其虽不能独立适用，但附加于刑罚适用，既可以附加于主刑适用，也可以和其他附加刑一并适用，从而具有附加刑的属性；但是，第34条的附加刑种类中并无其名分。从世界**各国立法**来看，禁止执业或作为刑罚方法，或作为保安处分措施。② 我国《刑法》以《刑法修正案九》增设禁止执业的处罚措施，这不失为刑法立法上的重要进步。不过，我国《刑法》之资格刑的体系与内容仍有较大的完善空间。例如，在完善刑罚体系的基础上，将剥夺资格的刑事处罚统一归入附加刑；对资格刑既予以合理分割又使之有序整合，由此资格刑包括剥夺公权、禁止执业、限制居住、禁止进入特定场所等。③

---

① 这种**附载立法模式**：A. 既不利于呈现刑法的明确性，例如，第36、37条将刑事特别处置附载于"刑罚的种类"，将第37条之一禁止执业附载于刑事特别处置；B. 也使有关规定本末倒置，例如，第38条第2款与第72条第2款将禁止令附载于管制与缓刑的适用，然而，禁止令本应属于一种独立保安处分措施。综合A和B，我国《刑法》的内在逻辑也受到蚕食。

② 详见张小虎著：《刑罚论的比较与建构》(下卷)，群众出版社2010年版，第1013页。

③ 关于资格刑的完善，详见张小虎著：《刑罚论的比较与建构》(上卷)，群众出版社2010年版，第346页。

2. 行政法上的禁止执业

[22] **禁止执业**,是指法律、法规、规章等规定的,对于违规从事某种特定职业的个人或者单位,基于其实施了与某种职业相关的刑法所规定的犯罪行为,从而由相关的行政主管部门责令停产、吊销执照、取消资格等,借以实现预防犯罪与保护社会目的的限制自由的处罚措施。

[23] 需要**特别说明**的是,由于这里的"禁止执业"是从类似于"保安处分"的"行政处罚"的角度而提出的,因此应当明确,以犯罪行为为前提的"禁止执业"与以一般违法为前提的"禁止执业"的区别,而本题所言的"禁止执业"应当属于前者的意义。我国法律、法规等所规定的禁止执业,其适用通常以违反有关规定为前提,其中有的属于一般违法。例如,《音像制品管理条例》(2001年,国务院令)第45条规定:"有下列行为之一的,由文化行政部门责令停止违法行为……情节严重的,并责令停业整顿或者由原发证机关吊销许可证:(一)批发、零售、出租、放映非音像出版单位出版的音像制品或者非音像复制单位复制的音像制品的;(二)批发、零售、出租或者放映未经国务院文化行政部门批准进口的音像制品的;(三)批发、零售、出租、放映供研究、教学参考或者用于展览、展示的进口音像制品的;(四)音像出版单位出版未经国务院文化行政部门批准进口的音像制品的。"①这种单纯以一般违法为前提的禁止执业,并不属于这里的"禁止执业",因为倘若如此的话,那么可以说所有的行政处罚均具有类似于保安处分的意义,这等于取消了类似于保安处分的"行政处罚"的概念本身。有鉴于此,禁止执业具有如下**特征**:

[24] **法律依据**:包括法律、法规、规章等。例如,我国《公司法》第198条规定:"违反本法规定,虚报注册资本……取得公司登记的,由公司登记机关责令改正,对虚报注册资本的公司,处以……罚款……情节严重的,撤销公司登记或者吊销营业执照。"②《艾滋病防治条例》(2006年,国务院令)第57条规定:"血站、单采血浆站违反本条例规定,有下列情形之一,构成犯罪的,依法追究刑事责任……造成艾滋病传播、流行或者其他严重后果的……并可以依法吊销血站、单采血浆站的执业许可证:(一)对采集的人体血液、血浆未进行艾滋病检测,或者发现艾滋病检测阳性的人体血液、血浆仍然采集的;(二)将

---

① 类似的规定,《营业性演出管理条例》(2005年,国务院令)第47条第1款。

② 根据我国《公司法》第198条的规定,导致撤销公司登记或者吊销营业执照的情节严重的行为包括:虚报注册资本取得取得公司登记;提交虚假材料或者采取其他欺诈手段隐瞒重要事实取得公司登记。**其中**,虚报注册资本取得公司登记,如果"虚报注册资本数额巨大、后果严重或者有其他严重情节的",根据《刑法》第158条的规定,构成"虚报注册资本罪"。这意味着,虚报注册资本构成犯罪的,受到刑罚处分,同时也受到吊销营业执照的行政处罚。

未经艾滋病检测的人体血液、血浆，或者艾滋病检测阳性的人体血液、血浆供应给医疗机构和血液制品生产单位的。”[①]

[25] **表现形式**：禁止执业是其核心内容，而作为在法条上具体表现可以是“吊销营业执照”“责令停产停业”“责令关闭”“依法撤销”“吊销许可证”“取消从业资格”等。[②] 例如，全国人大常委会《关于严禁卖淫嫖娼的决定》(1991年)第7条的“吊销营业执照”；我国《枪支管理法》(1996年)第40条的“责令停业整顿”；我国《证券法》(2005年)的第211条的“责令关闭”“撤销相关业务许可”；我国《商业银行法》(2003年)第74条的“吊销经营许可证”；我国《证券基金投资法》(2003年)第88条的“取消基金从业资格”。其中，“吊销营业执照”等，具有禁止执业的直接意义；“吊销许可证”等，在“许可证”成为开业的前提时同样具有禁止执业的意义。

[26] **适用对象**：受到禁止执业处罚的，固然是具有较为严重的行政违规的人员或者单位。然而，如上所述，这里的“禁止执业”是作为与“保安处分”相似意义上提出的，而在国外的立法中，作为保安处分的禁止执业的适用前提，通常表现为行为人实施了犯罪行为并且这种犯罪行为与行为人所从事的职业相关[③]；有的也包括仅因无责任能力或不能排除无责任能力而未被判处刑罚的滥用职业的行为[④]。以此为基准，这里的禁止执业应当具有基于犯罪行为的特征。这里的“犯罪行为”包括两种情形：**(1) 职业违规本身构成犯罪**。例如，银行业金融机构，未经批准而设立分支机构的[⑤]，可以构成《刑法》第174条[⑥]第1款规定的“擅自设立金融机构罪”。**(2) 职业违规提供犯罪条件**。例如，娱乐场所及其从业人员，为进入娱乐场所的人员实施引诱、容留、介绍他人卖淫[⑦]而提供条件。[⑧]

[27] **法定期限**：我国有关禁止执业的法定期限，存在三种情形：(1) 通常表现为**不定期**。例如，我国《商业银行法》第77条规定：“商业银行有下列情形之一……情节特别严重或者逾期不改正的，中国人民银行可以建议国务院银

---

① 相应地，我国《刑法》第334条规定了“采集、供应血液、制作、供应血液制品事故罪”。

② 我国《行政处罚法》，所规定的与禁止执业相关的“行政处罚的种类”，表述为“(四) 责令停产停业；(五) 暂扣或者吊销许可证、暂扣或者吊销执照”。

③ 参见《西班牙刑法典》(1995年)第107条；《泰国刑法典》(1956年)第50条；《罗马尼亚刑法典》(1996年)第132条。

④ 参见《德国刑法典》(1998年)第70条。

⑤ 我国《银行业监督管理法》第44条。

⑥ 我国《刑法修正案》(1999年)第3条。

⑦ 我国《刑法》第359条第1款规定了“引诱、容留、介绍卖淫罪”。

⑧ 参见我国《娱乐场所管理条例》(2006年)第14条。

行业监督管理机构责令停业整顿或者吊销其经营许可证……”[①](2) 少数明确**一定期限**。例如,《音像制品管理条例》(2001年,国务院令)第47条第1款规定:“单位违反本条例的规定,被处以吊销许可证行政处罚的,其法定代表人或者主要负责人自许可证被吊销之日起10年内不得担任音像制品出版、制作、复制、进口、批发、零售、出租单位的法定代表人或者主要负责人。”(3)有的表现为**暂扣、暂停**。例如,我国《证券投资基金法》第93条规定:“基金信息披露义务人不依法披露基金信息或者披露的信息有虚假记载、误导性陈述或者重大遗漏的……对直接负责的主管人员和其他直接责任人员给予警告,暂停或者取消基金从业资格……”

[28] **适用主体**:禁止执业作为一种行政处罚,由国家行政管理机关具体适用,通常表现为两种情形:**(1) 行业主管部门**:表现为条上的管理,负有某种行业或者业务管理职责的部门,基于自己的职权范围,具体适用。例如,“执业许可证”由行业主管部门颁发,对于违反规定者,通常也由行业主管部门吊销执业许可证。[②] **(2) 职能管理部门**:表现为块上的管理,负有社会管理某种专门职责的国家机关,基于自己的职权范围,具体适用。例如,“营业执照”由工商行政管理机关发放,对于违法经营者,通常也由工商行政管理机关吊销营业执照。[③]

(四) 禁止令

[29] **禁止令**是指审判机关对于被判处管制和适用缓刑的犯罪人,根据其犯罪的客观事实、主观恶性以及罪行与所需禁止内容的关联,在判决宣告的同时,宣告犯罪人在管制执行与缓刑考验的一定期限,禁止从事特定活动、进入特定区域场所、接触特定人员,由社区矫正机构负责执行的一项法定的特别监管内容。我国《刑法》第38条第2款(有关管制的期限、执行机构等的规定中)及第72条第2款(有关缓刑的适用条件、缓刑与附加刑的执行的规定

---

① 我国《商业银行法》第89条规定:“商业银行违反本法规定的,国务院银行业监督管理机构可以区别不同情形,取消其直接负责的董事、高级管理人员一定期限直至终身的任职资格,禁止直接负责的董事、高级管理人员和其他直接责任人员一定期限直至终身从事银行业工作。”

② 例如,《艾滋病防治条例》(2006年)第55条第1款规定:“医疗卫生机构未依照本条例规定履行职责,有下列情形之一的,由县级以上人民政府卫生主管部门责令限期改正,通报批评,给予警告;造成艾滋病传播、流行或者其他严重后果的,对负有责任的主管人员和其他直接责任人员依法给予降级、撤职、开除的处分,并可以依法吊销有关机构或者责任人员的执业许可证件……”

③ 例如,《营业性演出管理条例》(2005年)第46条第1款规定:“营业性演出有本条例第26条禁止情形的……情节严重的,由原发证机关吊销营业性演出许可证……”这里的原发证机关是指工商行政管理部门。根据该《条例》第7条的规定,设立文艺表演团体,应当向县级人民政府文化主管部门提出申请;文化主管部门批准的,颁发营业性演出许可证;申请人取得营业性演出许可证后,应当持许可证依法到工商行政管理部门办理注册登记,领取营业执照。

中）规定了禁止令具体适用。

［30］我国的禁止令具有如下**特征**：**（1）法律属性**：就其处罚性质而言，实质上禁止令是隶属于管制与缓刑的法定特别监管内容。[①] 管制与缓刑的普通内容，分别由《刑法》第39条第1款与第75条规定，而相对于此，禁止令属于针对管制与缓刑之监管内容的特别规定。禁止令不是独立的刑种与保安处分措施，而是由特别法条规定的法定监管内容。**（2）适用主体**：《适用禁止令的规定》[②]对禁止令适用的有关问题作了具体规定。禁止令只能由人民法院在刑事审判中，依据《刑法》与《刑事诉讼法》的规定适用。在判处管制与宣告缓刑中，禁止令作为一项单独的内容予以宣告。[③] **（3）适用对象**：禁止令只能适用于被判处管制与宣告缓刑的犯罪人[④]，其中被宣告缓刑的犯罪人可能被判处拘役或3年以下有期徒刑。由此，禁止令适用于罪行较轻受刑罚处罚而被限制自由的犯罪人。**（4）事实依据**：宣告禁止令应当根据"犯罪情况"。这里的犯罪情况包括犯罪原因之罪前事实，悔罪表现之罪后事实，犯罪性质与手段之犯罪中的客观事实，个人一贯表现之犯罪人的主观事实，以及禁止令的内容与罪行的关联程度。[⑤] **（5）具体内容**：禁止令的内容具有限制自由与剥夺资格的特点，具体包括三项：A. 禁止从事特定活动，诸如，禁止设立公司、企业、事业单位，禁止从事高消费活动等；B. 禁止进入特定区域与场所，诸如，禁止进入夜总会等娱乐场所，禁止进入中小学校等；C. 禁止接触特定的人员，诸如，禁止接触被害人及其法定代理人，禁止接触同案犯等。[⑥] **（6）期限**：禁止令的期限及其计算，存在如下情形：A. 同于管制执行及缓刑考验的期限；B. 短于管制执行及缓刑考验的期限；C. 最短期限，依附于管制的不得少于3个月，依附于缓刑的不得少于2个月；D. 执行期限，从管制与缓刑执行之日起计算。[⑦] **（7）执行机构**：禁止令由社区矫正机构负责执行。社会工作者、志愿者、村民委员会、工作单位、学校、家庭等协助执行。人民法院宣告禁止令，人民检察院监督执行，公安机关处罚违反禁止令。[⑧] **（8）违反禁令后果**：违反禁止令尚不属情节严重的，由公安机关依照《治安处罚法》第60条的规定处罚。被

---

① 对于禁止令的立法与属性，见本节段33、段34。

② 最高人民法院、最高人民检察院、公安部、司法部《关于对判处管制、宣告缓刑的犯罪分子适用禁止令有关问题的规定（试行）》（2011年），以下简称《适用禁止令的规定》。

③ 《适用禁止令的规定》第1条、第7条、第8条。

④ 我国《刑法》第38条第2款与第72条第2款，《适用禁止令的规定》第1条。

⑤ 我国《刑法》第38条第2款与第72条第2款，《适用禁止令的规定》第2条。

⑥ 我国《刑法》第38条第2款与第72条第2款，《适用禁止令的规定》第3条至第5条。

⑦ 我国《适用禁止令的规定》第6条。

⑧ 《适用禁止令的规定》第9条、第1条、第10条、第11条。

宣告缓刑的犯罪人违反禁止令情节严重的，应当撤销缓刑，执行原判刑罚。[①]

［31］**禁止令的考究**：禁止令是《刑法修正案（八）》新增设的规定。在此，本书以其具体内容及其在法条体系中的位置，对其法律属性作一考究，可得如下结论：禁止令可谓是，立法意图增设处罚形式，司法解释称之“执行监管措施”，立法事实呈现特别监管内容，刑法理论存在误读，禁止令的立法模式存疑。具体分述如下。

［32］**国外相关设置**：我国禁止令的相关内容，在国外刑法典中呈现如下立法模式：A. 作为刑罚方法：例如，《瑞士刑法典》第56条将“禁止进入酒店”作为附加刑之一。B. 作为处分措施：多数国家将禁止出入特定场所作为保安处分措施。诸如，《意大利刑法典》第234条。C. 独立或隶属：有的将禁止出入特定场所、禁止执业处分等单列为保安处分措施，有的将之作为“保护观察处分”的内容。D. 缓刑与假释：在缓刑与假释中明确规定，可以将保护观察作为对于缓刑犯与假释犯的附加措施，从而保护观察又成为缓刑与假释考察的基本内容。[②]

［33］**形式与实质的冲突**：随着社会情况的变化，需要对被管制者“进行必要的行为管束”[③]，从而禁止令步入了《刑法》，这反映了立法者对新形势下处罚方式需要的认同。而在法律形式上，却仍强调禁止令只是“对管制的执行方式适时调整”[④]，或称“属于管制、缓刑的执行监管措施”[⑤]。当然，这种说法有其“道理”，因为如果说禁止令是处罚方法，则需要触动刑罚体系与刑罚种类，进而《刑法》就要大改。然而，事实上禁止令是对管制与缓刑内容的新增，从无到有这固然是“新增”，而没有“内容新增”何来“执行方式”。由此，禁止令实际上是在管制与缓刑之普通内容基础上的特别内容，进而，应当将禁止令设置为《刑法》第39条第2款与第75条第2款，作为规定管制内容与缓刑内容的特别法条。这也可谓是在维持目前我国刑罚体系与种类前提下的权宜办法。不过，在根本上，应当建构我国《刑法》的保安处分制度，并将禁止令的相关内容归属于独立的处分措施。[⑥]

---

① 《适用禁止令的规定》第11条与第12条。

② 关于保护观察处分的立法及其与缓刑、假释、社区矫正的关系，见张小虎著：《刑罚论的比较与建构》（下卷），群众出版社2010年版，第1001页。

③ 《关于〈中华人民共和国刑法修正案（八）（草案）〉的说明》第3条。

④ 同上。

⑤ 《正确适用禁止令相关规定，确保非监禁刑执行效果——最高人民法院、最高人民检察院、公安部、司法部有关负责人就〈关于对判处管制、宣告缓刑的犯罪分子适用禁止令有关问题的规定（试行）〉答记者问》（2011年）。

⑥ 与禁止令相关的保安处分措施，见本节段30。

[34] **禁止令属性的误读**:禁止令在《刑法》中的呈现,实际上是增设了新的处罚方法,加之禁止令的相关内容在他国刑法中一般均为保安处分措施,于是难怪一些学者称禁止令为保安处分措施。但是,应当明确,我国《刑法》中并无保安处分制度,禁止令也不能称为保安处分措施。保安处分制度是犯罪法律后果的体系性建构,不仅有一系列的处分措施,而且包括处分原则、条件、裁量、执行及其与刑罚的关系等一系列问题的规定,并且这些规定是在相互关联与映衬基础上的整合,其具体规定也是作为总则刑事处罚的普通规范呈现的。而禁止令只是依附于管制与缓刑,固然不是刑罚体系中的独立的一员;禁止令在实质上也呈现为管制内容与缓刑内容的特别规定,这也有别于作为保安处分措施所应有的普通意义。在总则对作为犯罪后果之处罚种类的规定缺乏禁止令的立法状况下,禁止令突兀性地出现在关于管制的期限与执行的规定中,以及出现在关于缓刑的适用条件及其附加刑执行的规定中①,这也难以使人不去追问管制与缓刑之适用禁止令的合理的法源根据。基于近似的理由,也不能将我国《刑法》第 17 条第 4 款的"收容教养",第 18 条第 1 款的"强制医疗"等,称为保安处分措施。②

(五)收容教育

[35] **收容教育**,是指法律、法规、规章等规定的,对于实施了卖淫嫖娼人员,基于其既不够刑罚处罚也不够劳动教养,但又需予以一定的监禁性教育改造,由公安机关决定,关押于收容教育所予以一定期限的教育劳动,促使其不良个性得以改善,借以实现预防犯罪与保护社会目的的剥夺自由的处罚措施。我国的收容教育具有如下**特征**。

[36] **法律依据**:包括法律、法规、规章等。全国人大常委会《关于严禁卖淫嫖娼的决定》(1991 年)第 4 条的规定,首次以法律的形式,确立了我国的收容教育制度。其后,国务院《卖淫嫖娼人员收容教育办法》(1993 年)以法规的形式,对于收容教育的具体问题予以了规定,使之具有了可操作性。此外,有关规定也对收容教育的某些问题予以了规定。例如,公安部《收容教育所管理办法》(2000 年)、《关于对外国人、华侨、港澳台人员卖淫嫖娼实行收容教育问题的批复》(1992 年)。

[37] **适用对象**:主要是实施了卖淫、嫖娼行为,受到治安管理处罚,并且不够劳动教养的人员。**(1) 卖淫嫖娼人员**:《关于严禁卖淫嫖娼的决定》第 4

---

① 我国《刑法》第 38 条、第 72 条。

② 关于我国的处罚措施与保安处分的关系,见张小虎著:《刑罚论的比较与建构》(下卷),群众出版社 2010 年版,第 1039 页。

条第2款规定："对卖淫、嫖娼的，可以由公安机关会同有关部门强制集中进行法律、道德教育和生产劳动，使之改掉恶习。"**(2) 受到治安管理处罚并且不够劳动教养**：《卖淫嫖娼人员收容教育办法》第7条第1款规定"对卖淫、嫖娼人员，除依照《中华人民共和国治安管理处罚条例》第30条的规定处罚外，对尚不够实行劳动教养的，可以由公安机关决定收容教育。"**(3) 排除有关人员**：《卖淫嫖娼人员收容教育办法》第7条第2款规定："对有下列情形之一的卖淫、嫖娼人员，可以不予收容教育：(一) 年龄不满14周岁的；(二) 患有性病以外其他急性传染病的；(三) 怀孕或者哺乳本人所生1周岁以内婴儿的；(四) 被拐骗、强迫卖淫的。"①

[38] **适用主体**：收容教育具体由县级的公安机关决定。《卖淫嫖娼人员收容教育办法》第8条规定："对卖淫、嫖娼人员实行收容教育，由县级公安机关决定。决定实行收容教育的，有关县级公安机关应当填写收容教育决定书。收容教育决定书副本应当交给被收容教育人员本人，并自决定之日起15日内通知其家属、所在单位和户口所在地的公安派出所。"

[39] **执行机构**：收容教育由专门的"收容教育所"具体执行。《收容教育所管理办法》第2条规定："收容教育所是公安机关依法对卖淫、嫖娼人员进行法律和道德教育、组织参加劳动生产以及进行性病检查、治疗的行政强制教育场所。"第4条第1、2款的规定："收容教育所的设立，由省、自治区、直辖市或者自治州、设区的市的公安机关根据收容教育工作的需要提出方案，报同级人民政府批准。""收容教育所的管理由设立收容教育所的公安机关负责。"②

[40] **主要内容**：劳动教育的具体内容包括监禁、教育与劳动、治疗等。**(1) 监禁**：劳动教育剥夺适用对象的人身自由。《收容教育所管理办法》第2条规定："收容教育所是……强制教育场所。"这里的"强制"意味着剥夺自由。该《办法》第18条规定："收容教育所应当保障安全……严防被收容教育人员逃跑……"**(2) 教育与劳动**：《收容教育所管理办法》第34条规定，"收容教育

---

① 类似的规定还有：《**收容教育所管理办法**》第10条第2款规定："凡具有下列情形之一的卖淫、嫖娼人员可以不予接收：(一) 年龄不满14周岁的；(二) 患有性病以外其他急性传染病和严重疾病的；(三) 怀孕或者哺乳自己婴儿的；(四) 被拐骗、强迫卖淫的；(五) 有严重伤情的。"**另外**，收容教育"也适用于在我国境内进行卖淫、嫖娼活动的外国人(含无国籍人)和其他境外人员。但在实际执行中，对外国人一般可不实行收容教育，而按有关法律、法规予以处罚，如裁决治安拘留，或取消在华居留资格、缩短在华停留期限、列入不准入境名单等；对其他境外人员可以实行收容教育，但应从严掌握。执行收容教育的，可视情提前解除收教。"(1992年公安部《关于对外国人、华侨、港澳台人员卖淫嫖娼实行收容教育问题的批复》)

② 类似的规定：《卖淫嫖娼人员收容教育办法》第4条第1款。

所应当对被收容教育人员进行法律、道德、文化、卫生教育，组织参加劳动生产，学习劳动技能。”[①]其中，教育“应当坚持因人施教，分类施教、以理服人、感化挽救的原则”等（第 33 条）。**(3) 治疗**：对于性病患者予以治疗。《收容教育所管理办法》第 43 条规定：“收容教育所应当定期对被收容教育人员进行身体检查；积极配合当地卫生部门，对被收容教育人员进行强制性病检查；对患有性病的被收容教育人员应当实行隔离治疗。”[②]

[41] **收容期限**：包括法定期限与执行调整（期限延长、提前解除）。**(1) 法定期限**：收容教育的期限为 6 个月至 2 年。并且，即使是在执行中因法定事由而延长，但是实际执行的收容教育期限最长也不得超过 2 年。收容教育日期自执行之日起计算。并且，治安拘留期限不应当折抵收容教育期限。[③] **(2) 期限延长**：对于宣告的收容教育期限，如果被收容教育人员在执行期间，拒绝接受教育、不服从管理或者有危害收容教育所安全行为的，可以由收容教育所提出意见，报原决定收容教育的公安机关批准，予以延长。[④] **(3) 提前解除**：对于宣告的收容教育期限，如果被收容教育人员在执行期间，确有悔改或者立功表现的，可以由收容教育所提出意见，报原决定收容教育的公安机关批准，予以提前解除收容教育。提前解除收容教育的，实际执行的收容教育期限不得少于原决定收容教育期限的二分之一。[⑤]

[42] **收容宗旨**：收容教育旨在通过监禁性的感化教育、劳动治疗，促使被收容教育人员的不良习性得以改善、身体健康得以恢复，借以实现特殊预防与保护社会的目的。《**卖淫嫖娼人员收容教育办法**》明确指出，制定该《办法》的宗旨是“为了教育、挽救卖淫、嫖娼人员，制止性病蔓延”（第 1 条），“收容教育工作实行教育、感化、挽救的方针”（第 2 条第 2 款）；《收容教育所管理办法》第 3 条也指出：“收容教育所应当坚持教育、感化、挽救的方针，实行依法、严格、科学、文明管理，通过教育、心理矫治和性病治疗，使被收容教育人员成为身心健康的守法公民。”

[43] **收容性质**：收容教育属于行政处罚措施，这除了在适用主体、适用对象等方面有所表现以外，在有关法规、规章对于收容教育的性质定位与争议处理的适用程序中，有着较为明确的体现。**(1) 性质定位**：《卖淫嫖娼人员收容教育办法》第 2 条第 1 款规定：“本办法所称收容教育，是指对卖淫、嫖娼人

---

① 类似的规定：《卖淫嫖娼人员收容教育办法》第 13 条。
② 该《办法》第 10 条第 3 款中段规定：“对吸食、注射毒品成瘾的，应当先行强制戒毒”。
③ 详见《卖淫嫖娼人员收容教育办法》第 9、18、7 条；《收容教育所管理办法》第 23 条第 2 款。
④ 详见《收容教育所管理办法》第 23 条；《卖淫嫖娼人员收容教育办法》第 18 条。
⑤ 详见《收容教育所管理办法》第 22 条；《卖淫嫖娼人员收容教育办法》第 17 条。

员集中进行法律教育和道德教育、组织参加生产劳动以及进行性病检查、治疗的行政强制教育措施。”[①]这里的“行政”意味着行政制裁的方法；“强制”意味着对于自由的剥夺；“教育”意味着实质执行的内容。**(2) 适用程序**：《卖淫嫖娼人员收容教育办法》第 20 条规定：“被收容教育人员对收容教育决定不服的，可以依照《行政复议条例》的规定向上一级公安机关申请复议；对上一级公安机关的复议决定不服的，可以依照《中华人民共和国行政诉讼法》的规定向人民法院提起诉讼。”在发生争议的场合，适用《行政诉讼法》的程序处理，也在一定程度上说明了收容教养的行政处罚性质。

（六）强制治疗

[44] **强制治疗**，是指法律、法规、规章等规定的，对于实施卖淫嫖娼的性病患者，予以一定的监禁性医护治疗，以制止性病蔓延传播、促使其身体健康得以恢复的，剥夺自由的社会保护措施。我国的强制治疗具有如下**特征**。

[45] **法律依据**：包括法律、法规、规章等。全国人大常委会《关于严禁卖淫嫖娼的决定》(1991 年)第 4 条第 4 款的规定，首次以法律的形式，确立了针对性病患者的强制治疗制度。其后，国务院《关于坚决取缔卖淫活动和制止性病蔓延的通知》(1986 年)，以法规的形式，进一步肯定了这一制度，规定了公安机关、卫生部门的职责。卫生部、公安部《关于对卖淫嫖娼人员强制进行性病检查治疗有关问题的通知》(1991 年)，对于强制治疗的具体问题予以了规定，使之具有了可操作性。

[46] **适用对象**：强制治疗，主要针对患有性病的卖淫嫖娼人员。[②]根据有关法律的规定[③]，对于卖淫嫖娼人员的行政处罚，包括治安管理处罚[④]、或者治安管理处罚并收容教育[⑤]、或者劳动教养[⑥]。其中，收容教育与劳动教养，对于性病患者均有治疗的内容。由此，这里的强制治疗，除了收容教育与劳动教养中的治疗外，主要是指对于尚未被处以收容教育与劳动教养的患有性病的卖淫嫖娼人员的强制治疗。

[47] **组织与治疗**：强制治疗，包括组织管理与检查治疗，具体工作由公安机关与卫生部门共同负责。根据卫生部、公安部《关于对卖淫嫖娼人员强制

---

① 类似的规定：《收容教育所管理办法》第 2 条。

② 对此，全国人大常委会《关于严禁卖淫嫖娼的决定》第 4 条，国务院《关于坚决取缔卖淫活动和制止性病蔓延的通知》第 5 条，卫生部、公安部《关于对卖淫嫖娼人员强制进行性病检查治疗有关问题的通知》第 2 条，均有规定。

③ 例如，《关于严禁卖淫嫖娼的决定》第 4 条。

④ 我国《治安处罚法》第 66 条。

⑤ 《卖淫嫖娼人员收容教育办法》第 7 条第 1 款。

⑥ 《关于严禁卖淫嫖娼的决定》第 4 条第 3 款。

进行性病检查治疗有关问题的通知》第2条第1款的规定，“公安部门主要负责对强制进行性病检查、治疗的卖淫嫖娼人员的组织管理工作，卫生部门主要负责检查、治疗、监测工作。”。

[48] **场所与期限**：对查获的卖淫嫖娼人员，应由卫生部门予以性病检查；对于其中患有性病的人员，要进行强制治疗。执行治疗的场所，在各地的收容教育所；由公安部门组织隔离管理，卫生部门派出医疗队或指定性病防治单位定期到收容教育所进行治疗；对于性病的强制治疗期限，实行绝对不定期，以直至治愈时为止。①

[49] **宗旨与性质**：强制治疗旨在控制性病蔓延，确保民族素质，维护社会秩序；强制治疗以性病患者实施了卖淫嫖娼行为为前提，是具有治安强制性质的、社会保护措施。卫生部、公安部《关于对卖淫嫖娼人员强制进行性病检查治疗有关问题的通知》第1条指出：“卖淫嫖娼人员是性病传播的高危人群，对这些人强制进行性病检查、治疗，是控制性病蔓延、保障人民群众健康、维护社会治安秩序的一项重要措施。”

（七）隔离（强制）戒毒

[50] **隔离（强制）戒毒**，是指法律、法规、规章等规定的，对于毒品瘾癖人员，予以一定的监禁性戒断治疗，促使其身体健康得以恢复的剥夺自由的社会保护措施。我国的强制戒除具有如下**特征**。

[51] **法律依据**：包括法律、法规、规章等。全国人大常委会《关于禁毒的决定》(1990年)第8条第2款规定，对于吸食、注射毒品成瘾的人员，除依法给予行政拘留、罚款处罚外，予以强制戒除，进行治疗、教育。这一规定，首次以法律的形式，确立了针对毒品成瘾人员的强制戒除制度。其后，国务院《强制戒毒办法》，以法规的形式，进一步对隔离戒毒、强制戒毒的有关问题作了具体的规定。我国《禁毒法》取代了《关于禁毒的决定》，成为目前有关禁毒的一部重要的基本的法律，该法对于禁毒任务组织原则、禁毒宣传教育、毒品管制、戒毒措施、禁毒国际合作、禁毒法律责任等问题，作了相对具体明确的规定。

[52] **适用对象·适用主体**：强制戒毒，主要针对吸毒成瘾的人员②，由县级以上公安机关适用。具体的强制内容包括：**(1) 强制检测**：对拒绝接受检测的涉嫌吸毒人员，经县级以上人民政府公安机关或者其派出机构负责人批

---

① 卫生部、公安部《关于对卖淫嫖娼人员强制进行性病检查治疗有关问题的通知》第2条第3款。

② 我国《禁毒法》第31条第2款规定：“吸毒成瘾人员应当进行戒毒治疗。”

准,可以强制检测。[①] **(2) 社区戒毒**:对吸毒成瘾人员,公安机关可以责令其接受社区戒毒,同时通知吸毒人员所在的城市街道办事处、乡镇人民政府。社区戒毒的期限为3年。[②] **(3) 隔离戒毒**:对于具有法定情形之一[③]的吸毒成瘾人员,由县级以上人民政府公安机关作出强制隔离戒毒的决定;对于吸毒成瘾严重,通过社区戒毒难以戒除毒瘾的人员,公安机关可以直接作出强制隔离戒毒的决定。[④] 怀孕或者正在哺乳自己不满1周岁婴儿的妇女吸毒成瘾的,不适用强制隔离戒毒;不满16周岁的未成年人吸毒成瘾的,可以不适用强制隔离戒毒。[⑤]

[53] **适用程序**:吸毒人员可以自行到具有戒毒治疗资质的医疗机构接受戒毒治疗[⑥];吸毒成瘾人员自愿接受强制隔离戒毒的,经公安机关同意,可以进入强制隔离戒毒场所戒毒[⑦]。在由公安机关作出强制隔离戒毒的场合,应当制作强制隔离戒毒决定书,在执行强制隔离戒毒前送达被决定人,并在送达后24小时以内通知被决定人的家属、所在单位和户籍所在地公安派出所;被决定人不讲真实姓名、住址,身份不明的,公安机关应当自查清其身份后通知。被决定人对公安机关作出的强制隔离戒毒决定不服的,可以依法申请行政复议或者提起行政诉讼。[⑧]

[54] **执行机构**:分别强制检测、社区戒毒、隔离戒毒的不同,执行机构有所差异:**(1) 强制检测**:吸毒成瘾的认定办法,由国务院卫生行政部门、药品监督管理部门、公安部门规定。[⑨] **(2) 社区戒毒**:在吸毒人员的户籍所在地或者现居住地的社区进行。城市街道办事处、乡镇人民政府负责社区戒毒工作;有关基层组织具体落实具有针对性的社区戒毒措施;公安机关和司法行政、卫生行政、民政等部门对于社区戒毒工作提供指导和协助。[⑩] **(3) 隔离戒毒**:在特定的强制隔离戒毒场所由专门人员予以执行。对被决定予以强制隔离戒毒的人员,由作出决定的公安机关送往强制隔离戒毒场所;强制隔离戒毒场所的设置、管理体制和经费保障,由国务院规定;强制隔离戒毒场所应当根

---

① 我国《禁毒法》第32条第1款。
② 我国《禁毒法》第33条第1款。
③ 具体表现为:拒绝接受社区戒毒的;在社区戒毒期间吸食、注射毒品的;严重违反社区戒毒协议的;经社区戒毒、强制隔离戒毒后再次吸食、注射毒品的。
④ 我国《禁毒法》第38条。
⑤ 我国《禁毒法》第39条。
⑥ 我国《禁毒法》第36条第1款。
⑦ 我国《禁毒法》第38条第3款。
⑧ 我国《禁毒法》第40条。
⑨ 我国《禁毒法》第31条第3款。
⑩ 我国《禁毒法》第33条第2款、第34条第1款。

据戒毒治疗的需要配备执业医师。[①]

［55］**主要内容**：强制隔离戒毒的具体措施包括管理、矫治等。**(1) 治疗**：根据戒毒人员吸食、注射毒品的种类及成瘾程度等，对戒毒人员进行有针对性的生理、心理治疗和身体康复训练。**(2) 劳动**：根据戒毒的需要，可以组织戒毒人员参加必要的生产劳动，对戒毒人员进行职业技能培训，并支付劳动报酬。[②] **(3) 分管**：根据戒毒人员的性别、年龄、患病等情况，对戒毒人员实行分别管理；对有严重残疾或者疾病的戒毒人员，应当给予必要的看护和治疗；对患有传染病的戒毒人员，应当依法采取必要的隔离、治疗措施；对可能发生自伤、自残等情形的戒毒人员，可以采取相应的保护性约束措施。[③] **(4) 探视**：戒毒人员的亲属和所在单位或者就读学校的工作人员，可以按照有关规定探访戒毒人员；戒毒人员经强制隔离戒毒场所批准，可以外出探视配偶、直系亲属。**(5) 邮检**：对来自强制隔离戒毒场所以外的人员交给戒毒人员的物品和邮件，应当依法进行检查，防止夹带毒品。[④]

［56］**强制期限**：强制隔离戒毒的期限为 2 年。可以提前解除、延长或继续接受社区康复。**(1) 提前解除**：执行强制隔离戒毒 1 年后，经诊断评估，对于戒毒情况良好的戒毒人员，强制隔离戒毒场所可以提出提前解除强制隔离戒毒的意见，报强制隔离戒毒的决定机关批准。**(2) 延长隔离**：强制隔离戒毒期满前，经诊断评估，对于需要延长戒毒期限的戒毒人员，由强制隔离戒毒场所提出延长戒毒期限的意见，报强制隔离戒毒的决定机关批准，最长可以延长 1 年。**(3) 社区康复**：对于被解除强制隔离戒毒的人员，强制隔离戒毒的决定机关可以责令其接受不超过 3 年的社区康复。

［57］**隔离宗旨**：强制隔离戒毒旨在通过监禁性的治疗教育，促使毒品瘾癖人员的不良习性得以改善、身体健康得以恢复，借以实现特殊预防与保护社会的目的。在我国，制定《禁毒法》，旨在“预防和惩治毒品违法犯罪行为，保护公民身心健康，维护社会秩序”；“国家采取各种措施帮助吸毒人员戒除毒瘾，教育和挽救吸毒人员”；“戒毒人员在入学、就业、享受社会保障等方面不受歧视”，并且有关部门、组织和人员应当就此给予必要的指导和帮助。[⑤]《强制戒毒办法》也将制定这一规定的目的表述为“为了教育和帮助吸食、注

---

① 参见我国《禁毒法》第 41、45 条。
② 参见我国《禁毒法》第 43 条。
③ 参见我国《禁毒法》第 44 条。
④ 参见我国《禁毒法》第 46 条。
⑤ 参见我国《禁毒法》第 1、31、52 条。

射毒品成瘾人员戒毒，保护公民身心健康，维护社会治安秩序”。[①]

（八）禁止驾驶

[58] **禁止驾驶**，是指法律、法规、规章等规定的，对于违规从事机动车辆驾驶的人员，基于其实施了与车辆驾驶职业相关的刑法所规定的犯罪行为，从而由公安交通管理机关吊销机动车驾驶证，借以实现预防犯罪与保护社会目的的限制自由的处罚措施。

[59] 我国行政法律法规所规定的禁止驾驶可以分为**两种情形**：A. 基于**一般行政违法**而处禁止驾驶。例如，我国《道路交通安全法》第100条第1、2款规定：“驾驶拼装的机动车或者已达到报废标准的机动车上道路行驶的……对……驾驶人……吊销机动车驾驶证。”B. 基于**犯罪行为**而处禁止驾驶[②]。例如，我国《道路交通安全法》第101条第1款规定：“违反道路交通安全法律、法规的规定，发生重大交通事故，构成犯罪的，依法追究刑事责任，并由公安机关交通管理部门吊销机动车驾驶证。”**与禁止执业相似**，由于这里的“禁止驾驶”是从类似于“保安处分”的“行政处罚”的角度而提出的，因此在上述A、B两种情形中，情形A属于纯然的行政处罚，情形B具有此处“禁止驾驶”的意义。有鉴于此，禁止驾驶具有如下**特征**：

[60] **法律依据**：主要表现为我国《道路交通安全法》及《道路交通安全法实施条例》的相关规定。此外，也包括公安部《机动车驾驶证申领和使用规定》等的有关规定。

[61] **表现形式**：在法条上具体表现为“暂扣或者吊销驾驶证”。我国《道路交通安全法》第88条规定：“对道路交通安全违法行为的处罚种类包括：警告、罚款、暂扣或者吊销机动车驾驶证、拘留。”其中，“暂扣或者吊销机动车驾驶证”即为“禁止驾驶”。[③]

[62] **适用对象**：受到禁止驾驶处罚的，固然是具有较为严重的交通违规的人员。然而，如上所述，这里的“禁止驾驶”是作为与“保安处分”相似意义上提出的，从而其应当具有基于犯罪行为的特征。对此，我国《道路交通安全法》所规定的禁止驾驶，主要针对交通肇事罪及危险驾驶罪。而国外的“剥夺驾驶许可处分”的适用情形，还包括行为人利用机动车辆实施违法犯罪。[④]

---

① 参见国务院《强制戒毒办法》（1995年）第1条。

② 当然，这种情形，其首先也违反了行政法律法规。

③ 严格来讲，其中的“暂扣机动车驾驶证”，主要针对一般交通违规行为而处（我国《道路交通安全法》第91条），这与本题强调的“禁止驾驶”有所不同。

④ 参见《德国刑法典》（1998年）第69条；〔德〕汉斯·海因里希·耶塞克、托马斯·魏根特著：《德国刑法教科书》（总论），徐久生译，中国法制出版社2001年版，第993页。见第42节段60。

[63] **法定期限**:我国有关禁止驾驶的法定期限,存在三种情形:**(1) 2年至10年**。主要表现为,在被吊销驾驶证后,分别不同情形,2年、5年或10年内不得申请领取。我国《道路交通安全法》第113条第2款规定:"吊销机动车驾驶证后重新申请领取机动车驾驶证的期限,按照机动车驾驶证管理规定办理。"而《机动车驾驶证申领和使用规定》第13条规定,被吊销机动车驾驶证的,A. 醉酒驾驶机动车或者饮酒后驾驶营运机动车的,未满5年,B. 醉酒驾驶营运机动车的,未满10年,C. 其他情形的未满2年,"不得申请机动车驾驶证"。① **(2) 终身**。主要表现为,由于酒后发生交通事故或者交通肇事逃逸而被吊销驾驶证的,终生不得重新领取。我国《道路交通安全法》第91条第5款规定:"饮酒后或者醉酒驾驶机动车发生重大交通事故,吊销机动车驾驶证,终生不得重新取得机动车驾驶证。"第101条第2款规定:"造成交通事故后逃逸的,由公安机关交通管理部门吊销机动车驾驶证明,且终生不得重新取得机动车驾驶证。"

[64] **适用主体**:禁止驾驶作为一种行政处罚,由公安交通管理机关具体适用。我国《道路交通安全法》第101条规定:"……发生重大交通事故,构成犯罪的……由公安机关交通管理部门吊销机动车驾驶证。"(第1款)"造成交通事故后逃逸的,由公安机关交通管理部门吊销机动车驾驶证……"(第2款)我国《道路交通安全法实施条例》第109条第1款规定:"……对处以吊销机动车驾驶证处罚的,由设区的市人民政府公安机关交通管理部门或者相当于同级的公安机关交通管理部门作出决定。"

第44节　我国保安处分制度的建构

[1] 刑罚与保安处分双轨并行,不失为当今刑事政策背景下刑事处置模式的主流。保安处分有其相对独特的刑事司法性质,而我国将之相应功能委于有关行政处置,这有违刑法乃至法理的基本理念,建构我国保安处分制度势在必行。具体而言,宜于将保安处分统一纳入刑法典,采纳处分与刑罚的双轨模式,并确立处分的执行审查、免除与延长,处分的缓刑与假释,处分的消灭等制度。其具体处分措施的设置包括:治疗监护、强制禁戒、感化教育、强制工作、强制治疗、保安监禁;保护观察、更生保护;善行保证、没收。

---

① 除"吊销机动车驾驶证"外,还有"**撤销机动车驾驶证**"。关于撤销驾驶证,适用于以欺骗、贿赂等不正当手段取得机动车登记或者驾驶许可的行为(我国《道路交通安全法实施条例》第103条)。

一、建构我国保安处分制度的必要性

[2] 我国《刑法》并未规定保安处分制度,而旨在预防犯罪与保护社会之目的的处分措施,大量地是通过设置相关的行政处罚措施来实现的,这显然有违刑法乃至法理的基本理念。有关行政处罚措施,虽然类似保安处分,但是却与保安处分有着重大区别。保安处分坚持处分法定等原则,并在目的、前提、量定、性质、关系、内容等方面有其独特表现。相比较而言,处罚措施与保安处分,虽在"侧重预防犯罪与保护社会的目的""具有矫治改善与监禁隔离的功效"等方面存在一定的类似。然而,两者在"适用基础的社会危险与客观危害""适用期限的不定期与定期""适用程序的法院适用与行政决定""保安处分关联刑罚而处罚措施相对独立"等方面的区别则是明显的。即使部分措施在《刑法》中有所规定,但是其并不具有与刑罚并列的体系性的处罚地位。例如,禁止令仅为管制内容与缓刑内容的特别规定;收容教养与强制医疗[①]也系我国《刑法》中"犯罪和刑事责任"部分的特别规定[②]。

[3] 我国《刑法》缺乏明确的、体系性的保安处分制度,这不能不说是一种观念的迟滞与制度的缺憾。在相对罪刑法定原则的前提下,将社会危险行为与保安处分纳入刑法,是当今刑法发展的趋势,符合现代社会的要求。具体地说,这既是保安处分应对特定对象的需要,也是保安处分增强刑法机能的体现。

[4] **保安处分应对特定对象**:精神障碍患者、瘾癖人员、未成年人、特殊危险人员、其他危险人员等,实施了危害社会的行为并且具有较大的社会危险性,由于这些人员的**刑罚能力**成为问题,有的人员**犯罪能力**也有问题[③],从而无从合理地适用刑罚,或者通常的刑罚方法难以实现改造罪犯、预防犯罪、保护社会的目的,由此需要具体分别不同情形,采取各种相应措施,施以更为有效的矫治、改善、监禁、隔离。保安处分正是应对这种需要的合理的刑事处置。例如,心神丧失人、精神耗弱人等,实施了危害社会行为并具有社会危险性,但是由于其缺乏责任能力或者责任能力明显减弱,从而无从适用刑罚或

---

① 我国《刑法》第17条第4款的"收容教养",第18条第1款的"强制医疗"。

② 我国《刑事诉讼法》虽以专章对强制医疗的对象、程序、审理、审理期限、解除、法律监督等作了规定,但是《刑法》中的强制医疗,不仅只是在精神病人这一特定行为主体"责任能力"框架下的特别规定,而且在其适用情形、法定期限、适用宗旨、执行机构等实体内容上均无规定。我国《刑法》第17条中的收容教养的规定,也是如此。

③ **犯罪能力**,是指自由意志支配下的实施危害行为的能力;**刑罚能力**,是指接受刑罚方法以达防卫社会目的的能力。关于犯罪能力、责任能力、刑罚能力,详见张小虎著:《犯罪论的比较与建构》,北京大学出版社2006年版,第214—216页。

者缺乏刑罚适应性，由此以矫治改善为核心内容的治疗监护处分就成为一种有力的方法。吸毒成瘾者、酒精瘾癖人员等，基于瘾癖实施了危害社会的行为，而瘾癖有其生物性依赖，从而这些人员具有较大的社会危险性，一般的徒刑执行场所无从实现矫治效果，由此置于具有治疗与禁绝机能的特殊治疗机构的强制禁戒处分，成为当然的选择。常习犯（习惯犯）等，既已养成某种犯罪的恶习，从而具有较大的社会危险性，通常基于罪行主导的刑期以及行刑场所，无法实现对于这些人员的特殊预防的目的，因此有必要适当采取保安监禁处分，对其施以特别的矫正改善与监禁隔离，以便使其重返正常社会。

[5] **保安处分增强刑法机能**：基于社会理论的分析，一个社会系统在某种结构下具有一定水平的满足功能性必要条件的能力。如果环境所要求的功能性必要条件靠该系统的能力能够得到满足，结构就可以在现行状态下泰然处之；如果环境所要求的功能性必要条件超出了该系统的能力，结构就难以安处，必然要发生提高系统能力的结构变动。① 而刑法的犯罪与刑罚的结构类型不能适应于其所处的现代社会条件所要求的功能性需要。因为，**角色分化理论**告诉我们，满足功能性必要条件的能力较低是与角色分化程度较低的结构相对应的。② 刑法的犯罪与刑罚的结构正是一种分化程度较低的结构。就犯罪来讲，其是一种以犯罪行为为经纬的同质结构，犯罪人淹没于行为之中；就刑罚而言，其是一种奠基于犯罪行为的客观危害、以惩罚为重心的同质结构，针对犯罪人的救治措施被排斥于外。由犯罪与刑罚所构成的低分化结构的刑法，其满足社会整体的功能性必要条件能力也低。然而，现代社会角色分化程度较高，意识、职业群体、社会阶层等等都日益多元化，社会的异质性明显增强。高度分化的社会形成了较高的功能性必要条件的环境，而将社会危险行为与保安处分分别同犯罪与刑罚相并列纳入刑法，构成犯罪、社会危险行为与刑罚、保安处分的刑法结构，必然提高刑法的分化程度，使其满足功能性必要条件的能力得以增强。

二、我国保安处分一般制度的建构

[6] 建构我国保安处分，就总体而言，应当坚持保安处分的基本原则并凸显保安处分的基本特征，确立合理的立法技术与制度模式、处分措施的体系框架以及保安处分的运作制度等。

---

① 参见〔日〕富永健一著：《社会学原理》，严立贤等译，社会科学文献出版社 1992 年版，第 167、174 页。

② 参见同上书，第 169 页。

［7］**基本原则与处分特征**：建构保安处分制度，应当坚持保安处分的基本原则，凸显保安处分的基本特征，注重立法的明确严谨。**(1) 基本原则**：包括处分法定原则、处分必要原则、处分均衡原则、处分不定期原则。**(2) 处分特征**：旨在预防犯罪保护社会；基于社会危险行为而发动；适合于危险性实行不定期刑；适用刑事程序由法院裁量宣告；以矫治改善与监禁隔离为中心内容。**(3) 明确严谨**：柔韧确为保安处分本身所固有的特性，然而罪刑法定原则的刑法支柱地位不容动摇。这意味着，总体上刑法以犯罪与刑罚为主导、以社会危险行为与保安处分为补充；就保安处分而言，人权保障仍然是社会保护不可逾越的樊篱。这一基本理念表现在形式上，应当坚持处分制度的明确与严谨。对于保安处分制度的相关内容，应当尽量由立法采用叙明的方式予以明确规定；对于保安处分的具体适用，更应强调法定程序、法院宣告、内容明晰、期限有度等等。例如，社会危险性是适用保安处分的核心要件，不仅立法对其基本意义应予明确，而且对其的具体评定应有严格程序与标准。

［8］**立法技术与制度模式**：保安处分统一纳入刑法典，采纳保安处分与刑罚的双轨模式：**(1) 刑法典设置**：保安处分的刑法立法归属，存在“纳入普通刑法”与“单设特别刑法”的模式。基于原则上保安处分属于刑法总论与刑法总则内容，尤其是我国 1997 年《刑法》修订的宗旨之一是“要制定一部统一的、比较完备的刑法典”①。因此，采用刑法修正案，在刑法典中统一规定保安处分制度，应当更为合理。具体而言，可以在刑法典中将保安处分单独设为一章，位于“第四章刑罚的具体运用”之后，原“第五章其他规定”相应变更为“第六章其他规定”。对于保安处分制度的具体规定，可以采纳一般规定与具体规定的不同层次划分，由此“第五章保安处分”章下设两节。“第一节一般规定”，表述保安处分的基本原则、适用条件、社会危险性的评定、保安处分的宣告、执行、变更、消灭、时效等；“第二节具体规定”，又分为人的保安处分与物的保安处分，表述保安处分的各项具体措施及其相应的内容、适用情形等。**(2) 双轨模式**：关于刑罚与保安处分的关系，存在一元论与二元论的不同见解与做法。相对而言，在现阶段，刑罚与保安处分二元论的双轨模式较为可取。而在刑罚与保安处分的具体适用上，存在并科主义、代替主义、择一主义等不同的理论见解与立法实际。相对而言，代替主义与择一主义具有更大的灵活性，也避免了侵害人权之嫌。由此，具体设置相关规范应当坚持：在需要刑罚与保安处分并科的场合，对于精神障碍患者、瘾癖人员、未成年人等急需特别

---

① 王汉斌在 1997 年 3 月 6 日在第八届全国人民代表大会第五次会议上：《关于〈中华人民共和国刑法〉（修订草案）》的说明》。

治疗的对象，保安处分为主适用、刑罚仅为补充，在保安处分执行完毕后，有条件地适用刑罚，两者刑期应予折抵；对于累犯、常习犯（习惯犯）、常业犯等社会危险性较大的对象，同样采用保安处分为主刑罚为辅、保安处分先行执行的方法；对于已然罪行居于主导同时又具有一定社会危险性的对象，可以在刑罚执行完毕以后有条件地适用保安观察处分等。

［9］**处分措施的体系框架**：对物处分纳入保安处分体系，剥夺资格归入刑罚体系，建构合理的保安处分体系框架：**(1) 对人处分并对物处分**：就保安处分对象所涉范围而言，保安处分存在对人的保安处分与对物的保安处分。对此，刑法理论与立法实际存在广义保安处分与狭义保安处分的不同见解与做法。应当说，某些基于社会危险而采取的、旨在预防犯罪保护社会的没收与保证措施，不失保安处分的特征；同时，这些措施虽然最终也在一定程度上涉及行为人，但是其直接针对的是物，从而属于物的处分。将物的处分纳入保安处分的体系，可以更好地增强保安处分的机能。**(2) 剥夺资格性质的处置**：剥夺资格性质的处置，其主要种类有：褫夺公权①、剥夺监护权、剥夺军衔与荣誉、限制居住、驱逐出境、禁止进入特定场所、剥夺驾驶许可、禁止执业。其中，对于褫夺公权与剥夺监护权，通常各国将之作为刑罚（附加刑）予以规定；而对于上述其他处置的法律地位，各国刑法的规定不一。② 应当说，这些处置在一定程度上的确具有预防犯罪保护社会的意义，由此将之作为保安处分未尝不可。不过，基于刑法的谦抑精神与人权保障价值，对于保安处分的适用不宜过于扩张，从而将这些处置纳入刑罚中的附加刑应当更为合理。而基于我国立法的历史与现实，可以将有关剥夺资格的刑事处置均作为独立的附加刑，既可以独立适用，也可以附加适用。由此，对于这些附加刑的适用，严格以行为成立犯罪为前提，并在适用的理念上坚持“以报应为基底兼顾预防”。**(3) 刑罚体系与处分体系**：确立处分体系，调整刑罚体系。具体地说，刑罚分为主刑与附加刑。其中，主刑包括罚金、管制（包括限制居住、禁止进入特定场所等）、拘役、有期徒刑、无期徒刑、死刑；附加刑包括褫夺公权、剥夺监护权、剥夺军衔与荣誉、驱逐出境、剥夺驾驶许可、禁止执业③。保安处分包括人身保安处分与财产保安处分。其中，人身保安处分又分为监禁性保安处分

---

① 近似我国现行《刑法》第 54 条所规定的剥夺政治权利。详见张小虎著：《刑罚论的比较与建构》（第一卷），群众出版社 2010 年版，第 342 页。

② 有的作为刑罚，有的作为保安处分。

③ 由此，对于我国《刑法》的刑罚体系作如下修正：适当调整“管制”的具体内容；将“罚金”作为主刑予以规定；取消“没收财产”的刑罚。应当注意，保安处分中的“没收”与所取消的“没收财产”具有不同的内容。

（治疗监护、强制禁戒、感化教育、强制工作、强制治疗、保安监禁）与非监禁性保安处分（保护观察、更生保护）；财产保安处分包括善行保证、保安没收。主刑以及监禁性保安处分，各自相对于自身而言，除罚金以外，均只能独立适用，当然主刑与监禁性保安处分在“代替主义与择一主义”的前提下，可以并科；附加刑、非监禁性保安处分与财产保安处分，既可以独立适用，也可以附加适用。

［10］**保安处分的运作制度**：确立处分的执行审查、免除与延长，缓刑与假释，保安处分的消灭等制度：**(1) 执行审查、免除与延长**：处分不定期是保安处分的基本原则与重要特征，然而绝对的不定期显有侵犯人权之嫌，同时受处分者社会危险性无疑也是处在变化之中，因此在处分的执行中对于受处分者的社会危险性应当予以定期的审查、评定，并且据此及时调整保安处分的期限，以使保安处分与受处分者的社会危险性相适应。综合国内外保安处分的立法经验，同时结合我国刑事司法实际，审查的期限限定为 2 年较为合适。对于处分的免除，考虑到矫正改善的规律，从而不能突破保安处分的法定最低期限。对于处分的延长，鉴于避免出现无限延长的情况，也应作出相应的限定，规定延长的期限不得超过 3 年。**(2) 缓刑与假释的适用**：缓刑的适用主要表现为，受处分者的社会危险行为，依法应当适用监禁性保安处分。然而，基于受处分者的行为表现、生活背景、社会危险性等因素，经法院审查认为，通过一定期限的限制自由的监督，而暂缓所判监禁处分的执行，同样可以达到监禁处分的目的，由此附条件地不执行原判处分。假释的适用主要表现为，受处分者已被执行法定最低期限，基于其行为表现、生活背景、社会危险性等因素，经法院审查认为，受处分者的社会危险性已显著降低，但是仍未彻底消除，于是附条件地予以释放，并且规定一定的考验期，通过限制自由的监督，实现继续执行监禁处分的目的。**(3) 缓刑与假释的撤销**：缓刑与假释撤销的条件包括再犯新罪、发现漏罪、违反规定。不过，应当考虑到，再犯新罪以及违反规定与发现漏罪，所表现出的受处分者的社会危险性是有差异的，对此立法上应予体现；同时，保安处分以不定期为特征，原判决通常为一定期限的区间，并无准确定位，而在假释场合，更是原判法定最低期限既已执行届满。由此，在撤销缓刑与假释的场合，对于缓刑，基于原判处分是有条件地不执行，从而肯定原判处分的期限；对于假释，基于原判法定最低期限既已执行，结合执行中审查期限的限定，从而视作原判处分应再执行 2 年。在肯定上述期间确定标准的基础上，分别不同的撤销情形予以差别规定。**(4) 保安处分的消灭**：保安处分的消灭，关键是对于引起处分消灭的特定事由的界定。这些事由涉及处分执行完毕、缓刑期满、法院取消执行、诉讼时效、执行时效、赦

免、犯罪消灭、被处分者死亡等。其中，诉讼时效，应当根据应处保安处分轻重的不同而有所区别，因为保安处分轻重在一定程度上有赖于行为人的社会危险性大小，而不同程度社会危险性的销蚀所需的时间也有所差异；执行时效，可以定为5年，同时规定非经法院重新宣告，已过时效的原判处分不得执行。这里法院重新宣告，意味着法院对时效经过以后受处分者的社会危险性程度重新予以评价，由此决定是否执行处分或者在多大程度上执行处分。

三、我国保安处分具体措施的建构

[11] 建构我国保安处分，就具体而言，对于各项保安处分措施，也应本着坚持处分的基本原则与应有特征，结合我国的社会实际，依循处分的总体框架，予以严谨清晰的规定。

[12] **监禁性保安处分：(1) 治疗监护处分：**实施了严重危害社会行为的精神障碍患者①，具有较大的社会危险性，然而基于其责任能力的缺乏而不可归罪，也不具有刑罚适应能力，对之予以放任不利于社会安全；同时，也不排除利用我国现行《刑法》的规定以及司法鉴定的争议，使行为人不能得到应有处置的情形。由此，对于符合法定条件的精神障碍患者予以治疗监护处分，既是保护社会、改善行为人的需要，也不失为法律正义的体现。基于有关国家的立法经验，例如《意大利刑法典》(1931年)第222条的规定，治疗监护处分的期限，可以随行为人所实施行为应处的刑罚期限而有所不同。对于限制责任能力的精神障碍患者，由于可以予其相应的刑罚处罚，治疗监护处分的期限定为2年以上5年以下；治疗的期限不够，可以延长，并且折抵刑罚的刑期。**(2) 强制禁戒处分：**强制禁戒处分核心是在监禁条件下戒除特定瘾癖，从而以酒精瘾癖人员或者毒品瘾癖人员为适用对象。作为刑事处置，适用这一处分，必须是行为人在昏醉状态下实施了犯罪行为，或者基于瘾癖作用而实施了犯罪行为，并且具有继续实施此类犯罪行为的社会危险性。按照我国刑法的规定，瘾癖人员实施犯罪行为，应当承担刑事责任，因此对于瘾癖人员也可以适用刑罚。基于“代替主义与择一主义”，可以将强制禁戒处分的期限定为2年以上5年以下，治疗的期限不够，可以延长，并且折抵刑罚的刑期。**(3) 感化教育处分：**关于未成年人刑法的模式问题，针对我国目前的立法实际，可以在刑法典中增加与完善相关的条款，固然感化教育处分应作为其中重要的内容。适用感化教育处分的未成年人，必须实施了本应成立犯罪仅因

---

① 我国《刑法》第18条采纳了“精神病人”的术语，不过代之以“精神障碍患者”的术语，应当更为贴切。

缺乏责任能力而不予归罪的行为；鉴于刑法的谦抑精神，对于违法未成年人等不应适用感化教育处分。感化教育处分的期限，定为 2 年以上 5 年以下。在未成年人缺乏责任能力的场合，适用感化教育处分主要是救治而不是惩罚，因此处分期限应有限制。对于执行中已满 18 周岁而尚未达到处分目的的，可以延长 2 年以下；此后应当解除感化教育处分或者更换为保护观察处分。对于限制责任能力的未成年人犯罪，并且具有继续实施此类犯罪行为的社会危险的，可以适用感化教育处分。在这种场合，也可以对之处以刑罚。感化教育处分的期限为 2 年以上 5 年以下。可以通过刑罚与保安处分的互补实现矫正改善目的。**(4) 强制工作处分：**由于不良的社会化，一些人员形成了流浪或者懒惰的习性，这些人员是影响社会治安的不利因素之一。当然，如果这些人员没有实施犯罪行为(包括仅仅实施了违法行为)，对其不能予以作为刑事处置之一的保安处分；然而，如果这些人员实施了犯罪行为，基于其特殊的习性，应之以强制工作处分更能取得实效。强制工作处分的执行机构应当是特殊的劳动场所，以实现对流浪或懒惰成习人员的有针对性的矫正改善。强制工作处分的期限定为 2 年以上 5 年以下；同时根据保安处分一般规定，可以延长，并且折抵刑罚的刑期。**(5) 强制治疗处分：**严重的性病具有强烈的传染性，存在引起性病在社会上传播的严重危险。我国《刑法》第 360 条第 1 款规定了传播性病罪。对于患有严重性病并且实施了传播性病罪的行为人，基于其所具有的社会危险性，应当予以强制治疗处分。由于性病流行传染的危险特征，同时一般情况可以治愈，因此强制治疗处分的期限可以定为至治愈时为止。即使如此，基于保护观察处分可以与各种监禁性处分选科，因而也不排除在较为特殊的情况下处以保护观察。**(6) 保安监禁处分：**由于不良的社会化，在犯罪成员中一些人员形成了犯罪的习性，显然这些人员的社会危险性较大，犯罪反复的特征明显。各国刑法都将之作为保安处分的重要对象，并且所采取的处分措施也相对严厉。根据我国刑法立法与司法的实际，可以将保安监禁处分的对象划定为一般累犯、常习犯、常业犯，并且在刑法中适当增设盗窃、诈骗等常习犯的规定。保安监禁处分的适用，以行为人实施犯罪行为为基本前提；其期限定为 3 年以上 5 年以下。根据保安观察处分的规定，对于罪行的确轻微的累犯、常习犯、常业犯，也可以只适用保护观察处分；对于罪行严重、社会危险性大的行为人，可以通过延长处分以及与刑罚互补，来解决所需较长期限问题。

[13] **非监禁性保安处分：(1) 保护观察处分：**保护观察处分属于限制自由的处分措施，既是对行为人的开放性的继续矫正改善，也是对其已有善行的稳定性的考察，受处分者的社会危险性应当不是很大或已得到较大消除。

由此，这一处分的对象可以是缓刑、假释人员，被判无期徒刑、死缓经由减刑并执行后面临释放的人员，保安监禁处分、强制禁戒处分执行后面临释放的人员。另外，基于保护观察处分的相对灵活以及刑罚的节俭等因素，可以将之作为拘役或者1年以下有期徒刑的替代；由于可予适用监禁性处分的情形的复杂性，对于其中社会危险性并非很大、罪行也较轻的可以直接适用保护观察处分。为了增强保护观察处分的适应性，其期限定为1年以上5年以下。缓刑或者假释适用保护观察处分的，期限与缓刑或者假释考验期相同。对于保护观察的监督内容，应予适当明确，具体包括限制居住、禁止出入特定场所、限制特定人员交往、定期报告活动情况、接受特别治疗等，此外法院也可特别指示。保护观察处分，由公安机关执行，当然也应依靠社会力量。保护观察处分也应有其保障措施，受处分者严重违反保护观察监督规定的，可以附加善行保证处分，或者将保护观察处分变更为2年以下的相关监禁性处分。**(2) 更生保护处分：**更生保护处分名为“处分”，实为帮助。被处监禁性刑罚与保安处分的人员，尤其是在释放后不能得到亲戚朋友等帮助的人员，不可避免地会出现重返正常社会的适应断层，对此如果不予适当处理，极易导致这些人员的再犯，而将对于这些人员的特别帮助纳入刑法，更有利于实现预防再犯保护社会的目的。由此，更生保护处分有着重大的价值。作为一种刑事司法性质的帮助，更生保护以自愿为原则，法院审查宣告。各地成立受法院指导的、专门的事业机构具体执行更生保护。更生保护的方法，包括提供住宿与生活必需品、职业训练与介绍、帮助贷款、改善生活环境等，同时作为一种保安处分措施，也应当附加善行指导。

[14] **财产保安处分：(1) 善行保证处分：**善行保证处分是一种较具典型意义的财产保安处分，有利于平缓保安处分的轻重梯度，增强其应对社会危险行为的能力。由此，善行保证处分主要适用于具有一定的社会危险性从而需要给予特殊预防，但是又无需予以监禁矫治或者特别观察的犯罪人。为了增强针对不同适用对象的应对，善行保证的方式包括定额现金保证或者财产抵押保证。作为一种轻缓的处分措施，善行保证的期限不应过长，可以定为1年以上3年以下；善行保证金规定在5000元以上10万元以下为宜。行为人拒绝提供善行保证的，法院可以将善行保证处分更换为保护观察处分。鉴于“保证”的意义，如果受处分者践行了善行，则退还保证金或者撤销抵押；反之，没收保证金或者抵押物。**(2) 保安没收处分：**我国《刑法》所规定的没收有两种：附加刑没收（第59、60条）；其他没收（第64条）。其中，“附加刑没收”固

然属于刑罚方法，而“其他没收”则既非刑罚也非保安处分。[①] 对于我国《刑法》的没收，本书认为：A. 附加刑没收：应予取消，其机能在很大程度上可以由罚金替代；除极少数国家以外，世界各国这种没收的立法例也不多见。B. 其他没收：我国现行《刑法》将之置于“量刑”，而其却并非量刑问题；进而，其法律性质、属性地位等不无疑问。从内容上来看，这种“其他没收”主要是对于违法所得、犯罪物品、违禁品、诱发犯罪物品等的没收。其中，对于犯罪物品、违禁品、诱发犯罪物品的没收，更具特殊预防与保护社会的意义；而对于违法所得的没收，则不失报应主义与一般预防的成分。相对而言，将对于违禁品、犯罪物品、诱发犯罪物品的没收作为刑罚方法，则不易体现其特殊预防与保护社会的侧重；而没收违法所得，虽然倾向于刑罚的意义，但是作为保安处分方法也未尝不可。由此，在刑法典规定保安处分的场合，可以将对于违法所得、犯罪物品等的没收统归为保安处分措施。同时，既要关注不能让犯罪人因犯罪而有所得利，从而对于属于没收对象但又无法没收的财物，可以规定追征制度；也要关注犯罪人的实际状况，如果追征确实会影响犯罪人的正常社会生活与回归社会的，可以适当减少或者免除。另外，对于被害人的财产利益以及其他第三人的合法权益，也应予以肯定和保护。

---

① 我国刑法理论通常认为，我国《刑法》第64条所规定的没收，属于财物恢复原状、行政强制措施、刑事诉讼需要。高铭暄、马克昌主编：《刑法学》，北京大学出版社、高等教育出版社2000年版，第254页。

第十章　宽严相济政策的社会内处遇制度

[1] **社会内处遇**，是指避免将犯罪人收容于监狱等设施之内，而是将其置于大众社会并不脱离一般生活，同时接受专门机构与人员的矫正、改善与援助，促使其改过自新的一种刑事处置方式。其典型形态是缓刑与假释。缓刑与假释是刑事近代学派思想在刑事处置制度上的又一重要体现，而刑事政策基于刑事近代学派的思想及其繁荣得以充分张扬，“缓刑及假释”与“刑事政策”这两者在刑事近代学派思想的共同知识背景下，有着几乎近于一致的价值宗旨脉络。宽严相济政策不失缓刑制度及假释制度的精神实质，而缓刑制度及假释制度也可谓宽严相济政策的规范形态。宽严相济政策强调在犯罪处置中应当坚持宽与严的区别对待与相互救济，由此最大限度地实现预防、控制与惩治犯罪的效益，最大限度地体现刑事公正与效率的价值目标。显然，实现再犯预防的最大效率系属宽严相济政策的一个重要方面，而缓刑制度与假释制度本身即呈现着再犯预防的核心线索，缓刑制度与假释制度的合理建构当会更为有力地推进再犯预防的效果。

第45节　缓刑的界说

[1] 严格来讲，缓刑包括起诉犹豫、宣告犹豫、行刑犹豫，这些都意味着并未实际执行刑罚，从而无所谓行刑。但是，缓刑属于附条件的罪刑暂缓，具有行刑的可能性，存在一定期限的行为表现考验，从而缓刑依然存在缓刑考验的执行，缓刑考验与有关行刑缓和处遇也有着诸多的形态上的相似，由此将缓刑置于行刑制度中予以阐述也未尝不可。缓刑制度存在各国缓刑状况、缓刑的概念、适用条件、缓刑考验、缓刑撤销等议题。

一、各国缓刑状况

[2] **缓刑的起源**：缓刑起源于19世纪西方自由刑执行方式的改革。1842年，**英国**便开始针对具有改善可能性的初犯、少年犯，有罪判决宣告犹豫，附条件予以释放，如果犯罪人表现良好，便可免除犯罪与刑罚的宣告。其后，1879年的《简易裁判法》、1887年的《初犯考核法》，确立了缓刑制度的最初形态；1907年的《犯罪人保护观察法》、1948年的《刑事裁判法》、1977年的《刑事

法》等，进一步确立了缓刑制度。在缓刑形成中，**美国**波士顿市的一名鞋匠约翰·奥古斯塔斯(John Augustus，1785—1859)作出了里程碑性的贡献。从1941年开始，奥古斯塔斯出于同情与人道，用自己的钱来保释波士顿违警罪法庭的酗酒者、乞丐、妓女等轻微犯罪人，而法院则将判决时间推迟三个星期，将犯罪人交由奥古斯塔斯监管，这个时期结束时，犯罪人将向法官证实自己得到了改造，法官不再给犯罪人判决，往往只给予一定数量的罚款。[①] 奥古斯塔斯的实践活动产生了重大的影响，受到了美国社会的广泛好评。1878年，世界上的第一部缓刑法在马萨诸塞州颁行，正式确立宣告犹豫制度。在**大陆法系**国家，缓刑伴随着19世纪80年代刑罚个别化思想的张扬而日益受到重视。法国参议员布伦格提出了世界上第一个缓刑法案，认为惩罚措施应当符合犯罪人的状态，而不是仅仅追求绝对的报应正义，缓刑不仅是一种人道的、可以避免短期自由刑的措施，而且也是基于犯罪人的不同状态而体现刑罚差异的有效方法。不过，刑事古典学派的报应刑等思想在法国具有浓厚的色彩，从而布伦格的缓刑法案当时未能得以顺利地推行。1888年，比利时率先通过了缓刑法。1889年，在布鲁塞尔召开的国际刑法会议通过决议，将缓刑作为一种适用于一切犯罪的刑罚制度向各国推荐。1891年，法国也通过了针对短期自由刑和罚金的缓刑。随后瑞士、意大利、瑞典、西班牙、日本等国家也纷纷确立了缓刑制度。与英美法系的缓刑制度不同，大陆法系的缓刑主要表现为执行犹豫制度。

[3] **缓刑的类型**：目前，缓刑制度属于世界各国所普通采纳的一种刑罚制度，而各国刑法有关缓刑的规定则表现出不同特点。总体而言，**缓刑**，是指对于符合一定条件的犯罪人，规定一定的考验期限与考验内容，如果犯罪人在此期限遵守规定，则不予罪刑判决或者刑罚执行的刑罚制度。缓刑包括起诉犹豫、宣告犹豫、行刑犹豫。其中，起诉犹豫具有程序意义[②]，在刑法上，缓刑通常是指刑罚宣告犹豫与刑罚行刑犹豫。

[4] **刑罚宣告犹豫**：又称暂缓刑罚宣告、英美主义，是指对于符合一定条件的犯罪人，在一定期限内不予刑罚宣告，而是观察这一期间犯罪人的具体表现，如果犯罪人在这一期间能够遵守有关规定，而未出现应当撤销缓刑的法定事由，则在缓刑期间届满，对于犯罪人不作刑罚判决，否则应当宣告其刑

---

① 参见潘国和、罗伯特·麦尔主编：《美国矫正制度概述》，华东师范大学出版社1997年版，第167页。

② 在美国，称为**审前缓刑**(pretrial probation)，是指检察官在认为被告人有罪的前提下，对被告人予以一定期间的考察，如果被告人表现良好，则可以免予起诉，否则予以起诉。参见朱华荣主编：《各国刑法比较研究》，武汉出版社1995年版，第265页。

罚并予以执行的刑罚制度。**例如**,《法国刑法典》(1994 年)规定了四种类型的缓刑:普通缓刑;附考验缓刑;附公共利益性的劳动义务的缓刑[①];附考验的推迟刑罚宣告。其中,前三种缓刑具有刑罚执行犹豫的特征,而附考验的推迟刑罚宣告属于刑罚宣告犹豫。法国附考验的推迟刑罚宣告,是指如果表明犯罪人正获重返社会,造成的损害正在赔偿之中,由犯罪造成的危害即将停止(第 132-60 条),并且在自然人被告到庭的场合,法院得在不超过 1 年期限内置当事人于考验制度之下,推迟刑罚宣告(第 132-63 条)。对于推迟刑罚宣告的犯罪人,应当适用法律规定的考验制度,规定其应当履行的特别义务(第 132-64 条)。推迟刑罚宣告的效果,表现为法院得考虑犯罪人在考验期的表现,或者免除其刑罚,或者宣告法律规定的刑罚,或者按法定条件与方式再次推迟刑罚宣告(第 132-65 条),

[5] **刑罚执行犹豫**:又称暂缓刑罚执行、大陆主义,是指对于符合一定条件的犯罪人,虽予刑罚宣告,但是在一定期限内不予执行,而是观察这一期间犯罪人的具体表现,如果犯罪人在这一期间能够遵守有关规定,而未出现应当撤销缓刑的法定事由,则在缓刑期间届满,对于犯罪人所宣告的刑罚不予执行,否则应当将宣告刑付诸执行的刑罚制度。刑罚执行犹豫,基于缓刑期满排除刑罚执行的效果的不同,又分为附条件免除执行、附条件免除罪刑和附条件赦免主义[②]。另外,在美国还存在缓刑监督(probation)、暂缓监禁(suspended sentence)、附条件释放(conditional discharge)、休克型缓刑(shock probation)、软禁型缓刑(probation under house arrest)等缓刑形式[③]。不过,目前主流的缓刑类型仍属附条件免除执行、附条件免除罪刑。**(1) 附条件免除执行**:又称附条件缓执行主义,是指对于符合一定条件的犯罪人,宣告刑罚但是不予执行,而是考察其在一定期限内的表现,如果缓刑期间届满犯罪人并未被撤销缓刑,则原判刑罚不再执行,但是原判犯罪记录依然存在。例如,《蒙古国刑法典》(1991 年)第 61 条第 1 款的规定。[④] 我国《刑法》第 72、

---

① **普通缓刑**,是指在一定条件下,授予法官对其宣告的刑罚命令缓期执行的权力,如果这一缓刑未因被判刑人实行其他犯罪而被撤销,最后将转变为免除执行刑罚。**附考验缓刑**,是指宣告监禁刑的法院,得依法律规定的条件,对被判刑的自然人实行考验制度,命令刑罚缓期执行。**附公共利益性的劳动义务的缓刑**,是指法院得依法律规定的条件与方式,规定被判刑人为公共利益从事一定的公益劳动,公益劳动如数完成的,判刑判决视同不曾发生。〔法〕卡斯东·斯特法尼等著:《法国刑法总论精义》,罗结珍译,中国政法大学出版社 1998 年版,第 601 页;《法国刑法典》第 132-40 条、第 132-54 条。

② **附条件赦免主义**,又称附条件特赦主义,是指对于符合一定条件的犯罪人,宣告刑罚但是不予执行,而是考察其在一定期限内的表现,如果缓刑期间届满犯罪人并未被撤销缓刑,则经由专门的行政机构,采取特赦免除犯罪人刑罚的执行。1895 年,德国刑法曾采用这一缓刑制度。

③ 参见朱华荣主编:《各国刑法比较研究》,武汉出版社 1995 年版,第 264—265 页。

④ 类似的立法例:《德国刑法典》(1998 年)第 56、56g 条;《巴西刑法典》(1941 年)第 57、59 条。

76条所规定的普通缓刑，即属于这一类型。**(2) 附条件免除罪刑**：又称附条件有罪宣告主义、法比制[1]，是指对于符合一定条件的犯罪人，宣告刑罚但是不予执行，而是考察其在一定期限内的表现，如果缓刑期间届满犯罪人并未被撤销缓刑，则不仅原判刑罚不再执行，而且原判犯罪也归于免除，视同自始未受罪刑宣告。例如，《日本刑法典》(1907年)第25条的规定。我国《刑法》第449条所规定的战时缓刑，也属于这一类型。[2]

[6] 我国《刑事诉讼法》第271条至第273条规定了针对未成年犯罪嫌疑人的**附条件不起诉**，即起诉犹豫，这是指人民检察院对于涉嫌《刑法》分则第四章、第五章、第六章规定的犯罪，符合起诉条件并可能判处1年有期徒刑以下刑罚的未成年犯罪嫌疑人，鉴于其有悔罪表现，可以作出附条件不起诉的决定，并且规定一定的考验期与考验内容，被附条件不起诉的未成年犯罪嫌疑人，在考验期内没有出现应当撤销附条件不起诉决定的法定事由，则考验期满人民检察院应当作出不起诉决定的诉讼制度。根据我国《刑事诉讼法》的规定，附条件不起诉的法定考验期限为6个月以上1年以下。被附条件不起诉未成年犯罪嫌疑人应当遵守下列规定：遵守法律法规，服从监督；按照规定报告自己的活动情况；离开居住区域，应当报经批准；按照要求接受矫治和教育。撤销附条件不起诉决定的法定事由包括：在考验期内再犯新罪或者发现漏罪；严重违反治安管理规定或者监督管理规定。

[7] **各国立法状况**：从各国立法状况来看，单纯采纳刑罚宣告犹豫制度的国家，并不多见。多数国家采纳刑罚执行犹豫制度，包括：(1) 采纳附条件免除执行，例如，《德国刑法典》(1998年)的缓刑(第56条、第56g条)，《巴西刑法典》(1941年)的缓刑(第57—59条)等。(2) 采纳附条件免除罪刑，例如，《瑞士刑法典》(1937年)的附条件的刑罚执行(第41条)，《意大利刑法典》(1931年)的缓刑(第163—168条)，《西班牙刑法典》(1995年)的剥夺自由刑的缓刑(第80—87条)等。(3) 兼采刑罚宣告犹豫与刑罚执行犹豫。例如，上文所述《法国刑法典》的普通缓刑、附考验缓刑、附公共利益性的劳动义务的缓刑、附考验的推迟刑罚宣告。此外还有《韩国刑法典》(1953年)的刑罚暂缓宣告(第59—61条)与刑罚暂缓执行(第62—65条)等[3]。

二、缓刑的基本概念

[8] 基于各国刑法对于缓刑规定的不同，缓刑的具体界定也有所差异。

---

① 1881年比利时、1891年法国，最先采用了这一缓刑制度。

② 类似的立法例：《意大利刑法典》(1931年)第163、167条；我国台湾地区“刑法”(2005年)第76条。

③ 类似的立法例：《泰国刑法典》(1956年)第56条。

我国《刑法》总则第72—77条规定了**一般缓刑**，分则第449条规定了**战时缓刑**。刑法理论所称缓刑通常是指一般缓刑，本书在未特别指明的场合，缓刑亦指一般缓刑。根据我国《刑法》总则的规定，**缓刑**，是指人民法院对于被判处拘役、3年以下有期徒刑的犯罪分子，同时符合犯罪情节较轻、有悔罪表现、没有再犯危险、对于居住社区没有重大不良影响的，可以规定一定的考验期，暂缓所判刑罚执行，如果犯罪分子在考验期内没有发生法定应当撤销缓刑的事由，所判刑罚就不再执行的刑罚制度。

[9] 我国《刑法》总则所规定的缓刑，具有如下**特征**：**(1) 适用前提**：缓刑适用的肯定条件：被判处拘役、3年以下有期徒刑的犯罪分子；犯罪情节较轻、有悔罪表现、没有再犯危险、置于社区而没有重大不良影响。缓刑适用的否定条件：必须不是累犯和犯罪集团的首要分子(《刑法》第74条)。**(2) 主刑缓刑**：缓刑仅指特定种类的主刑的缓刑。根据《刑法》第72条第3款的规定，"被宣告缓刑的犯罪分子，如果被判处附加刑，附加刑仍须执行。"主刑缓刑同时附加剥夺政治权利的，剥夺政治权利的期限从缓刑判决确定之日起计算。① **(3) 考验期限**：缓刑的适用，必须规定一定考验期限。具体表现为：拘役的缓刑考验期限为原判刑期以上1年以下，但是不能少于2个月；有期徒刑的缓刑考验期限为原判刑期以上5年以下，但是不能少于1年。**(4) 行为考察与特别禁止**：缓刑的适用，均有一定行为考察。据此，被宣告缓刑的犯罪分子必须遵守缓刑监督管理规定，不能再犯新罪或者出现漏罪。同时，宣告缓刑，还可以根据犯罪情况同时宣告禁止令。据此，被宣告缓刑的犯罪分子还必须遵守禁止令的有关规定。**(5) 缓刑效果**：我国缓刑属于附条件免除执行。被宣告缓刑的犯罪分子，在缓刑考验期限内，没有出现应当撤销缓刑的情形，则原判刑罚就不再执行。反之，被宣告缓刑的犯罪分子在考验期限内再犯新罪或者出现漏罪，则应撤销缓刑而数罪并罚；或者严重违反有关缓刑监督管理规定，严重违反被同时宣告的禁止令的，则应撤销缓刑而执行原判刑罚。**(6) 刑罚制度**：缓刑兼有量刑制度与行刑制度的特征。就量刑制度而言，缓刑是基于适用缓刑的法定条件，在刑罚裁量时由人民法院裁量予以确定；就行刑制度而言，缓刑属于附条件的暂缓执行，虽非实际执行但仍属牵涉刑罚执行的课题②。

[10] **缓刑的价值**：缓刑的价值是多方面的，而其核心的价值主要表现为

---

① 对此，我国《刑法》未予明确规定。如此处理的根据在于：缓刑是附条件"不执行"主刑，而附加刑仍须执行；如果缓刑被撤销而执行主刑，剥夺政治权利既已执行的刑期应当计算在内，余刑待主刑执行完毕后继续执行，剥夺政治权利的效力及于主刑执行期间。

② 我国《刑事诉讼法》第258条也将缓刑归于执行。

如下五个方面：(1) **实现刑罚个别化**：缓刑是实现刑罚个别化的重要制度平台。缓刑的适用，不仅要考虑犯罪人的客观危害，更要根据犯罪人的主观危害、犯罪人的人身危险性。为此，我国《刑法》所规定的适用缓刑的实质条件是："犯罪情节较轻，具有悔罪表现，没有再犯罪危险"。许多国家的刑法，在缓刑适用的条件上，也有类似的规定。(2) **实行行刑社会化**：缓刑是实现行刑社会化的重要制度平台。缓刑是针对监禁刑的附条件免除执行，被宣告缓刑的犯罪分子并不脱离大众社会，同时缓刑的监督考验也由社区矫正机关依靠社会力量予以实现。这为罪犯的再社会化提供了更为广阔的空间与更为直接的途径。(3) **避免短期自由刑**：缓刑可以避免短期自由刑的弊端。对于短期自由刑的具体期限，刑法理论存在不同见解，不过缓刑主要针对刑期较短的监禁刑适用，被判处缓刑的犯罪分子人身危险性不是很大，将他们与罪行较重的罪犯一同监禁，难免交叉感染，反倒不利于轻刑犯改造。(4) **推进刑罚积极机能**：积极机能是刑罚矫正机能的重要特征，意味着刑罚应当从具体犯罪人内在思想观念上消除犯罪动因，这种思想观念动因的消除是基于说服、引导、转化，因此表现为积极意义上的机能。① 缓刑基于犯罪情节与人身危险性，并不实际宣告或者执行刑罚，但是又存在宣告或者执行的可能性，并且给予犯罪人一定期限的监督考察，由此感化、教育犯罪人，从而旨在更为有力地促使其改恶从善。(5) **体现宽严相济政策**：缓刑也是宽严相济刑事政策的体现。宽严相济政策是惩办与宽大相结合政策的发展完善，是新时代背景下惩办与宽大相结合精神的典型表述，其基本思想就是"区别对待、宽严相济"②。对于罪行较轻、确有悔罪表现、不致再危害社会的犯罪分子适用缓刑，正是在刑罚适用上区别对待、宽严有别、宽严有度的重要体现。

[11] **缓刑与死缓**：**死缓**，即死刑缓期二年执行，是指对于应当判处死刑的犯罪分子，如果不是必须立即执行的，可以判处死刑同时宣告缓期二年执行的死刑执行制度。缓刑与死缓存在一定的**相似之处**：(1) 暂缓执行：两者都属于附条件不执行原判刑罚；(2) 刑罚制度：两者均非刑种而属于刑罚适用的具体制度。缓刑与死缓有着**重大区别**：(1) 适用对象：缓刑适用于被判处拘役、3年以下有期徒刑的犯罪分子，强调犯罪情节较轻、有悔罪表现、没有再犯罪危

① 与此相对，是刑罚的消极机能。消极机能属于刑罚隔除再犯条件机能的重要特征，意味着刑罚主要针对再犯外部条件的作用，仅是客观强制制约，而非从犯罪人内在思想转变上消除犯罪的动因，由此表现为消极意义上的机能。关于刑罚机能，详见张小虎著：《刑罚论的比较与建构》(第一卷)，群众出版社2010年版，第19—26页。

② 详见张小虎著：《惩办与宽大相结合刑事政策的时代精神》，载《江海学刊》2007年第1期，第135—140页。

险、宣告缓刑对居住社区没有重大不良影响而无须监禁；死缓适用于被判处死刑的犯罪分子，强调罪行极其严重但是无须立即执行。（2）执行方式：缓刑采取非监禁的方式在大众社会中予以考察监督；死缓采取监禁的方式在重刑监狱中实行强制劳动予以教育改造。（3）考验期限：缓刑的考验期限，拘役的为原判刑期以上、1 年以下、不少于 2 个月，有期徒刑的为原判刑期以上、5 年以下、不能少于 1 年；死缓的考验期限为 2 年。**（4）法律后果**：缓刑考验结果分别不同情况可能是，原判刑罚不再执行、撤销缓刑执行原判刑罚、撤销缓刑数罪并罚；死缓考验结果分别不同情况可能是，减为无期徒刑、减为 25 年有期徒刑、执行死刑。（5）依附平台：缓刑针对拘役、3 年以下有期徒刑，属于附条件不执行自由刑的裁量制度或行刑制度；死缓针对死刑，属于死刑的执行制度。

［12］**缓刑与监外执行：监外执行**，是指对于本应在监狱内执行的罪犯，由于存在某种法定的特殊情形而不宜收监，因此暂时将其放在监外，由其居住地公安机关负责执行原判刑罚的一种变通执行制度。缓刑与监外执行的**相似之处**表现在，两者均属于对于罪犯不予监禁的一种行刑制度。但是，两者存在**重大区别**：（1）适用对象：缓刑适用于被判处拘役、3 年以下有期徒刑的犯罪分子；监外执行适用于被判处无期徒刑、有期徒刑或者拘役，并且有严重疾病需要保外就医、怀孕或者正在哺乳自己婴儿的妇女、生活不能自理的犯罪分子。[①]（2）实质条件：适用缓刑的实质条件在于，犯罪情节较轻和具有悔罪表现，没有再犯罪危险，宣告缓刑对所居住社区没有重大不良影响。适用监外执行的实质条件在于，有严重疾病需要保外就医、怀孕或者正在哺乳自己婴儿的妇女，适用监外执行没有社会危险性的罪犯[②]；对于生活不能自理，适用暂予监外执行不致危害社会的罪犯[③]。（3）确定与期限：缓刑于判决宣告时由人民法院予以确定，并有明确的考验期限；监外执行，在交付执行前由人民法院决定，在交付执行后由省级监狱管理机关批准[④]；监外执行并无固定期限，以监外执行原因消失为限。（4）执行特征：缓刑属于附条件不执行原判刑罚；监外执行属于原判刑罚的一种特殊执行方式。（5）法律后果：缓刑考验期满，尚未出现应当撤销缓刑的法定事由，原判刑罚不再执行；监外执行的情形消失以后，对原判刑期尚未执行完毕的罪犯，负责执行的机关应当及时与监

---

① 我国《刑事诉讼法》第 254 条。
② 同上。
③ 同上。
④ 我国《刑事诉讼法》第 254 条第 5 款。

狱联系，予以收监[①]。

[13] **缓刑与免除处罚：免除处罚**，又称免予刑事处罚，是指对于行为构成犯罪的犯罪分子，由于具有免除处罚的情节，从而仅作有罪的宣告而免除其刑罚处罚。缓刑与免除处罚的**相似之处**表现在，两者均表现为对于罪犯不予监禁，并且均宣告行为人构成犯罪。但是，两者存在**重大区别**：缓刑属于附条件不执行原判刑罚，但是罪犯仍然受到刑罚宣告，并且存在执行的可能性；免除处罚属于免予刑罚处罚，并不存在刑罚的宣告，更无执行刑罚的可能性。

[14] **缓刑与管制：管制**，是指对于犯罪人不予监禁关押，而是限制其人身自由以及其他有关自由，劳动中同工同酬，由社区矫正机构负责执行的刑罚方法。缓刑与管制的**相似之处**表现在：均表现为对于罪犯不予监禁；由人民法院在量刑时予以确定宣告；具有明确的期限；由社区矫正机构负责考察监督；均须遵守有关监督管理规定；均可同时特别附加宣告禁止令。但是，两者存在**重大区别**：(1) 刑种与行刑：缓刑属于一种行刑制度或者量刑制度，而非刑种；管制属于主刑之一，是一种刑种。(2) 适用对象：缓刑根据刑罚种类规定适用的形式对象，由总则规定，即被判处拘役、3 年以下有期徒刑的犯罪分子；管制根据犯罪性质规定适用的形式对象，由分则具体规定，包括妨害社会管理秩序罪、危害国家安全罪、破坏社会主义市场经济秩序罪、侵犯公民人身权利民主权利罪、危害国防利益罪等类罪下的具体犯罪。(3) 遵守规定：被宣告缓刑的犯罪分子应当遵守《刑法》第 75 条的规定；被判处管制的犯罪分子应当遵守《刑法》第 39 条的规定。(4) 考察性质：对于被判处管制的犯罪分子限制自由予以监管，属于刑罚的执行；对于被宣告缓刑的犯罪分子限制自由予以监督考察，属于缓刑考验而非刑罚执行。(5) 刑期折抵：缓刑考验不存在刑期折抵问题，先行羁押的日期不能折抵缓刑考验期；管制判决执行以前先行羁押的，羁押 1 日折抵刑期 2 日[②]。

三、战时缓刑

[15] 根据我国《刑法》第 449 条的规定，**战时缓刑**，是指在战时，对于被判处 3 年以下有期徒刑并且没有现实危险的犯罪军人，暂缓所判刑罚执行，允许其戴罪立功，如果确有立功表现，可以撤销原判刑罚，并且不以犯罪论处的刑

---

① 参见公安部《公安机关办理刑事案件程序规定》(1998 年)第 295 条以及我国《刑事诉讼法》第 257 条。

② 参见我国《刑法》第 41 条。

法制度。

[16] 战时缓刑具有如下**特征**:**(1) 适用时间·战时**:战时缓刑只能适用于战时,非战时不能适用。所谓**战时**,是指国家宣布进入战争状态、部队受领作战任务或者遭敌突然袭击时。部队执行戒严任务或者处置突发性暴力事件时,以战时论(我国《刑法》第451条)。另外,需要明确的是,何谓"战时适用"?对此,应当理解为:在战时犯罪,战时适用战时缓刑;或者在非战时犯罪而被宣告缓刑,在战时可以按照战时缓刑处理。这应当是我国《刑法》第449条的应有之义,该条规定:"在战时,对被……宣告缓刑的犯罪军人,允许……"**(2) 形式条件·3年以下**:战时缓刑只能适用于被判处3年以下有期徒刑的犯罪军人。A. *犯罪军人*:战时缓刑只能适用于犯罪军人。这里的军人,即**军职人员**,是指中国人民解放军的现役军官、文职干部、士兵及具有军籍的学员和中国人民武装警察部队的现役警官、文职干部、士兵及具有军籍的学员以及执行军事任务的预备役人员和其他人员(我国《刑法》第450条)。B. *3年以下*:战时缓刑只能适用于被处3年以下有期徒刑的犯罪。可以适用战时缓刑的犯罪,并不限于军人违反职责罪,根据我国《刑法》第449条的规定,战时缓刑应当可以适用于分则各章的具体犯罪。同时,被判处拘役的犯罪,也应当可以适用战时缓刑。**(3) 实质条件·没有危险**:适用战时缓刑必须犯罪人没有现实危险。对此,应当注意:A. *没有现实危险*:这是战时缓刑适用的实质条件。作为判断没有现实危害的事实因素,可以是犯罪事实、犯罪性质、犯罪情节和犯罪对于社会危害程度,犯罪人的生活背景、一贯表现等有关犯罪主观、客观、犯罪前、中、后的一系列情况。① B. *不是累犯*:我国《刑法》总则第74条规定:对于累犯,不适用缓刑。这一规定也同样适用于战时缓刑。这就是说,对于累犯同样不适用战时缓刑。**(4) 法律效果·罪刑消灭**:战时缓刑在出现法定事由时罪刑消灭。A. *法定事由*:战时确有立功表现,是罪刑消灭的法定事由。这种战时立功,主要表现为战功。B. *罪刑消灭*:在出现上述法定事由时,不仅可以撤销原判刑罚,而且不以犯罪论处;也就是不仅刑罚不再执行,而且不计前科。C. *法定事由·罪刑消灭*:只有在出现特定法定事由的场合,才能罪刑消灭;反之,如果没有战时立功,则不能罪刑消灭。**(5) 其他效果**:基于战时立功而罪刑消灭是战时缓刑的本质意义所在,也是战时缓刑区别于一般缓刑的典型特征。不过,战时缓刑也会出现如下最终处理结果:战时并无立功表现,并且也没有再犯新罪的,则原判刑罚不再执行,但是前科记录依然存在;战时并无立功表现,并且再犯新罪的,应当撤销原判缓刑,实

---

① 从立法合理性来讲,我国《刑法》对此应予适当明确。

行数罪并罚,实际执行并罚结果的刑罚;战时并无立功表现,并且发现漏罪的,应当撤销原判缓刑,实行数罪并罚,对于并罚结果再酌情决定是否适用缓刑。**(6) 考验期限·考验内容**:战时缓刑也拥有考验期限与考验内容。A. 考验期限:在直接宣告战时缓刑的场合,战时缓刑的考验期限可以参照一般缓刑考验期限的确定方法予以确定;在原先宣告缓刑而战时按战时缓刑处理的场合,其考验期限固然根据一般缓刑考验期限确定。B. 考验内容:包括战时的一般表现与特殊表现。所谓一般表现,是指遵守法律法规,严格执行命令,积极投身战斗等情况;所谓特殊表现,是指战时确有立功表现,或者战时再犯新罪等情况。

[17] **战时缓刑与一般缓刑:(1) 相似之处**:A. 形式条件:均为被处3年以下有期徒刑的犯罪分子,包括被处拘役;B. 实质条件:“不致再危害社会”与“没有现实危险”,两者核心意义一致;C. 否定要件:累犯与犯罪集团首要分子不适用缓刑的规定,同样适用于战时缓刑;D. 考验期限:战时缓刑也应有其考验期限,具体期限可以参照一般缓刑确定。[①] **(2) 不同之处**:A. 适用时间:战时缓刑仅限战时适用,而一般缓刑既可以适用于和平时期,也可以适用于战时。B. 适用对象:战时缓刑只能适用于犯罪军人,而一般缓刑既可以适用于犯罪军人,也可以适用于非军人的犯罪人。C. 考察内容:一般缓刑考察的核心内容,系我国《刑法》第75条的规定以及同时宣告的禁止令;而战时缓刑考察的核心内容,除了考察缓刑犯的一般行为表现,以及是否再犯新罪以外,更为重要的是要考察缓刑犯是否存在立功表现。D. 缓刑效果:一般缓刑,如果没有出现应当撤销缓刑的法定事由,则缓刑考验期满原判刑罚不再执行,但是犯罪记录仍然存在;而战时缓刑,如果没有出现应当撤销缓刑的事由并且确有立功表现,不仅可以撤销原判刑罚,而且不以犯罪论处。

第46节 缓刑的适用要件

[1] **缓刑的适用要件**,是指对于犯罪分子裁量宣告缓刑所必须具备的基本条件,分为形式要件、实质要件、否定要件。**形式要件**,表现为缓刑适用对于宣告刑刑种、宣告刑轻重、犯罪人身心状况等的要求;**实质要件**,表现为缓刑适用对于犯罪人人身危险性的要求;**否定要件**,表现为排除缓刑适用的再

① 有关论著指出:“战时缓刑没有缓刑考验期。”参见高铭暄、马克昌主编:《刑法学》(第七版),北京大学出版社、高等教育出版社2016年版,第289页。缓刑考验意味着对犯罪人予以监督管理,实际上是对犯罪人人身自由的一定限制,如果没有缓刑考验期,而战争持续时间又较长,犯罪人也没有立功表现,则犯罪人被缓刑监督的期限何时才能结束呢?

犯或者累犯等的情形。对此，各国刑法的规定有所不同，兹在介绍比较中外相关立法的基础上，对于缓刑适用前提的理论与实践问题作一分析。

一、各国刑法规定

[2] 基于缓刑适用要件的核心议题，本题的阐释分别形式要件的模式、实质要件的模式、特殊罪犯立法模式的路径展开。

（一）形式要件的模式

[3] 各国刑法缓刑适用的形式要件，主要表现为对于如下议题的不同取舍：主刑与从刑、自由刑与罚金，全部刑罚与部分刑罚，宣告刑轻重，犯罪人身心状况。

[4] **主刑与从刑**：针对附加刑能否适用缓刑，存在如下立法模式：**(1) 缓刑仅限主刑**：缓刑只能适用于主刑，附加刑并不适用缓刑。《巴西刑法典》(1941 年)第 57 条附款规定："缓刑既不适用于罚金，也不适用于附加刑。"① **(2) 从刑可予缓刑**：缓刑既可以适用于主刑，也可能适用于附加刑。例如，《意大利刑法典》(1931 年)第 166 条第 1 款规定："缓刑的适用扩及附加刑。"

[5] **自由刑与罚金**：针对缓刑是否适用于罚金，存在如下立法模式：**(1) 仅适用于自由刑**：缓刑只能适用于自由刑，而不能针对罚金等其他刑种。例如，《德国刑法典》(1998 年)第 56 条第 1 款第一句规定："判处 1 年以下自由刑，法院认为所判处的刑罚已起警告作用，且不执行刑罚也不致再犯罪的，可宣告缓刑交付考验。"② **(2) 适用于自由刑与罚金**：缓刑既可以适用于自由刑，也可以适用于罚金刑。例如，《日本刑法典》(1907 年)第 25 条第 1 款规定，对于被宣告 3 年以下惩役、监禁或者 50 万元以下罚金的人，具有法定情形之一的，可以根据情节，自判决确定之日起，在 1 年以上 5 年以下的期间内暂缓其刑罚的执行。③ **(3) 适用于自由刑、罚金、资格刑**：缓刑可以适用于自由刑、罚金以及资格刑。例如，《韩国刑法典》(1953 年)第 59 条第 1 款规定，宣告 1 年以下劳役或者徒刑、停止资格或者罚金，参酌法定量刑条件的规定，对悔改表现显著者，可以暂缓宣告。**(4) 附条件非自由刑**：缓刑原则上只能适用于自由刑，但是在法定特殊条件下可适用于其他刑罚。例如，《西班牙刑法典》(1995 年)第 80 条第 1、4 项规定："基于犯罪行为的危害性，对于低于 2 年的剥夺自由刑，法官和法院可以自由裁量给予缓刑。""当罪犯患有不能治愈

---

① 类似的立法例：《俄罗斯刑法典》(1996 年)第 73 条第 4 款。

② 类似的立法例：《俄罗斯刑法典》(1996 年)第 73 条第 1 款。

③ 类似的立法例：我国台湾地区"刑法"(2005 年)第 74 条；《奥地利刑法典》(1974 年)第 43 条第 1 款；《罗马尼亚刑法典》(1996 年)第 95 条第 1 款。

的严重疾病时,法官和法院可以不受规定的约束,对任何刑罚实施缓刑……”

[6] **全部刑罚与部分刑罚**:针对缓刑效力是否及于全部宣告刑,存在如下立法模式:**(1) 效力及于全部刑罚**:缓刑的效力及于宣告刑的全部。例如,《德国刑法典》(1998年)第56条第4款规定:“缓刑不得限于刑罚的一部分,同时也不得因审前羁押或其他剥夺自由的折抵而不适用之。”**(2) 可以部分自由刑缓刑**:对于所宣告的自由刑,部分予以缓刑、部分立即执行。例如,《奥地利刑法典》(1974年)第43a条第3款规定,可能被科处的自由刑在6个月以上但不超过2年,尤其考虑到违法者以前的判决,既不能将全部刑罚附条件缓刑,也不能将部分自由刑以日额罚金代替,在具备缓刑法定条件下,将刑罚之一部分予以附条件缓刑。[①] **(3) 自由刑缓刑并罚金**:对于自由刑宣告缓刑,同时附加罚金立即执行。《奥地利刑法典》(1974年)第43a条第2款规定,被科处的自由刑在6个月以上但不超过2年,且不具备将全部刑罚附条件缓刑的前提条件,如果剩余的自由刑具备缓刑法定条件的,可科处360单位以下日额金的罚金刑代替自由刑的一部分。[②] **(4) 自由刑缓刑并罚金或者社区服务**:对于自由刑宣告缓刑,同时附加社区服务、罚金等。《芬兰刑法典》(1889年)第2b章第2条第1项规定:“如果认为附条件的监禁刑本身不是对某一犯罪的充分处罚,可以同时科处附属罚金,或者,如果附条件的监禁刑超过1年,也可以选择科处最低20小时最高90小时附属社区服务处罚。”**(5) 自由刑缓刑并罚金、社区服务或者监禁**:对于自由刑宣告缓刑,同时附加社区服务、罚金、或者短期监禁等。《瑞典刑法典》(1962年)第2条规定,缓刑可以与日罚金并处;第2a条规定,经被告人同意,缓刑可以适用社区服务的条件;第3条规定,缓刑可以与14天以上3个月以下的监禁并处,法院判处监禁和缓刑的,不应当判处罚金或社区服务的条件。

[7] **宣告刑轻重**:根据宣告刑的轻重,确定缓刑的形式条件,其中的宣告刑轻重,存在如下立法模式:**(1) 1年以下**:缓刑主要适用于应当宣告1年以下自由刑的犯罪。例如,《德国刑法典》(1998年)第56条第1款规定,判处1年以下自由刑,法院认为所判处的刑罚已起警告作用,且不执行刑罚也不致再犯罪的,可宣告缓刑交付考验。**(2) 1年半以下**:缓刑主要适用于应当宣告1年半以下自由刑的犯罪。例如,《瑞士刑法典》(1937年)第41条第1款规定:“受18个月以下的自由刑或附加刑的宣告,如果被判刑人的履历和性格表明,

---

① 类似的立法例:《挪威刑法典》(1902年)第52条第2款、第71条;《丹麦刑法典》(2002年)第58条。

② 类似的立法例:《挪威刑法典》(1902年)第52条第3款。

不立即执行刑罚也不会再实施重罪或轻罪，且可期望其对由法院或通过调解确定的损失进行赔偿的，法官可将宣告刑的执行予以推迟。”**(3) 2 年以下**：缓刑主要适用于应当宣告 2 年以下自由刑的犯罪。例如，《巴西刑法典》(1941 年)第 57 条规定，凡不超过 2 年的拘役，或者犯罪人不满 21 岁或者超过 70 岁而监禁又不超过 2 年的[①]，可缓期 2 年至 6 年执行。[②] **(4) 3 年以下**：缓刑主要适用于应当宣告 3 年以下自由刑的犯罪。例如，《韩国刑法典》(1953 年)第 62 条第 1 款规定，宣告 3 年以下劳役或者徒刑，存在法定可以宽恕的事由，得定 1 年以上 5 年以下之期间暂缓执行其刑。[③] **(5) 不予明确**：对于缓刑可予适用的自由刑的刑期不予具体明确。例如，《丹麦刑法典》(2002 年)第 56 条第 1 款规定：“法院认为没有必要执行一项刑罚的，其判决应当述明暂缓确定刑罚，缓刑期限内没有发生法定事由的，免除其刑罚。”

[8] **犯罪人身心状况**：基于犯罪人身心等状况，确定缓刑的具体适用，存在如下立法模式：**(1) 年龄因素**：基于犯罪人的年龄状况，确定缓刑的具体适用，通常表现为未成年人、青年、老年人。**A. 未成年人 · 执行犹豫**：强调对于未成年人一般适用缓刑。例如，《芬兰刑法典》(1889 年)第 2b 章第 1 条第 2 款规定，对于不满 18 周岁实施了犯罪的人施加的监禁不能立即执行，除非有充分理由。[④] **B. 青年、老年 · 执行犹豫**：针对青年、老年专门规定适用缓刑。例如，《意大利刑法典》(1931 年)第 163 条第 3 款规定，如果犯罪是由已满 18 岁、但不满 21 岁的人实施的，或者是已满 70 岁的人实施的，当所科处的限制人身自由刑不超过 2 年 6 个月时，或者当处刑罚与此相当时，可以裁定暂缓执行。**C. 未成年人 · 宣告犹豫**：针对未成年人专门规定刑罚宣告犹豫。例如，《菲律宾刑法》(1930 年)第 80 条第 1 款规定：未成年人犯重罪或次重罪时未满 16 周岁的，不分性别，法院将以正当的程序审查证据后，不作出有罪判决，而是中止所有的下一步诉讼程序，将未成年人交托给依法成立的特定机构或者人员监护，使服从法定的条件直到成年或者法院认为合适的较早期间。**(2) 重病、怀孕 · 暂缓执行**：基于犯罪人重病、怀孕等情形，确定缓刑的具体适用。例如，《西班牙刑法典》(1995 年)第 80 条第 4 项规定：“当罪犯患有不能治愈的严重疾病时，法官和法院可以不受规定约束，对任何刑罚实施缓

---

① 《巴西刑法典》(1941 年)第 30 条第 3 款规定，监禁不准缓刑，但是犯罪人不满 21 岁或者超过 70 岁，而监禁又不超过 2 年的，可以适用。

② 类似的立法例：《罗马尼亚刑法典》(1968 年)第 81 条第 1 款；《芬兰刑法典》(1889 年)第 2b 章第 1 条；《泰国刑法典》(1956 年)第 56 条。

③ 类似的立法例：《越南刑法典》(1999 年)第 60 条第 1 款。

④ 类似的立法例：《意大利刑法典》(1931 年)第 163 条第 2 款规定，对于不满 18 周岁的未成年人实施应处不超过 3 年限制人身自由的刑罚或者与此相当的刑罚，可以裁定适用暂缓执行。

刑……"《蒙古国刑法典》(1991年)第63条第1款规定:"怀孕妇女、抚养3周岁以下儿童的母亲或单亲父亲首次犯轻罪或者重罪而判处监禁、徒刑或2年以下强制劳动的,法院可以判处缓刑。"[1]

(二) 实质要件的模式

[9] 各国刑法缓刑适用的实质要件,主要表现为对于如下议题的不同取舍:实质条件评价、实质评价依据:

[10] **实质条件评价**:适用缓刑以不致再危害社会为基本前提,对于这一实质条件的表述,存在如下立法模式:**(1) 刑罚目的**:强调基于刑罚目的而适用缓刑。例如,我国澳门地区《刑法典》(1995年)第48条规定:"经考虑行为人之人格、生活状况、犯罪前后之行为及犯罪之情节,认为仅对事实作谴责并以监禁作威吓可适当及足以实现处罚之目的者,法院得将科处不超逾3年之徒刑暂缓执行。"[2]**(2) 无需执行**:强调基于无需执行而适用缓刑。例如,《俄罗斯刑法典》(1996年)第73条第1款规定:"如果在判处劳动改造、限制军职、限制自由、军纪管束或剥夺自由之后,法院认为被判刑人不实际服刑亦可能得到改造,则可以判处缓刑。"**(3) 不致再犯**:强调基于不致再犯而适用缓刑。例如,《奥地利刑法典》(1974年)第43条规定,行为受1年以下自由刑或罚金之宣告,为使其不再犯罪,如认为仅以刑罚之预告,或兼以其他之处分即为已足,而不以刑之执行为必要时,可以宣告缓刑。**(4) 确有悔改**:强调基于悔改表现而适用缓刑。例如,《韩国刑法典》(1953年)第59条规定,应受一定刑罚的宣告,参酌法定量刑情节,对于悔改表现显著者,可以暂缓宣告。**(5) 宽恕事由**:强调基于宽恕事由而适用缓刑。例如,《韩国刑法典》(1953年)第62条规定,应受一定刑罚的宣告,参酌法定量刑情节,对于具有可宽恕的事由者,可以暂缓执行其刑。

[11] **实质评价依据**:对于适用缓刑实质的评价根据,多数国家刑法予以明确,其内容包括犯罪人人格等因素以及其他犯罪情节因素;也有的国家对此未予明确。**(1) 犯罪人人身危险**:强调根据犯罪人人格、主观恶性、生活背景等因素,评价缓刑适用的实质条件。例如,《瑞士刑法典》(1937年)第41条

---

① 显然,这里的暂不执行徒刑,与我国《刑事诉讼法》针对患有严重疾病、怀孕哺乳婴儿妇女的监外执行,完全不同。前者属于暂缓执行,为不执行;后者属于监外执行,为特殊执行。对于"患有严重疾病、怀孕哺乳婴儿妇女"的刑罚执行的处理,存在三种立法模式:监外执行;缓刑;延期执行。监外执行与缓刑,已如上述。延期执行,例如,《越南刑法典》(1999年)第61条规定了暂不执行徒刑的四种情形:患重病者可暂缓执行,直至痊愈;正在怀孕的妇女或者正在哺育不满36个月婴儿的妇女,可暂缓至婴儿满36个月;是家庭中唯一的劳动力,且送监执行将使其家庭陷入特别困难境地,可暂缓1年;罪行较轻微,且因公务需要,可暂缓1年。

② 类似的立法例:《罗马尼亚刑法典》(1996年)第95条第1款第3项。

规定，如果被判刑人的履历和性格表明，不立即执行刑罚也不会再实施重罪或轻罪，且可期望其对确定的损失进行赔偿的，可推迟自由刑或附加刑的执行。[①] **(2) 人身危险·犯罪情节**：强调根据犯罪人人格与其他犯罪情节等，评价缓刑适用的实质条件。例如，《德国刑法典》(1998年)第56条规定，法院在宣告缓刑时，应特别考虑受审判人的人格、履历、犯罪情节、事后态度、生活状况以及缓刑对他的影响。[②] **(3) 未予明确**：对于缓刑适用实质条件的评价根据，法条未予直接明确。例如，《挪威刑法典》(1902年)第52条规定，法庭可以在判决中决定给予刑罚判决或者刑罚执行暂缓。然而，对于这一缓刑适用的实质评价根据，法条却未予明确表述。[③]

（三）特殊罪犯立法模式

[12] 许多国家刑法对于再犯、累犯等罪犯的缓刑条件，予以了特别的规定，具体存在如下立法模式：

[13] **特定刑罚·否定条件**：将犯罪人未曾在特定期间被处特定刑罚，作为适用缓刑的条件。例如，《日本刑法典》(1907年)第25条，将可予缓刑的条件表述为："以前未被判过监禁以上刑罚的"；"以前虽然被判处过监禁以上的刑罚，但从执行完毕或者获得免除执行之日起，在5年内未再被判处监禁以上刑罚的"。

[14] **对于累犯不得缓刑**：对于累犯一律不得适用缓刑。例如，我国《刑法》第74条规定："对于累犯，不适用缓刑。"

[15] 对于累犯可以缓刑：对于累犯在法定条件下也可适用缓刑。例如，《西班牙刑法典》(1995年)第87条第2项规定："对于累犯，法官和法院将考虑犯罪行为和罪犯的情节自由裁量是否宣告缓刑。"

（四）整体要件考察

[16] 缓刑适用的整体条件，有助于全面考察缓刑适用的前提。在缓刑适用的整体要件上，同一国家的不同缓刑类型，其适用要件有所不同；而不同国家之间的缓刑适用要件，又各有差异。

[17] **宣告犹豫·执行犹豫**：有的国家同时设置了宣告犹豫与执行犹豫，并且两者的适用条件各不相同。例如，《韩国刑法典》(1953年)。**(1) 暂缓宣告**的条件是：应受1年以下自由刑、停止资格或者罚金的宣告；基于法定量刑条件的参酌，罪犯具有显著悔改表现；曾被判处停止资格以上的刑罚，不得暂

---

① 类似的立法例：《泰国刑法典》(1956年)第56条。

② 类似的立法例：《奥地利刑法典》(1974年)第43条；《巴西刑法典》(1941年)第57条；《西班牙刑法典》(1995年)第80条第2项。

③ 类似的立法例：《丹麦刑法典》(2002年)第56条。

缓宣告。**(2) 暂缓执行**的条件是：应受3年以下自由刑的宣告；基于法定量刑条件的参酌，罪犯具有可予宽恕的事由；曾被判处徒刑以上刑罚，刑罚执行完毕或者被免除后未满5年，不得暂缓执行。①

［18］**首次缓刑·再次缓刑**：有的国家分别设置了首次缓刑与再次缓刑，并且对于两者的适用条件也给予了各不相同的规定。例如，《日本刑法典》（1907年）。**(1) 首次缓刑**的条件是：应受3年以下惩役、监禁或者50万元以下罚金的宣告；犯罪情节轻微，判处缓刑也能够期待罪犯自动改悔②；以前未被判处过监禁以上刑罚的，或者以前虽被判处过监禁以上刑罚，但从执行完毕或者获得免除执行之日起，在5年内未再被判处监禁以上刑罚的。**(2) 再次缓刑**的条件是：应受1年以下惩役或者监禁的宣告③；具有应当特别斟酌的情节；以前虽被判处过监禁以上刑罚但被缓期执行；在首次缓刑交付保护观察期间再犯新罪的，不得缓期执行。

［19］**普通缓刑·特殊缓刑·排除缓刑**：有的国家基于犯罪人人格的具体情况，分别设置了普通情形的缓刑与特殊情形的缓刑，并且对于不得缓刑的情形作了特别规定。例如，《德国刑法典》（1998年）。**(1) 普通缓刑**的条件是：应受1年以下自由刑宣告；所判处的刑罚已起到警告作用，且不执行刑罚也不致再犯罪。**(2) 特殊缓刑**的条件是：应受不超过2年的自由刑宣告；所判处的刑罚已起到警告作用，且不执行刑罚也不致再犯罪；犯罪及犯罪人的人格具有特殊情况。**(3) 排除缓刑**的条件是：应受6个月以上自由刑宣告；不予缓刑实属维护法秩序必要④。

［20］**一定刑罚·不致再犯·否定条件**：缓刑的适用条件，通常包括一定刑罚的宣告、不致再犯的评价、有关情形的特别排除。例如，《意大利刑法典》（1931年）的缓刑条件是：**(1) 一定刑罚**：应受不超过2年有期徒刑或者拘役的

---

① **不予区分**：也有的国家刑法，缓刑虽然包括宣告犹豫与执行犹豫，但是对于两者适用的条件未予明确区分。例如，《挪威刑法典》（1902年）第52条第1款规定，法庭可以在判决中决定给予刑罚判决或者刑罚执行暂缓，并给予一定的缓刑期。类似的立法例：《丹麦刑法典》（2002年）第56条第1、2款。

② 刑法典的表述是“根据情节”，而对这里的“情节”可以作如此理解。〔日〕大谷实著：《刑法总论》，黎宏译，法律出版社2003年版，第394页。

③ 对于应受罚金宣告的，不得再次缓刑。

④ 这里的“维护法秩序必要”，属于普通缓刑条件的例外，意味着在通常情况下，被判处1年以下自由刑，其缓刑交付考验能够维护居民对法规范的信任，但是在特殊场合，如果对于犯罪人不予实际执行，会对理智的司法信任受到动摇时，尽管存在有利的缓刑预测，也将剥夺行为人自由，这被视为“积极的一般预防”的维护手段。参见〔德〕汉斯·海因里希·耶塞克、托马斯·魏根特著：《德国刑法教科书》，徐久生译，中国法制出版社2001年版，第1005页。

宣告,或者在单处或并处财产刑的场合刑期相当于不超过 2 年剥夺自由[①];**(2) 不致再犯**:根据法定量刑情节(认定犯罪严重程度的情节、认定犯罪人犯罪能力的情节),推定犯罪人将不再实施新的犯罪;**(3) 否定条件**:未曾因重罪而受过监禁刑处罚;未被宣告为重罪或违警罪惯犯或者职业犯;未被法律推定为具有社会危险从而附加保安处分;未曾适用过缓刑。[②]

[21] **首次轻罪·赔偿损失·无需执行**:有的国家将缓刑适用条件设置为,首次轻罪、赔偿损失、无需执行的评价等。例如,《蒙古国刑法典》(1991年)的缓刑条件是:犯罪人首次犯轻罪;犯罪人已经赔偿损失或者补救了其犯罪所造成的损害;根据犯罪人的个性特征、所犯罪行的社会危害性及其程度,认为无需判处徒刑在监狱执行。

二、我国《刑法》的缓刑适用要件

[22] 根据我国《刑法》第 72、74 条的规定,缓刑的适用要件包括形式要件、实质要件与否定要件。对于同时符合这三项要件的犯罪分子,可以宣告缓刑;对于同时符合这三项要件,并且系不满 18 周岁、怀孕妇女和已满 75 周岁的犯罪分子,应当宣告缓刑。

[23] **形式要件·宣告刑轻重**:被判处拘役、3 年以下有期徒刑的犯罪分子。对此,应当注意:**(1) 宣告刑**:这里所指的被判处拘役、3 年以下有期徒刑,是指基于犯罪分子的具体罪行而应当适用的宣告刑,而非所犯具体犯罪的法定刑设置。**(2) 刑种**:犯罪分子应受的宣告刑,仅限拘役或者 3 年以下有期徒刑。这也意味着我国《刑法》所规定的缓刑仅仅针对拘役与 3 年以下有期徒刑;所有其他刑种或者刑期不得适用缓刑。**(3) 犯罪性质**:就罪行轻重而言,与 3 年以下有期徒刑相应的犯罪,通常属于轻罪。另外,适用缓刑除了宣告刑的形式要件外,还强调确实不致再危害社会的实质要件,由此在罪质方面,适用缓刑的犯罪通常表现为过失犯罪、罪行较轻的故意犯罪、非暴力性犯罪、罪行较轻的未成年人犯罪。**(4) 附加刑**:《刑法》规定,被宣告缓刑的犯罪分子,如果被判处附加刑,附加刑仍须执行。这意味着,缓刑效力仅及于主刑;并且,在主刑适用缓刑的场合,不排除仍可判处附加刑。[③]

---

① 在犯罪人为不满 **18 岁**时,应受宣告的刑罚为不超过 3 年限制人身自由的刑罚,或者与此相当的刑罚(第 163 条第 2 款)。在犯罪人为已满 18 岁不满 **21 岁**或者已满 **70 岁**时,应受宣告的刑罚为不超过 2 年 6 个月限制人身自由的刑罚,或者与此相当的刑罚(第 163 条第 3 款)。

② 对此,例外的是:在科处新的刑罚时,如果应科处的刑罚与在前一次处罚中科处的刑罚相加不超过 2 年,可以再次适用缓刑(第 164 条第 4 款)。

③ 题中所述系我国《刑法》的明确规定,不过附加刑的缓刑问题,仍是刑法理论的重要议题。诸如,对于剥夺政治权利与罚金的能否适用缓刑?是否有必要专门针对附加刑予以缓刑立法?

［24］**实质要件·不致危害社会**：适用缓刑确实不致再危害社会。具体须要**同时符合**：犯罪情节较轻；有悔罪表现；没有再犯危险；对于居住社区没有重大不良影响。其核心是对**犯罪人人身危险性**的评价与论断。**(1) 不致危害社会**：适用缓刑确实不致再危害社会，这是缓刑适用的实质要件，是对**犯罪人人身危险性**的评价与论断。**A. 实质要件**：不致再危害社会，是从根本上强调犯罪人再犯可能性不大、刑罚宣告足以起到特殊预防目的从而无需立即执行；同时，这一实质要件也间接地表明，对于犯罪人适用缓刑，并不违背刑罚一般预防的目的，包括仍然能够保持社会公众对于法律的确信[①]。**B. 评价**：不致再危害社会，也只是法官对于犯罪人人身危险性的一种推测。人身危险性是刑事近代学派的核心概念；人身危险性的准确评价是刑事近代学派思想在规范刑法学中得以贯彻的前提；目前这一准确评价的操作技术（尤其是量化问题）仍待进一步挖掘；现在通常的做法仍是定性的、估量的测定。**C. 论断**：不致再危害社会，是对犯罪人人身危险性的终结评价（评价结论），这一评价结论的得出，固然有其评价依据。对此，根据我国《刑法》的规定，“没有再犯危险”是人身危险性的典型表述，“犯罪情节较轻”与“有悔罪表现”是以行为特征为主导的人身危险性评价要素，而“社区影响”是以犯罪人生活背景特征为主导的人身危险性评价要素。**(2) 犯罪情节**：**犯罪情节**，是指案件中客观存在的，说明犯罪行为的社会危害程度与行为人人身危险性大小的各种具体事实情况，包括定罪情节与量刑情节。其中，**量刑情节**，是指案件中客观存在的，作为决定处刑轻重或者免除处罚的各种具体事实情况。主要表现为犯罪构成事实以外的其他与犯罪密切相关的具体事实情况。**定罪情节**，是指案件中客观存在的，作为决定是否构成犯罪或者构成何种具体犯罪的标准的各种具体事实情况，主要表现为犯罪构成事实的详情细节。犯罪情节直接地或者间接地**说明**了行为人的人身危险性大小。例如，犯罪中止对于人身危险性的说明较为直接；而盗窃数额对于人身危险性的说明则相对间接。缓刑属于一种特殊的量刑与行刑制度，作为缓刑根据的犯罪情节具有较为广泛的意义。**(3) 悔罪表现**：**悔罪表现**，是指行为人对于自己的犯罪行为所表现出的悔恨、自责的心态与行为。其特征是：自我悔恨与谴责；外在行为表现。悔罪表现，表明犯罪人对于自己行为的罪恶与危害的痛心与悔悟，从而也在一定程度上说明了犯罪人人身危险性转变。悔罪的外在表现有很多，自首、坦白、立功固

---

① **一般预防**：以社会一般人为对象，认为刑罚的目的在于通过刑罚的威慑或者确证规范，预防社会一般人，使之不致犯罪，包括执行威吓主义、立法威吓主义、积极一般预防。执行威吓与立法威吓均以威吓为基底，此可谓消极一般预防。相反，积极一般预防，是通过刑法的评价机能和决定意思的机能，使公民对刑法产生依赖，由此达到预防犯罪的效果。

然是悔罪的重要表现，此外诸如积极退赃、赔偿损失[①]、积极抢救被害人、真诚向被害人致歉、尽力挽回损害后果等等，也都属于悔罪表现。反之，不如实供述罪行、不予退赃、共同犯罪中的主犯等[②]，不宜适用缓刑。此外，有关司法解释也原则上否定了罪数并罚的缓刑适用[③]。另外，悔罪表现通常表现在犯罪后，但是也不排除在犯罪中的悔罪表现，例如，犯罪中止。

[25] **否定要件·**并非累犯与首要分子：《刑法》规定，对于累犯和犯罪集团的首要分子，不适用缓刑。这意味着：**(1) 人身危险性**：累犯的构成要件表明，一般来说累犯的人身危险性较大[④]，从而各国刑法均将累犯作为从严处罚的情节，我国《刑法》也规定，对于累犯应当从重处罚（第65条）。犯罪集团的首要分子，是组织策划指挥犯罪集团进行犯罪活动的犯罪分子，这一形式特征也在一定程度上表明，犯罪集团首要分子的人身危险性较大。而缓刑适用的实质要件强调，犯罪人确有悔改表现不致再危害社会，这是对犯罪人人身危险性较小的评价。由此，对于累犯或犯罪集团首要分子适用缓刑，有违缓刑适用的实质要件。**(2) 一般与特殊**：累犯包括一般累犯与特别累犯。累犯不适用缓刑，是指对于一般累犯与特别累犯，均不得适用缓刑。**(3) 普通再犯**：在我国，相对于再犯而言，累犯是一个更为严格的法律概念[⑤]。行为人可以构成再犯但却不是累犯。例如，前罪虽为故意犯罪，但后罪却是过失犯罪；或者前罪与后罪并非危害国家安全罪、恐怖活动犯罪、黑社会性质组织犯罪，后罪发生在前罪刑罚执行完毕或者赦免以后的5年以外；或者前罪所处刑罚与后罪应处的刑罚并非有期徒刑以上等。在这些场合，仍然不排除适用缓刑的可能。

三、缓刑适用要件的探讨

[26] 对于缓刑的适用要件，尚有如下理论问题有待进一步探讨：有关附加刑、罚金、数罪并罚、宣告刑刑期及未成年人、老年人犯罪等的缓刑适用，缓刑的主刑覆盖，缓刑的实质要件及其评价根据等。兹予分述如下：

---

① 有的国家就将赔偿损失作为缓刑适用的条件之一。见本节段21。

② 《最高人民法院、最高人民检察院关于办理职务犯罪案件严格适用缓刑、免予刑事处罚若干问题的意见》（2012年）第2条。

③ 《最高人民法院关于进一步加强危害生产安全刑事案件审判工作的意见》（2011年）第18条。

④ 累犯的人身危险性较大的评价，是通过法律形式概念完成的。这就是说，人身危险性是一个实质概念，而这里的累犯成立条件多属形式要件。不过，在规范刑法学中，许多实质评价，也只能通过若干形式概念作为标志。而人身危险性的确切评价，更是一个极其复杂的课题。

⑤ **再犯**包括广义与狭义。**广义再犯**，是指曾经受犯罪判决之人再次实施犯罪；**狭义再犯**，是指曾经受犯罪与刑罚判决之人再次实施犯罪。**累犯**，是指因犯罪受过一定刑罚处罚，在该刑罚执行完毕或者赦免以后，在法定期限内又犯一定之罪的犯罪人。

（一）附加刑与缓刑

[27] 这一问题包括两个方面：缓刑效力能否及于附加刑；对于附加刑能否适用缓刑。其中，**缓刑效力能否及于附加刑**，对此我国《刑法》已经明确，“被宣告缓刑的犯罪分子，如果被判处附加刑，附加刑仍须执行”。不过，其他国家或地区的刑法理论仍有不同见解。例如，我国台湾学者认为，除没收外，“缓刑不仅缓予执行之主刑，并以包含从刑为原则”①。本书认为，在针对附加刑的缓刑效力问题上，我国《刑法》的立法模式有其合理性。附加刑具有一定的独立性，这意味着附加刑独立地承担着对于行为人的刑罚处罚；对于行为人处以主刑的同时判处附加刑，说明行为人的罪行也当处附加刑。既然当处附加刑，在没有专门针对附加刑予以缓刑的情况下，附加刑当然应当执行，不能基于主刑的缓刑而使附加刑也缓刑。这里关键是，**对于附加刑能否适用缓刑**，也就是说，是否有必要专门针对附加刑予以缓刑立法，这一问题在我国《刑法》中较为典型地表现为剥夺政治权利的缓刑与罚金的缓刑。

（二）剥夺政治权利与缓刑

[28] 对于剥夺政治权利与缓刑，存在两项议题：在附加剥夺政治权利的场合，对主刑能否适用缓刑；在独立适用剥夺政治权利的场合，对剥夺政治权利能否适用缓刑。对于这里的第一项议题，我国刑法理论存在如下见解：**(1) 肯定说**，认为对于一般的扰乱社会秩序罪，情节不严重的或者从犯，即使判处了剥夺政治权利，如果主刑符合缓刑条件，仍可适用缓刑。② **(2) 否定说**，认为凡是判处剥夺政治权利附加刑的，都属于严重破坏社会秩序的犯罪，因此对于附加剥夺政治权利的主刑，不能适用缓刑。③ 对于这一问题回答，关键是应当具体区分我国《刑法》有关剥夺政治权利适用的不同情形。由此，本书认为，对于附加剥夺政治权利的主刑，可以适用缓刑；对于独立适用的剥夺政治权利，不应适用缓刑。

[29] 基于我国《刑法》的规定，剥夺政治权利的适用对象与方式，存在两种情况：**(1) 总则·严重犯罪·附加适用**：剥夺政治权利附加适用于严重的犯罪，由《刑法》总则第56条与第57条规定。具体包括：A. 危害国家安全·必科：对于危害国家安全的犯罪分子，应当附加剥夺政治权利；B. 严重破坏社会秩序·得科：对于故意杀人、强奸、放火、爆炸、投毒、抢劫等严重破坏社会秩

① 黄仲夫编著：《刑法精义》，台湾五南图书出版有限公司2001年版，第317页。这也是台湾刑事实务的通行做法。参见陈子平著：《刑法总论》，中国人民大学出版社2009年版，第518页。

② 参见周振想著：《刑罚适用论》，法律出版社1990年版，第350页。

③ 参见李光灿主编：《中华人民共和国刑法论》（上编），吉林人民出版社1984年版，第645页。

序的犯罪分子，可以附加剥夺政治权利[①]；C. *死刑无期徒刑·必科*：对于被判处死刑、无期徒刑的犯罪分子，应当剥夺政治权利终身。**(2) 分则·较轻犯罪·独立适用**：剥夺政治权利的独立适用，由《刑法》分则各罪相应的法定刑规定。具体特点：A. *罪名*：适用剥夺政治权利的具体罪名，依存于分则下列各章：危害国家安全罪、危害公共安全罪、侵犯公民权利罪、妨害社会管理秩序罪、危害国防利益罪。剥夺政治权利的罪名适用率为8%。B. *罪状*：剥夺政治权利的独立适用，通常对应于本罪最轻的罪状，与之匹配的法定刑主刑通常也是本罪的较轻的法定刑幅度。例如，“处3年以下有期徒刑、拘役、管制或者剥夺政治权利”，“处5年以下有期徒刑、拘役、管制或者剥夺政治权利”。C. *选科*：分则剥夺政治权利的法定刑设置，表现为与较轻主刑的选科。其中，较轻的主刑表现为“3年以下有期徒刑”“5年以下有期徒刑”“拘役”“管制”。在这种场合，适用剥夺政治权利，就不得再适用其他主刑。

[30] **剥夺政治权利附加适用于严重犯罪**：在附加于死刑、无期徒刑的场合，基于主刑宣告刑的刑种已超越缓刑适用的形式要件，固然无所谓缓刑的适用。然而，在附加于危害国家安全的犯罪分子或者严重破坏社会秩序的犯罪分子的场合，尽管这两种犯罪分子所犯罪质较为严重，但是并不排除在这种场合主刑宣告刑存在3年以下有期徒刑的情况，同时也不能一律认为这两种类型的犯罪分子的人身危险性就肯定较大，以至于不予收监就一定会再次危害社会。这就是说，这两种犯罪分子也可能存在符合缓刑适用条件的可能，既然如此，根据我国《刑法》对于缓刑适用的规定，就不应排除这种情况的缓刑适用。当然，这里所谓适用缓刑同样仅仅针对主刑，附加的剥夺政治权利仍须执行。

[31] **剥夺政治权利独立适用于较轻的犯罪**：在这种场合，由于不存在主刑，实际问题是，对于独立的剥夺政治权利能否适用缓刑。有关附加刑能否适用缓刑的问题，各国刑法的规定有所差异(见本节段4)。有的国家的刑法典还设置了资格刑的缓刑。例如，《韩国刑法典》(1953年)第59条第1款所规定暂缓宣告，就包括了资格刑的内容。我国《刑法》并未规定，对于剥夺政治权利可以适用缓刑，《刑法》所规定的缓刑适用的形式要件是应处拘役或者3年以下有期徒刑。就立法**应然**而言，也不宜设置剥夺政治权利的执行犹

---

① 对于故意伤害、盗窃等其他严重破坏社会秩序的犯罪分子，也可以附加剥夺政治权利。详见最高人民法院《关于对故意伤害、盗窃等严重破坏社会秩序的犯罪分子能否附加剥夺政治权利问题的批复》(1997年)。

豫[①]。剥夺政治权利,意味着应当停止犯罪人一定期限的有关权利的行使,而这一停止的一个重要根据就是,如果在这一期间让犯罪人行使这些权利,很可能有害于社会。而缓刑适用的实质要件,正是不致再危害社会。由此,对于剥夺政治权利,如果基于适用的基础而予宣告,就宜实际执行;反之,如果并无适用的必要,就不宜宣告。

(三)罚金与缓刑

[32] 缓刑通常针对自由刑,对于罚金能否适用缓刑,各国刑法的规定同样差异较大(见本节段5)。刑法理论,也存在着较大的争议。**(1)肯定论**,主张对于罚金也可适用缓刑,理由是:相对自由刑罚金较轻,重者既得缓刑,轻者自不能置之度外,故亦包括在内,应准缓刑;对于无法缴纳罚金时的劳役所留置,也不能进行缓期执行,这将造成比轻微自由刑的刑罚执行更加残酷的结果;缓刑不只具有避免执行刑罚带来的弊端这种消极机能,而且进而应该发挥促进犯人的改善这种积极作用。[②] **(2)否定论**,主张对于罚金不应适用缓刑,理由是:在罚金中没有短期自由刑的弊端,故无需承认缓期执行;若承认罚金的缓期执行,则无法期待罚金作为刑罚的效果;与罚金的情况不协调等。[③]

[33] **本书**主张,我国《刑法》可以针对罚金设置缓刑。传统缓刑主要针对**自由刑**,而缓刑的主要特点在于:针对轻罪轻刑,避免不必要的监禁,节约司法资源;仅以缓刑宣告,不予监禁,也能实现刑罚目的;避免短期自由刑,可能给犯罪人所造成的不利影响;当宽则宽,有助于激发、促进犯罪人悔过自新、改恶从善;增加缓刑处置方式,更有利于实现刑罚的个别化与行刑社会化等。应当说,缓刑的某些特征,对于罚金而言也同样可以有所体现。**罚金**也有针对轻罪适用的场合,其中也会存在情节轻微,仅以缓刑宣告便可实现刑罚目的的情形;如此,一味强求罚金的实际执行,并不能充分体现罪刑相适应的原则,也不利于激发与促进犯罪人的再社会化;罚金虽然已有非监禁刑的优势,不过缓刑在这方面的特点也是为了便于实现刑罚目的、服务刑罚目的的,罚金缓刑同样有助于刑罚目的;基于犯罪情节与悔罪表现,对于罚金中无需实际执行的部分予以缓刑,也同样是刑罚个别化的体现;同时,随着社会变迁、

---

① 至于是否可以对于罪行更为轻微、人身危险性更小的初犯设置资格刑的宣告犹豫,可以进一步地探讨。

② 参见高仰止著:《刑法总则之理论与实用》,台湾五南图书出版公司1986年版,第546页;〔韩〕李在祥著:《韩国刑法总论》,韩相敦译,中国人民大学出版社2005年版,第532页;〔日〕大塚仁著:《刑法概说》(总论),冯军译,中国人民大学出版社2003年版,第487页。

③ 参见〔韩〕李在祥著:《韩国刑法总论》,韩相敦译,中国人民大学出版社2005年版,第532页。

刑罚体系演进,罚金在刑罚体系中的地位将日益显著,缓刑是现代刑罚制度的重要表现之一,其在罚金上的体现也是一种发展趋势。**当然**,需要特别指出的是,针对罚金的缓刑设置同样应当有所限制,例如,罚金缓刑只能适用于应受一定额度以下罚金的犯罪分子;根据犯罪情节与悔罪表现,无需实际执行,也能实现刑罚目的;排除累犯、贪利性惯犯、常业犯、职业犯等的适用。

（四）数罪并罚与缓刑

[34] 在数罪并罚的场合,能否适用缓刑,对此我国刑法理论存在不同见解:**(1) 形式肯定说**,认为对于犯数罪的,对其所犯的各罪分别定罪量刑后,依照法定的原则,决定执行的刑期在有期徒刑 3 年以下的,亦可适用缓刑;**(2) 否定说**,认为一人犯数罪,说明其主观恶性深,社会危害较大,不能轻信其放到社会上不致再危害社会,因此数罪并罚不应适用缓刑;**(3) 形式并实质肯定说**,认为对于犯罪情节轻微,犯罪人真诚悔过,放到社会上不致再危害社会,所犯数罪总和刑期又在 3 年以下的,可以适用缓刑。①

[35] **本书**认为,我国《刑法》并未否定数罪并罚可以适用缓刑;一人犯数罪并不排除行为人应受轻刑、存在悔罪表现、暂缓执行不致再危害社会、并非累犯等的可能,这意味着在数罪并罚的场合也可能出现符合缓刑适用条件的情形,对此适用缓刑合理合法。关键是,在数罪并罚适用缓刑的场合,对于 3 年以下有期徒刑的宣告刑,应作何种理解。对此,本书认为,这里的宣告刑是指数罪并罚的**执行刑**。基于我国《刑法》有关量刑的规定,在单一犯罪的场合,宣告刑也就是执行刑,在数罪并罚的场合,各罪宣告刑、总和刑期、执行刑三者并不同一,而最终作为数罪应受刑罚的标志的是执行刑,总和刑期必须经由按照并罚原则合并,才能得出数罪的最终处罚结果,这个最终处罚结果才是数罪应受的处罚。而作为缓刑形式要件的 3 年以下宣告刑,正是指行为人应受的刑罚处罚。

（五）宣告刑刑期与缓刑

[36] 对于缓刑适用的宣告刑刑期,国外刑法存在 1 年以下、2 年以下、3 年以下等立法模式(见本节段 7);我国刑法理论也有学者提出应当将这一刑期提高至 5 年以下②。

[37] **本书**主张,我国《刑法》对于缓刑适用的宣告刑刑期的规定,较为合理。缓刑是基于犯罪情节较轻与人身危险性较小的具体情况,为了更为有效

① 参见张文学、李燕明、吕广伦、蒋历编著:《中国缓刑制度理论与实务》,人民法院出版社 1995 年版,第 62 页。

② 参见邓又天、邓修明:《修改我国缓刑制度的若干设想》,载《法学评论》1989 年第 6 期。

地实现刑罚目的，而给予犯罪人在量刑与行刑上的一种特别宽宥。由此，缓刑以适用于轻罪轻刑为原则。根据我国现行《刑法》的刑罚设置，有期徒刑的法定刑幅度界点为1年、2年、3年、5年、7年、10年、15年(见第37节段4)。相比较而言，5年居中，3年以下相对较轻，7年以上相对较重。问题是，可否将这一刑期限制为2年以下、1年以下或者5年以下乃至7年以下。实际上，这种选择决定着缓刑适用的范围大小，年限限制得越低则缓刑适用范围越小，而年限放得越宽则缓刑适用范围越大。应当说，缓刑属于一种特别宽宥制度，从而不宜过于从宽，5年以下与7年以下，有过宽之嫌；而就缓刑这一制度的价值与意义而言，缓刑适用也不宜限制得过窄，1年以下、2年以下，有过窄之嫌。另外，缓刑适用表现为针对具体案件的刑罚裁量，易言之，作为能否适用缓刑的刑罚轻重根据在于具体案件应受的刑罚裁量，由此这里的有期徒刑刑期是指宣告刑，从而罪行应处3年以下有期徒刑者为轻罪。拘役刑期为6个月以下，固然属于剥夺自由的轻刑。

(六) 缓刑的主刑覆盖

[38] 缓刑是否应当及于应处刑罚的全部，对此有的国家刑法规定了可以针对部分自由刑予以缓刑的制度(见本节段6)。本书认为，基于我国《刑法》所规定的行刑制度体系，这一立法模式并不可取。主要理由如下：**(1) 量刑预测的局限**：部分自由刑缓刑，要求法官在量刑时即对犯罪人所受刑罚作出准确的更为具体的划分，包括确定犯罪人应受自由刑总量，由此再将其分割为立即执行部分与缓刑部分。这对法官的量刑提出了更高的要求，并且不可避免地带有更多的预测成分。无疑增加了量刑的复杂与难度。**(2) 行刑调整的余地**：部分自由刑缓刑，在我国的假释、减刑与缓刑并举的行刑制度框架下，也显得没有必要。罪行严重者，不应适用缓刑；罪行轻微者，可以适用缓刑；不应适用缓刑的罪行严重者，可以根据其在行刑中的进一步表现，经由减刑或者假释，将其原判刑罚予以适当调整。

(七) 未成年人、老年人犯罪与缓刑

[39] 也有一些国家的刑法，将犯罪人的重病、哺育等，作为缓刑适用的特别情由(见本节段8)。我国《刑法》第72条对符合缓刑适用要件的怀孕妇女，设置了必科的规定[①]。从刑罚人道及缓刑价值的角度考究，这一规定有其合理性。不过，依然存在的问题是，能否仅凭重病、怀孕、哺育等要素而适用缓刑？或者将重病、怀孕、哺育等作为适用缓刑的要素？对于前者固然不可取；就后者而言，我国《刑法》第72条的立法例较为可取，即可以将重病、怀孕等因

---

① 《刑法修正案(八)》(2011年)第11条修订。

素作为在符合缓刑适用条件下，适用缓刑的必科条件，但不宜将这些因素作为缓刑的适用要素。显然，按照我国现行《刑法》与《刑事诉讼法》《监狱法》等的规定，患有严重疾病、怀孕或哺乳婴儿妇女的犯罪人，可以监外执行，而监外执行与缓刑有着重大区别。就立法应然而言，单纯或主要基于犯罪人的重病或哺育而适用缓刑，并不能真正体现缓刑的价值与意义。相对而言，监外执行不失较为妥当的做法，当然对此建立行刑时效中止并且延期执行的制度①，并不无可以考虑的余地。②

[40] 基于未成年或老年的年龄因素而适用缓刑，这也是不少国家刑法典对缓刑适用的规定，例如，《菲律宾刑法》(1930 年)第 80 条针对未成年人的刑罚宣告犹豫，《意大利刑法典》(1931 年)第 163 条第 3 款针对未成年人、不满 21 岁的人、老年人的刑罚执行犹豫。我国现行《刑事诉讼法》第 271 条至第 273 条规定了针对未成年人的**附条件不起诉**，即起诉犹豫。我国《刑法》第 72 条对符合缓刑适用要件的未成年人与老年人，设置了**必科**的规定。③ 此前，有关**司法解释**对未成年人适用缓刑的问题也作了一些具体地规定。例如，最高人民法院《关于审理未成年人刑事案件具体应用法律若干问题的解释》(2005 年)第 11 条对于未成年人犯罪的量刑(包括适用缓刑)的刑罚目的侧重与事实根据的规定、第 16 条对于未成年人犯罪得科缓刑与必科缓刑的条件的规定；《人民检察院办理未成年人刑事案件的规定》(2006 年)第 31 条对于针对未成年被告人可以建议适用缓刑的条件的规定。**应当说**，经由 2012 年《刑事诉讼法》的修正及 2011 年《刑法修正案(八)》对《刑法》第 72 条的修正，我国现行的未成年人缓刑适用制度已有了较大的完善。在此基础上，**本书**主张，还应当对未成年人的缓刑**建立宣告犹豫**的缓刑制度。相对于执行犹豫而言，宣告犹豫属于更宽的刑罚制度，从而对于缓刑适用的形式要件与实质要件予以更为严格的限制：当处拘役、1 年以下有期徒刑；犯罪情节轻微和悔罪表现显著，适用缓刑确实不致再危害社会；犯罪分子并无前科记录。同时强调，对于未成年人犯罪，在符合宣告犹豫条件的场合，优先考虑适用宣告犹豫的缓刑。

---

① 所谓**行刑时效中止制度**，是指基于法定事由的发生，致使行刑时效不能开始或者不能继续进行，从而暂时停止时效的进行，在法定事由消灭之时，行刑时效开始或者继续进行，时效暂停以前已经经过的时效期间继续有效。所谓**延期执行制度**，是指基于法定事由的发生，致使行刑不能开始或者不能继续进行，从而暂时停止刑罚的执行，在法定事由消灭之时，行刑开始或者继续进行，行刑暂停以前既已执行的刑期计入行刑的刑期。

② 对于“患有严重疾病、怀孕哺乳婴儿妇女”的刑罚执行的处理，各国存在三种立法模式：监外执行；缓刑；延期执行。

③ 《刑法修正案(八)》(2011 年)第 11 条修订。

(八)缓刑的实质要件及其评价根据

[41] 对于缓刑适用的实质要件,各国刑法的立法模式包括:刑罚目的、无需执行、不致再犯、确有悔改、宽恕事由等。而针对实质要件的评价根据,各国的立法模式主要包括:人身危险性(强调根据犯罪人人格、主观恶性、生活背景等因素评价);人身危险与犯罪情节(强调根据犯罪人人格与其他犯罪情节等评价)(见本节段10)。对此,我国《刑法》表现为:"不致再危害社会"的实质要件,与"没有再犯危险""犯罪情节较轻"与"有悔罪表现""对社区没有重大不良影响"的评价根据①。就精神实质而言,我国《刑法》的立法基本可取,不过从表述具体展开来看,仍有相对笼统的不足和有关内容有待深入探讨的余地。

[42] **基本可取**,主要表现为将缓刑实质要件定位于"不致再危害社会"。这一规定较为符合缓刑适用的特征与意义。缓刑是对于犯罪人应处刑罚的暂缓宣告或者暂缓执行,如果犯罪人仍有可能危害社会,而基于其所犯罪行原本就应受刑罚,从而无论是从罪刑相适应,还是从刑法的社会保护、刑罚的特殊预防等而论,均不能对犯罪人适用缓刑。不过,需要深入分析的是,缓刑的实质要件是否需要明确表述,缓刑适用应当更为有效地实现刑罚目的,包括特别强调缓刑适用应当无损法律秩序的信念。其实,这些均为缓刑适用应有的基本前提,更是缓刑这一制度形成的理论基础,也是整个刑罚适用应有的宗旨,同时所谓"更为有效""无损"的具体评价又更为灵活,从而似无必要予以特别强调。

[43] **相对笼统**,主要表现为"没有再犯危险""犯罪情节较轻"与"有悔罪表现""对社区没有重大不良影响"的表述。这里的"没有再犯危险""犯罪情节较轻"与"有悔罪表现""对社区没有重大不良影响"的具体含义较为抽象,缺乏具体明确的内容。有些国家将缓刑适用的评价根据,统归于量刑情节的具体因素。②然而,我国《刑法》第61条在对量刑的具体因素内容的表述上,也存在这一缺憾。所谓量刑"应当根据犯罪的事实、犯罪的性质、情节和对于社会的危害程度,依照本法的有关规定",其中,"犯罪的事实""犯罪的性质""情节""社会的危害程度"等,所包含的内容相当广泛,其在量刑根据的意义上究

---

① "不致再危害社会"是对犯罪人人身危险性的终结评价。"没有再犯危险"是人身危险性的典型表述,"犯罪情节较轻"与"有悔罪表现"是以行为特征为主导的人身危险性评价要素,而"社区影响"是以犯罪人生活背景特征为主导的人身危险性评价要素。见本节段24。

② 例如,《韩国刑法典》(1953年)第59条将"悔改表现显著"作为适用刑罚暂缓宣告的实质要件,而这一实质要件的评价根据是"参酌第51条的规定";第62条将"有可恕的事由"作为适用刑罚暂缓执行的实质要件,而这一实质要件的评价根据也是"参酌第51条的规定"。该刑法典第51条则是对"量刑条件",即量刑应参酌的各种事项的具体规定。

竟何指，不无疑问。[①] 当然，也可不必将缓刑适用的实质要件的评价根据统归于量刑情节的具体因素，但是不论怎样，从刑法的明确性出发，对于这一具体因素在立法上应当相对明确。

[44] **深入探讨**，主要表现为是否有必要将犯罪人的生活背景等因素，明确纳入对犯罪人人身危害性的评价根据之中。对于我国《刑法》所规定的"犯罪情节较轻"与"有悔罪表现""没有再犯危险""对社区没有重大不良影响"的评价根据，可以理解为"犯罪情节"与"人身危险"并举的立法模式。广义上的犯罪情节，就包括有人身危险性的内容；而悔罪表现、再犯危险、对社区影响，固然也是人身危险性的重要表现。但是，由于犯罪情节含义的抽象，而人身危险性的评价因素也不只是悔罪表现，尤其是，如何评价有无再犯危险及对社区影响，更是一个有待明确的问题。对此，一些国家的刑法对于人身危险性的评价因素作了列举[②]，从而关键是犯罪人的人身危险性评价根据到底包括哪些因素，除了悔罪表现之外，是否还包括犯罪人的生活背景等。对此，本书持肯定态度。缓刑是刑事近代学派思想在规范刑法学上的体现。刑事近代学派强调刑罚个别化，而这种个别化的前提是犯罪人类型的分化，这又有待于犯罪原因（犯罪形成机制）的揭示，而在犯罪原因中，犯罪人的生活背景属于重要的因素。这意味着，犯罪人的生活背景对于犯罪人人身危险性有着重大影响。

第47节　缓刑的考验

[1] **缓刑考验的期限与缓刑考验的执行**，是缓刑考验的两项重要议题。缓刑考验期限应当如何规定，缓刑考验具体期限多长为宜，这些不失为缓刑制度的关键问题。应由何种机关对缓刑犯予以考察，缓刑考察的内容包括哪些为宜，这些则是缓刑考验执行的重要问题。

一、缓刑考验期限

[2] **缓刑考验期限**，是指对于适用缓刑的犯罪分子，予以监督考察的一定时间段落的起止。各国刑法对于缓刑考验期限的具体规定有所不同，兹在介绍比较中外相关立法的基础上，对于缓刑考验期限的核心议题作一理论分析。

---

① 详见张小虎著：《刑法学》，北京大学出版社2015年版，第347页。

② 例如，《德国刑法典》(1998年)第56条规定："应特别考虑受审判人的人格、履历、犯罪情节、事后态度、生活状况以及缓刑对他的影响。"

（一）各国刑法规定

[3] 对于各国缓刑考验期限的立法模式，可以从三个视角予以考察：考验期限确定与否的立法模式；考验期限具体年限的立法模式；考验期限执行调整的立法模式。

[4] **考验期限确定与否的立法模式**：考察各国刑法对于缓刑考验期限的明确程度。主要表现为：法定绝对确定、通常确定与特殊限定、法定相对确定、分别规定。**(1) 法定绝对确定**：是指刑法对于缓刑考验期限，予以明确的一个固定的年限。《瑞典刑法典》(1962年)第28章第4条规定："缓刑应当自开始执行制裁之日起持续3年的缓刑期。"**(2) 通常确定与特殊限定**：是指刑法所规定的缓刑考验期限，在通常情况下为一固定年限，在特殊情况下限定为一定年限以下。《挪威刑法典》(1902年)第53条第2款规定，法庭决定缓刑期，缓刑期通常为2年。如有特殊情况，可以确定较长的缓刑期，但最高不超过5年。**(3) 法定相对确定**：是指刑法对于缓刑考验期限，予以一个相对明确的年限。对此，又可分为：A. 限定上限：是指刑法对于缓刑考验期限，仅明确规定上限而其下限由法官确定。《意大利刑法典》(1931年)第163条规定，在符合法定条件时，法官可以决定：在5年的期限内暂缓执行刑罚，如果处罚针对的是重罪；或者在2年的期限内暂缓执行刑罚，如果处罚针对的是违警罪。① B. 限定上下限：是指刑法对于缓刑考验期限，明确规定上限与下限。例如，《巴西刑法典》(1941年)第57条规定，凡不超过2年的拘役，或者犯罪人不满21岁或超过70岁而监禁又不超过2年的，可缓期2年至6年执行。这一立法模式较为普遍。② C. 法定浮动确定：是指刑法所规定的缓刑考验期限，随着犯罪人应受刑罚的刑期而有所浮动。例如，《罗马尼亚刑法典》(1996年)第102条第1款规定："缓刑的考验期包括所处监禁刑期，外加2年至5年，具体时间由法庭确定。"**(4) 分别规定**：是指刑法分别作为缓刑适用前提的犯罪人应处刑罚的不同，规定各不相同的缓刑考验期限。对此，又可分为：A. 应受刑罚轻重：针对应处刑罚轻重的不同，规定各不相同的缓刑考验期限。例如，《俄罗斯刑法典》(1996年)第73条第3款规定，在判处1年以下剥夺自由或更轻的刑种时，考验期不得少于6个月，不得超过3年；而在判处超

---

① 类似的立法例：《蒙古国刑法典》(1991年)第61条；《泰国刑法典》(1956年)第56条第1款。

② 类似的立法例：《德国刑法典》(1998年)第56a条；《日本刑法典》(1907年)第25条；《法国刑法典》(1994年)第132-42条第1款；《奥地利刑法典》(1974年)第43条；《瑞士刑法典》(1937年)第41(1)条第3款；《西班牙刑法典》(1995年)第80条第2项；《韩国刑法典》(1953年)第62条；《越南刑法典》(1999年)第60条第1款；《芬兰刑法典》(1889年)第2b章第3条以及我国澳门地区《刑法典》(1995年)第48条第5款、我国台湾地区"刑法"(2005年)第74条。

过1年剥夺自由时，考验期不得少于6年月，不得超过5年。B. 应受刑罚刑种：针对应处刑罚刑种的不同，规定各不相同的缓刑考验期限。例如，《罗马尼亚刑法典》(1996年)第96条第1、2款规定："适用缓刑应对罪犯规定一个由所处监禁刑期外加2年的考验期间。""按日科处罚金的缓刑，考验期为1年。"C. 重罪与轻罪：针对应处犯罪轻重的不同，规定各不相同的缓刑考验期限。例如，例如，《意大利刑法典》(1931年)第163条第1款规定，对于应处2年以下剥夺自由的重罪，缓刑考验期限至多5年；对于应处2年以下剥夺自由的轻罪，缓刑考验期限至多2年。D. 通常与特殊：针对缓刑的通常与特殊的不同情形，规定各不相同的缓刑考验期限。例如，《丹麦刑法典》(2002年)第56条第3款规定，缓刑期限由法院确定，且一般不超过3年；但是，特殊情况下，可以规定缓刑期为5年。

[5] **考验期限具体年限的立法模式**：考察各国刑法对于缓刑考验期限的具体年限限定及其所对应的作为缓刑适用条件的宣告刑年限。基于表述的明晰简洁，兹分相对确定、确定年限予以介绍。**(1) 相对确定**：是指在缓刑考验期限相对确定的场合，各国刑法所规定的考验期限最低年限及其所对应的作为缓刑适用条件的宣告刑年限的情形。包括：**A. 限定上下限·上限低于刑期**：是指规定缓刑考验期限的上限与下限，同时缓刑考验期限的上限低于应处刑罚的上限。具体表现为：其一，3个月至1年·2年以下轻罪：针对应处2年以下剥夺自由的轻罪，缓刑考验期限至少3个月至多1年。例如，《西班牙刑法典》(1995年)第80条第1、2项的规定。其二，1年半至3年·5年以下：针对应处5年以下监禁刑，缓刑考验期限至少1年半至多3年。例如，《法国刑法典》(1994年)第132-42条第1款、第132-41条第1款的规定。其三，半年至5年·1年以上：针对应处1年以上剥夺自由，缓刑考验期限至少半年至多5年。例如，《俄罗斯刑法典》(1996年)第73条第3款的规定。**B. 限定上下限·上限高于刑期**：是指规定缓刑考验期限的上限与下限，同时缓刑考验期限的上限高于应处刑罚的上限。具体表现为：其一，半年至3年·1年以下：针对应处1年以下剥夺自由或者更轻刑种，缓刑考验期限至少半年至多3年。例如，《俄罗斯刑法典》(1996年)第73条第3款的规定。其二，1年至3年·2年以下：针对应处2年以下自由刑或者罚金，缓刑考验期限至少1年至多3年。例如，《奥地利刑法典》(1974年)第43(1)条的规定。① 其三，1年以上5年以下·3年以下：针对应处3年以下剥夺自由或者罚金，缓刑考验期限

① 类似的立法例：《芬兰刑法典》(1889年)第2b章第1、3条。

至少1年至多5年。例如,《日本刑法典》(1907年)第25条的规定。[1] **C. 限定上下限·下限高于刑期**:是指规定缓刑考验期限的上限与下限,并且缓刑考验期限的上限与下限均高于(或者下限至少等于)应处刑罚的上限。具体表现为:其一,2年以上5年以下·1年或2年以下:针对应处1年以下或者特殊情况2年以下自由刑,缓刑考验期限至少2年。例如,《德国刑法典》(1998年)第56条第1、2款、第56a条第1款的规定。其二,2年以上5年以下·1年半以下:针对应处1年半以下自由刑或者附加刑,缓刑考验期限至少2年至多5年。例如,《瑞士刑法典》(1937年)第41(1)条第1、3款的规定。其三,2年以上5年以下·2年以下:针对应处2年以下剥夺自由,缓刑考验期限至少2年至多5年。例如,《西班牙刑法典》(1995年)第80条第1、2项的规定。[2] 其四,2年至6年·2年以下:针对应处2年以下剥夺自由,缓刑考验期限至少2年至多6年。例如,《巴西刑法典》(1941年)第57条的规定。**D. 限定上限·上限高于刑期**:是指规定缓刑考验期限的上限,同时缓刑考验期限的上限高于(或者至少等于)应处刑罚的上限。例如,[2年以下·2年以下违警罪][5年以下·2年以下重罪]《意大利刑法典》(1931年)第163条第1款规定:对于应处2年以下剥夺自由或者与此相当的其他刑种的违警罪,缓刑考验期限至多2年;对于应处2年以下剥夺自由或者与此相当的其他刑种的重罪,缓刑考验期限至多5年。**E. 浮动确定·高于刑期**:是指缓刑考验期限随着犯罪人应处刑罚的刑期而有所浮动,并且缓刑考验期限高于应处刑罚的刑期。例如,[所处刑期加上2至5年]《罗马尼亚刑法典》(1996年)第102条第1款规定:缓刑的考验期包括所处监禁刑期,外加2年至5年,具体时间由法庭确定。**(2) 确定年限**:是指在缓刑考验期限绝对确定的场合,各国刑法所规定的考验期限具体年限的情形。包括:**A. 3年·罚金**:对于不宜适用罚金的可以判处缓刑,缓刑考验期限确定为3年。例如,《瑞典刑法典》(1962年)第28章第4条的规定。**B. 1年·罚金**:对于罚金,缓刑考验期限确定为1年。例如,《罗马尼亚刑法典》(1996年)第96条第2款的规定。

[6] **考验期限执行调整的立法模式**:在缓刑考验的执行过程中,对于考验期限予以适当调整的刑法规定,主要表现为:期限延长、期限延长或缩短、期限缩短。**(1) 期限延长**:是指刑法规定在缓刑考验的执行过程中,基于法定事实的发生,由法院裁定给予原判缓刑考验期适当延长。例如,《俄罗斯刑法

---

① 类似的立法例(仅针对自由刑):《韩国刑法典》(1953年)第62条;《越南刑法典》(1999年)第60条第1款;以及我国澳门地区《刑法典》(1995年)第48条第1、5款。

② 类似的立法例:我国台湾地区"刑法"(2005年)第74条。

典》(1996年)第74条第2款的规定。[①] **(2)期限延长或缩短**:是指刑法规定在缓刑考验的执行过程中,基于法定事实的发生,由法院裁定给予原判缓刑考验期适当延长或者缩短。例如,《德国刑法典》(1998年)第56a条第2款、第56f条第2款的规定。[②] **(3)期限缩短**:是指刑法规定在缓刑考验的执行过程中,基于法定事实的发生,由法院裁定给予原判缓刑考验期适当缩短。例如,《越南刑法典》(1999年)第60条第4款的规定。

(二)我国刑法规定

[7] 对于缓刑考验期限,我国《刑法》第73条作了一定程度的规定。考验期限的确定模式、具体年限、执行调整与刑期计算,是缓刑考验期限的知识框架,兹以此框架为线索,对我国《刑法》规定情况作一阐释。

[8] **考验期限确定模式**:我国《刑法》对于考验期限的规定,采取"法定浮动确定""限定上下限"并且"分别规定"的立法模式。具体地说:**(1)法定浮动确定**:无论应处刑罚是拘役还是有期徒刑,我国《刑法》规定其"缓刑考验期限为原判刑期以上"一定年限以下。这意味着,缓刑考验期限的具体确定,将以犯罪人应处刑罚的刑期为基础,并随此不同而相应有所波动。这也可谓,犯罪人应处刑罚的刑期,是缓刑考验期限具体确定的基准。**(2)限定上下限**:无论应处刑罚是拘役还是有期徒刑,我国《刑法》均对其规定了相应的缓刑考验期限的上限与下限。这意味着,缓刑考验期限的具体确定,不能超越这一法定限制,法官的自由裁量仅在这一限度以内。这也可谓,法定上限下限,是缓刑考验期限的具体确定随犯罪人应处刑罚刑期波动的两极。**(3)分别规定**:针对应处刑罚的拘役与有期徒刑的不同,我国《刑法》分别规定了各不相同的缓刑考验期限。其中,拘役的缓刑考验期限为原判刑期以上1年以下,但是不能少于2个月;有期徒刑的缓刑考验期限为原判刑期以上5年以下,但是不能少于1年。

[9] **考验期限具体年限**:我国《刑法》对于考验期限具体年限的规定,主要表现为"限定上下限·高于刑期"的模式。**(1)限定上下限**:对此,已如上文所述。拘役缓刑考验期限至少2个月至多1年;有期徒刑缓刑考验期限至少1年至多5年。**(2)高于刑期**:是指缓刑考验期限必须高于或者等于但是不能低于犯罪人应处刑罚的刑期。对此,存在法定的必要性与可能性:(1)必要性:对于缓刑考验期,我国《刑法》规定:"缓刑考验期限为原判刑期以上"。而

---

① 类似的立法例:《西班牙刑法典》(1995年)第84条第2项;《瑞士刑法典》(1937年)第41(3)条第2款;《丹麦刑法典》(2002年)第60条第1款第2项。

② 类似的立法例:《加拿大刑事法典》(1892年、1985年)第738(3)(c)、(4)(e)条。

"以上、以下、以内，包括本数"(《刑法》第99条)。这意味着，缓刑考验期限必须高于或者等于犯罪人应处刑罚的刑期。(2) 可能性：结合法定刑的设置，拘役的法定刑期为1个月以上6个月以下(第42条)、数罪并罚最高不能超过1年(第69条)，这意味着犯罪人应处拘役只能在1个月至1年之间，由此2个月至1年的法定缓刑考验期限高于相应的应处刑罚期限；有期徒刑的法定期限为6个月以上(第45条)、而适用缓刑的有期徒刑必须3年以下(第72条)，这意味着犯罪人应处有期徒刑只能在6个月至3年之间，由此1年至5年的法定缓刑考验期限高于相应的应处刑罚期限。缓刑考验期限高于应处刑罚期限的刑法设置，为司法实际贯彻"缓刑考验期限为原判刑期以上"提供了可能性。

[10] **考验期限执行调整**：在缓刑考验的执行过程中，对于考验期限予以适当调整，存在期限延长或者缩短的情形。对此，我国《刑法》均未直接明确予以规定。问题是，我国《刑法》所规定的减刑制度，是否包括对于缓刑考验期限的缩短。**(1) 理论分析**：我国《刑法》的减刑制度针对的减刑对象，是"在执行期间"的"被判处管制、拘役、有期徒刑、无期徒刑的犯罪分子"(第78条)。就被减刑者被处**刑种**而言，拘役与有期徒刑包括其中，从而这一减刑似乎也包括针对缓刑中犯罪人应处刑罚(宣告刑)的减刑，而这一宣告刑又是确定缓刑考验期限的基础，由此宣告刑减刑则缓刑考验期限也应随之减少。然而，就减刑的**行刑期间**而言，我国《刑法》明确规定这一减刑制度针对刑罚"执行期间"，而缓刑是附条件不执行原判刑罚，也就是说，缓刑考验至多是考验的执行而非原判刑罚的执行，既然没有原判刑罚的执行，也就无所谓执行期间的减刑。从这个意义上说，这种减刑制度并不适用于缓刑。**(2) 司法解释**：最高人民法院《关于办理减刑、假释案件具体应用法律的规定》(2017年)第18条指出："被判处拘役或者3年以下有期徒刑，并宣告缓刑的罪犯，一般不适用减刑。""前款规定的罪犯在缓刑考验期内有重大立功表现的，可以参照刑法第78条的规定予以减刑，同时应当依法缩减其缓刑考验期。缩减后，拘役的缓刑考验期限不得少于2个月，有期徒刑的缓刑考验期限不得少于1年。"由此可见，司法解释对于缓刑的减刑采取了区别对待的态度：一般情况不适用减刑；特殊情况(重大立功)可予减刑。不过，基于上述理论分析，这种对于缓刑的减刑仍有超越《刑法》规定之嫌。

[11] **考验期限刑期计算**：缓刑考验期限，从判决确定之日起计算；先前羁押的日期不能折抵缓刑考验期间。对此，需要特别关注的是，判决确定之日与羁押不予折抵。**(1) 判决确定之日**：是指法院判决发生法律效力的具体日期。具体表现为：A. 未有上诉或者抗诉的一审判决，已过上诉、抗诉期限之

日。不服判决的上诉和抗诉的期限为10日(我国《刑事诉讼法》第219条),而上诉和抗诉的期限从接到判决书的第2日起计算[2012年最高人民法院《关于适用〈中华人民共和国刑事诉讼法〉的解释》(以下简称《刑诉法解释》)第301条],从而具体地说,从接到判决书的第2日起,经过10日而无上诉或抗诉,于第11日,该判决确定或者生效。B. 二审判决宣告之日。第二审判决是终审的判决(我国《刑事诉讼法》第233条)。**(2)考验期限起算**:对于缓刑考验期限的计算,我国《刑法》的表述是“从判决确定之日起计算”(第73条)。相比之下,对于自由刑刑期的计算,我国《刑法》的表述是“从判决执行之日起计算”(管制,第41条;拘役,第44条;有期徒刑,第47条)。固然,缓刑是附条件不执行原判刑罚,从而并不存在“刑期”的“判决执行”。不过,缓刑依然存在缓刑考验的执行,同时也不排除缓刑判决确定之后缓刑考验却未执行的情况,此时倘若缓刑考验期限从判决确定之日起计算,就值得推敲了。**(3)羁押不予折抵**:是指缓刑判决确定以前先行羁押的日期不能折抵缓刑考验期间。缓刑考验不同于刑罚执行,缓刑考验期间也不同于刑期。先行羁押的日期可以折抵刑期,但不能折抵缓刑考验期限。有关司法解释也有相应规定:“缓刑是对犯罪分子的一种考验,被宣告缓刑的犯罪分子,在缓刑期限内,如果没有再犯新罪,缓刑期满,原判的刑罚就不再执行。因此,不必把判决前的羁押日数折抵缓刑日期”。[①] 另外,一审判决缓刑以后,在二审期间,对于被羁押的被告人应当变更强制措施,改为取保候审或者监视居住,二审判决宣告后再交付执行。

(三)缓刑考验期限探讨

[12] 关于缓刑考验期限的确定模式、具体年限、执行调整等核心议题,对比中外立法状况,就理论的合理性而言,仍有进一步探讨的余地。

[13] **考验期限确定模式**:刑法应当在何种程度上限定缓刑考验期限,对此各国立法模式不一,主要存在如下类型:法定绝对确定、通常确定与特殊限定、法定相对确定(限定上限、限定上下限、法定浮动确定)、分别规定(应受刑罚轻重、应受刑罚刑种、重罪与轻罪、通常与特殊)。我国《刑法》采取的是“法定浮动确定”“限定上下限”和“分别规定”的立法模式。**应当说**,我国《刑法》的立法模式具有较大的合理性。“法定绝对确定”的模式,虽然司法操作较为简便,但是过于机械僵硬,审判机关没有自由裁量的余地,无法应对具体案件缓刑考验期限的具体需要,难以实现刑罚的个别化。“通常确定与特殊限定”的模式,也存在上述“法定绝对确定”模式的同样问题。“法定相对确定的限

---

① 最高人民法院《关于判处有期徒刑宣告缓刑的期限如何起算等问题的批复》(1964年)。

定上限”模式，虽然可使缓刑考验期限制约在一定期限以下，避免期限过长从而引起罪犯抵触、浪费司法资源、丧失罪刑均衡等弊端，但是由于缺乏考验期限的下限制约，难免造成考验期限过短、不利罪犯矫正、有失罪刑均衡等弊端。“限定上下限”的模式，避免了过于僵硬与过于灵活的两个极端，赋予审判机关一定的自由裁量权，有利于根据案件的具体情况，贯彻刑罚的个别化原则。这一法定刑模式也为现代各国刑法立法所普遍采纳。尤其是，“限定上下限”与“法定浮动确定”合并采用，一方面基于缓刑适用的特征将考验期限限定于一定的年限范围，另一方面又强调考验期限的确定随犯罪人应处刑罚的轻重而有所波动，由此便于缓刑期限与案件具体情况的切合，也使司法操作有了更为具体的标准。“分别规定”的模式，区别缓刑适用的不同情形，分别设置缓刑考验期限，从而更具缓刑考验期限的针对性，也使缓刑考验期限司法操作的标准更为具体化。我国《刑法》所采用的“分别应受刑罚刑种而区别规定”的模式，适合于我国《刑法》的罪刑体系的特征，并且也同样体现了“分别规定”模式的优点。

［14］**考验期限具体年限**：缓刑考验期限的具体年限应当如何规定，对此各国的立法模式主要表现为：相对确定（限定上下限·上限低于刑期、限定上下限·上限高于刑期、限定上下限·下限高于刑期、限定上限·上限高于刑期、浮动确定·高于刑期）、确定年限。我国《刑法》采取的是“限定上下限·高于刑期”的立法模式。**相比较而言**，我国《刑法》的立法模式具有较大的合理性。“确定年限”的模式，采用考验期限法定绝对确定的方式，过于机械僵硬，已如上述，在各国刑法中也主要表现为针对罚金缓刑的考验期限立法，并不具有普遍的意义。“相对确定”的模式仍为各国立法的主流。在“相对确定”的模式中，“限定上限·上限高于刑期”的模式，虽然可以体现考验期限应当适当高于应处刑期的基本思想，但是对于考验期限仅仅限定上限，而对下限不予限定，也会造成考验期限过短等弊端。“限定上下限·上限低于刑期”的模式，虽然考验期限的上下两端均有一定制约，但是缓刑考验期限的上限低于应处刑期，意味着缓刑考验期限必然低于应处刑期。缓刑考验期限是考察犯罪人是否确实符合缓刑适用的实质条件的必要时间，同时缓刑考验期限也是基于犯罪人的罪行对其进行矫正的必要时间，这一时间短于应处刑罚的刑期，难以体现罪刑均衡的严肃，也不利于对罪犯的改造，有失缓刑适用的应有宗旨。“限定上下限·下限高于刑期”的模式，强调缓刑考验期限的下限高于应处刑期，如此缓刑考验期限的上限高出应处刑期的幅度更大，这意味着缓刑考验期限比应处刑期有较大幅度提高。应当说，缓刑考验期限过长也会存在引起罪犯抵触、浪费司法资源、丧失罪刑均衡等弊端。我国《刑法》“限定

上下限·高于刑期”的模式，兼采了“限定上下限”“浮动确定”“高于刑期”三者，其特点表现在：“高于刑期”意味着考验期限必然高于应处刑期，从而避免了考验期限过短的现象；“浮动确定”可以使考验期限随着应处刑期有所波动，更有助于体现考验期限与应处刑期的对应；“限定上下限”制约了考验期限的两个极端，从而避免了考验期限过短或者过长的现象。

[15] **考验期限执行调整**：关于缓刑考验过程中缓刑考验期限的调整，各国刑法的立法模式主要表现为：期限延长、期限延长或缩短、期限缩短（见本节段6）。对此，我国《刑法》未予规定，而司法解释规定在特殊条件下可以准用减刑缩短缓刑考验期限。应当说，我国《刑法》的做法不尽妥当。这一评价可以展示为三个方面的问题：缓刑考验期限，是否需要执行调整；如果需要，应当如何予以规定；我国《刑法》将缓刑考验期限缩短归依于减刑，是否合理。其中，最后一个问题已于上文阐述（见本节段10）；兹分析前面两个问题。**(1) 缓刑考验期限应否执行调整**：对于这一问题，本书持肯定态度。缓刑考验可以视作“考验的执行”，在这一执行过程中，随着犯罪人再社会化的推进，犯罪人的人身危险性也在发生着变化，由此对于缓刑考验期限予以适当调整，将会更为有助于缓刑考验宗旨的实现；同时，对于调整的幅度予以适当限制，也会无碍量刑时既已体现的罪刑均衡。另外，虽说缓刑考验期限不长，并且考验也只是限制自由，考验也并非刑罚执行，但是考验毕竟是一种刑罚制度，考验不失考验的执行，罪犯仍无人身自由，这一处置严重的实质程度并不轻于管制，而管制尚可减刑，缓刑考验期限也应在执行中有所调整。**(2) 缓刑考验期限应当如何调整**：如上所述，我国《刑法》所设置减刑制度不能恰当地包容缓刑的调整。而且，缓刑考验不同于刑罚执行，在缓刑考验中至为关注的是犯罪人人身危险性的表现、犯罪人能否经受得住缓刑考验；缓刑考验的最终结论是，对于犯罪人的原判刑罚，予以执行还是不予执行。其中，如果犯罪人考验期间的行为较为明显地表现出其能够经受得住考验，例如具有立功表现、做出突出贡献等，则应当可以适当缩短考验期限；反之，如果犯罪人考验期间的行为较为明显地表现出其仍有较大人身危险性，而又仍然可以暂不撤销缓刑，则宜适当延长考验期限。这也表明缓刑考验期限的调整，应当包括延长与缩短两个方面。同时，由于缓刑属于一种独立的刑罚制度，对于缓刑考验期间缓刑考验期限的调整，也应设置于缓刑制度的框架之中。

（四）缓刑考验期满的法律效果

[16] **缓刑考验期满的法律效果**，是指被宣告缓刑的犯罪人，在缓刑考验期限内并未发生撤销缓刑的法定事由，经过缓刑考验期限，由此原判罪刑宣告的最终效果。基于缓刑制度设置的不同，各国刑法对于缓刑期满法律后果

的规定也有所差异，主要表现为：免除执行、免除罪刑（见第45节段5）。我国《刑法》采取的是“免除执行”的立法模式，战时缓刑采取的是“免除罪刑”的立法模式。

[17] 我国《刑法》第76条规定：被宣告缓刑的犯罪分子，“在缓刑考验期限内……如果没有本法第77条规定的情形，缓刑考验期满，原判的刑罚就不再执行，并公开予以宣告。”这意味着，缓刑犯在考验期限内没有再犯新罪、发现漏罪、违反监督管理规定、违反法院判决的禁止令，从而没有被撤销缓刑，则缓刑考验期满，原判的刑罚不再执行；不过，原判的罪刑确定仍然正确，缓刑犯的犯罪记录仍然记录在案，只是按照缓刑制度免去原判刑罚的实际执行。

二、缓刑考验执行

[18] **缓刑考验执行**，是指将人民法院生效的缓刑判决所确定的缓刑考验付诸实施，由缓刑监督考察单位对于被缓刑的犯罪分子予以监督考察所进行的活动。各国刑法对于缓刑考验执行的具体规定有所不同，这里在介绍比较中外相关立法的基础上，对于缓刑考验执行的核心议题作一理论分析。

（一）各国刑法规定

[19] 缓刑考验执行，涉及缓刑考察机关、缓刑考察内容等要素。兹以此要素为基本路径，对于各国刑法有关缓刑考验执行的规定，作一介绍。

[20] **考察机关**：是指刑法所规定的对于被适用缓刑的犯罪分子予以监督管理的责任单位、部门、机构或者人员。对此，综合各国刑法的规定，主要存在如下情形：**(1) 法院聘任・监管职责**：法院具体聘任监督管理的责任人员；明确规定监督管理人员的职责。例如，《德国刑法典》（1998年）第56d条第1、4、5款规定了考验帮助人的聘任：如果被缓刑人接受帮助可预防犯罪的，法院应将其置于考验帮助人的监督与指导之下；考验帮助人由法院聘任，法院可依法对其工作职责作出规定；考验帮助人的工作分为专职和名誉职两种。第56d条第3款规定了考验帮助人的职责：应当帮助、照管被缓刑人，协助法院对该人履行应尽的义务和指示，以及对该人自愿承担的工作和允诺实行监督。在法院规定的时间内，如期对被缓刑人的生活提出报告。如被缓刑人严重或屡次违背义务、指示或自愿承担的工作或其他允诺的，应告知法院。**(2) 官方、民间或个人**：缓刑监督的责任人员，既可以是官方机构，也可以是民间组织或者有关个人。例如，我国台湾地区“刑法”（2005年）将缓刑的监督考察归于“保护管束”（第93条），而保护管束的主体可以是：观护人、警察官署、

自治团体、慈善团体、本人之最近亲属或其他适当的人。[①] 其中，观护人属于司法行政部在地方法院检察处所设置的专司保护管束事务的执行机构；按照《少年事件处理法》的规定，对于少年之保护管束由观护人掌理之。对于这些法定的执行机构，台湾学者认为，只有观护人才是最佳的执行机关；警察机关的职责与保护管束的性质不合；所谓自治团体的执行在实际中却绝无仅有；慈善团体有助于保护管束的推行但也不能包揽整个保护管束工作；本人之最近亲属等保护管束的执行效果恐难如理想。[②] **(3) 专门机构**：成立专门机构，具体组织实施缓刑监督考察等事项。例如，在英国各地都设有缓刑局。缓刑局的上级主管部门是缓刑委员会，缓刑委员会是由法官、法学家、社会名流等各界人士所组成的全国性专门组织。缓刑局是介于政府机关与民间团体之间的一个非政府组织，同时也是介于地方政府与联邦政府之间的一个特殊的机构。缓刑局的经费80％来源于联邦政府，20％来源于地方政府。缓刑局的职能主要包括：为法院，特别是为地方法院提供关于综合治理少年犯罪方面的信息；执行法庭经过判决作出的社区服务、缓刑、社区监督等；同社区进行协商，请求他们在社区对少年犯进行安置；预防犯罪，减少对受害人的侵害等等。[③]

[21] **考察内容的具体构成**：**考察内容**，是指缓刑考验机关对于被适用缓刑的犯罪分子予以监督管理的具体标准与根据。具体表现为被适用缓刑的犯罪分子，在缓刑考验期间所应遵守的行为规范和应当履行的必要义务。对此，综合各国刑法的规定，主要存在保护观察、缓刑指示、缓刑帮助、履行义务、监督指示等内容，兹予分述如下：**(1) 保护观察**：**A. 基本含义**：保护观察，又称保护管束、行为监督，是指刑法规定的，对于受到刑罚处罚的人员、已受或者应受保安处分的人员、或者缓刑人员、假释人员，基于这些人员仍具有一定的社会危险性，从而有必要对之予以一定的保护与管束，法院宣告由警察机构、民间团体或其他适当人员基于社会力量给予受处分者适当的指导与援助，经过一定的期限，使其个性与身心得以改善，借以实现预防犯罪与保护社会目的的限制自由的保安处分。**B. 处分措施与缓刑考察**：保护观察通常属于一种限制自由的保安处分措施，而在保护观察的适用对象中又常常包含缓刑

---

① 参见我国台湾地区“刑法”第94条、“少年事件处理法”第51条、“保安处分执行法”第64条。

② 参见林山田著：《刑罚学》，台湾商务印书馆1983年版，第376—378页；高仰止著：《刑法总则之理论与实用》，台湾五南图书出版公司1986年版，第623—625页。

③ 参见王运生、严军兴著：《英国刑事司法与替刑制度》，中国法制出版社1999年版，第77—85页。

人员、假释人员，或者许多国家刑法在缓刑制度中明确规定可以将保护观察作为对于缓刑犯的附加措施，从而保护观察又成为缓刑考察的基本内容。[①]例如，我国台湾地区“刑法”(2005年)第92条规定，保护管束属于感化教育、治疗监护、强制禁戒、强制工作、强制治疗等处分的替代措施。同时，第93条规定，受缓刑之宣告者，在缓刑期内得付保护管束；违反保护管束规则情节重大者，得撤销缓刑之宣告。《瑞士刑法典》(1937年)第41(2)条第1款规定：“法官可命令将被判刑人置于保护监督之下。法官可就被判刑人的考验期间的行为，尤其是职业、逗留、医疗、不得饮用含酒精饮料和在特定期限内的损害赔偿，给予指示。”[②]**(2) 缓刑指示·缓刑帮助：A. 基本含义：**缓刑指示与缓刑帮助，是指为了有效地实现预防再犯与保护社会的目的，刑法针对缓刑考验内容具体规定缓刑犯的行为规则与缓刑监管人员的职责，法院在适用缓刑时，据此对于缓刑犯与缓刑监管人员予以指示或者命令。刑法规定的缓刑考验内容，包括缓刑指示与缓刑帮助。缓刑指示，侧重对于缓刑犯行为的监督制约，具有消极限制预防再犯的意义；缓刑帮助，侧重对于缓刑犯生活的辅助安置，具有积极帮助预防再犯的意义。对于缓刑指示与缓刑帮助的关系，日本学者大谷实指出：指导监督具有对对象人进行心理强制的权力性意义，遵守事项中的一般遵守事项和特别遵守事项；辅导帮助是认同对象的主体性、帮助其重返社会的措施，具有非权力性、福利性的性质。**B. 立法适例：**一些国家的刑法典，对于缓刑指示与缓刑帮助分别予以了明确规定。例如，《奥地利刑法典》(1974年)在缓刑制度中专门规定：其一，缓刑指示适用：自由刑附条件缓刑；为防止缓刑犯再犯所必需；法院指示缓刑犯应遵守之行状(第50条)。其二，缓刑帮助适用：自由刑附条件缓刑；为防止缓刑犯再犯所必需；法院指定缓刑考验帮助人(第50条)。其三，缓刑指示内容：指示包括要求和禁止，具体事项可以是：要求缓刑犯居住于特定的地点、特定的家庭或特定的教养院；不得去特定的居所、特定的地点或不得与特定的人交往；不得享用含酒精饮料；学会或从事与其知识、能力和爱好最相适应的职业；变换居所或工作地点的，应即告知有关当局；按规定如期向法院或其他机关报告；为防止其继续犯罪、或为阻止他人实施应处刑罚行为，从而免除其所受宣告刑之执行，亦可要求行为人尽力对其所造成的损失给予补偿(第51条)。其四，缓刑帮助内容：具体事项包括：帮助人应当尽力帮助缓刑犯采取正确的行为和态度，使缓刑

---

① 在各国刑法中，保护观察的法律性质与地位有所差异。见第42节段41。

② 类似的立法例：《日本刑法典》(1907年)第25条之二，分别缓刑适用的不同条件，对于缓刑犯的保护观察，规定了“可以”与“应当”两种情形。

犯远离诱惑,保证其在将来不再继续实施应受刑罚处罚的行为;在必要限度内,帮助人应当以适当的方式对违法者提供帮助,满足其重要的生活需要,尤其是帮助他寻找到住所和工作;如果法院要求或为实现缓刑帮助目的所必需、存在撤销缓刑帮助的理由、或者在命令缓刑帮助后每6个月以及在缓刑帮助结束之时,缓刑帮助人应向法院报告自己的工作和感受(第52条)。[①]

(3) 履行义务:A. 基本含义:履行义务,是指为了不致由于缓刑而使犯罪人逃避应有的责任以及促使犯罪人在承担责任中得以教育,刑法具体规定缓刑犯在缓刑考验期间必须履行的某些特定义务,法院在适用缓刑时,据此对于缓刑犯的具体义务承担作出判决。相对而言,缓刑指示,规范缓刑犯在缓刑期间的行为准则,旨在矫正教育与重塑个性;履行义务,要求缓刑犯对于自己的犯罪行为承担一定责任,侧重补偿犯罪损失与报应犯罪行为。**B. 立法适例**:一些国家的刑法典,对于缓刑犯在缓刑期间的义务范围予以了明确规定。例如,《意大利刑法典》(1931年)第165条规定了缓刑的适用可以以履行返还义务等为条件。具体地,由法官在判决中确定这些义务应当履行的期限。

(4) 监督指示·履行义务:A. 基本含义:监督指示与履行义务,是指刑法同时规定缓刑犯在缓刑考验期间所应履行的特定义务与所应接受的监督指示,法院在适用缓刑时,据此对于缓刑犯的义务承担与行为规则具体作出判决。其中,监督指示具有矫正与教育意义,履行义务具有补偿与报应意义。**B. 立法适例**:一些国家的刑法典,对于缓刑犯在缓刑期间的义务范围与行为规范均给予了明确规定。例如,《德国刑法典》(1998年):其一,履行义务:第56b条规定,法院可以规定缓刑犯在缓刑期间的义务,这些义务可以是:尽力补偿由犯罪行为所造成的损害;向公益机构支付一定金额,如果它与行为和行为人的个人情况相适用;提供其他公益劳动;向国库支付一定金额。并且,在义务的遴选时,以补偿损害为首要,只有当犯罪人不能对其造成的损害进行补偿时,法院始可规定其他义务。其二,监督指示:第56c条规定,法院可以指示缓刑犯在缓刑期间应遵守的事项,这些事项包括:遵守关于居住、培训、工作或业余时间或调整其经济关系的规定;定期向法院或其他机关报告;不得与可能提供再犯机会或诱惑其再犯的特定人或团体交往、受其雇佣、教导和留宿;不得持有、携带或保管可能向受审判人提供再犯机关或诱惑其再犯的特定

---

① 类似的立法例:《西班牙刑法典》(1995年)第83条对于被判处监禁而予缓刑的犯罪人,在缓刑期间可以附加的有关行为规则方面的责任与义务,作了具体规定。

物;履行赡养义务等。[①]

[22] 考察内容的司法确定:考察内容通常由法院依照法定考察内容的范围,根据案件的具体情况,在缓刑判决书中明确予以指示。例如,《瑞士刑法典》(1937年)第41(2)条第2款规定:"给予或附条件执行的情况以及法官的指示,均应在判决中注明。法官可在事后对指示作出修改。"《德国刑法典》(1998年)第56b条规定,法院可规定受审判人在缓刑期间的义务,以补偿其实施的违法行为;法院可规定受审判人履行法定的有关义务;第56c条规定,为了防止受审判人重新犯罪,法院可指示其在缓刑考验期间应遵守的事项。《奥地利刑法典》(1974年)第50条规定,对于被附条件缓刑的犯罪人,如果为防止其重新实施应受刑罚处罚的行为所必需,法院应当给予其指示,或命令缓刑帮助。《意大利刑法典》(1931年)第165条第3款规定,法官在判决中确定缓刑犯的义务应当获得履行的期限。

[23] **考察执行的相关调整**:是指在缓刑考验过程中,基于法定事由的发生,法院对于原判缓刑考验予以一定的变更。具体表现为缓刑考验期限的延长与缩短、缓刑考验内容的修改、除撤销缓刑以外其他处置。其中,考验期限的延长与缩短,已在上文缓刑考验期限中阐述,这里主要介绍其他两种调整。**(1) 缓刑考验内容的修改**:是指缓刑犯在缓刑考验过程中,基于法定事由的发生,法院对于原判缓刑考验内容予以一定的修正与更改。例如,《奥地利刑法典》(1974年)第51(4)条、第52(3)条分别规定了缓刑指示与缓刑帮助的变更。[②] **(2) 考验期间的其他处置**:是指缓刑犯在缓刑考验过程中,发生了本应撤销缓刑的事由,但是基于法定可恕的情节而允许暂不撤销缓刑,只是给予其他有关处置以观后效。例如,《瑞士刑法典》(1937年)第41(3)条规定,被判刑人在考验期间实施重罪或轻罪,不顾法官正式警告而违背有关指示,屡次逃避保护监督或者以其他方式滥用对他的信任的,如果可望其经受住考验,在情节轻微之情况下,法官可根据不同情况,以对被判刑人进行警告。

(二) 我国刑法规定

[24] 我国《刑法》第75、76条对于缓刑考察的基本内容与责任单位作了具体规定。

---

① 类似的立法例:《挪威刑法典》(1902年)第53条第2、3项规定了监督指示,第53条第4、5项规定了履行义务。《法国刑法典》(1994年)第132-43条至第132-46条,具体规定了附考验期之缓刑的考验制度,考验内容包括约束缓刑犯的监督措施、缓刑犯应当遵守的特定义务等。

② 类似的立法例:《德国刑法典》(1998年)第56e条,规定了对于缓刑犯的履行义务与考验帮助人及其职责的修改;《日本刑法典》(1907年)第25条之二第2、3款,规定了对于附加于缓刑犯的保护观察的暂行解除。

[25] **考察机关**:我国《刑法》第76条规定:“对宣告缓刑的犯罪分子,在缓刑考验期限内,依法实行社区矫正”;我国《刑事诉讼法》第258条规定:对被宣告缓刑的罪犯,“依法实行社区矫正,由社区矫正机构负责执行”。由此,我国的缓刑考察依附于社区矫正的框架。我国有关社区矫正的重要规范性文件是,最高人民法院、最高人民检察院、公安部、司法部《关于开展社区矫正试点工作的通知》(2003年)、最高人民法院、最高人民检察院、公安部、司法部《关于在全国试行社区矫正工作的意见》(2009年)、最高人民法院、最高人民检察院、公安部、司法部《社区矫正实施办法》(2012年)。据此:**(1) 矫正机构**:在我国,社区矫正的机构是专门国家机关,而主要承担日常考察工作的是司法行政机关。具体地说,人民法院、人民检察院、司法行政机关、公安机关“分工负责、相互支持、协调配合”,共同做好社区矫正工作。“人民法院对符合社区矫正适用条件的被告人、罪犯依法作出判决、裁定或者决定。人民检察院对社区矫正各执法环节依法实行法律监督。公安机关对违反治安管理规定和重新犯罪的社区矫正人员及时依法处理。”“司法行政机关负责指导管理、组织实施社区矫正工作”;县级司法行政机关社区矫正机构对缓刑犯进行监督与帮助;“司法所承担社区矫正的日常工作”;“社会工作者和志愿者在社区矫正机构的组织指导下参与社区矫正工作”;有关部门以及基层群众组织、犯罪人的所在单位、家庭成员等协助社区矫正机构工作。[①] **(2) 监督职责**:最高人民法院、最高人民检察院、公安部、司法部《社区矫正实施办法》(2012年),对社区矫正机构有关监督考察的具体职责作了规定,包括:社区矫正人员的接收(第6条);矫正开始的宣告(第7条);具体矫正小组的建立(第8条);矫正方案的制订(第9条);矫正执行档案的建立(第10条);有针对性个别矫正的进行(第17条);对矫正人员职业培训和就业指导的开展(第18条);对社区矫正人员活动情况的了解、记录和考核(第19、20、21条);对违反监督管理规定或禁止令的社会矫正人员的处理(第22、23、24条);社区矫正人员矫正期满的宣告(第30条)等。

[26] **考察内容**:我国《刑法》第75条规定:“被宣告缓刑的犯罪分子,应当遵守下列规定:(一) 遵守法律、行政法规,服从监督;(二) 按照考察机关的规定报告自己的活动情况;(三) 遵守考察机关关于会客的规定;(四) 离开所居住的市、县或者迁居,应当报经考验机关批准。”我国《刑法》的这一规定具体阐明了缓刑犯在缓刑期间应当遵守的行为规则。每个缓刑犯均无例外地遵

---

① 最高人民法院、最高人民检察院、公安部、司法部《社区矫正实施办法》(2010年)第2条与第3条。

守这一规定的全部要求事项。**再者**,被同时宣告禁止令的缓刑犯,还应遵守禁止令中所宣告的内容。禁止令属于针对缓刑之监管内容的特别规定。[①] 社区矫正是对缓刑犯予以考察的具体形式,由此《社区矫正实施办法》从“社区矫正人员”的行为规则,以及“司法行政机关”与“司法所”的工作职责这两个方面,对考察工作的具体事项作了规定。[②]

(三)缓刑考验执行探讨

[27] 关于缓刑考验执行的考察机关、考察内容、附加履行义务等核心议题,对比中外立法状况,就理论的合理性而言,仍有进一步探讨的余地。

[28] **考察机关的确定**:应当由何种机构或人员负责缓刑监督考察,对此各国立法模式不一,主要存在如下类型:法院聘任,官方、民间或个人,专门机构(见本节段20)。我国《刑法》采取的是“司法行政机关”的立法模式。相对而言,将缓刑考察完全委任于民间或者个人,不尽妥当。缓刑考验毕竟是考验的执行,仍属刑罚制度的一部分,缓刑考验不失为刑罚权的行使,刑罚权应当体现为代表国家的机关的活动。不过,仍需考究的是,在官方机构中何者充任更为合适。本书认为,我国现行《刑法》将缓刑的执行,交由犯罪人所在单位或者居住地的基层司法行政机关负责,这一立法修正有其较大的可取之处。[③] 不过,如何在组织制度上使缓刑考察切实落到实处,仍需立于新的社会背景下予以探究。在观念更新、技术精确、制度充实的基础上,社区矫正的落实,还需要拥有一批从中央到地方的系统有序、素质精良的专职矫正机构与人员。

[29] **具体考察内容**:**(1) 他国状况**:对于缓刑犯在考验期间应当遵守的行为规范,各国刑法通常规定于缓刑指示或者缓刑帮助的框架内。其中,缓刑指示包括:限制居住、出入特定场所、与特定人员交往;变换居所或工作应当及时报告;禁止饮用含有酒精的饮料;学会某种职业技能;接受戒毒治疗、心理治疗或其他医学治疗[④];定期向法院或其他机关报告;禁止驾驶种类特定的车辆;禁止从事在进行职业活动中实施了犯罪的那种职业活动;不得参与赌博、赛马赌博;不得持有或携带武器。[⑤] 缓刑帮助包括:满足缓刑犯的重要生活需要;帮助缓刑犯寻找住所和工作[⑥];采取并不引人注目的方式,以避免

---

① 关于我国《刑法》禁止令的法律属性,详见第43节段31。

② 最高人民法院、最高人民检察院、公安部、司法部《社区矫正实施办法》(2012年)第11—16条以及第17—22条。

③ 《刑法修正案(八)》对于《刑法》的相应修正。

④ 参见《奥地利刑法典》(1974年)第51(2)、51(3)条,《瑞士刑法典》(1937年)第41(2)条。

⑤ 参见《德国刑法典》(1998年)第56c条,《法国刑法典》(1994年)第132-45条。

⑥ 参见《奥地利刑法典》(1974年)第52(1)条。

给缓刑犯的生活增加困难；将有关瘾癖人员安置在适当环境或者接受医生照料①；以教育训练手段提供帮助；改善、调整生活环境；帮助回乡定居②。**(2) 我国状况**：我国《刑法》对于缓刑犯行为规范的规定较为笼统、单一。表现在：仅设置行为监督而未规定安置帮助；而在行为监督中，我国《刑法》只是笼统地规定了限制居住、定期报告③及禁止令④，而相应的具体内容则留待有关机关制定具体的适用规定。例如，最高人民法院、最高人民检察院、公安部、司法部《关于对判处管制、宣告缓刑的犯罪分子适用禁止令有关问题的规定（试行）》(2011 年)，最高人民法院、最高人民检察院、公安部、司法部《社区矫正实施办法》(2012 年)。**(3) 完善思考**：就行为监督而言，缓刑考验在一定程度上是对缓刑犯人身自由的限制。从这个意义上说，对于缓刑考验的内容范围应当由刑法明确予以规定，在缓刑裁量时，由法院依法根据犯罪人的具体情况予以确定；并且在缓刑考验期间，根据缓刑犯的具体表现，经由执行机关的提请，可以由法院裁定对于缓刑考验内容予以适用调整。就安置帮助而言，缓刑考验也是以积极方式对于缓刑犯予以矫正，培养其谋生能力、改善其生活环境、去除其不良习惯，而要达到这些目的，仅靠单一的行为限制难以起到最佳的效果，而需要对缓刑犯予以合理的辅助。这也是在缓刑考验内容上的具体分化，从而增强缓刑考验的功能。⑤ 由此，也可以考虑在刑法上设置我国的缓刑帮助制度。⑥

[30] **附加履行义务**：许多国家刑法规定对于缓刑犯可以附加适用履行特定义务，这些义务具体包括：返还义务；赔偿损失；排除犯罪损害或危险结果⑦；赡养义务；向国库支付因其被判刑应当支付的款项等。⑧ 对此，**我国**《刑法》在缓刑制度中未予规定，相应的赔偿损失（判处赔偿经济损失和责令赔偿损失）设置于刑罚种类之后的第 36、37 条，具有附带民事赔偿的性质。其中，第 36 条规定的判处赔偿经济损失，对于犯罪分子既适用刑罚也判处经济赔偿。从而，对于缓刑犯亦可据此附加赔偿经济损失。**不过**，这仅限在犯罪行

---

① 参见《瑞士刑法典》(1937 年)第 41(2)条、第 47 条；《瑞典刑法典》(1962 年)第 26 章第 15 条。

② 参见〔日〕大谷实著：《刑事政策学》，黎宏译，法律出版社 2000 年版，第 279 页。

③ 我国《刑法》第 75 条。

④ 我国《刑法》第 72 条。

⑤ 角色分化理论告诉我们，满足功能性必要条件的能力较低是与角色分化程度低的结构相对应的。〔日〕富永健一著：《社会学原理》，严立贤等译，社会科学文献出版社 1992 年版，第 169 页。

⑥ 对此，最高人民法院、最高人民检察院、公安部、司法部《社区矫正实施办法》(2012 年)第 18 条虽有所规定，但这一规定过于笼统，且所谓“根据社区矫正人员的需要，协调有关部门和单位开展职业培训和就业指导，帮助落实社会保障措施”，其制度性与操作性明显欠缺。

⑦ 参见《意大利刑法典》(1931 年)第 165 条。

⑧ 参见《德国刑法典》(1998 年)第 56c 条、《法国刑法典》(1994 年)第 132-45 条。

为对被害人所造成经济损失的场合，判处犯罪分子给予被害人相应的经济赔偿，而对于其他类型的义务履行，只能通过纯然的附带民事诉讼程序、根据民法等有关法律的规定得以实现。而在缓刑制度中，根据犯罪危害的特征、犯罪人应受处罚的特点以及缓刑的特征等，刑法对于可以附加于缓刑犯的某些特定义务予以明确规定，由法院在适用缓刑时根据案件情况具体裁量确定，这种处理模式应当更具针对性，也更为简洁，不无可以考虑的余地。

第 48 节　缓刑的撤销

［1］**缓刑撤销**，是指被宣告缓刑的犯罪人，在缓刑考验期限内发生了法定事由，人民法院依法将其原判宣告的缓刑予以撤销，根据不同情况，执行原判刑罚或者对犯罪人应受刑罚重新作出判决并予执行的刑事司法活动。缓刑撤销是缓刑制度的重要组成部分，也是各国缓刑立法的重要内容。

（一）各国刑法规定

［2］撤销缓刑的法定事由以及出现法定事由的法律后果，是缓刑撤销的核心问题。这里以此为基本线索，对于各国刑法缓刑撤销的具体规定作一阐释。

［3］**法定事由与法律后果的总体构成：(1) 撤销缓刑的法定事由**：综合各国刑法所规定的，有关撤销缓刑的法定事由，这些法定事由包括如下方面：再犯新罪、漏罪并处、违反监督、违反义务、又受刑罚、特定再犯。不过，就各国刑法的具体规定而言，撤销缓刑的法定事由存在如下模式：再犯新罪[①]；再犯新罪或者违反监督[②]；再犯新罪或者违反义务或者漏罪并处[③]；再犯新罪或者违反监督或者违反义务[④]；又受刑罚或者特定再犯[⑤]。**(2) 出现法定事由的法律后果**：撤销缓刑的法定事由，固然是撤销缓刑的必要前提，但是并非一旦出现可以撤销缓刑的法定事由，就必然撤销缓刑；通常各国刑法，在某些法定事

① 例如，《蒙古国刑法典》(1991 年)第 61 条第 1、3 款的规定。

② 这里的违反监督，是指严重违反缓刑监督指示。例如，《瑞士刑法典》(1937 年)第 41(3)条的规定；《奥地利刑法典》(1974 年)第 53(1)、53(2)条的规定。

③ 这里的违反义务，是指违反为缓刑犯所规定的履行返还的义务、为赔偿损失而支付钱款的义务等；这里的漏罪并处，是指缓刑犯由于先前的犯罪受到合并处罚。例如，《意大利刑法典》(1931 年)第 168 条第 1 款对于当然撤销缓刑的情形的规定；《罗马尼亚刑法典》(1996 年)第 97、98、99 条的规定。

④ 例如，《法国刑法典》(1994 年)第 132-47 条、第 132-48 条的规定；《德国刑法典》(1998 年)第 56f 条第 1 款的规定。

⑤ 这里的又受刑罚，是指缓刑犯在缓刑期间又被判处一定刑罚；这里的特定再犯，是指缓刑犯被发现存在特定再犯的情形。例如，《韩国刑法典》(1953 年)第 63、64 条的规定。

由出现的情况下，对于是否撤销缓刑，仍有一定的回旋余地。综合各国刑法所规定的发生撤销缓刑法定事由的法律后果，这些法律后果包括如下情形：可以撤销、应当撤销、其他撤销、部分或全部撤销、变更指示、延长缓刑期限。而就各国刑法的具体规定而言，在发生撤销缓刑法定事由的场合，其法律后果存在如下立法模式：撤销缓刑①；可以撤销缓刑、部分或全部撤销缓刑②；应当撤销缓刑或者酌情撤销缓刑或者其他撤销缓刑③；可以撤销缓刑或者应当撤销缓刑或者延长缓刑期限④；撤销缓刑或者变更指示或者延长缓刑期限⑤。

[4] **法定事由与法律后果的立法状况**：撤销缓刑的法定事由与出现法定事由的法律后果密切相关，兹以此为线索，对各国刑法立法状况作一介绍：**(1) 再犯新罪**：对于缓刑考验期间再犯新罪的法律后果，存在如下立法模式：A. 分别过失故意与严重程度·可以或应当：刑法规定，分别再犯新罪的过失、轻罪故意与重罪故意，给予可以撤销缓刑或者应当撤销缓刑的处理；在撤销假释的场合，予以数罪并罚。例如，《俄罗斯刑法典》(1996 年)第 74 条第 4、5 款的规定。B. 区别处刑轻重·应当撤销或酌情撤销或其他撤销：刑法规定，对于犯罪人在缓刑期间再犯新罪，分别不同情况予以必然撤销缓刑、酌情撤销缓刑或者其他撤销缓刑的处理。例如，《日本刑法典》(1907 年)第 26 条、第 26 条之二、第 26 条之三的规定。C. 区别情节与再犯可能·撤销或他处：刑法规定，对于犯罪人在缓刑期间再犯新罪，分别不同情况予以可以撤销缓刑、延长考验期限、变更监督指示、予以警告或者其他处分。例如，《瑞士刑法典》(1937 年)第 40(3)条的规定。⑥ D. 再犯新罪·可以部分或全部撤销：刑法规定，对于犯罪人在缓刑期间再犯新罪，分别不同情况予以可以撤销缓刑、部分或全部撤销缓刑的处理。例如，《法国刑法典》(1994 年)第 132-48 条的规定。E. 一定程度新罪·应当撤销：刑法规定，犯罪人在缓刑期间再犯一定程度的新罪，应当撤销缓刑，即司法机关必须依法撤销缓刑。例如，《意大利刑法典》(1931 年)第 168 条第 1 款的规定。《蒙古国刑法典》(1991 年)第 61 条第 3 款的规定。⑦ **(2) 发现漏罪**：对于缓刑考验期间发现漏罪的法律后果，

---

① 例如，我国台湾地区“刑法”(2005 年)第 75 条的规定。

② 例如，《法国刑法典》(1994 年)第 132-47、132-48、132-49 条的规定。

③ 例如，《日本刑法典》(1907 年)第 26 条、第 26 条之二、第 26 条之三的规定。

④ 例如，《俄罗斯刑法典》(1996 年)第 74 条的规定。

⑤ 这里的变更指示，是指变更缓刑监督管理内容。例如，《西班牙刑法典》(1995 年)第 84 条的规定；我国澳门地区《刑法典》(1995 年)第 53、54 条的规定。

⑥ 类似的立法例：《奥地利刑法典》(1974 年)第 53 条(1)、(2)；《德国刑法典》(1998 年)第 56f 条。

⑦ 类似的立法例：《罗马尼亚刑法典》(1996 年)第 97 条；《西班牙刑法典》(1995 年)第 84 条第 1 项；我国澳门地区《刑法典》(1995 年)第 54 条及我国台湾地区“刑法”(2005 年)第 75 条第 1 款。

存在如下立法模式：A. 漏罪应处监禁·应当撤销：刑法规定，对于缓刑期间发现漏罪，应当撤销缓刑。例如，《罗马尼亚刑法典》(1968年)第85条第1款的规定以及我国台湾地区“刑法”(2005年)第75条第1款第2项的规定。B. 区别并罚刑期·应当撤销或者可以撤销：刑法规定，对于缓刑期间发现漏罪，分别作为并罚结果的刑期的不同，予以必然撤销缓刑或者可以撤销缓刑的处理。例如，《意大利刑法典》(1931年)第168条第1款、第164条第4款、第168条第2款针对漏罪并罚的不同情况的规定。[①] C. 区别漏罪缓刑与否·应当撤销或酌情撤销或其他撤销：刑法规定，对于缓刑期间发现漏罪，分别不同情况予以必然撤销缓刑、酌情撤销缓刑或者其他撤销缓刑的处理。例如，《日本刑法典》(1907年)第26条、第26条之二、第26条之三的规定。[②] **(3) 违反监督**：对于缓刑考验期间违反行为监督管理规定的法律后果，存在如下立法模式：A. 违反监督·应当撤销：刑法规定，在缓刑期间犯罪人违反行为监督管理规定，应当撤销缓刑。例如，《奥地利刑法典》(1974年)第53(2)条的规定。[③] B. 违反监督·可以撤销：刑法规定，在缓刑期间犯罪人违反行为监督管理规定，可以撤销缓刑。例如，《日本刑法典》(1907年)第26条之二的规定。C. 违反监督·撤销或者他处：刑法规定，在缓刑期间犯罪人违反行为监督管理规定，分别违规行为的不同程度，予以撤销缓刑、延长考验期限、变更监督指示、予以缓刑帮助等处理。例如，《德国刑法典》(1998年)第56f条的规定。[④] **(4) 违反义务**：对于缓刑考验期间不予履行特定民事义务的法律后果，存在如下立法模式：A. 违反义务·可以撤销：刑法规定，在缓刑期间犯罪人违反应当履行的义务，可以撤销缓刑。例如，《罗马尼亚刑法典》(1968年)第84条的规定。[⑤] B. 违反义务·应当撤销：刑法规定，在缓刑期间犯罪人违反应当履行的义务，应当撤销假释。例如，我国澳门地区《刑法典》(1995年)第54条的规定。[⑥] C. 违反义务·撤销或者他处：刑法规定，在缓刑期间犯

---

① 类似的立法例：《丹麦刑法典》(2002年)第61条。

② 类似的立法例：《奥地利刑法典》(1974年)第55条。《奥地利刑法典》(1974年)第53条，将违法者在一审判决与附条件缓刑裁定生效前的期间，或者在未被计入考验期的有关当局的滞留期间，实施的应受刑罚处罚的行为，视同在考验期间实施的应受刑罚处罚的行为。

③ 类似的立法例：我国澳门地区《刑法典》(1995年)第54条的规定。

④ 类似的立法例：《瑞士刑法典》(1937年)第41条(3)；《俄罗斯刑法典》(1996年)第74条第2、3款。

⑤ 类似的立法例：《巴西刑法典》(1941年)第59条；《法国刑法典》(1994年)第132-47条第2款。

⑥ 这里的违反义务，是指要求被判刑者履行的某些旨在弥补犯罪恶害的义务，包括向受害人支付损害损偿、给予受害人适当精神满足、给予社会互助机构捐款等等。类似的立法例，《意大利刑法典》(1931年)第168条第1款。

罪人违反应当履行的义务，分别不同情况予以警告、变更缓刑监督内容、延长缓刑期限、撤销缓刑等的处理。例如，《丹麦刑法典》（2002年）第60条的规定。①

[5] **撤销缓刑的其他情形**：各国刑法对于撤销缓刑的规定较为复杂，除了上述通常的立法内容以外，还有特殊罪犯的缓刑撤销以及积极的缓刑撤销等。**（1）特殊罪犯的缓刑撤销**：就本质意义而言，缓刑撤销是被宣告缓刑的犯罪人，在缓刑考验期间出现的特定事由，表现出其并不具备缓刑条件，从而原先对其的缓刑适用就存在问题，由此撤销缓刑。具体地说：再犯新罪、违反监管、违反义务，说明原先对于犯罪人"不致再危害社会"的评价并不确切，缓刑适用的实质要件缺乏；发现漏罪，将会影响到犯罪人原先作为适用缓刑的基础刑罚，从而会影响到缓刑适用的形式要件的成立。由此进一步展开，缓刑适用条件还存在"否定要件"，即排除再犯或者累犯等特殊罪犯的缓刑适用。与此相应，倘若原先在适用缓刑时并不知道犯罪人属于法定不应适用缓刑的对象，而在缓刑考验期间又发现了这一情况，这就存在可能撤销缓刑的问题。对此，有关国家的刑法作了规定。例如，《韩国刑法典》（1953年）第64条规定："被宣告暂缓执行后，发现有第62条但书的事由时，撤销暂缓执行的宣告。"而该刑法典第62条的但书，即为关于排除特殊罪犯缓刑适用的规定："但曾被判处徒刑以上的刑罚，刑罚执行完毕或者被免除后未满5年的"，不得适用缓刑。**（2）积极的缓刑撤销**：基于再犯新罪、发现漏罪、违反监督、违反义务等而撤销缓刑，可谓消极的缓刑撤销，除此以外，也有的国家的刑法，对于行为人在缓刑考验期间积极改造、表现突出、人身危险性显著减弱的情况，规定了积极的缓刑撤销。这意味着在缓刑考验期限未满之时，因为善行表现而提前解除缓刑考验，从这个意义上说，也可将之视作缓刑考验期限的缩减。例如，《俄罗斯刑法典》（1996年）第74条第1款的规定。这一规定表明，在这种场合撤销缓刑的同时，也撤销前科，这一立法较有特色，目的刑的思想得到了较为充分的彰显。

（二）我国刑法规定

[6] 我国《刑法》第77条对于撤销缓刑作了具体规定，兹以撤销缓刑的法定事由与出现法定事由的法律后果为基本线索，予以阐释。

[7] **撤销缓刑的法定事由**：我国《刑法》第77条规定："被宣告缓刑的犯罪分子，在缓刑考验期限内犯新罪或者发现判决宣告以前还有其他罪没有判决的，应当撤销缓刑"；"被宣告缓刑的犯罪分子，在缓刑考验期限内，违反法律、

---

① 类似的立法例：《德国刑法典》（1998年）第56f条。

行政法规或者国务院有关部门关于缓刑的监督管理规定,或者违反人民法院判决中的禁止令,情节严重的,应当撤销缓刑”。由此,在我国,撤销缓刑的法定事由,为下列四种情形之一:**(1) 再犯新罪**:缓刑犯在缓刑考验期限内再犯新罪,应当撤销缓刑。这里的“新罪”与原判适用缓刑之罪,既可以是同种性质,也可以是不同性质;“新罪”,既可以是故意犯罪,也可以是过失犯罪。再犯新罪固然原判缓刑应当撤销,并且对于作为新罪与前罪并罚结果的执行刑,即使符合缓刑适用的形式条件,但是缓刑考验期间再犯新罪说明缓刑适用实质条件的缺乏,从而对此也不能再予缓刑适用。另外,倘若在缓刑考验期满之后,发现缓刑犯在缓刑考验期限内再犯新罪,也应将原判缓刑撤销,对于新罪与前罪按照法定数罪并罚的原则处理,执行实刑。**(2) 发现漏罪**:发现缓刑犯尚有漏罪[①]没有判决的,应当撤销缓刑。同样,这里的“漏罪”与原判适用缓刑之罪,既可是同种性质,也可以是不同性质;“漏罪”,既可以是故意犯罪,也可以是过失犯罪。发现漏罪对于原判缓刑应当撤销,不过对于作为漏罪与前罪并罚结果的执行刑,如果仍然符合缓刑适用的条件,能否再予适用缓刑,对此曾有不同处理[②]。本书认为,在缓刑考验期限内发现漏罪与在此期限内再犯新罪不同,犯有数罪并不必然缺乏缓刑适用的实质要件。由此,在发现漏罪的场合,如果仍然符合缓刑适用条件的,可以考虑再予缓刑宣告。另外,倘若在缓刑考验期满之后,发现缓刑犯在缓刑确定之前尚有漏罪没有被处理的,对于前罪既已执行完毕的缓刑也不宜再予撤销,而是直接对新发现的漏罪作出处理。**(3) 严重违反行为规则**:缓刑犯在缓刑考验期限内违反法律法规或者缓刑监督管理规定,情节严重的,应当撤销缓刑。1979年《刑法》第70条仅将“再犯新罪”作为撤销缓刑的唯一前提,从而对于缓刑的撤销限制得较为严格;曾有司法答复甚至强调,缓刑犯在考验期限内即使违法被处劳动教养,只要没有构成犯罪就不能撤销缓刑。[③] 1997年修订的《刑法》增设了“发现漏罪”与“违反监督规定”的缓刑撤销,其后2011年《刑法修正案(八)》又增设了“违反法院禁令”的缓刑撤销。其中,对于“违反监督规定”与“违反法院禁令”的缓刑撤销,必须“情节严重”。这里“情节严重”的掌握是关

---

① **漏罪**,即判决宣告以前所犯的本应与判决之罪一并处理,但由于没有及时发现而被遗漏处理的犯罪。

② 肯定者,最高人民法院《关于人民法院审判严重刑事犯罪案件中具体应用法律的若干问题的答复(三)》(1985年)第35条;否定者,最高人民法院《关于进一步加强危害生产安全刑事案件审判工作的意见》(2011年)第18条。

③ 最高人民法院研究室《关于判处有期徒刑宣告缓刑有关问题的电话答复》(1986年)第1、2条的规定。

键。对此,有关司法解释[①]作了具体规定。**(4) 严重违反法院禁令**:如果在宣告缓刑的同时,法院判决禁止犯罪分子在缓刑考验期限内,从事特定活动,进入特定区域或场所,接触特定的人,则犯罪分子在缓刑考验期限内应当遵守法院判决禁止令的具体内容。违反法院判决禁止令的内容,情节严重的,应当撤销缓刑。

[8] **出现法定事由的法律后果**:我国《刑法》第 77 条规定:缓刑犯在考验期限内犯新罪或者发现漏罪,"应当撤销缓刑,对新犯的罪或者新发现的罪作出判决,把前罪和后罪所判处的刑罚,依照本法第 69 条的规定,决定执行的刑罚。"缓刑犯在考验期限内违反法律法规或者监督管理规定,情节严重的,"应当撤销缓刑,执行原判刑罚。"由此,在出现撤销缓刑的法定事由的场合,应当一律撤销缓刑。由于撤销缓刑的法定事由的类型不同,因此伴随缓刑撤销的具体处理也有所差异。**(1) 数罪并罚**:在新罪与漏罪的场合,因为新罪或漏罪与前罪构成了数罪,所以在撤销原判缓刑的前提下,还应当将新罪或漏罪与前罪进行数罪并罚。这里不论新罪或漏罪与前罪是否属于同种性质,均须进行数罪并罚;另外,无论是新罪的并罚还是漏罪的并罚,均统一适用数罪并罚的一般原则与方法,即《刑法》第 69 条的规定。缓刑是有条件的不执行原判刑罚,缓刑考验期满"原判的刑罚就不再执行",由此在缓刑考验期限内,无论是再犯新罪还是发现漏罪,其与缓刑之罪,均可谓刑罚执行以前的数罪,由此《刑法》将这一新罪和漏罪与缓刑之罪的并罚归于第 69 条。**(2) 执行原判刑罚**:缓刑犯在考验期限内违反监督管理规定,或者违反判决书中的禁止令,情节严重的,应当撤销缓刑,执行原判刑罚。原判宣告以前先行羁押的,羁押的日期应当折抵刑期。

(三) 缓刑撤销探讨

[9] 对比中外立法状况,兹对缓刑撤销法定事由的立法以及基于违反义务、再犯新罪、发现漏罪、违反监管规定等而撤销缓刑等问题,予以进一步的理论探讨。

[10] **撤销缓刑的法定事由·违反义务的撤销缓刑**:有关撤销缓刑的法定事由,各国立法模式不一,主要存在如下类型:再犯新罪、违反监督,再犯新罪、违反义务、漏罪并处,再犯新罪、违反监督、违反义务,又受刑罚、特定再犯,再犯新罪等。我国 1979 年《刑法》撤销缓刑的法定事由仅限"再犯新罪",

---

① 中央社会治安综合治理办公室、最高人民法院、最高人民检察院、公安部、司法部《关于加强和规范监外执行工作的意见》(2009 年)第 15 条;最高人民法院、最高人民检察院、公安部、司法部《关于对判处管制、宣告缓刑的犯罪分子适用禁止令有关问题的规定(试行)》(2011 年)第 12 条;最高人民法院、最高人民检察院、公安部、司法部《社区矫正实施办法》(2012 年)第 25 条。

现行《刑法》采取的是“再犯新罪、发现漏罪、严重违反行为规则”的立法模式。**应当说**，现行《刑法》对于撤销缓刑的法定事由的扩大，比1979年《刑法》前进了一步。**不过**，现行《刑法》仍未设置缓刑犯的履行特定义务要求，从而也就没有基于缓刑犯没有履行特定义务而撤销缓刑的规定，而将逃避履行义务作为撤销缓刑的法定事由之一，这在各国刑法立法中并不鲜见。**另外**，我国“违反监督规定”的缓刑撤销，所谓“情节严重”的表述也较为笼统，加之《刑法》第75条规定的监督管理内容本身就比较原则，从而有失立法的明确性，给司法裁量留下了较大空间。立法相对粗疏，是1979年《刑法》的特点之一，1997年修订的《刑法》对此虽然有所改进，增加了一些罪刑设置的具体性，但是**粗疏**的特征依然可见。[①] 如此，在一定程度上使我国《刑法》具有了灵活性，不过由于我国司法实际遇有不尽明确的问题，通常依赖于司法解释、司法答复等等，从而形成了我国刑法依据的法典相对原则、司法解释具体、两者并举的格局。或许这种立法模式可谓使宽严相济有了制度空间，但是宽严相济政策的规范刑法学贯彻也有其价值理念的根基，亦即在宽严相济政策的具体展开中，应当恰当协调客观主义与主观主义、报应刑与目的刑、保障人权与保护社会等的关系。应当增强我国《刑法》法定情节的具体、肯定、明确，尤其是在我国目前应当力主张扬法治建设的社会背景下，更应如此。

[11] **再犯新罪的撤销缓刑**：对于缓刑考验期间再犯新罪，是否应当撤销缓刑，各国刑法存在如下规定：分别过失故意与严重程度·可以或应当，区别处刑轻重·应当撤销或酌情撤销或其他撤销，区别情节与再犯可能·撤销或他处，再犯新罪·可以部分或全部撤销，一定程度新罪·应当撤销。对此，我国《刑法》规定，缓刑犯在缓刑考验期限内再犯新罪，应当撤销假释，这意味不论新罪的类型与性质，以及处刑轻重，前罪缓刑均应撤销。这里需要考究的是，是否可以根据新罪的严重程度、主观罪过或者处刑轻重的不同，在撤销缓刑上有所区别。**应当说**，就再犯新罪应当撤销假释而言，我国《刑法》的这一规定相对合理。具体地说：(1) 前罪缓刑撤销：原先的缓刑是针对前罪刑罚的假释，而现在基于犯罪人再犯新罪，原判刑罚已变更为作为前罪与新罪的并罚结果的执行刑。这意味着缓刑的基础已发生变化，从而原先的缓刑应予撤销。如若缓刑，应当是针对前罪与新罪并罚结果的执行刑的缓刑。不过，即使这一执行刑符合缓刑的形式要件，但是考验期间再犯新罪也无从符合缓刑的实质要件。(2) 人身危险性：缓刑考验期间再犯新罪，不论故意或者过失，

① 详见张小虎著：《刑法学》，北京大学出版社2015年版，第45、591页。

均说明犯罪人确实再次危害社会①，这与适用缓刑的本质要件相左，既然如此，则意味着原判缓刑不当，应予纠正。这就是说，即使不考虑新罪与前罪并罚的处理，而就单个前罪本身而言，犯罪人缓刑考验期间再犯新罪的事实也说明，前罪缓刑的处理是不尽恰当的。

［12］**发现漏罪的撤销缓刑**：对于缓刑考验期间发现漏罪，是否应当撤销缓刑，各国刑法存在应当撤销或者可以撤销的不同立法。对此，我国《刑法》规定，缓刑犯在缓刑考验期限内发现漏罪，应当撤销缓刑。这里需要考究的是，在缓刑考验期间发现漏罪，是否一律应当撤销缓刑，能否再予适用缓刑。对于**这一问题**，应予肯定回答：应当撤销缓刑，是针对前罪的缓刑而言的；可以再予缓刑，是针对并罚结果的刑罚而言的。兹分述如下：**(1) 前罪缓刑撤销**：在这一点上，缓刑考验期间发现漏罪与再犯新罪的处理与理由相似。原先的缓刑是针对前罪刑罚的缓刑，而现在基于发现犯罪人尚有漏罪需要处理，原判刑罚已变更为作为前罪与漏罪的并罚结果的执行刑。这意味着缓刑的基础已发生变化，从而原先的缓刑应予撤销。如若缓刑，应当是针对前罪与漏罪并罚结果的执行刑的缓刑。**(2) 执行刑可以缓刑**：对于作为前罪与漏罪并罚结果的执行刑，在判决的当时是否可以再予缓刑，我国《刑法》没有明确规定，司法实际对此曾有不同处理②。本书认为，对此可以再予适用缓刑，并且这也应由《刑法》明确予以规定。在这一点上，缓刑期间发现漏罪与再犯新罪的处理，应当有所不同。具体理由是：A. 从实质来看，缓刑考验期间发现漏罪，虽对前罪缓刑的基础刑罚构成调整，从而致使前罪缓刑撤销，但是漏罪发生在前罪判决确定之前，而缓刑适用的实质根据是强调“适用缓刑确实不致再危害社会”，也不能就缓刑期间犯罪人没有余首自己的漏罪而一概认为其人身危险性较大，由此从这个意义上说，不排除在缓刑考验期间发现漏罪的情形下，犯罪人的人身危险性状况仍然符合缓刑适用的实质条件。B. 从形式来看，我国《刑法》第77条规定，在刑罚执行期间发现漏罪与再犯新罪，统一按照《刑法》第69条所规定的“基本合并”的方法予以数罪并罚。由此，作为前罪与漏罪的并罚结果的刑罚，并不排除仍然符合缓刑适用的形式要件，在这种场合就同时具备了缓刑的适用实质要件与形式要件，如果案件也不存在

---

① 缓刑考验期间再犯新罪，说明犯罪人仍有较大人身危险性。对此，新罪作为故意犯罪，自不待言；而新罪为过失犯罪，也并不否定犯罪人的主观危害，本来在考验期间犯罪人对于危害结果应当充分予以关注，然而其却缺乏注意从而发生结果，这种主观状态仍然是一种危险，甚至隐含着其人格表现。

② 肯定者，最高人民法院《关于人民法院审判严重刑事犯罪案件中具体应用法律的若干问题的答复(三)》(1985年)第35条；否定者，最高人民法院《关于进一步加强危害生产安全刑事案件审判工作的意见》(2011年)第18条。

缓刑适用的否定要件，则就可以再次宣告缓刑。

[13] **违反监管规定的撤销缓刑**：对于缓刑考验期间违反监管规定，是否应当撤销缓刑，各国刑法所规定的处理结果包括：应当撤销，可以撤销，撤销或者他处。对此，我国《刑法》规定，缓刑犯在缓刑考验期限内违反监管规定，情节严重的，应当依法撤销缓刑。这里需要考究的是，在假释犯违反监督规定的场合，是否可以根据情况的不同，给予多种可予选择的处理。对此，本书持肯定态度。**应当说**，缓刑犯实施违反监管规定的行为，其行为的性质和程度等也都存在一定的差异，由此决定着撤销缓刑必要性的与否。当然，基于我国现行《刑法》的规定，人民法院在作出是否撤销缓刑的裁决时，必然会考虑违法行为的严重与否与各种情节，但是《刑法》对于违反监管规定而撤销缓刑的具体问题，缺乏明确的规定，表现在：所谓“情节严重”仍是相对模糊的规定，缺乏较为具体的标准，对此虽有司法解释[①]，但是司法解释不能代替《刑法》（见本节段 10）；对于违反监管规定而不予撤销缓刑，是否应予其他处理或如何处理，也无明确规定；对违反禁止令尚不属情节严重的，虽有司法解释规定按照《治安管理处罚法》第 60 条的规定处罚[②]，但这也应由《刑法》明确规定；尤其是，我国《刑法》更无针对违反监管规定，除了予以撤销缓刑之外而予变更监管内容、延长考验期限等的规定。这也使得司法实际对于违反《刑法》第 75 条监管规定的处理，或者撤销缓刑，或者不予撤销缓刑而不作其他实质处理，从而难以针对违反监管规定的不同情况，予以差异有别的、与缓刑犯的违法行为相应的合理恰当的处罚。由此，就我国《刑法》的改进而言，可以考虑针对缓刑犯实施违反监管规定的行为，分别不同情况，除了撤销缓刑之处，增设变更监管内容、延长考验期限、予以行政处罚等处理。

第 49 节　假释的界说

[1] 假释制度，是各国行刑制度的重要内容之一。我国刑法对于假释制度也作了专门规定，也形成了较为丰富的系统的假释理论。假释制度存在各国假释状况、假释的概念、适用条件、假释考验、假释撤销等议题。

---

① 中央社会治安综合治理办公室、最高人民法院、最高人民检察院、公安部、司法部《关于加强和规范监外执行工作的意见》（2009 年）第 15 条；最高人民法院、最高人民检察院、公安部、司法部《关于对判处管制、宣告缓刑的犯罪分子适用禁止令有关问题的规定（试行）》（2011 年）第 12 条；最高人民法院、最高人民检察院、公安部、司法部《社区矫正实施办法》（2012 年）第 25 条。

② 最高人民法院、最高人民检察院、公安部、司法部《关于对判处管制、宣告缓刑的犯罪分子适用禁止令有关问题的规定（试行）》（2011 年）第 11 条。

一、各国假释状况

[2] 假释的英文名称为"parole"或者"conditional release on license",法文"liberation conditionelle",德文"vorläufige Entlassung"①。日本刑法通称"假释"、德国刑法称为"有期自由刑余刑的缓刑"、瑞士刑法称为"附条件释放"。假释起源于英国。**1790 年**,在英国殖民地澳大利亚的新南威尔士州(New Southwales),行政长官菲利浦(Conmondare Phillip),对于受流刑宣告而被送至新南威尔士州的受刑人中行状特别善良而有改悔之情者,免除其刑期之一部而予以附条件赦免(Conditional Pardon),这被称为假释制度的滥觞。**1832 年**,澳大利亚创设了累进制度,将附条件赦免纳入其中。这一累进制度分为四期,最后第四期为假释期,即对于在第三期中持续保持优良行状者缓刑给予假释许可证书(ticket of leave),并指定居住地,以不离开该地以及在一定期间报告其生活情况为要件,免除其残余刑期。**1842 年**,累进制度受到改良,虽然仍为四级,但是原来的第三期被作为假释出狱许可级,对于此期的受刑人给予假释许可证予以释放,假释者可以自由就业;第四期为附条件特赦(conditional pardon),对于平安渡过第三期者以在残余期间不回英国本土为条件予以特赦。**1953 年**,英国废止流刑制度,假释制度在英国本土采用,并进一步完善,形成爱尔兰式累进制(Irish System 即中间监狱制)。② 爱尔兰式累进制被导入美国。**1876 年**,纽约州制定了《爱尔米拉教养院法令》,这既是第一个不定期刑的立法,又是第一个假释制度的立法。同时,建立了爱尔米拉教养院,由著名监狱改革家泽布伦·布罗克韦担任该教养院的监狱长。该教养院的主要内容包括,实行分级制不定期刑和假释制度,提供宗教服务、职业教育和娱乐等方案。③ 在**欧洲大陆**,1830 年似乎也试行了附条件释放的假释制度,但是直到 19 世纪后半叶,德国才受英国的影响,将爱尔兰式的假释制度化。1889 年,意大利刑法典首次规定假释制度;在日本,假释制度始于 1790 年的"人足寄场"中的附条件释放制度,而在刑法典上得以确认的是 1880

---

① 参见〔日〕大谷实著:《刑法总论》,黎宏译,法律出版社 2003 年版,第 265 页。

② 参见张甘妹著:《刑事政策》,台湾三民书局 1979 年版,第 179 页。另有阐释,假释起源于亚历山大·麦克诺基在澳大利亚诺福克岛对于罪犯的分级管理。1840 年,亚历山大·麦克诺基被任命为澳大利亚诺福克监禁地区行政长官。为了改变监禁的恶劣状况,麦克诺基决定实行给有积极表现的犯人记分和不同等级监禁的做法。这些等级分别是:严格禁闭;行政区内劳动,允许犯人在一定区域内享有自由;假释,允许犯人在他所愿意的任何地方生活,但他必须遵守一定条件,彻底恢复自由。由于麦克诺基在矫正领域改革方面的这一创新思想,人们常称他为"假释之父"。〔美〕克莱门斯·巴特勒斯著:《罪犯矫正概述》,龙学群译,群众出版社 1987 年版,第 132 页。

③ 参见潘华仿主编:《外国监狱史》,社会科学文献出版社 1994 年版,第 168—169、164—165 页。

年公布、1882年施行的旧刑法。[1] 在**我国**，1910年《大清新刑律》首次规定了假释制度，其后1912年《中华民国暂行新刑律》、1928年《中华民国刑法》、1935年《中华民国刑法》均对假释作了规定。新中国的假释制度，可以追溯至革命根据地时期的法制建设。1954年，《中华人民共和国劳动改造条例》首次正式统一确立了假释制度；1979年《刑法》在刑法典上首次明文规定了假释制度；1997年修订的《刑法》对于假释制度作了进一步的完善。

［3］目前，假释制度属于世界各国所普遍采纳的一种刑罚制度，而各国刑法有关假释的规定则表现出不同特点。总体而言，**假释**，是指对于被判处徒刑的犯罪人，在执行一定刑期以后，鉴于其确有悔改表现而无继续监禁的必要，给予附条件提前释放并规定一定的考验期限与考验内容，如果犯罪人在此期限遵守规定，则剩余刑期视作已经执行完毕的刑罚制度。兹择德国、意大利、俄罗斯等国的假释制度概貌[2]，作一简要介绍：

［4］**德国的假释制度：**《德国刑法典》(1998年)第57条与第57a条、第57b条，分别规定了“有期自由刑余刑的缓刑”与“终身自由刑余刑的缓刑”[3]，其主要内容包括：**(1) 有期自由刑余刑的缓刑：A. 适用条件：**肯定条件分为一般条件与特殊条件，此外还有否定条件：其一，一般条件：所判刑罚已执行2/3，至少已满2个月；受刑人不执行刑罚也不致再犯罪；受刑人同意余刑缓刑。以上三项条件必须同时具备。其二，特殊条件：Ⅰ. 所判刑罚已执行1/2，至少已执行6个月；Ⅱ. 受刑人是首次服刑，并且刑期为2年以下；或者，Ⅲ. 全面评估受刑人的犯罪行为、人格特征、行刑表现，证明具有特殊情况；并且，Ⅳ. 受刑人不执行刑罚也不致再犯罪；Ⅴ. 受刑人同意余刑缓刑。以上条件，Ⅰ、Ⅳ、Ⅴ必备，Ⅱ、Ⅲ择一。其三，否定条件：受刑人对于应予没收的物品的下落提供不充分的或虚假陈述，或者因犯罪行为的被害人提出收回财产利益而使数额抵消或减少，因而不能予以没收的，法院可终止将余刑的执行予以缓刑交付考验。**B. 其他事项：**余刑缓刑的其他事项，诸如考验期限、履行义务、行为指示、考验帮助、事后变更、余刑缓刑撤销、余刑免除等，适用缓刑制度的有关规定。另外，余刑缓刑的考验期限不得少于余刑；受刑人在余刑缓刑交付考验之前至少已执行1年刑罚的，法院原则上将其在考验期间置于考验帮助

---

[1] 参见〔日〕大谷实著：《刑法总论》，黎宏译，法律出版社2003年版，第265页；〔意〕杜里奥·帕多瓦尼著：《意大利刑法学原理》，陈忠林译，中国人民大学出版社2004年版，第327页。

[2] 对于各国假释制度的具体类型、适用条件、考验期限、考察内容、撤销条件等假释制度的具体内容，以下各节将予逐一分析。

[3] 德国刑法所称“余刑缓刑”，实质上相当于假释，是指在被判刑人执行部分刑罚后，由法院决定提前释放的法律制度。参见〔德〕汉斯·海因里希·耶塞克、托马斯·魏根特著：《德国刑法教科书》，徐久生译，中国法制出版社2001年版，第1016页。

人的监督和指导之下。**(2) 终身自由刑余刑的缓刑**:**A. 适用条件**:包括肯定条件与否定条件:其一,肯定条件:受刑人已经服刑 15 年;受刑人不具备需要继续执行刑罚的特别严重的罪责;受刑人不执行刑罚也不致再犯罪;受刑人同意余刑缓刑。以上条件必须同时具备。其中,终身自由刑被作为总和刑的,在确定行为人特别严重的罪责时,应综合考虑各罪的情况。其二,否定条件:准用有期自由刑余刑缓刑的否定条件。**B. 考验期限**:终身自由刑余刑的缓刑考验期限为 5 年,考验期间自缓刑判决生效时开始。**C. 其他事项**:除考验期限以外,终身自由刑余刑缓刑的其他事项,诸如履行义务、行为指示、考验帮助、事后变更、余刑缓刑撤销、余刑免除等,适用缓刑制度的有关规定。

[5] **意大利的假释制度**:《意大利刑法典》(1931 年)第 176、177 条、第 230 条第 1 款第 2 项对于假释作了规定,基于该法典规定所涉内容,结合假释的知识框架,兹以适用条件、考验期限、假释监督与假释撤销的线索,对其主要内容介绍如下:**(1) 适用条件**:分为一般条件、特殊条件、基本前提:**A. 一般条件**:被判处监禁刑的人,在刑罚执行期间表现良好,令人确信有所悔改,并且至少已服刑 30 个月或者至少已服满所判刑期的一半并且剩余的刑期不超过 5 年。**B. 特殊条件**:主要是针对累犯与无期徒刑罪犯,规定了特殊的形式条件:受到加重处罚的累犯,应当至少服刑 4 年并且至少服满所判刑期的 3/4,才能获准假释;被判处无期徒刑的人,在至少服刑 26 年之后,方可获准假释。**C. 基本前提**:获准假释以履行因犯罪而承担的民事责任为条件,除非被判刑人证明自己处于不能履行该责任的状况。**(2) 考验期限**:假释考验期限为所处刑罚的剩余刑期,被处无期徒刑的为决定假释之日起经过 5 年;在没有发生任何导致撤销假释的原因的情况下,刑罚消灭,并且撤销法官在处罚判决中或者在随后的决定中适用的人身保安处分。**(3) 假释监督**:对于获准假释的人,应当适用监视自由;并且,在处罚判决中或者在随后的决定中科处的监禁性保安处分暂缓执行。**(4) 假释撤销**:如果被假释的人实施新的犯罪,或者同一性质的违警罪,或者违反监视自由的义务,假释将被撤销。在这种情况下,在假释中度过的时间不计入刑期,并且被判刑人不得再次获准假释。

[6] **俄罗斯的假释制度**:《俄罗斯刑法典》(1996 年)第 79、93 条对于假释作了规定,基于该法典规定所涉内容,结合假释的知识框架,兹以适用条件、履行义务、监督机关、假释撤销的线索,对其主要内容介绍如下:**(1) 适用条件**:分为应当假释与可以假释:**A. 应当假释**:其一,受刑人正在服军纪营管束或剥夺自由;其二,法院认定受刑人不需要服满法院所处的刑罚即可得到改造;其三,受刑人实际服满以下刑期:因轻罪或中等严重犯罪被判刑的,不少于刑期的 1/3;因严重犯罪被判刑的,不少于刑期的 1/2;因特别严重的犯罪被

判刑的,不少于刑期的2/3;以前曾被假释而依法被撤销假释的,不少于刑期的2/3。对于剥夺自由的假释,受刑人实际服刑期限不得少于6个月。**B. 可以假释**:受刑人正在服终身剥夺自由刑;法院认为受刑人不需要继续服这种刑罚;受刑人已经实际服满不少于25年剥夺自由;在最近3年内受刑人没有恶意违反规定的服刑程序;反之,在服终身剥夺自由刑期间又实施新的严重犯罪或特别严重犯罪的,不得适用假释。未成年人实施犯罪被判处剥夺自由,因轻罪或中等严重犯罪或因严重犯罪而被判刑的,实际服刑不少于刑期的1/3;因特别严重的犯罪被判刑的,实际服刑不少于刑期的2/3。**(2) 履行义务**:被假释的受刑人,应当在尚未服满的刑期内履行法定的义务。这些义务包括:不向对判刑人进行改造的专门国家机关报告,不得变更经常居住、工作或学习的地点;不得前往某些场所;在某些特定机构接受治疗;赡养家庭等。**(3) 监督机关**:对于被假释人员行为的监督,由受权的专门国家机关进行;对于军人,由部队或机关的指挥人员进行。**(4) 假释撤销**:撤销假释事由包括:在尚未服满的刑期内,被假释的受刑人破坏社会秩序并因而受到行政处罚;或者恶意逃避履行法院在适用假释时责令他履行的义务;或者实施过失犯罪;或者实施故意犯罪。

二、假释的基本概念

[7] 我国《刑法》在第四章刑罚的具体运用中,专设第七节假释(第81—86条),确立了我国的假释制度。根据我国《刑法》的规定,**假释**,是指对于被判处有期徒刑、无期徒刑的犯罪分子,既已执行一定刑期,其间认真遵守监规,接受教育改造,确有悔改表现,没有再犯罪危险,置于居住社区没有重大不良影响的,由此附条件地予以提前释放,并且规定一定的考验期限与考验内容,如果犯罪分子在考验期限内没有发生法定应当撤销假释的事由,剩余刑罚就视为已经执行完毕的刑罚制度。

[8] 我国《刑法》所规定的假释,具有如下**特征**:**(1) 适用前提**:假释的适用,必须具备一定前提条件,具体表现为:有期徒刑执行原判刑期1/2以上,无期徒刑实际执行13年以上;行刑期间确有悔改表现,没有再犯危险,适用假释对于居住社区没有不良影响;不是累犯以及暴力犯罪被判处10年以上有期徒刑、无期徒刑的犯罪分子。以上三项条件必须同时具备。**(2) 考验期限**:假释的适用,必须规定一定考验期限,具体表现为:有期徒刑的假释考验期限为没有执行完毕的刑期;无期徒刑的假释考验期限为10年。**(3) 行为监督**:假释的适用,必须给予一定行为监督,具体表现为:被宣告假释的犯罪分子必须遵守假释监督管理规定,不能再犯新罪或者出现漏罪,否则将被撤销假释,执行

尚未执行完毕的刑罚。**(4) 假释效果**:我国假释属于附条件免除监禁执行。被宣告假释的犯罪分子,在假释考验期限内,没有再犯新罪,也没有出现漏罪,没有出现违反有关假释监督管理规定的情形,则认为原判刑罚已经执行完毕。**(5) 刑罚制度**:假释具有刑罚执行制度的特征。这明显表现在,假释是在刑罚执行过程中,由于法定事由的出现而表明犯罪人人身危险性减小,从而改变服刑剩余刑期的执行方式;易言之,是刑罚执行过程中对于原判刑罚的执行方式的轻向调整。

三、假释的价值

[9] 假释的价值:阐释合理的假释制度对于刑法理论与实践具有重要作用。假释同样体现着贯彻宽严相济政策、推进刑罚积极机能、实现刑罚个别化、行刑社会化、罪刑均衡、刑罚目的等重要价值。**(1) 宽严相济政策**:宽严相济政策是我国一项宏观原则性刑事政策[①],不仅体现在立法中而且贯彻于司法中,不仅在量刑阶段而且在行刑阶段均应遵循。在行刑中犯罪人确有悔改表现、不致再危害社会,从而对其适用假释,这也是在刑罚适用上区别对待、宽严相济的重要体现。**(2) 刑罚积极机能**:基于行刑中犯罪人的良好表现,给予附条件提前释放,这有利于激励犯罪人积极投身改造,更为有力地感化、教育犯罪人,力求从犯罪人的内在思想观念上消除犯罪动因。**(3) 长期自由刑**:缓刑可以避免短期自由刑的弊端,而假释可以救济长期自由刑的弊害。犯罪人被判长期自由刑,意味着将被长期监禁,这给犯罪人的心理形成了强烈压抑,不利于对其的教育、感化、改造,而假释制度给其带来了希望,增强了刑罚的柔韧性。假释制度在一定程度上具有不定刑期的性质。**(4) 回归社会桥梁**:犯罪人受到长期监禁,与社会隔离,一旦完全地、无援助地回归大众社会,不可避免地会形成各方面的适应不良。而假释提供了一个过渡阶段,被假释的犯罪人可以在监督考察人员的帮助下,逐步适应社会。为此,德国学者称假释"创设了一个从刑罚执行到自由的滑行通道"[②]。**(5) 刑罚个别化**:假释也是实现刑罚个别化的重要制度平台。假释的适用,不仅在形式上受到既已执行刑期的制约,而且在实质上更要根据犯罪人人身危险性的表现。这就是说,假释重要前提是,应当考虑犯罪人的个体情况,以使刑罚轻重与犯罪人人身危险性大小相适应。**(6) 行刑社会化**:假释也是实现行刑社会化的重要制

---

① 宏观原则性刑事政策,是指刑事政策的具体表现中,具有总体全局指导意义的刑事政策形态。

② 〔德〕汉斯·约阿希姆·施奈德著:《犯罪学》,吴鑫涛等译,中国人民公安大学出版社、国际文化出版公司1990年版,第1016页。

度平台。假释是附条件免除余刑的监禁执行,也就是说,以社会内处遇代替余刑监禁。由此,被宣告假释的犯罪分子生活于大众社会,同时假释监督也由公安机关依靠社会力量予以实现。这为罪犯的再社会化提供了更为广阔的空间与更为直接的途径。**(7) 刑罚目的**:假释的形式要件,是犯罪人必须执行一定刑期,这体现了刑罚的严肃与犯罪人应有的报应;假释的刑罚积极机能与刑罚个别化,也更为充分地体现了刑罚的特殊预防;假释既以执行一定刑期为前提,又给予悔过自新的犯罪人以出路,这也有利于一般预防目的的实现。

四、假释与其他措施

[10] 假释与其他措施,阐释假释与缓刑、刑满释放、监外执行、减刑等刑事措施的相似之处以及重大区别。

[11] **假释不同于缓刑**:假释与缓刑存在一定的**相似之处**:(1) 执行制度:假释属于一种刑罚执行制度,而缓刑虽兼有量刑制度与行刑制度的特征,但也不失为一种行刑制度。(2) 限制自由:假释与缓刑均不受监禁,而是具有一定的考验期限并受行为的监督考察,形式上呈现限制自由的特征。(3) 撤销条件:除缓刑因违反法院禁令而撤销外,假释与缓刑的其他撤销条件相似,均表现为违反监督规定、再犯新罪或者发现漏罪,三者择一即可撤销。(4) 免予执行:假释是附条件免除余刑的执行,缓刑是附条件免除原判刑罚的执行,两者均有免除监禁刑执行的成分。(5) 价值理念:假释与缓刑的价值理念一致,均是刑事近代学派的基本思想在规范刑法学上的制度体现与操作化设置。但是,假释与缓刑有着**重大区别**:(1) 适用对象:假释的对象是被判处有期徒刑或者无期徒刑的犯罪分子,缓刑的对象是被判处拘役、3 年以下有期徒刑的犯罪分子。(2) 实质条件:假释适用的实质根据,是犯罪人在行刑中确有悔改表现、没有再犯罪危险;而缓刑适用的实质根据,是犯罪人在判决确定前的犯罪情节和悔罪表现。(3) 其他前提:假释的适用必须是犯罪人既已服完一定的刑期,属于附条件不执行原判刑罚的余刑,从而表现为在行刑中予以宣告;而缓刑是附条件不执行原判全部刑罚,从而表现为在量刑时予以宣告。(4) 考验期限:假释考验期限,有期徒刑的为没有执行完毕的刑期,无期徒刑的为 10 年;而缓刑考验期限,拘役的为原判刑期以上 1 年以下,但是不能少于 2 个月,有期徒刑的为原判刑期以上 5 年以下,但是不能少于 1 年。(5) 法律效果:假释考验期满,犯罪人没有出现撤销假释的事由,认为原判刑罚已经执行完毕;而缓刑考验期满,犯罪人没有出现撤销缓刑的事由,原判刑罚就不再执行。由此,影响到累犯的成立。

[12] **假释与刑满释放**:**刑满释放**,是指犯罪人已经服完原判全部刑罚,无条件地回归大众社会。假释与刑满释放的**相似之处**表现在,两者均由监禁形态到非监禁形态。但是,两者存在**重大区别**:(1) 附条件与否:假释属于附条件提前释放,被假释的犯罪人在假释考验期限内仍然必须服从监督管理,是原判刑罚余刑的暂不执行(假释执行);而刑满释放,被释放者完全恢复自由,无需遵守专门为其设定的特别的行为规则。(2) 恢复执行与否:假释属于附条件提前释放,这也意味着在一定期限内仍然保留执行原判刑罚余刑的可能性,如果被假释者被撤销假释,将恢复余刑的执行;而刑满释放属于无条件释放,这意味着原判刑罚已经执行完毕,不存在恢复执行问题。

[13] **假释与监外执行**:两者**相似之处**表现在,两者均属于对于罪犯不予监禁的一种行刑制度。但是,两者存在**重大区别**:(1) 适用对象:假释适用于被判处有期徒刑、无期徒刑并且既已执行一定刑期的犯罪分子;监外执行适用于被判处无期徒刑、有期徒刑或者拘役的犯罪分子①。(2) 实质条件:适用假释的实质条件在于,犯罪分子在行刑中确有悔改表现、适用假释没有再犯罪危险;适用监外执行的实质条件在于,有严重疾病需要保外就医、怀孕或者正在哺乳自己婴儿的妇女,适用监外执行没有社会危险性的罪犯②;对于生活不能自理,适用暂予监外执行不致危害社会的罪犯③。(3) 确定与期限:假释于行刑过程中由人民法院予以裁定,并有明确的考验期限;监外执行可以在判决宣告或者交付执行前由人民法院决定④、也可以在执行过程中由省级以上监狱管理机关或者设区的市一级以上公安机关批准⑤,监外执行并无固定期限,以监外执行原因消失为限。(4) 执行特征:假释属于附条件不执行原判刑罚的余刑;监外执行属于原判刑罚的一种特殊执行方式。(5) 法律后果:假释考验期满,尚未出现应当撤销假释的法定事由,原判刑罚视为已经执行完毕;监外执行的情形消失以后,对原判刑期尚未执行完毕的罪犯,负责执行的机关应当及时与监狱联系,予以收监⑥。

[14] **假释与减刑**:**减刑**,是指对于被判处管制、拘役、有期徒刑、无期徒刑的犯罪分子,在刑罚执行期间,如果认真遵守监规,接受教育改造,确有悔改表现的,或者有立功表现的,适当减轻其原判刑罚的刑罚制度。假释与减刑

---

① 我国《刑事诉讼法》第254条。
② 同上。
③ 同上。
④ 同上。
⑤ 同上。
⑥ 公安部《公安机关办理刑事案件程序规定》(1998年)第295条;我国《刑事诉讼法》第257条。

存在一定的**相似之处**:(1) 执行制度:假释与减刑均属于一种刑罚执行制度。假释是在行刑中对于原判刑罚余刑的附条件不执行;减刑是在行刑中对于原判刑罚的减轻。(2) 实质条件:假释与减刑均根据行刑期间犯罪人的表现。假释基于行刑中确有悔改表现、假释后不致再危害社会;减刑基于行刑中确有悔改表现或者有立功表现。(3) 价值理念:假释与减刑的价值理念一致,均是刑事近代学派的基本思想在规范刑法学上的制度体现与操作化设置。以犯罪人的人身危险性作为行刑调整的重要基石。但是,假释与减刑有着**重大区别**:(1) 适用对象:假释的对象是被判处有期徒刑或者无期徒刑的犯罪分子,减刑的对象是被判管制、拘役、有期徒刑、无期徒刑的犯罪分子。(2) 执行期限:假释的执行刑期,有期徒刑必须执行原判刑期 1/2 以上,无期徒刑必须实际执行 13 年以上;而减刑的起始刑期[①],无期徒刑的一般为 2 年以上,5 年以上有期徒刑的一般为 1 年半以上,基于重大立功的减刑则不受执行刑期限制。(3) 实质条件:假释与减刑实质条件的具体内容有所差异。假释适用的实质根据,是犯罪人在行刑中确有悔改表现、适用假释没有再犯罪危险;而减刑适用的实质根据,是犯罪人在行刑中确有悔改表现或者确有立功表现。(4) 宣告次数:假释在整个行刑中只能宣告一次,即一次性不执行原判刑罚的余刑;而减刑在整个行刑中可以宣告多次,即控制每次减刑幅度并可多次予以减刑。(5) 考验期限:假释附有考验期限,有期徒刑的为没有执行完毕的刑期,无期徒刑的为 10 年;而减刑是对原判刑期的减刑,随着减刑裁定的确定而确定。(6) 行为监督:假释附有行为监督,被假释的犯罪人在假释考验期限内必须遵守假释监督管理规定;而减刑随减刑裁定的确定而确定,没有附随的监督考验。(7) 法律效果:假释之后违反假释监督管理规定或法院判决禁令,将被撤销假释执行余刑;而减刑之后违反监规,既有的减刑裁定不会被撤销。[②] (8) 回归社会:假释之后犯罪人在一定程度上恢复自由、回归大众社会;而减刑之后犯罪人仍在监狱服刑。

第50节　假释的适用要件

[1] **假释的适用要件**,是指对于犯罪分子裁定宣告假释所必须具备的基本前提,分为形式要件、实质要件与否定要件。形式要件,表现为假释适用对

① 即只有执行完这一刑期,才可考虑减刑。

② 假释之后再犯新罪或者发现漏罪,应当撤销假释;而减刑之后发现漏罪、减刑之后再犯新罪、减刑之后发现减刑之前再犯新罪,也应撤销前罪减刑,当然前罪减刑的实质意义应当考虑。

于既已执行刑期、执行刑种类等的要求；实质要件，表现为假释适用对于犯罪人人身危险性的要求；否定要件，表现为排除假释适用的一些特定情形，主要针对累犯等罪犯类型。对此，各国刑法的规定有所不同，兹在介绍比较中外相关立法的基础上，对于假释适用条件的理论与实践问题作一分析。

一、各国刑法规定

[2] 基于假释适用条件的核心议题，本题的阐释分别形式要件的模式、实质要件的模式、特殊罪犯立法模式的路径展开。

[3] **形式要件的模式**：各国刑法假释适用的形式要件，主要表现为对于如下议题的不同取舍：既已执行刑期、执行刑种类、犯罪人态度：**(1) 既已执行刑期**：通常，假释只能适用于既已服完一定刑期的犯罪人，为此各国刑法规定有假释服刑的最低刑期，但是具体刑期长短却有所不同，包括有期徒刑与无期徒刑的不同表现。**A. 有期徒刑**：对于有期徒刑假释所需服刑的最低刑期，各国刑法存在如下立法模式：其一，比例限定·统一比例：以原判刑期为基数，规定一定的比例，作为法定所需服刑的最低刑期限度；并且对于可予假释的各种犯罪、各种罪犯，均不加区别地适用同一比例限定。具体又有 1/3、1/2、2/3、3/4 等不同表现：1/3：对于被判处有期徒刑的犯罪人，至少执行原判刑期的 1/3 以上，方可适用假释。例如，《日本刑法典》(1907 年)第 28 条规定，在有期刑的执行经过 1/3 后，可以根据行政机关的决定准许假释。① 1/2：例如，《中华民国刑法》(1935 年)第 77 条规定，受徒刑之执行，而有悛悔实据者，有期徒刑逾 1/2 后，得许假释出狱。但有期徒刑之执行未满 1 年者，不在此限。② 2/3：例如，《瑞典刑法典》(1962 年)第 26 章第 6 条规定，被判处固定期限监禁的人，执行刑罚的 2/3，至少执行 1 个月之时，应当假释。3/4：例如，《西班牙刑法典》(1995 年)第 90 条规定，对于被判处轻刑并已经执行原判刑量的 3/4 者，同时符合其他法定要求，可以予以假释。其二，区别限定：针对罪犯类型不同、犯罪轻重差异、监禁程度区别等，规定不同的假释最低服刑期限。例如，[罪犯类型]《保加利亚刑法典》(1968 年、2004 年)第 70 条第 1、2 款规定：一般罪犯假释，须执行原判刑期 1/2 以上；危险累犯假释，须实际执行原判刑期 2/3 以上且尚未执行的刑期不超过 3 年。[犯罪轻重]《蒙古国刑法典》

---

① 类似的立法例：《韩国刑法典》(1953 年)第 72 条。

② 我国台湾地区“刑法”(2005 年)第 77 条规定：“受徒刑之执行而有悛悔实据者，无期徒刑逾 25 年，有期徒刑逾二分之一、累犯逾三分之二，由监狱报请法务部，得许假释出狱。……”这是采纳了一般罪犯与累犯有所区别的原则。另外，我国现行《刑法》第 81 条，对于有期徒刑假释所需服刑的最低刑期限度，采纳了实际“执行原判刑期 1/2 以上”的规定。

(1991年)第74条规定,法院对于罪犯假释,应当适用于已服下列比例刑期的罪犯:不少于轻罪刑期的1/2;不少于重罪刑期的2/3;不少于极重罪刑期的4/5。[①] [监禁程度]《匈牙利刑法典》(1978年、2005年)第47条规定,适用假释必须:可在高度警戒监狱内执行的刑罚,至少服完4/5的刑期;可在监狱内执行的刑罚,至少服完3/4的刑期;可在拘留中心内执行的刑罚,至少服完2/3的刑期;不足3年的监禁,符合特别条件,至少服完1/2的刑期。[监禁·罪犯]《罗马尼亚刑法典》(1996年)第71条规定,适用假释必须:被处监禁或严格监禁,已服2/3刑期;被处重监禁,已服3/4刑期;被处监禁或严格监禁的未成年人,刑期执行1/3以上;年满60周岁男性罪犯与年满55周岁女性罪犯,监禁或严格监禁执行1/3以上,重监禁执行一半以上。[一般·特殊]《丹麦刑法典》(2002年)第38条规定,适用假释必须:监禁刑已服2/3并且在监所服刑不得少于2个月;在特殊情况下已服1/2并且在监所服刑不得少于2个月。[②] 其三,最低服刑限定与最多余刑限定:分述如下:[比例限定并最低服刑限定]对于最低服刑期限的假释条件,不仅以原判刑期比例的方式限定,而且同时以固定数值的方式限定。例如,《瑞士刑法典》(1937年)第38条规定,被科处重惩役或监禁刑的被判刑人,在执行刑罚的2/3、在监禁刑情况下至少执行3个月,主管机关可将其附条件释放。[服刑期限并最多余刑限定]对于假释条件,不仅限定最低的既已服刑期限,而且限定余刑的最多刑期。例如,《意大利刑法典》(1931年)第176条规定,被判处监禁刑的人,如果至少已服刑30个月或者至少已服满所判刑期的一半并且剩余的刑期不超过5年,可以获准假释。**B. 无期徒刑**:对于无期徒刑假释所需服刑的最低刑期,各国刑法存在如下立法模式:其一,10年:对于被判处无期徒刑的犯罪人,至少执行10年以上,方可适用假释。例如,《日本刑法典》(1907年)第28条规定,在无期刑的执行经过10年后,可以根据行政机关的决定准许假释。其二,12年:例如,《丹麦刑法典》(2002年)第41条规定,被判处终身监禁者已经服刑12年时,司法部长决定该囚犯是否应当被假释。其三,15年:例如,《瑞士刑法典》(1937年)第38条规定,被科处终身重惩役的被判刑人,已执行15年刑罚的,主管机关可将其附条件释放。[③] 其四,20年:例如,《阿根廷刑法典》(1922年)第13条规定,被判处终身监禁或劳役且已服刑20年的罪犯,在具备其他法定条件下,可以予以假释。其五,25年:例如,《俄罗斯刑法典》(1996年)第79条

---

① 类似的立法例:《俄罗斯刑法典》(1996年)第79条。

② 类似的立法例:《德国刑法典》(1998年)第57条。

③ 类似的立法例:《德国刑法典》(1998年)第57a条;《奥地利刑法典》(1974年)第46条。

规定,正在服终身剥夺自由刑的人,如果法院认为他无需继续服这种刑罚并且已经实际服满不少于25年剥夺自由,则可以得到假释。其六,26年:例如,《意大利刑法典》(1931年)第176条规定,被判处无期徒刑的人,在至少服刑26年后,可以获准假释。**(2) 执行刑种类**:对于假释适用的刑罚种类,存在如下立法模式:**A. 有期徒刑**:例如,《巴西刑法典》(1941年)第60条规定,在具备相关法定条件下,法官可以对被判处监禁或3年以上拘役的犯罪人予以假释。[①] **B. 有期徒刑与无期徒刑**:刑法对于有期徒刑与无期徒刑均规定了假释。这一立法模式较为普遍。例如,《韩国刑法典》(1953年)第72条规定,被判处劳役或者徒刑者,在执行期间表现良好、悔改表现显著的,无期经过10年,有期经过刑期的1/3后,可以以行政处分予以假释。[②] **C. 排除附加刑**:刑法明确规定,假释仅适用于主刑,对于附加刑不适用假释。例如,《蒙古国刑法典》(1991年)第74条第7款规定,假释的效力不及于禁止担任一定职务和从事特定职业的附加刑。**(3) 犯罪人态度**:有的国家刑法明确规定,假释适用必须征得犯罪人同意。例如,《德国刑法典》(1998年)第57条对于假释条件作了规定,"经受审判人同意"就是其中的条件之一。我国澳门地区《刑法典》(1995年)第56条第3款规定:"实行假释须经被判刑者同意。"《瑞士刑法典》(1937年)第38条也规定,如果被判刑人未提出附条件释放申请,或者他虽已申请但没有立即被附条件释放的,主管机关应当听取被判刑人的意见。

[4] **实质要件的模式**:各国刑法假释适用的实质要件,主要表现为对于如下议题的不同取舍:实质条件评价、实质评价依据:**(1) 实质条件定位**:适用假释以不致再危害社会为基本前提,对于这一实质条件的表述,存在如下立法模式:**A. 悔罪表现**:仅以行刑期间的悔罪表现,作为假释适用的实质要件。例如,《日本刑法典》(1907年)第28条规定,被判处惩役或者监禁的人,如果有悔改表现,可以根据行政机关的决定准许假释。**B. 不致再犯**:仅以对于犯罪人不致再犯的评估,作为假释适用的实质要件。例如,《德国刑法典》(1998年)第57条规定,经考察认为,受刑人不执行刑罚也不致再犯罪的,同时具备其他有关条件,法院可将有期自由刑余刑予以缓刑。**C. 无需继续服刑**:仅以对于犯罪人无需继续服刑的评估,作为假释适用的实质要件。例如,《俄罗斯

---

① 这里的监禁,是指有期监禁。类似的立法例:《蒙古国刑法典》(1991年)第74条;我国澳门地区《刑法典》(1995年)第56条;《瑞典刑法典》(1962年)第26章第6条。

② 类似的立法例:《意大利刑法典》(1931年)第176条第1、3款;《丹麦刑法典》(2002年)第38条第1款、第41条第1款;《德国刑法典》(1998年)第57条、第57a条;《瑞士刑法典》(1937年)第38(1)条;《奥地利刑法典》(1974年)第46(1)、46(5)条;《日本刑法典》(1907年)第28条;《韩国刑法典》(1953年)第72条第1款;《阿根廷刑法典》(1922年)第13条;《俄罗斯刑法典》(1996年)第79条第1、3、5款;《罗马尼亚刑法典》(1996年)第71、72条;我国台湾地区"刑法"(2005年)第77条。

刑法典》(1996年)第79条规定,正在服军纪营管束或剥夺自由刑的人,如果法院认定他不需要服满法院所处的刑罚即可得到改造,则应该假释。**D. 表现良好并适宜释放**:基于行刑期间表现良好并且释放更为适宜,作为假释适用的实质要件。例如,《瑞士刑法典》(1937年)第38条规定,对于犯罪的附条件释放,以其在刑罚执行期间表现良好,且认为其适宜在自由状态下生活者为限。**E. 适宜释放并谋生能力**:将释放更为适宜与具有谋生能力,同时作为假释适用的实质要件。例如,《丹麦刑法典》(2002年)第38条规定,假释应当视以下情况而定:根据囚犯之个人情况,释放不是不明智的;被定罪人有适当住所、工作或者其他形式之有效支持,以及能够服从法定假释须遵守条件。**F. 确有悔改并消除损害**:将确有悔改与消除犯罪损害,同时作为假释适用的实质要件。例如,《蒙古国刑法典》(1991年)第74条规定,罪犯有改过自新的表现,而且赔偿了损失或消除了犯罪所造成的损害的,法院可以对罪犯适用假释。**G. 表现良好或确有悔改**:将行刑期间表现良好或者确有悔改表现,作为假释适用的实质要件。例如,《罗马尼亚刑法典》(1968年)第59条规定,既已执行一定刑期的犯罪分子,在劳动与遵守纪律方面表现好或确有重大悔改表现的,可参考其审判记录,在刑罚执行完毕前准予假释。**H. 表现良好并确有悔改**:将行刑期间表现良好并且确有悔改表现,作为假释适用的实质要件。例如,《韩国刑法典》(1953年)第72条规定,被判处劳役或者徒刑者,在执行期间表现良好、悔改表现显著,在执行一定刑期之后,可以予以假释。[①] **I. 表现良好并确有悔改并履行民事责任**:将行刑表现良好、确有悔改、履行民事责任,同时作为假释适用的实质要件。例如,《意大利刑法典》(1931年)第176条规定,被判处监禁刑的人在刑罚执行期间表现良好,令人确信有所悔改的,可以获准假释;获准假释以履行因犯罪而承担的民事责任为条件,除非被判刑人证明自己处于不能履行该责任的状况。**J. 危险消失并表现良好并谋生能力并履行民事责任**:将犯罪危险消失、行刑表现良好、具有谋生能力、履行民事责任,同时作为假释适用的实质要件。例如,《巴西刑法典》(1941年)第60条规定,假释条件包括:证实犯罪危险性已经消失或终止,并在监禁期间表现良好和具有从事正当职业谋生能力;犯人已履行由于犯罪而引起的民事义务,但确实无力履行义务的犯人除外。**K. 不设实质要件**:对于假释仅仅设置形式要件,由此假释成为刑满前一个必经的过程。例如,《瑞典刑法典》(1962

---

① 对此,韩国学者指出:"这是指犯人有能够认定遵守纪律和悔悟的情节,最终是指要求即使不向犯人执行刑罚,也会有不再犯罪的诊断的可能性。"〔韩〕李在祥著:《韩国刑法总论》,韩相敦译,中国人民大学出版社2005年版,第542页。

年)第26章第6条规定,被判处固定期限监禁的人,执行刑罚的2/3,至少执行1个月之时,应当假释。例外的情况是:与缓刑并处的14天以上3个月以下的监禁;替代罚金的监禁;已决犯请求,可以延缓至以后的时间假释;已决犯严重违反在监狱服刑应当遵守的条件的,可以延期假释。**(2) 实质评价依据**:对于适用假释实质的评价根据,有的国家刑法予以明确,其内容包括行刑表现,或者罪前、罪行、行刑等整体情况;也有的国家对此未予明确。**A. 行刑表现**:强调根据犯罪人在刑罚执行期间的具体表现,评价假释适用的实质条件,这主要是作为评价悔罪表现的依据。例如,《意大利刑法典》(1931年)第176条,将假释的实质条件规定为"表现良好,令人确信有所悔改",而对于这一实质条件的评价,是根据"被判处监禁的人在刑罚执行期间表现"。**B. 整体情况**:强调根据犯罪人人格、生活背景以及犯罪情节、行刑表现等因素,评价假释适用的实质条件,这主要是作为评价不致再犯等的依据。例如,《德国刑法典》(1998年)第57条规定,在决定余刑缓刑的时候,应当特别注意受刑人的人格、履历、犯罪情节、执行刑罚期间的态度、生活情况和缓刑可能对其产生的影响。[①] **C. 未予规定**:刑法明确规定假释实质条件,但是对于这一条件的评价依据却未予明确。例如,《日本刑法典》(1907年)第28条,将假释的实质条件规定为"有悔改表现",而对具体评价依据未予明确,从而留待学理与司法实际解决。对此,日本学者指出,"悔改表现"是以良好表现为基础的能证明其已悔改的情节;目前,在司法实务上,正力图将其客观化,认为在具备下述四个条件时,便可假释:具有改造的愿望;具有悔改的情节;无再犯之虞;社会一般人认为应当予以假释。[②]

[5] **特殊罪犯立法模式**:许多国家刑法对于累犯、死刑犯等罪犯的假释条件,予以了特别的规定,具体存在如下立法模式:**(1) 死刑犯赦免犯累犯·否定条件**:排除死刑犯、赦免犯、累犯等,适用假释的可能。例如,《蒙古国刑法典》(1991年)第74条规定,假释不应当适用于死刑犯、赦免犯、累犯和没有对犯罪所造成的损害进行补偿的犯罪人。[③] **(2) 累犯·严格条件**:对于累犯虽可适用假释,但是假释条件比一般罪犯更为严格。例如,《意大利刑法典》(1931年)第176条规定,一般罪犯假释,至少已服刑30个月或者至少已服满所判刑期的一半,并且剩余刑期不超过5年;而加重处罚的累犯假释,至少应当服刑

---

① 类似的立法例:《奥地利刑法典》(1974年)第46条(3)(5);我国澳门地区《刑法典》(1995年)第56条第1款。

② 参见〔日〕大谷实著:《刑事政策学》,黎宏译,法律出版社2000年版,第267页。

③ 类似的立法例:《阿根廷刑法典》(1922年)第14条规定,对于累犯不得假释。

4年并且至少服满所判刑期的3/4。[①] **(3) 曾被撤销假释·否定条件**:排除对于曾被撤销假释的罪犯,再次适用假释的可能。例如,《阿根廷刑法典》(1922年)第17条规定,被撤销假释的罪犯,不得被再次假释。**(4) 曾被撤销假释·严格条件**:对于曾被撤销假释的罪犯虽可适用假释,但是假释条件比一般罪犯更为严格。例如,《俄罗斯刑法典》(1996年)第79条规定,轻罪、中等严重犯罪、严重犯罪的罪犯假释,分别至少服满所判刑期1/3或者1/2;而曾被撤销假释的罪犯假释,至少必须服满所判刑期2/3。

二、我国刑法规定

[6] 对于假释适用的前提条件,我国《刑法》第81条作了规定,具体内容包括三项:被判处有期徒刑、无期徒刑的犯罪分子执行一定的刑期;基于行刑期间确有悔改表现,适用假释没有再犯罪危险;必须不是累犯以及暴力犯罪被判处10年以上有期徒刑、无期徒刑的犯罪分子。

[7] **形式要件·执行刑**:被判处有期徒刑的犯罪分子,执行原判刑期1/2以上,被判处无期徒刑的犯罪分子,实际执行13年以上;如果有特殊情况,经最高人民法院核准,可以不受上述执行刑期的限制。对此,应当注意如下方面:**(1) 刑种**:假释只适用于被判处有期徒刑或无期徒刑的犯罪分子。这意味着对于管制、拘役、死刑以及附加刑不得适用假释。管制属于限制自由,而假释的特征是附条件提前释放,从而本应属于限制自由的管制无所谓假释;拘役属于短期自由刑,而假释与缓刑相对,主要针对长期自由刑而设置[②],从而作为短期自由刑的拘役无需假释;死刑包括死刑立即执行与死刑缓期二年执行,死刑立即执行固无假释余地,而死缓在经过法定减刑,被减为无期徒刑或者有期徒刑后,实际执行15年以上,仍可适用假释[③];罚金、剥夺政治权利、没收财产等附加刑均非监禁刑,而假释的特征是附条件提前释放即针对监禁刑而言,从而这些附加刑同样无所谓假释。**(2) 执行刑期**:有期徒刑执行原判刑期1/2以上,无期徒刑实际执行13年以上。死缓经法定减刑后又被假释的,实际执行的刑期应当不能少于15年,死刑缓期执行期间不包括在内[④];被限制减刑的死缓罪犯,减刑后又被假释的,实际执行的刑期应当不少于25年或

---

① 类似的立法例:《巴西刑法典》(1941年)第60条规定,初犯已经服刑一半以上,累犯已经服刑3/4以上。

② 假释与缓刑均是刑事近代学派思想在规范刑法学上的技术体现,其中,假释针对长期监禁刑,而缓刑针对短期监禁刑。

③ 最高人民法院《关于办理减刑、假释案件具体应用法律的规定》(2017年)第23条。

④ 同上。

20年。[①] 对此，应当注意：**A. 先行羁押与执行原判**：就有期徒刑假释而言，判决确定前先行羁押的日期，羁押1日折抵刑期1日；由此，先行羁押的日期，也就计入了有期徒刑的执行刑期；"有期徒刑执行原判刑期"，应当包括先行羁押的日期与判决确定后实际执行的日期。而在无期徒刑假释的场合，无期徒刑无所谓刑期折抵；判决确定前先行羁押的日期不能折抵无期徒刑的实际执行刑期；"无期徒刑实际执行的日期"，仅指判决确定后罪犯在监狱所服刑的日期。**B. 减刑刑期与执行原判**：减刑以后可以假释[②]，不过在刑期计算上应当注意，作为假释条件的既已执行刑期，是指原判刑期的执行刑期，而非减刑刑期的执行刑期。易言之，是否减刑，或者减刑次数、减刑刑期多少，并不影响在假释时，作为假释前提的必须执行的原判期刑的最低限度；既已执行原判刑期的最低限度，以原判刑种为准，原判为无期徒刑而后减为有期徒刑的，依然必须实际执行13年以上，方可假释。**C. 减刑与假释间隔**：最高人民法院《关于办理减刑、假释案件具体应用法律的规定》(2017年)第28条规定："罪犯减刑后又假释的，间隔时间不得少于1年；对一次减去1年以上有期徒刑后，决定假释的，间隔时间不得少于1年6个月。""罪犯减刑后余刑不足2年，决定假释的，可以适当缩短间隔时间。"**D. 死缓减刑与执行刑期**：根据我国《刑法》第50条的规定，死刑缓期2年执行，2年期满以后，可以减为无期徒刑或者25年有期徒刑。对被判处死刑缓期执行的累犯以及有关暴力性犯罪罪犯，人民法院可以同时决定对其限制减刑。由此，对于死缓法定减刑后的假释，应当分别按照死缓减刑后所需实际执行的最低刑期，作为假释前提的行刑低限。即没有被限制减刑的死缓罪犯需至少执行15年，死刑缓期执行期间不包括在内[③]；被限制减刑的死缓罪犯，被减为无期徒刑的，至少执行25年，被减为25年有期徒刑的，至少执行20年[④]。**(3) 特殊情况**：最高人民法院《关于办理减刑、假释案件具体应用法律的规定》(2017年)第24条规定：《刑法》第81条第1款规定的"特殊情况"，是指有国家政治、国防、外交等方面特殊需要的情况。另外，最高人民法院《关于办理假释案件几个问题的意见(试行)》(1993年)第1、2条，曾将下列两种情形作为1979年《刑法》第73条(1997年修订的《刑法》第81条)的"特殊情节"：罪犯家庭有特殊困难，确需本人照顾，请求假释的，在司法实践中，须由县级以上公安机关或者人民政府有关部门

---

① 我国《刑法》第78条第2款第3项。

② 参见最高人民法院《关于办理减刑、假释案件具体应用法律的规定》(2017年)第28条。

③ 参见最高人民法院《关于办理减刑、假释案件具体应用法律的规定》(2017年)第23条第3款、第12条第1款。

④ 我国《刑法》第78条第2款第3项。

提供证明，如果罪犯确有悔改表现，不致再危害社会，当地具备监管条件，可以不受法定执行刑期的限期；犯罪时未成年，在刑罚执行中确有悔改表现，不致再危害社会，且假释后具备监管条件的罪犯，可以不受法定执行刑期的限制。

［8］**实质要件·不致危害社会**：不致危害社会，是假释适用的实质要件。具体需要同时符合：确有悔罪表现；没有再犯危险；对于居住社区没有不良影响。其核心是对**犯罪人人身危险性**的评价与论断。其中，**"没有再犯危险"**是人身危险性的典型表述，**"有悔罪表现"**是以行为特征为主导的人身危险性评价要素，而**"社区影响"**是以犯罪人生活背景特征为主导的人身危险性评价要素。另外，法定的"认真遵守监规"与"接受教育改造"应是"确有悔改表现"的具体征表。具体地说：**(1) 没有再犯危险的地位**：没有再犯危险，是适用假释实质要件的核心要素。对此分述如下：**A. 刑法与司法解释**：《刑法》对于实质要件的表述是："认真遵守监规，接受教育改造"，"确有悔改表现"，"没有再犯罪危险"；对于这三项内容及其之间的关系，司法解释作了阐述。最高人民法院《关于办理减刑、假释案件具体应用法律的规定》(2017 年)：其一，第 3 条第 1 款规定："确有悔改表现，是指同时具备以下条件：认罪悔罪[①]；遵守法律法规及监规，接受教育改造；积极参加思想、文化、职业技术教育；积极参加劳动，努力完成劳动任务。"其二，第 22 条规定："没有再犯罪的危险，除符合刑法第 81 条规定的情形外，还应当根据犯罪的具体情节、原判刑罚情况，在刑罚执行中的一贯表现，罪犯的年龄、身体状况、性格特征，假释后生活来源以及监管条件等因素综合考虑。"这里的《刑法》第 81 条规定的情形，即指"认真遵守监规，接受教育改造，确有悔改表现"。**B. 实质条件定位**：这一司法解释表明，"认真遵守监规，接受教育改造"是"确有悔改表现"的应有之义，而"确有悔改表现"又为"没有再犯罪危险"的意义所包容。由此，适用假释必须具备"没有再犯罪危险"(人身危险性较小，不致危害社会)的实质要件；而这一要件的具备，"确有悔改表现"是基本前提；而"认真遵守监规，接受教育改造"又是"确有悔改表现"成立的前提。从而，"没有再犯罪危险"是适用假释实质要件的核心项，"认真遵守监规，接受教育改造""确有悔改表现"是这一核心项的说明项。**C. 实质评价依据**：这一司法解释也表明，实质要件的评价依据是犯罪人在行刑期间的表现。"认真遵守监规，接受教育改造"，固然是行刑期间的表现；"确有悔改表现"基于其成立的四项条件，也应是行刑期间的表现；"没

① 同时，该条第 3 款指出：罪犯在刑罚执行期间的申诉权利应当依法保护，对其正当申诉不能不加分析地认为是不认罪悔罪。

有再犯罪危险”基于其前提与蕴意，也主要是依据行刑期间的表现而评价。不过，“没有再犯罪危险”是对犯罪人人身危险性的终结评价（评价结论），其评价依据，除了行刑表现之外，也应包括犯罪情节、犯罪人的生活背景与人格特征、假释后犯罪人的生活与工作安置等因素。**(2) 有关罪犯从宽**：根据最高人民法院《关于办理减刑、假释案件具体应用法律的规定》(2017 年)第 26 条的规定，对下列罪犯适用假释时可以依法从宽：过失犯罪的罪犯、中止犯罪的罪犯、被胁迫参加犯罪的罪犯；因防卫过当或者紧急避险过当而被判刑的罪犯；未成年人罪犯；基本丧失劳动能力、生活难以自理，假释后生活确有着落的老年罪犯、患严重疾病罪犯或者身体残疾罪犯；服刑期间改造表现特别突出的罪犯等。

[9] **否定要件·特殊罪犯犯罪**：我国《刑法》规定，对于累犯以及有关暴力性犯罪不适用假释。这意味着：**(1) 人身危险性**：一般来说，累犯的人身危险性较大；而被处 10 年以上有期徒刑或者无期徒刑的暴力性犯罪，其犯罪分子的罪行重大而且通常这些犯罪分子的人身危险性也较大。由此，我国《刑法》将这两类犯罪分子排除于假释适用之外。**(2) 所有累犯**：累犯不得假释，是指所有累犯，不论处刑轻重、具体犯罪性质、犯罪人的其他特征、乃至服刑期限等如何，均不适用假释；累犯不得假释，既指对于一般累犯也指对于特别累犯，均不适用假释。**(3) 部分暴力犯罪**：对此存在两项条件：A. 处刑条件：被判处 10 年以上有期徒刑或者无期徒刑的有关暴力性犯罪的犯罪分子，不得假释。因有关暴力性犯罪被判处死刑缓期执行的罪犯，被减为无期徒刑、有期徒刑后，也不得假释。B. 罪质条件：这里的暴力性犯罪是指我国《刑法》第 81 条第 2 款所规定的“故意杀人、强奸、抢劫、绑架、放火、爆炸、投放危险物质或者有组织的暴力性犯罪”。严格来讲，暴力犯罪是犯罪学通用的术语(见第 23 节段 4)，显然，不适用假释的暴力性犯罪只是暴力犯罪中的特定部分，即我国《刑法》第 81 条法定的暴力性犯罪。**(4) 数罪场合**：在犯罪人犯有数罪的场合，只要有一罪或者至少有一罪，因我国《刑法》第 81 条所规定的暴力性犯罪，原判刑罚的宣告刑为 10 年以上有期徒刑或者无期徒刑，包括死缓的，就应排除假释的适用。

三、假释适用要件探讨

[10] 假释适用的徒刑既已执行期限、犯罪人态度、实质条件定位、实质条件评价依据等，以及法定假释与裁量假释的取舍，系属假释适用要件的重要议题。对此，兹对比中外立法状况，予以进一步的理论探讨。

[11] **有期徒刑既已执行期限与假释**：罪犯假释所需服刑的最低刑期，对

此各国刑法的立法模式包括：比例限定·统一比例（包括1/3、1/2、2/3、3/4）；比例限定并最低定值；服刑期限并剩余刑期；通常2/3·特殊1/2；轻罪重罪·不同比例；处刑犯罪罪犯·不同比例。而我国《刑法》采纳“比例限定·统一比例”的模式，具体表现为“原判刑期的1/2以上”。相比较而言，采取比例限定的模式是通例，**问题是**：是否针对不同情形而在比例上有所区别；比例限定的具体数值多少最为恰当；除比例限定外是否还需再予定值限定。对此，分述如下：**(1) 价值定位**：价值理念是刑法技术的先导。假释制度彰显着刑事近代学派的基本思想，人身危险性对于刑罚规范运作的决定意义通过假释制度得以充分表现；不过，现代假释制度对于刑事古典学派的思想也兼容并蓄，客观危害与主观责任对于刑罚轻重的决定意义在假释制度中仍占有相当比重。易言之，在刑罚制度上，极端的人身危险性理论导出不定期刑制度，极端的客观主义理论导出绝对确定法定刑制度；而假释制度虽在一定程度上拥有不定期刑的成分，但却并非不定期刑；假释制度也不失执行刑的确定执行刑期，但却有着监禁执行的调整。在假释制度上，所需服刑最低刑期等（形式要件）更为关注报应刑思想，罪犯悔罪表现等（实质要件）则侧重体现了目的刑主义。**由此可见**，对于本题相关问题的回答，均有着假释制度的价值理念的基底。在我国目前的社会发展阶段，基于法治国建设的主导背景，总体而言，刑罚理念坚持以报应为基底兼顾预防，具体来说，报应与预防在不同阶段可有不同侧重：在刑罚的立法阶段，以报应为基底适当注重一般预防；在刑罚的裁量阶段，兼顾报应与预防；在刑罚的执行阶段，基于报应的限度适当注重特殊预防。相应地，对于行刑中的刑罚调整，应当坚持“以既定刑罚裁判为本位，以行刑动态调整为补充”。表现在假释制度上，既已服刑最低刑期至少应占原判刑期一半以上，而人身危险性对于行刑的调整也不能逾越原判所应执行的最低刑期。**(2) 具体方案**：基于上述价值定位，对假释中有期徒刑既已执行的刑期，提出如下思考：**A. 是否针对不同情形而在比例上有所区别**：从充分展现刑罚个别化的理念来讲，根据犯罪以及罪犯的不同情况，设置各有差异的相应行刑最低刑期比例，不失为假释制度的较好立法技术。从我国《刑法》的规定来看，对于累犯以及因某些暴力性犯罪被判处10年以上有期徒刑、无期徒刑的罪犯，不得假释，这似有所极端。另外，考虑到法律的抽象意义，假释制度对于犯罪以及罪犯的分类也不宜过于具体。**B. 比例限定的具体数值多少最为恰当**：基于上述“价值定位”的分析结论，假释对于有期徒刑与无期徒刑的罪犯，应有较为普遍的适用，但是也应当区别罪犯与犯罪的不同类型，在具体制度设置上有所区别。为此，可以从三个层面设置原判刑罚的最低执行刑期：对于一般犯罪与罪犯，被判处有期徒刑的，至少执行原判刑期1/2以上；对于累犯以及因某些暴力性犯罪被处10年以上有期徒刑的罪犯，至少执行原判刑期的2/3以上；对于犯罪的时候不满18周岁或者年满60周岁的人，如果并非某些暴力性犯罪与累犯，至少执行原判刑期1/3以上。**C. 除比例限定外是否还需再予定值限定**：假释主要适用于长期监禁刑的附条件提前释放，在一定程度上弥补长期监禁刑的不足①。另外，实际执行的刑期过短，也难以有效减弱罪犯的人身危险性。事实上，虽有服刑最低期限的比例限定，但是如果罪犯被判短期监禁，则实际服刑期限也会很短。② 由此，在比例限定服刑最低期限外，对于假释形式条件再予最低服刑的定值限定，仍有一定意义。可以规定，适用假释，至少应当在监狱实际执行3个月以上。

［12］**无期徒刑既已执行期限与假释**：被判无期徒刑罪犯的假释所需服刑的最低刑期，各国刑法的立法模式主要有：10年、12年、15年、20年、25年、26年等（见本节段3）。我国《刑法》表现为：13年。**应当说**，被判无期徒刑的罪犯，同样存在累犯与否以及犯罪性质的差异。基于上述有期徒刑在这一方面的具体分析，对于无期徒刑罪犯假释之形式条件的设置，也应区别罪犯与犯罪的不同类型，为此同样可以从三个层面规定原判刑罚的最低执行刑期：**本书**主张，可以将我国有期期徒的最高刑期增至25年，数罪并罚时不超过30年。从而，对于一般犯罪与罪犯，被判处无期徒刑的至少实际执行15年以上；对于累犯以及因某些暴力性犯罪被处无期徒刑的罪犯，至少实际执行20年以上；对于犯罪的时候不满18周岁或者年满60周岁的人，如果并非某些暴力性犯罪与累犯，至少实际执行10年以上；对于被判处死刑缓期执行的罪犯，在死缓减为有期徒刑或者无期徒刑之后，至少实际执行18年以上③。

［13］**犯罪人态度与假释**：有的国家刑法明确规定，假释适用必须征得犯罪人同意，对此我国《刑法》未予规定。假释属于对犯罪人的宽大处理，通常犯罪人会主动提出假释申请。有关国家规定假释须征得犯罪同意，主要是基于"行为人有服刑的要求且没有他的协作就不可能指望缓刑成功。"④也不排除在某些场合，犯罪人长期以来已经习惯监狱生活，假释出狱面临新的生活，倒反是对他的挑战。由此，规定假释必须征得犯罪人同意，仍有一定意义。

［14］**实质条件定位与假释**：对于罪犯假释的实质条件定位，各国刑法的

---

① 有些国家刑法典还明确否定了对于剩余短期监禁的假释。例如，《丹麦刑法典》（2002年）第38条第3款规定："剩余之监禁刑期少于30日的，一般不得批准假释。"

② 例如，罪犯被处1年有期徒刑，如果罪犯先行羁押已有5个月，则按执行原判刑期1/2以上的比例限定，该罪犯只需在监狱执行1个月即可假释。

③ 不包括死缓考验的2年期限。

④ 〔德〕汉斯·海因里希·耶塞克、托马斯·魏根特著：《德国刑法教科书》，徐久生译，中国法制出版社2001年版，第1018页。

立法模式包括：悔罪表现，不致再犯，无需继续服刑，表现良好并适宜释放，适宜释放并谋生能力，确有悔改并消除损害，表现良好或确有悔改，表现良好并确有悔改，表现良好并确有悔改并履行民事责任，危险消失并表现良好并谋生能力并履行民事责任；我国《刑法》采纳“没有再犯危险”的模式，具体表现为“认真遵守监规，接受教育改造，确有悔改表现，没有再犯罪危险”。**相比较而言**，“悔罪表现”“确有悔改”“表现良好”等，意义相近；“没有再犯危险”也就意味着“不致再犯”“危害消失”；“无需继续服刑”与“适宜释放”，含义过于笼统。由此，需要回答的**问题是**：谋生能力、履行民事责任或消除损害等，是否应当作为假释适用的实质条件。**(1) 谋生能力**：犯罪人的谋生能力，与犯罪人假释后对于大众社会适应程度密切相关，实际上意味着犯罪人是否拥有合法方法取得必要的生活资源，进而也会在一定程度上影响到犯罪人是否继续再犯或危害社会。由此，在对犯罪人假释时，对于其谋生能力予以一定的评估与关注，并非不可，不过能否将这一因素作为假释的独立的、决定性的要素，则应另当别论。**首先**，谋生能力属于评价不致危害的一个因素，对此已如上述，但是谋生能力的缺乏是否必然犯罪，这尚待犯罪学予以进一步深入研究。不过，本书认为，对于我国目前犯罪原因的揭示，违法成本是一个更应值得关注的变量。**其次**，犯罪人的谋生能力不能不受监禁刑的影响。固然行刑是对犯罪人的再社会化，这不仅旨在重构犯罪人的良好个性，而且努力改善犯罪人的谋生能力，但是长期的监禁也意味着犯罪人与大墙外部世界的隔离，从而难免造成一定程度的思想观念、知识信息等方面的滞后，这对犯罪人的谋生能力不无影响。**再次**，犯罪人谋生能力的不足应当获得社会补偿。在现代社会中，竞争机制、业绩评价成为社会发展运行的本质特征；而这种社会发展又是在市场公平与社会公平的相互协调作用下进行的。市场公平，主要表现为平等利用机会的平等；社会公平，主要表现为通过二次分配给予弱势群体以生存保障和发展机会。对于谋生能力不足的犯罪人的补偿，就属于社会公平的应有之义。**综上**，犯罪人谋生能力的不足，对于犯罪重返社会后的生存具有影响，但是其并非必然导致犯罪，并且这又与长期监禁不无关系，同时这本来也是社会公平应予解决的问题。由此，在假释时，对于犯罪人谋生能力予以适当考虑，其不足程度可以作为“不致危害”的一个影响因子，但是不宜作为独立的、决定假释适用的要素。**(2) 履行民事责任或消除损害**：犯罪人在具备履行能力的场合，是否积极履行民事责任或者尽力消除犯罪，表现了犯罪人对于自己罪行的真诚悔过的程度，进而也影响着犯罪人不致再危害社会的评价。不过，与谋生能力不足不同的是，基于犯罪而履行民事责任或消除损害，在一定视角下也是犯罪人承担刑事责任的一种特殊的方式；另外，犯罪人能够履行责任而不予履行，在此场合予其假释，似有轻纵犯罪人之嫌，而且不利于实现刑罚的安抚、矫正等机能。由此，可以将履行民事责任或者消除损害，作为假释适用的决定要素之一，在立法上予以肯定。

[15] **实质条件评价依据与假释**：对于实质条件的评价依据，国外的立法模式主要表现为行刑表现或者整体情况；对此，我国《刑法》主要是依据犯罪人行刑期间的表现而评价。这里主要探讨对于"没有再犯危险"的实质要件的评价依据。**应当说**，"没有再犯危险"的评价，实质上是对犯罪人人身危险性的评价。如何定量、精确、肯定地评价犯罪人的人身危险性，是现代刑法理论的核心课题，尤其是将这种评价技术转化为刑法规范的语言，使其具有刑法上的可操作性，更是刑法学所致力的一项艰巨工作。目前，在这一方面，有关国家刑法的描述主要还是定性的、原则的概括。而其基本的前提，是确定据以评价的基本的**指标**①。对此应当说，**人身危险性的评价因素**具有综合性：就具体内容而言，包括犯罪情节、犯罪人生活背景、犯罪人人格特征等；从存在阶段来看，包括犯罪前、中、后的一系列表现，其中罪后的表现，既包括案件审理前与审理中的表现，也包括行刑中的表现。虽然假释是行刑中的一项刑罚制度，从而作为假释前提的犯罪人人身危险性评价，重在关注犯罪人行刑期间的具体表现，但是犯罪人人身危险性绝不是局部的表现，而是涉及犯罪人的整个生活经历和各个方面的事实情况。从这个意义上说，我国《刑法》中"没有再犯危险"的评价依据，除了行刑表现之外，也应包括犯罪情节、犯罪人的生活背景与人格特征、假释后犯罪人的生活与工作安置等因素。**此外**，我国《刑法》对于"没有再犯危险"的评价依据，立法上不尽明确，这仍然表现了我国《刑法》立法相对粗疏的特点，对此应在今后的立法中予以改进。

[16] **法定假释与裁量假释**：有些国家对于假释的实质要件未予限定，而是通常将假释作为刑满释放前的一个必经过程。这一立法模式，从假释确定程度的视角来看，实际上属于法定假释；与法定假释相对的是裁量假释。**法定假释**，是指刑法明确规定，在犯罪人服满一定原判刑期的场合就应当予以假释，假释适用不以在行刑中由特定机关基于犯罪人人身危险性状况而予以裁量；**裁量假释**，是指根据刑法规定，犯罪人服满一定原判刑期只是假释适用的前提之一，假释适用有待在行刑中由特定机关基于犯罪人人身危险性状况而予以裁量。法定假释具有一定的可取之处，其充分体现了假释制度作为犯

① 包括这些指标在说明人身危险性时的权重。**指标**，即指示标志，是指表示概念的抽象内涵的具体经验层次的现象。指标可以直接测量。例如，社会风尚这一概念，可以用司法公正、道德风尚、治安状况、官员廉政、人际关系等等指标来表述。而这些指标又是可以具体测量的。

罪人由监禁到自由的桥梁价值。不过,法定假释也在一定程度上削弱了**假释的标志性特征**:假释本是行刑过程中基于犯罪人人身危险性显著减小致使继续监禁已无必要,从而给予犯罪人的附条件提前释放。由此,**假释适用应当**在行刑进行到一定的时间点上,对于犯罪人的人身危险性进行评估,进而决定是否予以附条件提前释放;这不仅使假释具有了行刑制度的特征,而且表现出基于犯罪人人身危险性而适用;假释制度的刑罚个别化、激励机制等应有价值也彰显其中;对于假释在行刑中应变而予确定,还使假释具有了一定的柔韧特征。**相对而言**,在法定假释的场合:假释日期随着原判刑期的确定而确定,假释在一定程度上具有了量刑的意义;并且,这种假释的适用也不以事实上犯罪人人身危险性的变化为基础,假释成为原有罪行的表现之一。再者,法定假释也不利于体现假释激励犯罪人改造、刑罚个别化、惩办与宽大相结合等假释应有的价值;由于假释日期的先行确定,也难以根据行刑具体情况灵活适用假释,反而使假释这一本应相对柔韧的制度变得僵硬。**由此**,法定假释的立法模式仍无推行的必要。

第51节 假释的适用主体

[1] **假释的适用主体**,是指有权决定给予犯罪人假释的机关或人员。假释的适用主体,涉及假释的提起、程序等议题。

一、各国刑法规定

[2] 各国刑法所规定的假释的适用主体,存在法院、执行法官或司法部长、行刑主管机关、专门委员会等主要类型,兹予分述如下:

[3] **法院**:刑法规定,假释的适用在行刑机构提供报告的基础上,由法院予以裁判或决定。例如,《阿根廷刑法典》(1922年)第15条规定,对于符合法定条件的犯罪人,可以在刑罚机构管理委员会所提供报告的基础上根据法院的命令予以假释。《德国刑法典》(1998年)第57条第1款、第57a条第1款分别规定,在犯罪人具备法定条件时,法院可将有期自由刑余刑的执行予以缓刑并交付考验;在犯罪人具备法定条件时,法院可将终身自由刑的余刑予以缓刑。①

---

① 在《德国刑法典》(1998年)中,假释称为"余刑缓刑"。类似的立法例:《奥地利刑法典》(1974年)第46(1)条;《蒙古国刑法典》(1991年)第74条第1、2款;《俄罗斯刑法典》(1996年)第79条第1、5款;《西班牙刑法典》(1995年)第90、91条;我国澳门地区《刑法典》(1995年)第56、57条。

[4] **执行法官或司法部长**：法律规定，假释的适用在征求了行刑机构的意见后，由执行法官或者司法部长予以决定。例如，《法国刑事诉讼法典》（1962年、1996年）第730条规定：假释的权限，或由刑罚执行官行使或属于司法部长；对于剥夺自由的刑期不超过5年的犯罪人，在征求了刑罚实施委员会的意见后，由刑罚执行法官作出予以假释的决定；对于剥夺自由的刑期超过5年的犯罪人，由刑罚执行法官建议，在征求了刑罚实施委员会的意见后，由司法部长作出予以假释的决定。司法部长也可以将刑罚执行法官的建议提交假释咨询委员会。

[5] **行刑主管机关**：法律规定，假释的适用由监狱部门提请，行刑主管机关予以决定。例如，《瑞士刑法典》（1937年）第38(1)条规定，是否同意犯人附条件释放，由主管机关依职权决定之。监狱领导应向主管机关提交一份报告。如果被判刑人未提出附条件释放申请，或者他虽已申请但没有立即被附条件释放的，主管机关应当听取被判刑人的意见。《丹麦刑法典》（2002年）第38条规定，司法部长或者由司法部长授权之人应当决定囚犯是否被假释。

[6] **专门委员会**：法律规定，假释的适用由相对独立的假释委员会予以决定。例如，在美国，对于服完最低刑期的犯罪人，假释委员会审查决定，可以予以假释。假释委员会独立于矫正部门，由专职的专业人员，诸如律师、心理分析专家和其他行为学专家等担任。假释委员会的工作是到各个机构调查卷宗并当面考察犯罪人。假释委员会决定假释时要考虑诸多因素，如犯罪人获释后会不会再犯罪，犯罪人在狱中的表现如何，有无悔罪表示，是否参加了教育改造项目等。①

二、我国刑法规定

[7] 我国《刑法》第82条援用第79条规定，对于犯罪分子的假释，由执行机关向中级以上人民法院提出假释建议书。人民法院应当组成合议庭进行审理，对于确实符合假释条件的，裁定予以假释。非经法定程序不得假释。

① 美国一些州，还采用**不确定刑**，表现为法官在量刑时对犯罪人判处两个刑罚，一个最高刑期，一个最低刑期。服满最低刑期后，犯罪人即获得假释的资格，而最终能否假释，由假释委员会决定。参见〔美〕大卫·E.杜菲著：《美国矫正政策与实践》，吴宗宪等译，中国人民公安大学出版社1992年版，第571页；马跃著：《美国刑事司法制度》，中国政法大学出版社2004年版，第427页。另外，《日本刑法典》（1907年）第28条规定，对于符合假释条件的犯罪人，可以根据行政机关的决定准许假释。而能够决定和撤销假释的行政机关是地方改造保护委员会。地方委员会虽是行政机关的一种，但它是从检察、审判及矫正设施中独立出来的准司法机关，由3到12名委员组成，任期3年。〔日〕大谷实著：《刑事政策学》，黎宏译，法律出版社2000年版，第267页。

另外,我国《刑事诉讼法》第262条第2款、最高人民法院《刑诉法解释》第448—456条、《监狱法》第32条、司法部《监狱提请减刑假释工作程序规定》(2003年,以下简称《提请规定》)等,对于假释适用的主体、提起与程序,也作了具体规定。

[8] 基于上述规定,我国假释适用的主体等,表现出如下**特征**:**(1) 提请·裁定**:被判处有期徒刑的罪犯的假释,由监狱提出建议,提请罪犯服刑地的中级人民法院裁定;被判处无期徒刑的罪犯的假释,由监狱提出建议,经省、自治区、直辖市监狱管理局审核同意后,提请罪犯服刑地的高级人民法院裁定(《提请规定》第3、4条)。**(2) 提请程序**:提请假释,应当由分监区的全体警察集体评议,提出假释建议,报送监狱狱政管理部门审查;狱政管理部门完成审查后,应当出具审查意见,连同分监区报送的材料,一并提交监狱提请减刑假释评审委员会评审;监狱提请减刑假释评审委员会完成评审和公示程序后,应当将拟提请假释的建议和评审报告,报请监狱长办公会审议决定;经监狱长办公会决定提请假释的,由监狱长签署意见、监狱狱政管理部门制作《提请假释建议书》,连同有关材料一并提请人民法院裁定,或者经省、自治区、直辖市监狱管理局审核后提请人民法院裁定(《提请规定》第7、9、12、13条)。**(3) 审理主体**:对于被判处无期徒刑的罪犯的假释,由罪犯服刑地的高级人民法院,根据省、自治区、直辖市监狱管理机关审核同意的假释建议书裁定;对于被判处有期徒刑(包括减为有期徒刑)的罪犯的假释,由罪犯服刑地的中级人民法院,根据当地执行机关提出的假释建议书裁定;对于公安机关看守所监管的罪犯的假释,由罪犯所在的看守所提出意见,由当地中级人民法院根据当地同级执行机关提出的假释建议书裁定(2012年《刑诉法解释》第449条第1款第2、3、4项)。**(4) 审理期间**:高级人民法院或中级人民法院,应当自收到假释建议书之日起1月内依法裁定;案情复杂或者情况特殊的,可以延长1个月;对于公安机关看守所监管的罪犯的假释,当地中级人民法院应当自收到假释建议书之日起1个月内依法裁定(2012年《刑诉法解释》第449条第1款第2、3、4项,《监狱法》第32条)。**(5) 审理组织**:人民法院审理假释案件,应当依法组成合议庭。**(6) 假释监督**:假释裁定的副本应当抄送人民检察院;人民检察院认为人民法院假释裁定不当,应当在收到裁定书副本后20日以内,向人民法院提出书面纠正意见。人民法院应当在收到纠正意见后1个月以内重新组成合议庭进行审理,作出最终裁定(2012年《刑诉法解释》第454条、《监狱法》第34条)。

三、假释适用主体探讨

[9] 对于假释的适用主体，各国刑法的规定主要包括法院、执行法官或司法部长、行刑主管机关、专门委员会等；我国《刑法》第 82 条明确规定为人民法院。假释的适用主体，与各国对于假释权力的归属密切相关。如果认为假释属于司法权，自然假释应当由司法机关适用；反之，如果认为假释属于行政权，则假释就应由行政机关适用；如果更为注重对于罪犯危险性的评估与假释决定的多方参与，则成立专门委员会来决定假释。

[10] 假释是一种行刑制度，而主管行刑的通常是行刑主管机关、司法行政机关等，从而由这些机关来宣告假释似有一定的道理。**不过**，究其本质，假释是对原判刑罚的重大调整，属于附条件的提前释放，从这个意义上说，对于假释，由法院或者执行法官予裁定宣告，更为严谨合理。

第 52 节　假释的考验

[1] **假释考验的期限与假释考验的执行**，是假释考验的两项重要议题。假释考验期限应当如何规定，假释考验具体期限多长为宜，这些不失为假释制度的关键问题。应由何种机关对假释的罪犯予以考察，假释考察的内容包括哪些为宜，这些则是假释考验执行的重要问题。

一、假释考验期限

[2] **假释考验期限**，是指对于适用假释的犯罪分子，予以监督考察的一定时间段落的启止。各国刑法对于假释考验期限的具体规定有所不同，兹在介绍比较中外相关立法的基础上，对于假释考验期限的核心议题作一理论分析。

（一）各国刑法规定

[3] 对于各国假释考验期限的立法模式，可以从三个视角予以考察：考验期限确定与否的立法模式；考验期限具体年限的立法模式；考验期限执行调整的立法模式。

[4] **考验期限确定与否的立法模式**：各国刑法对于假释考验的期限是否在立法上予以肯定与明确，主要表现为法定绝对确定、法定相对确定、未予直接明确这三种情形：**(1) 法定绝对确定**：是指刑法对于假释考验期限，予以明确的一个固定的年限。各国对于无期徒刑的假释考验期限，大多采纳这一立法模式。例如，《奥地利刑法典》(1974 年)第 48 条第 1 款规定，终身自由刑的

考验期为10年。[①] **(2) 法定相对确定**:是指刑法对于假释考验期限,予以一个相对明确的年限。各国对于有期徒刑的假释考验期限,大多采纳这一立法模式,具体又表现为:**A. 独立规定期间**:是指刑法对于假释考验期限,不与所服刑期挂钩,而是独立地、明确地规定一个上限与下限。例如,《德国刑法典》(1998年)第57条第3款的规定。[②] **B. 所服刑期余刑**:是指刑法规定假释考验期限为所服刑期的剩余刑期。许多国家对于有期徒刑的假释考验期限采纳这一立法模式。例如,《蒙古国刑法典》(1991年)第74条第2款的规定。[③] **C. 所服余刑并最高限定**:是指刑法对于假释考验期限,不仅规定为所服刑期的剩余刑期,而且同时限定不得超过一个固定的年限。例如,我国澳门地区《刑法典》(1995年)第56条第2款的规定。**D. 所服余刑并最低限定**:是指刑法对于假释考验期限,不仅规定为所服刑期的剩余刑期,而且同时限定不得低于一个固定的年限。例如,《瑞典刑法典》(1962年)第26章第10条的规定。**E. 不同余刑而期限有别**:是指刑法对于假释考验期限,分别余刑的不同,而规定不同的考验期限。例如,《奥地利刑法典》(1974年)第48条第1款的规定。[④] **F. 至少余刑而累犯加倍并最高限定**:是指刑法规定假释考验期限,通常至少为原判余刑,而累犯则至少为原判余刑的倍数。例如,《法国刑事诉讼法典》(1962年、1996年)第729条的规定。**(3) 未予直接明确**:是指刑法对于假释考验期限,并未予以直接明确的规定。例如,《俄罗斯刑法典》(1996年)对于终身监禁的假释考验期限,未予直接明确规定。[⑤]《日本刑法典》(1907年)对于假释的考验期限,未予直接明确规定。[⑥]

[5] **考验期限具体年限的立法模式**:各国刑法对于假释考验期限的具体

---

① 类似的立法例:《德国刑法典》(1998年)第57a条第3款;《意大利刑法典》(1931年)第177条第2款;《韩国刑法典》(1953年)第76条第1款;《瑞士刑法典》(1937年)第38(2)条;《阿根廷刑法典》(1922年)第13条第2款;我国台湾地区"刑法"(2005年)第79条。

② 类似的立法例:《瑞士刑法典》(1937年)第38(2)条。

③ 类似的立法例:《俄罗斯刑法典》(1996年)第79条第7款;《意大利刑法典》(1931年)第177条第2款;《韩国刑法典》(1953年)第76条第1款;《西班牙刑法典》(1995年)第93条;《阿根廷刑法典》(1922年)第13条第2款;《罗马尼亚刑法典》(1996年)第73条;我国台湾地区"刑法"(2005年)第79条。

④ 类似的立法例:《丹麦刑法典》(2002年)第39条第1款。

⑤ 俄罗斯学者指出,终身监禁的假释考验期以前科为限,《俄罗斯刑法典》第86条规定,假释时的前科根据实际服完的刑期计算。前科最长期限为8年。由此得出结论:终身剥夺自由假释时的考验期等于8年。〔俄〕库兹涅佐娃、佳日科娃主编:《俄罗斯刑法教程》(总论)(下卷),黄道秀译,中国法制出版社2002年版,第781页。

⑥ 《日本刑法典》对于假释考验期限未予直接明确的规定,不过刑法理论与司法实际通常认为,假释之后刑期仍在进行,从而有期刑的原判余刑与无期刑的终身,为假释考验期。例如,日本学者指出,现行法上的假出狱的期间是残余刑期,即从假出狱之日起到刑满之日为止的期间。无期刑的假释期间是到死为止的期间。但是,被处无期刑的少年犯的假释期间则是出狱之后的10年间。〔日〕大谷实著:《刑事政策学》,黎宏译,法律出版社2000年版,第270页。

年限的限定，也存在不同的立法模式。基于表述的明晰简洁，兹分别有期徒刑与无期徒刑的假释考验年限予以介绍。**(1) 有期徒刑假释**：对于有期徒刑假释的考验期限，各国刑法所规定的具体年限，主要存在如下立法模式：**A. 1年至5年**：假释考验期限至少1年至多5年。例如，《瑞士刑法典》(1937年)第38(2)条的规定。**B. 2年至5年**：假释考验期限至少2年至多5年。例如，《德国刑法典》(1998年)第57条第3款的规定。**C. 1年至7年**：假释考验期限至少1年至多7年。例如，《捷克刑法典》(2009年)第89条的规定。**D. 1年至3年或者5年**：余刑不超过3年的，假释考验期限为1年以上3年以下；余刑超过3年的，假释考验期限为5年。例如，《奥地利刑法典》(1974年)第48条第1款的规定。**E. 3年以下或者5年以下**：余刑不超过3年的，假释考验期限为3年以下；余刑超过3年的，假释考验期限为5年以下。例如，《丹麦刑法典》(2002年)第39条第1款的规定。**F. 原判刑期余刑**：假释考验期限为原判刑期的剩余刑期。例如，《意大利刑法典》(1931年)第177条第2款的规定。**G. 原判刑期一半或10年**：假释考验限为原判刑期的一半或10年。例如，《加拿大刑事法典》(1892年、1985年)第741-2条的规定。**H. 原判余刑并最高5年**：假释考验期限为原判刑期的剩余刑期，但是最高不得超过5年。例如，我国澳门地区《刑法典》(1995年)第56条第2款的规定。**I. 原判余刑并最低1年**：假释考验期限为原判刑期的剩余刑期，但是最低不得少于1年。例如，《瑞典刑法典》(1962年)第26章第10条的规定。**(2) 无期徒刑假释**：对于无期徒刑假释的考验期限，各国刑法所规定的具体年限，主要存在如下立法模式：**A. 5年**：终身自由刑的假释考验期限为5年。例如，《德国刑法典》(1998年)第57a条第3款的规定。[①] **B. 10年**：终身自由刑的假释考验期限为10年。例如，《奥地利刑法典》(1974年)第48条第1款的规定。[②] **C. 15年**：无期徒刑的假释考验期限为15年。例如，《法国刑事诉讼法典》(1962年、1996年)第729条的规定。**D. 20年**：无期徒刑的假释考验期限为20年。例如，我国台湾地区"刑法"(2005年)第79条的规定。**E. 终身**：无期刑的假释考验期限是到死为止的期间。例如，日本刑法除被处无期刑的少年犯的假释期间为10年外，其他无期刑的假释期间即是终身。[③] **F. 25年·10年·5—10年**：对于不同犯罪与罪犯，假释考验期限分别为25年、10年或者5—10年。例如，《加拿大刑事法典》(1892年、1985年)第742、742-1条的规定。

---

① 类似的立法例：《意大利刑法典》(1931年)第177条第2款的规定；《瑞士刑法典》(1937年)第38(2)条的规定；《阿根廷刑法典》(1922年)第13条第2款的规定。

② 类似的立法例：《韩国刑法典》(1953年)第76条第1款的规定。

③ 参见〔日〕大谷实著：《刑事政策学》，黎宏译，法律出版社2000年版，第270页。

[6] **考验期限执行调整的立法模式**:各国刑法对于假释考验过程中考验期限的调整,主要存在不予调整、延长或缩短的立法模式。**(1) 不予调整**:是指在假释考验的执行过程中,除了撤销假释之外,对于原判假释考验期限,没有延长或者缩短的余地。例如,我国《刑法》并未规定在假释考验过程中假释考验期限的缩短①;除了基于法定事由的发生而撤销假释之外,我国《刑法》也未规定对于假释考验期限的延长。**(2) 延长或缩短**:是指刑法规定在假释考验的执行过程中,基于法定事实的发生,由法院裁定给予原判假释考验期适当延长或者缩短。例如,《德国刑法典》(1998年)第57条第3款规定:"考验期间自缓刑判决生效时开始,以后可缩短至最低限,或在该期间届满前延长至最高限。"②"即使缓刑考验期间于事后缩短,也不得少于余刑。"③**(3) 缩短期限**:是指法律规定在假释考验的执行过程中,基于法定事实的发生,由法院决定给予原判假释考验期适当缩短。例如,《法国刑事诉讼法典》(1962年、1996年)第729(1)条规定,对于被判处无期徒刑的犯罪人,可以减少其假释考验期限。具体根据该《法典》第721条、第721(1)条的规定作出;减少期限,基于是否累犯而为不超过1年、1个月或20天;所减考验期限只能从超过刑法第132-23条所规定的关押期之外的部分中扣减。**(4) 延长期限**:是指法律规定在假释考验的执行过程中,基于法定事实的发生,由司法机关决定给予原判假释考验期适当缩短。例如,《丹麦刑法典》(2002年)第40条第2款规定,被假释者违反规定之假释考验条件的,司法部长可以变更考验条件,并且在法定的假释考验期限之内延长假释考验期限。

(二) 我国刑法规定

[7] 对于假释考验期限,我国《刑法》第83条作了一定程度的规定。考验期限的确定模式、具体年限、执行调整与刑期计算,是假释考验期限的知识框架。兹以此框架为线索,对我国《刑法》规定情况作一阐释。

[8] **考验期限确定模式与具体年限**:我国《刑法》对于考验期限的规定,有期徒刑采取"法定相对确定·余刑"、无期徒刑采取"法定绝对确定·10年"的立法模式。具体地说:**(1) 法定相对确定·余刑**:有期徒刑假释考验期限,为相对明确的年限,具体表现为尚未服完的刑期。我国《刑法》第83条规定:"有期徒刑的假释考验期限,为没有执行完毕的刑期"。**关键是**,如何理解这里的"没有执行完毕的刑期"(以下简称余刑)。具体地说,由于存在行刑中的减

---

① 为此,最高人民法院《关于办理减刑、假释案件具体应用法律若干问题的规定》(1997年)第16条规定:"被假释的罪犯,除有特殊情形,一般不得减刑,其假释考验期也不能缩短。"

② 准用该刑法典第56a条第2款的规定。

③ 第57条的直接规定。

刑，则这个余刑是指原判刑期的余刑，还是指假释之时罪犯所服刑期的余刑。本书认为，我国《刑法》第83条所规定"余刑"，应是指假释之时罪犯所服刑期的余刑。兹述理由如下：**A. 假释基础**：在原判有期徒刑经过一次或者数次减刑之后，犯罪人又被假释，假释时正在执行的是减刑后的刑期，假释是在这一刑期基础上的假释，从而"没有执行完毕的刑期"也就是原判刑罚减刑之后的刑期的余刑。**B. 立法比较**：减刑制度与假释制度的价值理念相近，我国《刑法》对于两者总体最大宽限幅度的设置也相近。有期徒刑减刑以后实际执行的刑期不能少于原判刑期的1/2，无期徒刑不能少于13年；对于犯罪人的假释，有期徒刑必须执行1/2以上，无期徒刑必须实际执行13年以上。**C. 轻重权衡**：如果经由一次或者数次减刑之后，有期徒刑执行原判刑期1/2以上、无期徒刑实际执行13年以上，此时假释考验期限仍为原判余刑，则其间的减刑就无多大意义；而且在经过若干次减刑后罪犯可能宁愿服完余刑也不愿假释，因为此时假释考验期限（原判余刑）可能比减刑后的余刑要长得多。**D. 相对合理**：我国《刑法》对于假释考验期限的规定，结合减刑制度考察，实际上也是限定了假释考验期的最高期限。易言之，在未经减刑而假释的场合，此时假释考验期限最长。这从假释的实质条件来看也是合理的。在行刑过程中减刑，说明犯罪人的人身危险性已有较大减弱，无需再予执行如同原判期限的刑期，此后又得假释，当然考验期限也应是原判减刑之后刑期的余刑。**(2) 法定绝对确定·10年**：无期徒刑假释考验期限，为一个固定的年限，具体表现为10年。我国《刑法》第83条规定："无期徒刑的假释考验期限为10年"。这里的**关键**问题是，在无期徒刑减为有期徒刑以后，犯罪人又被假释的，其假释考验期限是按照原判无期徒刑而计为10年，还是按照假释之时所服有期徒刑而计为该有期徒刑的余刑。对此，我国刑法理论存在不同见解：其一，无期徒刑减为有期徒刑，无论有期徒刑剩余刑期为多少，其假释考验期限都应当是10年；其二，无期徒刑减为有期徒刑，当有期徒刑的剩余刑期不满10年时，其假释考验期限应当为剩余的刑期。[①] **本书**认为，在无期徒刑减为有期徒刑时，罪犯又被假释，其假释考验期限应当是假释之时所服刑期的余刑。对此，理由如同上文所述对于"余刑"的理解。进而，我国《刑法》第83条所规定的"无期徒刑考验期限为10年"，应当是指由无期徒刑直接假释时的假释考验期限。倘若如此，的确也会存在一个**问题**：减刑与假释的实质条件相近，而减刑的从宽砝码具有一定的可分割性即具有分次渐进的特征，相对而言假释属于一次性且从宽幅度较大，从而对于无期徒刑来说，未经减刑而直接假释，

① 参见高铭暄主编：《刑法学原理》（第3卷），中国人民大学出版社1993年版，第606页。

是否具有实际可能，这种立法是否还有必要。尽管存在这样的疑问，不过现实情况较为复杂，假释的条件与减刑的条件并非完全一致，而有时同时符合减刑与假释的条件的，也不排除优先适用假释。例如，最高人民法院《关于办理减刑、假释案件具体应用法律的规定》(2017年)第31条规定："年满80周岁、身患疾病或者生活难以自理、没有再犯罪危险的罪犯，既符合减刑条件，又符合假释条件的，优先适用假释"。由此，"无期徒刑考验期限为10年"的规定，有其一定价值。

[9] **考验期限执行调整**：在假释考验的执行过程中，对于考验期限是否可以适当调整，对此我国《刑法》未予直接明确规定。1997年的最高人民法院《关于办理减刑、假释案件具体应用法律若干问题的规定》第16条曾明确否定假释后的减刑及假释考验期的缩短。该条规定："被假释的罪犯，除有特殊情形，一般不得减刑，其假释考验期也不能缩短。"此前的有关司法解释也均持这一立场。不过，2017年的最高人民法院《关于办理减刑、假释案件具体应用法律的规定》删除了上述1997年司法解释中的这一规定，并且上述1997年的这一司法解释也已经失效。但是，司法实践中对假释后能否适用减刑及假释考验期能否缩短，仍是一个问题。另外，如果在假释考验进行中，对于考验期限不能予以调整，这是否合理，仍有待进一步分析。

[10] **考验期限刑期计算**：我国《刑法》第83条第2款规定："假释考验期限，从假释之日起计算。"这里的"假释之日"，是指法院假释裁定发生法律效力的具体日期，也意味着假释裁定应予交付执行之日。具体表现为：(1) 首次裁定：假释裁定作出以后，自裁定书副本送达人民检察院，经过20日，未有人民检察院的假释纠正意见。(2) 最终裁定：在基于人民检察院的纠正意见而重新审理后，所作出的假释裁定是最终裁定。[①]

(三) 假释考验期限探讨

[11] 关于假释考验期限的确定模式、具体年限、执行调整等核心议题，对比中外立法状况，就理论的合理性而言，仍有进一步探讨的余地。

[12] **有期徒刑考验期限确定模式**：对于有期徒刑的假释考验期限，各国立法模式不一，主要存在如下类型：独立规定期间，所服刑期余刑，所服余刑并最高限定，所服余刑并最低限定，不同余刑而期限有别，至少余刑而累犯加倍并最高限定。我国《刑法》采取的是"所服刑期余刑"的立法模式。相比较而言，**需要考究**的是："独立规定期间"的立法模式是否可取；在"所服刑期余

① 详见我国《刑事诉讼法》第263条、最高人民法院《刑诉法解释》第454条的规定。

刑”之外是否还应限定；有无分别余刑或者罪犯等予以不同规定的必要。**(1)独立规定期间的模式问题：A. 独立规定期间的优劣**：独立规定期间的优点表现在，司法实际可以根据犯罪人的实际情况，在法定期间内具体确定犯罪人所需的假释考验期限，而不是一律确定为所服刑期余刑。由此，“独立规定期间”的立法模式，更便于司法实际灵活运用假释考验继续矫正犯罪人，也更为符合刑罚个别化等价值理念。不过，独立规定期间的不足也是明显的。最为典型的是，完全脱离“所服刑期余刑”的假释考验期限的确定，致使对于犯罪人的刑罚更进一步地远离了犯罪人原有罪行的基础，难免目的刑主义的色彩过于浓厚。同时，有期徒刑的法定刑期跨度较大，如若独立规定假释考验期间，则这一期间的跨度依然较大；相对而言，有期徒刑的量刑受着分则罪状与法定刑的制约，而假释考验期间的司法确定则无相应制约，容易造成司法擅断。**B. 所服刑期余刑的合理**：相对而言，“所服刑期余刑”的立法模式，虽使假释考验期限较为确定，从而一定程度上剥夺了司法实际根据犯罪人假释时的具体情况对于假释考验期限的裁量，但是事实上司法实际仍然通过间接方式决定着假释考验期限。“所服刑期的余刑”与“所服刑期”密切相关，而具体“所服刑期”多少予以假释，这是由司法实际确定的，这一确定虽然不以“所服刑期的余刑”为根据，但是其却影响着“所服刑期的余刑”。这种由“所服刑期”而对“所服刑期的余刑”的影响，有其一定的合理性。原判刑罚是基于犯罪情节包括犯罪人人身危险性的量刑结果，假如这一判决是恰当的，其后在犯罪人已服法定必要刑期的基础上，司法机关根据其人身危险性减弱的程度等情况，具体决定是否予以假释、何时予以假释。所服刑期越长，犯罪人所受教育应当越为充分，从而对其人身危险性的减弱就越有利，此时假释则假释考验期限也就相应较短。如果虽经行刑教育矫正，犯罪人人身危险性仍无明显减弱，也就不应假释，进而无所谓假释考验期限。[①] 当然，也不排除某些犯罪人在行刑中进步很快，人身危险性已有明显减弱，而此时假释如以余刑作为假释考验期限又似嫌长。应当说，假释考验包括了对于司法机关依据监禁情况下犯罪人的表现而对犯罪人人身危险性评价的进一步检验，假释之后的情形与监禁时的情形有所区别，犯罪人人身危险性究竟如何，还需要看其假释后在一定期间内的具体表现。另外，即使犯罪人始终如一，表现出人身危

---

① 俄罗斯学者对于将余刑作为假释考验期限提出质疑，指出：“被判刑人走上改造道路的过程越复杂，他所实施的犯罪行为越严重，也就是说，他接受惩罚教育措施的过程越长，那么他的考验期就越短。这种计算方法没有考虑被假释人员个人情况的特点。”〔俄〕库兹涅佐娃、佳日科娃主编：《俄罗斯刑法教程》(总论)(下卷)，黄道秀译，中国法制出版社 2002 年版，第 782 页。如正文中所述，本书认为，对此不能一概而论。

险性的显著减弱，对此也可以通过假释考验中的考验期限的调整制度，来解决其考验期限过长的问题。有鉴于此，“所服刑期余刑”的立法模式更为可取。**（2）余刑之外的限定问题：A. 最高限定**：余刑之外予以最高限定，可以避免因假释考验期限过长而加重犯罪人的处罚或者给犯罪人造成心理负担。当然，“所服刑期余刑”本身对于假释考验期限已有一定限定。但是，倘若这种限定仍使假释考验期限显得过长，则需借助余刑之外的限定。对于犯罪人假释考验期限的设置，既受刑罚“以报应为基底兼顾预防”的价值理念的决定，也受在假释场合“对于犯罪人的继续考验与矫正的需要”的调整。由此，对于假释考验期限的设置，既不能脱离“所服刑期余刑”，也不宜一律是其的复制；假释考验期限不宜过长，假释本身意味着犯罪人人身危险性并非很大，考验期限过长并无实际意义。因此，在余刑之外再予最高限定的立法模式，具有可取性。考虑到无期徒刑的假释考验期限，最高的仅为10年，本书主张，有期徒刑的假释考验期限，为没有执行完毕的刑期，但是最高不得超过10年。**B. 最低限定**：余刑之外予以最低限定，可以避免因假释考验期限过短而难以有效地对犯罪人进行考验监督。不过，如果的确余刑过短，则意味着即使犯罪人在监狱行刑其期限也会很短，在此情况下延长假释考验期限也不尽合理。因此，余刑之外再予最低限定，未必可取。**（3）分别情况予以规定问题**：不同类型的罪犯，在一定程度上表现出其人身危险性的差异。例如，我国《刑法》第81条规定，对于累犯以及因有关暴力性犯罪而被判处10年以上有期徒刑或者无期徒刑的犯罪分子，不得假释。对此，已如上文所述，未免过于极端。本书认为，对于这类犯罪人，可以在提高既已服刑期限要求等的前提下，予以假释；同时，也可规定，在假释时根据具体情况的不同，适当延长假释考验期限，但是最高不得超过10年。

［13］**无期徒刑考验期限具体年限**：对于无期徒刑的假释考验期限，各国通常规定为一个固定的年限，不过在具体年限的设置上仍有区别，包括5年、10年、15年等；也有国家规定为终身。对此，我国《刑法》采取的是“10年”。**应当说**，无期徒刑假释考验期限的立法设置，无法脱离刑罚价值理念与刑法技术可能。这实际上也是假释条件对于假释考验的进一步折射。**（1）考验期限基准**：在目前的社会发展阶段与制度背景下，刑罚仍居刑事处置的主导，刑罚仍以报应为基底兼顾预防。从假释的视角来说，犯罪人基于其罪行所应承担的刑罚（以下简称总和刑罚）分为两个部分：一部分是基于刑罚报应，犯罪人必须服完的一定刑期（以下简称监禁刑期）；另一部分是基于特殊预防，可予行刑调整的一定刑期（以下简称调整刑期）。假释考验期限，从责任的角度来说，应以“调整刑期”为基准。而“调整刑期”又与“监禁刑期”共同分割着犯

罪人的“总和刑罚”。基于刑罚“报应为基底兼顾预防”的价值理念，“监禁刑期”不能少于“总和刑罚”的1/2，从而“调整刑期”至多也只能与“监禁刑期”相当。对于无期徒刑假释的“监禁刑期”，本书在上文“假释适用要件探讨”中已作分析，主张：一般情况至少15年，累犯与某些暴力性罪犯至少20年[①]，未成年与老年罪犯至少10年，死缓法定减刑的至少18年（见第50节段12）。**（2）考验期限调整**：假释考验期限的总体框架，取决于报应与预防关系的要求，同时，假释考验期限的具体确定，也受到犯罪人人身危险性评估与假释之后教育矫正需要等的决定。假释既是刑罚的特殊执行方式[②]，又是对于犯罪人的继续考验与继续矫正。**A. 继续考验**：在当今刑法技术可能的条件下，对于犯罪人人身危险性评估仍以定性为主导，并且难以达到肯定明确的程度。由此，在假释时，基于监禁状态下犯罪人的表现等因素而对犯罪人人身危险性的评估，在犯罪人回归大众社会后结果到底如何，这就需要通过一定期间的考验再予进一步地确定。**B. 继续矫正**：假释也是行刑社会化的重要形式之一。这意味着假释考验也具有对于犯罪人在社会内处遇的情况下，予以进一步的教育矫正以使其稳妥地适应大众社会的意义。而这一教育矫正也同样需要一定的假释考验期间、方式与内容。**（3）考验期限设置**：基于上述两个方面的分析，“调整刑期”构成考验期限的基准，但是如果完全以“调整刑期”确定考验期限，未免刑罚报应的色彩过于浓厚；而如果完全以继续考验与矫正的需要来确定考验期限，则难免特殊预防的色彩过于浓厚。因此，需要结合两者，在“调整刑期”的框架内，根据继续考验与矫正的需要，具体设置一个恰当的期限。无期徒刑的“调整刑期”较长，相对而言，“考验矫正需要”也表明应对这一“调整刑期”予以适当缩短；假释本身在一定程度上意味着犯罪人人身危险性并不很大，考验期限过长并无实际意义。由此，本书主张，对于无期徒刑的假释考验期限，根据罪犯类型的不同，同样分为三个层次：一般罪犯，考验期限为7年；累犯与某些暴力性罪犯，考验期限为10年[③]；未成年与老年罪犯，考验期限为5年。对此，如果存在考验期限的不足或者过剩，可以通过设置假释考验期限的调整制度予以解决。

［14］**考验期限的执行调整**：对于考验期限的执行调整，各国存在“不予调

---

① 从我国《刑法》的规定来看，对于累犯以及因某些暴力性犯罪被判处10年以上有期徒刑、无期徒刑的罪犯，不得假释，这似有所极端。本书主张，对于这些罪犯在设置相对严格的条件下，也可予以假释。见第50节段11、12。

② 假释是在刑罚执行过程中，由于法定事由的出现而表明犯罪人人身危险性减小，从而改变服刑剩余刑期的执行方式。

③ 本书主张，对于这些罪犯在设置相对严格的条件下，也可予以假释。见第50节段11、12。

整”“延长或缩短”“缩短期限”“延长期限”的立法模式(见本节段6)。对此,我国《刑法》未予直接明确规定,而司法解释采取了否定的态度(见本节段9)。**本书**主张,应当明确规定假释考验期限的缩短与延长,具体阐释如下:**(1) 考验的动态特征**:如上文所述,假释考验期限以“调整刑期”为基准,就其属于“总和刑罚”的组成部分而言,这其中虽有一定的报应成分,但是这一部分刑罚又是可予调整的部分,而这种调整固然也是基于犯罪人人身危险性的情况以及继续教育矫正的需要[见本节段13,(2)考验期限调整]。不可否认,假释考验是一个动态的过程,在这一过程中,犯罪人的人身危险性发生着变化。假释本来就是以犯罪人的人身危险程度为重要根据的,而在假释考验过程中,犯罪人人身危险性的重大变化理应构成假释考验期限调整的法定事由。通过这种调整,节约司法资源、避免不必要的考验或者考验不足,也使刑罚个别化体现得更为贴切;同时,基于一定事由,在一定范围内调整,也不失刑罚报应基底。**(2) 假释与减刑平衡**:根据我国《刑法》,在经过一次或者数次减刑之后可以再予假释,这无疑在制度规定的范围之内。最高人民法院《关于办理减刑、假释案件具体应用法律的规定》(2017年)第28条规定:“罪犯减刑后又假释的,间隔时间不得少于1年;对1次减去1年以上有期徒刑后,决定假释的,间隔时间不得少于1年6个月。”“罪犯减刑后余刑不足2年,决定假释的,可以适当缩短间隔时间。”减刑与假释,两者的价值理念相近,制度设置也有诸多相似之处,所不同的是减刑可予分割而假释只是一次性。但是,这并不影响对于假释考验的减刑,况且假释考验本身也可以视作对于余刑变通执行,假释期间刑罚仍在执行,假释期满尚未发生撤销假释,则刑罚执行完毕。既然刑罚仍在执行,就应当存在针对行刑的减刑。当然,针对假释考验而言,我国《刑法》的减刑制度是不明确的,所以需要予以明确的规定。**(3) 假释考验的延长**:在假释考验中,如果出现了某些事由,诸如违反监督管制规定、过失再犯新罪等,从而一定程度上表现出犯罪人人身危险性有所增大,对此一概予以撤销假释不免也有些极端,在情节较轻的场合也可以考虑适当延长假释考验期限,以观后效。

(四) 假释考验期满的法律效果

[15] **假释考验期满**,是指被宣告假释的犯罪人,在假释考验期限以内尚未发生应当撤销假释的法定事由,从而假释考验执行完毕。假释考验期满,随之会发生一定的法律效果。

[16] **各国刑法规定**:各国刑法有关假释期满法律效果的立法,从内容上来看,表现为原判余刑视作执行完毕、或者认为没有前科等;从立法模式来看,表现为法条明确规定,或者不予明确表述。**(1) 内容视角:A.** 行刑完毕:

有的国家刑法，将假释期满视作刑罚执行完毕。例如，《韩国刑法典》（1953年）第76条第1款规定："被判处假释后，无期徒刑满10年、有期徒刑所余刑期终了而假释未失效或者被撤销的，视为刑罚执行完毕。"**B. 主刑与从刑消灭**：有的国家刑法规定，假释期满不仅主刑消灭而且从刑也消灭。例如，《阿根廷刑法典》（1922年）第16条规定，已满法定假释考验5期限，假释并未被撤销，则适用假释的3年以上监禁或劳役以及其所附带的全部剥夺资格应当被消灭。**C. 前科消灭**：有的国家刑法，将符合一定条件的假释期满，作为没有前科的情形。例如，《蒙古国刑法典》（1991年）第78条第2款，将"在假释考验期内未犯新罪的人"作为"应当认为没前科的人"的情形之一。**(2) 模式视角**：A. 法条明确规定：有的国家刑法，明确表述假释期满的法律效果。例如，《奥地利刑法典》（1974年）第48(3)条规定，余刑的附条件缓刑未被撤销的，刑罚视为已执行完毕。在此情况下，期限自被附条件释放时开始计算。[①] **B. 不予明确表述**：有的国家刑法，并未明确表述假释期满的法律效果。例如，《蒙古国刑法典》（1991年）第74条，对于假释的适用条件、适用主体、考验期限、撤销等作了具体规定，而对于假释期满的法律效果则未予明确。[②]

［17］**我国刑法规定**：我国《刑法》第85条对于假释考验期满的法律效果，作了具体规定。由此，我国刑法有关假释期满的法律效果，表现出如下**特征**：**(1) 法条明确规定**：对于假释期满的法律效果，我国《刑法》予以了明确规定：被假释的犯罪分子，在假释考验期限内，如果没有发生法定撤销假释的情形，假释考验期满，就认为原判刑罚已经执行完毕，并公开予以宣告。**(2) 行刑完毕**：被假释的犯罪分子，在假释考验期限内，如果没有发生法定撤销假释的情形，"假释考验期满，就认为原判刑罚已经执行完毕，并公开予以宣告"。由此，假释期满剩余刑期虽未实际执行，但却视为既已执行完毕。**(3) 前科存在**：假释考验期满仅意味着行刑完毕，而犯罪人的前科记录仍然存在。进而，其也就符合《刑法》第65条与第66条累犯成立之"刑罚执行完毕"的条件。**(4) 公开宣告**：对假释的犯罪分子依法实行社区矫正，在其矫正期满时，"司法所应当组织解除社区矫正宣告。宣告由司法所工作人员主持，按照规定程序公开进行。"司法所应当针对被假释人员的不同情况，"通知有关部门、村（居）民委员会、群众代表、社区矫正人员所在单位、社区矫正人员的家庭成员或者

---

① 类似的立法例：《瑞士刑法典》（1937年）第38(5)条；《丹麦刑法典》（2002年）第40条第5款；《罗马尼亚刑法典》（1996年）第73条；《瑞典刑法典》（1962年）第26章第24条。

② 类似的立法例：《俄罗斯刑法典》（1996年）第79、93条对于假释的条件、考验主体、撤销等作了规定，而未明确表述假释期满的法律效果；《西班牙刑法典》（1995年）第90—93条对于假释的条件、考验期限、撤销作了规定，而未明确表述假释期满的法律效果；《日本刑法典》（1907年）第28—30条。

监护人、保证人参加宣告。”宣告事项应当包括：宣读对被假释人员的鉴定意见；宣布假释考验期限届满，依法解除社区矫正，原判刑罚执行完毕。[①] **(5) 附加刑仍须执行**：关于主刑假释与附加刑执行的关系，根据我国《刑法》的规定，罚金的行刑在判决宣告时予以确定[②]，没收财产只是一次性没收，从而需要注意的是剥夺政治权利行刑与假释考验的关系。对此，《刑法》第58条规定，附加剥夺政治权利的刑期，从假释之日起计算，剥夺政治权利的效力当然施用于主刑执行期间。这意味着：A. 假释之日，即为附加剥夺政治权利行刑之日，主刑行刑期间被附加剥夺政治权利的犯罪人仍无政治权利。B. 假释考验期满，而剥夺政治权利尚未期满，剥夺政治权利的行刑继续进行。

二、假释考验的执行

[18] **假释考验执行**，是指将人民法院生效的假释裁定所确定的缓刑考验付诸实施，由假释监督考察单位对于被假释的犯罪分子予以监督考察所进行的活动。各国刑法对于假释考验执行的具体规定有所不同，兹在介绍比较中外相关立法的基础上，对于假释考验执行的核心议题作一理论分析。

（一）各国刑法规定

[19] 假释考验执行，涉及假释考察机关、假释考察内容等要素。兹以此要素为基本路径，对于各国刑法有关假释考验执行的规定，作一介绍。

[20] **假释考察机关**：指刑法所规定的对于被适用假释的犯罪分子予以监督管理的责任单位、部门、机构或者人员。对此，综合各国刑法的规定，主要存在如下情形：**(1) 法院聘任**：法院具体聘任监督管理的责任人员，明确规定监督管理人员的职责。例如，《德国刑法典》(1998年)第56d条第1、4、5款规定了考验帮助人的聘任：如果被缓刑人接受帮助可预防犯罪的，法院应将其置于考验帮助人的监督与指导之下；考验帮助人由法院聘任，法院可依法对其工作职责作出规定；考验帮助人的工作分为专职和名誉职两种。**(2) 官方、民间或个人**：假释监督的责任人员，既可以是官方机构，也可以是民间组织或者有关个人。例如，我国台湾地区“刑法”(2005年)将假释的监督考察归于“保护管束”(第93条)，而保护管束的主体可以是：观护人[③]、警察官署、自治团体、慈善团体、本人之最近亲属或其他适当的人。[④] **(3) 专职机构**：由专职机

---

① 最高人民法院、最高人民检察院、公安部、司法部《社区矫正实施办法》(2012年)第30条。

② 我国《刑法》(1997年)第53条规定，罚金在判决指定的期限内一次或者分期缴纳。

③ 观护人属于司法行政部在地方法院检察处所设置的专司保护管束事务的执行机构；按照我国台湾地区“少年事件处理法”的规定，对于少年之保护管束由观护人掌理之。

④ 参见我国台湾地区：“刑法”第94条、“少年事件处理法”第51条、“保安处分执行法”第64条。

构具体组织实施假释监督考察等事项。例如,《丹麦刑法典》(2002年)第12条规定:"一般在地方监狱与缓刑管理局的管理下执行监督和缓刑。管理局也可以委派一个监督员,必要时可以委派一人或多人协助监督。"在瑞典,地方监狱与缓刑管理局的任务,就是统一管理监狱和缓刑活动。[①] **(4) 警察机构**:由负责社会安全的警察机构,兼管假释人员的监督考验。例如,《巴西刑法典》(1941年)第63条规定:"在没有官办或民办(由监狱管理委员会领导或监督)的就业教养所的地方,被假释的犯人由警察局监视。"《蒙古国刑法典》(1991年)第74条第6款规定,警察和各军种现役军人应当监管假释犯的行为。

[21] **假释考察内容**:指假释考验机关对于被适用假释的犯罪分子予以监督管理的具体标准与根据。具体表现为被适用假释的犯罪分子,在假释考验期间所应遵守的行为规范和应当履行的必要义务。对此,综合各国刑法的规定,主要存在如下内容:**(1) 保护观察**:**A. 处分措施与假释考察**:总体上,保护观察可谓一种限制自由的保安处分措施(见第47节段21)。而保护观察的适用对象通常包含缓刑人员、假释人员,或者有的国家刑法明确规定对于假释人员、缓刑人员附加保护观察。[②]例如,我国台湾地区"刑法"(2005年)第92条规定,保护管束属于感化教育、监护、禁戒、强制工作等处分的替代措施。同时,第93条规定,假释出狱者,在假释中付保护管束。《瑞士刑法典》(1937年)第38(2)条规定,主管机关为附条件释放者规定一个考验期间,在该考验期间内,被附条件释放者可处在保护监督之下;第38(4)条还将被附条件释放者屡次逃避保护监督作为撤销附条件释放的法定事由之一。《意大利刑法典》(1931年)将"当被判刑人获准假释时"作为一律适用监视自由的情形之一(第230条)。而监视自由属于非监禁性保安处分之一(第215条);对处于监视自由状态的监督由公共安全机关负责;法官为处于监视自由状态者确定限制性规定(第228条)。**B. 内容与确定**:对于保护观察的具体内容及其确定,存在两种立法例:其一,法官确定:法律不作具体规定,而明确由法官根据具

---

① 参见《瑞典刑法典》,陈琴译,北京大学出版社2005年版,第51页。在美国,假释是社区矫正的组成部分。各州划分若干司法区,每一司法区设立若干缓刑假释办公室,具体由假释官负责假释考验监督。刘强编著:《美国社会矫正的理论与实务》,中国人民公安大学出版社2003年版,第103—104页。

② 在各国刑法中,保护观察的法律性质与地位有所差异:在美国"保护观察"具有从属于缓刑、假释或者延期刑罚的处分的性质;在英国"警察监视"属于与刑罚方法相并列的独立的刑事处置之一;在日本"保护观察"附加于缓刑或者假释而适用并且又都属于限制自由的保安处分。在意大利"监视自由"属于非监禁性保安处分而其又包括了对于假释考验;在我国台湾地区"保护管束"兼具感化教育等处分的替代措施与缓刑假释的附加处分的性质。见第42节段41。

体案件的情况，予以指定。[①]其二，相对法定：法律予以原则规定，而由法官根据具体案件的情况，具体详细指定。[②] 保护观察的行为限制内容包括：限制居住、禁止出入特定地区、限制犯罪交往、禁止某些执业、禁止驾驶、定期报告等。例如，《德国刑法典》(1998年)第68b条，对于行为监督内容作了明确列举：未经行为监督人许可不得擅自离开住所或居所或指定地区；不得逗留于有犯罪机会或足以诱发犯罪的特定地区；不得雇佣指导和留宿可能提供机会或诱发其继续犯罪的特定人或特定集团成员；不得从事可能被其用于实施犯罪的特定工作；不得持有携带或保管可能向其提供再犯机会或诱发其继续犯罪的特定物品；不得占有和驾驶可能被滥用于实施犯罪的机动车或特定种类的其他运输工具；定期向行为监督人或特定机关报告自己的情况；变更住所或工作场所应立即向行为监督人报告。此外，还要求法院"尤其应作出关于注意教育、就业、休假、经济安排或赡养义务的指示"。**(2) 假释指示·假释帮助：A. 基本含义**：假释指示与假释帮助，是指为了有效地实现预防再犯与保护社会的目的，刑法针对假释考验内容具体规定假释犯的行为规则与缓刑监管人员的职责，法院在适用假释时，据此对于假释犯与假释监管人员予以指示或者命令。刑法规定的假释考验内容，包括假释指示与假释帮助。假释指示，侧重对于假释犯行为的监督制约，具有消极限制预防再犯的意义；假释帮助，侧重对于假释犯生活的辅助安置，具有积极帮助预防再犯的意义。**B. 立法适例**：一些国家的刑法典，直接针对假释指示与假释帮助，对于两者分别予以了明确规定。例如，《德国刑法典》(1998年)第56c条、第56d条[③]；《奥地利刑法典》(1974年)第51条、第52条。有的国家的刑法典，例如《瑞士刑法典》(1937年)，将保护监督作为附条件释放的考验内容之一[④]，而在保护监督的规定中，具体表述了对于被保护监督者的帮助内容：保护监督旨在帮助被保护

① 例如，《意大利刑法典》(1931年)第228条第2款规定："法官为处于监视自由状态者确定限制性规定，以使其避免重新犯罪的机会。"《巴西刑法典》(1941年)第95条规定："在适用监视释放时，为了避免犯人再犯刑事法律，法官应对犯人制定一些操行规则，该规则在执行过程中可以修改补充。"

② 例如，《德国刑法典》(1998年)第68b条，对于受处分者在行为监督期间所应当遵守的行为规则的具体内容与范围，予以了相对明确的列举，并且要求法院以此为依据，"在指示中应对禁止的行为或要求的行为作出详细的规定。"

③ 《德国刑法典》(1998年)称假释为"余刑缓刑"，称缓刑为"缓刑"，而对于假释考验的期间、义务、指示、帮助等内容，该法典第57条第3款、第57a条第3款明确规定，援用缓刑考验的考验期间、义务、指示、考验帮助、事后变更决定、缓刑撤销、刑罚免除等相关规定。

④ 该刑法典规定，对于被附条件释放者可处保护监督[第38(2)条]，同时还可就被附条件释放者的行为予以指示[第38(3)条]。对于假释者接受这些考验的结果，该刑法典还规定，被附条件释放者不顾主管机关的正式警告违背有关指示，屡次逃避保护监督或者以其他方式滥用对他的信任的，主管机关撤销附条件释放。

监督者诚实生活，其方法是大力支持他们，尤其是在寻找住所和工作方面给予帮助；对被保护监督者的监督要不引人注目，以避免使他们的生活增加困难；应当注意将患酒瘾、毒瘾或由于其精神或身体状况，有重犯之虞的被保护监督者，安置在适当的环境，如果必要，可接受医生的照料（第 47 条）。有的地区的刑法典，例如我国台湾地区“刑法”（2005 年），将保护管束作为假释的考验内容之一，而在“保安处分执行法”中，对于假释犯在保护管束期间的行为要求予以了规定：保持善良品行，并不得与素行不良之人往来；服从检察官及执行保护管束者之命令；不得对被害人、告诉人或告发人寻衅；对于身体健康、工作情况及生活环境等，每月至少向执行保护管束者报告一次；非经执行保护管束者许可，不得离开保护管束地，其离开 10 日以上时，应经检察官核准（第 74 条之二）。**(3) 履行义务：A. 基本含义：**履行义务，是指刑法明确规定假释犯所必须履行的某些特定的民事义务，并且将这些义务的履行作为适用假释的前提或者假释考验的内容之一。相对而言，假释指示，规范假释犯在缓刑期间的行为准则，旨在矫正教育与重塑个性；履行义务，要求假释犯对于自己的犯罪行为承担一定责任，侧重补偿犯罪损失与报应犯罪行为。**B. 立法适例：**有些国家的刑法典对于假释犯的履行义务予以了明确规定，具体存在如下立法模式：其一，*假释前提*：将履行义务作为假释的前提条件之一。例如，《意大利刑法典》（1931 年）第 176 条第 4 款规定：除非被判刑人证明自己处于不能履行该责任的状况，获准假释以履行因犯罪而承担的民事责任为条件。其二，*单列规定*：专设条文，具体规定假释犯的履行义务。例如，《德国刑法典》（1998 年）第 56b 条对于履行义务作了专门规定，具体内容包括：补偿由犯罪行为所造成的损害；向公益机构支付一定金额；提供其他公益劳动；向国库支付一定金额。其三，*置于指示*：在规定指示的条文中，具体表述履行义务的内容。例如，《奥地利刑法典》（1974 年）第 51 条指示之（2）规定，如果关系到刑罚执行是否能够防止他人实施应受刑罚处罚的行为，可要求违法者尽力对其所造成的损失给予补偿。[①]

［22］**假释考察执行调整：**是指在假释考验过程中，基于法定事由的发生，法院对于原先所决定的假释考验予以一定的变更。具体表现为假释考验期限的延长与缩短、假释考验内容的修改、除撤销假释以外考验期间的其他处置。其中，考验期限的延长与缩短，已在上文假释考验期限中阐述，这里主要介绍其他两种调整。**(1) 假释考验内容的修改：**是指假释犯在假释考验过程

---

① 类似的立法例：《瑞典刑法典》（1962 年）第 26 章第 14 条第 1 款；《蒙古国刑法典》（1991 年）第 74 条第 2 款援引第 62 条第 2 款的规定。

中，基于法定事由的发生，法院对于原先决定的假释考验内容予以一定的修正与更改。例如，《瑞典刑法典》(1962年)第26章第16条第2款规定，监督委员会可以根据被假释者的进步和其他个人情况，更改、撤销既定的条件或者制定新的条件。第17条规定，监督员可以就执行有关指示，进行任何紧急必要的调整。[①] **(2) 考验期间的其他处置**：是指假释犯在假释考验过程中，发生了本应撤销假释的事由，但是基于法定可恕的情节而允许暂不撤销缓刑，只是给予其他有关处置以观后效。例如，《丹麦刑法典》(2002年)第40条第2款规定，被假释者违反假释考验条件，除了对其撤销假释或者延长考验期限以外，也可以对其警告。[②]

[23] **假释考验执行与缓刑考验执行**：两者在一定程度上均属于对犯罪人的监督考察，对于两者的规定，各国刑法存在如下模式：**(1) 规定援用**：对于假释考验执行援用缓刑考验执行的相应规定。例如，《德国刑法典》(1998年)第57条第3款[③]。**(2) 一同规定**：将假释考验执行与缓刑考验执行一同规定。例如，《奥地利刑法典》(1974年)第50—52条。(3) 单独规定：对于假释考验执行给予了单独的规定。例如，《瑞士刑法典》(1937年)第38条。(4) 归于措施：将假释考验执行与缓刑考验执行一同归于限制自由的保安措施。例如，我国台湾地区“刑法”(2005年)第93条。(5) 分别规定：对于假释考验执行与缓刑考验执行分别规定。例如，《意大利刑法典》(1931年)第165条、第230条[④]。

（二）我国刑法规定

[24] 我国《刑法》第84、85条对于假释考察的基本内容与责任单位作了具体规定。**(1) 考察机关**：我国《刑法》第85条规定：“对假释的犯罪分子，在假释考验期限内，依法实行社区矫正”；我国《刑事诉讼法》第258条规定：对被假释的罪犯，“依法实行社区矫正，由社区矫正机构负责执行”。由此，我国的假释考察依附于社区矫正的框架。而在我国，社区矫正的机构是专门国家机关，而主要承担日常考察工作的是司法行政机关(见第47节段25)。**(2) 负责假释监督考察机关的职责是**：对此，最高人民法院、最高人民检察院、公安部、司法部《社区矫正实施办法》(2012年)作了具体规定(见第47节段25)。例如，该《办法》要求：司法所接收社区矫正人员后，应当及时向社区矫正人员宣

---

① 类似的立法例：《奥地利刑法典》(1974年)第51(4)条、第52(3)条；《德国刑法典》(1998年)第56e条；《丹麦刑法典》(2002年)第40条第2款。

② 类似的立法例：《瑞士刑法典》(1937年)第38(4)条第4款。

③ 类似的立法例：《瑞典刑法典》(1962年)第26章第12—17条、第28章第6条；《蒙古国刑法典》(1991年)第74条第2款；《丹麦刑法典》(2002年)第39条第2款；我国澳门地区《刑法典》(1995年)第58条。

④ 第165条单独规定了缓刑义务，第230条规定对于假释应当适用监视自由。

告判决书、裁定书、决定书、执行通知书等有关法律文书的主要内容；社区矫正期限；社区矫正人员应当遵守的规定、被禁止的事项以及违反规定的法律后果；社区矫正人员依法享有的权利和被限制行使的权利；矫正小组人员组成及职责等有关事项。司法所应当为社区矫正人员确定专门的矫正小组。矫正小组由司法所工作人员担任组长，由社会工作者和志愿者、基层组织人员、社区矫正人员所在单位、家庭成员等相关人员组成。司法所应当为社区矫正人员制定矫正方案，在对社区矫正人员被判处的刑罚种类、犯罪情况、悔罪表现、个性特征和生活环境等情况进行综合评估的基础上，制定有针对性的监管、教育和帮助措施。

［25］**考察内容**：对于假释考察的内容，我国《刑法》第 84 条作了规定，具体内容包括：遵守法律法规，服从监督；按照规定报告活动情况；遵守监督机关的会客规定；离开居住市县或迁居应当报经批准。这一具体内容是对假释犯予以考察的核心根据。同时，社区矫正是对被假释的罪犯予以考察的具体形式，由此《社区矫正实施办法》从“社区矫正人员”的行为规则，以及“司法行政机关”与“司法所”的工作职责这两个方面，对考察工作的具体事项作了规定。[1]

（三）假释考验执行探讨

［26］关于假释考验执行的考察机关、考察内容、附加履行义务等核心议题，对比中外立法状况，就理论的合理性而言，仍有进一步探讨的余地。

［27］**考验机关的确定**：应当由何种机构或人员负责假释监督考察，对此各国立法模式不一，主要存在如下类型：法院聘任，官方、民间或个人，专门机构（见本节段 20）。我国《刑法》采取的是“社区矫正机构”的立法模式（见本节段 24）。**应当说**，假释考验可以视作原判刑罚的一种变通的执行方式，其不失为刑罚权的行使，从而将假释考验完全委任于民间或者个人，不尽妥当。另外，在《刑法修正案（八）》（2011 年）之前，我国《刑法》曾规定对被假释的罪犯“由公安机关予以监督”。然而，公安机关肩负治安管理、案件侦破等职责，通常居于揭露罪犯的地位，而非行刑的专职机构，由公安机关负责假释考验，也不尽妥当。《刑法修正案（八）》（2011 年）将对假释犯的监督考察机构修正为社区矫正机构，即假释犯居住社区的基层司法行政机关承担日常考察工作。对此，最高人民法院、最高人民检察院、公安部、司法部《社区矫正实施办法》（2012 年）作了具体规定。应当说，这是对罪犯社会内处遇的执行的相关立法

---

① 最高人民法院、最高人民检察院、公安部、司法部《社区矫正实施办法》（2010 年）第 11、13—16 条以及第 17—22 条。

与司法实践的一大进步。不过，本书主张，在《刑法修正案(八)》及《社区矫正实施办法》所规定的具体内容的基础上，仍可考虑增设一些规定。例如，明确规定设置专门的社区矫正办公室[①]，具体由专职假释考验执行官、专职缓刑考验执行官等组成。社区矫正的落实，还需要拥有一批从中央到地方的系统有序、素质精良的专职矫正机构与人员。

[28] **具体考验内容**：对于假释犯的具体考验内容，各国刑法通常规定了侧重消极监管特征的假释指示以及侧重积极促进特征的假释帮助，并且在具体内容上也较为详尽(见本节段21)。相对而言，我国《刑法》对于假释犯行为规范的规定较为单一、笼统。就单一而言，我国《刑法》仅设置了行为监督而未规定安置帮助；就笼统而言，我国《刑法》只规定了限制居住、定期报告[②]，而相应的具体内容则留待有关机关制定具体的适用规定，例如，最高人民法院、最高人民检察院、公安部、司法部《社区矫正实施办法》(2012年)。**本书**主张，应当设置我国假释考验的帮助内容，并且增强假释考验规定的明确性。关于在我国《刑法》上设置假释帮助制度，这与应在我国《刑法》上设置缓刑帮助制度类似，前文已述(见第47节段29)。而就增强立法明确性而言，假释考验在一定程度上是对假释犯人身自由的限制，从这个意义上说，对于假释考验的内容范围应当由刑法明确予以规定，在假释裁量时，由法院依法根据犯罪人的具体情况予以确定；并且在假释考验期间，根据假释犯的具体表现，经由执行机关的提请，可以由法院裁定对于假释考验内容予以适用调整。

[29] **附加履行义务**：有些国家的刑法，对于假释犯的履行义务予以了明确规定，或者作为假释前提，或者作为假释考验内容。对此，我国《刑法》在假释制度中未予规定，相应的赔偿损失(判处赔偿经济损失和责令赔偿损失)设置于刑罚种类之后的第36、37条，具有附带民事赔偿的性质。不过，倘若犯罪造成了损害，由此作出了赔偿的判决，除非犯罪人确实没有能力履行，犯罪人应当履行赔偿义务，这可以作为假释的前提或者假释的考验内容。对此，可由《刑法》予以明确规定。

第53节　假释的撤销

[1] **假释撤销**，是指被宣告假释的犯罪人，在假释考验期限内发生了法定事由，司法机关依法将其假释予以撤销，根据不同情况，执行原判尚未执行完

---

① 专门从事非监禁自由刑的执行，或者假释考验、缓刑考验。

② 我国《刑法》第75条。

毕的刑罚或者对犯罪人应受刑罚重新作出判决并予执行的刑事司法活动。假释撤销是假释制度的重要组成部分,也是各国假释立法的重要内容。兹在介绍比较中外相关立法的基础上,对于假释撤销的理论与实践问题作一分析。

一、各国刑法规定

[2] 撤销假释的主体与法定事由以及出现法定事由的法律后果,是假释撤销的核心问题。兹以此为基本线索,对于各国刑法假释撤销的具体规定作一阐释。

[3] **撤销假释的主体**:各国有关撤销假释的主体,存在法院、执行法官或司法部长、行刑主管机关、专门委员会等主要类型,兹予分述如下:**(1) 法院**:刑法规定,假释的撤销由法院予以裁判或决定。例如,《德国刑法典》(1998年)第56f条规定,被缓刑人具备法定情形之一的,法院得撤销缓刑;如果采取有关措施足以弥补的,法院可不撤销缓刑。[①]《西班牙刑法典》(1995年)第93条规定,如果出现应当撤销假释法定事由,刑事监察法官可以撤销假释。这一立法模式较为普遍。[②] **(2) 执行法官或司法部长**:法律规定,假释的撤销由执行法官或者司法部长予以决定。例如,《法国刑事诉讼法典》(1962年、1996年)第733条第1款规定,被假释人出现应当撤销假释的法定事由,原假释裁决可按下列两种方式处理:或在征求了刑满释放人员试用和辅助委员会中的曾负责管理该被假释人的成员的意见后,由有管辖权的刑罚执行法官予以撤销;或根据刑罚执行法官的建议,必要时在听取假释委员会意见后,由司法部长予以撤销。**(3) 行刑主管机关**:法律规定,假释的撤销由行刑主管机关予以决定。例如,《瑞士刑法典》(1937年)第38(4)条规定,被附条件释放者出现应当撤销假释的法定事由,主管机关命令撤销附条件释放;如果情节较轻,主管机关可不撤销附条件释放。**(4) 专门委员会**:法律规定,假释的撤销由相对独立的专门委员会予以决定。例如,在日本,撤销假释由地方改造保护委员会决定。地方改造保护委员会是行政机关的一种,不过它是从检察、审判及矫正设施中独立出来的准司法机关,由3名至12名委员组成,任期3年。委员由法务大臣任命。[③]

---

① 在《德国刑法典》(1998年)中,假释称为"余刑缓刑"。

② 类似的立法例:《奥地利刑法典》(1974年)第53(1)、53(2)条;《罗马尼亚刑法典》(1996年)第73条;《蒙古国刑法典》(1991年)第74条第8、9款;《俄罗斯刑法典》(1996年)第79条第7款;《阿根廷刑法典》(1922年)第15条。

③ 参见〔日〕大谷实著:《刑事政策学》,黎宏译,法律出版社2000年版,第271、267页。另外,《瑞典刑法典》(1962年)第26章第19条规定,在被假释者出现法定事由的场合,监督委员会可以宣布取消附条件许可的自由。《瑞典刑法典》第37章对监督委员会的组成与职责等作了规定。

［4］**法定事由与法律后果的总体构成：(1) 撤销假释的法定事由**：综合各国刑法所规定的，有关撤销假释的法定事由，这些法定事由包括如下方面：再犯新罪、发现漏罪、违反监督、违反义务。不过，就各国刑法的具体规定而言，撤销假释的法定事由存在如下模式：再犯新罪①；再犯新罪或者违反监督②；再犯新罪或者违反义务③；再犯新罪或者违反监督或者违反义务④。**(2) 出现法定事由的法律后果**：撤销假释的法定事由，固然是撤销假释的必要前提，但是并非一旦出现可以撤销假释的法定事由，就必然撤销假释；通常各国刑法，在某些法定事由出现的情况下，对于是否撤销假释，仍有一定的回旋余地。综合各国刑法所规定的，发生撤销假释法定事由的法律后果，这些法律后果包括如下情形：应当撤销假释、可以撤销假释、变更指示、延长假释期限。而就各国刑法的具体规定而言，在发生撤销假释法定事由的场合，其法律后果存在如下立法模式：应当撤销假释或者可以撤销假释⑤；可以撤销假释⑥；应当撤销假释⑦；撤销假释或者变更指示或者延长假释期限⑧。

［5］**法定事由与法律后果的立法状况**：撤销假释的法定事由与出现法定事由的法律后果密切相关，兹以此为线索，对各国刑法立法状况作一介绍：**(1) 再犯新罪**：对于假释考验期间再犯新罪的法律后果，存在如下立法模式：**A. 分别罪刑轻重 · 可以或应当**：刑法规定，分别再犯新罪法定刑的轻重不同，给予可以撤销假释或者应当撤销假释的不同处理；在撤销假释的场合，予以数罪并罚。例如，《罗马尼亚刑法典》(1996年)第73条第2、3、4款的规定。**B. 分别故意过失 · 可以或应当**：刑法规定，分别再犯新罪的故意或者过失，给予应当撤销假释或者可以撤销假释的处理；在撤销假释的场合，予以数罪并

---

① 例如，《罗马尼亚刑法典》(1996年)第73条的规定。

② 例如，《韩国刑法典》(1953年)第74、75条的规定；《阿根廷刑法典》(1922年)第15条的规定；《意大利刑法典》(1931年)第177条第1款的规定；《奥地利刑法典》(1974年)第53条(1)(2)的规定；《瑞士刑法典》(1937年)第38条(4)的规定；《西班牙刑法典》(1995年)第93条的规定；《法国刑事诉讼法典》(1962年、1996年)第733条的规定。

③ 违反义务，是指违反应当履行的"赔偿犯罪损失"等义务。例如，《瑞典刑法典》(1962年)第26章第19、21条的规定。

④ 违反监督，是指违反假释监督指示。例如，《德国刑法典》(1998年)第57条第3款、第57a条第3款援用第56f条的规定；《蒙古国刑法典》(1991年)第74条第8、9款的规定；《俄罗斯刑法典》(1996年)第79条第7款的规定；我国澳门地区《刑法典》(1995年)第59条援引第54条的规定。

⑤ 例如，《俄罗斯刑法典》(1996年)第79条第7款的规定；《罗马尼亚刑法典》(1996年)第73条的规定。

⑥ 刑法规定，由司法裁量决定是否撤销假释。例如，《日本刑法典》(1907年)第29条的规定。

⑦ 刑法规定，司法机关必须依法撤销假释。例如，《意大利刑法典》(1931年)第177条的规定；《奥地利刑法典》(1974年)第74条第8、9款的规定。

⑧ 变更指示，是指酌情变更假释监督管理内容。例如，《瑞士刑法典》(1937年)第38(4)条的规定；《丹麦刑法典》(2002年)第40条第2款的规定。

罚。例如,《俄罗斯刑法典》(1996年)第79条第7款的规定。[①] **C. 区别再犯可能·应当或暂不**:刑法规定,犯罪人在假释期间再犯新罪,倘若防止再犯必要则应当撤销假释,否则可以暂不撤销假释。例如,《奥地利刑法典》(1974年)第53(1)、53(3)条的规定。**D. 再犯新罪·应当撤销**:刑法规定,犯罪人在假释期间再犯新罪,应当撤销假释,即司法机关必须依法撤销假释。例如,《意大利刑法典》(1931年)第177条的规定。[②] **(2) 发现漏罪**:对于假释考验期间发现漏罪的法律后果,存在如下立法模式:**A. 发现漏罪·可以撤销**:刑法规定,在假释期间发现犯罪人在假释之罪之前还有罪没有被处理的,可以撤销假释。例如,《日本刑法典》(1907年)第29条规定:假释前犯有其他罪,被判处罚金以上刑罚的,或者对假释前因其他罪被判处的罚金以上刑罚应当执行的,可以撤销假释的决定。**B. 发现漏罪·应当撤销**:刑法规定,在假释期间发现犯罪人在假释之罪之前还有罪没有被处理的,应当撤销假释。例如,《巴西刑法典》(1941年)第64条规定:如果被假释的犯罪人,由于前罪被判决不可上诉,并且前罪与假释之罪所处刑罚都是3年以上,则撤销假释。**(3) 违反监督**:对于假释考验期间违反行为监督管理规定的法律后果,存在如下立法模式:**A. 违反监督·可以撤销**:刑法规定,在假释期间犯罪人违反行为监督管理规定,可以撤销假释。例如,《韩国刑法典》(1953年)第75条的规定和《日本刑法典》(1907年)第29条的规定。**B. 违反监督·应当撤销**:刑法规定,在假释期间犯罪人违反行为监督管理规定,应当撤销假释。例如,《法国刑事诉讼法典》(1962年、1996年)第733条的规定。**C. 违反监督·多项选择**:刑法规定,在假释期间犯罪人违反行为监督管理规定,分别不同情况予以撤销假释、酌情变更假释监督管理内容、延长假释期限等的处理。例如,《丹麦刑法典》(2002年)第40条第2款的规定。**(4) 违反义务**:关于履行义务在假释中的地位,各国主要存在如下立法模式:“假释前提”“单列规定”“置于指示”[见第52节段21,(3)履行义务]。固然,在履行义务作为“假释前提”的场合,违反义务就不能适用假释。而在履行义务作为考验内容的场合,刑法对于假释考验期间违反义务规定了一定的法律后果,存在如下立法模式:**A. 违反义务·可以撤销**:刑法规定,在假释期间犯罪人违反应当履行的义务,可以撤销假释。例如,《瑞典刑法典》(1962年)第26章第19条的规定。**B. 违反义务·应当撤销**:刑法规定,在假释期间犯罪人违反应当履行的义务,应当撤销假释。例如,我国澳门地区《刑法典》(1995年)第59条援用第54条的规定。

---

① 类似的立法例:《韩国刑法典》(1953年)第74条的规定。

② 类似的立法例:我国台湾地区“刑法”(2005年)第78条的规定。

C. 违反义务·多项选择:刑法规定,在假释期间犯罪人违反应当履行的义务,分别不同情况予以撤销假释、酌情变更假释监督管理内容、延长假释期限等的处理。例如,《德国刑法典》(1998年)第57条第3款、第57a条第3款援用第56f条的规定。

[6] **撤销假释的法律后果**:基于法定事由的发生而撤销假释,会引起一定的法律后果。在因新罪或漏罪而撤销假释场合,通常要予数罪并罚;撤销假释,通常也要执行原判尚未执行完毕的刑罚;不过有的国家刑法也承认假释考验期间的行刑效力;另外,在撤销假释之后是否可以再予假释,各国规定也有所不同。对此,兹概要介绍如下:**(1) 撤销假释执行原判余刑**:撤销假释,对于既已经过的考验期间,不得计入刑期。多数国家采纳这一模式。例如,《韩国刑法典》(1953年)第76条规定,假释失效或假释撤销,假释期间的日数,不计入刑期中。① **(2) 撤销假释承认考验行刑**:撤销假释,对于既已经过的考验期间,计入刑期。例如,《西班牙刑法典》(1995年)第93条规定,假释期间是指罪犯尚未服刑的整个期间,如果罪犯被撤销假释,则收监执行相应期间和等级的刑罚;已经执行的假释期间依然有效。**(3) 撤销假释不可再予假释**:撤销假释之后,不可再予适用假释。多数国家采纳这一模式。例如,《意大利刑法典》(1931年)第177条规定,被撤销假释的,在假释中度过的时间不计入刑期,并且被判刑人不得再次获准假释。② **(4) 撤销假释可以再予假释**:撤销假释之后,只要符合假释条件,可以再次适用假释。例如,我国澳门地区《刑法典》(1995年)第59条第2款规定,对于在废止假释后再服之徒刑,在符合法定假释条件下,可再给予假释。

二、我国刑法规定

[7] 我国《刑法》第86条对于撤销假释的法定事由与出现法定事由的法律后果作了规定,有关行政规定也指明了《刑法》有关撤销假释的主体的蕴含。

[8] **撤销假释的主体**:对于撤销假释的主体,我国《刑法》未予明确。不过,我国刑法理论与实际认为,撤销假释的主体当然是人民法院。有关司法解释也明确了这一《刑法》的应有之义。例如,最高人民法院、最高人民检察院、公安部、司法部《社区矫正实施办法》(2012年)第25条对此作了明确规定:缓刑犯与假释犯如有应当撤销缓刑与假释的情形,“由居住地同级司法行

---

① 类似的立法例:《意大利刑法典》(1931年)第177条第1款;《俄罗斯刑法典》(1996年)第79条第7款;《蒙古国刑法典》(1991年)第74条第8款;《奥地利刑法典》(1974年)第53(2)条。

② 类似的立法例:《阿根廷刑法典》(1922年)第17条。

政机关向原裁判人民法院提出撤销缓刑、假释建议书并附相关证明材料，人民法院应当自收到之日起 1 个月内依法作出裁定”。

[9] **撤销假释的法定事由**：我国《刑法》第 86 条规定：“被假释的犯罪分子，在假释考验期限内犯新罪，应当撤销假释”；“在假释考验期限内，发现被假释的犯罪分子在判决宣告以前还有其他罪没有判决的，应当撤销假释”；“被假释的犯罪分子，在假释考验期限内，有违反法律、行政法规或者国务院有关部门关于假释的监督管理规定的行为，尚未构成新的犯罪的，应当依照法定程序撤销假释”。由此，在我国，撤销假释的法定事由，为下列三种情形之一：**(1) 再犯新罪**：假释犯在缓刑考验期限内再犯新罪，应当撤销前罪的假释。这里的“新罪”与适用假释之前罪，既可以是同种性质，也可以是不同性质；“新罪”，既可以是故意犯罪，也可以是过失犯罪；“新罪”，不论被判处何种轻重不同程度的刑罚。再犯新罪固然前罪的假释裁定应当撤销，并且对于作为新罪与前罪并罚结果的执行刑，也不能再予适用假释。因为：A. 无从符合假释适用的形式条件：前罪与新罪的数罪并罚的结果是新的执行刑，而这一并罚的结果是先减后并的最终结果(我国《刑法》第 71 条)，这一最终结果的执行刑尚未执行。而适用假释需执行一定刑期，从而在并罚结果宣告的同时不应适用假释。B. 也不符合假释适用的实质条件：假释考验期间再犯新罪，也说明犯罪人的人身危险性依然较大，从而对其不能再予适用假释。当然，在新罪与前罪并罚结果的执行刑行刑一段时间之后，如果符合假释适用条件，仍然可以适用假释。**另外**，倘若在假释考验期满之后，发现假释犯在假释考验期限以内再犯新罪，鉴于我国《刑法》第 86 条第 1 款针对新罪撤销假释，所规定的是“在假释考验期限内犯新罪”，因此在这一场合，对新罪也应当将前罪的假释裁定撤销，对于新罪与前罪按照法定数罪并罚的原则处理，执行实刑。**(2) 发现漏罪**：发现假释犯尚有漏罪[①]没有判决的，应当撤销既判之罪的假释。同样，这里的“漏罪”与适用假释之罪，既可是同种性质，也可以是不同性质；“漏罪”，既可以是故意犯罪，也可以是过失犯罪；“漏罪”，不论被判处何种轻重不同程度的刑罚。发现漏罪对于既判之罪的假释应当撤销，不过对于作为漏罪与既判之罪并罚结果的执行刑，能否适用假释？对此，鉴于我国《刑法》第 86 条对假释期间发现漏罪的数罪并罚的规定，以及《刑法》第 70 条对行刑期间发现漏罪的数罪并罚的规定，在这一数罪并罚的结果的执行刑与既判之罪已经执行的刑期，这两者整合后仍符合假释适用的形式条件的场合，仍

---

① 漏罪，即判决宣告以前所犯的本应与判决之罪一并处理，但由于没有及时发现而被遗漏处理的犯罪。

可考虑对新的并罚结果的执行刑适用假释。具体地说：A. 适用假释的形式要件：既判之罪与漏罪的数罪并罚的结果是新的执行刑，而“已经执行的刑期，应当计算在新判决决定的刑期以内”（《刑法》第70条），这样，新的执行刑就有机会符合适用假释的形式要件。B. 适用假释的实质要件：在假释考验期间内发现漏罪，不能就此肯定犯罪人的人身危险性较大，易言之，这一期间发现漏罪并非犯罪人人身危险性的评价要素，从而不影响原先适用假释时对犯罪人实质要件的评价。**另外**，倘若在假释考验期满之后，发现假释犯在假释确定之前尚有漏罪没有被处理的，鉴于我国《刑法》第86条第2款针对发现漏罪撤销假释，所规定的是“在假释考验期限内”发现漏罪，因此在这一场合，对于既判之罪已经执行完毕的假释则不宜再予撤销，而是直接对新发现的漏罪作出处理。**(3) 违反行为规则**：假释犯在假释考验期限内违反法律法规或者假释监督管理规定，应当撤销缓刑。1979年《刑法》第75条仅将“再犯新罪”作为撤销假释的唯一前提，从而对于假释的撤销限制得较为严格；当时，有关司法答复甚至指出，如果罪犯在考验期内有尚未构成犯罪的违法行为，依法进行行政拘留或者劳动教养的，可在行政拘留或者劳动教养期间，继续对其进行假释考察。[①] 我国现行《刑法》第86条第2款与第3款增设了“发现漏罪”与“违反监督规定”的假释撤销。最高人民法院、最高人民检察院、公安部、司法部《社区矫正实施办法》(2012年)第25条，对于应当撤销假释的违规行为作了具体规定：未按规定时间报到或者脱离监管超过1个月的；违反监督规定受到治安管理处罚仍不改正的；受到司法行政机关三次警告仍不改正的；其他情节严重的违反法律法规和监督规定的。

[10] **出现法定事由的法律后果**：我国《刑法》第86条规定：假释犯在考验期限内犯新罪，“应当撤销假释，依照本法第71条的规定实行数罪并罚”；假释犯在考验期限内被发现尚有漏罪，“应当撤销假释，依照本法第70条的规定实行数罪并罚”；假释犯在考验期限内违反法律法规或者监督管理规定，“应当撤销假释，收监执行未执行完毕的刑罚”。由此，在出现撤销假释的法定事由的场合，应当一律撤销前罪或既判之罪的假释。由于撤销假释的法定事由的类型不同，因此伴随假释撤销的具体处理也有所差异。**(1) 新罪及漏罪**：在新罪与漏罪的场合，因为新罪或漏罪与前罪或既判之罪构成了数罪，所以在撤销前罪或既判之罪的假释的前提下，还应当将新罪或漏罪与前罪或既判之罪进行数罪并罚。这里不论新罪或漏罪与前罪或既判之罪是否属于同种性质，

---

① 最高人民法院研究室《关于假释缓刑罪犯在假释缓刑考验期内有违法行为尚未构成犯罪是否能送劳动教养问题的复函》(1992年)。

均须进行数罪并罚。另外，在假释考验期间再犯新罪与发现漏罪，实质上表现出犯罪人人身危险性的差异，形式上更为贴近行刑过程中的再犯新罪或发现漏罪，对此根据我国《刑法》有关数罪并罚规定，应当采用不同的原则方法。针对数罪并罚的相应规定，《刑法》第86条强调，对于假释考验期间再犯新罪，依照《刑法》第71条对新罪的并罚的规定（先减后并）实行数罪并罚；对于假释考验期间发现漏罪，依照《刑法》第70条对漏罪的并罚的规定（先并后减）实行数罪并罚。**(2) 违反规定**：在违反法律法规或者监督管理规定的场合，应当依照法定程序撤销假释，收监执行未执行完毕的刑罚。假释考验期限不得计入刑期。

三、假释撤销探讨

[11] 对比中外立法状况，兹对假释撤销的主体与法定事由，以及基于违反义务、再犯新罪、发现漏罪、违反监管规定等而撤销假释，撤销假释的法律后果等问题，予以进一步的理论探讨。

[12] **撤销假释的主体**：对于撤销假释的主体，各国刑法的规定主要包括法院、执行法官或司法部长、行刑主管机关等。我国刑法理论与实际认为，撤销假释的主体当然是人民法院。应当说，假释的宣告与假释的撤销是密切相关的，同时假释又近似于对原判刑罚的调整，由此由法院撤销假释相对合理。具体地说：**(1) 假释的特征**：假释是一种行刑制度，而主管行刑的通常是行刑主管机关、司法行政机关等，从而由这些机关来宣告假释或者撤销假释，似有一定的道理。不过，究其本质，假释是对原判刑罚的重大调整，属于附条件的提前释放，从这个意义上说，对于假释，由法院或者执行法官予裁定宣告，更为严谨合理。**(2) 宣告与撤销**：假释宣告与假释撤销的主体应当呼应统一。如果假释的宣告由人民法院予以裁定，则假释的撤销的主体也应当是人民法院。而根据我国《刑法》第82条的规定，假释应由执行机关向中级以上人民法院提出建议，由人民法院组成合议庭进行审理。由此，假释的宣告与撤销，应由人民法院予以裁定。

[13] **撤销假释的法定事由·违反义务的撤销假释**：综合各国刑法所规定的，有关撤销假释的法定事由，主要包括再犯新罪、发现漏罪、违反监督、违反义务。我国1979年《刑法》撤销假释的法定事由仅限“再犯新罪”，现行《刑法》采取的是“再犯新罪、发现漏罪、违反监管规定”的立法模式。应当说，我国现行《刑法》对于撤销假释的法定事由的扩大，比1979年《刑法》前进了一步。需要**特别关注**的是，“违反义务”的法定事由。有些国家的刑法，对于假释犯的履行义务予以了明确规定，或者将其作为假释前提，或者将其作为假释考验

内容。由此，倘若违反义务，或者不得宣告假释，或者将会撤销假释。我国《刑法》仍未设置假释犯的履行特定义务要求，从而也就没有基于假释犯没有履行特定义务而撤销缓刑的规定。不过，基于我国《刑法》第36、37条等而判处犯罪人赔偿损失，则是可能的。倘若犯罪造成了损害，由此作出了赔偿的判决，除非犯罪人确实没有能力履行，犯罪人应当履行赔偿义务，这可以作为假释的前提或者假释的考验内容。进而，犯罪人在假释考验期间拒绝履行义务，可以视作犯罪人"有违反法律……的行为"，进而也就可以撤销假释。不过，我国《刑法》应当对"违反义务"作为撤销假释的法定事由，予以专门的明确规定。

[14] **再犯新罪的撤销假释**：对于假释考验期间再犯新罪，是否应当撤销假释，各国刑法存在如下规定：分别犯罪类型·可以或应当，分别故意过失·可以或应当，区别再犯可能·应当或暂不，再犯新罪·应当撤销。对此，我国《刑法》规定，假释犯在假释考验期限内再犯新罪，应当撤销假释，这意味不论新罪的类型与性质，以及处刑轻重，前罪假释均应撤销。这里**需要考究**的是，是否可以根据新罪的犯罪类型、主观罪过或者处刑轻重的不同，在撤销假释上有所区别。**应当说**，任何刑法问题的解决都不是孤立的，而应将之置于刑法学的知识体系中、刑法制度的系统中，予以整体的考察；当然也需要就问题本身，予以深入的微观分析。在一定程度上，刑法中的每个问题，都具有"牵一发而动全身"的效应，因为刑法学是一个知识体系，刑法制度是一个有机系统，刑法理论博大精深、刑法实践严谨精确。推翻一个制度、观念，但需要一个更为合理的制度与观念予以替代；改革是必然的，但改革也需要有序、必要、慎重。就再犯新罪应当撤销假释而言，我国《刑法》的这一规定相对合理，而就对新罪的并罚结果是否可以再予假释，则应予一定补充。具体地说：**(1) 人身危险性**：假释考验期间再犯新罪，说明犯罪人仍有较大人身危险性。对此，新罪作为故意犯罪，自不待言；而新罪为过失犯罪，也并不否定犯罪人的主观危害，本来在考验期间犯罪人对于危害结果应当充分予以关注，然而其却缺乏注意从而发生结果，这种主观状态仍然是一种危险，甚至隐含着其人格表现。**(2) 前罪假释撤销**：原先的假释是针对前罪刑罚的假释，而现在基于犯罪人再犯新罪，原判刑罚已变更为作为前罪与新罪的并罚结果的执行刑。这意味着假释的基础已发生变化，从而原先的假释应予撤销。如若假释，应当是针对前罪与新罪并罚结果的执行刑的假释。但是，这一并罚结果的执行刑却是无从符合假释条件的。**(3) 执行刑无从假释**：我国《刑法》第71条规定，在刑罚执行期间犯罪人又犯新罪的，应当予以数罪并罚，并且具体并罚的方法是先减后并。简单地说，就是将前罪的余刑与新罪所处之刑予以限

制加重，所得结果即为尚需执行的刑期。在这种场合，作为数罪并罚结果的执行刑，并不存在既已执行的刑期，而犯罪人所受的行刑刑期只是计入前罪行刑的刑期之中，从而此时作为并罚结果的执行刑无从符合假释的适用条件。**(4) 补充再予假释**：作为前罪与新罪并罚结果的执行刑，在判决的当时，无从符合假释条件，但是经过一定期间的行刑，不排除又存在符合假释的形式条件与实质条件的情况，在这种场合予以假释应当是合理的。这也符合刑事政策、刑罚个别化等刑罚理念，客观反映行刑的动态特征。对此，我国《刑法》应予明确规定。

[15] **发现漏罪的撤销假释**：对于假释考验期间发现漏罪，是否应当撤销假释，各国刑法存在应当撤销或者可以撤销的不同立法。对此，我国《刑法》规定，在假释考验期限内，发现假释犯有漏罪，应当撤销假释。这里需要考究的是，在假释考验期间发现漏罪，是否一律应当撤销假释，对于漏罪的并罚结果能否再予适用假释。对于这一问题，应予肯定回答：应当撤销假释，是针对既判之罪的假释而言的；可以再予假释，既可以在并罚时针对漏罪并罚结果的刑罚，也可以在并罚结果行刑一段时间以后针对并罚的刑罚。其中，针对漏罪并罚结果的刑罚在并罚的当时再予假释，这与再犯新罪的处理有所不同。兹分述如下：**(1) 既判之罪假释撤销**：在这一点上，假释考验期间发现漏罪与再犯新罪的处理与理由相似。原先的假释是针对既判之罪刑罚的假释，而现在基于发现犯罪人尚有漏罪需要处理，原判刑罚已变更为作为前罪与漏罪的并罚结果的执行刑。这意味着假释的基础已发生变化，从而原先的假释应予撤销。如若假释，应当是针对前罪与漏罪并罚结果的执行刑的假释。**(2) 执行刑可以假释**：对于作为前罪与漏罪并罚结果的执行刑，在判决的当时是否可以再予假释，我国《刑法》没有明确规定。本书认为，对此应当可以再予假释，并且《刑法》也应作出明确规定。在这一点上，假释期间发现漏罪与再犯新罪的处理，有所不同。具体理由是：**A. 从实质来看**，假释考验期间发现漏罪，虽对前罪假释的基础刑罚构成调整，从而致使前罪假释撤销，但是漏罪发生在既判之罪的判决确定（行刑）之前，而假释的实质根据是“假释后不致再危害社会”，这是强调假释期间的行为表现及其对于原先评价的印证，但是不能就假释期间犯罪人没有**余罪自首**[①]自己的漏罪而一概认为其人身危险性较大，由此从这个意义上说，不排除在假释考验期间发现漏罪的情形下，犯罪人的人身危险性状况仍然符合假释的实质条件。**B. 从形式来看**，我国《刑法》

---

① 基于我国《刑法》第 67 条第 2 款的规定，**余罪自首**，是指被采取强制措施的犯罪嫌疑人、被告人和正在服刑的罪犯，如实供述司法机关还未掌握的本人其他罪行的行为。

第70条规定,在刑罚执行期间发现漏罪的,应当采取先并后减的方法予以数罪并罚。这意味着,将既判之罪的原判刑罚与漏罪所处之刑予以限制加重,决定应予执行的刑罚,“已经执行的刑期,应当计算在新判决决定的刑期以内”。在这种场合,作为数罪并罚结果的执行刑,就存在既已执行的刑期,从而此时就有可能存在作为并罚结果的执行刑的执行刑期,符合适用假释的形式条件的情形。**(3) 补充再予假释**:作为前罪与漏罪并罚结果的执行刑,在判决的当时如若符合假释适用条件,可以再予假释;如若不符合假释适用条件,虽在判决当时不能假释,但是经过一定期间的行刑,不排除又存在符合假释适用条件的可能,在这种场合也就可以再次予以假释。这同样符合刑事政策、刑罚个别化等刑罚理念,客观反映行刑动态特征。对此,我国《刑法》应予明确规定。

[16] **违反监管规定的撤销假释**:对于假释考验期间违反监管规定,是否应当撤销假释,各国刑法所规定的处理结果包括:可以撤销;应当撤销;或者在撤销假释、变更假释监管内容、延长假释期限等中酌情择一。对此,我国《刑法》规定,假释犯在假释考验期限内违反监管规定,应当依法撤销假释。这里需要考究的是,在假释犯违反监督规定的场合,是否可以根据情况的不同,给予多种可予选择的处理。对此,本书持肯定态度。**应当说**,假释犯实施违反监管规定的行为,其行为的性质和程度等也都存在一定的差异,由此决定着撤销假释的必要性与否。当然,就是基于我国现行《刑法》的规定,人民法院在作出是否撤销假释的裁决时,也必然会考虑违法行为的严重与否与各种情节,但是《刑法》对于违反监管规定而撤销假释的具体问题,缺乏明确的规定,表现在:对于违反监管规定而应予撤销假释的标准,未予明确规定;对于违反监管规定而不予撤销假释,是否应予其他处理或如何处理,也无明确规定;更无针对违反监管规定,除了予以撤销假释之外而予变更监管内容、延长考验期限等的规定。这就使得司法实际对于违反监管规定的处理,或者撤销假释,或者不予撤销假释而不作其他实质处理,从而难以针对违反监管规定的不同情况,予以差异有别的、与假释犯的违法行为相应的合理恰当的处罚。由此,就我国《刑法》的改进而言,可以考虑针对假释犯实施违反监管规定的行为,分别不同情况,除了撤销假释之外,增设变更监管内容、延长考验期限、予以行政处罚等处理。

[17] **撤销假释的法律后果**:这里主要存在两个议题:撤销假释后的再予假释,撤销假释后的刑期计算。兹予分述如下:**(1) 撤销假释后的再予假释**:对于撤销假释后是否可以再予假释,各国立法不一,我国《刑法》未予明确规定。在上文有关再犯新罪与发现漏罪而撤销假释的阐述中,本书已表明撤销

假释以后可以再予假释的态度。其中,在再犯新罪而撤销假释的场合,在并罚的执行刑行刑一定期限以后,如果符合假释适用条件,可以再予假释;而在发现漏罪而撤销假释的场合,在数罪并罚判决之时或者其判决行刑一定期限之后,如果符合假释适用条件,可以再予假释;在违反监管规定而撤销假释的场合,在经过一定期限的行刑之后,如果重新符合假释适用条件的,仍然可以再予假释。肯定撤销假释之后可以再予假释,是以犯罪人再次符合假释条件为前提的。而就思想基础而言,这一制度的确立,也使宽严相济刑事政策、刑罚个别化、行刑社会化、刑罚目的等诸多重要价值,在行刑制度中得以更为充分与彻底的体现。同时,确立假释撤销后可以再予假释的制度,也是顺应行刑的动态变化的客观事实。假释所针对的是犯罪人原判刑罚中可以"调整刑期"[①]部分,而这种调整在很大程度上取决于犯罪人人身危险的明显减小。显然,虽然前次假释撤销,但是不能就此一概否定犯罪人再次悔改的可能与实际。**(2)撤销假释后的刑期计算:**对于撤销假释后的刑期计算,存在假释考验期间不得计入刑期,或者计入刑期的不同立法模式。我国《刑法》采取的是不得计入刑期,这表现在:假释考验期间再犯新罪,是以前罪余刑与新罪处刑予以并罚(第86、71条);假释考验期间发现漏罪,是以既判之罪处刑与漏罪处刑并罚后再减去已经执行的刑期(第86、70条);违反监管规定而撤销假释,是收监执行未执行完毕的刑罚(第86条)。**应当说**,假释考验期间不计入刑期的做法,较为合理。**假释考验**,一方面只是考验的执行,而非原判监禁刑的执行;另一方面,假释考验又可视作原判余刑的变通执行。由此,我国《刑法》规定,如果没有出现应当撤销假释的法定事由,假释考验期满,"就认为原判刑罚已经执行完毕"。"认为"执行完毕,其意义与实际执行完毕还是有所差异的。着眼于"考验执行",则考验期间并非行刑期间;而着眼于"变通执行",则考验期间近似行刑期间。**但是**,"考验执行"与"监禁行刑"毕竟有着较大差异,而原判刑罚属于监禁刑。假释考验旨在对犯罪人予以进一步的考察与矫正。如果考验期满尚未撤销假释,则在一定程度上考验宗旨达到,原判余刑也就没有再予执行的必要;反之如果考验期间撤销假释,说明仍需收监执行,同时"撤销"也是对原先假释的推翻,从而执行余刑就更为合理。**另外**,假释也是"附条件提前释放"[②]或者"附条件余刑缓刑"[③],这意味着犯罪人应当遵守假释

---

① 从假释的视角来说,犯罪人基于其罪行所应承担的刑罚(以下简称总和刑罚)分为两个部分:一部分是基于刑罚报应,犯罪人必须服完的一定刑期;另一部分是基于特殊预防,可予行刑调整的一定刑期。

② 《奥地利刑法典》(1974年)、《瑞士刑法典》(1937年)等,称假释为"附条件释放"。

③ 《德国刑法典》(1998年)称假释为"余刑缓刑"。

所附条件，而假释又是以执行余刑为后盾的。由此，如果犯罪人违反假释所附条件，进而需要收监执行，则执行余刑也就顺理成章。**再者**，将假释考验期限计入刑期，也还会出现一种不合理现象。如果犯罪人在考验期限即将结束之时，出现应当撤销假释的事由而撤销假释，而假释考验期间又计入刑期，则此时应予执行的刑期就很短。这种短期的监禁能否达到行刑目的，是否还有意义，不无疑问。

术语索引

F

G

H

J

K

T

W

X

Y

Z

主要参考书目

陈兴良著:《刑法的启蒙》,法律出版社 1998 年版。
陈宗胜著:《经济发展中的收入分配》,上海三联书店 1994 年版。
储槐植著:《美国刑法》,北京大学出版社 1996 年版。
储槐植著:《刑事一体化与关系刑法论》,北京大学出版社 1997 年版。
曹子丹主编:《中国犯罪原因研究综述》,中国政法大学出版社 1993 年版。
蔡文辉著:《社会学》,台湾三民书局 1997 年版。
蔡文辉著:《社会变迁》,台湾三民书局 1995 年版。
甘雨沛、何鹏:《外国刑法学》(上、下),北京大学出版社 1984 年版。
高兆明著:《社会失范论》,江苏人民出版社 2000 年版。
高仰止著:《刑法总则之理论与实用》,台湾五南图书出版公司 1986 年版。
何秉松主编:《刑事政策学》,群众出版社 2002 年版。
韩延龙、常兆儒编:《中国新民主主义革命时期根据地法制文献选编》(第 3 卷),中国社会科学出版社 1981 年版。
黄富源、范国勇、张平吾著:《犯罪学概论》,台湾三民书局 2002 年版。
林山田著:《刑罚学》,台湾商务印书馆股份有限公司 1983 年版。
林纪东著:《刑事政策学》,台湾正中书局 1996 年版。
李均仁主编:《中国重新犯罪研究》,法律出版社 1992 年版。
刘仁文著:《刑事政策初步》,中国人民公安大学出版社 2004 年版。
刘玉安主编:《西方社会学史》,山东大学出版社 1993 年版。
刘应杰等著:《中国社会现象分析》,中国城市出版社 1998 年版。
刘智峰主编:《道德中国——当代中国道德伦理的深重忧思》,中国社会科学出版社 1999 年版。
刘崇顺、王铁顺著:《大潮下的情感波动》,中国社会科学出版社 1993 年版。
马克昌主编:《中国刑事政策学》,武汉大学出版社 1992 年版。
莫家豪著:《社会学与社会分析》,中国社会科学出版社 2000 年版。
潘国和、罗伯特·麦尔主编:《美国矫正制度概述》,华东师范大学出版社 1997 年版。
潘华仿主编:《外国监狱史》,社会科学文献出版社 1994 年版。
渠敬东著:《缺席与断裂》,上海人民出版社 1999 年版。
孙立主编:《转型期的中国社会——中国社会调查》,改革出版社 1997 年版。
宋林飞著:《西方社会学理论》,南京大学出版社 1999 年版。
宋浩波著:《犯罪社会学》,中国人民公安大学出版社 2005 年版。

王思斌主编:《社会学教程》,北京大学出版社 2003 年版。
王运生、严军兴著:《英国刑事司法与替刑制度》,中国法制出版社 1999 年版。
吴增基等主编:《现代社会学》,上海人民出版社 1997 年版。
肖扬主编:《中国刑事政策和策略问题》,法律出版社 1996 年版。
徐久生著:《德语国家的犯罪学研究》,中国法制出版社 1999 年版。
许春金著:《犯罪学》,台湾三民书局 1993 年版。
许福生著:《刑事政策学》,中国民主法制出版社 2006 年版。
谢勇著:《犯罪学研究导论》,湖南出版社 1992 年版。
谢立中主编:《西方社会学名著提要》,江西人民出版社 1998 年版。
谢瑞智著:《犯罪与刑事政策》,台湾文笙书局 1996 年版。
严景耀著:《中国的犯罪问题与社会变迁的关系》,吴桢译,北京大学出版社 1986 年版。
袁亚愚主编:《普通社会学教程》,四川大学出版社 1997 年版。
阴家宝主编:《新中国犯罪学研究综述》,中国民主法制出版社 1997 年版。
杨春洗、甘雨沛等著:《刑法总论》,北京大学出版社 1981 年版。
杨春洗主编:《刑事政策论》,北京大学出版社 1994 年版。
杨胜刚著:《经济发展与收入分配》,社会科学文献出版社 1994 年版。
俞雷主编:《中国现阶段犯罪问题研究》,中国人民公安大学 1993 年版。
周密主编:《犯罪学教程》,中央广播电视大学出版社 1990 年版。
朱光磊等著:《当代中国社会各阶层分析》,天津人民出版社 1998 年版。
郑杭生等:《转型中的中国社会和中国社会的转型》,首都师范大学出版社 1996 年版。
张甘妹著:《犯罪学原论》,台湾汉林出版社 1985 年版。
张甘妹著:《刑事政策》,台湾三民书局 1979 年版。
〔俄〕阿・伊・道尔戈娃主编:《犯罪学》,赵可等译,群众出版社 2000 年版。
〔俄〕谢尔盖・博斯霍洛夫著:《刑事政策的基础》,刘向文译,郑州大学出版社 2002 年版。
〔奥〕奥托・纽拉特著:《社会科学基础》,杨富斌译,华夏出版社 2000 年版。
〔波兰〕布鲁霍尼斯特著:《比较犯罪学》,高明等译,辽宁人民出版社 1989 年版。
〔德〕沃尔夫冈・查普夫著:《现代化与社会转型》,社会科学文献出版社 1998 年版。
〔德〕弗兰茨・冯・李斯特著:《德国刑法教科书》,徐久生译,法律出版社 2000 年版。
〔德〕冈特・施特拉腾韦特、洛塔尔・库伦著:《刑法总论Ⅰ——犯罪论》,杨萌译,法律出版社 2006 年版。
〔德〕汉斯・海因里希・耶塞克、托马斯・魏根特著:《德国刑法教科书》(总论),徐久生译,中国法制出版社 2001 年版。
〔德〕汉斯・约阿希姆・施奈德著:《犯罪学》,吴金涛、马君玉译,中国人民公安大学出版社 1990 年版。
〔德〕汉斯・约阿希姆・施奈德著:《国际范围内的被害人》,许章润等译,中国人民公安大学出版社 1992 年版。
〔德〕拉德布鲁赫著:《法学导论》,米健、朱林译,中国大百科全书出版社 1997 年版。

〔德〕哈贝马斯著:《公共领域的结构转型》,曹卫东等译,学林出版社 1999 年版。
〔德〕黑格尔著:《法哲学原理》,范扬、张企泰译,商务印书馆 1961 年版。
〔意〕切萨雷·贝卡利亚著:《论犯罪与刑罚》,黄风译,中国大百科全书出版社 1993 年版。
〔意〕切萨雷·龙勃罗梭著:《犯罪人论》,黄风译,中国法制出版社 2005 年版。
〔意〕加罗法洛著:《犯罪学》,耿伟、王新译,中国大百科全书出版社 1996 年版。
〔意〕恩里科·菲利著:《实证派犯罪学》,郭建安译,中国政法大学出版社 1987 年版。
〔意〕恩里科·菲利著:《犯罪社会学》,郭建安译,中国人民公安大学出版社 1990 年版。
〔意〕杜里奥·帕多瓦尼著:《意大利刑法学原理》,陈忠林译评,中国人民大学出版社 2004 年版。
〔日〕富永健一著:《社会学原理》,严立贤等译,社会科学文献出版社 1992 年版。
〔日〕木村龟二主编:《刑法学词典》,顾肖荣、郑树周等译校,上海翻译出版公司 1991 年版。
〔日〕大谷实著:《刑事政策学》,黎宏译,法律出版社 2000 年版。
〔日〕森本益之、濑川晃、上田宽、三宅孝之著:《刑事政策学》,戴波、江溯、丁婕译,中国人民公安大学出版社 2004 年版。
〔日〕法务综合研究所:《日本犯罪白皮书》,李虔译,中国政法大学出版社 1987 年版。
〔法〕埃米尔·迪尔凯姆著:《自杀论——社会学研究》,冯韵文译,商务印书馆 1996 年版。
〔法〕埃米尔·迪尔凯姆著:《社会学方法的规则》,胡伟译,华夏出版社 1999 年版。
〔法〕埃米尔·涂尔干著:《社会分工论》,渠东译,生活·读书·新知三联书店 2000 年版。
〔法〕卡斯东·斯特法尼等著:《法国刑法总论精义》,罗结珍译,中国政法大学出版社 1998 年版。
〔法〕米海依尔·戴尔玛斯—马蒂著:《刑事政策的主要体系》,卢建平译,法律出版社 2000 年版。
〔法〕米歇尔·福柯著:《规训与惩罚》,刘北成、杨远婴译,生活.读书.新知三联书店 1999 年版。
〔法〕奥古斯特·孔德著:《论实证精神》,黄建华译,商务印书馆 1996 年版。
〔法〕马克·安赛尔著:《新刑法理论》,卢建平译,香港天地图书有限公司 1990 年版。
〔法〕安德鲁·博萨著:《跨国犯罪与刑法》,陈正云译,中国检察出版社 1997 年版。
〔英〕安东尼·吉登斯著:《社会学(第 4 版)》,赵旭东等译,北京大学出版社 2003 年版。
〔英〕艾伦·斯温杰伍德著:《社会学思想简史》,陈玮、冯克利译,社会科学文献出版社 1988 年版。
〔英〕赫伯特·斯宾塞著:《社会静力学》,张雄武译,商务印书馆 1996 年版。
〔英〕J. W. 塞西尔·特纳著:《肯尼刑法原理》,王国庆等译,华夏出版社 1989 年版。
〔英〕麦考密克、〔奥〕魏因贝格尔著:《制度法论》,周叶谦译,中国政法大学出版社 1994 年版。
〔英〕梅因著:《古代法》,沈景一译,商务印书馆 1959 年版。
〔美〕戴维·波普诺著,《社会学》,李强等译,中国人民大学出版社 1999 年版。
〔美〕弗朗兹·博厄斯著:《人类学与现代生活》,刘莎等译,华夏出版社 1999 年版。

〔美〕格尔哈斯·伦斯基著:《权力与特权:社会分层的理论》,关信平等译,浙江人民出版社1988年版。

〔美〕杰弗里·亚历山大著:《社会学二十讲——“二战”以来的理论发展》,贾春增等译,华夏出版社2000年版。

〔美〕路易丝·谢利著:《犯罪与现代化——工业化与城市化对犯罪的影响》,何秉松译,群众出版社1986年版。

〔美〕里查德·昆尼著:《新犯罪学》,陈兴良等译,中国国际广播出版社1988年版。

〔美〕史蒂文·拉布著:《美国犯罪预防的理论实践与评价》,张国昭等译,中国人民大学出版社1993年版。

〔美〕乔纳森·H.特纳著:《社会学理论的结构》,吴曲辉等译,浙江人民出版社1987年版。

〔美〕D.斯坦利·艾兹恩、杜格·A.蒂默著:《犯罪学》,谢正权等译,群众出版社1989年版。

〔美〕哈罗德·J.维特、小杰克·赖特著:《犯罪学导论》,徐淑芳、徐觉非译,知识出版社1992年版。

〔美〕约翰·麦·赞恩著:《法律的故事》,刘昕、胡凝译,江苏人民出版社1998年版。

〔美〕萨缪尔森著:《经济学》(上册),萧琛译,商务印书馆1988年版。

〔美〕J.范伯格著:《自由、权利和社会正义》,王守昌、戴栩译,贵州人民出版社1998年版。

〔美〕阿瑟·奥肯著:《平等与效率》,王奔洲等译,华夏出版社1999年版。

〔美〕乔·萨托利著:《民主新论》,冯克利、阎克文译,东方出版社1998年版。

〔美〕约翰·罗尔斯著:《正义论》,何怀宏等译,中国社会科学出版社1988年版。

〔美〕西里尔·E.布莱克编:《比较现代化》,杨豫、陈祖洲译,上海译文出版社1996年版。

〔美〕C.E.布莱克著:《现代化的动力》,段小光译,四川人民出版社1988年版。

〔美〕塞缪尔·P.亨廷顿著:《变化社会中的政治秩序》,王冠华等译,生活·读书·新知三联书店1989年版。

〔美〕约翰·列维斯·齐林著:《犯罪学及刑罚学》,查良鉴译,中国政法大学出版社2003年版。

Edwin Sutherland, *White-Collar Crime*, Dryden Press, 1949.

Larry J. Siegel, *Criminology: Theories, Patterns, and Typologies*, Fifth Edition, West Publishing Company, 1995.

Larry J. Siegel and Joseph J. Senna, *Juvenile Delinquency: Theory, Practice and Law*, Fourth Edition, West Publishing Company, 1991.

Robert Merton, *Social Theory and Social Structure* , enlarged ed., Free Press, 1968.

Travis Hirschi, *Causes of Delinquency*, University of California Press, 1969.

Frank P. Williams Ⅲ and Marilyn D. Mcshane, *Criminology Theory: Selected Classic Readings*, Anderson Publishing Co., 1993.

Craig B. Little, *Deviance and Control: Theory, Research and Social Policy*, F. E. Peacock Publishers Inc., 1989.

Paul B. Horton, Gerald R. Leslie, Richard F. Larson and Robert L. Horton, *The Sociol-*

ogy of Social Problems, Eleventh Edition, Prentice Hall Inc., 1994.

Joel Samaha, *Criminal Justice*, Second Edition, West Publishing Company, 1991.

James M. Henslin, *Sociology: A Down-to-Earth Approach*, Third Edition, A Viacom Company, 1997.